国际减贫合作研究

（第 1 册）

中国国际扶贫中心　编

中国农业出版社
北　京

图书在版编目（CIP）数据

国际减贫合作研究 / 中国国际扶贫中心编．—北京：中国农业出版社，2021.4
ISBN 978-7-109-28088-5

Ⅰ.①国… Ⅱ.①中… Ⅲ.①扶贫－国际合作－研究报告－世界 Ⅳ.①F113.9

中国版本图书馆 CIP 数据核字（2021）第 057826 号

审图号：GS（2021）2958 号

国际减贫合作研究
GUOJI JIANPIN HEZUO YANJIU

中国农业出版社出版
地址：北京市朝阳区麦子店街 18 号楼
邮编：100125
责任编辑：赵　刚
版式设计：杜　然　　责任校对：周丽芳　刘丽香
印刷：北京中兴印刷有限公司
版次：2021 年 4 月第 1 版
印次：2021 年 4 月北京第 1 次印刷
发行：新华书店北京发行所
开本：700mm×1000mm　1/16
总印张：38.25
总字数：1100 千字
总定价：180.00 元（共 2 册）

主　　　编：谭卫平
副 主 编：卢立群　徐丽萍
编委会成员：王惠娴　贺胜年　吕申申
赵美艳　周　梁　乌　超

目 录

第1册

第2册

中国—南非减贫合作研究

课题组成员

徐　薇　浙江师范大学非洲研究院副院长、研究员
刘钊铁　南非罗德斯大学博士生、浙师大非洲研究院南非分院主任
雷　雯　中国农业大学人文与发展学院博士后

引　言

南非早已被世界银行列为中等偏上收入国家，但是与此形成鲜明对比的是，南非社会明显存在的严重不平等现象与严重的贫富差距。自南非结束少数白人统治以来，黑人政府投入大量人力、物力来减少贫困、弥合社会差距。大约有 1 500 多万南非公民可以领到各种类型的社会保障金，[①] 南非社保体系如此完备且覆盖面广，以至于一些经济学者们认为南非在减少绝对贫困方面已经取得了胜利，政府当下应聚焦如何创造就业。尽管政府满足了大多数人的基本生活保障，但穷人仍在获得干净水源、住所、电力等基本生活必需品上挣扎。南非人结束了种族隔离，但对于贫困的终结，仍道阻且长。Haroon Bhorat 通过调查指出，2013 年，根据每月 43 美金收入的贫困线标准，仍有 47%的南非人生活在贫困中，而这一比例略高于种族隔离结束时的 1994 年（45.7%）。[②] 2014 年 4 月南非统计局的 Pali Lehohla 宣称，在 2011 年全国有 45.5%人口（约 2 300 万人）处在贫困线以下，他进而呼吁政府要加大经济发展的投入，且提出警告“社会保障永远不会促进经济发展”。

事实上，南非陷入了比结束种族隔离更难克服的障碍——减少贫困，当下的年轻人感到完全被排除在经济之外；南非亦成为世界上最不平等的国家之一，这个国家的大多数财富都掌握在少数白人和新兴黑人精英手里。这种现状一方面是殖民造成的恶果，即通过制定国家政策将财富与机遇控制在精英手中，只把本土南非人当作廉价劳动力而不是国家公民和社会成员；另一方面即便在废除种族隔离制度之后，南非社会仍旧存在贫富悬殊、教育与就业机会上的结构性不平等。1998 年，真相与和解委员会（TRC）结束了历时三年的人权调查，同时也警告南非政府，当下仍有 60%的南非人生活在贫困线以下，如果这个趋势仍旧持续下去，就不可能实现真正的经济增长和国家稳定。[③] 后种族隔离时代南非所面临的消除贫困与不平等的挑战与困难比推翻种族隔离制度还要艰难，超过半数的南非人仍饱受贫困、饥饿、失业、疾病、失学、无家可归、艾滋病等困境的折磨。尽管“贫困”早已成为南非公共话题讨论中的常客，但有关如何解决这个顽疾的办法少有人提出，似乎是一个无解的难题。本研究即是在了解南非贫困现状的基础上，探寻造成南非长期与结构性贫困的因

---

① 有关南非社保的研究报告，放在本文附录中供读者参考。

② Haroon Bhorat, “Economic Inequality is a Major Obstacle”, December 6, 2013. www.nytimes.com.

③ Truth and Reconciliation Commission of South Africa Report, Volume Four, 1998: 57 - 58. Http: //www.justice.gov.za/trc/report/finalreport/Volume%204.pdf.

素，以及如何通过国际组织和中国的有效参与促进南非的减贫进程，进而推动中国—南非关系的发展。

2019年底爆发的新冠肺炎疫情，在2020年上半年蔓延到非洲各国，而作为非洲经济领头羊的南非首当其冲，一直处于累计确诊病例最多的非洲国家。2020年7月5日，南非累计确诊病例已达18.8万，单日新增确诊病例破1万，疫情仍处在迅猛上升的阶段。南非新总统拉马福萨采取了果断的封城锁国政策并宣布进入国家灾难状态，在短时间内动员、部署、整合一切国家资源来抗击疫情，给南非人民以足够的信心。然而，全国范围的"封锁令"无法长期延续下去，疫情带来的贫困危机无法避免，尽管南非政府通过确保救济金及时发放等措施来保证南非公民的基本生活，但对于那些处于长期性、结构性贫困状态的南非人来说，疫情的影响无疑是压倒性、毁灭性的。因此，疫情下的复工复产尤其重要，政府必须要为南非经济的复苏做好准备，才能保证大疫之后无大乱。

据防疫专家预测，南非的疫情高峰仍未到来，南非政府仍需抓紧时间扩充病床、准备医疗物资、培训医护人员等措施。自疫情发生以来，中国、南非两国的医疗卫生、科技、教育、军队等分别多次举办了抗疫经验交流会，第一时间交流本领域的抗疫经验。中国政府对南非给予大量无私援助，显著提高了南非疫情应对能力。中国经验与中国做法，受到南非各界的肯定和支持。一场席卷全球的新冠疫情，检验了不同地域不同国家不同文化的抗疫举措与国家应对危机处理能力，展示了中国可以在这场全人类共同的战疫中发挥更大的作用，构建真正的人类命运共同体。

第一节　南非贫困现状、影响因素及变化趋势

一、如何理解贫困

贫困是一个难以定义的概念，也是一个人类社会在不同发展时期与不同区域存在的普遍问题，只是不同的历史阶段有着不同的影响因素，不同的地理区域有着不同的因素限制。可见，贫困是一个历史、地域的综合概念，随着时代与发展阶段的不同，以及研究者认识的深化而演变。不同的国家、阶层、性别对贫困的定义有不同的内容。面对人类发展中的贫困问题，人们从不同的学科视角与理念出发会产生不同的认识和理解，探索着不同的解决路径与方法。总体来说，人们对贫困概念的认识从注重生存状态向注重生活质量转变，从注重满足物质需求向注重获取发展能力和机会转变。[①] 我们对贫困的理解要从感性

① 安春英著：《非洲的贫困与反贫困问题研究》，北京：中国社会科学出版社，2010年，第46页。

上升为理性，透过贫困悲惨生活的表象，看到贫困的结构性问题实质，即缺乏摆脱贫困的手段和能力，由此得出国家反贫困战略的核心所在。因此，不同国家不同历史时期的贫困现状不同，就需要不同的反贫困策略与能力。

自第二次世界大战以来，西方社会对贫困的主流定义是用货币来衡量，即收入或消费的水平来衡量贫困[①]，并将贫困人口定义为那些低于给定收入或消费水平或“贫困线”的人数。[②] 但是，近年来，这种以经济收入来定义贫困的方法明显具有其局限性，正通过融入其他识别方法来补充完善。这些方法以更多维的方式定义了贫困，包括基本需求、能力建设、人类发展等维度，这些内容反映在联合国开发计划署（UNDP）的人类发展指数（HDI）的广泛使用中。该指数是一个人类发展三个方面的综合测量指数：①预期寿命；②受教育程度；③生活水平，以收入购买力平价来衡量。[③] 这种多维内涵亦反映在经济合作与发展组织（OECD）对贫困的多维定义中，即在经济、人类、政治、社会文化和保护领域的相互联系的剥削方式。[④] 在本项研究中，贫困亦被定义为穷人的无助感、依赖感和缺乏机会、自尊与自信的感觉。事实上，穷人把自身的无能为力与失声视为他们贫困的关键因素。[⑤] 与此同时，对贫困的多维认知需要采用定性与定量相结合的方法来对贫困进行概念化和度量方面的研究。

对于撒哈拉以南非洲的某些国家来说，有些贫困是动态和短暂的，意味着有些部门和人群会随着时代的发展而摆脱贫困；而有些贫困则是难以改变和长期的，意味着有些人群要经历一生的贫困，且常常传递给下一代。事实上，长期贫困研究中心（CPRC）发现“极度贫困”的 16 个国家都位于撒哈拉以南非洲。[⑥] 南非是撒哈拉以南非洲发达程度最高的国家，尽管如此，南非政府仍面临着普遍而严重的贫困问题，如何使更多南非人民摆脱贫困始终是南非政府面临的重要而紧迫的现实问题。

---

① D. Grusky and R. Kanbur，“Introduction：The conceptual foundations of poverty and inequality measurement”，in D. Grusky and R. Kanbur（eds.），Poverty and Inequality，Stanford：Stanford University Press，2006：11.

② Michael Lipton and Martin Ravallion，Poverty and Policy，Policy Research Department，The World Bank，1993：1.

③ United Nations Development Programme，“Human Development Report 2006 - Beyongd scarcity：Power，poverty and the global water crisis”，UNDP，New York，2006：263.

④ OECD，“Promoting pro-poor growth：Key policy messages”，Paris，OECD，2006.

⑤ D. Narayan，R. Chanbers，M. K. Shah and P. Petesch，Voices of the Poor：Crying Out for Change，Washington D. C.：World Bank，2000.

⑥ CPRC，The Chronic Poverty Report 2004 - 05，Manchester：Chronic Poverty Research Centre，2004.

二、南非贫困的现状

（一）南非贫困概况

根据南非统计局发布的最新数据，南非的贫困率正在上升。发布于2015年的《南非贫困趋势》报告显示，虽然在2006—2011年间，南非的贫困人口总体上有所减少，但2015年南非贫困人口在上升，超过3 040万人。2015年，超过一半的南非人处于贫困状态，贫困人口从2011年的53.2%连续低点增加到55.5%（图1）。这些数据是根据2015年最高贫困线（the upper-bound poverty line，UBPL）即每人每月992兰特计算得出。① 尽管贫困人口的增加让人感到遗憾，但相比于10年前，南非的状况仍在向好，据估计，在2006年，接近2/3的南非人（66.6%，约3 160万人）生活在最高贫困线以下。

世界银行网站数据与南非统计局数据趋势一致。无论是按每天1.9美元、3.2美元或5.5美元贫困线测量，自1990年以来南非的贫困发生率都呈曲线波动，2000年后呈现先降后升的情况。

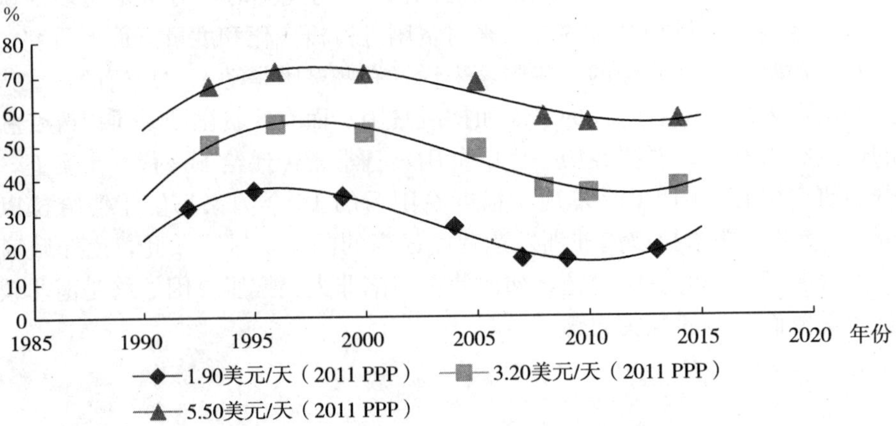

图1　不同贫困线标准下的南非贫困发生率

数据来源：世界银行网站。

对比周边区域国家看，按照1.9美元/天贫困线测算，南非的贫困发生率远低于撒哈拉以南非洲国家整体水平。但在2010年后，南非贫困发生率的下降幅度大幅减缓，并呈现反弹向上的趋势，在2014年增加至18.9%。与中国相比，在1993年，南非贫困发生率为31.7%，远低于中国当时56.6%的贫困水平，但到了2015年，中国按1.9美元/天贫困线的贫困发生率已经降至

① STATS SA，Poverty Trends in South Africa：An examination of absolute poverty between 2006 and 2015，Statistics South Africa，2017.

0.7%，而南非的减贫成绩却不尽如人意（图2）。

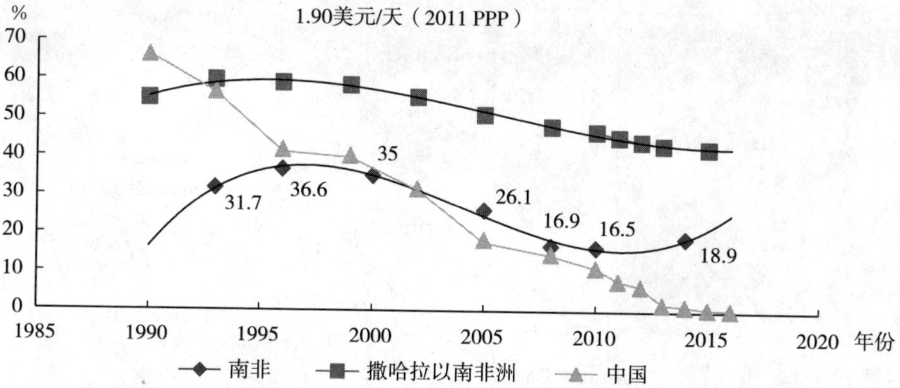

图2　南非、撒哈拉以南非洲和中国的贫困发生率变化对比图

数据来源：世界银行网站。

“居住情况调查”（LCS）是南非统计局对家庭调查计划的一部分，提供了有关南非人家庭生活状况、收入及开支模式的详细资料。这些调研信息被用来编写报告《男性、女性和儿童：生活条件调查发现（2014/2015）》，里面概述了关于南非贫困现状的一些发现：①

（1）大约一半（49.2%）的成年人生活在贫困线②以下。根据LCS（2014/2015）的报告显示，2015年南非有3 510万成年人（18岁以上），按性别划分贫困人口时，成年男性与女性的比例分别为46.1%和52%，而无论使用何种贫困线，与男性相比，成年女性的贫困程度都更高。

（2）豪登省与西开普省的贫困人口比例最低。成人贫困人口最多的省份是林波波省（67.7%）、东开普省（67.3%）、夸祖鲁—纳塔尔省（60.7%）和西北省（59.6%），对于这四个省份，其人口的一半以上生活在贫困中。豪登省和西开普省的贫困成年人比例最低，分别为29.3%和33.2%。

（3）以女性为户主的家庭大多感到贫困。大约40%的南非人生活在最高贫困线之下，与男性户主相比，女性户主的贫困程度更大，且大都生活在农村地区。

（4）贫困儿童没有安全游乐场所的可能性是正常儿童的两倍。

（5）以女性为户主的贫困家庭更容易获得住房和电力，但无法获得水、卫生设施和垃圾清理服务。

① Stats SA，“Five facts about poverty in South Africa”，April 4，2019，http：//www.statssa.gov.za/?p=12075.

② 2015年南非最高贫困线标准是每人每月992兰特。

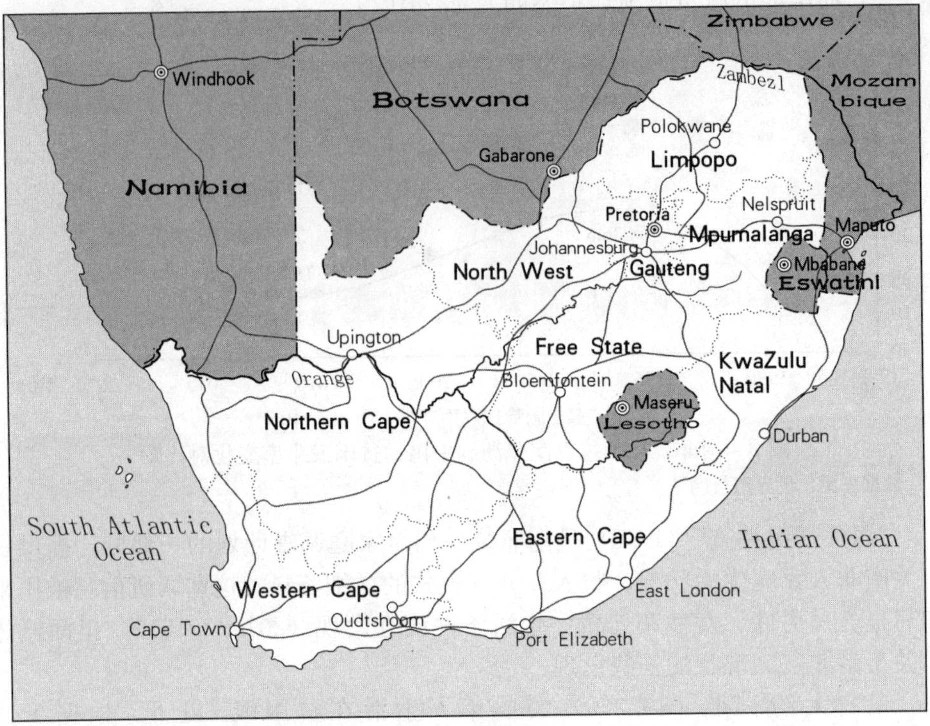

图3　南非政区图

自2008年世界金融危机以来，南非经济受到国际国内因素的共同作用，长期处在增长缓慢、持续高失业率、较低收入水平、较高居民消费价格、较低的投资水平等状况，很多南非家庭及个人的财务状况在这些经济压力下持续下降，从而陷入贫困。

如前所述，贫困是多面的，它可能与饥饿、失业、没有清洁水源、卫生保健或学校教育联系在一起，也可能是关于无家可归或危机来临。我们要认识到，这些导致贫困的因素有些并不与金钱直接相关，我们不能把贫困问题简单化，仅从经济和收入的角度来考虑。事实上，穷人并不只关心收入和消费，还希望实现其他目标，比如安全、独立、尊严、机会等，而这些目标同拥有基本的生活保障和自由同等重要。

在南非，什么样的人群更容易陷入贫困？导致人们处在贫困中的因素是什么，哪些是决定性的，让我们从历史、现实与政策中寻找答案。

（二）南非贫困人口的类别

关于南非贫困人口的测量和统计让我们对南非贫困现状有了整体的把握，然而关于南非贫困人口及其生活经历的具体了解，仍需要关注到不同类别人群的生活状态及贫困致因，才能有针对性地施以帮助和对策。笔者分别于2011

年2月、2013年9月、2015年5—7月、2017年3—6月四次累计近7个月时间赴南非进行访学和田野调查，足迹遍布南非9省近20多个市镇乡村，对于南非贫困人口的生活现状有着切身的了解与体会。

1. 农村贫困人口

在南非，说起贫困就会自然联想到农村，农村也确实是贫困人口最多的地方。国家层面关于贫困与失业的统计数据表明，农村里的黑人是最容易致贫的群体，而导致农村人口贫困的因素值得深入探讨。

首先，根据南非统计局1997年农村调查显示，有大约90万非洲人家庭住在之前的黑人家园①里，且没有自己的可耕地，有140万人没有牲畜，有77万家庭没有耕地和牲畜。② 种族隔离时期的黑人家园迫使大量黑人丧失土地和牲畜，没有生产资源和能力，且在狭小的区域内聚居着大量的人口，这些都是殖民主义和种族隔离导致的黑人贫困问题（后文的历史因素中有详述）。近年来，南非城市化发展迅速，农村人口在逐年递减，据联合国数据显示，南非人口的64.3%居住在城市，到2014年，农村地区人口比例为35.7%（1 890万）；预计到2050年，城市人口将达到77.4%，农村人口比例将下降为22.6%。总体来看，南非的城市化趋势高于南部非洲的平均水平，远高于非洲大陆的平均水平。③

其次，在很多农村地区就业机会极其有限，特别是随着农业现代化的发展，农场里的用工需求也在急剧减少；很多矿工在外面矿场工作三五年后，也要返回农村生活。农村里匮乏的基础设施、公共服务以及相对较低水平的教育条件、较高比例的单亲家庭数量，都使得农村里的人们很难获得农业之外的工作机会。

2017年4月27日，笔者从南非行政首都茨瓦内出发驱车4小时到达姆普马兰加省的爱鲁夸提尼斯（Elukwatinis）市，与当地斯威士兰人朋友阿莫斯（Amos）汇合，他是我们的向导。天黑以后，当地旅游局官员艾萨克（Isaac）来到营地与我们碰面，晚饭由阿莫斯做户外烧烤。第二天吃过早饭，艾萨克叮嘱我们尽可能多吃一些，因为吃了这顿，下一顿在哪里吃就不知道了。事实上，多数非洲人早已习惯了吃了上顿没下顿的生活。

在艾萨克带领下，我们访问了两户山里人家。莽莽山野，杳无人烟，手机信号也消失不见，一路颠簸，抵达深山里的第一户人家，铁丝围栏将整齐宽敞

① 黑人家园，又称班图斯坦，是南非种族隔离政权为推行种族隔离政策对南非班图人实施的制度。

② Stats SA，Rural survey 1997，Pretoria：Government Printer，1999.

③ Staff Writer，“SA population flocking to cities”，Businesstech，20 July 2014. https：//businesstech. co. za/news/trending/62749/sa-population-flocking-to-cities/.

的院落围了起来，主要是为了防盗、防止动物攻击。院子里晾晒着很多男女老少的衣服，多数是小孩子的，可见是个多子多孙的大家庭。男主人友善地接待了我们，院子里六个孩子，最小的刚蹒跚学步，好奇地瞪大眼睛看着我们。仔细观察，这里的房子都是用泥巴做的草房，院落中间是一个很大的牛圈，养了很多牛。平时男人负责放牧照顾牲畜，女人负责做家务和在农田里种庄稼。男人开始追着牛跑并在其身上抹药，防止它们生寄生虫。男主人带领我们走到附近的农田，女人们都在农田里收玉米。一个老奶奶坐在玉米秆的地上给襁褓中的婴儿喂奶，她的儿媳妇在田里掰玉米，这里的玉米洁白如雪，是当地人主食粑粑粉的主要原料。山里的农田不成规模，比较分散，一家人能种多少就种多少；收获时节，男人们会来帮女人收玉米，平时的农活都由女人负责。因雨水丰沛庄稼丰收，田地里还有散落的西瓜。巍峨起伏的青山下，女人走在农田里背着孩子提着水壶的背影尤其让人感叹非洲女人的勤劳与伟大。这家人热情地向我们展示了家里的电器设施，冰箱、洗衣机一应俱全，还有自家种的花生，自己编的草席，女人们平时都坐在草席上，也喜欢在席子上睡觉。

这是笔者看到的一个深山里普通农户家的日常生活，虽不富裕，却也能自给自足。根据罗伯茨在2000年的研究表明，南非的农村地区有30%的非洲家庭处于长期贫困的状态，涉及100万个家庭。[①]

2. 女户主家庭

截至2018年，南非37.9%的家庭以女性为户主，总计约610万户。而农村地区比例较大的省份，例如东开普省（46.9%）、林波波省（45.8%）和夸祖鲁—纳塔尔省（45%），女户主家庭占比更多，而城市化较高的省份诸如豪登省（29.8%）和西开普省（32.5%）占比较少。[②] 在这些女户主家庭中，有相当比例是所谓的“祖母家庭”，一家人靠祖母的社会保障金生活，处在长期贫困的状态中。很多女户主家庭有养育很多孩子的负担，导致很多成年女性无法获得长期、较高的收入，只能靠儿童保障金或短期零工的微薄收入来养活一家老小。

笔者在林波波省走访调研时，访问过不少女户主家庭。其中一个女户主独自一人住在深山里，家里有三间屋子、一个粮仓，院子里燃着几根木头在烧水烧饭，女主人热情地跟我们讲：“平时只有我一人住在这里，丈夫和两个孩子都在外面工作，我一个人做家务、养鸡、干农活。”勤劳的女主人在院子内外

---

① B. Robert，Chronic and transitory poverty in post-apartheid South Africa：Evidence from Kwa-Zulu-Natal. Durban：Centre for Social and Development Studies，University of Natal，2000.

② Lars Kamer，Distribution of female-headed households in South Africa 2018，by province，May 8，2020.

种满了瓜果蔬菜：葡萄架上挂着几个熟透的大南瓜，架顶有两个鸡窝，山坡上的南瓜满地滚，粮仓里堆满了白玉米。随她走进附近的农田，田里种着红薯、玉米和青菜，还有一些烟叶、橙子树。女主人热情地招呼我们进入她的房间，尽管房间内光线不足有点昏暗，但是床铺和沙发上都收拾得非常整洁，墙上也挂着女主人亲手编织的草编、装饰品，看上去简洁、干净而有格调。另一间屋子地上刚铺过新鲜的牛粪，当地人很喜欢这种“清香”味道，中间有火塘，房顶上的梁柱被烟熏的乌黑发亮。艾萨克说这里的人很少生病，因为吃的都是有机食物。临别时，女主人送给我们很多红薯，我付给她60兰特以表谢意，她很高兴又多送了我们两个南瓜，山里人的淳朴善良表露无遗。

一路走来，我深深被非洲女人的勤劳坚韧所感动和震撼：一个非洲人家庭，只要有女人在家，无论家里家外，都是干净整洁的。非洲女人不是在干活，就是在去干活的路上：农田里锄地、撒种、收获、采集能吃的野果、剥玉米粒、把玉米粒捣碎、在磨盘上磨成面、砍柴、在头上顶着大捆的柴火回家、生火、做饭、洗碗、洗锅、做衣服、打水、洗衣服、卖东西、盖房子、刷房子、和水泥、用新鲜的牛粪刷地面、用棕榈树叶子做草编、编席子、做首饰、做缝纫活儿、镶边绣花、做陶土罐子、教育孩子、喂养孩子、喂鸡、挤奶、买东西、编扫帚、扫院子、种花种树……在南部非洲，我看到太多为孩子、为家庭、为生计而整日忙碌的非洲女人，她们创造了非洲社会丰富多彩的文化，她们撑起了非洲孩子们的未来！

3. 残障人士

根据南非2014年的统计报告，参照2011年的人口普查数据，南非有7.5%的人口是残疾人。[①] 如果按省份来计算残疾人比例最高的是自由州(11.1%)，其次是北开普省（11%）、东开普省（9.6%）、夸祖鲁—纳塔尔省(8.4%)、姆普马兰加省（7%）、林波波省（6%）、西开普省（5.4%）、豪登省（5.3%）。[②] 国家统计局局长帕利·莱霍拉（Pali Lehohla）在演讲中说，采矿业可能助长自由州、北开普省、西开普省和东开普省残疾人的高发病率，因为南非的矿山工人大多来自这些省份。[③] 在南非这样一个社会经济不平等且有种族隔离历史的发展中国家，残疾人的社会地位千差万别。富裕的城市居民可以获得更广泛的援助，而穷人却要为最基本的生活保障而挣扎。

① Census 2011：Profile of persons with disabilities in South Africa (Report)，Pretoria：Statistics South Africa，2014.

② “2.9 million South Africans are disabled：Stats SA”，Times Live，South African Press Association，9 September，2014.

③ Wakefield，Adam，“Mining may contribute to disability levels”，IOL News. SAPA. 9 September 2014.

无论如何，残疾人都会在求学、工作、生活等各领域面临诸多困难与挑战，同时还要承担医疗方面的费用。事实上，在很多残疾人为户主的家庭都处在长期贫困中，且面临着忍饥挨饿的困境。

2017 年 3 月笔者赴南非罗德斯大学访学，语言文学学院院长帕特里斯（Patrice）及其夫人弗朗辛（Francine）热情接待了我。弗朗辛本人是个专业的民间组织（NGO）工作者，她所在的 NGO 在格雷汉姆斯顿镇附近的镇区里设有三个社区工作站，为那里的残疾人提供帮助。在弗朗辛的热心帮助下，我跟随她走访了镇区里的三户残疾人家庭——一个残疾老人、一个残疾儿童、一个残疾妇女。

镇区里一排排整齐的房子院落都是政府免费提供给穷人的，残疾人每月可以拿到社保金 1 500 兰特，还有弗朗辛这样的社会工作者定期来家访，倾听记录他们的困难并想方设法帮助他们解决。虽然无法提供资金上的直接帮助，但社工们会利用各方资源组织不同的培训项目，帮助他们获得经济收入。镇区里的房屋水电等基础设施都由政府免费提供，人们只需付很少的水电费即可，但公共卫生环境依然很差，垃圾满地堆积。弗朗辛说，人们需要接受更多现代生活的教育与培训。弗朗辛的搭档、当地人 Zuki 是个地道科萨女人，也是个自立自强的单亲妈妈，独自抚养两个双胞胎儿女，儿子 4 岁时遭遇车祸，失去了一只手臂……42 岁的她性格开朗、活泼，很喜欢跟我讲科萨人的文化典故并引以为傲！她在 NGO 做科萨语翻译，她憧憬着即将赴开普敦进行的一个月的职业培训，感叹 NGO 给她的生活带来很多机遇和改变。

后种族隔离时代，南非公民社会的职能从政治转向经济、社会与文化发展方面。新南非在发展建设过程中出现了很多问题，如高失业率、高艾滋病感染率、不平等、贫困等。不同于种族隔离时期，现在的南非公民社会普遍存在于城市与乡村，大多是为满足国家建设与发展需要而开展活动。南非国家开发署（National Development Agency）就南非公民社会主要关注的领域进行了细致的数据统计，提出南非公民社会主要关注教育、儿童、艾滋病防治、社区发展、能力建设、技能培训、性别、健康、青年、残疾人、人权、农业、婴儿早教、老年人、心理咨询、法律援助和扶贫 17 个领域。据统计有超过 2/3 的公民社会开展了技能培训项目，“授人以渔”的援助将会更有利于改变南非社会的高失业率。[①]

① Lauren Graham，Rebecca Himlin，Hermine Engel，Malachia Matholo，Julie Reddy，Aislinn Delany，Renee Lewis，Leilanie Williams. Review of the State of Civil Society Organisations in South Africa，Braamfontein：The Community Agency for Social Enquiry，Planact and Africa Skills Development，2008，p. 26.

4. 被解雇的农场工人

导致家庭脆弱的关键因素是被社会排斥，被解雇的农场工人就是这样一个群体。他们被迫离开了居住多年的农场，找不到自己的栖息之所；他们的社会网络也被切断，缺乏个人储蓄和资本；又没有自己的土地和房屋，不得不在市镇边缘打零工、散工艰难度日。事实上，南非农业的就业人口峰值是在1968—1970年，超过160万，其中99%是非洲人、有色人、印度人。[①] 其中有定期的、季节性的，也有临时性工人。而到了2000年，农场工人数下降到58万，意味着有近百万的农场工人失业、退休或死亡，进而影响到数十万的农场家庭失去稳定收入且居无定所。

5. 艾滋孤儿与家庭受难者

南非是世界上受艾滋病流行与感染影响最为严重的国家之一。南非有610万人感染艾滋病毒，是世界上感染人数较多的国家。2014年，南非儿童监测站估计有30%的城市孕妇（15～24岁）携带病毒。艾滋病毒/艾滋病大流行使南非成千上万的儿童成为孤儿。据南非统计局数据显示，2011年，有201万儿童因艾滋病造成的双亲死亡而成为孤儿。[②] 南非九省中夸祖鲁—纳塔尔省的孤儿率最高（27%），东开普省次之（26%）。[③] 艾滋孤儿占孤儿总数的62.5%，然而我们要了解，大多数艾滋孤儿本身并没有感染。艾滋病的流行给感染者的孩子及家庭带来了毁灭性的打击，家庭关系被破坏。长期陷于贫困的儿童承受着巨大的压力，他们在社会化的过程中备受歧视与威胁。

艾滋病人照顾者承受着巨大的经济负担，更别提满足孩子生活的基本需要，尽管南非政府给未满18岁的儿童发放补助金，但面对高额的治疗费用，多数家庭都会陷入长期贫困，稍大些的孩子会选择辍学在家照料生病的父母或者外出打工赚钱养家。很多孤儿是跟着祖母或外婆生活，或者由其他亲属照料，但也有可能遭遇虐待和歧视，造成严重的心理疾病乃至身体疾病。在此情形下，南非政府与非政府组织都应积极采取措施来应对和解决如此大规模的艾滋孤儿和受难者家庭危机。

6. 跨国移民

南非将移民分为两种，一种是在南非的外国人，一种是出生国非南非但是

---

① Michael Aliber, Study of the incidence and nature of chronic poverty and development policy in South Afrcia: An overview, Chronic Poverty and Development Policy No. 1, Programme for Land and Agrarian Studies, August, 2001.

② Statistics South Africa, "Media Release: Stats SA Appeals to Police to Secure Census and the Public", Statistics South Africa, 2011.

③ H. Meintjes and K. Hall, "Demography-Orphanhood", 2011 Children's Institute, University of Cape Town, 2012. Available online at: http: //www. childrencount. ci. org. za/indicator. php? id=1&; indicator=4.

移居到南非的外国人。据南非统计局数据显示，出生在南非以外的南非人有120万～150万，其中黑人移民是最主要、最大的移民群体，数量接近120万。[①] 根据国际移民组织统计，截至2013年，南部非洲地区有400多万移民，有240万流入南非。[②] 加之难以统计的非法移民，估计南非的黑人移民总数应在500万～600万。这些移民中，有相当一部分人群是难民、寻求庇护者和逃亡者，他们受到南非社会的普遍排斥，多聚集在经济发展程度较好、工作机会较多的城市。据南非统计局的报告显示，一直以来进入各省的国际移民人数最多的是豪登省，其次是西开普省，林波波省居第三位。[③]

南非黑人移民主要来自非洲国家尤其是南部非洲国家。据统计，1996—2016的20年间有近200万人口移民南非。[④] 这些移民主要来自于南非周边国家，主要五大移民国是津巴布韦（39.6%）、莫桑比克（20.2%）、莱索托（11.1%）、马拉维（5.4%）、英国（3.9%），其他还有斯威士兰、刚果（布）、纳米比亚、印度、埃塞俄比亚、赞比亚、德国、孟加拉、巴基斯坦、博茨瓦纳、刚果、葡萄牙、加纳等国。[⑤]因此，南部非洲国家是南非外籍黑人移民的主要来源国。

南非的黑人移民依据其合法性和时间长短来区分，主要为合法移民、难民、非法移民和短期劳工、长期劳工等。非法移民大都是贫穷脆弱的，很难统计和记录，且最容易受到剥削与压榨，无法获得合理合法的报酬。这些移民及其家庭长期处在贫困中。大量存在的黑人移民，给南非社会造成了很大压力和影响。反移民的舆论和暴力事件此起彼伏，驱逐非法移民和难民的现象以及暴力排外等社会暴行在南非也一直存在。

7. 街头流浪者

在南非城市乡村的街头巷尾，时常能看到流落街头的无家可归者，他们蓬头垢面、衣衫破烂，经常在脖子上挂个牌子，向过往行人乞讨。他们中的有些人是被农场辞退的工人，有些是城市里的打工仔，过着居无定所的生活，有的住在城郊拥挤不堪的贫民窟内。很难对这些流浪者进行分类，他们有的是单身人士或者孤儿，丧失了家庭和社会关系的庇护；有的是刑满释放的犯人，有过

① Statistics South Africa. Community Survey，2016. Pretoria：Statistics South Africa，2016，p. 27.

② International Organization for Migration. Southern Africa. ［2018－11－06］. https：//www.iom.int/southern-africa.

③ Statistics South Africa. Mid-year population estimates，2018. Pretoria：Statistics South Africa，2018，p. 14.

④⑤ Statistics South Africa. Community Survey，2016. Pretoria：Statistics South Africa，2016，p. 30.

不光彩的过去，很难获得就业机会；有的是在军队里遭遇应激障碍或者遭受身体虐待的人；也有很多酗酒、吸毒人员……这些无家可归的街头流浪者已达百万之众，他们也构成了南非穷人的一个主要类别。

综上，南非的贫困人口类别既有普遍性，也有其殖民历史与种族隔离制度影响的特殊性，在认识与了解这些人群之后，我们仍要从历史纵深与现实联系两方面来深入了解南非贫困的根源与影响因素。

三、贫困的影响因素

南非的历史环境塑造了当下的贫困格局与种族差异，处于不利地位的底层群体无法获得土地和其他资源，更无法享受同白人相媲美的素质教育。当下的南非要采取各种措施去应对复杂而又痛苦的历史与社会遗产。然而自 1994 年新南非成立以来，南非执政党非国大领导的政府所推行的一系列经济改革政策未能阻止 21 世纪以来越来越高的失业人口比重，25 年来在减贫方面的进展不佳。尽管南非政府有着长远的规划和考虑，但政府对财政的紧缩和公共服务的压缩却在不断加剧贫困人口的现实困境。导致贫困的影响因素有很多，让我们从历史、政治、经济、环境与文化五个方面来展开具体的论述。

（一）历史背景

南非与其他非洲国家最大的不同就是殖民主义与种族隔离的经历，这也同样是导致贫困的历史根源。考古学家证实，说班图语的游牧民早在公元 200—500 年，他们就来到南部非洲并与当地的土著科伊人和桑人融合、通婚与交易。在这一过程中，班图黑人把他们的语言、农耕技术传播开来，同时也吸收了科伊人、桑人的文化与语言。[①] 与西方对非洲社会田园牧歌、缺少变化的神话相反，非洲社会在前殖民时代虽然没有现代生活的压力，但也存在贫困，且大都是由政治上的纷争导致，而不是土地资源短缺。[②] 欧洲人对南非的殖民统治始于 17 世纪。起初荷兰人与胡格诺派教徒先后在开普定居，白人的影响仅限于开普地区，主要以牺牲土著科伊牧民利益为代价。随着白人殖民者向北部、东部内陆扩张，英国人在科萨人聚居地纳塔尔登陆，给班图人群体带来较大压力，最直接的影响是土地被白人殖民者侵占，导致大量黑人农民丧失土地，只能在白人农场里做佃农或劳动力，收入微薄。在占南非土地三分之一的东部地区，自 18 世纪末到 19 世纪初，由于非洲人部落战争不断，该地区经历

① Martin Hall，Famers，Traders，and Kings：The People of Southern Africa，200－1860，Chicago：University of Chicago Press，1987；Jared Diamond，Guns，Germs，and Steel：The Fates of Human Societies，New York：Norton，1997.

② John Iliffe，The African Poor：A History，Cambridge：Cambridge University Press，1987.

了较大的社会和地理上的动荡。欧洲殖民者带来的疾病对非洲人口产生了重要影响。对非洲人而言，牲畜是他们维持生计的重要来源。而19世纪中期，肺病开始大流行，在19世纪90年代，口蹄疫和牛瘟以特殊的力量消灭了当地90%的牲畜。[①]

19世纪后半叶，随着南非钻石、黄金的发现与开采，彻底改变了整个国家与社会。一方面德兰士瓦矿场里的黑人矿工数量在急剧增长，一方面白人政府在推行各种政策与法律来保护和区隔白人与非白人。比如1913年出台的《土著土地法》，正式区分了白人耕种区与非洲人保留地，禁止非洲人收购、拥有和租用白人土地。这样做的结果是严重限制了非洲人的经济选择，迫使他们只能把自己的劳动力卖到白人农场和矿场。与此同时，全国的18万矿工中有一半的人口来自周边国家，比如莱索托、斯威士兰、莫桑比克等。

关于南非"贫困"的叙事，可以追溯到1850年代。当时东开普省发生了饥荒，英国政府提供了救济，但只是以一些苦力为交换。这一时期，土著和殖民者开始了彼此间关于财富与贫困的相互交流对话。

事实上，欧洲殖民者对非洲的征服，并没有消除非洲人自身对财富、健康、安全、恩惠以及荣誉的理解。在南非，人们对"贫困"的认识与关注，始于19世纪末期"穷白人"阶层的出现。随着19世纪60年代、80年代，钻石与黄金的相继发现与发掘，南非进入了现代化与工业化发展的快车道，同时引发了土地竞争、大量有技术的白人移民涌入等。一心谋取暴利的商人迫使白人与黑人农民离开土地，进而形成了一个新的无地佃农群体。[②] 不可否认的是，工业化资本主义极大地改变了人们的生活，它让矿场主、经济农场主、长途贸易商暴富，同时也危及到小规模的农民和残存的独立非洲王国。矿场垄断者们到处招募劳工，而起初的劳工移民大都自愿来到矿场工作以赚得家庭、部落所需的枪支、彩礼、毯子以及其他有价值的商品。随着殖民政府实施新的税法，过去那种不规则的劳工移民被长期契约劳工所取代，这里包括从农村大规模迁移到城市的黑人劳工，也包括20世纪初、英布战争后，南非矿业资本家从中国大批引进的劳工。[③] 在这些社会转型中，白人教会领袖注意到大量"穷白人"群体的出现，牧师形容他们是独特而又令人担心的社会类型。[④] 于是，

---

① R. Ross, A conicise history of South Africa, Cambridge: Cambridge University Press, 1999.

② Charles Feinstein, An Economic History of South Africa: Conquest, Discrimination, and Development, Cambridge: Cambridge University Press, 2005.

③ 参阅徐薇：《南非华人的历史、现状与文化适应》，《广西民族大学学报（哲社版）》，2018年第3期。

④ Saul Dubow, Scientific Racism in Modern South Africa, Cambridge: Cambridge University Press, 1995.

“穷白人”成为南非贫困问题的最早叙述，有些人看到了可怕的危险，有些人则看到了在帝国之外重建欧洲文化的希望。现代南非国家的建立，始终把“穷白人问题”置于公共讨论的前沿，使其成为可持续发展的政府与学术审查的中心议题。

南非历史上最惨烈的两大白人族群之间的战争，史称南非战争或英布战争，导火索是英国殖民者与荷兰裔布尔人对于利润丰厚的黄金交易税收的争夺。两大白人集团在1910年成立南非联邦，成为大英帝国的自治领地。与此同时，白人的联合彻底剥夺了非洲人在这个现代国家中的公民权利。根据南非联邦宪法，欧洲男性仍是统治阶层，女性是父亲和丈夫的附属品，仆人不会受到主人的法律保护。那些自1860年代在纳塔尔糖厂种植园工作的印度裔移民，有的成为了商人、企业主，但他们同“有色人”一样，是白人与黑人的中间阶层，所获得的经济机会与社会地位仅比黑人略高。事实上，南非联邦的统一开创了国家集权化、工业化的新纪元，但以种族名义制定的政府教育、就业和社会福利政策则引发了长期的不平等与冲突。

大致勾勒出南非的历史，我们应该牢记，南非社会始终充满着种族主义意识形态的紧张气氛。南非战争之后，南非现代国家的创建者们同意不侵犯白人矿主和商人所积累的财富和自由，并保证他们的利益。然而独裁者与白人选民或白人工人的利益并非紧密契合在一起。一方面民政事务部门以威胁白人健康为由，把黑人从城市驱逐出去，政府仅给城市和农村里的“土著聚居地”最小的投入。在1920—1930年，劳工与社会福利部明确要增加白人的收入。与此同时，政府的其他部门则想要在城市里建立一个健康、顺服、有技术且稳定的劳工阶层以满足日益增长的制造业和工业化需要。这些相互冲突的期望直接引发了冲突的政策措施，进而在贫困问题上形成了充满张力的话语形构。①

整个20世纪，控制黑人的人口流动是南非白人政府高度优先的事项，政府试图努力平衡矿场的劳动力需求，同时希望保持白人居住区与“过剩”黑人人口的隔离。早在19世纪末期，就出现了一种模式即非洲人或有色人聚居在白人城镇边缘的“镇区”里。到了1950年，时任土著事务部部长的维沃尔德（HF Verwoerd）引入了《城市劳工优先政策》，其措施比1923年的《土著城市区域法案》更为严厉。这些政策给非洲人家庭带来了长期的破坏力，使得成年男性在城市里矿山工作，妻子只能待在保留地，造成非洲人家庭结构分

① 起初只有白人和有色人有养老金，且伴随着很大的争议和差别；在20世纪30年代，学者们都建议限制国家在贫困救济方面的投入。Jeremy Seekings，“The Carnegie Commission and the Backlash against Welfare-Stete Building in South Africa，1931 - 1937，” The Journal of Southern African Studies，Vol34，no. 3，2008，p. 515 - 537.

裂。随着越来越多的非洲人被迫定居在保留地，那里的生存条件也愈加恶化。在1955—1969年间，保留地的人口密度从每平方英里60人增加到110人。①

1963—1975年，南非政府把300多块面积狭小、互不连接、资源贫乏、贫困不堪的非洲人保留地归并成十个“自治”或“独立”的民族单位即班图斯坦（黑人家园），使占南非总人口76%以上的黑人变成“外国人”，并严格圈在不到13%的南非国土上，从根本上剥夺他们对整个南非所享有的经济、政治和社会权利。② 1970年，南非政府通过了《班图斯坦国籍权利法》（The Bantu Homeland Citizenship Act，1970）规定所有黑人必须取得他所属的班图斯坦国籍，先后宣布4个黑人家园独立：1976年10月，特兰斯凯（Transkei）——这个最早建立、面积最大的班图斯坦宣布“独立”；1977年博普塔茨瓦纳（Bophuthatswana）宣布独立；1979年文达（Venda）独立，1981年西斯凯（Ciskei）独立。独立后的黑人家园，其公民要注销南非公民资格，成为所在家园的公民。此后，这些人手持护照而不再是身份证。按照南非政府的设想，其他六个班图斯坦最终都要脱离南非而“独立”，成为名副其实的“黑人家园”。表面上看，南非政府让黑人拥有自己的民族与国家，且美其名曰“保留、抢救了黑人的部落生活，帮助黑人建设自己的民族国家，维护传统文化……”实际上，是将南非黑人彼此隔离并迁移到黑人家园中，使得南非政府可以对外声称南非是一个以白人占多数的国家，并且削弱各黑人族群统一起来构建一个国家的可能性。

伴随着黑人家园的建立，南非政府实行了“重新安置”政策，强迫一些人搬到指定的“种族分区”，而搬离的土地被政府以低廉的价格卖给了白人农民，成为白人镇区。遭遇强制迁移的人群主要包括因贫民区清理拆除计划需要搬迁的人、白人农场的佃户、白人区的黑人住户、住在黑人家园附近镇区的工人家庭以及成千上万西开普城区的“过剩人口”③。从1960年到1994年，超过350万人被强行赶出赖以生存的故土和生计，搬迁到各个所属族群的黑人家园里，陷入贫困。期间最著名的一次种族迁移发生在约翰内斯堡，当时有6万多人被

---

① P. Delius & S. Schirmer, Towards a workable rural development strategy, Paper presented to the Trade and Industrial Policy Secretariat（TIPS），“2000 Annual Forum”.

② 孙红旗：《南非白人政权的“分别发展”图谋和“黑人家园”的设立》，《史学集刊》2008年第6期。

③ J Western，“A divided city：Cape Town”，Political Geography，Special Issue Dedicated to Saul B. Cohen，June 2002，21（5）：711－716.

迫迁至新城镇——索韦托（Soweto）[①]，使这里成为南非最大的黑人聚居区，也是南非革命运动的根据地。把上千万黑人驱赶进黑人家园，一方面是要夺走他们地上与地下的资源；另一方面，对这些资源的开发还有赖于失去土地而无以为继的黑人劳动力。对于统治者来说，正是一箭双雕、一举多得的策略。正如孙红旗所言："南非经济在 20 世纪 50—70 年代种族隔离制度最为严酷的时期所以能够保持高速发展，创造经济奇迹，除了其得天独厚的自然资源外，最重要的一个前提条件就是黑人家园的实施造成数以百万计的廉价劳动力。"[②]

1948 年以来的南非白人政府，通过种族隔离、黑人家园、分别发展等策略将人口占大多数的黑人控制在白人住区以外并长期处在社会最底层。为了解决"穷白人"问题，执政当局想方设法扩大公共服务设施，给白人农场主加大补贴，甚至还反对把农场用地划分为次经济单位。总体来看，不论黑人白人，南非女性的经济与社会地位都是低下的、附属于男性的；在一些非洲社会，寡妇或不能生育的女性在家族中毫无地位可言，只能依靠丈夫或其亲属生活。在当代社会，非洲女性仍要同种族主义与女性歧视、男人至上主义做双重斗争。种族隔离时期的移民管控与外来劳工管理体系迫使很多非洲人家庭长期处于分离状态，家庭事务全部落在妇女身上，导致非洲人家庭极不稳定。女性在工作中的待遇普遍低于男性，尽管白人女性参与政治和工作的机会在逐渐放开，然而女性平权在南非的发展远远低于欧美国家。

南非不同社区有着不同的社会安全网络，而这些安全网络在不同时期以不同形式在发生着变化。在非洲人家庭中，传统上重要的安全网是大家庭和非正式的社会互惠网络。大家庭为小家庭应对灾难和突发状况提供了一定程度的帮助。比如在 19 世纪末南部高原上发生的干旱和牛瘟，非洲人家庭通过互助互惠很快得到了恢复。[③] 在整个 20 世纪，不断增长的对城市收入的依赖以及农村地区越来越少的资源使得家庭间的互惠关系下降，那些贫困户期望更多的养牛贷款、工作机会和外部援助。白人的贫困问题，则由很多慈善团体和宗教组织来解决，比如在很多城镇都建立了荷兰归正教会，推出了各种赞助和慈善计划。

1982 年卡耐基开展了一项针对所有南非人的贫困调研，并在 1989 年结集

---

① Sowato 西南城镇（South Western Townships）的首字母缩写，"From the Western Areas to Soweto：forced removals"，Archived from the original on 17 January 2008，https：//web. archive. org/web/20080117170427/ http：/www. sahistory. org. za/pages/places/villages/gauteng/soweto/history3. htm，accessed May 4，2018.

② 孙红旗著：《土地问题与南非政治经济》，北京：中央编译出版社，2011 年，第 141 页。

③ T. Keegan，Rural transformations in industrializing South Africa：The southern Highvel to 1914，Johannesburg：Ravan，1986.

出版，这些调研数据与建议被新南非政府采纳，对新南非的社会重建发挥了重要作用，且直接影响了新南非《重建与发展计划》（RDP）的制定。[①] 自1994年以来，南非步入了截然不同的发展阶段，《重建与发展计划》是新南非改革的基石，对于新南非的减贫工作也产生了深远的影响。

（二）政治因素

多元的种族与族群斗争一直是南非历史与政治的重要组成部分，占南非人口少数的白人与占多数的黑人之间的种族冲突始终主宰着近代南非政治、社会、文化等各个方面。种族隔离制度废除后的南非是议会共和国，但特别的是总统既是国家元首也是政府首脑，其任期取决于议会对他的信任。行政、立法与司法都受到至上宪法的约束，如有违宪，上级法院有权制止行政机关与议会的行为。国民议会是南非议会的下议院，共设400个议席，每五年由政党派名单并以比例代表制选出新一届的议会。全国省务会是南非议会的上议院，共设90个议席，由南非9个省的立法机关各自推选10个议席构成。在每次大选后国民议会将会推选一人为南非总统，总统任期为五年，与议会任期相同，同一人担任南非总统不得超过两届。总统可以委任副总统和部长，这些部长及其领导的各个部门构成内阁。国民议会可以通过不信任动议来弹劾总统与内阁。

在2019年5月8日举行的大选中，共有48个政党报名参选，是新南非实行民主选举制度以来参选政党最多的一届，执政党非洲人国民大会虽然赢得57.5%选票与230个席位，却是新南非成立以来经历的六次大选中得票率最低的一次，民众对非国大的支持率在下滑。在祖马十年治理下，非国大的政治主导地位在动摇，自2009年大选以来，非国大在每5年一次的大选中，支持率大约以3%的速度下降，如果非国大无法及时扭转颓势，其政治权威将不断受到反对党的挑战。

2018年2月，南非结束了祖马时代，拉马福萨政府登台。高举“复兴、改革”旗帜的拉马福萨得到了广泛的认可，南非迎来了“新的黎明”。[②] 拉马福萨的改革在一定程度上减轻了祖马的负面遗产对2019年大选的影响，促使南非经济和政治格局呈现对非国大有利的迹象，但拉马福萨未来的执政道路面临诸多难题。

一方面，改革卓有成效。面对祖马遗留下来的巨额财政赤字，在拉马福萨的推动下，南非政府内阁批准了未来三年削减850亿兰特开支的提案。[③] 为大

---

① ANC，The Reconstruction and Development Programme：A policy framework，Johannesburg：Umanyano，1994.

② “Is the ANC Top 6 Split? Seems So，Based On Comments by Duarte and Magashule”，2018-01-30.

③ Malusi Gigaba，“2018 Budget Speech”，http：//www.Treasury.gov.za/documents/national%20budget/2018/speech/speech.pdf.

力践行反腐理念，拉马福萨带头乘坐廉价航空公司的经济舱，[①] 其亲民与包容的执政风格深入民心。吸取祖马擅自改组内阁的教训，拉马福萨就内阁改组议题，积极与南非共产党、南非工会大会和党内成员展开磋商。更为重要的是，拉马福萨政府强硬的反腐态度提升了投资者对南非经济发展的信心。

另一方面，治国理政面临巨大挑战。2019 年 5 月南非举行第 6 次大选，拉马福萨带领非国大继续取得胜利。拉马福萨接手的南非是一个经济发展迟滞、社会问题严重的国家，其新政并不能短时间从根本上解决南非的问题，"拉马福萨效应"也很快失去了当初的光环。拉马福萨计划对南非进行进一步的改革，但重振非国大仍面临很多挑战。首先，非国大内部持续的派系斗争所造成的裂痕在短期内无法弥合，持续的党派斗争是南非政坛的主流。其次，治理腐败步履维艰。

治理腐败是拉马福萨倡导"新的黎明"的主要标志，但在组阁过程中，其内阁成员不断被爆出腐败的丑闻，凸显南非治理腐败的紧迫性。拉马福萨在 1996 年依靠南非支持黑人经济发展的优惠政策——《黑人经济振兴政策》以及个人的关系网在商业领域取得成功，也正是如此，南非民众对拉马福萨改善南非经济寄予厚望，但对其治理腐败却并不乐观。首先，拉马福萨之前倚重的《黑人经济振兴政策》在促进黑人经济发展的同时，也导致大批国有资产以私有化的方式流入黑人精英之手，因此《黑人经济振兴政策》赢得了南非腐败驱动器的称谓，拉马福萨本人就是其中的受益者之一，从而引发对其根治腐败的真实性的怀疑。其次，非国大的自我修正能力和意愿令人怀疑。拉马福萨在担任南非副总统期间，针对祖马贪腐案的丑闻和 VBS 互助银行（VBS Mutual Bank）的贪腐案件无所作为。更为关键的是，拉马福萨在 2019 年大选前夕被南非公共保护者发现与其儿子都有贪腐、洗钱的嫌疑。[②] 虽然祖马已经被提前"召回"，但祖马腐败案的审理至今仍没有结果，腐败依旧是反对党攻击非国大的一个重要抓手。民主联盟也认为，非国大靠赞助和腐败来维系，无论谁掌舵，非国大都已死亡，不能自我纠正。[③] 第三，在非国大第 54 次全国代表大会推选出党内新领导层的 6 人中，祖马派系的铁杆支持者不但占一半，而且在

① "President Cyril Ramaphosa Causes a Stir as He Is Spotted Flying Economy Class", 2019 - 03 - 30. https: //www.news24.com/SouthAfrica/News/president-cyril-ramaphosa-causes-a-stir-as-he-is-spotted- flying-economy-class-20180330.

② "南非总统拉马福萨因涉嫌洗钱正在接受调查!?", 2019 - 04 - 17. http: //www.nanfei8.com/news/nanfeizhengzhi/2019 - 04 - 17/63098.html.

③ African News Agency, "ANC Is Dead and can't self-correct, No Matter Who Is at the Helm", 2017 - 09 - 19, http: //www.enca.com/south-africa/anc-is-dead-and-cannot-self-correct-no-matter-who-is-at-the-helm-maimane.

祖马的庇护下获得大量政治和经济利益，只有负责财务的总司库保罗·马沙蒂勒（Paul Mashatile）始终与祖马阵营对抗，也是支持拉马福萨的第一批支持者之一；除此之外，在非国大最高决策机构——全国执行委员会的 80 名新成员中，原属祖马阵营的力量也占半数以上。总之，在拉马福萨的政府中，原祖马阵营的力量稳居一半，如若推行改革、反腐措施触动原属祖马派系力量的利益，势必影响拉马福萨政府的团结和声誉。

国家政治稳定，政府高效廉洁，是经济发展、减少贫困的前提和基础条件，然而南非执政党非国大的绝对统治地位已经动摇，政府职能部门的腐败与低效已成为南非民众的刻板印象。政府在发展经济与创造就业方面的引导作用是极为重要且极具创新性的，需要南非执政党从南非民众的实际需要出发，建立健全社会保障机制，同时借助国际国内社会组织以及私营企业的力量来共同推进与解决。

（三）经济因素

在 1994 年首次不分种族的民主选举之前，非洲人国民大会党（ANC）就开始着手准备他们改变与发展南非的策略和方案，这个策略被称为“重建与发展计划”（Reconstruction and Development Programme，RDP），RDP 是一个融合的、持续的社会经济政策框架，它试图动员国家的所有人和资源来根除种族隔离并建设一个民主的、不分种族、不分性别的未来。[①] 该计划初步阐明了由 ANC 领导的政府将在未来引发的变革，其中心主题是减少大多数南非人的贫困，进而消除不平等现象以及由长期的殖民主义和种族隔离所带来的种种社会不公，让南非人都能获得水、土地、工作、教育和医疗服务。

为了促进黑人经济发展，帮助更多非洲人摆脱贫困，南非政府出台了支持黑人经济发展的优惠政策——《黑人经济振兴政策》（Black Economic Empowerment，缩写 BEE），该政策旨在解决黑人经济地位过低、在企业中股权太少的问题，对各企业的黑人持股比例、参与管理程度和接受技能培训等方面设定硬性目标，以期全面提高黑人融入经济的程度。在私有领域，尽管 BEE 并非强制政策，但企业在黑人经济振兴方面的评价等级仍将作为政府和公共企业在采购、执照发放、优惠政策倾斜、公私合作、国有资产出售等过程中的重要参数，直接影响企业竞标政府项目的结果。此外，在个别行业，如达不到行业最低的 BEE 要求（例如矿业要求企业最低由黑人持有 26%的股权），企业将无法申请获准相应的经营牌照。2007 年，南非贸易和工业部颁布了《广义黑人经济振兴（Broad-Based Black Economic Empowerment，B-BBEE）

① ANC，The Reconstruction and Development Programme：A policy framework，Johannesburg：Umanyano，1994.

良好行为规范》。该《规范》是南非政府为施行黑人经济振兴政策制定的具体行为准则和标准，是各企业贯彻黑人经济振兴政策的行为指南。

然而如前所述，南非政府所倚重的《黑人经济振兴政策》在促进黑人经济发展的同时，也导致黑人内部的贫富分化。事实上，政府大刀阔斧的黑人经济振兴举措对于南非贫困人口来说并无直接的益处，真正能够受益的是黑人中的权贵阶层。因此，专门针对贫困人口的扶贫减贫经济政策在南非政府层面是模糊的、缺失的。而与南非贫困人口切身相关的土地问题，长期以来仍然处在悬而未决的状态。

土地问题是新南非政府给民众的主要政治承诺之一，但是由于制约因素非常复杂，土地改革进展不大。截至 2017 年，白人只占人口的 9%，却控制着该国约 72%的农业土地。近年来，非国大在左翼激进政党——经济自由斗士党的竞争压力下，“左”倾有不断加剧的趋势，内部成员也开始呼吁无偿进行土地改革、实行国有企业改革等极左措施。再加上拉马福萨是在代表南非底层黑人利益的南非共产党和南非工会大会支持下上台的，其政策必然要适度向这些群体倾斜。经济自由斗士党作为南非激进的土地改革的主要推动者，一直在给非国大施加压力，拉马福萨为此专门设立了一个土改工作小组，确保在不发生土地争夺、不破坏南非经济发展、农业生产及粮食安全的前提下，尽快实施无偿征用土地政策。土地改革势在必行，这将进一步对南非资本尤其是白人资本造成严重冲击。根据商业房地产数据与分析公司（Real Capital Analytics）的最新研究显示，由于政治和政策的不确定性，南非资本外逃的趋势越来越明显，以南非为大本营的房地产投资者在 2018 年通过投资向海外输送了 49 亿美元（约 680 亿兰特）。[①] 2019 年 7 月 28 日，南非总统的一个专家小组公布了土改的具体方案：白人的土地将会被大规模征收，而且不会得到任何补偿。虽然该方案对征收土地的类型做了比较严格的限制，并不是白人所有的土地都会被征收，[②] 但津巴布韦激进土地改革的先例表明，这会激化种族矛盾，造成南非白人资本的恐慌性外逃。土地问题是影响南非贫困人口的根本问题。

事实上，南非经济近年来持续低迷，加上祖马任期内通过提高社会福利等手段吸引底层选民，巨额财政支出导致南非政府经济状况恶化。由于预算赤字不断扩大，2020 年 3 月 27 日，国际评级机构穆迪表示，由于南非财政状况不断恶化，结构性增长十分缓慢，决定将南非的主权信用评级从 Baa3（投资级

① “南非资本‘疯狂’外逃 一年高达 680 亿兰特”，2019－07－23，http：//www.nanfei8.com/news/caijingxinwen/2019－07－23/63797.html.

② “南非正式公布土改方案：白人土地将被征收　无任何补偿”，2019－8－2，http：//www.nanfei8.com/news/nanfeishishi/2019－08－02/63896.html.

别）降至Ba1（垃圾级），评级展望保持在“负面”。穆迪表示，受新冠肺炎疫情迅速扩散影响，全球经济前景黯淡，这将加剧南非在经济和财政方面所面临的挑战。此外，南非内部还面临电力供应不稳定、投资信心持续不足和劳动力市场结构持续僵化等问题。南非正面临经济萎缩和新冠肺炎疫情爆发的双重冲击。穆迪此时下调南非主权信用评级，将严重制约南非对外借贷能力，对南经济带来更严峻的挑战。目前，国际三大评级机构对南非主权信用评级均为垃圾级。[①] 加之新冠疫情在南非快速蔓延[②]，南非政局与经济发展均陷入了动荡、不确定的状态。

（四）环境与文化因素

萨克斯在其著作《贫困的终结》中这样描述：“地理就是命运，如果一个国家所处的地理位置相对封闭、不易到达，环境上易于遭受疾病和极端天气的侵袭，而且土壤贫瘠脆弱，那么就会陷入贫困”。[③] 在萨克斯看来贫困的根源在于“地理”/“环境”因素，虽然“环境决定论”有夸大环境等地理因素的决定性作用之嫌，但贫困人口在空间分布上确实具有不均衡性，大多数国家的贫困人口都分布在农村地区，尤其是生态环境恶劣、地理位置偏僻、公共服务和公共设施不足的农区。就南非而言，位于非洲大陆最南端、被大西洋与印度洋环抱，其海岸线长达2 500多千米。自纳米比亚的沙漠向南延伸，绕过非洲的南端，之后北上至莫桑比克。三面环海的地理位置，赋予其得天独厚的发展空间。南非国内大部分地区都是半干旱地区，但在气候和地形上较为多变。南非主要的平原都集中在沿海地区，且海岸线较为平直，有多个天然良港，因此南非人口主要集中在沿海地区，沿海城市大多较为富庶发达，比如南非母亲城——开普敦、风城——伊丽莎白港等。南非九省中贫困人口最多的两个省是林波波省与东开普省，前者位于南非东北部，属内陆地区；后者处于东南部海岸线中段，既不像开普敦有欧洲航路，也不像德班有亚洲印度洋航道，因此一直以来海洋业发展缓慢，且东开普省多为沙质土壤、生态体系不利于大规模的农业种植。这两地都是传统部落文化比较浓厚的地方，区域贫困的形成是“人—地—业”不断耦合变迁的过程。南非贫困的重要影响因素也包括社会制度、社会文化距离（语言障碍和文化差异）、种族和地方政治竞争、社会排斥与社会歧视等。本报告仅以祖鲁人为例，来具体论述传统部落文化对南非区域贫困的影响。

---

① 中华人民共和国商务部西亚非洲司，“穆迪下调南非主权评级至垃圾级”，2020-04-03，http：//xyf. mofcom. gov. cn/article/zb/202004/20200402951650. shtml。

② 截至2020年7月11日，南非疫情加剧，累计确诊250 687例，10日新增确诊12 348例。

③ J D Sachs，The End of Poverty，London：Penguin Press，2005.

后种族隔离时代新宪法对传统权威的立场是：①传统当局应按照授权立法的规定，继续根据土著法行使其职能；②应由选举产生的地方政府在其管辖范围内履行政治责任；③地方当局管辖内的传统（世袭）领导人应为地方政府的当然成员；④任何地方政府的主席应由地方政府成员中选举产生。[①] 新宪法充分保证了传统权威在当代民主南非的继承与发展，并与宪法相融合一致，保证了南非基层社会的稳定，特别是传统的乡村地区，传统权威仍然发挥着稳定一方的重要作用。依据传统习惯法，南非政府承认三个级别的传统领袖：王权、酋长和头人。2003 年，时任总统姆贝基任命了一个专家组来调查确认可以追溯到 1927 年的传统领导，专家组发现在 13 个最重要的传统王室中有 6 个有资格被认定为王或女王。[②] 随后在对传统君主制进行 6 年的研究之后，2010 年 7 月，南非政府决定将之前认定的 13 个减少到 7 个，分别是：①The AmaXhosa（Eastern Cape）King Zwelonke Sigcawu 东开普省科萨王；②The AmaZulu（KwaZulu-Natal）King Goodwill Zwelithini 夸祖鲁—纳塔尔祖鲁王；③The AbaThembu（Eastern Cape）King Buyelekhaya Dalindyebo 东开普腾布王；④The VhaVenda（Limpopo）King Toni Mphephu Ramabulana 林波波省文达王；⑤The AmaNdebele（Mpumalanga）King Makhosonke Enoch Mabena 姆普马兰加省恩德贝勒王；⑥The AmaMpondo（Eastern Cape）King Zanozuko Tyelovuyo Sigcau 东开普省蓬多王；⑦The Bapedi ba Maroteng（Limpopo）King Thulare Victor Thulare 林波波省佩迪王。

这七个君王连同其他被政府承认的各族群最高酋长每年都会得到政府的高额补贴，特别是祖鲁王，在待遇、地位与影响力方面远高于其他君主与酋长。尽管如此，祖鲁王仍需要省级政府的监管，他本人负责监管省内所有的传统领袖。他强调，作为传统领袖并不直接参与国家政策的制定和实施，但要在促进共同体团结统一方面发挥更重要的表率和象征作用。祖鲁王在传承发扬保护祖鲁人文化方面意义重大，他是每年中祖鲁人重要仪式、节日（芦苇节、丰收节等）的主持人和灵魂人物，作为祖鲁人传统和习俗的守护者、倡导者，他对社群中年轻人行为与道德的教化作用特别重要。

祖鲁王不但拥有着至高无上的权威，还通过 Ingonyama 信托基金（Ingonyama Trust）管理着夸祖鲁—纳塔尔省 32%的土地，他有权分配、租赁这些土地并从中获利。祖鲁王古德维尔自 1968 年继承王位以来，已娶了 6 个妻子，

---

① J D Sachs，The End of Poverty，London：Penguin Press，2005.

② Republic of South Africa，White paper on Traditional Leadership and Governance，Pretoria：Government Printers，2003.

生育了28个孩子[①]，生活极尽奢华，常见诸媒体报端并引发争议。比如2012年9月，祖鲁王要求夸祖鲁—纳塔尔省政府给他提供1.8亿兰特修建新王宫，其中有7 000多万兰特用于给最小的妻子建皇宫；祖鲁皇后与娘娘们的奢华生活也时常被媒体披露[②]；近年来把祖鲁王推上风口浪尖的是他在2015年公开发表的排外言论，他呼吁南非的外来移民都回到自己的祖国去，不要抢占南非人的就业机会，进而煽动起从索维托蔓延到夸祖鲁—纳塔尔省的排外暴行，受到媒体的广泛批评。[③] 在夸祖鲁—纳塔尔省生活的大多数祖鲁人仍十分贫困，而祖鲁王室却过着住豪宅开奔驰穿金戴银的奢华生活，不得不让人扼腕叹息……

祖鲁人的家园——夸祖鲁—纳塔尔省，有着广袤无际的土地、连绵起伏的山脉、澄碧如洗的湖水、温暖浩瀚的印度洋……这里生活着“天堂里的子民”！遗憾的是，大量土地和资源逐渐被荒置，因为大多数黑人不懂得如何发展农业和工业。我亲眼目睹一座曾经盛极一时的木材厂被荒废了十多年，偌大的厂房如今变成了周围村民的牧牛场，满地牛粪堆积；还有附近的屠宰场、农场，都被荒置，设备坏了无人能修，值钱的零件早已被偷走贩卖……种族隔离时期由台湾农耕队援建的千亩良田，水利灌溉设施一应俱全，却无人耕种，撂荒多年。不禁令人叹息：这是捧着金饭碗讨饭啊！

回顾笔者在夸祖鲁—纳塔尔省所见的景象，成片的甘蔗林、菠萝地、果园大都是白人在经营，祖鲁王治下的农场、木材厂、屠宰场全部荒废；其治下的锡巴伊湖是南非最大的淡水湖，水源充足、土壤肥沃，却一直无人问津、杂草丛生，只看到牛群们悠闲自在地在草原上吃草散步……然而千百年来，祖鲁人就是过着这样一种生活，男人打猎放牧，女人在家生养孩子做家务干农活，如此，才保留了非洲的野性和原始之美。现代化是一把双刃剑，发展可以让当地人富起来，也会带来不可挽回的损耗和破坏，不论是对环境还是人心……白人总是这样评价他们所熟悉的黑人：黑人只活在今天，只看重眼前的利益，他们想不到明天、后天和未来。同样养牛，白人会把多余的牧草卷起来晒干以备干旱时给牛吃，而黑人却不会，黑人只会看着牛吃饱今天这顿。白人的院子里会种树种草种花，黑人不会，即便黑人在白人家里学会了如何种树种花，他们也不会在自己家里种……白人眼里的黑人：懒惰、愚笨、惯偷……白人建设了非

① Luke Daniel，“Goodwill Zwelithini：Five quick facts about the Zulu King”，The South African，https：//www.thesouthafrican.com/goodwill-zwelithini-five-quick-facts-about-zulu-king/，accessed Jul 5，2018.

② Zulu King Zwelithini's six wife ‘needs palace’，BBC News，2012-9-5.

③ Clive Ndou，“Foreigners must go home—King Zwelithini”，The Citizen，https：//citizen.co.za/news/south-africa/349347/foreigners-must-go-home-king-zwelithini/，accessed Jul 5，2018.

洲，也破坏了非洲人传统社会文化家庭的稳定和延续，黑人在自身传统文明与西方现代文明之间徘徊、抗争、改变、融合、分裂……经历着种种调适与阵痛。祖鲁王虽然拥有土地与资源，却没有足够能力开发利用这些资源，政府给他的巨额薪金被用来建皇宫而不是带领人民建设、发展自己的家乡。可见，良治需要明君贤相，现代化全球化不可逆转，没有人会甘于贫穷，非洲人有着自己的非洲梦，只是传统与现代的剧烈碰撞仍使很多民众感到迷茫无助甚至绝望。

四、未来的变化趋势

实际上，有关减贫的叙事逻辑往往来自于世界银行和国际货币基金组织（IMF），他们为了给非洲国家贷款，加强债务与减贫之间的联系，在 20 世纪末制定了一套减贫的标准与报告，非洲国家被迫跟进。时至今日，南非仍缺少一套专门针对减贫的一体化政策与长期战略。贫困研究不是象牙塔和书斋里的学问，报告和表格做得再漂亮，如果不能很好地指导和应用在减贫实践领域里，就是纸上谈兵、空中楼阁。减贫是一个看成效的实际问题，需要真正解决现实中的困难和障碍，这就需要各个层级相关职能部门的人员能够高度统一思想行动一致。这是南非政府需要反思并尝试解决的重点，否则减贫目标难以实现。

南非未来要面对的一个重大挑战，仍是失业与就业的痼疾。一方面正规部门或者说国有企业在大量裁员，越来越多的非技术人员被机器、人工智能所取代，特别是技术密集型的制造业，高精尖的科技发展对于解决底层贫困人口的吃饭问题影响不大；而另一方面中小私营企业却雇不到岗位所需的熟练工人，因为大多数贫困人口并没有“一技之长”，需要各级政府和扶贫机构根据地方产业需求开展更多人力资源培训与经验交流的项目。为了保增长、促就业，农村地区的土地再分配问题也日趋紧迫，如果按照计划将传统的白人农场用地通过购买形式收归国有再转发给农民个人，虽然能解决广大农民无地耕种、无粮可收的困境，却会引发另一个大农场工人失业的问题。这些流离失所的农场工人会给农村经济发展带来振兴还是负担？仍需观察与研判。

诸如艾滋病毒/艾滋病这样的流行病对整个非洲社会与经济都产生了重大影响，2020 年席卷全球的新冠疫情，更加剧和凸显了南非在医疗卫生领域中所面临的危机和挑战。流行病、传染病不仅给个人、家庭带来灭顶之灾，也会给企业和社会保障部门带来巨大压力。特别是在农村地区，患有艾滋病的家庭为了筹集医药费不惜卖掉土地或牲畜，进而导致更长期的贫困、遭遇更多社会排斥与歧视等。随着艾滋病患者死亡率的上升，越来越多的艾滋孤儿需要社会的救助和关心，还包括那些负责抚养这些孤儿长大的“祖母”们，这对于现行的养老金制度也提出了挑战。

2020 年，新冠疫情席卷全球，联合国秘书长古特雷斯指出："疫情虽未由非洲所引发，非洲却可能承受最严重的后果。只有非洲取得抗疫斗争的胜利，才能彻底结束全球疫情。"据非洲疾病防控中心 2020 年 7 月 25 日数据显示，非洲累计新冠确诊病例超 81 万例（其中有超 1 万多例为医护人员），累计死亡超 1.7 万例，累计治愈超 46 万例。非洲快速增长的确诊人数令人担心，世卫组织甚至对此表示"震惊"。其中，疫情最严重的是南非，确诊人数超 43 万例，占非洲确诊人数一半，居世界第五。对此，世卫组织紧急项目负责人迈克尔·瑞安发出警示：南非病例攀升可能是整个非洲大陆疫情爆发的先兆。4 月 17 日，联合国非洲经济委员会报告预计：最乐观的情况下，非洲会有 30 万人病亡，最坏情况可能达 330 万，并有可能使 500 万～2 900 万人陷入极端贫困。当前非洲报告的 81 万确诊病例很可能被严重低估，因为大多数非洲国家检测能力不足，甚至有些国家已经停止更新确诊数据。

即便是作为非洲大陆经济领头羊的南非，面对这场全球蔓延的新冠疫情都面临着医疗资源匮乏、医护人员紧缺、呼吸机重症监护床位极为短缺的困境。对于占南非人口近半数的贫困人口来说，无疑是雪上加霜、火上浇油，同时也暴露了许多自身经济发展的不足之处，比如互联网、远程医疗和教育发展水平低等。有关机构统计数据显示，受疫情影响，南非经济 2020 年将萎缩 16%，损失超 400 万个工作岗位，而在"封城"期间，南非五分之一的公司裁员，85%的公司收入下降，75%的公司认为疫情造成的影响超过 2008 年国际金融危机。事实上，在"封城"之前，南非经济就已陷入衰退，失业率近 30%，政府此前预计，"封城"将给南非经济带来"毁灭性"打击。为了刺激经济增长，帮助企业和人民渡过难关，南非政府推出总额 5 000 亿兰特的社会救助与经济支持计划，与此同时，南非政府也在努力寻求国际组织的援助与投资，以期在一定程度上缓解资金的压力。

中国的疫情防控经验与减贫发展成就为全世界提供了成功案例与宝贵经验，在美国等西方大国自顾不暇之际，中国可积极向南非等非洲国家雪中送炭、施以援手，正如非洲人常说的"A friend in need is a friend in deed"（患难见真情），中国当下的对非援助与合作应更多着眼于南非急需的医疗卫生、减贫扶贫、创新创业等领域。

第二节　南非的减贫政策及发展趋势

南非是世界上贫富差距最大的国家之一。其新政府上台后为了提高经济发展和人民生活水品，推出了一系列减贫政策。如 2006 年的"南非加速与共享增长倡议”，致力于加大政府干预经济力度，并通过加强基础设施建设、实施行业优先发展战略、加强教育和人力资源培训等措施，促进就业和减贫；2011年9月11日，南非发展和改革委员会制定了《南非2030年发展规划》草案，计划在未来25年间通过经济增长、创造就业岗位、降低失业率、减少贫富差距来减少贫困等。然而，从客观现实的角度说，当前南非的减贫政策并未完全发挥出其设计的效用，在实施维度和力度上也没有成功帮助南非按照预期阶段性地摆脱贫困。由此，本节将围绕着南非的减贫政策的落实进行深入研究，并通过案例和施政问题分析来理解政策未能完全发挥作用的原因。具体分析内容包括：南非减贫政策简介、南非“造血型”减贫政策近年来的统计数据、南非“造血型”减贫政策——公共工程、土地再分配、项目创收、服务弱势群体，南非“扶助型”减贫政策——社会保障制度，以及南非减贫政策落实的障碍和解决办法。

一、南非减贫政策简介

（一）南非减贫政策的设计范围

近年来，南非政府通过各种国家、省和地方的干预政策来实现其对减贫发展的承诺。自1994年以来，新政府采取许多减贫措施，为收入贫困（收入不足）人群、人力资本贫困（教育和技能不足）人群、服务贫困（基本生活服务和便利设施不足）人群和资产贫困（缺乏土地和房屋所有权）人群解决贫困问题。国家减贫政策从土地重新分配到发放儿童抚养费、从人居服务到扩大公共部门间合作计划，不一而足。虽然在过去这些措施被统称为南非“减贫计划”，但很多时候人们很难具体了解到这些措施的目的、规模、项目和实施结果。

直到2005年，南非公共服务委员会（PSC）发起了一项数据统计[①]，将所有政府项目汇总到一个数据库中，从而首次对国家减贫计划的大多数举措和项目进行了统计分析。此外，该统计还对减贫方案和项目进行了分类，将统计结果编成了一个含40个分支举措和近3万个项目的集成数据库。然后，南非公共服务委员会对这些举措进行了评估，以便全面了解其减贫效果。在评估报告中，项目数据库为南非减贫分出了四种大“政策”，每种政策下又有若干项目作为其政策落实的依据。这些政策是：①工程政策（Expanded Public Works Programme）；②土地再分配政策（Land Redistribution Programme）；③项目创收政策（Income Generating Projects）；④服务弱势群体政策（Individual Services and the Social Development Programme）。

值得注意的是，南非公共服务委员会为了使数据更好管理，在做政策分类

① Republic of South Africa，Public Service Commission 2005，http：//www. psc. gov. za/.

时排除了社会保障政策。南非的社会保障政策是社会发展部同财政部根据议会通过的相关拨款决定向规定范围内需要救助的人口直接发放社会补助金或提供免费社会服务的，它并不具备上文提到的四种减贫政策中的“造血”功能。所以关于南非社会保障政策这一部分，本文将随后提出并单独讨论。

（二）南非“造血型”减贫政策

与“扶助型”减贫政策（社会保障）相比较，“造血型”减贫政策的最终目的是帮助贫困者创造就业机会、自力更生，最终达到永久脱贫的目的。

1. 公共工程减贫政策

1990年代中后期，南非推出了公共工程减贫政策，并以各种“计划”的形式予以执行。例如以社区为基础的公共计划、供水计划、土地维护计划等。这些计划统称为“拓展式公共工程计划”（Expanded Public Works Programme，简称EPWP），它几乎覆盖了政府对公共领域减贫的所有主要方针和行动。“拓展式公共工程计划”于2004年5月正式启动，并得到了“增长与发展峰会”和内阁的一致认可。公共工程减贫政策的目标明确，并且确实为政府的减贫计划做出了重大贡献。公共工程的弱点和问题将会在第五节关于该政策的详解中提出并说明。

2. 土地再分配政策

土地再分配政策（Land Redistribution Programme）是政府土地改革计划的组成部分之一，也是政府主推的减贫政策之一。其他与土地改革相关的政策还有土地归还和土地权属改革。土地归还即恢复土地原所有人或向被迫搬迁的原所有人提供补偿；而土地权属改革的目的是以法令和书面形式明确土地所有权，主要针对有色人种的原住民和有色人保护区的居民。通过土地再分配政策，人们可以重新获得土地，并申请政府财政和其他类型的投资。土地权属改革主要通过立法及相关程序进行，归还财产并斧正司法公正；而土地再分配和土地归还是通过土地规划项目达成的，具有明显的经济目的，即减少贫困并通过农业促进经济发展。

土地重新分配的主要筹资手段是以家庭为单位接收用以定居和农牧的补助金（SLAG）——需要土地者可以向国家申请购地：以个人为单位向政府申请购地款，并汇集多个家庭或同一家庭的多个成员的购地款，共同向土地事务部申请购买并获得土地。土地再分配政策的落实是目前南非的当务之急。虽然任务复杂并且极具挑战性，但目前还是取得了一些阶段性的成就，土地再分配政策的受益人确实得到了从前未曾有过的实惠。土地再分配的弱点和问题将会在本节之后关于该政策的详解中提出并说明。

3. 项目创收政策

项目创收（Income Generating Projects）政策也是南非政府的主要减贫政

策之一。项目创收政策是由许多不同的政府部门通过共同创造并扶持各种经营性项目来完成的。项目创收政策象征着政府开始帮助人们在经济上实现独立，而不是鼓励他们仅仅依赖社会福利或社会保障。在项目创收政策下，人们得到了事业发展的机会和生活实惠，甚至有的项目还吸引到一些计划外的客户。项目创收的弱点和问题将会在关于该政策的详解中提出并说明。

4. 服务弱势群体政策

公共服务委员会的减贫项目数据库将“服务弱势群体”政策（Individual Services and the Social Development Programme）作为除公共工程、土地再分配和项目创收之外的第四种减贫政策。“服务弱势群体”主要针对老人、被艾滋病感染的人和家庭、弱势或有需要的儿童和他们的家庭，是在这些人所在的社区为他们提供护理服务的项目。南非社会发展部是该政策的主要执行者。该部首先通过社区组织了解当地情况和需求，然后建立一个与需求相关的微型企业用于帮助当地社区的贫困和弱势群体。之后吸纳项目受益人、项目领导者或团队设计运营方案并以此来创造财富和可持续就业。服务弱势群体的弱点和问题将会在关于该政策的详解中提出并说明。

（三）南非“扶助型”减贫政策——社会保障制度

日益加剧的不平等和高度贫困无疑是当今南非社会面临的两个主要挑战。在这样的国家里仅关注经济增长是不够的，因为总体经济发展并不能保证每个人都会从中受益。于是社会保障就成了必要的国家政策和减贫手段。社会保障政策通过对社会资源和资金的重新分配，将钱从富人转移到穷人手上，在当前的失业危机下为弱势人群建立一个运转良好而全面的社会体系，从而帮助他们迅速减轻贫困的负担或降低与社会经济变化相关的生活风险。

在南非，社会补助针对的都是人口中特别脆弱的群体，包括残疾人、寄养儿童、需要护理的病人和老人、受灾家庭等。而且，即使在工作生活中享有良好社会保险的人群，一旦退休、失业或失去公积金，也会发现自己需要依赖社会保险渡过难关。所以无论是由国家财政资助还是强制性供资，社会保障政策为弱势群体分担风险、为需要的人提供保护、凝聚和促进社会团结。社会保障体制符合政府的发展战略需要，也符合政府对人民权利的承诺。社会保障的弱点和问题将会在关于该政策的详解中提出并说明。

二、南非减贫政策近年来的统计数据及变化趋势

公共服务委员会的减贫项目数据库包含近三万条项目记录。在清理并删除了重复的记录和录入有误的社会保障政策项目后，数据库里还留下了约八千多个项目记录，如表 1 所示，按减贫政策类型汇总项目数量是 8 560 个。但数据库的一些记录与项目实施的时间不能完全吻合，是因为许多记录都未记录项目

的实际开始或结束日期。例如，公共工程项目往往是临时性的，因此数据库仅能捕获一些可能实施的日期。相比之下，土地再分配政策落实的记录就相对翔实些。

表 1　公共服务委员会数据库中的扶贫项目

计划类型	项目数（个）	数据库中项目总数的份额（%）	大概实施时间
公共工程	3 349	39	主要集中在 2004—2017 年
土地再分配	2 541	30	1995—2019 年
项目创收	1 969	23	主要集中在 2003—2018 年
服务弱势群体	210	2	不明
未分类项目	491	6	主要集中在 2004—2015 年
总计	8 560	100	

公共服务委员会数据库对减贫项目的收集并不完整，尤其是在项目创收政策上。这是因为，与其他类型的减贫政策相比，项目创收更多是由许多不同部门在没有中央协调或系统报告的情况下进行的，所以缺乏统一的数据整理。

表 2 展示了每种减贫政策的估计受益人数。有趣的是，土地再分配在受益人中所占的比例最大，大概是由于其相对于公共工程更容易接受和推广。

表 2　减贫项目受益人数统计

减贫项目类型	受益人数（%）	项目平均收益人数（人）	广义受益人数（人）	占总项目比例（%）
公共工程	57	92.9	311 254	37
土地再分配	20	134.2	340 995	41
项目创收	8	65.1	128 086	15
服务弱势群体	1	不明	不明	不明
未分类项目	5	123.3	60 544	7
总计			840 880	100

表 3 是按照南非省份划分的减贫项目列表。虽然是不完全统计，但国家对每个省份不同的扶贫力度可见一斑。

表 3　按南非省份分类的减贫项目

省份	公共工程	土地改革	项目创收	服务弱势群体	总计
东开普省	9	9	17	5	40
自由省	4	16	5	2	27
豪登省	10	1	3	8	22
夸祖鲁—纳塔尔省	12	2	2	8	24
林波波省	4	7	19	3	33
普马兰加省	16	4	6	37	63
西北省	1	8	11	2	22
北开普省	8	7	8	0	23
西开普省	13	3	5	1	22
总计	77	57	76	66	276
不再更新的项目	19	10	13	2	44

最后一行表示有些过去录入的项目已经不再更新了。但这并不意味着这些都是失败的项目，它们也有可能仅仅是临时设计的项目，就像之前提到的那些公共工程项目一样，当项目结束就不再更新了。

从表 4 可以看出，大多数政府进行的以减贫为目的的政策和项目被视为成功。数据可能在一定程度上出现由项目负责人主观判定所带来的偏差，所以可信度在此不评价。但值得注意的是，公共工程和服务弱势群体政策中被认定为成功的项目最多，而土地改革政策中不成功的项目最多。

表 4　南非减贫政策实施中的具体项目成功比例

单位：%

项目类别	成功	失败
公共工程	79	21
土地再分配	56	44
项目创收	63	37
服务弱势群体	72	28

注：仅包括已完成和还在更新的项目。

项目失败的原因引起了南非政府一些部门的兴趣，于是表 5 显示了以土地再分配和项目创收政策（失败率最高的两个）为例的各种失败原因。调研结果显示，其中“资金/基础设施/设备不足”导致的失败所占的比重最大。

表 5　导致减贫项目失败的主要原因

单位：%

主要原因	土地再分配	项目创收
管理不力	24	22
缺乏合作或承诺	5	19
资金/基础设施/设备不足	52	29
供水不足	14	15
培训不足	5	4
盗窃	0	11
总计	100	100

综上，通过统计数据我们可以看出，南非近年来的减贫政策主要侧重于“造血型”项目，包括公共工程、土地再分配、项目创收、服务弱势群体等，其中投入最大的是公共工程与土地再分配，这两项也是减贫受益人群最多的项目；在项目实施成效方面，土地再分配与项目创收是失败率最高的两类项目，究其原因主要是资金、基础设施和设备的不足。对此，南非的减贫部门已有了比较清楚的认识，未来南非的减贫政策与项目仍会以改善民生的公共工程与土地再分配为主导，配合一些创收性的项目来带动就业增长，才能保证减贫政策的有效实施和落地。

第三节　南非减贫治理体系：主要扶贫机构及运作方式

2013 年南非政府发布的《南非国家发展计划》（National Development Plan，简称 NDP），设定了 2030 年消除贫困与不平等的目标。这个国家级的发展政策，自上而下地制定了南非减贫的目标，为南非减贫领域内的工作提供了纲领性的指导。目前实施的国家发展计划将南非 2030 年的发展目标确立在以下两个范畴：第一，消除极端贫困：到 2030 年消除人均月收入为 495 兰特的收入极端贫困；第二，消减贫富不均：到 2030 年将贫富差距基尼系数从 0.7 降低到 0.6。国家发展计划同时确立了详细的、覆盖范围广泛的减贫工作领域：教育、健康、安全、经济增长与工作机会、技术提升、基础设施、农村发展、人口定居、地方政府、环境、国际关系、公共领域、社会保障、国家建设与社会团结。实现这些宏大的目标，需要恰当的工具以及适合的治理。因此，本节将基于南非减贫的制度设计，对其减贫治理的工具、减贫治理的机构、减贫治理的机构管理与减贫机构的运作过程进行介绍，以明晰南非的减贫治理状况。

一、减贫工具

减贫治理的工具是指能够对减贫状况的实现所采取的制度设计。一般而言，减贫治理的工具包括：经济发展，旨在以经济发展的带动对贫困人口产生的消滴效应以及面向穷人的经济发展工具；社会保障与福利，这一制度设计一般指向对于社会脆弱群体提供的直接现金或者相关的福利保障，这一制度针对性更强，具有直接作用于贫困目标人口的效用；减贫项目干预，这一工具设计上强调通过发展减贫项目的执行与实践，对贫困人口的致贫原因进行具体的干预，以帮助目标贫困群体跳出贫困陷阱实现减贫目标。

（一）消滴效应与面向穷人的发展

这一理论假设通过市场自主、自发的发展，能够通过经济效益的滴漏效应达到减贫的效果。而要达到这一效果，以国家干预的程度为“光谱”，最左端的一些经济体，包括我国与其他发展型的东亚国家在内，都采取了强烈干预性的产业政策，支持某一符合国情的产业的发展，以此来提振经济，并通过经济的发展来惠及贫困阶层或地区，促进贫困尤其是极端贫困的消减。而在“光谱”的右端，极端强调市场自主性的经济体，则会选择更少的干预来保证市场的自发性与自主性，这一点曾在20世纪兴起的新自由主义市场改革的英美拉等国家被广泛接受，并经由世界银行与国际货币基金组织的金融影响被推广到了非洲。而对处于“光谱”中间的，是将国家的公权力限制在保证宏观经济稳定的状况下，较小限度地强调国家对产业干预。关于公权力或者国家对经济的发展是否应予干预，应当多大程度上干预的争议始终存在，但作为新兴经济体、金砖国家之一的南非，其产业政策干预状况有多强仍待商榷。我国学者在研究中，多偏向于强调南非产业政策，尤其是汽车行业发展中的政策支持①。但根据南非非国大在1994年通过的《重建与发展计划》，这一计划并非如普通政策那样是某个政党组建政府后发布的政府文件，而是在新政府上台之前即被非国大发布，并成为非国大参加大选与组建新政府的主要政策依据②。在《重建与发展计划》中，南非对于处理经济增长优先还是国民发展优先有很明确的选择：即果断地摒弃了人们普遍认为的更优先考虑经济增长而不是更优先考虑国民发展的做法。因此，南非并没有在经济政策上过度强调经济增长优先。但同时，南非政府兼顾宏观经济的稳定性，这些措施包括：缩减预算赤字、限定

① 李志强．政策造就了支柱产业的竞争优势——巴西、南非、印度的主要做法和经验．国际经济合作，2004（12）：24-27.

② 本·图罗克，李淑清．南非非洲人国民大会经济政策的演变．海派经济学，2015，13（1）：157-174.

性的货币政策、有管控的贸易自由、保持汇率价格稳定、劳动力市场的规范灵活性以及提高生产效率等[①]。

自20世纪70年代以来，市场的自发性广受质疑，人们开始反思新自由主义的放任式经济发展。在减贫治理中，面向穷人的发展这一理念得到了南非的充分认可。图罗克曾在执政党非国大制定政策的过程中，详细地展示了1994年《重建与发展计划》的出台过程中对于基础设施的投入优先还是对于就业的投入优先的经济发展计划的争论。[②] 这一争论本质上就是经济增长优先还是普惠式的面向穷人的发展优先的选择。因此，南非在治理中尤其是使用经济发展作为减贫的工具时，强调基于就业的创造与就业率的增长，而非产业或者GDP的增长。当然这不是说经济增长对于南非政府而言不重要，因为南非在后种族隔离时代也保持了较为良好的经济增长，成为新兴经济体中具有代表性的金砖五国之一。所以，面向穷人的发展以政府对就业保障的途径为基础，强调的是公权力介入下对面向穷人的发展服务的供给。这其中，保障就业、创造就业最为核心，而在新的发展政策2030年《国家发展计划》的主导下，南非提出通过放松劳动领域管制与降低运营商成本促进劳动密集型产业的发展，同时加大公共工程领域的建设投资，计划于2030年将失业率降至6%。根据南非政府年报显示，这一系列的具体项目涉及：①公共工程投资：通过扩大公共工程的投资，为穷人提供工作岗位和收入从而快速明显地缓解贫困；②就业基金：以商业化的基金形式创造就业岗位；③社区就业项目：为城市失业人口提供就业帮助，创造就业机会；④农村就业项目：为失业的农村青年提供培训，创造就业机会。

（二）社会保障与福利体系

在1994年之前，南非既有社会保障与福利体系——如发布于1978年的《社会服务专业化法案》，即为专业化社会服务的提供确立了规范。尤其自1994年结束种族隔离以后，南非的福利体系也取得了很多新的进展，特别是1997年《社会福利白皮书》的发布，标志着新南非社会福利体系的确立。该白皮书为当下的南非社会保障与福利体系确定了原则、纲领、建议、政策承诺计划等广泛的体系化内容，是南非社会保障与福利体系得以发展的基石。在政策地位上，该白皮书由当时的南非福利与人口发展部（Ministry for Welfare and Population Development）会同省级社会福利部门共同成立的国家战略管

---

① Bhekizizwe Mbuli. Poverty reduction strategies in south Africa. M. E diss，University of South Africa，2008，p. 134.

② 本·图罗克，李淑清．南非非洲人国民大会经济政策的演变．海派经济学，2015，13（1）：157－174.

理小组（National Strategic Management Team）研究起草，主要配合南非《国家重建与发展计划》改革社会福利保障体系①。除此之外，南非持续发布这一领域的白皮书系，比如1998年，南非发布了《人口政策白皮书》，确立了通过政府和全社会的力量实施人口整合的发展规划来为全南非的可持续发展提供人口红利；2015年，南非发布了《残障人士权利白皮书》，旨在改变残障人士遭遇的社会排斥与不公的状况，同时强调了消除残障人士及其家庭面临的贫困状况，在政策上指导该人群获得公共领域内提供的服务。白皮书确立了体系改革的多样化推进方式，自此以后在白皮书所确立的纲领性的改革过程中，南非通过诸多的法案授权的形式，逐渐对整个社会保障与福利体系进行了推动式改革，具体而言涉及这一体系赋权的重要法案包括：

(1)《儿童法案》，该法案于2005年公布，确定了关爱与保护儿童的原则，定义了家长的权利与义务。法案将童年早期发展（Early Childhood Development）放于核心地位，强调早期干预。确立了寄养所、青年关爱中心、儿童领养作为替代性的儿童养育方式。

(2)《非盈利组织法案》，该法案于1997年公布，建立了非营利性组织的管理及监管框架，为他们提供了注册所需的机构组织。

(3)《老年人法案》，该法案于2006年公布，旨在建立老年人赋权及保护的法律框架，提供并保证他们的地位、权利、福利和安全保障。该法案为老年人享有良好品质的公共服务并同家人一起在社区内共同生活提供了法律保障，同时还为养老院提供服务设施。

(4)《滥用药物防治法案》（Prevention and Treatment for Substance Abuse Act），该方案于2008年公布，旨在为控制药物滥用提供规范以及相关服务和设施。

(5)《社会帮助法案》（Social Assistance Act），该法案于2004年公布，旨在为社会扶助提供法律框架。该法案设立了多样化的帮扶标准以及福利金发放制度。

(6)《受害者赋权支持服务法令》（Victim Empowerment Support Services Bill），为战争中的受害者提供支持。

通过上述白皮书的政策纲领性文件的协调，以及项下的新法案颁布实施的法律授权方式，南非的社会保障与福利建立健全了体系。而这一保障体系项下具体的减贫工具还设计了以现金转移支付为主要形式的社会补助金计划，具体包括：

① M. A. Letsebe. Social welfare in transition in South Africa：Structures and processes. International Social Work，1997，40（1）：75-88.

（1）老年人扶助金：该扶助金支持的老年人需要符合 60 岁以上、平均年收入在 86 280 兰特（单身）或 172 560 兰特以下（已婚）、资产不超过 1 227 600 兰特（单身）或者 245 200 兰特（已婚）。

（2）老兵扶助金：支持范围是参加过二战或者朝鲜战争的老兵，年收入不超过 86 280 兰特（单身）或者 172 560 兰特（已婚），资产不超过 1 227 600 兰特（单身）或者 245 200 兰特（已婚）。

（3）残障人士扶助金：支持范围是永久或暂时性残疾，年收入不超过 86 280 兰特（单身）或者 172 560 兰特（已婚），资产不超过 1 227 600 兰特（单身）或者 245 200 兰特（已婚）。

（4）寄养照料补助金：支持经法庭判决进入寄养中心的儿童照料补助金。

（5）依赖护理者补助金：支持家庭内有精神或者身体残障的儿童的照料，监护人申请需满足年收入不超过 86 280 兰特（单身）或者 172 560 兰特（已婚），资产不超过 1 227 600 兰特（单身）或者 245 200 兰特（已婚）。

（6）儿童资助金：支持范围是 18 岁以下儿童，其父母或者看护人年收入不超过 53 400 兰特（单身）或者 106 800 兰特（已婚）。

（7）援助金：对符合领取补助金的老人、残障人士或者老兵需要长期看护的，提供额外的补助。

（8）社会危难减缓金：对处于危难之中的对象提供的短期收入资助、食品救助以及其他形式的救助。

（三）减贫项目干预

通过发展项目对目标贫困人口进行干预，以帮助贫困人口跳出贫困陷阱、消除贫困是减贫项目干预这一工具的主要作用。一般而言，这一类减贫项目的干预过程需要专业人员的设计、实践与评估，大多数都由社会组织承担具体的执行工作。而在减贫工具体系中，这种项目干预在体系中由南非政府机构出台一定的项目范围作为指导。具体而言，这类项目范围包括：

（1）提高儿童早期发展的可获取性项目（Increasing Access to ECD）。儿童早期发育对于儿童后天发展而言至关重要，研究表明 20％的富裕家庭中 83％的儿童在 3～5 岁能够获得学前教育，而最贫穷的 20％家庭中仅有 58％的儿童能够获得学前教育。因此，该项目的推出旨在对儿童早期发展状况进行干预，帮助最贫困家庭中的儿童获取早期教育，提高儿童未来的发展潜力。项目具体干预内容包括维持推进基础设施服务，为贫困家庭儿童提供获取服务的资助中心。

（2）反毒品药品酒精滥用。干预项目人群为毒品药品滥用人群，干预方法在东开普省、西北省、自由邦省和北开普省设立 4 个新的毒品药品滥用治疗中心，为病人提供治疗服务。

(3) 反性别暴力项目。针对性别为基础的暴力行为，这一项目为受害者提供多样化的全程帮助。当前这一项目的干预方式包括建立一系列的性别暴力受害人服务中心，包括：反对性别暴力咨询中心（GBV Command Centre），为性别暴力的受害人提供24小时热线服务、调度警力服务，为受害人提供紧急医疗服务以及后续保障，对受害者的定位进行追踪以便在最近范围内调动社会工作者、警察局、医院或者安全屋等提供帮助服务；Thuthuzela关爱中心，对强奸受害人提供避免二次伤害的关爱服务及后续保护；Khuseleka一站式中心，24小时开放，提供创伤咨询服务、心理辅导、健康保健、医疗援助、庇护所等服务。同时，该项目还提供南非警察服务，为受害者在警察局提供友好的陈述问询私人空间。

(4) HIV与AIDS支持项目。该项目旨在持续减缓新的HIV病毒感染以及艾滋病带来的死亡威胁。该项目的干预方式通过大量引入非营利组织以及联合南非国家艾滋病理事会一起开展艾滋病防治工作。

(5) 残障人士项目。该项目关注残障人士，项目干预方法包括政策（残障人士权力白皮书）引导，呼吁公民社会以及私人部门共同保障以建立残障人士的包容性环境。关注盲人群体，为南非盲人组织、南非国家盲人理事会提供恰当的支持。通过推动盲文成为南非官方语言来解决这一群体面临的学习及视觉障碍问题，通过盲文训练提高盲人读写能力，并支持盲人的行动训练。关注听觉障碍人群，提供必要支持。

(6) 青年发展项目。关注青年群体面临的特殊挑战与即时需求。

(7) 老人年项目。项目旨在提高老年人的社会、身体、精神和情感上的状况，以减缓老年人面临的多种问题。

(8) 食品帮助项目。以食品银行的方式募集食物，发放给有需求的个人，以降低最贫困人口的基本生存风险。

二、减贫资金

根据2019年南非财报[①]显示，2018—2019年，社会性总支出占财政总支出的41%，其中超过一半流向社会发展部门，即南非年度开销的20%用于减贫。

投入的减贫资金不仅仅局限于社保体系为主导的减贫工具，按照减贫使用工具的不同，减贫资金的流入以及分配可以划分为：为创造就业及经济发展投

① National treasury. Consolidated financial Statements, Annual Financial Statements 31 March 2019. http://www.treasury.gov.za/publications/annual%20reports/Consolidated%20financial%20statements/default.aspx, accessed June 14, 2020.

入的减贫资金、为社会保障及福利体系投入的减贫资金、为干预特殊发展项目所投入的资金。根据直接统计减贫资金的需要，本节只针对南非政府直接投入到减贫相关项目的资金作为统计数据与呈现方式，对于诸如经济发展工具当中稳定宏观经济状况的财政支出、通过公共工程的建设来提供工作酬劳的财政支出、通过商业保险为失业者提供救济的支出，因其非直接性与商业性，并不属于本节所呈现的减贫投入内容。同时，对于减贫资金的投入，南非政府并未有一个整体的年报或者财报对其进行整体论述，因此笔者根据南非政府年报结合南非年度财政预算报告，以直接投入减贫的相关性为标准，将其按照就业投入、社会保障与福利投入、减贫项目投入为框架进行分析，具体如下：

（一）就业项目投入

（1）社区工作项目：为解决城市中的失业问题，南非内务部创设并管理社区工作项目。该项目在 201 个市级行政区开展，设立 208 个分布点，旨在通过社区创新如食物园、居家关爱、农业革命项目、弱势个体的辅助关爱等方式创造工作职位。平均每年能够提供 24 万个工作岗位。这一项目得到国家财政投入，在 2019/2020 年投入资金为 37 亿兰特，并以 7.5％的年增长率增长，预估在 2022/2023 年增长到 46 亿兰特。

（2）农村工作项目：为解决乡村青年人失业问题，由南非农业、林业、渔业部主导，发起成立了南非国家农村青年服务队项目。该项目旨在招募符合条件的农村失业青年，在自由邦省专门的国家农村青年服务队学院进行农业技术培训，并为他们提供包括管理、农业、建筑、教育、工程、健康与安全、旅游、能源更新及交通等多个领域的工作机会。据南非政府预算公布，在 2016/2017 年度，共计投入 3.1 亿兰特，2017/2018 年度投入 3.48 亿兰特，2019/2020 年度投入 3.39 亿兰特。

（3）财政部就业基金：2011 年由财政部发起的，面向公众、个人、非营利组织等提供的促进就业的一项支持基金。2011 年财政部一次性注资 90 亿兰特成立了“就业基金”，到 2019 年该基金已经发起支持了 133 个项目，共计创造了 11 万个就业岗位，帮助 5 万失业人口就业，25 万人在技术培训项目中受益。

（4）公共事务与工程项目：总计约 224 亿兰特，通过公共事务与基础设施部投资进入了省级、市级以及其他执行主体开展具体项目。在 2019/2020 年度估计约有 55 亿兰特用于直接为工人支付工资。

（二）社保与福利投入

超过 51％的社会支出都流向了社会发展部，该部门的总支出为 1 720 亿兰特，其中有 99％是转移支付和补贴，家庭是主要接受者。社会援助是政府与贫困作斗争的最直接手段。

根据南非社会保障局2018/2019年度报告[①]，2014—2018年南非社会保障与福利的投入稳定在千亿兰特的投入级别，2018年增长至1 501亿兰特。按照补助金不同的类型，自2012年到2018年社保与福利金直接投入如下：老年扶助金2014/2015年度为490亿兰特，到2018财年增长至642亿兰特；老兵扶助金2014/2015年度为615万兰特，到2018/2019年增长至323万兰特；残障人士扶助金2014/2015年度为187亿兰特，到2018年度增长至208亿兰特；寄养照料补助金2014/2015年度为54亿兰特；到2018年跌落至49亿兰特；依赖护理者补助金2014/2015年度为22亿兰特，到2018年增长至28亿兰特；儿童资助金在2014/2015年为437亿兰特，到2018年增长至559亿兰特；援助金2014/2015年为3亿兰特，到2018年增长至8.5亿兰特；社会危难减缓金在2014/2015年度为4亿兰特，到2019年增长至4.8亿兰特。详见表6。

表6　2014—2018年度社保福利金支出

单位：亿兰特

年度	2014/2015	2015/2016	2016/2017	2017/2018
老年人扶助金	490.39	531.32	583.20	642.25
老兵扶助金	0.06	0.04	0.03	0.03
残障人士扶助金	187.41	191.65	199.26	208.86
寄养照料补助金	54.13	54.06	53.26	49.50
依赖护理者补助金	22.11	23.94	26.13	28.43
儿童资助金	437.18	473.08	514.76	559.06
援助金	3.71	5.03	6.50	8.55
社会危难减缓金	4.55	4.07	5.87	4.84
总计	1 199.58	1 283.22	1 389.05	1 501.54

数据来源：South African Social Security Agency | Annual Report 2018/2019.

截至2019年3月31日，南非政府发放社保及福利金人数总计1 781万人，在超过1 700万人的受益者中，申领儿童支持金的人数超过70%，达到1 245万人；而最少申领种类是老兵扶助金，仅为92人；依赖护理者补助金申领人数为15万人，占比约1%；老年人扶助金申领人数为355万人，占比约20%；残障人士扶助金申领人数为104万人，占比约6%；寄养照料扶助金及援助金申领人数依次为38万、22万，具体比例如图4。

① SASSA, Annual Report 2018/2019. https://www.sassa.gov.za/annual%20reports/Documents/SASSA%20Annual%20Report%202018-2019.pdf, accessed June 14, 2020.

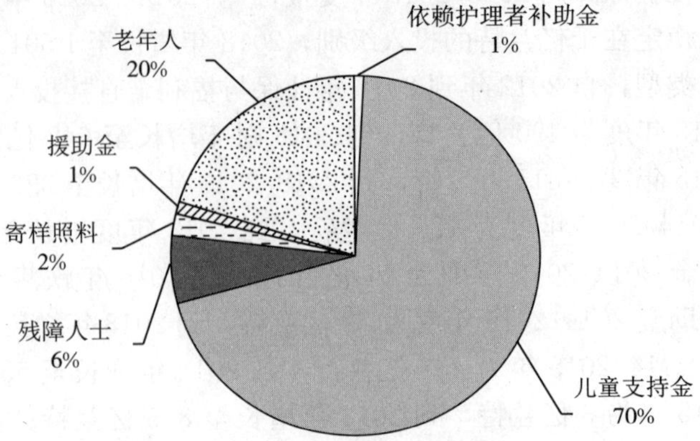

图 4　社保福利金申领人数比例

数据来源：根据 SASSA2019 年报整理。

（三）减贫项目投入

作为减贫工具的干预项目（如儿童项目、老年人项目、残障人士项目）的内涵是社会协助，通过南非社会发展部的社会协助财政项目投入资金，而在所有流向这一部门的资金中，94％用于各种社保与福利支出，具体包含南非社保体系以及福利体系所涉及的老年人、老兵、残障人士、寄养照顾、依赖者照料、儿童支持、援助金、社会危难减缓金等所有类别，由于这部分资金投入已经在上述内容中呈现，故针对性地将这部分投入剔除，并根据减贫项目的不同类别，依据南非政府 2020 年财政预算文件①中对 2016—2019 年的部门花费的情况，结合相关部门年报就减贫干预项目的具体投入金额进行梳理总结如下：

（1）提高儿童早期发展的可获取性项目。在所有减贫项目中，提高儿童早期发展的项目居于优先位置。对这一项目的优先支持，是根据南非国家发展计划所确定的目标。除了社会协助资金支持以外，还将有 32 亿兰特投入到这一项目中。

（2）反滥用项目。由于药品、毒品与酒精等物的滥用，会对妇女与儿童引发严重暴力，为了降低这种风险，南非政府强调对于这类行为的早期干预以及后期治疗。社会发展部在 2018/2019 年度投入 1.04 亿兰特用于项目实施的政策、法律、规范、标准等的体系建设。2018/2019 年度，该项目投入 2 245 亿兰特，用于支持新的治疗中心（北开普、东开普、西北）的建立。

（3）性别暴力项目。即南非社会发展部为预防社会犯罪以及给受害者赋权项目，为受害者提供法律、政策、规范以及标准的体系支持。2016/2017 年度

① National treasury. 2020 Estimates of National Expenditure. http：//www. treasury. gov. za/documents/National％20Budget/2020/ene/FullENE. pdf，accessed June 14，2020.

投入 6 560 万兰特，2017/2018 年度投入 7 410 万兰特，2018/2019 年度投入 6 770 万兰特；为性别暴力状况的改善提供 4 360 万兰特。司法安全项目中为改善性别暴力状况，在 2016/2017 年度投入 170 万兰特，2017/2018 年度投入 650 万兰特，2018/2019 年度投入 690 万兰特。在建立以受害者为中心的司法体系项目中，司法部努力改善性别暴力状况，Thuthuzela 关爱中心的建设数量计划从 2019 年的 55 个提高至 2023 年 60 个，预计到 2023 年该项目共投入 118 亿兰特。

（4）老年人项目。除了以社会福利方式支持以外，还在政策、法律、规范与标准的系统上有所投入，在 2016/2017 年度投入为 1 600 万，2017/2018 年度投入为 2 000 万兰特，2018/2019 年度投入为 1 650 万兰特。

（5）残障人士项目。除了以社会福利方式支持以外，南非还为残障人士的赋权以及社会福利的标准化推进提供支持。2016/2017 年度提供了 1 110 万兰特，2017/2018 年度提供了 1 080 万兰特，2018/2019 年度提供了 1 170 万兰特。

（6）青年发展项目。社会发展部除为脆弱青年的技术发展以及动员提供政策、法律的制度支持以外，还设立项目支持和投入。同时另一部分资金投入来自妇女、青年残障人士部，由该部门主导的国家青年发展项目在 2016/2017 年度投入 4 亿兰特，2017/2018 年度投入 4.3 亿兰特，2018/2019 年度投入 4.7 亿兰特。

（7）HIV 与 AIDS 支持项目。在社会发展部对该项目的支持中，为 HIV 与艾滋病的防治提供法律政策、项目以及行动指南的系统投入。2016/2017 年度获得资金 0.8 亿兰特，2017/2018 年度获得 0.9 亿兰特，2019/2019 年度获得 1.1 亿兰特。另一资金来源于南非政府健康部给该项目提供的支持，2016/2017 年度投入为 157 亿兰特，2017/2018 年度为 180 亿兰特，2018/2019 年度为 203 亿兰特，其中大部分都转移支付给省级及市级地方政府。

三、减贫管理

为保证减贫管理的一致性，南非基本建立起了以社会发展部为核心的中央管理机构。该部成立于 2000 年，由原社会福利部改名而来。在该部的管理下，设立了南非社会保障局（South Africa Social Security Agency）作为专门管理社保福利基金发放执行的部门。南非社会发展部针对政府与公民社会的互动关系，成立了国家发展局（National Development Agency）来支持公民社会参与减贫。除了中央层级的减贫管理与实施机构以外，还有省市级地方政府的参与，这些机构的社会发展部门以有条件的转移支付方式进入减贫领域，针对一些特殊项目（如培训社会工作者）进行支持。另外，由于南非的机构发展现状，诸如一些就业项目、性别暴力项目还会有南非政府的其他部门加入进行支持。因此，本部分针对这些机构的管理状况进行简要介绍。

（一）南非社会发展部：核心

关于减贫治理的管理机构主要集中在南非社会发展部（Department of Social Development，DSD），这是管理减贫治理的总领性机构，也是南非在《社会福利白皮书》发布后对政府机构进行改革的结果，旨在建立负责任的、包容的治理体系。在1997制定发布《社会福利白皮书》的福利部于2000年被重组更名为社会发展部，负责解决以社会保障与福利体系为中心的南非社会发展问题。在南非政府公布的中期战略（Medium Term Strategic）（2014—2019年）指导文件中，提出为了建立一个更包容、响应更迅速的社会保障体系，应对社会福利体系进行规范和改革。为此，社会发展部在2016/2017年度完成了1997年社会福利白皮书的审查，并在2017/2018年度开始了新的白皮书制定，旨在促进将人口问题纳入发展规划，以实现人类发展的可持续性。社会发展部负责监测人口趋势，并通过研究和信息传播来支持国家、省和地方政府的能力建设。社会发展部认为这一过程将会为未来制定《社会发展法案》提供支持，该法案致力于建立一个统一的社会发展服务体系，并推动其他部门为此提供支持与服务。

南非社会发展部是一个部长级政府机构，部长为Lindiwe Zulu女士，副部长为Hendrietta Bogopane-Zulu女士（盲人）。该机构下设南非社会保障局、南非国家发展局（National Development Agency）、中央毒品管理局（Central Drug Authority）、社会发展建议委员会（Advisory Board on Social Development）以及救济基金委员会（Relief Fund Boards）。

社会发展部核心任务的最高授权来自于《南非共和国宪法》。宪法第27条第（1）款（c）项规定了那些无法自给自足的人及其家属获得适当社会援助的权利；宪法第28条第（1）款规定了儿童在适当照料（基本营养、住房、保健服务和社会服务）方面的权利；宪法附表4进一步将社会福利、人口发展和灾害管理确定为同时具有国家和省级立法能力的职能领域。目前，社会发展部确定的10个优先关注领域是：

（1）家庭、社区及社会关系的重建：在所有的福利项目中关注人类发展及精神。重建家庭、社区以及社会关系以推动社会的整合。

（2）综合消除贫困战略：为最需要帮助的人，特别是农村地区和非正式定居点的妇女、青年和儿童提供直接帮助。

（3）完善社会保障体系：建立一个以现有计划为基础的综合社会保障体系，并优先考虑最脆弱的家庭。

（4）反对对妇女、儿童、老年人和其他弱势群体的暴力：应对对妇女、儿童、老年人和其他弱势群体的一切形式的暴力，制定有效应对策略。

(5) HIV与AIDS：提供一系列服务以支持对艾滋病毒/艾滋病患者的社区护理和援助，特别关注受艾滋病毒/艾滋病感染和影响的孤儿和儿童。

(6) 青年发展：降低违法青年数量，促进青年发展，与国家青年委员会合作将此领域整合到“国家预防犯罪战略”(National Crime Prevention Strategy)的框架内。

(7) 社会福利服务的可及性：提高农村、城市周边和非正式居住区居民对福利的获取，并确保福利的公平性。

(8) 为残疾人服务：促进残疾人的人权和经济发展，与残疾人合作，确保满足他们的需求，避免将其边缘化。

(9) 致力于合作治理：基于对合作治理(Co-operative governance)的认同，同政府和不同领域的公民社会团体开展广泛合作。

(10) 在社会发展中培训、教育、重新部署和雇用新型工人：调整社会服务工作者的方向，以应对南非的挑战，将其与地区和全球需求联系起来。

(二) 南非社会保障局：社会补助金专门管理机构

2004年，南非社会保障局(South Africa Social Security Agency-SASSA)成立。成立以前，南非社会保障金由省级政府负责管理发放，然而通过审查发现省级行政管理存在很多问题，包括欺诈、批复延误以及福利金获取难度大。因此，2004年成立了南非社会保障局，其成立的法律授权来自：①南非宪法：1996年108号法案27条第(1)款(c)项规定给那些无法自给自足的人及其家属获得适当社会援助的权利。②南非社会保障局法案：建立一个公共实体机构为管理社保事务提供具体授权。

南非社会保障局工作的核心在于发放和管理社会补助金，并接受国家社会发展部的监管和评估。南非社保局的工作法律授权主要来自：①《南非社会保障局法》(2004年第9号SASSA法案)：规定建立南非社保局，其目的是确保高效地管理和支付社会救助金。②《社会援助法》：经修订的《社会援助法》(2004年)规定向符合条件人员提供社会援助。除此之外，南非社保局的工作还受到1998年《社会发展白皮书》(White Paper on Social Development)与《2030国家发展计划》(National Development Plan 2030)的指导与影响。

在机构设置上，南非社保局设立一个国家办公室即首席执行官办公室，负责总体事务，下设首席运营管理部、欺诈管理法规部、内部审计与风险管理处、合作服务处、财务部、信息及媒体技术部、拨款处、政策实施支持处、战略与商业发展处。南非9省都有社保局的分支机构。

南非社保局的首要目标是通过社会保障服务的管理来促进收入贫困的减缓，其工作首要目标有三项：①提供社保服务；②提高内部效率；③社会福利金支付体系的机制化。同时，根据南非社会发展部年度预算显示，该部94%

的资金投入到社会保障局中，用于社会补助金的发放。南非社会保障局主要采取直接发放的形式，同南非邮局合作，以南非社保局/南非邮局联名卡的形式将社会补助金发放给受援助对象。

（三）南非国家发展局：国家对公民社会的支持机构

国家发展局的职责是加强服务贫困社区的民间社会组织的机构能力建设，促进公民社会与国家之间的磋商和对话，支持减贫研究以及政策制定。据其部门年报[①]显示，国家发展局建立的法律授权来自于 1998 年的《国家发展局法案》，该机构的 2020/2021 年度预计支出为 2.229 亿兰特。南非国家发展局的工作对象主要是公民社会，即致力于减贫的非政府与非营利组织。通过为这些组织提供资金来支持推动减贫发展项目的实施。国家发展局的首要工作目标是：在贫困社区实施发展项目并加强公民社会组织为贫困人口社区提供服务的能力。其次，该机构还开展了以下工作：促进公民社会与国家机关之间的对话和经验分享，对政策进行辩论并开展旨在奠定坚实发展基础的政策研究。

在组织架构上，国家发展局向上直接对社会发展部部长负责，对内由国家发展局委员会总负责，委员会设有主席一职，同时下设首席执行官，负责机构运营的具体工作。行政事务组织设有内部监察、法规与风险控制、秘书处、业绩计划监测与汇报、利益相关人公关等 5 个部门来协助首席执行官进行管理；在具体事务的执行上，分设管理与研究处、核心运营处、财务处、服务支持处来进行运营；其中的核心运营处向下还设有 9 个省级办公室和 8 个地区办公室来分管地方业务。截至 2019 年，国家发展局共有 196 名雇员。

南非国家发展局发起的主要活动是公民社会发展项目以及研究发展项目。

（1）公民社会发展项目：为公民社会提供综合性的组织能力建设与提高方案。下设四个子项目：公民社会组织动员与正规化、机构能力建设、资源动员与资金支持、组织可持续发展。在 2018/2019 年度，公民社会组织动员与正规化子项目中，国家发展局共动员支持了 9 137 个公民社会组织，为具体的社区减贫提供支持。在国家发展局协助下完成组织正规化的公民社会组织数量为 903 个；受惠于参与机构能力建设子项目的公民社会组织为 9 716 个；同年度，受惠于资源动员与资源支持子项目的公民社会组织数量为 124 个，总资金支持额度 1.47 亿兰特；受惠于组织可持续发展子项目的社会组织达到 1 460 个，并为 14 个组织搭建起合作伙伴平台。

（2）研究发展项目：2018/2019 年度完成战略性发展报告 36 个，完成管理项目执行的研究评估监测报告 23 个，完成知识性的公开发表报告 13 个，完

① NDA，Annual Report 2018/2019，https：//www.nda.org.za/publication/annual-report-2018—2019，accessed June 14，2020.

成政策咨询报告 12 个。

（四）其他机构

除了上述三个核心机构以外，南非的减贫治理机构中由于减贫工具的不同存在其他管理机构。本小节将以其他中央、地方机构两个层面对南非减贫管理中的其他机构进行简短介绍。

（1）劳动部。南非劳动部为中央政府的部级机构，该部参与支持就业减贫的相关项目，同时负责管理南非失业保险金。

（2）农业部。南非农业部负责支持农村地区发展，下设有专门的农村发展项目。与农村地区减贫发展相关的支持都可以归入农业部管理，比如通过土地改革为失地农民提供支持等。该部还设有土地与农业开发银行，为相关发展项目提供融资。农村减贫就业方面的支持表现为农村青年提供就业，为此，农业部建立了旨在为农村失业青年提供就业支持、农业教育与技术培训的国家农村青年服务队（National Rural Youth Services Corps）。

（3）财政部。财政部通过一次性注资的形式提供了 90 亿兰特就业基金支持，以解决失业致贫问题。

（4）教育部。直接参与社会发展相关项目和减贫管理，主要参与方式是联合社会发展部共同负责儿童早期教育发展项目。

（5）健康部。直接参与社会发展项目和减贫管理，主要参与方式是具体管理 HIV 与艾滋病项目。

（6）妇女、青年与残障人士部。通过机构调整，将原属于社会发展部负责的残障人士项目转移到该部；将原属于计划监测与评估部的国家青年发展局（National Youth Development Agency）划归该部；联合社会发展部共同支持和管理针对反性别暴力中涉及妇女暴力的干预项目。

（7）司法部。主要职责是通过法律手段起诉性别暴力的施暴者，建立以受害者为中心的司法干预体系。

（8）地方政府。地方政府（省级与市级）对社会发展部减贫项目的参与主要通过有条件的资金转移支付完成，参与的项目有社区工作项目、社会工作者奖学金项目、儿童早期发展项目。具体而言，社区工作项目资金流入市级政府，主要用于解决城市失业人口就业问题；社会工作者奖学金项目由省政府负责开展专业人才培训，参与减贫工作；儿童早期发展项目通过有条件的资金转移支付，用于地方政府建立注册儿童早期发展干预服务中心。

四、减贫效果

（一）经济发展与就业

具体而言，南非政府通过社区工作项目平均每年提供 24 万个工作岗位；

通过国家青年服务队项目提供 2 万个就业岗位；通过就业基金项目创造了 11 万个永久就业岗位，帮助安置 5 万失业人口，25 万人受益于该项目的培训；通过公共建设项目直接转移支付了 55 亿兰特工资，2018/2019 年度提供了超过 100 万个就业岗位。尽管政府发布了多项就业支持项目，提供了就业支持资金，但南非的失业率仍然很高，且有增加的趋势，外部经济环境的变动以及国际形势（如新冠疫情）的影响是造成这一状况的最主要原因。因此，在就业与经济发展支持减贫的效果评价中，必须考虑到外部环境变化的影响，以公正地评价这一领域的减贫成效。

（二）社会补助金

通过发放多种类型社会补助金的形式，南非政府对贫困人口（尤其是儿童、老人、黑人群体、农村人口）和最不发达省份的扶助减贫成效显著。其中，社保体系的减贫投入最多，占到南非每年财政支出的近 20%。这一体系的受惠人数庞大，大约有 29%的南非人获得各种类型的社会补助。截至 2019 年 3 月，南非通过社保与福利体系领取补助的有 1 627 万人，且这一数字一直呈增长趋势（图 5），到 2020 年，南非政府期望将受惠人口提高到 1 800 万。

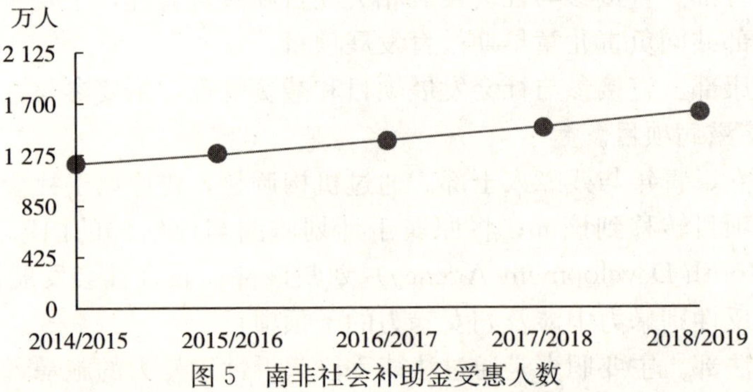

图 5　南非社会补助金受惠人数

社会补助金的减贫效果显著。在全国范围内，工资（64.8%）和补助金（45.2%）是家庭报告中最常见的收入来源，补助金是仅次于薪水的家庭第二重要收入来源，是全国近五分之一（19.9%）家庭的主要收入来源。根据南非统计局（Stats SA）2018 年全国住户调查（GHS），受益于社会补助的个人比例从 2003 年的 12.8%增加到 2018 年的 31%。获得至少一份社会补助金的家庭占比从 2003 年的 30.8%增加到 2018 年的 44.3%。

在补助金的地域分配上，享受人数最多的省为夸祖鲁—纳塔尔省，占总人数的 22%，其次为西北省（16%）、豪登省（15%）、林波波省（14%）。北开普省与自由州省占比分别为 3%（48 万人）与 6%（101 万人）。具体地域分配人数占比如图 6。

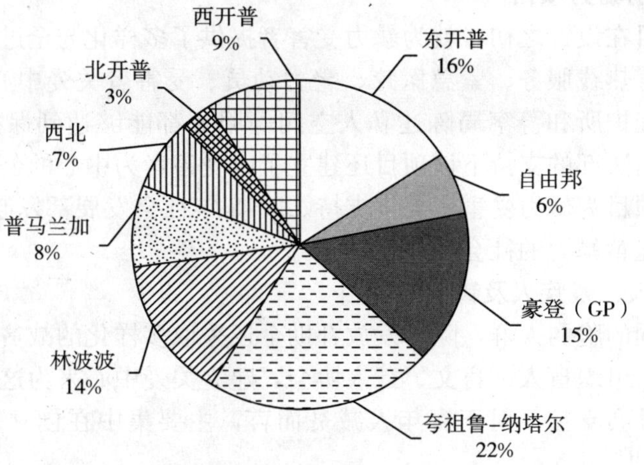

图 6　申领人数地区分布

数据来源：根据 SASSA2019 年报整理。

社会补助金在城市与农村分配的比较中，更多的受益人在农村，在城市地区约有 21.3%的个人和 34.0%的家庭获得社会补助，低于全国 31.0%（个人）和 44.3%（家庭）的平均水平。在社会补助金的种族分配上，超过三分之一的非洲黑人（33.9%）获得社会补助，有色人种为 29.9%，印度/亚洲人为 12.5%。相比之下，只有 7.5%的白人获得补助金。补助金对儿童的支持尤为重要，截至 2019 年 3 月 31 日，18 岁以下的儿童中有 65%获得社会补助。

（三）其他项目减贫效果

1. 儿童早期发展（ECD）项目

项目于 2015 年 12 月获批，2018 年完成综合实施计划的制订，2019 年完成融资计划。通过注册的 ECD 中心向所有贫困人口提供补贴，除了现有的接受 ECD 服务补贴的贫困儿童数量外，预计还将再补贴 113 448 名儿童，项目拟对 1 165 个 ECD 注册中心进行升级。该项目的目的是通过早期学习、游戏小组、玩具图书馆和家庭访问等不同方法，为提高儿童早期发展教育提供长期解决方案。由于项目仍在实施期内，现在无法对减贫效果进行评估，但仅从资金支持及政策优先度来看，该项目处于优先支持地位。

2. 反药品毒品酒精滥用项目

南非政府为了减少暴力，对药品、毒品、酒精等滥用进行早期干预。该项目主要成果包括建立完善相关政策、法律体系以及治疗中心，预计未来还将增加三所治疗中心。同时，该项目在管理上还有中央毒品管理局来进行专门的协调管理。

3. 反性别暴力项目

这一项目在设计之初，就为暴力受害者提供了多样化与全过程的帮助，包括咨询中心、热线服务、紧急医疗、警力动员、受害者关爱中心、心理支持、健康援助、庇护所和警察局陈述私人空间等服务都能够达到保护受害者的目的，同时在司法部的支持下该项目还建立了以受害者为中心的公诉体系，通过受害者赋权项目为暴力受害者提供支持。2018 年社会发展部发起了历时 16 天的反对妇女儿童暴力的社会动员活动。

4. 老年人、残疾人及青年人项目

针对不同的脆弱人群，除了发放补助金还采取多样化的减贫方式，如通过老年人议会，组织盲人、盲文、聋人协会，建立关爱中心来为这些群体提供具体而广泛的社会支持。对于青年人减贫而言，主要集中在创立多样化的就业岗位。

5. HIV 与艾滋病患项目

关注艾滋病患的信息披露、沟通以及其他权利，提供临时收入支持以及照料管理机构，以食品银行的方式为这些群体提供基本帮助，同时关注到病患遭遇的社会歧视、儿童病患的特殊照顾、病患家庭的儿童教育等特殊需求。

6. 食品项目

从食品生产商、批发商、零售商处收集多余食品，并通过食品银行发放给需求个体，共有超过 600 个非盈利组织参与其中，受惠者每天超过 17 万人。

五、小结

南非在针对减贫的公共权力干预和治理过程中，建立了以支持就业、社会保障与福利、减贫项目干预为具体途径的多样化治理工具，社会保障与福利体系中的社会补助金居于核心位置。南非政府对减贫投入巨大，仅社会福利补助金一项就占全国年度财政支出的 20%。在减贫治理的机构管理中，南非政府以社会发展部为核心，建立起集中化的减贫管理机制，同时针对社保补助金以及公民社会参与减贫设立了专门的管理机构。在减贫效果中，虽然失业率仍呈上升趋势，但是南非政府通过就业项目支持仍旧创造了大量的就业岗位；在以社保体系为核心的社会补助金发放中，南非政府取得了巨大成就，约 29%的南非人口是这一制度的受益者；在补助金分配上也充分考虑了最为脆弱的贫困人口（儿童、老人、贫困黑人群体、农村人口）以及最不发达经济省的扶助倾斜；在以发展项目为干预手段的减贫中，优先关注了儿童群体尤其是儿童早期发展需求，其他如性别暴力得到了全程干预，艾滋病患群体及其他脆弱人群的需求也得到了重视。总之，南非在内部减贫中，围绕以社会补助金为核心的社保体系建立起受惠广泛、工具多样、效果明显的减贫治理体系。然而我们也要意识到，在有如此系统明确的减贫政策、资金、管理模式的倾力支持下，南非依然保持着较高的贫困人口比例和失业率，不得不让人们反思减贫政策实施的现实性和有效性。接下来，本报告将从实证角度，具体分析南非不同类型减贫政策在实施中遇到的问题与瓶颈，并试图提出解决的方案与办法。

第四节　南非减贫中的国际组织：现状及运行机制

后种族隔离时代南非的国家定位发生了转变，作为非洲最主要的政治实体，南非有担当起非洲治理、先行表率的决心。因此，新南非的国际发展援助转向了对其他发展中的非洲国家的援助。“更好的非洲，更好的世界”理念被认可整合成为南非对外援助尤其是对非援助的主导理念，南非也成为新兴援助体中的一员。同时，作为金砖五国之一的南非，在大国主导的对外关系中，发挥着越来越重要的作用。在南非的对外援助成为研究热点[①]之外，南非依然同传统的官方发展援助国保持了紧密的合作关系，也就是说南非在国际发展援助领域，是一个既接受官方发展援助又对其他国家展开援助的双重身份国。因此，本节首先对南非作为受援国的状况进行援助金额、管理机构、相关合作方的梳理和介绍；其次，针对南非对外援助状况进行理念、规模、机构与合作方的状况的梳理；再次，针对南非的援助与发展合作的实践和效果进行介绍；最后，结合以上三方面内容进行分析与总结。

一、作为受援国的南非

虽然南非仍然接受援助，但是该国在非洲属于最少依赖援助的国家之一。南非仍旧面临着高失业率、高艾滋病感染率等多重社会挑战，因此官方发展援助国仍旧针对南非的特殊问题，对其投入一定体量的援助。根据经合组织的统计数据显示，2005—2009 年，南非平均每年接受的官方发展援助净额为 8.82 亿美元，而在 2010 年之后受援助净额大幅下降。作为受援国的南非在非洲属于对援助依赖程度最少的国家之一。在本节中，笔者将针对具体的受援资金的状况、受援资金的管理机构以及发展援助的关键伙伴三方面来呈现南非的受援情况。

① 王妍蕾：《南非的国际发展援助》，《东岳论坛》2013 年第 8 期；黄梅波、李子璇：《南非对外援助管理体系研究》，《国际经济合作》2013 年第 11 期。

(一)受援金额

1. 受援规模

长期以来，南非接受的官方发展援助数量保持在较低水平。据联合国经合组织（OECD）统计数据[①]显示，在2010—2017年，南非年平均接受援助1.15亿美元（2016年美元价格），近几年这个数量还在不断下降：在2016年、2017年、2018年接受的官方发展援助净值（当年美元价格）分别为1.18亿美元、1.01亿美元、0.91亿美元。作为最少依赖援助的非洲国家，官方发展援助在对应年份占国民总收入的0.4%，0.3%，0.3%，约占政府预算的1%。详见图7。

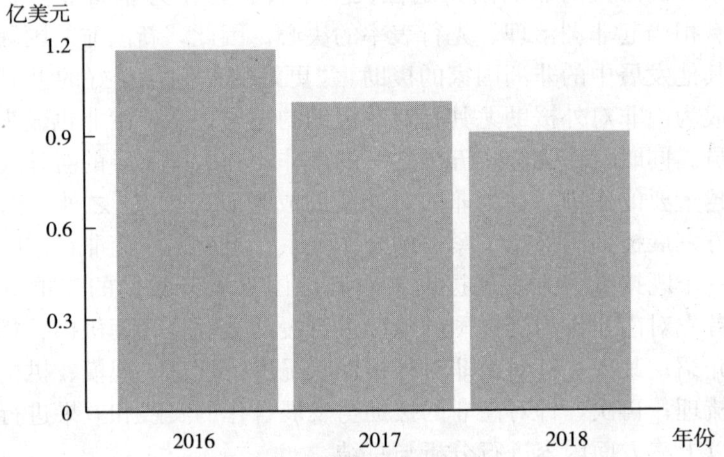

图7　南非官方援助净流量

数据来源：OECD DATA（2019）.

2. 受援渠道

援助流入南非的渠道通常分为：双边援助与多边援助。双边援助是指两个国家或地区之间通过签订发展援助协议或经济技术合作协定，由援助国以直接提供的无偿或有偿款项、技术、设备或物资等方式流入的官方发展援助资金；而多边援助渠道则直接由多边机构利用其成员国的捐款、贷款等方式按照该机构指定的计划向受援国提供援助。在所有的受援途径中，双边援助是南非受援资金的主要来源渠道。在2016年占据所有来源渠道的83.6%，2017年占据资金来源的78.5%，2018年占据来源渠道的77.8%（图8）。在所有的双边渠道援助国当中，美国、德国、法国、英国、瑞士是主要的提供援助国家。其中，

① OECD. Aid at a glance. http://www.oecd.org/dac/financing-sustainable-development/development-finance-data/Africa-Development-Aid-at-a-Glance-2019.pdf, accessed June 21, 2020.

美国在 2017—2018 年平均提供了 58.8 亿美元的官方发展援助资金而位居首位，德国以 13.8 亿美元的提供额度居第二位，法国、英国、瑞士则分别提供了 6 610 万美元、3 220 万美元以及 1 520 万美元的援助额度。

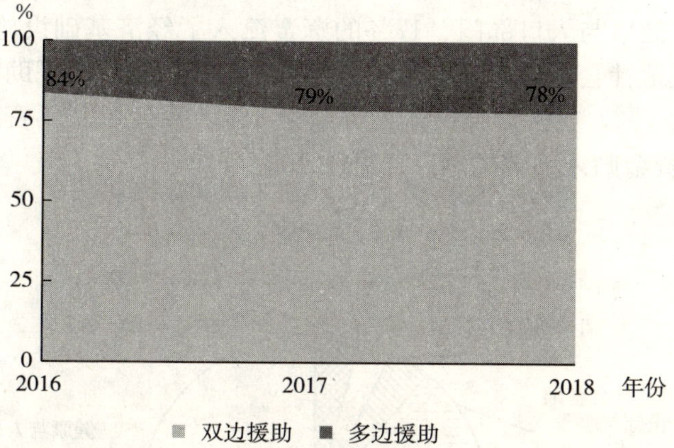

图 8　援助渠道比例

数据来源：OECD DATA（2019）.

在多边途径流入的援助中，欧盟以 2017—2018 年平均 1.38 亿美元的额度占到该渠道的首位位置；其次是环球基金（Global Fund）9 810 万美元；第三是联合国难民事务高级专员办事处（UNHCR）770 万美元。汇总双边渠道与多边渠道，美国、德国、欧盟、全球基金、法国、英国占据援助排行榜的前 5 位，这些国家以及机构也通常是为世界其他国家提供援助的传统官方援助者。值得注意的是，在亚洲国家当中，日本也以年平均提供 110 万美元的额度在援助金额中占据第 9 位的位置。具体援助金额排行详见图 9。

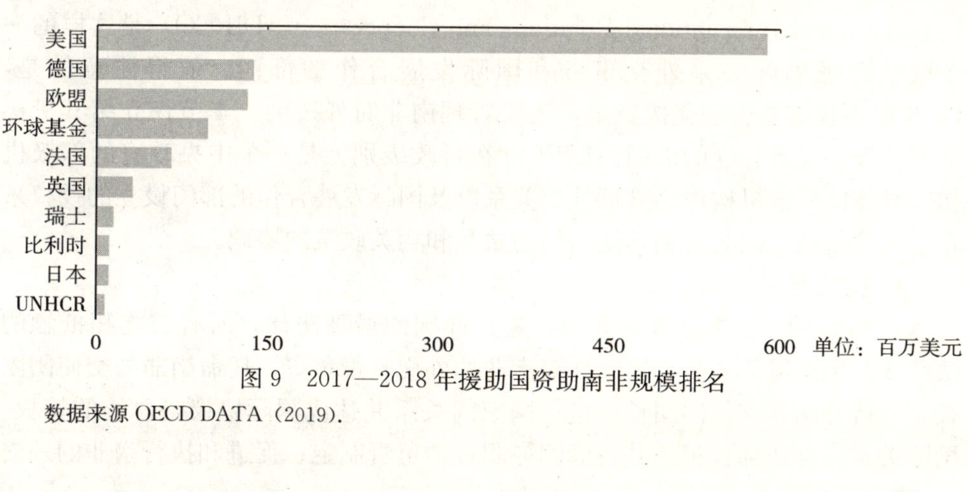

图 9　2017—2018 年援助国资助南非规模排名

数据来源 OECD DATA（2019）.

3. 受援分配

双边途径流入南非的援助资金，将会投入到以教育、健康和人口、其他社会基础设施及服务、经济基础设施及服务、生产、交叉多部门、项目援助、人道主义援助等类别用以援助发展。据 OECD 2019 年数据显示，这其中 55%的援助金流向了健康与人口部门、17%的资金流入了经济基础设施与服务部门、教育部门和其他社会基础设施与服务部门分别接受了 8%的援助资金；生产部门流入资金为 4%，交叉多部门流入资金为 3%，另有 0.13%资金为人道主义援助，5%的资金归入其他类别。详见图 10。

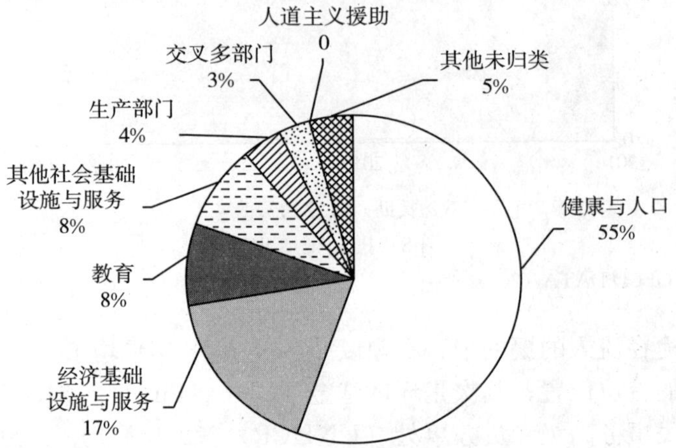

图 10　双边发展援助流向部门比例

数据来源：OECD DATA（2019）.

（二）管理机构

由于南非并没有专门负责国际发展合作的部门，国际关系与合作部（The Department of International Relations and Cooperation，DIRCO）是这样的一个同时管理国际关系外交事务和国际发展合作的部门。值得注意的是，DIRCO 不仅需要管理受援资金，还要管理南非对外援助。本节仅介绍其机构概况及涉及受援管理的部门。DIRCO 在行政级别上是一个中央政府的部级机构，具体而言该机构作为管理外交关系以及国际发展合作的部门设立的授权来自于南非宪法，同时受到其他专门的法案和相关政策的协调。

1. 宪法授权

1996 年的《南非共和国宪法》是共和国的最高法律，所有与之相抵触的法律或行为均属无效。总统最终对南非的外交政策负责，任命南非外交使团团长，接待外国外交使团团长，进行国家间关系并达成国际协议是总统的特权。国际关系与合作部长根据其内阁职务职责，负责制定、促进和执行南非的外交政策。部长与总统磋商，全面负责南非国际关系的所有方面。实际上，部长会就重要方面以及与其他部委计划有关的跨领域问题与内阁和内阁部长进行磋商。南非外交政策制定和实施过程中的监督和问责权属于国际关系与合作议会组合委员会。

2. 立法授权

1981 年《外国豁免法》（1981 年第 87 号法案）规范了外国对南非共和国法院管辖权的豁免范围，并规定了与此有关的事项。2001 年《外交豁免和特权法》（2001 年第 37 号法案）规定了外交使团和领事的豁免和特权，包括国家元首，特使、联合国及其专门机构的某些代表，其他国际组织以及某些其他人员的职位及其成员。还为与国际会议有关的豁免和特权编列了经费。它将某些公约制定为法律，并规定与之有关的事项。2001 年《非洲复兴和国际合作基金法》（2001 年第 51 号法案）设立了非洲复兴和国际合作基金（ARF），以通过促进民主加强共和国与其他国家特别是非洲国家之间的合作、善治、预防和解决冲突，社会经济发展与融合，人道主义援助和人力资源开发。国际协定（多边和双边）包括南非根据 1996 年《南非共和国宪法》第 231（2）和 231（3）条缔结的国际协定。

3. 政策规定

内阁于 2009 年批准了《加强南非国际交往的措施和指南》及其附件，确立了更有效的措施和机制，以协调国际关系的行为和实施南非外交政策。由内阁批准并于 2015 年成立的南非国际关系理事会（SACOIR）为非国家行为者参与南非的国际关系提供了一个咨询平台。内阁于 2011 年批准了《外交政策白皮书》，根据对外交政策满足国内优先事项的关键作用及其对日益增长的期望，评估了南非的外交政策。南非国际关系与合作部，由部长统领，下设两名副部长与总干事办公室（下属外交培训处、研究与发展处、财务与资产运营处、合作管理处），其他行政部门包括内部审计处、风险管理处、首席国家法律顾问办公室、首席运营官办公室。在具体执行事务方面又下设非洲处、亚洲中东处、美洲欧洲处、国际治理与洲际议程处、礼宾及领事服务处、公共外交处。这其中同管理援助事务最紧密的分支为国际治理与洲际议程处。在针对外国援助南非的管理中，南非国际关系与合作部很大程度上是协调人的角色，一般而言重要的援助国与机构在南非内部还可能直接选择议题相关的国家部委或者其他公民社会组织进行合作。如美国国际发展署即直接同南非健康部开展合作，对艾滋病问题进行干预。因此下文中将重点介绍 5 个援助额度最大的援助国/机构。

（三）关键援助国/机构

对于南非而言，最为重要的援助资金提供方为美国、德国、欧盟、环球基金、法国，也是南非发展的重要合作伙伴。

1. 美国

美国的对外发展援助由美国国际发展署（U. S. Agency for International Development，USAID）统管执行，其在南非设有分处。美国对南非的援助基于南非自身的发展规划设计，并尊重南非的发展需求，旨在通过官方发展援助协助南非发展自己的能力以解决关键性的需求，提供更加有效的服务，以推动南非继续向公正的、有效的、楷模性的国家转型。USAID在南非关注的优先范畴包括南非当下面临的特殊问题，如失业、艾滋病、犯罪和腐败问题。据USAID发布的《国别发展合作战略》中介绍，USAID在南非关注的优先发展目标包括：①提高南非的健康问题状况：主要包括艾滋病与结核病的相关干预。②提高南非的资源利用有效性：主要涉及国家治理中的民主与问责政府、可持续的经济增长、识字与基础教育创新、环境干预、低排放经济体发展。③加强南非对非洲发展的推动：利用南非在非洲的领导力，来推动公私部门跨界、地区发展整合与援助的有效性。美国国际发展署采取的方式主要集中在中小规模的社会企业和发展项目的资助，以创造就业，提高培训以及就业水平、推动基础教育，联合反性别暴力项目，推动艾滋病及其患者的关爱、预防和治疗活动。

2. 德国

德国与南非的发展合作始于1993年，德国联邦经济合作与发展部(BMZ)，1996年在比勒陀利亚开设了一个国家办事处。非洲一直是德国对外援助的重点，其中南非是德国对外援助的重点国别。2004年德国为南非提供了5 650万美元的援助资金，占非洲援助总额的4%，2015年德国为南非提供了3.8亿美元的援助资金，占非洲援助总额比重的12.8%，同年位于非洲援助国家的首位[①]。目前德国双边合作发展援助的执行机构是德国国际合作机构(GIZ)，其在南非设有办事处，德国在南非关注的主要发展问题是：

(1) 失业问题。2009年的全球经济危机使南非经济增长步伐减慢，超过100万的工作机会已经流失。受灾最严重的人是那些受教育程度低，没有受过训练的人，几乎占人口的一半。这些人在正式的劳动力市场上根本没有机会。同时，缺乏合格的劳动力是限制经济持续发展的主要因素。由于这些原因，教育和培训才是政治议程的重中之重。

(2) 温室排放问题。该国主要通过燃烧当地开采的煤炭来满足对可负担得起的清洁能源的稳定增长的需求。这使南非成为15个最大的温室气体排放国之一。同时，该国受到气候变化的严重影响。

---

① 陈希蒙：《21世纪德国对非发展援助政策的调整》，北京外国语大学，2017，第18页。

（3）艾滋病问题。尽管新感染数量的增长速度有所减缓，但艾滋病毒的流行仍然是一个主要问题，近四分之一的成年人携带病毒，约有570万人（约1/10）感染了艾滋病毒。基于此，德国与南非发展合作中的重点主题是：治理与行政、能源与气候、艾滋病毒/艾滋病。同时，GIZ还实施了教育计划，不仅侧重于技能开发，还侧重于青年发展以及暴力和犯罪预防。

3. 欧盟

欧盟对外援助政策的确定是由欧盟理事会（Council of EU）与欧盟议会（European Parliament）主导的，具体的双边发展援助的优先工作领域由驻外使团同合作国政府共同确定。2018年，欧盟使团为南非提供了1.38亿美元的援助资金，占到总排名第二、双边机构途径资金规模量第一的位置。欧盟使团在南非设有使团代表大使一名，下设有代表团办公室、政策媒体与信息处、经济与贸易处、行动处、财政与合约处、管理处等部门。1999年，南非政府与欧盟签订了发展与合作协议，据南非—欧盟战略合作关系政策[①]显示欧盟在南非发展援助的优先领域为：①创设就业岗位；②教育、培训以及创新；③发展型政府的能力建设。同时欧洲开发银行还为南非提供4 160亿欧元的贷款以支持中小型企业的融资、基础设施、教育、健康等方面。

4. 环球基金

环球基金（Global Fund）是致力于艾滋病、肺结核及疟疾防治的国际组织，成立于2002年，其机构的作用目标专门限定为三种疾病的防治工作，总部设立在瑞士日内瓦。环球基金成立源自于2000年日本G8集团峰会，后在2001年非盟、联合国机构的推动下，最终得以成立，早期环球基金的管理被置于世界卫生组织之下，而后从2009年开始独立运行[②]。截至2020年6月，环球基金共筹集528亿美元，其中最大的捐赠者是美国政府，捐赠规模为160亿美元。环境基金的性质偏向于一个筹资平台而非发展项目实践机构，因此其也对私人捐赠保持开放，比尔盖茨作为首期捐赠人位列其中。该机构工作重点在于撒哈拉以南非洲的艾滋病、肺结核及疟疾的防治工作，这些地区占到环球基金总投入的72%。2018年环球基金在南非投入了9 810万美元的资金用于三种疾病的防治。环球基金在南非的运作方法主要是广泛地链接其他合作方、南非政府、南非公民社会等组织资助或者联合发起针对三种疾病的干预项目，如环球基金即同美国、德国一起合作支持了南非健康部发起的针对南非青年妇女与女童的艾滋病感染的发展干预项目。

---

① SA. SA-EU Strategic Partnership. http：//www.southafrica.be/sa-eu-strategic-partnership/, accessed June 21，2020.

② Global Fund. Overview. https：//www.theglobalfund.org/en/overview/, accessed June 21，2020.

5. 法国

在最近几年内，法国逐渐成为南非官方发展援助合作的关键伙伴，其合作指导政策主要源于南非与法国签订的新伙伴关系①，其中承诺为南非在2011—2013年提供超过10亿欧元的援助支持。法国双边发展援助关注的主要领域是：①支持基础设施建设；②推动可持续与整合型的城市发展；③加强技术培训、高等教育与研究发展。法国驻南非使馆负责协调南非与法国的双边发展援助，同时法国发展署作为双边援助的主要执行机构开展具体合作。

二、作为援助国的南非

作为新兴发展援助国，南非为其他发展中国家尤其是非洲国家持续不断地提供着援助。本节从南非提供的发展援助的理念、规模、管理机构、合作伙伴四个方面介绍新南非的对外发展合作状况。

（一）援助理念

1994年，种族隔离结束后，南非即作为非洲反殖民斗争的典范，在非洲大陆享有了巨大的政治声望，紧接着1999年南非总统提出的非洲复兴理念是南非在后种族隔离时期最为重要的理念。非洲复兴理念强调非洲的发展，并在其中强调南非为非洲复兴所承担的责任。后成立的“非洲复兴银行”也成为重要的南非对外援助的筹资方。南非与区域大国外交政策的连接，对于南非的对外援助实践有指导作用。非洲复兴理念，亦是后种族隔离时代南非最为重要的援助相关的表述。基于非洲复兴理念，南非成立了专门的“非洲复兴基金”，为这一理念的实施筹集资金。近年来，南非提出了“更好的南非、更好的非洲、更好的世界”口号，积极凸显南非作为非洲大陆领头羊的外交战略，也促进南非进一步开展对外援助。

考察南非国际关系与合作部对自身机构环境的定位可以发现，南非践行的积极外交战略是根植于南非的泛非主义理念以及非洲经济独立的政治需求。在南非的外交政策展望中，南非强调了泛非主义理念与非盟2016议程承诺的重要性。同时将自身国内发展的利益——国家发展计划与泛非的乌班图（Ubuntu）理念结合，提出了同时考虑国内利益以及其他非洲国家需求的积极外交政策。南非在外交理念表述中同时强调了保证独立性的重要因素，这些都是自1960年代开始非洲反殖民运动以来的根本理念，即独立与团结。这些非洲大陆自身的政治理念不仅深刻影响着外交政治，更成为南非对外援助尤其是对非援助得以开展的道义合法性来源。也因此，南非提出“更好的南非、更好的非

① Embassy France. Development cooperation in South Africa. https：//za. ambafrance. org/French-development-cooperation-in，accessed June 21，2020.

洲、更好的世界”的口号，是其加强自身在非洲的区域大国地位的主要工具，这种理念也影响了南非对外发展援助的区域特点以及泛非色彩的多边合作机构在对外援助中的重要性。

（二）发展合作的资金规模

南非的对外援助额度在2009年后高速增长[①]，然而对于其资金规模的估算，却存在一些新兴援助体中普遍存在的特点，即并非与官方发展援助国的数据统计及分类一致，而是各有各的特点，且存在着非统一化管理的问题，造成了援助规模估算的不精确结果。因此，本节所呈现的发展合作规模仅限于直接同南非国际关系与合作部最密切相关的资金，且在统计类别上以南非国家预算的分类为准，并非是对援助类别的规模统计，而采取更为灵活的发展合作之名，以凸显新兴发展援助国的不同的特点。基于南非国家预算的数据，以国际合作类（International Cooperation Program）项下的资金流量为统计基础，呈现其规模与流向。首先，根据2020国家财政预算的数据显示，归类于国际合作项下的资金流量在2017/2018年度为4.453亿兰特，2018/2019年度为5.257亿兰特，2019/2020年度为5.38亿兰特。其次，这些资金按照所投入的领域被分为四类：

（1）全球治理体系：规定了多边主义和以规则为基础的国际秩序，需要参与联合国系统及其专门机构的所有论坛，并在这些论坛上发挥积极作用，同时也需要为促进多边活动原则的方案提供资金。

（2）非洲洲际合作：有助于加强非洲议程及可持续发展。

（3）南南合作：建立与南方国家的伙伴关系，以促进南非的发展需求和对非洲议程的需求；并为消除南方的贫穷、不发达和边缘化创造了政治、经济和社会的融合。

（4）南北对话：通过南非的双边和多边参与，以巩固和加强与北方组织的关系，推进和支持国家优先事项、非洲议程和南方发展议程。

这其中，全球治理系统、洲际合作是南非对外合作的重点关注领域。在2016/2017年度，这两个领域分别投入了2.823亿兰特与9 150万兰特；在2017/2018年度，全球治理体系仍占领先位置，投入了2.83亿兰特，而南北对话则投入了8 600万兰特占据第二位；2018/2019年度，全球治理体系投入3.6亿兰特，南北对话投入保持在8 800万兰特；2019/2020年度，全球治理体系投入3.78亿兰特，占据第二位的是洲际合作，投入了8 280万兰特。具体的年度流量分布见图11。

① 黄梅波，李子璇：《南非对外援助管理体系研究》，《国际经济合作》2013年第11期。

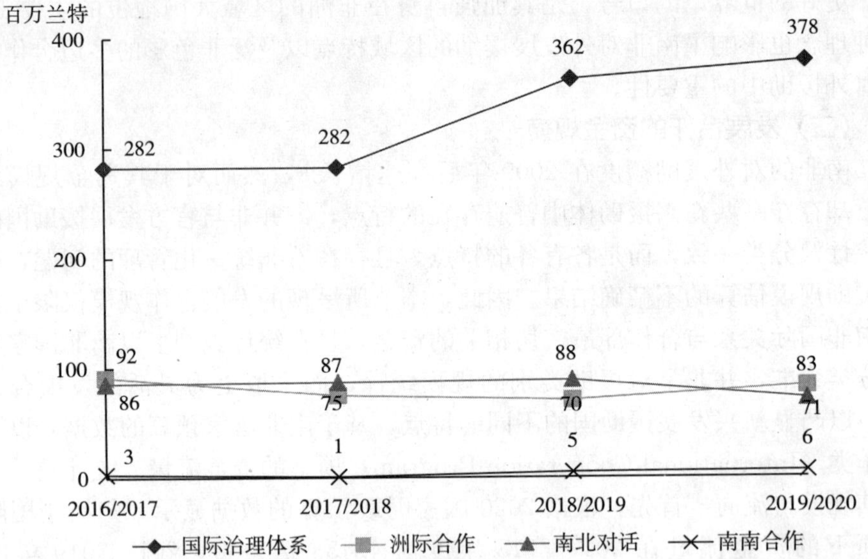

图 11　发展合作资金流向分布

数据来源：南非 2020 年财政预算。

尽管能够从以上的数据对南非的对外援助规模与分配窥探一二，但是由于复杂的统计以及与传统官方发展援助不同的统计归类等原因，南非用于传统官方发展援助类别的援助资金规模仍然处于不明确的状态。有研究指出，南非还通过南部非洲关税同盟向周边国家提供支持，如果把南非提供维和行动的援助计入，其在 2006 年的援助规模即接近瑞典、挪威等北方国家的援助金①。同时服务于外交的板块的统计方式，显然将南非向各个国际组织认缴的会费也计算在国际合作之中，而在南非其他部门的资金分配中，仅国防部在 2019/2020 年度就向发展机构进行了 12.59 亿兰特的转移支付，以应对军事合作和非洲地区的和平问题，水利部设有国际水利支持等类别的项目，环境部涉及化学管理的发展合作，科学与创新部对科学创新方面的国际合作进行了支持，能源与矿业部对国际能源合作进行了支持。

（三）援助管理机构

相关的主管部委即为国际关系与合作部，该部不仅作为对外援助的管理机构，而且还作为管理南非接受援助的主要机构。在这个机构的主导下，南非目前还设有两个专门的机构来进行具体的筹资与管理：非洲复兴与国际合作基金

① Neissan Alessandro Besharati. The establishment of the South African Development Partnership Agency: Institutional complexities and political exigencies. South African Journal of International Affairs, 2013, 20 (3): 357 - 377.

以及南非发展合作署。这两个机构在2019/2020年度通过南非国际关系与合作部接受转移资金为5 630万兰特。

1. 非洲复兴与国际合作基金（African Renaissance and International Cooperation Fund，ARF）

1999年，南非总统做出了非洲复兴的关键承诺。2000年南非通过了《非洲复兴和国际合作基金法案》，为非洲复兴与合作基金的成立做出了最重要的法律授权。具体而言，2000年《非洲复兴和国际合作基金法》规定：通过促进民主，善政，预防和解决冲突，社会经济发展与融合，人道主义援助，加强共和国与其他国家、特别是非洲国家之间的合作与人力资源开发。

在资金筹资方面，ARF通过以下方式从部门获得资金：①国会拨款；②拨款资金结余；③还款收到的款项；④存入基金的货币投资收到的利息；⑤其他。按照南非2020年财政预算数据显示，2017/2018年度转移支付给非洲复兴与国际合作基金3万兰特[①]，2017/2018年度为220万兰特，2018/2019年度为386万兰特，2019/2020年度为462万兰特，2017/2020年度平均增长率超过10倍。据ARF披露，2016/2017年度，ARF共收入5.07亿兰特，2017/2018年度为1.7亿兰特，2018/2019年度为1.1亿兰特，同年度对应的花费分别是5 759万兰特、4 208万兰特与5 737万兰特。

ARF在2020—2025的发展规划中指出，以下几个领域是其未来5年的重点支持领域：①增加同其他国家尤其是非洲国家的合作；②促进民主与善治；③预防以及解决冲突；④社会经济发展以及整合；⑤人道主义援助；⑥人力资源开发。截至目前，ARF接受由国际关系及合作部和财政部共同组成的咨询委员会的管理，即其管理上存在双层结构：一旦获得财政部长的同意，部门将代表基金进行付款或支付贷款或其他财政援助的发放，在每种情况下均应与财政部长协商行事。也因此，客观上造成了ARF的实践时效的滞后以及程序的繁杂，资金使用效率问题是非洲复兴与合作基金受到的诟病之一。

2. 南非发展合作署（South African Development Partnership Agency，SADPA）

由于国际发展援助界的援助国普遍设立专门机构用以统一管理对外发展援助，所以对于新兴发展援助国家建立专门化管理机构就成为了一种潮流，而南非也在这种呼声中对此进行了改革。自2007年以来，专家们一直在讨论如何

① 据DIRCO官员Saley大使在2016年关于SADPA的创设进程问询提到年仅3万兰特的拨款主要是由于当年的财政紧缩计划导致的。参见：PMG，"South African Development Partnership Agency（SADPA）：progress report，" https：//pmg. org. za/committee-meeting/22022/，accessed June 21，2020.

通过建立一个集中的南非发展合作署来正规化、合理化地协调南非同外界的发展合作。SADPA 能否管理南非的所有发展合作（双边、三边、多边、区域）以及优惠贷款、人道主义援助和发展融资（公共和私人），是讨论中最重要的分歧所在①。同时由于南非机构环境的政治和技术复杂性，推出新机构的进展非常缓慢。在 2016 年，DIRCO 提供的进度报告②中，已经为 SADPA 的成立做出以下准备：①筹备《发展伙伴关系法案》草案（筹资机制）；②运营方案；③机制安排。

据 DIRCO 介绍，未来成立的 SADPA 的核心工作为：①人道主义支持；②人力资源能力建设；③冲突后的重建与发展；④善治与选举能力建设；⑤经济合作；⑥三边/多边伙伴机构合作；⑦印度—巴西—南非减贫基金。SADPA 的宏观功能是：①制定关于即将开展的南非发展合作的政策准则，并确保整个政府在执行过程中的连贯性；②支持即将改变管理的发展合作伙伴关系的方案和项目，并使用该基金资助方案和项目；③在发展合作领域提供有关外交政策的技术咨询；④代表国际关系与合作部长与国际发展合作机构和其他利益攸关方建立并保持密切合作与联络；⑤监督所有南非官员对即将归于 SADPA 管理的发展合作与援助项目（包括所有与国家、发展机构、民间社会和私营部门的双边、三边和多边伙伴关系之间发展合作和援助项目）；⑥进行年度责任审计并对所有对外发展合作进行监测和评估；⑦确保对伙伴关系发展基金的有效管理。

目前看来，SADPA 并不像一些学者所预计的，是对 AFR 的替代，SADPA 成立后接替 AFR 的好处是可以更为广泛地参与非洲之外的发展合作尤其是利用其推进金砖国家的合作，但 AFR 是否会被替代仍受到质疑③。由于立法推进的原因，SADPA 仍没有投入运营，但南非国库数据显示其在 2019/2020 年度 SADPA 获得了 100 万兰特的注资。

（四）关键合作伙伴

在转移支付给外国政府及国际组织的资金中，非盟、南部非洲发展共同体、联合国机构、印度—巴西—南非减贫基金是资金转移最多的四家机构，这些机构在 2019/2020 年度分别接受了 4 370 万兰特、860 万兰特、1 800 万兰

---

① Neissan Alessandro Besharati. The establishment of the South African Development Partnership Agency：Institutional complexities and political exigencies. South African Journal of International Affairs，2013，20（3）：357－377.

② PMG. South African Development Partnership Agency（SADPA）：progress report. https：//pmg. org. za/committee-meeting/22022/，accessed June 21，2020.

③ OECD. South Africa's Development Co-operation. https：//www. oecd. org/dac/stats/south-africas-development-co-operation. htm，accessed June 21，2020.

特、145万兰特的资金投入。同时，2020年财政部为促进金砖国家合作，还对新发展银行（即金砖发展银行）认缴了185亿兰特。本节对于这些关键的发展合作伙伴展开具体介绍。

1. 非盟

非盟的成立源于非洲人民反殖民运动中广泛认可的泛非主义思想。在其前身非洲统一组织于1963年成立之后，泛非主义真正地成为了机制化、非洲团结的理念。此后的1999年9月9日，非统第四届特别首脑会议通过《锡尔特宣言》，决定成立非洲联盟。2002年7月，非盟正式取代非统。《非盟章程》确定的目标是：实现非洲国家和人民间更广泛的团结和统一；维护成员国主权、领土完整和独立；促进和平、安全和稳定；加快政治、社会和经济一体化进程；促进民主原则、大众参与和良政；促进和保护人权；推动非洲经济、社会、文化的可持续发展；推动在各领域的泛非合作，提高人民生活水平；协调和统一次区域经济体政策；维护非洲共同立场和利益；加强国际合作，创造条件使非洲在全球事务中发挥应有作用。

非盟在组织架构上设有首脑会议、执行理事会、非盟委员会、泛非议会、非洲发展新伙伴计划、经济社会与文化理事会、金融机构等。这其中非洲发展新伙伴计划（New Partnership for Africa's Development，NEPAD）是由南非、尼日利亚、阿尔及利亚、塞内加尔和埃及于2001年发起的，2010年并入非盟框架内的同非洲地区发展合作最为密切的组织。并入框架后，非盟专门成立了非盟发展署—非洲发展新伙伴计划（African Union Development Agency-NEPAD）来支持非洲地区的发展，其重点工作领域为：①人力资源与机构发展（技术、青年人、就业与女性赋权）；②工业化；③技术创新与数字化；④经济整合；⑤环境可持续发展；⑥知识管理。但同时，非盟作为地区间政府组织，其发展援助合作仍旧有分散于各个部门的特点，如人道主义援助、维和事务、战后重建是由和平与安全理事会统筹。

2. 南部非洲发展共同体（Southern African Development Community，SADC）

南部非洲发展共同体，由1980年成立的南部非洲发展协调会议（SADCC）发展而来。它于1992年8月在纳米比亚温得和克举行的一次峰会上采用了现名。最初的成员国是安哥拉、博茨瓦纳、莱索托、马拉维、毛里求斯、莫桑比克、纳米比亚、埃斯瓦蒂尼、坦桑尼亚、赞比亚和津巴布韦。南非在1994年以后成为成员。SADC的主要目标是实现发展，和平与安全以及经济增长，减轻贫困，提高南部非洲人民的生活水平和生活质量，并通过地区整合来支持社会性不利环境，建立民主及公平原则，支持可持续发展。

SADC内部设立有专门管理发展合作的机构，其主要同双边多边国际发展合作伙伴以及其他为SADC提供支持的发展援助伙伴一起，为SADC的区域整合和减贫目标努力。在工作方式上，多边与双边的国际合作伙伴提供智力支持，支持SADC的发展合作框架的建立。2006年，SADC在纳米比亚Windhoek发起了“Windhoek宣言”，该宣言主要涉及SADC与国际合作伙伴合作框架；2016年SADC还将发展有效性的巴黎宣言原则（国家所有权、和谐、合作、成果与共同责任）整合进入到SADC发起的Windhoek宣言[①]。SADC的重点工作领域仍是通过贸易以及经济发展来对地区进行整合，但是对于南部非洲共同面临的问题——减贫发展，亦是SADC的重点关注领域。其重点关注的问题是：①艾滋病毒与艾滋病患；②性别平等与发展；③贸易经济自由化与发展；④区域一体化及减贫的基础设施支持；⑤可持续粮食安全；⑥人类及社会的发展。

3. 联合国

南非同诸多的联合国机构建立了紧密的联系，在关于对外援助发展的重要机构中，经济合作与发展组织（OECD）是其中最为关键的机构。2007年，经合组织部长级理事会通过了一项决议，促使南非与巴西、中国、印度和印度尼西亚一起成为经合组织的五个主要伙伴之一。主要合作伙伴以持续、全面的方式为经合组织的工作做出贡献。合作的中心要素是促进这些国家直接和积极地参与OECD实体机构的工作。南非是非洲最大的经济体，通常是经合组织活动的“主要推动者”，支持新伙伴关系的目标，特别是在南部非洲，涉及税收、投资、竞争政策和治理。随着经合组织和南非加深合作，南非的决策者可以获得经合组织的专门知识和良好政策。反过来，经合组织受益于对南非政策观点的了解，以增进相互学习。南非与经合组织的协调机制建立在：经合组织全球关系秘书处负责制定和监督这种关系的战略方向，并确保对话保持重要性、前瞻性和互惠互利。通常，南非官员与来自经合组织国家和经合组织秘书处的专家之间举行会议，讨论商定并与分析研究共同准备的主题。

目前，南非是6个OECD组织机构和项目成员，南非加入并签署了19个经合组织的政策，包括《发展合作组织理事会关于管理腐败风险的建议》（2016年）。南非参加了各种经合组织的旗舰项目和出版物，例如《经济展望》《教育概论》《追求增长》《绿色增长》《就业展望》《经合组织—粮农组织农业展望》《养老金概览》《科学、技术和工业展望》等。南非也被纳入几乎所有经合组织数据库中，并参与了关键的横向项目，例如经合组织发展战略。南非在撒哈拉以南非洲地区倡导了经合组织的一些地区倡议。例如，作为副联席

① SADC. Regional Indicative Strategic Development Plan. https：//www. sadc. int/documents-publications/show/Regional _ Indicative _ Strategic _ Development _ Plan. pdf，accessed June 21，2020.

主席，它为新伙伴关系——经合组织非洲投资倡议的工作做出了积极贡献。南非还在年度国际非洲和非洲经济论坛上参加了南部非洲发展共同体区域投资政策框架项目的活动，经合组织非洲开发银行倡议，以支持非洲的商业诚信和反贿赂活动。目前，南非与经合组织的深入合作，充分发挥了南非自身在非洲地区的领导力，成为针对整个非洲发展计划开展合作的重要支点。

4. 印度—巴西—南非基金（India-Brazil-South Africa Fund，IBSAF）

印度—巴西—南非基金，是印度—巴西—南非论坛（India-Brazil-South Africa Forum）的产物。该论坛成立于 2003 年 6 月在巴西利亚的外长会议。该论坛是一个南—南合作联盟，致力于包容性可持续发展，以谋求本国人民和发展中国家人民的福祉。其基本原则、规范和价值观是参与性民主，尊重人权，法治和加强多边主义。迄今为止，已经举行了七次 IBSAF 领导人峰会。

在论坛及峰会的支持下，2004 年专门支持减贫与减缓饥饿的印度—巴西—南非基金成立，累计获得捐款 3 700 万美元。通过该基金，在其他发展中国家执行发展项目。迄今为止，IBSAF 在安全饮用水、农业、畜牧业、太阳能、废物管理、卫生等领域为 20 个合作伙伴发展中国家的 31 个项目提供支持，旨在为实现千年发展目标（2015 年前）与可持续发展目标（2015 年后）做出贡献。IBSAF 获得了多项主要认可，针对海地和几内亚比绍的项目在 2006 年获得联合国南南合作伙伴奖，2010 年千年发展计划南南合作奖和 2008 年南南冠军奖。此外，2013 年，柬埔寨“赋权儿童及青少年项目”获得柬埔寨国家的奖励荣誉①。

5. 新发展银行（New Development Bank）

新发展银行，又称为金砖国家新发展银行或金砖银行，2012 年新德里金砖国家第四次峰会上，金砖国家领导人建议设立的银行。其主要目的是为了对金砖国家以及其他新兴经济体和发展中国家的进出设施和可持续发展提供支持。2014 年金砖国家第六次峰会期间，新发展银行的建立协议签署。银行初始授权资本为 1 000 亿美元，初始认缴资本为 500 亿美元，由创始成员平均分担。理事会第一任主席来自俄罗斯，董事会第一任主席来自巴西，银行的第一任行长来自印度，银行总部设在上海。新的开发银行非洲区域中心与总部同时设在南非。2016 年 2 月 27 日，新发展银行与中华人民共和国政府签署了《总部协定》和《上海市人民政府谅解备忘录》，正式投入运营。2016/2017 年度，新发展银行董事会批准了涉及资金援助超过 34 亿美元的贷款，用于绿色和可再生能源、交通、水卫生、灌溉和其他领域的项目。

① IBSA. IBSA fund. http：//www.ibsa-trilateral.org/ibsa _ fund.html，accessed June 21，2020.

三、援助实践及其有效性

（一）对南非的援助实践及其有效性

作为受援国，南非接受额度低、依赖程度小，在非洲属于接受援助最少的国家之一。大部分对南非的援助聚焦健康、医疗与就业等环节，对于南非面临的特殊的艾滋病问题，国际关注度很高。在流向南非的官方发展援助中，美国双边援助地位显著，但同时亦有国际组织如全球基金对南非的关注度也很高。作为新兴援助国的南非，擅长使用多边机构、三边合作的对外援助。南非的对外援助服从于其外交目标，在管理架构上由南非国际关系与合作部统筹，在实践部门上设立了非洲复兴与合作基金用以具体筹措资金与发展支持。与此同时，仍在设立中的"南非发展合作署"广受关注，但由于立法程序与机构环境的复杂，至今仍未正式运作。作为积极外交手段的实现工具，南非的对外援助注重对国际间政府组织关系的推动，注重非洲事务的领导力。

在有关援助有效性的巴黎宣言成为官方发展援助内广泛的共识后，OECD对南非的受援状况在2011年进行过一轮评测。以援助有效性的指标来形成的南非的受援状况评测中，OECD通过评测指出，南非达到了援助所有权、一致性以及成果管理的三个指标要求，但是未能达到问责与协调两个目标，以当时巴黎宣言的援助有效性目标的具体考核标准而言，其进展喜忧参半，且没有明确的面向巴黎宣言改善的趋势[①]。同时，随着千年发展目标的更新，联合国可持续发展目标也考虑并将援助有效性整合进入到可持续发展目标指标体系当中。到目前为止OECD还未对南非的援助有效性进行新一轮的评测，其援助效果在过去10年内的变化趋势还不明朗。

从双边援助实践模式可以看出，北方发达国家对南非的援助多是独立的、合作形式的援助，其援助的中心议题的优先性仍由援助国来确定，以资助南非的国家预算，完全意义上由受援国掌控的所有权模式尚未得到普遍实施。因此，南非仍旧受制于援助—受援的客体权力框架。尽管如此，官方发展援助关注的领域，尤其是艾滋病防治的问题，需要通力合作来解决。以此问题为例，南非与外援的合作中体现如下特点：南非国内针对艾滋病问题的官方发展援助的管理与合作模式，存在着绕过国际关系与合作部直接同卫生部进行合作的状况，这一状况也显示在卫生部的资金流动中；卫生部数据显示，艾滋病项目涉及的对外合作方包括美国在内的外国机构与组织，一些资金直接被转移支付给这些合作方。笔者认为这种合作方式一方面在一定程度上保障了官方发展援助

① OEDC, Aid Effectiveness 2011: Progress in Implementing The Paris Declaration-Volume II Country Chapters, OECD publishing, 2012, pp. 1 - 20.

方确定的援助优先领域内的筹资及实践问题，另一方面也会影响到南非国家发展援助管理的统一性。这些操作各有优劣，但随着南非发展援助署的设立与运营，会发生一定程度的改变。受到新冠肺炎疫情影响，该署仍在计划筹备阶段，仍看不到实际改变。但从结果而言，在外援帮助下，该领域的投入有所增加，且在2012—2017年实现发病率下降了44%、90%感染者知晓自身状况的成效。作为受援国的南非，在与北方官方发展援助的合作中，取得了显著的成效。

（二）南非对外援助的实践及其有效性

南非的对外援助实践具有鲜明的南方国家特点，即善于利用多边机构、多边地区国家间机构来实施对外援助。依靠如非盟、南部非洲发展共同体、经合组织、多个地区间的新发展创新银行，南非不仅加强了以参加参与国际治理、大洲治理以及南南合作的外交目标，而且在这一过程中形成了依靠多边机构加强非洲国家间合作的目标，并有力地通过新发展银行的创新举措，加强了同非洲之外的新兴发展援助体的合作关系，形成了以三边合作为基础的南南合作新态势。目前针对南非作为新兴援助国的讨论兴起，学界已有一些研究针对南非参与的非洲发展援助以及南南合作三方援助状况的有效性进行了评价。其中，经合组织专门组织南南合作小组于2010年对全球110个南南合作的案例进行了回顾并进行了有效性的评价[①]。如非盟组织的非洲综合农业发展项目，即关注非洲农业大国的粮食安全营养及收入的提高。该项目旨在通过提高国家层面的农业预算投入，以提高非洲粮食安全营养与收入。其目标是将参加国的农业预算投入从每年6%提高至10%，并通过非洲发展新伙伴关系计划（NEPAD）创设一个联系广泛的洲际、地区以及国家层面关键参与者参与的共同协商与知识经验的分享网络，以相互学习共同推进目标的实现。OECD评价小组对于这些实践的创新给予肯定，并认为三边（南—南—南、南—北—南）合作推动了南南合作间横向伙伴关系的紧密联系，也增强了多边组织的区域动员力，提高了区域自主学习与自主解决方案的创造力，形成了对既有南北合作的补充。

四、小结

南非的发展援助合作涉及两个重要方面，即作为受援国的南非与新兴援助国的南非。在作为受援国的南非发展援助合作方面，其在受援资金规模上不大，呈现出很强的自主性，并未对援助产生过强的依赖。受援资金多流入到健康与人口部门，显示出官方发展援助国对于解决南非的健康医疗尤其是艾滋病

① OECD. South-South Co-operation In Context of aid effectiveness. https://www.oecd.org/dac/effectiveness/46080462.pdf, accessed June 21, 2020.

防治的发展议程的偏好。在管理中，尽管南非设有国际关系与发展部同外援方进行对接，但在实践中，关键发展援助合作伙伴都以各自的代表处直接联合合作紧密的部门，如健康部开展援助实践，在援助效果上特别是针对艾滋病的防治中，南非同发展合作伙伴共同取得了一定的成就。

作为对外发展援助的新兴体，南非的援助理念根植于非洲反殖民斗争中建立的泛非理念，并服务于其积极建构非洲大国的外交使命。在发展合作的资金规模上，由于其统计方式以及分类的不同（同北方国家相比），统一由国际关系及合作部管理的资金规模仍很小，但是散落于其他相关部门的资金流量可观。南非积极参与国际治理与洲际治理，在对外援助管理中建立以国际关系与合作部为核心的管理机构，同时设立专门的非洲复兴与国际合作基金以及南非发展合作署进行管理。但目前南非发展合作署还未正式运营，预测中的替代非洲复兴与国际合作基金的职能也没有得到实现。在南非的对外发展合作中，其广泛依靠非盟、南部非洲发展共同体、联合国经合组织在内的多边机构，并创新性地引入了两个新兴发展经济体间的发展银行。在加强同印度、巴西、中国、俄罗斯等金砖国家的大国关系的基础上，为新的发展援助合作提供了筹资与实践平台。综上，南非的对外发展合作取得了良好效果，不仅有利于实现其外交使命，而且加强了南南国家间的横向合作，为区域内自主解决问题的创新方案提供了新的机制与范式。

第五节　南非减贫援助需求的案例分析

本节围绕南非“造血型”与“扶助型”减贫政策与项目进行概述与案例分析，指出其实施发展中面临的问题与障碍，并就其合理性和可行性进行剖析与总结，进而为中国对南非的减贫援助指明方向与路径。

一、“造血型”减贫——公共工程

（一）公共工程减贫政策概述

南非在 20 世纪 90 年代中后期推出的公共工程减贫政策通过在国家公共领域创造临时工作为失业者提供基础培训并增加工作经验、创造新的就业机会，从而减轻贫困。公共工程减贫政策下包含了国家政府和国有企业所有的短期至中期项目，旨在利用公共部门预算来减少失业。因此，该方案特别针对无技能者和失业者，招收他们从事生产性工作以赚取临时收入，同时提供教育和技能培训，使他们有能力自己创业或者被他人雇用。

公共工程减贫政策往往是通过国家政府部门在其现有预算范围内来实施的。同时，公共工程减贫政策也寻求并动员私营部门投入资金、提供商品、服务和培训机会，以帮助该政策的落实。公共工程减贫政策除了为贫困人口提供工作经验、培训和进一步教育以外，还涉及中小微企业创立和发展计划，因此吸引了比原政策计划增加至少14%的受益者参与。

公共工程减贫政策的总体目标是解决至少100万人的失业问题，目标人群中40%是妇女，30%为青年，2%为残疾人①。公共工程减贫政策旨在动员国有和私营部门相互协作，以密集劳动力和可接受的劳动标准为社会提供所需的公共产品和服务，来实现减贫。

（二）关于公共工程减贫项目的案例分析

笔者选取两个公共工程减贫政策项目进行案例分析。

案例1　项目名称：AT残疾人自助协会

省份：豪登省

概述：AT残疾人自助协会是一个非营利组织，1990年在豪登省的Ekurhuleni市成立。它的重点营业范围是废品回收、家用洗涤剂生产、食品园艺和社区服务。在2010/2011年度，豪登省公共交通、道路和工程部为该残疾人自助协会的基础设施建设第一阶段提供了150万兰特的资金，搭建了车间、活动大厅和回收工厂。2015年，国家商务部又为该残疾人自助协会提供了第二阶段拨款约340万兰特，建造了讲习班教室、修建了外部围墙、人行道、道路、停车场，还在原有的大厅中增加了通风设备，并对车间区进行了清洗和办公室升级。这是一个为期12个月的项目，雇用了14名工人（直接受益人）。项目目前已经结束，但最初接受了该项目培训（有关水暖和建筑等技术技能）的所有受益人中最终只有7人得到了就业机会；其他受益人后来既没有找到工作，也因为劳工部培训名额缺乏灵活性而无法参加同一个项目之下的其他培训而丧失了其他技术技能的就业机会。

案例2　项目名称：彩虹清洁服务项目

省份：西开普省

概述：彩虹清洁服务是一个公共工程减贫项目，它在2014年响应西开普省教育部的招标宣传，为当地学校建筑提供维护服务。该项目旨在通过为学校提供清洁服务和日常维护，达到三个目标：①为当地社区人员提供就业；②通过培训和实践工作进行技能传授；③维持健康安全的学校环境。该项目雇用了在校生家长和当地社区成员（直接受益人）。受益人计划在6～12个月的时间内每周工作两天，并得到每天50兰特的报酬。彩虹清洁服务合同目前已雇用了1 200名受益人参加这项工作。这个项目目前运转良好，并得到了极好的社

① Republic of South Africa. Department of Public Works (DPW). Infrastructure Sector Plan for the Expanded Public Works Programme. 2004.

会反响。

（三）公共工程减贫政策与项目的问题

公共工程减贫政策是一项致力于减贫的国策，旨在动员各个国营和私营部门通力合作，为社区、学校、医院等公共领域提供服务，并以提高劳动者技术和价值的方式参加工作和经济建设，从而实现减贫的目标。目前国家对这项减贫政策的投入超过200亿兰特，并且在具体执行上付出了巨大努力，因此人们非常希望该政策能够真正为减轻南非的贫困状况和减少失业做出有应有的贡献。然而公共工程减贫政策目前确实存在一些弱点和问题。

（1）政策执行人对公共工程减贫政策的定义和应当具体在省级还是市级层面执行意见不统一，这严重阻碍了公共工程减贫政策的推广。并且因为对该政策的不了解，执行者们对什么样的项目有资格被归类为公共工程减贫项目也缺乏起码的判断。于是一系列不同类型的项目被统一标记为公共工程减贫项目，而一些真正有资格、符合标准的项目却未被认可，从而痛失良机。

（2）公共工程减贫政策的上报制度混乱。公共工程减贫政策的实施需要有一个相当复杂的协调机制和系统来辅助，包括国家政府、省和市级相关部门、社区组织、非营利性组织、私营部门的服务提供商等。例如，一个环境项目可以由省级资助，并直接向公共工程省总协调员报告；而同一省内的相似环境项目也可以由国家环境事务与旅游部资助，并通过国家部委直接报告给公共工程减贫政策的国家级协调员。于是，这个体系的向上汇报制度就产生了混乱。而且，公共工程减贫政策中出台的项目总被视为由国家公共工程部独立出台的项目，于是该项目就失去了其原本应该有的跨政府多部门协作的可能性。

（3）公共工程减贫政策在创造工作的同时也存在抵消岗位的问题。很多公共工程减贫项目真实地创造出新的、原本不存在的工作岗位，为受益人重新就业创造了机会。但也有一些公共工程减贫项目中出现过给受益人提供了原本是别人的工作岗位进而出现新的失业者的情况。这个抵消问题需要政府予以必要的监控和干预。

（4）公共工程减贫项目的交付和最终质量参差不齐。调研表明，有的公共工程减贫项目根本没有为受益者提供任何培训，有的受益者参加了培训却没有学到任何技能，还有的受益者参加了培训但学到的技能因为不具备任何实用价值而不能帮助他们找到一份真正的工作，还有受益人报告说培训太过繁琐给他们造成了极大的负担。

（5）有的公共工程减贫项目无法在短期内为受益人创造财富，故项目生存期往往很短。还有很多项目负责人报告其项目根本就无利可图，于是只能很快关停该项目；甚至还有成功申请到公共工程减贫项目的负责人明码标价“出售”自己的项目。

（6）公共工程减贫政策的适用性尚需改善。公共工程减贫政策是一个被用作短期解决失业和贫困问题的措施。其理念是在生产方式上使用密集劳动力替代基于资本的技术，同时以公共资金创造更多的就业机会来减少贫困。但是这个政策设计理念是否适用于南非当前局势是存在争议的。有研究认为南非的贫困是长期性、结构性的，并“不是暂时性冲击的短暂结果”①。鉴于公共工程减贫政策的本质是用劳动力替代技术，而且是政府为带动就业有意为之的，根本问题就变成了“这是不是对南非贫困和劳动力市场问题的正确解决方案?”从长远来看，这并不是一个顺应社会历史发展规律的国家政策。然而，从现阶段来看，这个减贫战略的出台具有相当强大的实用价值：它是为了创造就业而制定，并侧重于短期内快速提高贫困人口收入，尤其在帮助妇女、无业青年和残疾人获得培训和工作机会方面，具有很高的引领性。只是鉴于南非目前的失业程度太高而公共工程减贫政策还未被开发出全部潜力，所以看起来该政策的影响力并不大。

（7）公共工程减贫项目在实施过程中会不同程度地受到政治干预。公共工程减贫政策有相当明确的扶助目标人群，即贫困者、技能低下或无技能人员和失业者。然而，据称在某些社区中，加入特定政党才是考虑将其纳入公共工程减贫项目的必要条件。而且政客有时会对某些项目发出指示，让项目招募的工人多于项目实施者认为的实际需要的工人数，以得到更多的政治支持。

（8）由于公共工程减贫政策实施的分散性，其监测与评估环节成为公认的最大弱点。因为并非所有参与者都会向国家检测与评估部门报告；并且在收到的报告中，有75%的项目由于数据不完整或无效而被剔除。通过系统录入且完成了的那部分项目数据，其信息的合法性和真实性存在严重问题，让国家对公共工程减贫项目的监测和评估变得异常艰难，直接影响了政策落实的透明性。

（四）对公共工程减贫项目的总结

在2004年5月至2019年12月期间，公共工程减贫政策共创造了742 969个工作机会。这些工作多是在基础设施、旅游和文化、社区和非国有部门的公共工程减贫项目下创造的。尽管这些工作机会大多是短期到中期，但其中一些已经发展成为长期职业。南非总统西里尔·拉马福萨（Cyril Ramaphosa）2020年在国情咨文（SONA）中指出，“加强社会协作，达成政府、私营部门和民间组织之间的合作和共识，能推动我们的社会经济进步；而公共工程和基础设施部（DPWI）也会通过公共工程减贫政策继续与上述各相关部门合作，

① A. McCord.. Public Works：Does Anyone Get the Ice-cream? . Work，University of the Witwatersrand，2005，

为南非的贫困者和失业者提供重新参与社会经济建设的机会。”

综上，公共工程减贫政策在制定和落实过程中确实还存在各种各样的问题，中方可在这些问题上与南非方寻求更多的交流与讨论机会，借鉴中方在此减贫领域中的有效经验。

二、“造血型”减贫——土地再分配

（一）土地再分配减贫政策概述

土地再分配是目前南非政府主推的减贫政策之一，该政策的落实由土地事务部以及国家和省农业部门共同负责。尽管政府拟议的土地再分配规模目前尚无法量化，但政策目标明确：更公平地分配土地，从而促进民族和解与社会稳定；在土地纠纷经常发生的地区大幅度减少与土地有关的冲突；帮助解决失地问题，为改善城乡安居条件铺平道路；推动全民性家庭收入、就业和经济的增长。

土地再分配减贫政策是以需求为导向的，人们以个人为单位向政府申请购地款，并汇集多个家庭或同一家庭的多个成员的购地款，再一同向土地事务部申请购买他们需要的土地。如果土地购买涉及多个家庭，购地者往往会组成某种法律实体（例如，公共财产协会/信托等），共同处理土地事务。1993 年颁布的第 126 号《土地援助法》是允许土地重新分配的主要立法，该法令规定国家需要为历史上处于不利地位的人们提供定居和生产所需的土地。除了涉及处置国有土地再分配项目外（相对较少），土地收购的情况比较普遍（通过市场形式公开进行“愿意购买者”和“愿意出售者”开放议价并形成法定的土地买卖合同）。而土地重新分配的主要筹资手段则是以家庭为单位（但需要以个人名义申请，并以个人名义领取）向政府申请并获取用以定居和农牧的补助金，用以购地。因为家庭所能领取的最大金额是由土地补助金与住房补助金这两项共同组成的，所以土地补助金与住房补助金是相互关联的。具体实施方法是：在总计不超过 15 000 兰特的情况下，一个家庭可以同时获得土地补助金与住房补助金，但是因为有总额上限限制，所以一个家庭又不可能同时获取这两项补助金的单项最大金额。

2001 年，政府引入了一个新的土地再分配子政策，即用于农业发展的土地再分配政策，简称农地再分配政策。该农地再分配政策在很大程度上取代了原有的土地政策。农地再分配政策中有一个政府拨款公式，根据申请人的具体需求，政府拨款金额为每人 2 万兰特到 100 万兰特不等，且根据拨款性质可以按比例递加。由于农地再分配政策下的补助金是授予个人而不是家庭，所以同一家庭的成年成员可以分别申请农地再分配政策补助金，然后将其汇总起来，从而形成一笔可观的款项，用于一个家庭共同组成的农业项目。农地再分配政策的另一个战略目标是增强农业部门在参与土地再分配方面的作用。在财政方面，国家土地事务部负责支付最初的土地购置金并授予农地项目初始拨款，而农业基础设施部则通过农业综合支持计划（CASP）予以其他财政支持。

为了落实农地再分配中以需求为主导的指导方针，土地事务部（DLA）最近还启动了“土地积极收购战略”（Pro-active Land Acquisition Strategy, PLAS），其中心思想是积极收购看起来合适且具有战略意义的土地，然后确定农地再分配受益者，进行土地再分配。土地积极收购战略的重点扶助对象也是贫困人口，受益人首先以租赁形式使用土地，然后在他们证明可以合理并成功使用土地后获得所有权。[①]

（二）关于土地再分配减贫政策的案例

本部分针对土地再分配减贫政策选取了三个案例进行分析。

案例1　项目名称：Masizame

省份：东开普省

概述：Masizame项目由东开普省惠特西及其周边地区的36个社区成员共同发起，并于1995年向皇后镇的土地事务办公室提出了申请，但是直到2005年才开始土地转让。该农场占地744公顷，其中只有10公顷是可耕地。农场购买价格为45万兰特，农地再分配政策的拨款总额58万兰特，差额主要用于牲畜、机械和设备购买。该农场饲养牛、绵羊和山羊，并种植农作物。饲料生产始于2008年大麦的种植。该项目自启动以来，一直处于开发阶段，因此从未进行过大规模的销售活动。只有一次对外卖了一头牛外加十只绵羊，以筹集用于修理拖拉机的资金。除生产饲料外，该农场在2009—2019年每年用半公顷土地生产自用蔬菜，主要包括白菜、土豆、菠菜和洋葱等。随着时间流逝，36个原始社区成员中已有11人退出。自成立以来，牲畜存栏量有明显增加，农场的动物状况良好，但在创造就业方面，该项目仅为还留在该项目中的25名受益人创造了兼职工作，这从经济角度来讲，回报太小。

案例2　项目名称：Slovo Welcome Trust

省份：东开普省

概述：Slovo Welcome Trust项目是东开普省最早的土地再分配项目之一。该项目是由85个社区成员向土地事务局申请农地再分配政策的资金发起的。项目占地总面积为1 285公顷，是两个毗邻的农场，其中仅171公顷为可耕地。农场总价为125万兰特，几乎用光了受益者团体获得的全部政府拨款。该项目有一个执行委员会（由10名成员组成），负责农场的日常管理。该项目开

① HSRC. Descriptive Analysis of Land Reform Delivery and Unit Costs in South Africa：1994—2004. report commissioned by the Department of Land Affairs，2006.

始时购买了二手拖拉机，并在第一年生产了第一批蔬菜。同年，项目组人员开始维修那条将水从附近大坝输送到两个农场的犁沟。后来该项目所在的两个农场还与邻近的农场合作进行维修，但是至今也没有完全恢复供水系统，而修理过的水泵很快老化坏掉了。尽管存在灌溉设施不利的问题，该项目仍然灌溉了7.5公顷的耕地，并在这些土地上种植了蔬菜。该项目成功地为皇后镇新鲜农产品市场、医院、商店和当地社区提供了时蔬。

该项目后期由于没有打包设备来完成作物的切割和打包工作，遇到了很多操作上的困难。同时农场还存在电费和水费问题，使生产无利可图。项目推广组人员认为该项目的失败主要归因于财务管理不善，但财务管理组人员认为项目是败在缺乏足够的政府财政扶持，导致用于生产的资金链断裂。目前这个项目在没有商业性蔬菜生产的情况下（种植的蔬菜只够受益人家庭自给自足），仅存的生产活动就是养牛（放养）。

案例3　项目名称：超级养鸡场

省份：北开普省

概述：超级养鸡场是一家股份有限公司的名字。这原本是一个面临关闭的肉鸡生产基地，位于沃伦顿郊区的21公顷土地上，距离金伯利约70千米。因为60名工人面临失业，于是一起申请了农地再分配政策补助金，用以购买公司从头再来。该超级养鸡场项目所争取到的总金额是380万兰特，其中包括来自土地事务部的230万兰特和来自土地银行的150万兰特贷款。工人们以330万兰特的价格购买了超级养鸡场公司。意识到自己缺乏企业管理知识，工人们决定尝试与前公司所有者签订合同以协助营销，但并未成功。2013年，土地银行为他们任命了一位投资指导师，但该指导师在职期间并未给出有效指导并在6个月后离开了项目。于是，该项目的业务彻底陷入了低谷，现金不足导致公司只能购买数量很少的雏鸡，它的实际生产能力也还不到其计划生产能力的十分之一。在60个原始股东中，现在仅有14个仍在参与该项目，并开玩笑地称自己为“志愿者”（因为无利可图）。其余的46人中，3人死亡、3人患病、9人找到了其他工作，另外31人“在家中”（失业）。然而即使该项目的现状如此惨淡，土地银行仍坚持要求该项目每月支付2万兰特还款。于是该项目成员们只好又开始申请综合农业支持计划（CASP）中的补助，寄希望于新的国家投资可以为他们支付上一轮150万兰特的贷款。

（三）土地再分配减贫政策的问题

（1）土地再分配减贫政策的目标在实际操作中很难量化。土地重新分配的既定目标包括减少贫困、创造就业和恢复性司法公正，以使整个农业部门变得更加一体化和公平。话虽如此，土地再分配减贫政策的目标缺乏明确的界定，从最开始的“促进30%的白人土地拥有权的转移”到2014年“将更多的农牧业用地转变为黑人所有”还是有很大差异的。而且无论是哪种界定，都没有给出一个确切的量化标准，以及如何判断当年目标是否完成等。

（2）农地再分配政策在实施中存在严重的管理问题。首先，项目章程起草这一初始的关键环节并没有得到足够重视，致使很多项目虽然初始财政拨款足够，但在实际项目操作中的资金使用上无章法可循，导致经费很快就没有节制地用完，项目失败。其次，土地重新分配政策下，受益人往往获得的土地财产巨大，但是因为财产细分、蓝图规划等工作缺失，所得土地往往都不能得到充分利用，既浪费了受益人自己的发展机会又浪费了国家资源。当然，在很多情况下，并非是受益人不想做好项目，而是他们受教育程度太低，不懂得如何做才是对的。甚至，有许多寻求政府援助的贫困人群之所以成为项目受益人，最想要的也仅仅是一份有固定收入的工作用以糊口，并不关心这份工作是否能够长久，当然他们的眼界、受教育程度和管理水平也没有能力去实现项目的长久发展。

（3）债务融资在很多土地再分配项目上存在风险，超级养鸡场的案例就是如此。如果没有强大的管理团队和监督体系，原本的经营不良外加每月还贷的压力足以把一个项目很快拖垮。而这样的案例在南非数不胜数。事实上，就因为这种不良贷款过多，以至于南非政府近年来不得不开始对土地银行进行资本重组。

（4）在将土地重新分配作为减贫手段的同时，不应该忽略因土地重新分配而遭受损失的人。例如，被前任所有者雇佣的农场工人和农场居民，这些人会成为受害者，在土地改革的过程中流离失所。

（5）提供给贫困者们的土地数量与实际需要之间存在偏差。在东开普省进行的一项调查显示，黑人家庭的土地中位需求约为4.5公顷，而农地再分配政策下输送给家庭的土地中位数值约为90公顷或更多①。这对大宗农牧业投资项目是必需的，但大宗农牧业项目仅集中在当地总体农地分配的15%左右；而剩下的绝大多数项目受益人都仅对种植粮食更感兴趣，所以这些人拿到的土地远远多于他们能掌控和利用的范畴。这样的偏差就会直接导致国家土地资源的浪费。

（6）土地再分配政策对国家食品价格的稳定存在负面的潜在影响。因为土地再分配主要目标受益人均为没有任何教育和技能背景的穷人，那么土地利用

① Samson. M et al，2004，The social and economic impact of South Africa's social security system. Further work done by Dr. Monde Makiwane from the HSRC that disproves the claim that the CSG increased the rate of teenage pregnancies. His various works on this topic can be found at：http：//www. hsrc. ac. za/Staff-publications-2151. phtml.

率、农业生产率和商业运营能力普遍低下的问题不可避免。这样一来，农业总产量不足意味着食品价格会攀高或出现波动（中间变量很多），这对国家总体经济稳定是不利的因素。

(7) 土地再分配政策项目因受益人失败率太高、所得太低而无法实现可持续性。例如，2015 年在自由省为当地黑人农户设置了一个类似于农地重新分配并以家庭农场为实施模式的项目。当时南非发展信托（SADT）收购了当地很多农用土地，并按照农地再分配政策分配给了 100 多名以家庭为单位的贫困黑人农民进行耕种。随着时间的流逝，其中三分之二的家庭都以失败告终；剩下三分之一尽管还在继续耕作和生产并取得了一些成就，但他们中哪怕最成功的人也与该地区的普通白人农户的收入存在着巨大的差异，这让他们没有任何希望和可能真正融入当地农业市场。

(8) 土地再分配政策总体上没有很好地融入地方发展规划。南非大多数地方和地区市政综合发展计划很少关注土地再分配问题，并围绕土地再分配将会带来的一系列变更做出相应的规划和反应。然而这些规划和反应是必需的，因为土地再分配有时会对定居模式产生重大影响，而定居模式反过来又会对土地交付产生影响。认识到这个问题，土地事务部已经开始了一种基于区域的土地改革规划方法，该方法力求确保土地再分配过程与地方和区域一级的地缘发展更好地结合。新任总统拉马福萨在 2019 年 8 月的国情咨文里颁布了最新的地区发展模型（DDM）政策，以期突破过去的政策不连贯问题，达到国家统一管理和贯彻的目的。只可惜该政策颁布之后未经贯彻执行就遭遇了百年不遇的新冠肺炎疫情蔓延，故目前该政策的影响还未可评估。

(9) 土地再分配减贫政策的受益人规模仍很有限。从征地补助政策到土地再分配政策再到农地再分配政策，想要弄清迄今为止与土地再分配相关的交付记录是个很难完成的任务。公共服务委员会从土地事务部监测与评估小组处取得的数据（精确性不评价）表明，从 1995 年到现在，征地补助政策下有 749 个项目，大约 62 000 户家庭参与，但数据库中有详细信息的受益人仅 539 个（差异的原因可能是受益人确实很有限或者是数据收纳严重不足）。在这 749 个项目中，有将近 300 个被确定为“结算”项目，而不是生产项目或混合项目，这并不是说这些项目不会带来任何收益，但总的来说，这些项目的收益不会太好。与征地补助政策形成鲜明对比的是，土地和农地再分配政策自 2001 年以来大约有 1 735 个项目，土地事务部监测与评估小组推测受益人总数大约是 60 000（单位是自然人，而非家庭）。因此，将基于征地补助的方法和土地/农地再分配结合起来，从 1995 年至今的土地重新分配的受益人总数约为 10 万户家庭。而基于本研究对土地需求和土地改革实际的调查表明，仅在林波波省、自由省和东开普省，就有大约 120 万户家庭需要土地，其中 74 万户家庭需要农用土地。当然，其中一些家庭可能会从土地归还中拿地，或者从市政公共项目中受益，而无需土地再分配政策，但很明显，土地再分配政策的实施规模相对于农民土地需求而言真的很小。近来政府虽已表明会加速土地重新分配，但是必须注意的是，以农地再分配为主的重新分配政策也最多实现30%的目标(其定义中提到的促进30%白人拥有土地的转移)，仍然远远不能满足大部分需求。而且这还是没有考虑到土地重新分配经常导致土地上原有的农民就业机会丧失的情况。

(10) 最需要土地再分配政策扶贫的人民对土地再分配政策的认知缺乏。在北开普省和东开普省进行的上述调查表明，总体上大多数贫困人口对土地再分配政策普遍无知，大约60%的黑人根本没有听说过土地再分配政策，只有约7%的被调查者可以模糊地描述政策的大致方向。

(11) 对土地再分配减贫政策的监测、评估与录入的系统工作存在问题。尽管政府专门针对土地再分配政策设立了监控部门，也有专业例行报告的统一规范和人员配备，但是并未建立可靠的专门项目数据库以及录入条款，使得工作人员无法有效及时地录入并向上汇报。在2006年该监控部门有8个月都没有任何负责人管理，只在年底委派了一家咨询公司重新设计监测与评估部门，但是迄今为止，在项目调研和数据录入方面并没有明显的改善。

(四) 对土地再分配减贫政策的总结

土地再分配仍然是南非目前的当务之急。尽管任务繁重、条件复杂，还不时遇到各种多方面的挑战，但事实表明该政策的落实还是取得了一些重大的成就。即使有的项目表现不尽如人意，但其受益人的确会从中受益，获得从前没有的经济收入，并创造了新的工作机会。值得赞誉的是，土地再分配政策的实施非常活跃，各种项目层出不穷，虽然进展缓慢，但从无停滞。例如，在土地改革总体政策中最近引入的两个子项目政策令人瞩目，即“土地积极征用战略”和“基于区域的规划方法”。目前土地事务部及农业部正在监测这两个新政是否能够加快土地再分配的实施速度。但无论如何，土地再分配确实是地区减贫和带领贫困人口主动致富并创造更多工作机会的有效手段。

综上，土地再分配政策在制定和落实中确实还存在各种各样的问题，希望未来能够得到政府的关注并得以改善。

三、“造血型”减贫——项目创收

(一) 项目创收减贫政策概述

项目创收是由政府提供资金为贫困个人或团体成立小企业项目，用于生产、销售产品或为大众提供服务，以帮助贫困人群创造收入、改善生活。创收项目（创收政策下的执行项目）与微型企业（雇员人数少于或等于4人的极小型私人企业）之间的区别很大：微型企业是由私人企业家发起的，属于自发型商业活动；而创收项目具有“项目”的典型特征，即它们通常有群体受益人，并且由政府或国家机构发起而非个人发起。政府对项目创收和微型企业的扶持虽然都出于减贫的目的，但是对于创收项目来说，受益人的贫困程度是获得政府拨款的标准；而对于微型企业，其商业可行性才是国家投资的判断标准。[①]投资并扶持创收项目是政府减贫工作的主要内容之一，这项工作带有明显的企业社会投资的特征。与公共工程政策和土地再分配政策相比，项目创收政策既没有统一的国家计划，也没有统一的机构管理，而是由许多不同的政府部门通过共同扶持的项目来完成合作。根据公共服务委员会减贫项目数据库的报告，目前约有 2 000 个创收项目正在接受政府支持，涉及多达 10 万个受益人。作为一个减贫政策，项目创收代表着政府希望帮助人们从经济独立上来脱贫，而不是仅依靠社保或所谓的“福利发放”。政府还通过贸工部（DTI）、省级经济发展部门以及地方经济发展局（LED）在地方一级为项目创收政策的实施提供融资和业务服务（市场促销和信息支持）。

（二）关于项目创收减贫政策与项目的案例

项目名称：Jaco Dairy

省份：东开普省

概述：Jaco 乳制品厂曾属于一个失败的土地再分配项目。那是一个基于征地补助的大型农业项目，拥有 178 个成员，并于 1998 年以 140 万兰特的价格收购了 3 224 公顷土地。尽管有超过 100 万兰特的资金被用于购买设备和经营改造，但工厂最终还是因生产困难、经营混乱和管理不善而倒闭。最终，省农业部门根据土地和农业活动的不同，将该项目成员分为了四个小组。Jaco 乳制品厂是由此产生的四个子项目之一。它被移交给了 12 名受益人（7 名男性和 5 名女性），受益人可以继续生产但不拥有固定资产。他们管理着 220 公顷土地上的 14 头奶牛。2016 年 7 月，综合农业支持计划向 Jaco 乳制品厂注入了 59 万兰特资金，用于各类设备和基础设施的维修。除了最初的 12 名成员之外，该项目还创造了 3 个新的永久性工作岗位，并从牛奶销售中获得了可观的收入。尽管其牛奶产量远未达到最佳设计标准，但农场管理者们的奉献精神和推广人员良好的工作效率正在帮助农场提高生产水平并以此盈利。此外，该项目还受到了当地白人农场主的欢迎，甚至有 3 位农场主自愿指导 Jaco 乳制品场的奶牛养殖。该项目的管理者认为要使该项目达到理想的生产水平还需要额外注资，但是他们也知道额外注资不会在近期实现。幸运的是，当地民众很喜欢他们出产的新鲜牛奶，而且随着产量的增加，他们开始把牛奶出售给 60 千

① Labour Force Survey（September 2006）. Statistics South Africa，2007，Electronic data set.

米外的多德雷赫特的奶酪工厂。

（三）项目创收减贫政策的问题

（1）有很多创收项目的管理模式有待商榷，受益人在“公司”里的角色到底应该是老板或企业家，还是员工，并没有明确的定义。受益人角色意味着他们是否能得到足够的激励和肯定去促成更大的项目发展。就很多失败的项目记录看来，一方面受益人没有主人翁意识，导致执行力不足、管理不善；另一方面受益人没有主动进取的意愿，过度依赖外部机构注资来维持运营，严重阻碍了企业发展。

（2）创收项目往往在资金筹集方面面临着极大挑战。项目创收旨在为贫苦大众提供资金支持，使穷人也能够启动和参与商业企业行为。然而因为不同基金和机构之间的投资协调性不高，开发资金池支离破碎，致使有的创收项目往往从一开始就因无资金启动面临困境。

（3）政府和执行机构管理创收项目的模式很难从家长式向参与式转变。目前，南非的国家政策由国家级决策者和政府高级官员设计完成后发布到各省来实施，中央政府承担着各省智库和监督的任务。① 但这种自上而下的方法并不适用于项目创收政策的实施。例如，由于政府部门通常采用统一的逐年预算编制，国家在做顶层设计时很难考虑到地方差异和各个项目在需求上的不同。

（4）很多创收项目有架构设计的问题。除非团队足够团结，否则任何扁平结构的项目都很容易从人员和结构上崩溃，扁平结构的项目规模越小越可能存活。同时，具有分层结构的项目能够容纳更大的群体并易于分级管理，在脱离外部财务支持时也更容易自己存活。但是，这类分层结构的项目需要更完善的管理体系和更高的统筹治理能力，而这些都不是减贫受益人们所具有的。

（5）很多创收项目可持续性较弱，特别是在项目的业务领域选择存在问题的时候。一般而言，项目创收的主要弱点之一是受益者们总是希望在自己熟悉的范围内经营，如家禽、蔬菜等领域。他们很难走出自己的“舒适圈”去寻求新的市场机遇。而设计项目的政府官员往往也无法站在企业运营和市场的角度给出切实可行的指导。虽然有很多在农牧业领域存活的创收项目，但随着农产品竞争愈发激烈，哪怕在二级城市中也不时出现商超的货品挤兑，那么这些为数众多的同领域创收企业就面临着彼此间的相互竞争和同级市场的大面积竞争，自然就会导致很多企业出局。

---

① Goldman, I., J. M. Marumo and A. Toner. 2002. Goodbye to Projects? The Institutional Impacts of a Livelihood Approach on Development Interventions. Research Project No. R7908, Department for International Development, Working Paper Series, Paper No 2, An Appraisal of the Use of Livelihoods Approaches in South Africa.

(6) 在全国范围内，项目创收的总数较少（与微型企业相比），其受益者总数也少。根据公共服务委员会减贫项目数据库的报告，目前约有 2 000 个受政府支持的创收项目，涉及多达“10 万个”受益人。然而，这个数据非常不准确，因为根据本调研在数据库中捕获的那 2 000 个创收项目，只有约 9%的项目受益人总数是以数字形式表现的。那么在其减贫项目数据库中，从“在过去 6 个月中，是否在任何政府创造就业计划或项目中工作?”这个问题的回答记录来看，如果减去那些看起来更像是公共工程项目的受益人数目，目前涉及创收项目的人数推算出来应该约为 36 000 人。这个人数看起来并不多，究其原因，更多的是缘于体制约束，而不是财政约束。国家从未在项目创收政策上设置过任何整体“交付目标”，因此各个部门在零散的执行过程中并没有过明确的方向和指标。

(7) 国家对创收项目的监测与评估不足。创收项目通常由多重国家政府机构发起，但并没有一个统一的部门进行统计、管理和约束。于是这些上到中央下到省级的项目拨款都是缺乏督导和评估的。而且想要获取关于所有项目的可靠和最新信息是非常困难的，所以在缺乏项目财务信息和实操报告的情况下，政府想要对项目进行干预也是不现实的。

（四）关于项目创收减贫政策的总结

项目创收政策最近的发展不尽如人意，以至于从前一直对创收项目最热衷的国家社会发展部都已经将关注和支持转移到了其他常规项目上。很多创收项目以失败告终，而有些成功的案例似乎也因为地缘因素太过特殊而没有可借鉴性和复制性。政府对创收项目的监测与评估不足也让该政策暂时没有可以遵循的条例和框架。然而，鉴于南非严重的贫困和不平等问题，毫无疑问项目创收减贫政策又是至关重要的。总体上项目创收给人民和社会带来了更多的积极影响，一些创收项目为它们所在社区提供了有用的服务，推进了社区层面的粮食安全和供应链的多样性。与土地再分配项目一样，这些创收项目虽然不至于让人一夜暴富，但是切实解决了不少人的吃饭穿衣问题。

综上，项目创收减贫政策在制定和落实中确实还存在各种各样的问题，希望未来能够得到国家政府层面的关注并得以改善。

四、“造血型”减贫——服务弱势群体

（一）服务弱势群体减贫政策概述

公共服务委员会的减贫项目数据库将“服务弱势群体”定义为除公共工程、土地再分配和项目创收之外的第四个减贫干预政策。这里提到的“服务弱势群体”主要是指为老年人、受艾滋病影响的人和家庭、弱势或有需要的儿童和家庭提供护理服务的项目。该政策的目标人群与其余三个政策所针对的广义

上的“贫困群体”有所不同，该政策更多针对社会中的“弱势群体”。而且，除了支持弱势家庭和个人之外，该政策也支持提供服务给“弱势群体”的社区和组织。

艾滋病作为南非高度流行病的一种，给其医疗系统带来了极大挑战与压力，而且随着感染人数逐年攀升，这种压力越来越大。针对这些情况，南非社会发展部和卫生部都决定要积极倡导并支持家庭护理。在过去的十年中，由于缺乏统一的国家社区卫生工作政策，服务弱势群体项目的数量虽然在民间增长很多，但是这些服务项目并不受政府监管。2004 年底，全南非有 892 个服务弱势群体点和 19 616 名志愿者（由社会发展部资助）；2020 年，在所有艾滋病服务项目中，共有 6 万多名社区卫生志愿者得到了卫生部资助，有 19 810 名人员得到了助学金，但只有少数人接受了完整的标准化培训。社会发展部与教育部合作，从 2002 年开始推行“孤儿和弱势儿童计划（OVC）”，并通过社区组织发放津贴来支持社区广大工作者。

在过去的几年中，服务弱势群体政策中的大多数项目都得到了社会发展部的支持。而且，随着社会发展部门在福利待遇去种族化方面取得的快速进展，政府开始尝试着将项目创收政策融入到服务弱势群体项目中去。而这一举动得到了社会的广泛赞赏，它意味着政府开始大力度促进社区个人发展和自力更生。2006 年，政府正式启动“提供服务发展模式”，该模式一反传统的福利法，认为那些方法既“没有社会发展性，也不创造人民独立性”，而且财务方面还有“不可持续性”。[①] 该模式直接体现了政府从关注“福利发放到社会发展”视角的转变。基于社会发展的视角，服务弱势群体减贫政策中的社区发展策略成为当今通过社区参与的形式提供服务以解决贫困问题的重中之重。

（二）关于服务弱势群体减贫政策与项目的案例

以下两个项目是作为典型的服务弱势群体福利项目设立的，他们均是主要依靠社会发展部来提供资金运转。

案例 1　项目名称：Siyathuthuka 儿童保育项目

省份：夸祖鲁—纳塔尔省

概述：该项目于 1999 年设立于夸祖鲁—纳塔尔省的乌姆拉齐镇，主要是为老年人（尤其是老年妇女）提供缝纫机使用培训，然后将制成的各种缝纫产品分发给社区中的贫困家庭。该项目目前仍在运行，只是又加了一项针对孤儿的儿童保育和喂养服务。国家社会福利部最近还为项目成员安排了郊游活动。

---

① The South African Social Security Agency Act established SASSA in 2004 and it became operational in 2006. The Department of Social Development (DSD) overseas and evaluates SASSA's activities, sets targets and policy frameworks and is ultimately politically responsible for social security.

目前该项目有20名成员，其中5名是志愿者。该项目原本是完全依靠社会发展部的资金运营的，但现在也对社区公众出售其缝纫产品，并积极寻求其他资金来源。该项目直接和间接受益人的人数都很有限，故而在减轻社区贫困方面的作用并不大。但社会福利部和独立发展信托基金一直对该项目保持着监控和评估，并且保留着受益人的所有财务记录。

案例2　项目名称：Lethabong家庭护理

省份：姆普马兰加省

概述：Lethabong家庭护理服务项目设立于姆普马兰加省的Kwa-Mhlanga地区。它在1999年由6位女性创办（目前只剩下一位还在项目里运作，其余都已离开）。在2006/2007财政年度，社会发展部协同卫生部为该项目提供了39万兰特作为运转资金。该项目主要为艾滋病感染者和其他慢性病患者提供护理。该项目最初有45个受益人，而现在变成了66个。项目当前与当地诊所合作密切，政府向该项目的14名志愿者每月支付1 000兰特的津贴。该项目设立后，社会各个部门和组织都积极向创办者、受益人和志愿者提供培训，其中包括：社会发展部、卫生部、比勒陀利亚大学、红十字协会、Mokhanyo运输公司以及Thembisile市政当局。

（三）服务弱势群体减贫政策的问题

（1）服务弱势群体项目中时常出现管理脱节的问题。国家社会发展部负责监测和评估服务弱势群体减贫政策的项目落实，还负责规划项目模式并设计实施方案。项目资产登记、财务报告、项目活动和计划的详细信息均需定期上交并由社会发展部保存。然后社会发展部门由此判断项目进展情况并给出下一步指示，无需征询项目参与者/受益人的意见。但这明显造成了管理脱节，项目参与者/受益人容易被忽略并被剥夺发声的权力，尤其是当政府认为该项目可以自力更生而直接切断了资金援助的时候。当然，社会发展部希望借由服务弱势群体减贫项目的良好运营达成其自力更生的这个愿望是正确的，但由于缺乏基本的沟通和交流也会导致与项目受益人之间发生矛盾，从而影响项目的最终结果。在此背景下，独立发展信托作为调解人和执行代理人发挥着至关重要的作用，项目成员可以通过独立发展信托传达对社会发展部的意见和不满。尽管独立发展信托在这两者之间起着中介和缓冲的作用，但由于其本身并不是永久性机构，因此它能对社会发展部带来的影响甚微。

（2）大多数服务弱势群体项目的规模和影响非常有限，常常只有少数几个人可以从这些项目中直接受益脱贫。而且多数项目在实施多年之后规模没有扩大，无法使更多的贫困社区成员受益。独立发展信托作为实施机构在服务弱势群体项目中发挥着重要作用，但鉴于越来越严格的财政政策新规，独立发展信托被视为不可持续性的组织。尽管南非社会上对弱势群体护理的需求很大，但国家对这些项目的拨款和志愿者却越来越少。服务弱势群体项目为很多贫困和弱势的个人和社区带来了希望，但在日趋严峻的贫困和疾病威胁下，这些项目所能带来的改变显得微不足道。而且，很多时候政府因为盲目而急切地将这些项目变成创收项目，过早切断了拨款和资助，也进一步削弱了这些项目的生存能力和影响力。

（3）服务弱势群体政策实施的可持续性受到诸多因素的破坏。首先，该计划的供资模式不完善。因为所有项目几乎都完全依赖社会发展部，一旦社会发展部因任何原因无法将资金注入，那么项目就可能立刻停止，再难继续。迄今为止只有很少一部分服务弱势群体项目获得了其他机构和组织的支持（卫生部有时会为家庭护理项目提供资金和支持）。其次，从现有的服务弱势群体项目数据中可以发现，因为项目的经济利益太少且不稳定，只有少数人自愿加入并投入时间和精力。最后，大多数参与者们缺乏项目所需的技能，尤其是财务和企业综合系统管理等方面的技能，这也导致了很多项目中途失败、不了了之。

（4）服务弱势群体政策项目的直接受益者（在项目中工作的人）的人数一直在下降。一些项目成员仅在项目有诸如食物包裹或捐赠衣服时才参加，其余时候都游离在外。而在大多数项目中，需要援助的人数（间接受益人）信息并没有详细记录或公开，但从历年来的项目覆盖面和需求增长量来看，间接受益人数目在逐年递增。

（5）服务弱势群体项目的大多数直接受益人是年龄较大的社区妇女。她们具有一定的技能，并且在加入或发起该项目之前就已在社区工作多年。除基于信仰的社会发展联盟外，现有的很多服务弱势群体项目均是由社区中的老年妇女领导的。但很明显社会服务部门一直鼓励的自给自足式的新商业模式不怎么能够引起这群老年女性的共鸣。他们多数没有必要的企业管理技能，也没有获得这种技能的意愿。所以想要真正实现服务弱势群体项目的自给自足模式，任重而道远。

（6）资金的不确定性是服务弱势群体减贫政策的致命伤。服务弱势群体减贫政策本质上属于服务业，主要是照料年长者、弱势儿童或艾滋病患者。但由于该政策的减贫属性，直接受益人都来自社区，自己往往教育层次较低且不具备适当的技能或拥有企业家领导力或抱负。期望他们所领导的项目合理利用政府拨款运转企业自给自足其实是很不现实的，至少在绝大多数项目上都不可能达成。所以，服务弱势群体减贫政策最常见的运用是国家拨款招募社区人员共同帮助社区弱势群体，创造一定的工作机会造福社区，而不以产生有效收入为目的。社会发展部对服务弱势群体减贫项目的监测和评估也证实了这个推断，即大多数服务弱势群体项目的可持续性取决于国家政府部门或其他资金来源的稳定性。资金来源一断，项目往往就会立刻停止，给那些刚刚看到希望的贫困社区带来灾难性的影响。由此，资金的不确定性给大多数服务弱势群体项目造成了极大的不安全感，受益人所承受的压力也与日俱增。

（四）关于服务弱势群体减贫政策的总结

在南非目前高失业率和贫困的情况下，通过对弱势群体的支持和关怀创造就业机会来减轻贫困无疑是非常有意义的。总体而言，“服务弱势群体”政策对减轻贫困和改善弱势群体的生活都有极大的帮助，同时还能为社区提供新的就业机会，值得大力推广。但该政策与其他政策一样，在政策制定和落实中都存在各种各样的问题，希望未来能够得到政府的关注并改善。

五、“扶助型”减贫政策——社会保障

（一）社会保障政策概述

南非的社会保障是一个由国家收入资助的社会援助政策。根据南非社会保障机构（SASSA）（2020）的统计，到2020年为止，南非有关社会保障的主要国家立法包括如下（中英文对照）：

- 1956年《退休金法》（修订版）The Pensions Fund Act of 1956（in its Amended Form）；
- 1993年职业病和疾病补偿法 The Compensation for Occupational Illness and Diseases Act of 1993（COIDA）；
- 南非共和国1996年宪法 The Constitution of the Republic of South Africa of 1996；
- 1996年道路意外基金 The Road Accident Fund of 1996；
- 1998年医疗计划法 The Medical Schemes Act of 1998；
- 2001年失业保险法 The Unemployment Insurance Act of 2001；
- 2004年《社会救助法》及其修正案和规定 The Social Assistance Act of 2004 and its Amendments and Regulations；
- 2004年南非社会援助局法 The South African Social Assistance Agency Act of 2004。

表7展示了南非社会保障体系的分类和各自所包含的政策内容。接下来，将论述每个政策的具体内容和实施办法。

1. 社会保险基金

社会保险基金有时也被称为职业保险，可以保护雇员及其家属免遭收入下降的影响。涵盖的内容包括退休金、医疗福利、产假、疾病、残疾、工伤津贴、家庭津贴和遗嘱津贴。雇员和雇主需按照与工资挂钩的议定百分比缴费。但需注意的是，社保基金仅涵盖国家部门和正规注册企业的雇员，不包括非正规部门（非国家部门或者非正规注册企业）的员工。社会保险基金由三个部分

组成：失业保险基金、赔偿基金和道路事故基金。

表7 南非的社会保障（Social Security）结构

社会保险基金	自愿性基金	社会补助金
（1）失业保险基金（UIF） （2）赔偿基金（Compensation Funds） （3）道路事故基金（RAF）	（1）医疗保险计划（Medical schemes） （2）退休金（Retirement funds）	（1）国际社会服务（ISS） （2）养老金（OAF） （3）儿童抚养补助（CSG） （4）社会救助补助（SROD） （5）护理依赖补助（CDG） （6）紧急援助补助（GIA） （7）退伍军人补助（WVG） （8）寄养儿童补助（FCG） （9）伤残补助（DG） （10）入住老年公寓补助

（1）失业保险基金。2001年的第63号《失业保险法》为失业保险基金奠定了基础。其目的是保护有贡献的工人免遭失业、生病、生育、收养孩子和死亡的危险。2003年，家庭工人和季节性工人也获得了加入失业保险基金的权利。失业保险基金不保护出于任何原因辞职的人，而且也规定了国家没有为失业工人重新找到工作的义务。它由雇主和雇员共同支付员工规定工资上限的2%，这样一旦该员工因为各种原因失业或短期内失去赚钱能力，那么南非政府就会支付其渡过难关的资金。

（2）赔偿基金（职业病和疾病赔偿基金）。赔偿基金为在工作中受伤或因工作而生病的工人提供医疗或补偿，也包括为残疾工人的康复提供资金，还向因公死亡的工人家庭支付补偿金。《职业伤害和疾病补偿法》第9号法案规定，在正规经济（国家部门或者正规注册企业）中，对赔偿基金的设置是强制性的。补偿基金由雇主根据其雇员的年收入按比例支付。

（3）道路事故基金。道路事故基金负责赔偿道路事故受害者的收入损失，包括一般性损失、医疗和丧葬费用。国家曾试图加大道路事故基金的索赔比率，但造成了一定的资金流转和偿付能力不足等问题。目前交通运输部正在着手解决这个问题。

2. 自愿性基金

（1）私人健康保险。私人健康保险医疗计划是南非迄今为止最大的融资机构，它们占所有医疗保健支出的近46%，省级卫生部门花费占比约40%，自付费用占比14%。公共部门的资金大部分来自国家征收的一般性税收，而私人部门和自付费用的资金通常来自于家庭和个人。南非的卫生系统像西方发达国家一样高度分散，黑人与白人之间、城市与农村人口之间、各省之间、公共与私人护理之间都存在着巨大鸿沟和不平等。过去十年间，国家在经济转型方面的努力不足以解决日益严重的不平等问题。在此背景下，政府新推出的国民健康保险（NHI）计划是一个有希望的发展方向。目前正在10个选定地区试行的国民健康保险旨在成为一个全面的融资体系，为南非所有公民提供基本、高效和优质的医疗保障，而不论其就业收入状况、社会经济背景和直接付费的能力如何。然而，围绕这个新保险拟议的实施方案却引起了人们的广泛争议，本文不再赘述。

（2）私人退休基金。根据《养恤基金法》，南非设立了养老金和公积金，以向退休人员提供收入，或在被保险人去世时向其家属提供收入。养老金和公积金是缴费型社会保障基金，主要是自筹资金，侧重于针对有收入家庭。养老金和公积金之间的区别在于，养老金在退休时一次性支付福利金的三分之一，而其余三分之二的福利金则在受益人的整个生命周期内陆续支付；公积金在退休时作为一次性现金报酬支付。

3. 社会补助金

社会补助金分为国际社会服务（ISS）、养老金（OAF）、儿童抚养补助（CSG）、社会救助补助（SROD）、护理依赖补助（CDG）、紧急援助补助（GIA）、退伍军人补助（WVG）、寄养儿童补助（FCG）、伤残补助（DG）、和入住老年公寓补助。南非社会保障局（SASSA）根据规定并依据申请人经济状况和收入情况，确定申请人是否有资格获得补助。自2006年以来，南非社会保障局一直负责集中管理社会救助。南非社会保障局的首席执行官向社会发展部部长汇报，社会发展部负责监督南非社会保障局并制定有关社会援助的政策。

（1）国际社会服务（ISS）。由南非社会发展部与国际社会服务局合作，向因个人或社会问题流离失所的外国国民提供的国家间移民援助。国际社会服务局是一个国际性的非营利组织，特别关注弱势的外籍儿童。它通过国家分支机构、社会工作者、国际社会服务附属单位和通讯员网络组成，服务面积覆盖全世界约140个国家和地区。

（2）养老金（OAF）。南非60岁或60岁以上的老年人可以申请的一种生活补助金，每人每月可获得的最高金额为1 860兰特。如果年龄超过75岁，将可获得每人每月1 880兰特。

（3）儿童抚养补助（CSG）。为南非贫困儿童提供的补助金。出生于贫困家庭未满18岁的儿童可以通过其监护人申请每孩每月440兰特的生活补助金。

（4）社会救助补助（SROD）。旨在社会危机中为那些迫切需要基本生存需求的人们提供物质帮助。例如在目前的新冠肺炎疫情期间，南非社会保障局向南非民众提供的社会救济现已开放。社会救济的形式包括食品包裹、购买食品券、现金。但社会救助补助往往只供应很短的时间，通常是三个月，特殊情况下可以延长三个月。

(5) 护理依赖补助（CDG）。专门发放给严重残疾并需要全日制和特殊照顾的孩子，每孩每月获得 1 860 兰特，照护儿童从出生长大到 18 岁为止。

(6) 紧急援助补助金（GIA）。专为残障补助金、退伍军人补助金、老年人补助金和残疾补助用于雇佣看护人员来全职照顾自己所发放的补助金。每人每月 440 兰特。

(7) 退伍军人补助（WVG）。曾参加过第二次世界大战（1939—1945 年）或朝鲜战争（1950—1953 年）的士兵，但现在因为贫困无法养活自己的，可以申请退伍军人补助。每人每月 1 880 兰特。

(8) 寄养儿童补助金（FCG）。专门为孤儿、弃儿和有健康风险、被暴力、被忽略的儿童，用于他们重新寄养给新的家庭而设置的每孩每月 1 040 兰特补助。

(9) 伤残补助金（DG）。发放给因身体或精神上的残疾而无法工作 6 个月以上的贫困人口。如残障将持续至少 6 个月且不超过 12 个月，可获得临时残障补助金；如若残障持续时间超过一年，则可获得永久性残障补助金（永久残障补助金并不意味着终生获得补助金，而是可以持续超过 12 个月）。每人每月 1 860 兰特。

(10) 入住老年公寓补助。是当需要全天候 24 小时护理的 60 岁以上老年人提出就近入住老年公寓时政府提供的补助。

（二）社会保障政策的问题

(1) 社会保障政策中的社会援助覆盖范畴不全面。例如，失业者和“身体健康”且年龄在 18～59 岁之间的穷人都不在社会救助体系之内，当前的社会救助体系不为这些人群提供任何类型的救助。这暗示着政府认为该群体的贫困状况在某种程度上是个人原因造成的，他们中的多数都年轻力壮，可以依靠自己的力量脱贫。这其实是对南非现实的一种危险解读。由于南非结构性贫困程度很高，这个年龄段的许多人从未受过正规教育和培训，很难找到工作，政府扶贫应照顾到这些人。事实上，政府曾提议用修改基本收入补助金的办法来向这些人群支付基本生活费；而后来又改为无需修改基本收入补助，只需增加儿童抚养补助金的覆盖范围和年龄阶段即可。因为这些符合工作年龄的人群通常会从其家庭成员提供的老年补助金或子女抚养补助金中受益。尽管这是南非社会正在发生的事实，但实际上，年轻人将家庭其他成员的补助“剥削”用于自己生活，往往会造成家庭不和睦甚至严重降低被援助人的生活和生命质量。例如，儿童抚养补助通常是支付给受援儿童的母亲，因此这笔补助金产生了赋予妇女权力的力量。而如果这时家中 18～59 岁之间的男性也打算从这笔钱里受益，那么这笔援助（原有对儿童和妇女的支持）就被削弱了。

近年来，南非政府已经注意到这个问题，于是建立了一系列减贫机制，来为 18～59 岁的人群寻找自力更生的机会——如前所述的“造血型”减贫政策中，公共工程减贫政策负责提供短期在国家公共基建领域的就业、土地再分配政策负责提供与农牧业相关的就业、项目创收政策负责开放包括农业手工业和服务业在内的各种企业就业、服务弱势群体政策负责建立社区护理服务就业……这些都是国家针对长期结构性失业状况颁布的减贫政策，旨在让没有参加过正规教育和培训的贫困人口参加就业、摆脱贫困。然而，一个不争的事实是，很多 18～59 岁的人群对那些“造血型”减贫政策的项目没有兴趣，也不打算改变当下的经济状况，所以只能陷入既没有工作收入也没有社会援助的贫困生活里。

（2）社会保障政策中没有针对慢性病人的援助措施。伤残补助金仅仅可以帮助艾滋病患者、结核病感染者和一些患有慢性病的贫困人口获得 6 或 12 个月的临时伤残补助金。但讽刺的是，伤残补助金虽使人们能够在短期内吃饱饭并得到治疗，而国家会在病人健康状况改善后立刻停止发放补助金，造成病人健康状况再次恶化。此类案例数不胜数。

（3）社会保障政策的援助申请制度尚需改善。一方面，有的政府官员瞄准社会保障系统的申请人必须填写自己的资产情况与制度，对申请人添加附加条款或贿赂要求；另一方面，即使没遇上腐败问题，很多申请人也因为个人隐私原因不愿公开自己的收入和财产。鉴于此，社保事务署于 2007 年建议取消资产门槛测试，转为对所有申请人（农村和城市）进行均值测试，并将补助的发放与最低消费者物价指数的 20%联系起来。2012 年，南非社保部门取消了对社会紧急补助金和寄养儿童补助金的经济审查，其他项目的审查制度仍在更新中。

（4）社会保障政策中的补助金额尚需跟上通货膨胀的步伐。2013—2020 年的社保预算均出现了不同程度的与通胀比率失调的情况。这意味着政府所发放的补助金并不足以在当年支撑起它原本被赋予的用于扶助贫困人口的使命。例如每个孩子每月 440 兰特救济金根本就不足以满足孩子的生活需求。而食品价格上涨、油价浮动带来的交通费上涨等因素，都让穷人捉襟见肘。

（5）社会保障政策中的失业保险基金仅涵盖 6 个月的失业损失。政府在设计该政策时是基于假设失业是一个暂时性的问题，人们会迅速从一项工作转移到另一项工作，6 个月时间找新工作足够了。这种假设适应于种族隔离时期的白人群体，但在今天的南非并非如此，失业后的有色贫困群体因为各种原因再次找到工作的机会十分渺茫。

（6）社会保障政策在落实中存在积压补助金的问题。指导南非社保局工作的原则是“按时向合适的人提供合适的补助”，但在实际工作中，很多补助金都不能按时发放。2004 年《社会援助法》仅要求将 90 天内未处理的补助金归类为“积压”，而近年来国家社保局已决定将在21天内未处理的所有援助款项归类为“积压”。目前，按照官方宣称，补助申请的平均周转时间为12天。但是由于大多数偏远地区工作人员短缺，申请文件传输延迟、严防补助金欺诈等原因，积压成了常态。于是国家社保局进一步采取措施来解决现有积压问题，包括：通过挂号信发送通知书、使用自动补助申请程序、引入自动付款模式、推出综合社区登记计划、更新系统内部审计系统（以减少欺诈和腐败）等。

（三）对社会保障政策的总结

日益加剧的不平等和高度贫困是当今南非社会面临的两个主要挑战。在这样的国家里仅仅关注经济增长是不够的，因为经济增长并不能保证每个人都会从中受益。在这种情况下，社会保障就变得无比重要，成为了穷人最后的希望和安全网。尤其是社会保障体系中的社会补助金（社会援助）部分，针对社会中特别脆弱的人群——残疾人、贫困儿童、寄养儿童、需要护理的病人和老人进行救助。但是，社会补助金只是一种在短期内缓解贫困的机制，它无法解决造成贫困的根源——失业和弱势群体边缘化。当前的社会救助体系虽然覆盖了约1 600万南非人，但这并不包括年轻的失业者和有工作但收入低下的穷人，也很难长期照顾慢性病和艾滋病患者等。因此社会补助金只能减轻某些目标群体的贫困，并不是全部。无论是由国家财政资助还是强制性自供资助，社会保障体系在弱势群体和非弱势群体之间分担风险，支持和补充就业，为最需要的人提供最大的保护，并促进社会团结，符合南非目前的发展战略。然而，要使社会保障体系充分满足当前南非减贫需求，依然任重道远。

六、南非减贫政策落实的障碍和解决办法

（一）南非减贫的主要障碍

南非拥有号称世界最好的《宪法》和《人权法案》，其可诉诸的经济和社会权利政策总体上有利于穷人。近年来，南非政府在尽力开展并推进减贫，而且由代表广大黑人利益的非洲人国民大会（ANC）党执政的南非政府确实为穷人提供了诸多生活服务方面的保障，特别是在住房、供水和卫生、电气化、保健和教育等领域。但所有指标都一致表明，南非的贫富差距正在扩大，贫困问题愈发严峻。南非近年来在民生上的细微改善很大程度上并不是经济增长或再分配的结果，而是国家增加了对社会保障补助金的支出。

南非的失业率异常之高，2019年达到了28.7%，受新冠肺炎疫情影响很可能在2020年达到35.3%。[①] 南非目前在教育上的支出相当于其GDP的7%

① International Monetary Fund，South Africa Forecast：Unemployment Rate，2020，https：//www.ceicdata.com/en/indicator/south-africa/forecast-unemployment-rate.

左右，但如此之大的教育支出并没有换来足够数量的具备工作技能的人力资源。南非劳动力供求之间存在严重的不匹配，加剧了非技术工人的失业，而那些幸运地找到工作的非技术工人的收入非常低。[①] 南非在医疗保健方面也让人担忧，南非是世界上艾滋病和结核病感染率最高的国家之一，治愈率却是世界最低的。尽管近期国家在公共卫生服务上的支出大大增加，但人民预期寿命却还是只能到2019年的63.87岁，而世界平均水平为72.6岁。[②] 南非是世界上暴力事件发生率最高的国家，尤其是针对妇女和儿童的暴力行为。

以上种种糟糕的社会经济状况明显不利于减贫进程的推进，因为在这种环境下穷人遭受的痛苦最多。很多中产阶级和有一技傍身的人都希望搬离南非去他国寻求更加稳定的人居和生存环境，这也加剧了该国的技能人才流失。除了国家的社会经济问题外，公共服务责任监督部门（PSAM）认为，南非减贫的另一主要障碍是治理不善。不仅包括腐败，还包括政府官员在减贫政策实施方面的表现不佳、对公共资源管理不力以及缺乏对不合格官员采取行动的政治意愿。这些都直接导致了政府执行和交付不力，从而明显破坏了扶贫政策的实施力度和效果。在减贫政策落实的过程中，出现了很多国家、省级和地方政策不连贯甚至彼此不相容的问题。例如在之前分析的国家土地再分配政策实施中就出现了施政脱节问题，导致政策总体上无法很好地融入地方发展规划。

（二）南非减贫政策落实办法

鉴于国家对各部门拨款的年度财政限制，良好的公共资源管理变得尤为重要。正如范德伯格所说，在南非，"减贫的关键是善治，是改善社会交付体制，这取决于管理效率和问责机制，而不在于大量的财务投入。"[③] 可以说，仅靠善治不能消除贫困，但如果没有善治，南非减贫就会寸步难行。从全国到地方，各级都必须有善治，但在善治的过程中也需要多关注那些特殊的点和面，尤其是在南非这样的国家。善治除了包括高效管理公共资源还包括以问责制的办法杜绝隐瞒、失职和腐败。在减贫政策实施方面，治理最薄弱的环节是省级和地方政府。国家减贫预算每年按照省和地方的预算直接下拨，其主要部分用于提供住房、卫生、教育服务和社会补助金的支付。从全国范围来看，不同省市治理的质量差异很大，一些省市的治理水平相对优良，而其他省市则是令人震惊的糟糕。由此看来，问责制在省级和市级部门尤为重要。具体改善的方法

① J Seekings. Poverty and Inequality After Apartheid. CSSR Working Paper No. 200，Centre for Social Science Research，University of Cape Town，2007.

② Roser M，Ortiz-Ospina E and Ritchie H，Life Expectancy，Our World in Data，2019，https：//ourworldindata. org/life-expectancy.

③ Van der Berg，S.，M. Louw and L. du Toit. Poverty trends since the transition：What we know. Department of Economics，Stellenbosch University，2007.

落在以下三点：

（1）规划和预算。制定准确和现实的战略计划很重要。如果政府部门无法正确量化社会需求并以此做出正确估算、无法准确跟踪拨款和控制支出，那么任何减贫政策都不可能有效执行和落实。

（2）实施。在减贫的执行过程中，规划和预算只是准备阶段，执行才是政策落实的核心环节。这意味着政府部门应对减贫计划实施的整个过程和每项财务支出负责。

（3）监督和纠正措施。问责制是指负责使用公共资源的公职人员或私人服务提供者有对自己的工作和公共资源的用途做出解释的义务，并在工作出现问题的时候及时采取纠正措施。而相应的监督机构有宪法保护和规定的义务要求政策实施部门在适当的时间点做出解释或纠正，尤其对腐败或失职的政府官员及时采取行动等。

对于国家与地区施政脱节问题，西里尔·拉马福萨总统在2019年最新的国情咨文里表示，南非的政府工作应当采用一种称为《地区发展模型》（DDM）的新方法。地区发展模式是一种旨在改善政府合作与治理的运营模式。在《国家发展计划》和《城市综合发展框架》以及其他政府政策之下，《地区发展模型》力求确保国家、省和地方三个层面统一进行工作调度，开展连贯的服务交付和经济发展运营，对己方环节负责并进行业绩考核。这是南非政府开始统一工作流程的一种突破，其先期试点重点放在独立市和大都市地区（8个大城市和44个地区），与城市综合发展计划（IDP）同步进行，帮助政府应对贫困、失业和不平等三重挑战。遗憾的是，该政策颁布之后未经贯彻执行就遭遇了新冠肺炎疫情，故目前该政策的影响还不可评估。

针对以上南非减贫政策与项目实施中面临的问题和障碍，中方可以有针对性地同南非开展务实的交流与合作，主要是在充分了解南非实际困境、问题与需求的基础上，有的放矢地提供中国解决方案，才能达到合作共赢的目标与成效。

第六节　中国—南非减贫合作的方向、重点及路径

本节简要回顾了南非减贫的着眼点和一些举国性投资举措，以此作为中国向南非提供减贫援助所需了解的背景。在此基础上，本节运用大量实地调研数据和案例呈现南非减贫工作中对中国的实际需求，包括对基础设施的投资、对政府补贴保障住房项目的投资、对现有扶贫基础设施的再次开发利用、对第一产业和第二产业的投资等。与此同时，南非希望通过进一步分享中方的减贫经验，将之与南非区域化发展新政策有机结合。笔者通过走访和实地考察，获取了大量的数据资料，详细讨论了四个方面的经验借鉴和落实方法，包括：对贫

困社区青年贫困人口的教育、对贫困社区项目所有权及利益的保护、把脱贫攻坚措施落实到户到人的具体经验、如何精准制定并推进特惠式扶贫项目扩大受益群体。最后，后疫情时代，南非与中国都在努力全面复工复产。因疫情严重受挫的民生使得贫困问题在南非尤显突出，本文建议在两国已有的人文交流平台以及各产业部门的合作备忘录框架下，开展以重点项目为依托的技术技能交流与培训工作。

一、南非减贫的重点领域

长期以来，南非的整体扶贫战略着眼于创造充足的工作机会，并且赋能社区和个人去对接这些机会。与此同时，通过组建由社会协助、必要生活保障服务等要素组成的宏观安全网，来确保这些核心战略的准确实施。基于此思路，南非国家发展规划部在2013年制定了《2030国家发展方案》（National Development Plan，2030），明确树立了在2030年消除全国贫困的目标。综合南非政府和民间的态度，普遍认可的减贫战略应集中力量落实好以下九大领域，最终通过改善家庭的经济状况来消除代际贫困。

（1）创造经济机会：旨在确保经济发展为贫困家庭创造公平机会，使其能够通过工作或自谋职业获得更多的收入。

（2）人力资本投资：提供与经济和政治进程互动所需的医疗保健、教育和培训。

（3）收入保障：主要通过社会补助为最弱势群体提供安全网。这是为了避免与残疾、年龄和疾病相关的脆弱性进一步恶化贫困家庭的生存状况。

（4）基本服务和非现金类福利：即所谓的社会津贴，包括补贴住房、水电扩容、垃圾清扫和卫生设施等服务，还有为弱势群体提供的最低限度的免费基本服务。

（5）改善医疗保健：确保贫困儿童健康成长，提供优质有效的预防和治疗服务，避免因疾病或残疾所导致的贫困恶化。

（6）使民众拥有资产：特别是住房、土地、资本以及公共基础设施，以改善经济和社会保障并为民众长期参与经济活动奠定基础。

（7）增加社会包容性和社会资本的新举措：在发展跨阶级、种族的更加一体化的结构与加强整个社会团结的基础上，结合各种方案以确保社会的包容性和统一性。重点在于增加社会资本，特别是对于穷人来说，要扩大他们的社交网络并确保及时获取信息。

（8）整体环境的可持续性：要求制定战略和计划，在帮助增加穷人经济机会的同时，强调生态系统的保护和恢复，将扭转环境退化和促进生态旅游相结合。

（9）政府善治：为公民负责，保证信息通达，促进参与性，给予穷人特惠政策，提供健全的宏观经济管理，确保适当使用公共资金，鼓励共同经济增长，提升公共服务效率，巩固法治。

为了贯彻落实上述九大领域，南非最根本的需要是巨大的社会资本投入。在减贫方面，政府发展的愿景是公共机构与其他经济参与者共同协作，以解决国家的贫困和不发达状况，进而推动更高和更广泛共享的经济增长。为此，南非政府必须要做到总体经济的增长，包括对经济基础设施加大投资以及通过适当的财政措施和货币政策来刺激投资。这些全国性的投资需在以下几点着力：

（1）政府支持的举措与目标是为那些历史上处于边缘地位的弱势群体创造大规模的经济与就业机会，包括通过土地改革、农业发展、城市社区建设来支持劳动密集型正规产业的可持续增长。

（2）持续投入并扩大公共板块（政府机构及国企）的就业规模。

（3）在农业、零售业和服务业等非正式社会经济活动中采取措施增加民众的现金和实物收入。

（4）通过改善儿童和青年的受教育质量与渠道，提升其劳动技能和工作意愿，同时创造更多的私营经济机会，提升国民基础教育与职业技能，防止贫困的代际传递。

（5）大约有一半的南非穷人居住在经济机会有限的农村地区，需要在农村发展和家庭农业上提供有针对性的资金与政策支持。

（6）提升政府的项目管理能力，在政府部门和国内外机构、企业，有组织的劳工以及其他民间社会和非政府组织之间加强各级伙伴关系。

然而，过去七年间，南非全国经济状况出现了严重恶化，经济发展在衰退与停滞间摇摆，实际失业率持续走高。外资引入大幅减少，为国家创造重要财富与就业岗位的国企纷纷进入事实性破产，土地资源重组的具体措施也没有实际突破。在多种社会财富发动机失灵的状况下，为了兑现减贫目标而需要针对上述六个层面进行的整体投资已成为国家的施政负担。

继 2017 年标准普尔和惠誉下调南非主权信用评级并发表负面展望后，2020 年初，三大评级机构中的穆迪将南非的主权信用评级降为垃圾级，兰特对美元汇率跌至历史新低①。南非在调用外资，尤其是用于基础设施建设和民生投入方面的国际融资能力大幅度下滑。新冠肺炎疫情来袭，南非政府采取了积极的先期防控措施，但长达 64 天的全面 5 级（最高级）封锁给整个国家的

① Prinesha Naidoo. After More Than 25 Years S. Africa Is Now Junk With Moody's Too. 2020, https: //www. bloomberg. com/news/articles/2020 - 03 - 27/south-africa-gets-full-house-of-junk-ratings-after-moody-s-cut.

凋敝产业和衰退中的社会经济带来了沉重打击。疲软的经济进一步激化了社会矛盾，尤其是贫困人口的不满情绪强烈，严重打乱了南非政府原计划的减贫部署。对于能否达成2030年消灭贫困的国家目标，南非政府执行层面普遍持消极态度。结合南非整体减贫战略的九大领域和六个投入方向，以及本研究团队与南非政府执行部门的沟通，笔者认为，南非对中国减贫援助的具体需求主要聚焦在以下三点：①希望中国政府加大力度引导对南非的直接投资。优先项目为基础设施、安居项目、对现有减贫设施的深度开发和利用，以及制造业、农业等产业。②有意进一步分享中方的减贫经验，建立具有参考价值的比照组，借鉴符合南非国情、民情的部分，进而优化减贫模式，提升减贫效果。③在两国已有的高级别人文交流机制以及各产业部门已签署的合作备忘录框架下，基于某些重点项目开展职业技术技能的交流与培训工作。

接下来，本节将结合南非减贫策略，对上述三个中南减贫合作重点领域的可行性、适用性、商业性进行深入剖析与研判。

二、中国—南非减贫合作的路径分析

中国与南非是全面战略伙伴外交关系，在联合国、20国集团、金砖国家、中非合作论坛等国际组织和多边机制中保持密切协调和配合。南非积极参与建设亚洲开发银行，支持“一带一路”倡议，堪称中国同非洲国家、发展中大国团结合作的典范。然而，从南非政府统计数据来看，始终有一种观点认为中国对于南非的投资力度较弱。根据南非国家贸易工业部的统计，截至2019年，中国企业对南非整体投资为150亿美元（含投资承诺以及对两大国企南非港务局Transnet和电力公司Eskom的贷款）；而仅截至2016年，南非企业对中国的投资已达800亿美元，并催生了如腾讯集团、华润啤酒品牌系列，以及一系列一流麻醉药剂、抗血栓药剂品牌，创造大量的在华就业岗位。因此，南非对于中国的直接投资有着更高的需求与期待。

然而，目前南非对于中国投资的吸引力仍然不足。中国前驻南大使林松添在2019年10月的采访中明确回应南非的期待[①]，如果南非想吸引更多的中资，需要着力于恢复停滞不前的经济，翻新基础设施，通过改善管理和经营振兴国有企业。可见南非由于自身的客观原因，虽然资源丰富、法治相对完善、社会体系相对成熟稳定，且为通往非洲各国的门户，但仍然使中国投资者（无论是国有企业还是私有企业）顾虑重重，不敢轻易做出投资决策。综合来看，引入外资是南非创造社会经济活力的重要手段，它能创造大量的直接就业，改

① 中华人民共和国中国驻南非人民共和国大使馆经济商务处，“第二届中资企业就业招聘会在南非约堡市成功举行”，2019-12-13，http://za.mofcom.gov.cn/article/h/201912/20191202922020.shtml。

善社会环境，并创造大量培训和技能提升机会，亦是服务于南非减贫工作的重要手段。南非在减贫合作上对中国最直接的需求是希望中国能够在其减贫扶贫主体多元化的层面上扮演外来有生力量，需要中国政府加大引导中国企业对南投资力度，尤其是同减贫直接相关的领域。

（一）对基础设施的投资

南非是目前基础设施最完善的非洲国家。南非拥有世界级的公路网，相对完整的铁路运输线，多个国际机场以及以德班、库哈、萨蒂尼亚湾为代表的深水良港。能源储备方面，南非也有南部非洲国家共同体中体量最大的储油设施，以及从莫桑比克跨国南下的天然气输气管道。她的火力发电能力世界领先，更拥有非洲唯一的核电站，全国拥有相对完善的变电输电系统。在通讯网络上，现在南非的光纤网络覆盖以及4G网络基站覆盖均为非洲第一，也已领先非洲其他国家进入了5G基站建设的时代。以上种种都是南非基础设施中不可忽视的亮点和优势。

然而，南非的基础设施很大部分是继承于过去的种族隔离政府。从交通基础设施来看，过去26年新增铁路千米数为零，新增涉外机场为零，只有一座新建港口，还没有完善的港务措施。最大的公路扩建计划为连接约翰内斯堡和莫桑比克马普托的N4走廊、全长约534千米的收费公路，此外基本没有新建的发展战略性设施。超过81%的南非国家公路免费，中央财政资金和通过PPP模式募集的资金只能进行维护、扩建和补建工作。南非国家中央规划、监督及评估部（DPME）的《民主后的20年报告》指出，1994—2012年的近20年间，只有累计58亿兰特投入到相关工作中，平均每年不到3亿兰特。而省级公路、地区公路则无法享受中央财政的统一维护，出现了大量的破损状态，无法满足运输需求。曾经引以为傲的南非公共基础设施，已经限制了南非国内经济的发展，成为阻碍地区脱贫致富的瓶颈，需要进行系统的提升和改善。以资源强省——北开普省为例，这是全世界首屈一指的矿产资源大区，却成为南非经济倒数的省份。由于国家铁路运输运力极度不足，大量的矿产资源无法及时运送出港进行出口贸易，直接导致大量中小型矿场倒闭，造成矿业小镇失业人口上升，收入衰退，甚至重归贫困。

调研中，笔者在北开普省的矿业重镇——普斯特马思堡接触到当地破产的黑人铁矿主。因为无法排到火车班次①，竟出现了坑口铁矿石两美元一吨甩卖无人问津的现象。相对低廉的铁矿石国际市场价格，让矿主们无法承受近50美元/吨的公路物流费用，不可能像利润更大的锰矿和铬矿一样通过卡车运输来勉强维持运营。而严重超载的重型卡车运输对北开普省的省道、区道路面造

① 从北开普省到国家指定的主要铁矿出口萨蒂尼亚湾只有一条铁路线。

成了极大的损害，许多矿区的路面已经破烂得无法进行维护。根据北开普省公共设施部官员的估算，省内面临着 3 000 多千米国家公路和省级公路维护的财政缺口。对现有公路设施零敲碎打式的小修小补无法从根本上满足经济发展的需要。综上，基础设施的老化不仅阻碍了当地的经济发展，也在客观上加剧了“守着金山要饭吃”的贫困状况。

南非一直在迫切地寻求同中国建立基础设施投入上的合作，对于南非而言，更希望中方能够像蒙内铁路那样加大对南非的投入，既可以大大提升实际运力、降低沿线商务成本，同时还能创造 10 万多个就业岗位。南非积极参与由中国主导的诸多多边合作体系，包括“一带一路”倡议，就是希望通过与中国建立全面战略合作伙伴关系，引入更多的中国资本到南非的基础设施建设、维护、更新中来，为南非国家整体经济发展以及扶贫减贫提供实质的帮助。然而当下阻碍两国在基础设施上有更多更深入合作的根本原因，是南非国家政府及中央财政都拒绝对基础设施建设进行国家主权担保，更希望进行 BOT（Build，Operate and Transfer 即修建、运营和转交）类型的合作。中国大型国企对于海外 BOT 项目有严格的限制政策。目前两国间基础设施相关的合作协议仅仅包括给南非国家电力公司 ESKOM 的贷款，以及给南非国家港务局用于维护铁路运营系统的贷款。其中给国家港务局的贷款，是以南非方向中车集团采购动力机车车头为前提。可以说，在短时间内，除非南非开放主权担保，否则中国和南非无法实现在交通类基础设施上的大规模开发与合作。

在能源类基础设施合作上，中国和南非有着比较好的大型项目合作范例。最具代表性的是中国国电集团及其下属龙源公司于 2013 年中标南非的第三轮可再生能源项目。该项目总投资逾 50 亿兰特，总装机容量分别为 24.45 万千瓦，安装中国国电联合动力风机 163 台，每年可发送清洁电力 6.44 亿千瓦时，为当地 8.5 万户家庭提供稳定生活用电。通过建立社区基金，该项目对所在的贫困地区实现了现金形式的反哺。此外，通过技术培训和本地化招聘，为南非创造了总计 700 个就业岗位，直接帮助项目所在社区的 100 个家庭摆脱贫困。然而，随着南非国家电力公司的持续衰退，南非的可再生能源上网价格也在持续下跌：从 2011 年底第一轮的 1.46 兰特/千瓦时跌至 2015 年第四轮的 0.63 兰特/千瓦时，接下来的第五轮分析家认为很可能会跌至 0.5 兰特/千瓦时，按即时汇率约合 2 美分。这种采购价格会大大削弱南非对中国能源企业的吸引力。事实上，中国光伏企业已经基本放弃了南非大型光伏电站项目，风电企业的行动速度也在急速刹车。

上述客观事实表明短期内两国在基础设施领域里的合作前景并不乐观，但南非基于自身经济与社会发展，对双方加强合作的强烈意愿与需求是客观存在的。通过实地调研，我们发现在基础设施建设领域存在一些局部突破口。这些局部突破口，对于负责中国海外项目的大国企而言从体量上看并不值得投入时间成本跟进。然而，对于寻求海外市场的中小型企业，尤其是民营企业，仍然具有可观的商业价值。笔者相信，通过政府的有效引导和激励，可以推动中国中小企业与南非省市级地方政府在这些领域中达成无国家主权担保的基础设施建设合作项目；同时，在商业模式允许的前提下，提升南非落后地区居民的生活质量，助力南非减贫脱贫。

参考方向一：能源输送类基础设施

目前，在南非的新兴城镇地区电力基础设施缺乏，原有的地区电网和国网之间的输送能力低下，无法满足地区人口持续增加的用电量和基本生活，严重影响地方经济的发展。因此，中南双方政府可以引导中资企业投入建设连接南非国网和城市配电网络之间的变电站以及配套电网线路。通过转卖输配电负荷（买入价约 0.9 兰特/千瓦时，小城市市政卖出价一般在 1.6～2.3 兰特/千瓦时之间）来实现稳定营收。中资企业在这一领域较有代表性的案例是浙江中机集团在普马兰加省伊兰泽尼（Ehlanzeni）自治区投资建设的变电站和配网项目。该项目包括 1 座 132 千伏新建变电站、4 座 22/11 千伏变电站及配套 22 千伏配网线路工程，主要解决 Thaba Chweu 市所属的来登堡（Lydenburg）市的供电问题，为新开发区提供电力支持。这座只有四万人口的小城在该项目的支持下有能力发展新兴小型企业，为附近的金矿与白金矿提供相关产业和劳动服务，直接扩大社区的就业规模。

参考方向二：基本生活保障类基础设施

举世闻名的锰矿三角区——普斯特马斯堡—库卢曼—卡图（Postmasburg-Kuruman-Kathu）区域居住着 6 万人，近 30%人口生活在贫困线以下，主要聚居在作为交通枢纽的普斯特玛斯堡地区。其余两地的人口大多是矿工和技术人员，属于南非中产阶级，有较好的收入和购买力。然而，这两个地区近年来遭遇了较为严重的生活用水危机。库卢曼、卡图由于常年的采矿作业，地下水源受到破坏、几乎枯竭，加之厄尔尼诺现象影响下连年干旱。而距它们仅 60 千米的普斯特马斯堡地区，地下水源储备丰沛。三地区政府正在携手寻找有意向的合作伙伴，来此地区开展生活用水汲取、输水管道铺设和日常运营工程。该项目有稳定长期的刚性需求作为担保，除了满足库卢曼—卡图地区的生活用水，还能给普斯特玛斯堡政府带来额外的市政财务收入，进而用于改善贫困人口的生活、教育和医疗水平。

参考方向三：独立式社区公共设施以及配套的分布式小型新能源电站

南非社区内的小型公共服务性基础设施也是重要的合作突破口，尤其是社区小学、中学和诊所。本报告仅以南非社区中小学为例展开论述。

随着南非社会的不断年轻化，落后社区已经出现了长期校舍不足的问题，有大量校舍需要新建或改建。针对这一刚性需求，南非基础教育部推出 ASIDI 计划（“学校设施建设加速计划”），目前 2019/2020 年度预算已经累积到 20 亿兰特。然而，在资金到位的情况下，该项目推进得并不顺利，尤其以林波波省、东开普省和夸祖鲁—纳塔尔省为甚。2019 年 10 月 29 日的南非基础教育部工作报告显示，全南非截至该年 9 月 30 日新建学校基础设施完成度只有预算的 43%，维护项目只完成预算的 32%。在基础教育设施（社区中小学）方面，完全落后于整体计划进度。在批准执行的 1 007 个项目中，完成的只有 188 个，在建的仅有 127 个，剩余 880 还在规划阶段。造成这种局面的重要原因是南非本地的小型承建商破产率过高，经常出现项目拖延、烂尾及承包商更替等情况。按照目前的整体进度，不可能完成 2024/2025 年度校舍维护的既定目标。而目前为了赶进度，不少地区开始使用简易木板教室、集装箱改造教室。

南非贫困社区学校的校舍建筑结构简单，大多为单层平房。每间教室 40～50 平方米，呈长方形，可以使用高强度预制板房结构进行快速搭建。在访谈中，北开普省政府、东开普省政府教育部都明确表示，只要符合南非公共建筑资质要求的企业，能为社区提供高速度、低维护成本的校舍建筑解决方案，双方就有巨大的合作空间。

在中小学校新建校舍的基础上，配套安装新能源独立发电系统（太阳能、风能或风光互补），保障贫困地区教学的正常进行也是重要一环。由于南非国家电力公司经营不善，经常面临全国性停电，且电价持续高升，对教学工作影响极大。一所普通规模公立学校（约 200 学生），每月电费在 9 000～12 000 兰特，全部由各省教育厅定额支付，是教育财政支出的一部分。这笔费用可以支持学校以分期付款的形式负担一套 50 千瓦的独立发电系统，五年偿清。既满足日常教学需要，更在中远期节约电费开支，减轻贫困地区教育财政支出的负担，把经费用到更有用的地方去。

综上所述，在目前整体政策格局下，两国暂时无法达成能创造大规模经济效应和就业机会的基础设施建设项目。然而，针对贫困地区人民生活水平改善、教育水平提高以及地方财政收入增加（预算节约）等领域，仍然有值得探索挖掘的空间和潜力。这些往往都是中国大型国企基于自身商务成本考量而不去做的“小型项目”，却又是南非政府、南非贫困社区人民的现实需求。如果能通过两国的减贫合作平台，将中国寻求出海机会的中小型企业对接到这些项目上，就有机会形成一批有现实意义的良好突破口。简言之，找准定位，选好伙伴，就是合理可行的。

（二）对政府补贴保障住房项目的投资

在南非，每座城市都有多个贫民区聚落（Township/Iocation）。最新数据表明，截至2018有近36%的南非人口生活在贫民区，约2 080万人。与2007年财政部公布数据相比，上升了11.65%，绝对数量增长了约920万人。在贫民区中，大部分人口为赤贫，即每人月均食物消费仅为561兰特，处于无业或失业状态，需要依靠政府救济度日。这里也是社会治理的暗角，艾滋病、结核病流行，黑恶势力横行，毒品泛滥，暴力犯罪层出不穷。

南非贫民区的形成是种族隔离历史的产物。在贫民区里，超过95%的建筑为非永久性住房，即以木板、铁皮、纸板等简易材料搭建而成的临时住所，狭小、肮脏、阴暗、潮湿。1994年南非新政府上台后，基于新宪法第26条，颁布了新的政府补贴住宅政策①，类似于其他国家的政府保障房、安居房。该政策受1997年《住房法案》（Housing Act）、1998年《防止违法动迁法令》（PIE Act），1999年《房屋租赁法案》（Rental Housing Act）和2008年《社会人居法案》（Social Housing Act）等法律条文的保护。

该政策规定，年满21周岁以上，非独居、有正常民事行为能力的南非公民，如果每户月收入不超过3 500兰特且之前未享受过本福利的，均可申请国家补贴住宅。这些住宅由符合南非国家住建部NHRBC标准的建筑商承建，由国家采购，免费发放给申请人。申请人获得房屋后将成为该房及该地块的唯一业主，居住八年后，房主在国家住房部的许可下可以在市场上出售该房产。根据南非国家住建部的统计②（The Department of Human Settlements, 2020），在过去的二十年里，一共建设了约430万套政府补贴住宅，在统计数据上惠及约2 000万无住房人口。从理论上讲，这是一个寓意良好的内需刺激政策。通过国家财政投入，既保证了社会的相对公平，同时也用住房刚需拉动水泥、钢筋等制造业板块的生产和就业机会，改善贫困人口的居住环境，进而为人民的安居乐业、参与到社会减贫工程中去做出重要贡献。

长期以来，南非国家政府、省级政府以及国家住房建设部（National Housing Development Agency）都对外资进入南非的国家保障房市场实行鼓励。根据调研所获信息，从2012年到2018年，南非国家住房建设部、自由州省政府人居厅、北开普省政府人居厅、东开普省政府人居厅、豪顿省政府人居厅等多个政府部门都组织了专门的考察团和引资团，前往中国河北、浙江、湖南、山东和青海等省份进行考察，借鉴中国安居工程经营，并且向中国企业推广在南非的保障房建设项目的投资机会。作为回应，中建、三一筑工、河北健

① Government Subsidy Housing 或者 RDP Housing，近年来进一步细化为 Affordable Housing，Gap Housing 等子版块。

② Republic of South Africa. The Housing Development Agency，2020. http：//www.thehda.co.za/.

翔等国企、民企等都前往南非进行回访和调研。有的企业也确实加入到了南非国家保障房项目的投资和建设中去，一度获得了盈利。

据南非人居部（The Department of Human Settlements）2020 年统计数据显示[①]，全国仍有 230 万套国家保障房需要建造。南非停滞的社会经济无力推进减贫工作，加之高涨的出生率和持续年轻化的社会人口结构，使得南非保障房的需求在现实中日益紧迫。截至目前，建筑计划积压以每年 178 000 套的速度持续增长，全国需要再追加投入 8 000 亿兰特才能在理论上追平国家保障房建筑计划的所有积压。这个金额约占 2019 年南非国内生产总值的 14.8%，从资金投入上看，南非政府无法完成。可见，这样一个直接面对刚需且兼具多重社会保障、有政府采购兜底的扶贫项目，欢迎中国投资者和开发商进入的领域，是否值得向中国企业进行资源引导和推介呢？根据实际调研的情况，答案应当慎重考虑。

1. 政府财政缺口造成巨大收益风险

当下南非的全国财政短缺状况无法给投资者带来信心。2020 财政年度，南非国家政府在全国人居类项目上总预算为 557 亿兰特，其中包括保障房以及水、电等基本社会服务供应的所有预计支出。[②]可见，对于贫困人口保障房问题解决事宜上，南非目前是没有足够的财政能力去支持的。根据 HDA 前任首席财务官的粗略估计[③]，与建造计划实际积压相比，南非国家政府在这一板块上的财政缺口应该在 500 亿～600 亿兰特。也就是说，对于目前进入这一板块的新来者，除非去完成之前积压的转手合同，很难在新的开发项目上获得政府采购保障，需要自己承担全部资金风险。

2. 建筑成本上涨，政府采购价格不变

和政府财政短缺同步出现的问题是整体建筑成本的上升和长期不变的采购价格之间的矛盾。对于保障房，南非政府的硬性要求是：①建筑应使用砖混结构，实际居住面积不少于 40 平方米；②一客厅（含厨房），一卫浴间，两卧室；③上下水接通，房内安装厨房桌案、水槽、马桶、淋浴；④简易内装，简易地面，墙面抹平，房内装有简易壁橱；⑤许多地区新规划的房屋要求建筑商预装太阳能热水器。

按照经济类住房的修建标准，南非平均每一平方米市场造价为 4 000～4 500 兰特（按地区不同有材料运输成本差价）。也就是说，完成一套符合南

①② Republic of South Africa. The Department of Human Settlements, 2020. http://www.dhs.gov.za/.

③ Republic of South Africa. The Housing Development Agency, 2020. http://www.thehda.co.za/.

非人居住房建设规范和质量的保障房，其市场造价在16万兰特以上。根据调研，在过去5年间，各省政府的保障房采购价基本没有调整，始终维持在11万～12万兰特，经济状况最好的豪顿省部分地区上调至14.5万兰特（但是要求满足Eco2环保节能标准），仍然远低于市场价。而过去5年里，南非建筑板块的劳动力成本上涨了15%，运输成本上涨17%，建筑材料上涨13%。

在现场调研时，我们发现南非目前正在修建的保障房质量堪忧。窑烧砖强度低，房屋钢筋含量极低，且钢筋极细。固定墙体多使用间距过大的镀锌铁丝网，砖体之间缝隙极大，用泥沙浆填抹。目前在保障房上使用的铝合金窗框过轻，易变形，更有很多项目将原定的瓦制屋顶换成了铁皮屋顶……由于政府采购价格不提升而造成的利润空间压缩直接导致了南非国家保障房质量的低劣。很多刚建好数年的保障房已出现了大面积的开裂和破损，给住户造成了极其恶劣的使用体验。可见，在这样的现实下，中方参与到南非贫困社区的保障房建设，非但盈利空间堪忧，而且有可能带来负面的社会口碑。

3. 南非政府跨部门协作效率低，导致市政基础建设无法及时跟进

通过对豪登省、东开普省和北开普省贫民社区的实地调研，我们发现，建筑保障房所需要的三通一平工作十分滞后。很多人居部门（DHS）已经准备好的项目无法开工推进，要等待三通一平工作施工结束后才能陆续进场进行修建。而三通一平工程归属于公共设施部管辖（DPW），该部门有自己的经费预算和工作规划。保障房地区的公共设施建设在该部门里的优先级不是最高的。对于公共设施部而言，首先保证的是较发达地区的设施建设，从而能把投资转化为市政服务费收入。对于大量使用免费市政资源的贫民社区，在不少城市经费的投入量甚至要小于对市政所属的建筑类不动产投入。由此可见，基于南非政府跨部门协作的低效率，对保障房承建商而言，较难在短时间内形成密集型的项目开发，就无法形成规模效应，给投资方造成整体时间成本和运营成本的不可控。

4. 南非社区出现不欢迎外来企业进入保障房项目的趋势

南非扶贫保障房项目不适于中国参与还有另外一个重要的原因，是南非贫困社区对外来建筑企业的抗拒。近年来，南非贫困社区已经将保障房项目看作了自己社区的重要就业机会和新兴建筑小企业的重要业务来源。越来越多的社区信奉“我们自己的住房自己建设”这一理念，对外来承建商充满抵触甚至敌意。越来越多的社区领袖带头不接受外来的建筑商、建筑工人前来施工，哪怕社区自有的建筑企业并不具备完善的施工条件和素质。因此，现在市场上出现了很多所谓保障房合同持有者寻求现金投资的项目，即只需要资金进来，而不需要投资者对实际的施工有过多干预。这种脱离产业现实的需求，没有实际操作意义。

5. 多层合同转包摊薄利润

由于保障房市场的特殊性，现在有大量的大型专业的建筑企业或建筑顾问本身并不参与建筑施工，而是转为规划设计师或者项目申请咨询师。他们协助符合条件的黑人建筑企业进行保障房项目规划和保障房合同的申请。现实情况是拿到国家保障房合同的黑人建筑企业，许多并不会做一手建筑，而是把它分包出去。南非形成了一批独特的保障房项目公司，他们本身不做投资，只做规划和从政府获取合同，随后把它转包作为自己的核心商业模式。这一情况的出现是利用了社区新兴建筑企业本身没有足够设计规划能力和政府资源公关能力的弱点，将政府的扶贫工程变成了多次转手的纸面工程。结合保障房市场利润偏薄的现实，这样的多层转合同、转包模式会进一步摊薄参与企业的利润。

6. 新型建材在居民住房中不受欢迎

团队在调研中也发现了一个特殊现象，即南非国家政府、住建部都乐于推动新型建材在扶贫保障房中的应用。因为新型建材不但节能环保，还能创造新的就业岗位和产业形态，在建筑速度上也能极大地缓解扶贫保障房建筑积压的困境。然而在贫困社区内，新型建材的保障房基本无法推动。早在 2015 年，北开普省政府在时任省主管经济发展的省委常委 Jhon Block 带领下，组成了由公共设施厅、人居住建厅等四个厅委的分管常委和厅长共 12 人的高访团，专门就住房扶贫项目前往和北开普省自然环境、社会经济条件都近似的青海省进行定点项目考察。在青海，他们从西宁走访到海西地区、玉树地区，考察了中国政府为当地农牧民用 CL 墙体建筑体系专门修建的扶贫安居村寨。这些安居房用钢丝、速干混凝土以及高强度聚乙烯隔热板制成，建造迅速、环保、节能、隔温、防火，能抵抗 10 级地震，理论上终身无需维护。重要的是，建筑成本可以控制在 9 万兰特左右，对于中方也有较好的利润空间。在考察后，北开普省政府在官方层面迅速敲定了引入这一建筑体系，在省内的安居保障房领域进行推广。与此同时，青海省河北商会的龙头企业也明确表示赴南非投资建厂。然而在高访团返回南非进行社区宣讲的过程中，民众的反应却是一面倒的反对和抵触。他们总体上并不在乎节能、环保这些指标，甚至也不在乎建造完工的速度。南非社区的普遍反应是，如果不是用砖和水泥建造的房子就不能算作是给人居住的住房，这令北开普省官员始料未及。这一原本定于由南非和中国共同合作开发的实质性扶贫项目，从 2015 年一直拖延到 2019 年，没有进一步的进展。

综上所述，本调研对于南非政府的国家保障房项目持谨慎态度。在这一领域中，利润较小，还存在较大的资金风险和社会舆论风险。

（三）对现有扶贫基础设施的再次开发利用

调研过程中，我们发现南非各个省级政府都曾为各自社区的减贫工作主持修建了不少不动产设施。这些项目类型各异，在立项时有较好的理念，投资数额不菲，并且按照设计进行了足量的基础设施建设。从设计与投资的角度寄希望这些设施能够拉动当地社区的经济发展，创造就业岗位。然而南非政府在后续的运营过程中并没有考虑到整体业态的建设和整合，没有考虑到这些设施是否能与当地的客观现实以及社区经济状况相结合。这些有欠考虑的投资，使得大量特色设施处于荒弃状态，非但不能成为社区减贫的发动机，其维护保养费用都成了地方财政的负担。笔者在南非最贫困省份东开普省和北开普省，选择三个有代表性的社区减贫设施项目做分析和参考。

1. 北开普省金伯利瓦尔河 Riverton Langleg Pleasure 度假村

瓦尔河是索尔普拉杰自治市（金伯利）郊外的主要河流之一，河水从西北省高地流下，向西汇入大西洋。它流经南非最为干旱恶劣的北开普地区，河水两岸形成了狭长的绿洲。同时，瓦尔河沿岸的古河套地区，是世界最富集的流沙钻石矿带，只要有作业设备，一般挖掘三米左右就可以发现钻石，而且宝石率很高。在河湾地区，因为累世为占据绿洲的白人农场主和矿场主工作，形成了多个贫民社区，积累了较多的剩余劳动力。为了增强当地经济活力，安置剩余劳动力，提高当地贫困人口的生活水平，当地政府投资修建了瓦尔河度假村。该度假村距离金伯利市区约 30 千米，圈地逾 20 公顷，建有独栋别墅 40 栋，每栋都配备了空调、完整厨卫以及其他相关生活设施。度假村内修建了大型游泳池和水上娱乐设施，整体投资累积超过 1.3 亿兰特。按照最初的设想，这个度假村将成为南非西北部地区家庭休闲度假旅游胜地，吸引全国各地游客前来游玩，并以此度假村为基地，拉动周遭社区的服务性消费。加之北开普省常年高温，水上游乐设施会对本地社区居民产生巨大的消费吸引力。然而遗憾的是，除去每年新年假期等传统假日，度假村基本处于闲置状态。许多房舍出现设施破损、丢失，大型公共游泳池因为无水曝晒出现防水层大面积脱落，需要持续维修，入住率常年为个位数。仅靠每年不到两个月的假期营业收入，根本无法维持整个度假村的运作和维护，遑论拉动周围社区的经济发展。

2. 北开普省诺罗斯港渔业加工厂

诺洛斯港是北开普省的滨海小港，位于南非西海岸，濒临南大西洋。这里在 20 世纪初曾是重要的铜矿转港口岸，也是世界最丰富的海床钻石矿脉的起始点，一直向北延伸至纳米比亚。作为雷切斯福尔德自治地区的组成部分之一，其经济常年依靠德比尔斯集团及其子公司在这里的滨海采矿活动。从 1970 年代开始，该地区的采矿活动日趋减少，直至 2006 年港务相关的经济活动基本结束。为了提振该地区经济，结合其周遭丰富的海洋渔业资源（大量的大西洋鲑鱼、鳕鱼、沙丁鱼、龙虾），北开普省政府经济发展厅以下属的经济发展署为实体，投资兴建了一家现代化的渔业加工厂。该工厂于2015年落成，有一万多平方米的厂房及转运仓库、现代化的冷库设施、鲜鱼处理及分包装流水线。然而迄今为止，该渔业加工厂仍未正式投入运营。周围稀少的小型渔船无法给工厂持续提供足量海鲜，传统的渔业公司更倾向于在开普敦卸货；政府本身并没有国际、国内市场拓展能力，缺少产品订单，金融单位也因此无法进行生产运作所需的融资支持，整个渔厂至今仍然处于空置状态。

3. 东开普省省汉堡地区滨海文化中心 Emthonjeni Arts

汉堡是东开普省亚马图雷自治地区的组成部分之一，位于东开普省阳光海岸线的旅游带上，地处传统科萨王国的核心地区，传统上是一个以小型渔业、海产养殖业以及种植农业为主的农业地区。这里有大量处于落后农耕状态的小型农业社区和自然村。许多社区耕地在1980年代后就没有进行过系统耕作。农村青年人口大量流失，留守人口超过65%都是老人、妇女和儿童。对于当地社区和自然村落而言，没有明确的整体产业规划发展经济，也没有发展出属于社区的大规模农业联合体。2013年，在亚马图雷市政府牵头下，由国家产业发展局投资，在汉堡地区的海滨斥资3 000万兰特（约合330万美元），修建了全新的海景艺术中心 Emthonjeni Arts。该中心设计前卫，建筑质量优良，设施齐备。建立之初，计划由东开普省纳尔逊·曼德拉大学与福特·海尔大学美术系输送在校大学生在该中心全日制住宿及学习，日常管理由 Arts&Ubantu 基金会负责。其最初目的是创造小型的青年艺术社区，以学生的艺术活动和日常生活带动周围的社区经济，形成独特的艺术—生活—学习产业文化圈。然而这种投资明显过于理想主义，同时缺乏对南非社会经济现实与发展趋势的基本预判。将一个小型艺术生活社区放置在整体落后的农业社区中，完全无法形成经济活动上的重叠和匹配。随着南非经济下行，贫困省份的美术系学生招生越发困难，根本无法给中心供应充足的生源，也无法形成预想中用年轻艺术家盘活传统贫穷社区的美好愿景。在2016年后，该海景艺术中心便处于荒置阶段。亚马图雷地区政府也开始寻找新的合作伙伴。

从以上三个所属产业不同、结果又都失败的案例可以看出，南非各级政府对如何在社区嵌入"减贫马达"，有明确的构想和设计，也做出过相当有针对性的投入。然而，他们的尽职调查只是停留在纸面的财务预算上，并没有对南非整体经济发展趋势做全方位的预估，也没有做出对最坏情况的应对方案，就将项目匆忙上马。他们自身，或者其合作方，并没有能力来就建造出来的基础设施进行有效的业态填充，便无法达到拉动地区经济、实现社区减贫的目的。在调研中，对于这样有"潜力"但是没发挥设计功能且成为地方财政事实负担的项目，各省、市政府都有存在。他们急切需要寻找有能力进行业态填充的合作方，把这些设施重新开发和利用起来。在不脱离初始设计目标的大前提下，期望这些新来的合作方能带来新的运营内容、营销渠道、管理模式和运营资本，将这些既有设施盘活，让它们充分发挥最初的设计目的，成为地方或社区的经济马达，进而带动就业、实现减贫的目标。

从整体上看，该领域南非方有较强现实需求，值得中方在未来的双边减贫合作中优先考虑。首先，南非政府已经做出了相对足量的先期投入，结合本地区的特点搭建好了物理空间以及价值基础。其次，围绕这些设施所存在的周边社区人口结构简单，民族相对单一，有较好的社区自治传统，民众乐于参与劳动，且由于经济水平较低，相对的运营支出较低。第三，中方如果可以疏导资源参与合作，可以优先选择如渔业加工厂这样和周围优势资源结合紧密，且可以和中国市场、技术、生产设备直接对接并打通产业链的项目，对中国自身发展也有重要的经济价值和现实意义。第四，由于当地社区经济结构相对单一，绝对贫困人口数不高，有体系有规划的业态填充，能在当地起到立竿见影的效果，即小投入可以拉动大回报。

（四）对第一产业和第二产业的投资

对于仍处在发展中国家的南非而言，任何外资进入其第一产业和第二产业都是就业和即期经济发展上的利好，都能通过创造就业在事实上改善周边贫困社区人口的生活水平。在工业及制造领域投资，亦能改善城市贫困人口的生活水平和就业情况。而中国对南非投资并非本报告的关注点，本节也不会对南非的投资环境、潜力产业、劳工素质和法律法规等方面进行分析、介绍。这一节的重点是列举一些能够结合两国现有特点和资源、在贫困落后地区有突破潜力的产业投资发展方向，即将市场采购/包销协议与农业生产/加工挂钩的定向投资。

第一产业的资源重组和振兴是南非的重要扶贫方略。在南非，对土地资源的重新分配、整合是和落后地区发展息息相关的。令耕者有其地。为了凸显这一工作的重要性，南非 2019 年 6 月将传统的农林渔业部和土改及落后地区发展部整合在一起，从国家到省级政府层面成立了“农业、土地改革及落后地区发展部”①。对于南非而言，重振第一产业势必要从土地资源的改革和重新分配入手。然而，因为社会既得利益人群和西方媒体阵营的宣传，将土地改革妖魔化成了如津巴布韦一样的对白人农场主的迫害和掠夺。迄今为止，南非土地改革的推进缓慢而且阻力重重。事实上，南非作为一个地广人稀的农矿国家，土地资源并不稀缺。1997 年以后，就开始给遭受种族迫害的社区拨付土地。②例如，最贫困的东开普省在 2015 年的普查里，各级政府和社区直接掌握所有

①② Republic of South Africa. The Department of Agriculture, Land Reform and Rural Development, 2020. https://www.dalrrd.gov.za/

权的可耕种土地就有约 300 万公顷。然而大部分土地在 1980 年代以后就鲜有规模化耕种和整体开发，已经在法理上被列为“处女地”，其周边围住着大量贫困人口。这些土地缺乏灌溉、仓房、围栏等基础设施。

初步探究这一现象会发现，在南非，优质农业土地资源都垄断在白人大农场主的控制下。此外，他们通过建立辛迪加性质的农业合作社，形成了对南非农业种源、技术服务支持、生产资料采购供应、行业标准乃至国内外销售渠道和定价权的全方位垄断。可以说，南非土改扶贫的关键点根本不在于土地的再分配，而是要有效打破白人农业经济寡头所掌控的农业产业闭环。然而，在西方自由经济理论的影响下，新南非的民主政治其实是小政府、弱政府，不能从根本上突破这样的垄断闭环。除去在南非土改中部分以权谋私、倒卖国家配给农场土地的情况外，绝大多数贫困人口并没能通过国家的土地、资金帮扶实现脱贫致富的梦想。这恰恰说明，南非目前农业领域最大的问题不是贫困人口本身的农业技能、知识和勤奋度，而是现存产业体系限制了贫困社区的进一步发展。本文将以贫困大省东开普省的实际案例来说明南非的土改及扶贫困境、难点所在。

案例一：无法进入采购链的徒劳种植

东开普省的 Walter Sisulu 自治区，是该省最贫困的地区之一，拥有南非母亲河奥兰治河上游水源最丰沛的流段，以及南非最大的淡水水库 Gariep Dam 的南段。该处的土壤黏土含量超过 30%，适宜种植玉米、高粱等农作物。早期政府农业扶贫办的工作方式是购买种子和肥料发放给当地农户，让社区自行种植。然而，种植出来的玉米没有办法进入当地农业合作社的营销体系，即便在丰收时节，农民的劳动和产出无法形成现金收益回笼。当地政府官员一度需要自己开车拉着玉米去沿街叫卖，来协助缺少交通工具的农户赚取微薄收益。等到下一年，政府再发放种子和化肥的时候，不少农户就干脆倒卖这些生产资料赚取现金，主动放弃耕作。大概 3~5 年的时间过去，当地贫困农户就彻底放弃了大规模农耕生产，政府也不再系统化地给予同类支持。

案例二：没有责任评估的盲目资助

为了给新兴黑人农场主匹配资源，东开普省政府成立了东开普扶贫发展署（ECRDA）。在 2008 年，它为伊丽莎白港 Thornhill 地区的一个名为 Ekuphumleni 的黑人新兴农场主提供了 390 万兰特无抵押低息贷款（利息率 7%，低于南非国家利率 9%），贷款期为 20 年，2028 年 1 月 31 日前还清。黑人农场主用这笔钱购买了农场，修建了基础设施，并买入了牛、羊、猪等牲畜。从现有的农场商业方案来看，当初农场主并没有提供出有说服力的盈利方案和销售渠道保障，贷款是在没有任何其他供销协议支持的情况下被批准发放的。此后几年，该农场没能形成有效的管理与生产，很快便无法继续支付分期贷款。面对此困境，东开普省政府没有从生产管理和销售渠道这些根本性问题入手，而是在 2016 年又一次给予了 32 头肉牛作为产业支持。由于缺乏现代管理手段，下一年的干旱季里，有 17 头肉牛病死。一直维持到 2020 年 5 月，牲口群数量才刚好达到 50 头，这种规模根本无法有效偿还贷款。目前农场仍欠贷款本息共计 4 085 214 兰特，已经事实破产。作为省级扶贫机构的 ECRDA 扮演着一个商业银行而非专业减贫组织的角色。他们的律师对农场主进行了极其严苛的追索，造成农场主精神崩溃入院，双眼近乎失明。ECRDA 给出的解决方案是要求此黑人农场主将自己的产业出售给相邻的白人农场主，以保证自身给出的贷款能够顺利回流。讽刺的是，这样的解决方案进一步支持了白人农业实体对优质土地的兼并，与南非国家扶贫政策背道而驰。

案例三：话语权不平衡的合资入股

东开普省沿海的 Koukamma 地区有 152 户科萨人 Amamfengu 部落的贫困人口。他们是第一批基于 1997 年土地获取法令获得自己社区土地的贫困户。然而在接下来的 20 年间，他们没能利用这些土地资源系统地创造财富，而是把土地通过中介公司转租给风电开发商后，才获取到少量的土地租金。可是这也令社区基本失去了拓展大规模种植业的机会。他们的另一个投资是将土地入股到一个白人小型奶牛场里。这个由 Du Plessis 兄弟经营的奶牛场因为设备落后，常年产能不到 400 万升鲜奶，为社区创造正式就业岗位不到 20 个。社区信托对生产流程的掌控力度弱，直接导致每年账面分红无法让社区生活水准得到实际改善（150 户人家约 600 人分得红利的 60%，白人合伙人两人获得红利的 40%）。2017 年，东开普省政府投入 3 200 万兰特，为农场配置了挤奶设施、饲喂系统、装卸设施、废物管理系统等，进而提升了 60%的产能，全年生产 584 万升鲜奶，创造 40 个就业岗位。然而，与帕尔马乳业签订的销售协议是以白人合伙人自己公司的名义签订，合资公司在销售上并没有掌控。随着全国乳业采购价格的持续走低，迄今为止的三年里，社区收入的增长幅度极其有限，政府的专项投资并没有带来社区生活质量的明显改善。

综上，在农业扶贫领域，南非对中国的第一诉求是寻求利用中国市场的购买力来打破现有的南非农业经济里的垄断。而这一需求，在整体上符合中国自身发展需求，对于双方都合理可行。如下几个范例可以作为具体参考。

方案一：在柑橘出口行业将水果包装流水线作为设备投资，结合中国市场包销，刺激当地新兴农场主扩大生产规模

南非脐橙近年来成为南非对华出口的主要农产品之一。除了果质优秀，其反季产出的特点使得这种产品在中国市场有着独特的时令优势；常年处于卖方市场，供不应求。南非脐橙的对外销售和定价都由各地大农场主通过其合作社投资经营的包装工厂控制。新兴果农即使有良好的产出，也因为无法处理果蝇灭杀、冷链运输和出口贸易等专业工作，无法有效接入国际市场。和南非政府共同建设服务于这些新兴果农的鲜果包装工厂，再结合中国市场的定向订单，将有利于贫困地区新兴果农进行联合生产，掌握产品生产的自主权。

方案二：签订跨国委托种植协议，用中国市场拉动南非政府支持大宗农作物种植的农场项目

在中美贸易摩擦加剧的新形势下，南非作为非洲基础设施相对完善的国家，有机会在中国农业大宗产品进口贸易中扮演重要角色。南非多样化的气候和大规模的国家、社区土地储备，相对廉价的农业劳动力以及疲软的货币，有潜力成为中国海外农业产品新的供应地，特别是燕麦、大麦、大豆、油菜籽、医用大麻等经济作物，都可以通过委托种植的模式，有效调动南非贫困社区的生产资源，供应中国市场。在合作生产的基础上，还能进一步打开中国农业种子、技术、农药、化肥和农机出口等一系列贸易互动，通过长期生产深度绑定，在助力南非减贫工作的同时，为中国企业创造长线收益。

（五）产能转移、转口贸易与非洲战略长期结合的制造业投资

南非作为非洲工业制造能力最强、产业链最完整的国家，有着技术素质相对较好的城市劳动人口、比较完善的配套基础设施，是非洲整体而言较为理想的制造业投资目的地。尽管南非日益恶化的治安情况、极为严格的劳工法规以及工会制度等，都给中国投资者带来一定的消极影响，但不可否认的是中国对南非制造业方面的投资在逐步升级。从以前的高劳动密集型产业（如 New Castle 地区的中资成衣工厂集群）逐步向技术密集型产业过渡，如电器、汽车等。在南非获得成功的中国制造业投资项目，都和本地发展需求密切绑定且具有一定的前瞻性。比如海信通过在开普敦建设家电工厂，成为南非市场占有率第一的家电品牌；湖北长飞公司在夸祖鲁—纳塔尔省投资的光纤制造工厂，已经成为南非第四次工业革命基础设施建设的重要战略性供应商。南非也可以作为重要的转口贸易跳板，成为继续转销南部非洲发展共同体（SADC）国家的生产基地。南部非洲发展共同体国家包括津巴布韦、纳米比亚、坦桑尼亚、博兹瓦纳、安哥拉等 16 国，人口超过 3 亿，是潜力巨大的新兴市场。这是对非洲市场有长期战略的中资企业所不能忽视的一个重要方面。

对于南非的减贫工作而言，有长期战略眼光的中资企业来南非投资设厂，其最大的经济意义，并不是大规模改善贫困社区的经济状况，而是在创造一定就业的同时，给南非带来新技术培训机会和职业教育机会，创造更多有优秀素质的产业工人，给予他们更好的工作技能。满足这些诉求是外资企业融入当地社区所必须履行的社会责任，合理且可行。我们建议未来有意赴南非投资建厂的中资企业，应把对当地人的系统化培训、新技能传授作为企业人力资源部门的一个重要职能。这也能有效提高中资企业在南非社会中的风险评估，建立更

加正面的中资企业社会形象与品牌认知。

（六）将消费品市场与国家品牌资源捆绑的投资

和其他非洲国家相比，南非在消费品（快消品、轻奢品）领域有独特的、可进一步挖掘的市场正面资源。所谓正面资源是与其他非洲国家相比，南非对于中国消费者而言，拥有许多具有营销潜质的产品门类包括南非钻石、南非红酒、南非红茶、南非蜂蜜、南非植物类保健品等，并非原始、落后刻板等印象。中国与南非如果能摆脱传统贸易模式，开拓新的合作模式，就能够有效地推动南非减贫与中国国际减贫工作。

典型案例："南非钻石"品牌中国市场化项目

南非是现代钻石产业的发源地。世界钻石行业唯一的跨国垄断巨头德比尔斯就诞生在北开普省金伯利。然而德比尔斯总部所在地、钻石矿储备世界排名前四的北开普省，却是南非最贫困的省份之一。贫困社区空有钻石的开采权与土地，却没有资金做矿业开发。2019 年 6 月，在南非中小企业部和矿业部的支持下，南非国家钻石孵化器——南非金伯利钻石珠宝孵化器斯丁坎普主席率南非代表团一行到访并就在中国打造"南非钻石小镇"综合体项目深入交流。中国作为一个百亿美元级别的钻石消费市场，自身并没有丰富的钻石矿藏。与南非钻石品牌资源整合，则有可能发掘其所代表的整个产业链和品牌的综合潜力，配合国内消费升级、工业设计突破为中南合作填充实质内容。合作如果最终成型，能帮助中国首次在南部非洲地区整合除德比尔斯以外的钻石原矿资源——无论是以最小的风险投资国家级钻石企业，还是建立起中国在南部非洲第一个真正意义上的离岸买手公司，结合南非本地优质团队，以最小的基金规模，在南非支持下形成局部的优质议价能力，均具有极高的可操作性，且能突破国际交易市场垄断格局。对于南非而言，这样的合作能直接帮助钻石原产地的落后社区形成开发能力，给南非创造更多的钻石加工工作岗位，避开传统的中游垄断格局，直接和终端市场进行深度合作。2019 年，该项目在南非国家矿业部副部长 Hlongawa 女士、总司长 Mokoena 律师以及浙江省省长袁家军先生见证下签署了合作备忘录，确定落户于浙江省杭州市，进行产业化系统运作。如果项目能按照南非方的设计思路和诉求开展，则将成为中国消费品市场与南非品牌资源深度结合、创新共建的重大突破，开创南非特色产业拉动落后地区减贫发展的新模式。

三、分享减贫经验、提升减贫效能

南非政府已意识到中央到地方行政连贯性不强的客观现实，弱政府直接导致政府作为主体的经济发展和减贫工作缺乏足够执行力。2019 年 8 月正式颁布的《地区发展模式》（DDM）就是力求保证政府所辖三个领域（国家、省和地方）之间的最大协调与合作，提升综合治理能力。地区发展模式的首要实施目标是：全国 44 个自治地区（每个地区包含若干小城市和自然村）基本涵盖了南非全境最贫困的区域。南非政府试图通过加强统一规划和领导，建立更加有力的扶贫主体，构建中央统筹、省总负责、地区及自治市具体落实的协同机制，在结构上已经相当接近中国目前的脱贫攻坚组织模式。对南非大部分地区一级政府而言，经济发展和社区脱贫是同一个命题。根据种族关系研究院（IRR）2019 年的统计，44 个自治地区中，有 15 个地区超过 80%的人口人均月收入不足 1 600 兰特，还有 22 个地区只有 45%的人口高于此收入线。基层行政人员面对的是贫困的社区、选择面狭窄的解决方案/项目以及有限的资金和工作队伍。如何最大化运用已有资源，充分调动人的主观能动性，是南非地区政府执行人所面临的现实问题，也是需要和中方交流探讨、摸索出适合南非国情民情的解决方案所在。可以探讨的领域包括：

（一）对贫困社区青年贫困人口的教育

南非社会人口结构年轻化，大多数人口都在 30 岁以下。他们中的许多人生活在农村和落后贫困地区。根据最新统计数据[①]，2020 年南非农村人口占总人口的百分比为 33.3%，共有 1 974 万人口居住在农村地区；而根据南非统计局（Stats SA）的数据，2016 年[②]居住在农村地区的人口中 52%处于失业贫困状态，拥有资产的人口仅为 3%，超过 51%的人口只受过 1 年级到 11 年级之间的低水平教育。落后的生活水平，缺乏上升空间的社会结构，让大量贫困地区的青年人失去了劳动的欲望和靠自己能力摆脱贫困的信心。同样的情况也发生在大城市的贫民社区中。进展缓慢的本地经济建设、处于衰退期的城市经济不能在短时间内提供适合这些年轻人的就业机会。对于南非自治地区的行政人员、社区领袖而言，如何与这些青年人建立有效的沟通，让他们“不在街上徘徊”成为社会不安定因素，是一个迫切而棘手的问题。南非基层社区政府渴望通过交流研讨的形式，寻求辅导贫困社区青年提升心智的优秀方法和经验，形成符合南非国情的解决方案。

（二）对贫困社区项目所有权及利益的保护

长期以来，政府是南非的扶贫主体，同时也允许并鼓励本地或国际间非政府组织（NGO）参与贫困地区的开发。其目的是为了引入更专业的运作实体，力争更多造血项目。一般而言，非政府组织扮演的是技术支持和项目辅导的工作，部分情况下也会协助社区进行项目融资，以持有项目股份作为代偿。

---

① South African Population. 2020，Worldometers. https：//www. worldometers. info/world-population/south-africa-population/.

② Stats SA 关于南非农村人口统计数据只更新到 2016 年。

然而，这种模式滋生出了许多假借非政府组织模式而廉价获取贫困社区土地资源的恶性事件。在调研中发现的 Baviaanskloof 科伊桑社区案例很有代表性。

Baviaanskloof 峡谷名列联合国教科文组织的自然遗产名录。这里迄今为止没有柏油公路，没有手机信号，与外界联系只能依靠两条碎石公路和有线电话。在这里定居 4 884 人，除 5 个白人在经营农场外，剩余均是黑人和有色人贫困户。2010 年，这里的 80 户黑人家庭将政府给予他们的住房补贴[①]集中在一起，收购了一个约 60 公顷的白人农场，希望能自己进行种植生产。由于地处山区，这片农场的土地被山坡割裂，地下水源分配不平均，最适宜种植的土地只有位于中心的 25 公顷。闲置多年后，一个有海外背景的非政府组织接触了当地社区，带来了一个苜蓿牧草种植项目及资金。这个项目圈走了适宜种植的 25 公顷土地，根据初期协议，社区居民将会被雇佣，并学习管理知识，当地政府也对该项目予以欢迎和支持。项目伊始，非政府组织委任一个白人农场主作为管理者，通过股权操作完全控制了苜蓿草农场。项目按照其体量只能创造 10 个工作岗位，而分红是在非政府组织和白人农场主收回成本后逐年分派给社区。按照事后评估，此非政府组织以近乎无偿方式剥夺了社区最有经济价值的一块土地资源，独占了前五年的全部利润。即便他们承诺以后会逐步撤出直至将项目完全交付给社区，也不能保证承销协议完整移交。这种状况，令整个社区陷入继续绝望的状态，甚至开始抵触外来合作项目。

对于南非地区政府的基层团队而言，如何为贫困社区把好项目关，一方面广开思路、拓展渠道；另一方面做到不引狼入室，是需要大量专业项目管理经验来进行判断筛选的。他们需要在项目概念设计及引入初期就做好利弊判定、设计好避险机制、退出机制，为缺乏商业常识的社区做好基本利益保障。在这个方面，南非希望通过和中国基层扶贫人员系统地讨论和交流，借鉴中国方面对类似情况的处理流程、机制和经验。

（三）把脱贫攻坚措施落实到户到人的具体经验

南非的地区减贫措施是以社区建立的合作社为单位推进。政府把资源引导到社区，由社区针对项目成立“管理委员会”（Steering Committee）。委员会一般由当地部落首领或长老担任主要领导，负责主要决策和对外协商。这里就产生了权力寻租的空间，时常出现管理委员会给他们自己的家庭或是交好的个人分配更好的资源，而其他有积极工作意愿的人却很难获取到生产资料，最终失去了工作的积极性（这样的情况在社区畜牧业项目里尤其常见）。考虑到南

① 建筑工程队无法在政府允许的预算下进入山谷，因此政府只好把每户 11 万兰特的 RDP 住房款以现金形式支付给这里的农户。

非贫困社区仍保持着很浓厚的传统部落文化习俗以及该国的政治文化现实，管理委员会制度将会持续存在。换言之，在南非落后地区，尤其是农业生产板块、畜牧业生产板块，集体垄断生产资源的情况也将持续存在。如何有效地处理好集体与个人之间的关系，在不挑战部落首领权威的情况下，尽量多调动各方参与的积极性和主观能动性，促进社区内劳动资源使用的公平，是一个重要的现实问题。

南非有些基层工作人员对中国的家庭联产承包责任制有所了解。但因为南非政府对农业市场供销关系的把握能力较差，没有国有大型粮食集团主持采购工作，新兴农户极难进入被垄断的传统自由市场销售渠道，类似家庭联产责任制这样以户为单位的农村发展模式难以在南非推进。然而南非基层工作人员在了解到中国精准扶贫中落实扶贫工作到人到户的做法后，大多表示出了强烈兴趣。如何调动贫困社区居民个体的生产积极性，让他们踊跃投入到自身的脱贫工作中来，是一个重要课题。另外，他们也想了解中国的基层扶贫工作人员是如何按照各家各户的具体情况，精准打造扶贫项目、安排扶贫工作、进行定期评估和指导的整个流程。他们希望通过对具体实施案例的学习、分析和经验分享，能在这个主题上获得更多的实践信息，打开思路，最终找到切合实际的解决方案。

（四）如何精准制定并推进特惠式扶贫项目，扩大受益群体

1994 年后，南非长期对落后人口、贫困人口全面实行普惠制福利。具体的普惠政策已经在前面有所讨论，在此不赘述。目前的普惠式福利保障，仅仅能给南非贫困人口提供基本生活支持，并不能为他们以及贫困社区提供造血能力。因此在日常工作中，南非更多采取的是以生产项目、经济项目为载体的特惠式扶贫方式。在最贫困的东开普省就有个别这种类型的成功案例，较有代表性的是依米杜撒尼（Imidushane）科萨王国内的夏威夷果种植园项目和亚马图雷（Amathole）柑橘包装厂项目。

夏威夷果是南非经济价值最高的经济作物，平均每公顷收入约 36 万兰特。果林种植后从第五年起便可采摘。南非作为世界最大的夏威夷果产地，也吸引到了大量国际采购资源。依米杜撒尼科萨王国的王室经济顾问通过谨慎调研，与南非夸祖鲁—纳塔尔省的夏威夷果种植园达成配对协议，引入当地已经成熟的新兴种植园产业链，对自有的社区土地进行开发。这个项目的建立，本地社区的信托基金会（非王室基金会）成为了实际控制人和最大受益人，合作方从树苗供应和销售利润中获取自己的收益。南非国家产业发展局（IDC）、东开普省农业、土地改革及落后地区发展部（DALRRD）、东开普省扶贫发展局（ECRDA）对项目进行了持续投资，投资结构为现金赠予、低息贷款和可赎回股权投资的复合结构，在当地很快建起了 70 公顷的果园以及去果皮加工车间。

亚马图雷地区是世界最大的柑橘产区之一、星期天河谷的向东延伸带。这里有众多黑人经营的新兴果园，主要生产经济价值高的南非脐橙。然而所有水果必须通过白人合作社所掌控的包装厂才能对外销售。如果无法及时签订供销合同，排上包装厂的产能和销售清单，他们的水果就只能以低价在国内市场进行转卖。东开普省经济发展局遴选了当地一个较有威信的家庭，批准他们建设一个水果包装工厂的农业专项贷款。通过建立这个工厂，他们把当地散碎的小果园产能聚合起来，形成了相对有规模的销售能力。唯一的弱点是海外销售合同被一家欧洲中介企业垄断，使他们无法直面市场，无法把控产品的最终定价权。

通过上述案例可以看出，南非的特惠扶贫方案是和地区经济发展结合在一起的，思路是创造更多的区域经济发展产业增长点，创造先富，拉动后富。然而，南非落后地区的氏族文化、部落传统乃至民族隔阂，让这些特惠项目即便成功，也很难将利益进一步扩展出去，形成区域式的覆盖和影响。财富的积累仅限于某个家庭或某个社区群体，流动性不强，很难仿效推广。因此，横向参考、了解中国在扶贫工作中特惠政策的制定与执行方式对于南非有相当大的现实意义。因为中国的特惠政策在突出优势个体的情况下更兼顾整体社区的公平性，全社区都能充分利用政策、全面发力。这一特点，可以在政策设计上弥补南非目前扶贫工作中以个体项目为主的不足。

四、进一步加强交流与培训的建议

在中国的减贫工作中，技术及知识的转移特别是采用现代农业技术在实际工作中发挥了显著作用。决策者、知识精英、技术人员等需要接受系统的培训才能在实际工作中提升技术知识的转化率，创造更多的工作岗位与新的业态经济。因此，在南非与中国的减贫合作中，以实际项目为依托的长期人员交流与培训是重中之重。

事实上，南非有非洲最发达的科研、高等教育体系，许多领域的研究居于世界前列，有强大的市场潜力。其中，顶尖大学、矿业研究院、农业研究院和南非科学研究院的大量研究都着眼于新技术攻关、实用新型技术改善、生产效能提升、产业结构调整等方向，其转化的第一客体多是已经具备了经济基础和产业规模的商业实体和优势社区。尽管符合市场规律，但这样的模式使得这些高端研究持续在同一个小社会群体中深入，扩大了它们和贫困社区之间的鸿沟，无法帮助贫困地区建立属于自己的新业态。以南非特色植物线叶金雀花和海角芦荟为例，针对这两种植物，南非学界从 1950 年代开始进行了大量系统的研究，最终围绕两款核心产品“如意宝茶”和“海角芦荟胶”建立起了完整的理论体系、产业形态乃至行业标准。然而建立起来的业态迅速被白人农业社区吸纳，通过成立南非如意宝茶协会和海角芦荟胶信托，建起这两个业态的垄断壁垒。与之合作的贫困社区扮演着廉价劳动力供应方的角色，其产业内的附加价值升级（如速溶如意宝茶技术、如意宝茶精研胶囊技术、如意宝茶抗氧化保健品系列）同贫困社区没有任何关联。他们虽然掌握了种植、采摘技术，甚至提供着土地资源，但无法进一步分享产业产品升级带来的红利。次一级的产业孵化器，虽然在研究内容上更接地气，在协助青年技术型人才在创业道路上走得更远，但是他们的研究内容仍是朝消费市场发力，在贫困社区的应用范围非常有限。以南非著名的创业型孵化器螺旋桨（Propeller）为例，目前 25 个孵化项目中，和贫困社区发展可以建立关联的项目仅有 3 个，分别是：①为偏远地区提供能源解决方案的便携式锌空电池组发放及回收项目；②鱼菜混养水循环系统；③鸡蛋智能分拣及激光标号系统。

且不论是否能孵化成功，这些项目的设计定位就已决定了它们的推广门槛相对较高且高度依赖于现有的产业和社会资本结构，难以形成新的业态，也不能保障贫困社区发展的可持续性。针对这一现状，南非政府的职能部门也曾尝试开发新的业态项目，不求高精尖，但求和社区深度结合且有实用性和拓展空间。南非竹业种植项目是一个较有代表性的尝试。

2012 年前后，南非东南地区多个省政府将开发竹业资源、创造竹林经济新业态纳入讨论范畴，最终只有东开普省进行了试种。由于缺乏本土竹业专家，且受到选票政治的干扰，该试种项目在水源和气候均不适合的小戈壁地区的贫困社区土地上进行，竹种的选择上也没有经济价值，2017 年该项目宣布失败。后来经过以中国农林专家为主导的地理环境分析，发现就在试种地点 300 千米外的陆西奇西奇（Lusikisiki）河谷区域，是毛竹生长的最佳地区。与此同时，该地区毗邻南非著名的狂野海岸旅游线，交通便利，有利于进一步拓展旅游业。曾负责此项目的发展署官员明确表示，如果在项目之初就能和中国专业团队深度合作、学习，再以科学方式进行社区推广，南非今日或许已经出现一个新的产业形态。

由此可见，南非有很多先进的科技，但是和贫困地区发展的需求以及政府具体规划的重合度非常有限。各种断层造成了政府盲目尝试贫困地区的业态拓展项目，也造成了资金流失和大量时间成本损失。在中国—南非外交关系升级为全面战略合作伙伴关系的基础上，中南两国在各级政府与各类机构层面上签署了很多合作备忘录，涵盖了科技、人文、经贸、制造等各个领域。在中南双方的现有对话机制下，南非希望能在重点产业扶贫项目，尤其是新建业态的项目上，能够有一个常设的平台与中国的地方组织和专业人士尽早且全面地交流。这样，既能从有对照价值的中方项目中得到整体设计和规划的借鉴，也通过双方专家的专业交流，提速南非的技能和知识向扶贫发展板块更多地倾斜，弥合南非现有的产业技术向基层转化的缺口。

结　语

本课题研究采用了文献梳理、深度访谈与实地调研相结合的方法。受到2020年新冠肺炎疫情的影响，国内课题组成员无法按计划赴南非开展实地调研，但课题组南非方成员通过电话、邮件、实地走访与采访等方式，考察了南非贫困地区政府部门、非营利组织以及企业、社区、乡村等。此外，课题组还在线上开展了座谈，与南非减贫的本土组织及工作人员进行交流，倾听他们的设想以及实际工作中经历的问题与困难。经过近半年的文献梳理和调研，课题组的主要发现如下：

一、同其他非洲国家相比，南非的减贫扶贫工作一直走在前列

为了尽快消除殖民统治与种族隔离带来的社会不平等与结构性长期贫困等严峻的社会问题，南非政府高度重视，在2013年出台了南非国家发展计划（National Development Plan，NDP），设定了2030年消除贫困与不平等的目标，为南非减贫工作提供了纲领性的指导。主要围绕消除极端贫困（到2030年消除人均月收入为495兰特以下的人口）和消减贫富不公（到2030年将贫富差距基尼系数从0.7降低到0.6）。国家发展计划同时确立了详细的、覆盖范围广泛的减贫工作领域：教育、健康、安全、经济增长与工作机会、技术提升、基础设施、农村发展、人口定居、地方政府、环境、国际关系、公共领域、社会保障、国家建设与社会团结。南非建立了较为完善的减贫治理体系与工具，为穷人与边缘人群提供基本的社会保障与福利，并从政府层面推动减贫项目的实施，通过多部门协作做好减贫工作，取得了较大的成效。

二、南非减贫政策尚未发挥其设计效用，在实践层面缺少善治，难以按照预期目标摆脱贫困

自1994年以来，政府采取了许多减贫措施，为收入贫困（收入不足）人群、人力资本贫困（教育和技能不足）人群、服务贫困（基本生活服务和便利设施不足）人群和资产贫困（缺乏土地和房屋所有权）人群解决贫困问题。国家减贫政策从土地重新分配到发放儿童抚养费、从人居服务到扩大公共部门间合作计划，门类众多。综合来看，可分为五大类减贫政策：公共工程类、土地再分配类、项目创收类、服务弱势群体类以及社会保障类。然而南非近年来糟糕的社会经济状况阻碍了减贫进程，在减贫政策落实的过程中，出现了很多国家、省级和地方政策不连贯甚至彼此不相容的问题。在南非，减贫的关键是善

治，是改善社会管理体制，这取决于管理效率和问责机制，而不在于大量的财政投入。对此，南非新任总统拉马福萨在2019年最新的国情咨文里表示，南非政府工作应当采用一种称为“地区发展模式”（DDM）的新方法，旨在改善政府合作与治理的运营模式。该模式力求确保国家、省和地方三个层面统一进行工作调度，开展连贯的经济发展运营和服务交付，对己方环节负责并进行业绩考核。这是南非政府开始统一工作流程的一种突破，其先期试点重点放在独立市和大都市地区（8个大城市和44个地区），与城市综合发展计划（IDP）同步进行，帮助政府应对贫困、失业和不平等的三重挑战。遗憾的是，该政策颁布之后未经贯彻执行就遭遇了新冠肺炎疫情，故该政策的影响还未可评估。

三、南非在国际发展援助领域，是一个既接受官方发展援助又对其他国家展开援助的双重身份国

作为受援国的南非在非洲属于对援助依赖程度最少的国家之一，但其仍旧面临着高失业率、高艾滋病感染率等多重社会挑战，因此官方发展援助国仍旧针对南非的特殊问题，对其投入了一定体量的援助。汇总双边渠道与多边渠道，美国、德国、欧盟、全球基金、法国、英国占据援助排行榜的前5位，这些国家以及机构也通常是为世界其他国家提供援助的传统官方援助者。同时值得注意的是，在亚洲国家当中，日本也以年平均提供110万美元的额度在援助金额中占据第9位的位置。这些援助金主要流向健康与人口部门、经济基础设施与服务部门、教育与其他社会基础设施服务部门等。作为新兴发展援助国，南非为其他发展中国家尤其是非洲国家持续不断地提供着援助。后种族隔离时代，南非提出了“非洲复兴理念”，既强调非洲的团结与独立，也体现南非为非洲复兴所承担的责任。在此理念的指导下，南非先后成立了“非洲复兴银行”“非洲复兴基金”为南非对外援助筹集资金。依靠非盟、南部非洲发展共同体、联合国经合组织、多个地区间的新发展创新银行，南非不仅加强了参与国际治理、大洲治理以及南南合作的外交目标，而且在这一过程中形成了依靠多边机构加强非洲国家间合作的特色，并有力地通过新发展银行的创新举措，加强同非洲之外的新兴发展援助体的合作关系，形成了以三边合作为基础的南南合作新态势。然而，南非新成立的、旨在替代非洲复兴与国际合作基金职能、统筹协调所有国际国内发展援助功能的南非发展合作署，受到新冠肺炎疫情影响，尚未开始正式运营，其未来的工作成效仍未可见。

四、中南减贫合作的重点领域及建议

结合南非整体减贫战略的九大领域和六个投入方向，以及本研究团队与南

非政府执行部门的沟通，建议中国—南非减贫合作主要聚焦在以下四大领域：

（1）中国政府加大力度引导企业对南非的直接投资。优先项目为基础设施、对现有减贫设施的深度开发和利用，以及制造业、农业等产业，同时可谨慎考虑安居项目。加强中南两国省市区域间的直接合作，推动地区交流与基层人员互访，遴选重点资源与产业开展对接。特别是要吸引正在寻求海外市场拓展的中国民营企业投资南非，会比大型国企获得更优的商业价值与回报，同时推动南非经济增长、创造就业。

（2）进一步分享中方的减贫经验，建立具有参考价值的比照组，借鉴符合南非国情、民情的部分，进而优化减贫模式、提升减贫效果。通过交流研讨的形式，加强对贫困社区青年贫困人口的教育与培训，注重对贫困社区项目所有权及利益的保护，树立中国人与企业“真、实、亲、诚”的社会形象，把中国的脱贫攻坚战、分类施策、精准扶贫、因地制宜等具体经验推广到南非，为南非减贫事业贡献中国力量。

（3）在两国已有的高级别人文交流机制以及各产业部门已签署的合作备忘录框架下，基于某些重点项目开展职业技术技能的交流与培训工作。南非有很多先进的科技，但是和贫困地区发展的需求以及政府具体规划的重合度非常有限。各种断层造成了政府盲目尝试贫困地区的业态拓展项目，也造成了资金流失和大量时间成本损失。在中南双方的现有对话机制下，南非希望能在重点产业扶贫项目，尤其是新建业态的项目上，能够有一个常设的平台与中国的地方组织和专业人士尽早进行全面的交流。

（4）扩大南非合作朋友圈，加强政策协调与项目宣传，挖掘现有项目潜力，增强中国项目可见度，整合多种手段与渠道，创新方式方法，开展三方合作。积极与南非本土/国际 NGO、科研机构、专业智库等开展交流与合作，在实地调研与项目落地的具体合作沟通中加深彼此的了解，充分挖掘减贫合作中有潜力的领域。

最后，课题组在系统调研分析的基础上，提出中国—南非减贫合作潜在项目设计方案，分别从国别和地区层面提出合作项目设计，包括合作策略、领域、伙伴及具体合作内容等，具体内容如下：

国别层面合作

领域：合作和对话。

次领域：更好地了解南非和中国双方的需求，促进双方沟通和理解。

合作伙伴：南非能源部、教育部、农业部、公共设施部、人居部、传统领袖王国等。

具体内容：政策沟通交流会、联合研讨会、双向考察交流和访问、确定双方需求领域、协助投资、资金引流等。

地区层合作项目

省份：北开普省

项目1

地区：普斯特马斯堡—库卢曼—卡图地区。

邻域：生活用水汲取、输水管道的铺设和日常运营项目。

合作方：普斯特马斯堡—库卢曼—卡图市政厅。

主要内容：有稳定长期的地区性刚性需求作为担保，布设输水管道以保证家庭、企业、矿山用水。

项目2

地区：那罗和港。

邻域：渔场。

合作方：北开普省经济发展局。

主要内容：搭建渔业收购、加工、销售一体化的本地产业链。

项目3

地区：北开普省全境564个学校。

邻域：学校单体太阳能电站。

合作方：北开普省教育部。

主要内容：在北开普省所有的公立学校安置屋顶太阳能发电设施。

省份：东开普省

项目1

地区：科萨王国以及科伊桑部落农场。

邻域：医用大麻种植项目。

合作方：科萨王国以及科伊桑部落。

主要内容：医用大麻的种植、萃取、销售，以及纤维加工等产业链建设。

项目2

地区：木塔他。

邻域：传统草药研发。

合作方：南非传统医药协会，佛德海尔大学。

主要内容：中国和南非传统医药比较研究，并将中草药的淬炼方法介入南非本地草药研发，将非洲草药系统科学化，建立统一整合的非洲传统草药知识和行医体系。

项目3

地区：皇后镇、木塔他。

邻域：野生蜂蜜养殖。

合作方：科萨王国。

主要内容：在原始林区建立蜂巢养殖体系，收集含天然高抗体的优质自然蜂蜜，返销中国市场。

省份：西北省

项目

地区：所有畜牧区均适用。

邻域：农业畜牧站项目。

合作方：西北省农业部。

主要内容：为省农业部筹建农业畜牧站，并通过指导新型农场主科学畜牧减少过度存栏、过度放牧，提升牲畜群产量。

省份：西开普省

项目

地区：桑德兰河。

邻域：农业种植项目。

合作方：西开普省农场协会。

主要内容：优质农场资源收购整合，并对中国市场需求进行委托种植，如大豆、大麦、燕麦等。

省份：豪登省

项目

地区：约翰内斯堡周边。

邻域：公共设施建设项目。

合作方：公共设施部。

主要内容：与市政建设部门合作，在较发达城市地区进行公共设施建设。

省份：普马兰加省

项目

地区：伊兰泽尼自治区。

邻域：架设地区电网项目。

合作方：南非国家电网、地区市政。

主要内容：建设连接南非国网和城市配电网络之间的连接用变电站以及配套配网线路，通过转卖输配电负荷（买入约 0.9 兰特/千瓦时，小城市市政卖出一般在1.6～2.3兰特/千瓦时）来实现稳定营收。

省份：林波波省

项目

地区：城市周边地区。

邻域：南非国家保障房项目。

合作方：国家住房建设局、省政府人居部。

主要内容：借鉴中国安居工程的修建和经营模式，在城市周边修建保障房。这是一个直接面对刚需且兼具多重社会保障、有国家财政进行采购兜底的扶贫项目。

省份：夸祖鲁纳塔尔省

项目

地区：德班。

邻域：王国新农村一体化建设项目。

合作方：祖鲁王国。

主要内容：在贫困村落建立类似中国农村合作社经合社，将落后村落打造成一体化的经济生产单位。

省份：自由省

项目

地区：布隆方丹。

邻域：葵花油项目。

合作方：当地葵花油农场经合社。

主要内容：与当地农场经合社合作，收购葵花油销往包括中国在内的海外市场。

综上，这些宏远目标的实现，需要南非政府从自身与国际合作伙伴多方面进行大刀阔斧的改革才能实现共赢发展。南非虽已建立了较为完备的社会保障安全网，但仍有很多中青年劳动人口无法享受社保又没有工作而处境艰难。伴随南非城镇化的发展和经济转型升级，相对贫困问题凸显，诸多因素导致家庭陷入长期贫困中。加之新冠肺炎疫情的影响，南非应高度重视并着力防范贫困可能引发的社会风险，加强贫困风险预警分析，健全应急处理机制。与此同时，中国可在危难之中显身手，从医疗卫生产业入手，积极加强中国—南非的减贫合作，帮助南非渡过此次疫情危机的同时，为南非减贫提供可供参考借鉴的中国方案。

附录1　南非历史上的三次大型贫困问题社会调查*

第一次贫困调查是发生在南非联邦建立（1911年）的20年之后，那时的南非联邦仍是英国殖民地，黑人被排除在白人政府之外。反殖民的战争也摧毁了农业社区并使其陷入贫困，采矿业和附属工业亦处于疲软不振的状态。这份调研报告彰显了白人至上的观念，并担心“低等种族”会削弱“穷白人”，这与欧洲的法西斯主义和纳粹主义相呼应，从而激发了国民党（Nationalist Party）的领导人。南非种族隔离的总设计师——维沃尔德（Verwoerd）在1920年代求学于德国；南非总理兼后来的总统福斯特（Vorster）反对南非在二战时站在盟军一方。通过种族隔离制度将白人至上的意识形态合法化，进而显著提升了“穷白人”的减贫成效和健康水平。

1929年调查，由“南非卡内基穷白人问题调查委员会”主持并受到荷兰归正教会、矿产与工业联合委员会以及各个政府部门的监督。该委员会把“穷白人”定义为有欧洲血统的人，包括农场主或农户、农场雇工以及在农场之外不断增长的缺少技能的工人等。调查委员会一年内旅行了3万英里，访谈了很多农民、猎人和贫困的佃农，发表了多篇关于健康与贫困的报告，并在1932年出版了名为《南非穷白人问题》的研究成果。① 当时的研究并不是很严谨和科学，所提供的数据也较为随意，但就穷白人的成因做了系统分析，主要是经济衰退、农场耕作方法不当、经济环境的变迁、无法适应这些变化、教育劣势、与世隔绝以及缺少工业化等。这段时期，在贫穷的白人社区里出现了传染病、大家庭、营养不良（归咎于龋齿）、卫生条件差、住房质量低和婴儿死亡率高等问题。建议政府能够采取更有针对性的措施，比如实行义务教育、改善农场学校；在疟疾爆发区，开展健康教育；在地方和中央政府、学校和教堂的支持下，发展成人教育并建立从事医疗和教育培训的护理组织；国家提供住房支持；为欧洲裔白人保留工作，以减少“非欧洲人”的竞争；地方委员会和社会工作者要努力改善大量生活在农村的贫困白人的生活；国家社会福利局要推动落实这些工作。②

---

* 主要参考文章 William Pick，Laetitia Rispel and Shan Naidoo，Poverty，Health and Policy：A History Look at the South African Experience，Journal of Public Health Policy，Vol. 29，No. 2，2008.

① Report of the National Health Services Commission. In：Grosskopf JFW，Wilcocks RW，Malherbe EG，Murray WA，Albertyn JR，Rothmann ME，editors. The Poor White Problem in South Africa. Stellenbosch：Pro-Ecclesia Printers，1932.

② William Pick，Laetitia Rispel and Shan Naidoo，Poverty，Health and Policy：A History Look at the South African Experience，Journal of Public Health Policy，Vol. 29，No. 2，2008，pp. 167.

关于“穷白人”的研究报告在1932年经媒体发布传播之后，直接引起了国会的关注和讨论，并促使阿非利卡人社会活动家和政客们用这个“穷白人研究”去激发阿非利卡人内部在经济与政治上的有机团结，正如高登所说：“为了回应穷白人的研究，改善穷白人的处境，成为正在崛起的阿非利卡人国民党一个重要的执政纲领，他们在1948年赢得大选时提出了：‘白人必须是南非主人’”的口号。而在1948年种族隔离国家建立之后，南非在经济上变得强大，开采出更多的矿产资源，获得更多富裕国家的支持，并实施了很多措施来保证白人的地位和利益。

第二次大型的贫困与健康调查发生在1942年，由南非国家卫生服务委员会（NHSC）发起，由Henry Gluckman领导，该机构代表着南非的卫生、军队、议会与参议院等重要部门，建立了针对贫困的医疗卫生系统。此次调研历时3个月，访谈了政府、医院、食品管制局、自愿组织、工商业、传统领袖、传教士、学者等各行各业1 000多人，形成了与国家人口资源相关的涉及经济、身体、精神等方面的基础材料，并提出了详细的建议。该报告的第六章专门讨论健康与贫困的关系，指出穷人由于严重贫困而买不起肥皂和毯子，并且缺乏基本的环境卫生服务、保健资源以及充足的营养。该报告提出了一个以卫生中心为重点聚焦减贫与社会发展的多部门协作解决贫困与健康问题的方案。然而遗憾的是，建立国家卫生局的想法没有实现，1948年之后的种族隔离政府积极实施仅针对白人的平权行动，导致白人与其他非白人之间在社会经济和健康方面的极端不平等。NHSC的愿景与当时的种族主义政府产生冲突，迫使很多医疗中心关闭。

第三次贫困调研由卡耐基在1982年发起，这次包括了所有的南非人，其重点是南非黑人的贫困问题。卡耐基、福特以及自筹资金的机构历时两年，在1984年举办了首次会议，参与者达450多人，并提交了300篇论文。威尔逊（Wilson）和拉姆菲尔（Ramphele）将这些论文汇总在1989年结集出版，这部报告抓住了南非贫困的总基调：“贫困是一个深刻的政治问题。”委员会提出了一些值得关注的贫困与健康之间相互关联的主要问题：

- 不同人群之间不平等的死亡风险以及通过低成本干预措施降低潜在的死亡率；
- 营养不良和剥夺黑人儿童的权利；
- 农村妇女的困境，性别不平等和女性的贫困化；
- 老年人的脆弱性；
- 贫困和残疾之间的联系。

研究者主张采取多方面的减贫战略，包括政治权力的再分配，也包括医疗、教育、福利的民主重建，同时提供清洁饮用水、充足的食物和生活条件等，试图促成更公平的资源分配。研究者也回顾了医疗工作，特别涉及医学教育、农村的专业卫生服务、国家卫生系统。其他议题包括社会补助金、养老金以及穷人的保险等。

这个调研成果发布在种族隔离制度遭到民众普遍反对、行将就木的 20 世纪 80 年代末，南非城市街头的安全部队与街头巷战、罢工频发，而就在五年后，南非举行了首次不分种族的民主选举，而这项针对所有南非人的贫困调研对于新南非的社会重建有着重大的意义，且直接影响了新南非推出的《重建与发展计划》（RDP），很多研究建议被新政府采纳，自 1994 年以来，南非已经步入了截然不同的发展阶段，重建与发展计划就是新南非改革的基础，在南非公共卫生服务与减贫领域影响广泛。

附录 2　2017 年南非社保危机始末及其影响*

摘要：从 2016 年底至 2017 年 3 月，南非爆发了震动全国的“社保危机”。由于南非社会保障局的管理不善与不作为，迫使南非宪法法院将社保局与一家私人支付公司之间已经失效的合同再次延长一年以确保社保金能够按时发放到申领者的手上，从而避免更大的社会危机与骚乱。南非社保危机背后蕴含着更大的政治危机与南非人民对执政党非国大（ANC）的信任危机。我国需密切关注这一危机的发展事态，并适时施以援手。

最近一段时间，南非正面临着一场“全民危机”，即南非的社保危机。南非社会保障局（South African Social Service Agency，SASSA）自 2004 年成立以来，肩负着为南非贫困人口、未成年人、老年人、残障人士、退伍老兵等需要国家救济的人群发放社会救济金的职责。据 2017 年 2 月的最新数据统计，南非依靠社会救济金生活的人数从 1994 年的 400 万上升到 2017 年的 1 700 多万，而南非人口总数为 5 200 多百万，也就是说南非“吃社保”的人占比达 30%以上。然而令人匪夷所思的是，SASSA 这样一个重要的社会服务部门，长期以来竟没有自己的社保金支付系统，而是与一家名为 Cash Paymaster Services（简称 CPS）的私人公司合作，CPS 负责为全国 1 700 多万人发放社会救济金，然而 SASSA 与 CPS 之间的合作早在 2014 年就被南非宪法法院裁定为非法和无效。法院责令 SASSA 要在 2017 年 3 月 31 日之前，开发出自己的支付系统或者与其他可以替代 CPS 的支付公司合作。两年时间过去，据法院裁定日期不到一个月时间，SASSA 在社保金支付问题上没有任何进展，一

* 本文发布于浙江师范大学非洲研智库专刊，2017 年第 9 期，作者：徐薇。

时间有关人们在4月1日起拿不到社保金的传言甚嚣尘上，引起了全国性的恐慌与热议，直接将执政党ANC推上风口浪尖，令人再次质疑ANC的执政能力与效率。要知道，正是惠及大多数穷人的社保体系让ANC赢得了大多数的选民支持，也是其长期执政的“镇山之宝”，而一旦老百姓们拿不到社保，一家人吃不上饭，势必导致全国性的骚乱。面对此危机，总统祖马不得不在3月16日公开向全国人民道歉，表示政府一定尽全力保证社保金的按时发放。而此刻，唯一的办法就是迫使宪法法院更改判决，让SASSA继续与CPS合作，直至找到新解决方案。面对法律的公正和让三分之一南非人饿肚子的两难选择，法院只能作出让步与妥协。3月17日，宪法法院作出裁决，将SASSA与CPS的无效合同延长一年。由此，震动南非的“社保危机”暂时解除，人们不用担心下个月会饿肚子了，但有关南非社保体系与ANC政府执政能力的讨论与批评仍无法平复。

由此，我们有必要先大致了解南非的社保体系是什么？社保体系对南非社会的意义与影响？是否可持续？透过南非社保危机我们能看到哪些严峻的问题与挑战？

一、南非社保金的七种类型

社保金的申领者必须是南非公民、永久居住者或难民，且必须长期在南非生活。南非社保金主要有七种类型：

（1）老年人社保。政府每月发放给60岁以上的老年人1 510兰特（相当于826元人民币），75岁以上老人每月补助1 530兰特（相当于837人民币）。要求接受救济的老人年收入不到69 000兰特。

（2）残障人士社保。政府每月发放1 510兰特给那些因为残疾而无法工作的人们，申领者年龄要求在18～59岁，出具医学证明。

（3）退伍军人社保。每月1 530兰特，给那些因为参加战争而丧失劳动能力或者超过60岁的退伍军人。

（4）收养子女社保。每月890兰特。

（5）特殊护理救济金。每月1 510兰特，给那些永久残疾儿童的照料者，需要医学证明报告。

（6）子女抚养费。每月350兰特，付给18岁以下未成年人的主要养育者。单亲家庭申领者年收入在39 600兰特以下，双亲家庭年收入要在79 200兰特以下。

（7）特别补助金。每月350兰特，给那些需要全天候护理的老人、残疾人、退伍军人等。

在南非，“吃社保”的人数和“依靠社保”生活的人数是两个概念，很多情况是，一家人只有少数人有社保，然而这一家人都没有可靠的经济来源，就意味着这少数人的社保实际上养活着一家人。这就不难理解，一旦社保金发放不了，南非就会马上陷入全民危机，近半数南非人要饿肚子，因为这些依靠社保生存的人家，基本上没有积蓄可言。

二、南非社保制度的社会影响与可持续性

很多学术机构与学者就南非的社保制度及其社会影响等问题进行了广泛而深入的研究。这些研究大都肯定了南非社保制度对后种族隔离时代南非社会底层的贫困家庭所带来的积极影响与改变。南部非洲劳动力与发展研究院与开普敦大学经济学院的研究指出“南非的养老金使得最贫困的五分之一家庭摆脱贫困”，还使得“四分之一失业人口得到家庭其他成员社保金的救济”；约堡大学非洲社会发展中心的研究指出“因为绝大多数儿童社保金的受益人是妇女，大大提高了贫困家庭妇女的社会经济地位，妇女在家庭经济开支与儿童养育上占据主导地位”；联合国儿童基金的研究报告指出“南非社保在儿童就学与医疗保健方面发挥了积极作用，且在很大程度上减少了诸如不安全性行为、饮酒、吸毒、犯罪等青少年危险行为”；斯坦伦布什大学经济学系的研究指出：“受惠于社保的普及，南非饥饿儿童数量从2002年的31%下降到2005年23%，成效显著”，然而该报告也担心地指出越来越多的南非人觉得努力工作没意义，不如好好活到60岁领社保养老金。

随着南非经济增长放缓以及近年来的通货膨胀压力，社会福利经费逐年增加，南非正在向着高福利国家发展，很多人开始担心政府能否支撑起如此宽泛高昂的社保体系？南非的社保制度是否可以长期持续发展？研究表明，只要南非经济保持每年3%的增长，南非社保就能够得到保障。由此，南非政府首要的任务是促进南非经济繁荣，增加就业机会，让更多人摆脱对社保的依赖，不让社保制度成为“养懒汉”的制度。

三、社保危机背后的危机

首先，执政党ANC再次陷入舆论漩涡与信任危机。社保体系本是ANC赢得选民支持的决定因素，一旦出现问题，其执政地位必将受到强烈动摇，反对党也抓住时机，发表各种质疑否定ANC的言论。人们很难相信，一个连自己支付社保金能力都没有的政府，会给人民多少安全感与信任？

其次，社会保障部完全无视1 700多万社保申领者的个人信息与金融服务风险。CPS是一家美国私人网络技术服务公司下属的子公司，为很多国家提供网络金融服务。长期以来，SASSA一直与这一家公司进行合作，该公司掌握了所有社保申领者的个人信息，SASSA对其完全没有管控能力，南非宪法

法院将这两家的合作裁定为非法。

第三，宪法法院的无奈妥协昭示着执政党的无能与国家治理的失败。为了不让南非陷入全民恐慌与骚乱，南非宪法法院无奈裁定 SASSA 与 CPA 的合同继续有效，这是司法的妥协，亦是对执政者的无奈纵容。ANC 必须要有所行动，整顿 SASSA 管理层，让国家来接管社保金的支付发放，给南非人民更多正面回应，才能挽回社保危机给执政党带来的负面影响。

四、南非社保危机对我国的启示

南非社保制度在保证底层社会稳定与为贫困家庭提供经济来源方面发挥着至关重要的作用。此次引起全民恐慌的支付危机再次动摇了执政党 ANC 在广大南非人民心中的执政地位与影响力。由此，我国对于 ANC 在南非当前所面临的处境要有清晰深入的认识，并且可以考虑适时向 ANC 施以援手，毕竟在互联网支付的技术层面，我国的华为、腾讯、阿里巴巴等公司都具有相当大的竞争实力，美国公司 CPS 能够做到的，我国的互联网技术公司同样可以做到，只是需要更多国家层面上的引导与扶持。中国与南非，同为金砖发展中国家，加强各个领域的合作不仅是国家战略上的考量，也是惠及两国人民福祉的共赢之举。

附录 3　南非市民社会发展报告*

摘要：在南非特殊的历史背景下，南非市民社会获得充分发展并在南非反抗种族隔离和推动新南非社会建设的发展过程中起了重要作用。南非市民社会发展程度高居非洲国家首位，但近年来呈下行趋势。南非市民社会在监督政府治理和推动社会发展方面发挥了重要作用，或对中国发展市民社会有所启示。

市民社会是一个源自西方的概念，它随着西方社会的演变而变得复杂又多义。当代中国学者所使用的“市民社会”是改革开放后对 civil society 的新译名，这是一个褒义的称谓，它强调 civil society 的政治学意义，即公民民主参与的政治功能和市民社会对国家权力的制约。[①] 现代意义的市民社会是与政治国家相对应的分析范畴。按照现代社会政治哲学的观点，市民社会的基本内涵可界定为：以市场经济为基础，以契约文化为中轴，以尊重和保护公民的基本

* 本文发表于徐薇主编：《中国—南非人文交流发展报告（2016—2017）》，浙江人民出版社，2018 年。作者：姚橄榄、徐薇。

① 伍俊斌：《市民社会基础理论研究》，北京：人民出版社 2010 年版，第 166 页。

权利为主旨的社会自主领域。它是相对于政治国家而言，建立在现代化大生产和发达市场经济基础上的社会成员的物质交往方式及社会自主的生存样式。[①]由此看来，市民社会与各个国家自身历史与政治的现代化发展进程息息相关，有关南非市民社会的考察必须从其特殊政治制度发展脉络中具体、历史地看待。

一、南非市民社会的概念

南非的市民社会主要是指独立于政府和市场的非营利性的行为集体。它独立于政府之外，但并不反政府，相反存在经济上依赖政府资金支持的现象；它不追求利益，也不分配资产，更不是私营经济体；它是具有社会公益性的，围绕某一或某一类公众利益而活动的社会组织。市民社会通常包括慈善组织、研究机构、非政府组织、工会、社区组织、宗教组织及个人团体等。南非是非洲国家中市民社会组织程度最高的国家，市民社会在政府和民众有着上情下达，下情上通的作用，是监督政府依法执政、推动社会发展的重要力量。

二、南非市民社会的历史与现状

（一）南非市民社会发展进程

南非是世界上唯一一个将种族隔离制度化的国家，种族隔离时期的南非复杂的政治环境与动荡不安的社会成为市民社会组织发展的一片沃土。南非市民社会的起步最早可追溯至19世纪殖民地时期，在20世纪七八十年代不断发展壮大，并于1990年进入腾飞期，1994年新南非的建立是南非市民社会发展的分水岭。时至今日，南非市民社会仍在不断发展。

南非市民社会的历史可追溯到19世纪殖民时期，其萌芽是在殖民政权的压迫下产生的。19世纪后期，由于殖民者对黄金、钻石等矿产资源的发现和开采，南非掀起了一场矿业革命。这场飓风式的革命，摧毁了南非社会传统的生活和生产方式，迫使南非走上工业化和现代化的道路。矿业工人在殖民统治者的压榨下建立起争取权利的工会组织，这便是南非市民社会的最初萌芽。其后，南非历经现代政治变革与市场经济大发展，市民社会亦由此获得了充分发展。

20世纪70年代末，在南非白人政府的种族隔离政策下，非洲人民争取自身利益的意识日益增长，市民社会开始兴起。主要表现是一些非洲人城镇中陆

---

① 参见夏维中：《市民社会：中国近期难圆的梦》，载《中国社会科学季刊》（香港）1993年秋季卷；袁祖社：《社会发展的自主逻辑与个体主体的自由人格——中国特色“市民社会”问题的哲学研究》，载《哲学动态》2001年第9期。

续出现小型社团并逐渐联合，共同为争取更好的工作条件和薪资待遇向白人当局施压。自建立之初，这些地方性社团就把满足基本的物质生活需求同更宏大的政治目标——推翻白人政府和结束种族隔离结合起来。到了20世纪80年代，南非国内种族矛盾愈演愈烈，黑人斗争与罢工浪潮高涨。这一时期，南非市民社会新生了许多激进的地区性组织。这其中的大多数组织都同情并依赖被流放的非洲人国民大会（ANC），最终于1983年成立了联合民主阵线（The United Democratic Front）。[①] 联合民主阵线团结了当时的各种社会力量，以反对种族隔离制度为旗帜，力图推翻白人政权的强权统治。当时的国际社会也形成了一种正统观点，即非洲国家的发展危机是由国家的失败引起的，因此必须自下而上地重新构建。[②] 而南非由于历史原因，尚不能以自身能力和经验建构起民主的新南非，因此南非前所未有的允许西方国家合法介入市民社会。由此，市民社会呈现出全国性的大发展态势。种族隔离时期的市民社会组织绝大多数都致力于推翻种族隔离政策，并为此项事业组织了大量的宣传和抗议活动，有力地推动了南非的政治民主化进程。事实上，市民社会在结束种族隔离制度，实现向自由民主的新南非顺利过渡的过程中也发挥了至关重要的作用。

20世纪90年代，南非市民社会的发展进入腾飞期。与此同时，市民社会的职能发生转变，其更多的是影响即将建立的新南非的政体及其政治框架。市民社会使群众自发的参与社会治理中，使民众最大程度的参与到政治生活中，进而影响政府决策。事实上，南非的市民社会在建立新南非的过程中确实促使社会统治实现了从“从上到下”的转变。1990年，曼德拉出狱，南非解除种族隔离制度，进入民主过渡时期。脱离种族隔离之后的新南非建设受到南非国内外的普遍关注，在这样的政治环境下，南非市民社会迎来了发展的新时期。这一时期涌现出大量市民社会组织，国际社会也给予了大量政治援助。

1994年南非首次举行不分种族的大选，是南非历史发展的转折点，亦是南非市民社会发展的分水岭。随着政权的更迭，市民社会自身也发生了一些变化。首先是在处理与政府的关系方面，种族隔离时期，南非的市民社会组织尤其是黑人组建的维权类组织与当局政府之间存在很明显地敌对关系；而在1994年新南非颁布宪法宣布废除种族歧视并承诺每位南非人拥有结社自由，1997年南非议会又通过了第71号法令即《非营利组织法》（Nonprofit Organization Act71 of 1997）并于1998年9月1日实行，为南非市民社会组织的发展提供了制度保障。同时，新南非的政治环境和发展要求南非的市民社会必须转变角

① 刘中伟：《南非市民社会的转型初探》，载《国际展望》2013年第4期。

② Julie Hearn. Aiding democracy? Donors and civil society in South Africa. Third World Quarterly, 2000 (5)。

色和职能，适应和满足社会发展新需要，与政府开展良性合作、共同建设新南非。南非新政府为巩固政权，奉行和解、稳定、发展的政策，努力实现种族大和解，并全面推行社会改革以期实现社会重建与发展。市民社会组织积极参与其中，在推动社会建设和经济发展等多方面仍发挥着重要作用。南非新政府也积极在基础教育、国民健康、社会福利、扶贫助弱和住房提供等领域与市民社会组织开展紧密合作，支持其参与公共政策，加大对其的财政资助力度，力图扭转种族隔离制度带给市民社会的割裂局面。不仅如此，随着互联网的普及，在新南非宽松的政治环境下，市民社会组织在向政府建言献策甚至施压等方面更具影响力。总之，南非市民社会组织在摆脱了种族隔离的桎梏后，迎来了发展的春天。

（二）南非的市民社会组织发展现状

市民社会在种族隔离时期发挥的重要作用使得新南非在宪法中明确规定市民社会在政府机构中享有职责、政府必须不断向市民社会负责。[①] 自 1994 年以来，在新南非宽松的政治环境中和政府的包容支持下，经过南非人民的不断努力，南非的市民社会获得充分发展。目前，南非已建立起发达的市民社会网络，市民社会组织程度在非洲国家中居首位。现将南非市民社会的具体情况作以下介绍。

据南非数据（Statistics South Africa）公布的数据显示，目前南非的市民社会组织数量在 12 万左右，几乎涵盖社会生活的各个方面。[②] 南非非盈利机构的分类标准（South Africa Non-profit Institutions Classification，SANPIC）根据各社会组织的创立宗旨和目标将其分为 11 个大类别：社会服务类、环境类、文娱类、教育类、健康类、发展与住房类、宗教类、慈善机构类、法律类、商会和工会、国际组织等。[③] 其中，社会服务类、发展与住房类和宗教类市民社会组织的数量位居前三。市民社会组织在数量上呈现逐年增加的现象，总体上呈稳定增长态势。

南非市民社会组织在以上 11 个大类别之下还有 51 个子类别及 105 个组类别，体系相当繁复。[④] 南非法律鼓励但不强制各类社会组织登记为非营利组

---

① 马克·西伍德（Mark Heywood）：《市民社会参与国家艾滋病防治的重要性》，中国红丝带北京论坛首次会议，北京，2010.

② Pali Lehohla. Statistics of the non-profit sector for South Africa，2010—2014. Pretoria：Statistics South Africa，2017，p. 9.

③ Pali Lehohla. Statistics of the non-profit sector for South Africa，2010—2014. Pretoria：Statistics South Africa，2017，p. 8.

④ Pali Lehohla. Statistics of the non-profit sector for South Africa，2010—2014. Pretoria：Statistics South Africa，2017，p. 5.

织，以享受政府财政支持和税收优惠。[①] 为使市民社会组织积极履行社会责任，更多的参与社会福利事业的建设，2000 年南非国会通过《社会福利发展管理法》，同时成立社会福利部作为非政府组织的主要管理部门。这一举措保障了市民社会组织参与社会公益和福利事业的权利，有利于政府与市民社会组织展开更深层次的对话与合作。南非市民社会组织的主要收入来源来自于政府补贴、市民捐献及会费。其中，政府补贴是市民社会组织最重要的收入来源。市民社会组织的支出主要用于办公、活动经费及员工薪酬。志愿者是南非市民社会组织的最大贡献者，志愿者们不仅积极参与社会组织的活动，还向这些组织捐赠了很多物资。

在政府的支持和民众的积极参与下，南非市民社会组织数量庞大，覆盖面广，管理体系完备，得到了充分而全面的发展。

三、南非市民社会的特点与问题

（一）南非市民社会的特点

南非市民社会有着与其他非洲国家市民社会相似的共性，但由于南非特殊的发展背景和特有的后种族时期的政治社会环境，南非市民社会组织的发展和演变有其特殊性和复杂性。因此，在研究南非市民社会的时候，要注意把握其特殊性。

1. 民众参与度高

南非市民社会组织的民众参与度主要体现在两个方面：首先，在资金方面，当地捐献成为非营利组织的主要收入来源之一，仅次于政府津贴。2011 年当地捐献的资金额超过当年的政府津贴，占非营利组织全年所获得收入的 32.2%；[②] 其次是志愿服务率高。志愿服务率是由参加志愿服务的人数除以年龄在 15 岁以上的人口数所得的，是一个国家的公民参加志愿服务活动的体现。2014 年南非有 2 200 万人参加志愿服务工作，共计工作了 61 047.8 万小时。[③] 由此可见南非市民社会组织的民众参与度之高。

2. 集中于社会服务方面

南非是非洲第二大经济体，经济发展态势持续走低，社会问题复杂。南非特殊的历史以及问题众多的发展现状在很大程度上决定了南非的市民社会程度要远远高于非洲其他国家，也决定了其市民社会组织覆盖面要广，且能顺应社

① 孙伟林，臧宝瑞：《南非社会组织考察报告》. 社团管理研究，2007（3）：32.

② Pali Lehohla. Statistics of the non-profit sector for South Africa，2010—2014. Pretoria：Statistics South Africa，2017，p. 16.

③ Pali Lehohla. Statistics of the non-profit sector for South Africa，2010—2014. Pretoria：Statistics South Africa，2017，p. 35.

会发展需要，及时弥补政府职能的缺失。在南非市民社会组织中，社会服务类组织占74.8%，是最多的社会组织。此外，社会服务类组织的资源在各方面也较为丰富，发展优势明显。在资金方面，每年政府津贴的近40%和当地捐献的40%多都投入到社会服务组织中。社会服务组织收入来源充足，活动经费较为宽裕。此外，社会服务活动人力资源方面有明显优势，是志愿者参与度最高的志愿活动，2014年80.8%的志愿者直接参与到社会服务中去。同时，社会服务也是志愿服务时长最长的志愿活动，志愿者参加社会服务活动的时长占总志愿服务的50%左右。[①] 正是由于大量的志愿者长期参与到社会服务中，社会服务活动每年创造的价值也是最大的，对社会发展有着深刻影响。

3. 不断转变职能，以满足社会发展之需

南非市民社会组织一直在根据时代和社会的发展而转型。南非市民社会组织经历了很长时间的发展，数量庞大，类型多元，所发挥的作用不是一成不变的。在南非市民社会组织的发展历程中，从最初的工会发展到今日，所面临的社会、政治环境一直都在变化，市民社会组织的职能随着不同的政治背景和社会环境发生变化。1994年是南非市民社会组织发展进程中的分水岭，在此之前市民社会组织的职能侧重在政治方面。大多数市民社会组织共同致力于推翻白人专制政府和种族隔离制度，实现国家独立自治和民主；在1994年曼德拉当选南非首位黑人总统之后，南非顺利实现民主过渡。新南非的建立带来了新的发展问题，市民社会组织由此进入长期的转型期。

新南非在发展建设过程中出现了很多问题，如高失业率、高艾滋病感染率、贫富差距大等，市民社会组织的职能逐渐从政治扩展到推动经济建设、社会与文化发展等方面。不同于种族隔离时期，现在的南非市民社会组织很少有组织只做宣传鼓动工作，大多数组织都积极参与到社会建设中。在种族和解过程中，许多市民社会组织积极协助“真相与和解委员会”（Truth and Reconciliation Commission），在全社会形成和解舆论，对新南非初期的平稳发展起了重要作用。之后，越来越多的社会组织参与到住房提供、环境保护、野生动物保护、社区建设、扶贫减贫以及艾滋病防治等公益事业中。不少社会组织实力雄厚，在各自的专业领域很有发言权，甚至可以影响政府决策。如“治疗行动运动”（The Treatment Action Campaign，TAC）被广泛认为是发展中国家最重要的活跃于艾滋病防治问题的民间社会组织之一。2002年，该组织曾联合南非工会大会等市民社会组织通过网络宣传、游行示威、国际声援、甚至诉诸法律等手段，成功迫使政府在艾滋病问题上接受其主张，同意提供抗反转录

① Pali Lehohla. Statistics of the non-profit sector for South Africa，2010—2014. Pretoria：Statistics South Africa，2017，p. 36.

病毒药物，大大降低了南非母婴间传播艾滋病的比率。治疗行动运动通过法律、倡导和推动人权入宪，推进和深化了南非的民主进程。[①] 目前南非的市民社会组织普遍存在于城市与乡村，大多是为满足国家发展需要而开展活动。南非国家开发署（National Development Agency）就南非市民社会组织主要关注的领域进行了细致的数据统计，提出南非市民社会组织主要关注教育、儿童、艾滋病防治、社区发展、能力建设、技能培训、性别、健康、青年、残疾人、人权、农业、婴儿早教、老年人、心理咨询、法律援助和扶贫15个领域。值得一提的是，各组织职能并不单一，服务职能趋向多样化。近年来，南非遭遇发展难题，市民社会组织对减贫问题愈加关注。据统计有超过2/3的市民社会组织开展了技能培训项目，“授人以渔”的援助将会更有利于改变南非社会的高失业率问题。[②]

整体来说，南非市民社会数量庞大、管理体系完备、覆盖面广泛获得了充分而全面的发展。南非市民社会组织不仅成为政府推进经济社会发展与改革的积极参与者，更是监督政府行为，影响政府决策的有力监督者，在推动经济建设、监督政府治理、促进社会发展等方面发挥着重要作用。

（二）南非市民社会存在的问题

尽管南非市民社会发展程度高，且拥有较好的发展环境。但是，南非市民社会存在许多不足，面临诸多困境和挑战。在经历了1994年之后较长一段时间的高速发展期，南非市民社会组织现有下行趋势。一方面，新南非在社会建设方面正处于发展困境，社会建设中的种种问题使南非市民社会的经济和社会功能面临新的发展机遇和挑战；另一方面，南非市民社会内部遇到发展瓶颈，外部发展空间有限。

1. 南非市民社会对西方的过度依赖

南非市民社会在发展的过程中固然有着自己的自主性，但是不可否认的是西方在南非市民社会发展的过程中扮演了重要角色。自种族隔离时期起，南非市民社会组织就受到西方社会和国际组织的大量技术和经济援助，这种援助首先造成了南非市民社会组织对其组织和经济上的依赖性。其次，西方援助特别是在政治民主方面的援助都不可避免地带有意识形态色彩，成为西方政治输出的一个软途径。事实上，南非的市民社会组织一直以来在很大程度上受西方国

① 治疗行动运动（The Treatment Action Campaign，TAC）. https：//tac. org. za/category/about/，2018年8月6日。

② Lauren Graham，Rebecca Himlin，Hermine Engel，Malachia Matholo，Julie Reddy，Aislinn Delany，Renee Lewis，Leilanie Williams. Review of the State of Civil Society Organisations in South Africa，Braamfontein：The Community Agency for Social Enquiry，Planact and Africa Skills Development，2008，p. 26.

家援助影响，因此也不可避免地带有政治色彩。南非市民社会组织在参与社会治理、影响政府决策的过程中，都或多或少地做了西方的传声筒。就捐助者而言，自由民主类组织一直都是援助对象的重中之重。相比其他市民社会组织而言，民主的市民社会组织更易且更多的外国援助。同时，部分外部势力借着市民社会组织的活动，实则在南非社会中做着不可告人的勾当。诸如这些问题使得市民社会组织在参与政治活动时，总是遭受政府和社会民众的猜疑和牵制。

2. 南非市民社会组织并不真正代表全体南非人民的利益诉求

南非的市民社会覆盖面虽广泛，但还是不能够做到面面俱到。经济收入低、受教育程度低的生活在社会底层的群众很容易成为边缘人群。很少有市民社会组织去关注和反映这类人群的利益诉求，即使少有的部分市民组织致力于此，也会因为经济有限、力量弱等诸多原因，很难得到政府关注。同时，南非市民社会组织存在地域分布不均衡。一般认为，贫困地区更有利于市民社会组织发现问题并采取相应的行动，市民社会组织因此会更多地集中于这些地区。但事实并非如此。根据南非国家开发署公布的数据①，南非的市民社会组织或总部集中分布于南非经济中心豪登省和资源丰富的西开普省。显然，市民社会组织更愿意在经济发展程度高、资源更为丰富的地区开展活动。受这种情况限制，南非的市民社会组织不可能全面地反映社会现实和群众需求。

3. 南非市民社会组织内部存在许多矛盾和问题

不单是市民社会组织外部问题众多，南非市民社会组织内部也存在诸多问题。首先是，市民社会组织人才流失严重。1994 年南非建立了自由民主的新政府后，许多曾在市民社会组织中发挥重要作用的人才转战政界、商界，南非市民社会组织人才流失严重。同时，在南非高失业率的社会背景下，市民社会组织成为失业者的临时避风港。一旦有其他可选择的就业机会，志愿者就会另谋高就，造成了组织内部人员流动性大。其次，南非市民社会组织内部发展不均衡。规模更大、资源更多的组织，其影响力也更大，同时这些组织获得的资金支持更多。相反，由于严格的申请程序和资金审查程序，规模较小的组织难以获得资金支持。虽然这类组织大多与社区联系更为密切，但也更容易被边缘化。这种两极化的差别造成市民社会组织内部的不和谐，甚至出现彼此对立的情况，限制了其职能的发挥。此外，并非所有的南非市民社会组织都能发挥推

① Lauren Graham，Rebecca Himlin，Hermine Engel，Malachia Matholo，Julie Reddy，Aislinn Delany，Renee Lewis，Leilanie Williams. Review of the State of Civil Society Organisations in South Africa，Braamfontein：The Community Agency for Social Enquiry，Planact and Africa Skills Development，2008，p. 23.

动社会发展、监督政府的作用。南非的市民社会组织内部也存在着支持种族主义、反社会的组织。例如，种族隔离时期，多数白人创办的杂志刊物声援种族隔离，为种族隔离合理化制造各种舆论。

4. 南非市民社会发展受限

（1）经济上被动。市民社会组织的经费问题一直以来是限制其进一步发展的一大障碍。南非的市民社会组织多为公益性组织，且缺乏自我盈利能力，因此收入匮乏。其日常运作主要依赖政府财政支持、社会捐赠和会费来维持运营，部分组织还会有国外的资金援助。近年来，南非经济遭遇发展困境，经济下滑趋势明显，国内失业率高，政府仍是市民社会组织收入来源的最大支持者，但经费有限。事实是虽然大多数组织都会从多种途径获得资金、物资等援助，但是仍满足不了公益性组织的经费支出。此外，经济上长期依赖西方发达国家。1994 年以前，国际社会为声援南非推翻种族隔离的斗争，给予南非市民社会组织极大的资金支持。但在南非的民主过渡完成之后，随着南非经济、政治的不断发展，这种情况有所改变。国际社会和组织在资金审批和使用方面都增加了许多限制，导致南非市民社会获取援助的难度增加。2008 年的经济危机使许多西方国家经济严重受挫，国际社会对南非市民社会组织的经济援助也因此大为缩水。由于经费有限，南非市民社会组织的活动空间和作用都受到牵制，部分边缘性市民社会组织发展前景堪忧。

（2）政治上受限。市民社会组织在参与南非国内政治生活时，也面临重重阻碍。最大的限制因素来自于执政党。种族隔离时期，南非市民社会组织大都团结在非国大周围。1994 年，非国大执掌新南非，态度愈加强势，后又逐渐形成“一党独大”的局面，严重限制了市民社会组织的活动和发展空间。而一些市民社会组织开展行动时脱离南非社会现实和群众利益，曾有多位总统公开谴责市民社会组织扰乱政府治理。这也致使政府及社会对市民社会组织的支持和信任度受到打击。在当前纷杂的国际环境和国内矛盾重重的社会大背景下，市民社会组织在南非政治中应该怎样运作才能够推动国家治理能力的改善，市民社会与政府当局应该怎样开展良性互动，成为南非市民社会未来发展必须认真思考的问题。

纵使南非市民社会组织发展面临许多困难与挑战，南非市民社会组织仍有较为充分的发展空间。非国大“一党独大”的局面虽难以扭转，但其政府对南非市民社会组织的态度较为宽容和支持。南非市民社会组织未来专注于经济发展和社会服务方面，将会有更大的发展空间。南非市民社会组织应在当前的南非发展困境中，积极寻找自身建设的突破口，更加主动地参与到新南非的社会经济和社会建设中去。

四、中国与南非在市民社会领域的交流与合作

市民社会组织有着与政府部门不同的视野，在某些方面更易于开展工作。近年来，我国也开始重视社会组织的作用，陆续颁布相关条例，逐步规范对社会组织的管理，并采取措施鼓励社会组织发挥更加积极的作用。截至 2018 年 8 月，我国在民政部门登记的社会组织已达到 79.8 万余个。[①] 这些社会组织在教育科技、文化卫生、社会福利、慈善公益、扶贫减贫等领域发挥了重要作用，已经成为党和政府联系人民群众的桥梁和纽带，成为推动经济发展和社会进步的不可或缺的重要力量。但我国的社会组织起步晚，发展经验不足，仍存在很大的发展空间。南非的市民社会组织在南非社会治理和政府决策方面发挥的巨大价值，对于中国有着借鉴意义。随着中国南非两国在各领域交流合作的日益密切，两国在市民社会领域也产生了一些合作与交流。

疾病防控领域的民间互动。艾滋病问题越来越成为一个全社会关注的问题，南非市民社会组织在艾滋病防治领域的经验值得借鉴。2010 年 7 月 5 日，中国红丝带北京论坛在首届论坛上正式成立。中国红丝带北京论坛是非官方组织的“艾滋病与权益”长期对话平台，[②] 在该论坛首次会议上，南非全国艾滋病委员会（SANAC）副主席马克·西伍德（Mark Heywood）出席会议并发表题为“市民社会参与国家艾滋病防治的重要性”的讲话。这是中国与南非的非政府组织在该领域的一次深层次对话，南非在艾滋病领域的经验和对中国在艾滋病防治领域的建议值得思考。此外，国内也有别的社会组织与南非的相关组织展开互动与合作。社会组织在宣传艾滋病防治及对艾滋病群体的关怀等方面能够做得更深入，影响力也就更大。

智库、高校研究机构领域的交流合作。南非现有 86 家智库，位居世界 13 位，其中有 6 家智库入围 2016 年全球顶级智库，居非洲国家首位。南非智库不仅成为南非政府的“思想库团”，为国家建设建言献策，影响政府决策，还为南非政府机关和高等院校输送了大批专业人才。同时，南非智库也搭建了许多学术交流与研究的平台，还能够与媒体合作引导正确舆论，在国内乃至国际社会影响力很大。我国智库有 512 家，其中有 9 家智库入围全球顶级智库。智库是国家软实力的重要构成要素，中国的智库虽在短时间内在数量上出现井喷现象，但并没有完全转化为国家软实力。[③] 近年来，我国智库积极向全球知名

---

① 中国社会组织公共服务平台 . http：//www. chinanpo. gov. cn/search/orgcx. html，2018 年 8 月 5 日。

② 中国红丝带北京论坛 . http：//www. aids. org. cn/forum/about. html，2018 年 3 月 18 日。

③ 胡键：《中国智库的对外传播研究》. 现代传播（中国传媒大学学报），2018，40（5）：21－26.

智库学习，特别是在与南非智库展开深度合作方面，取得了显著成果。2011年，由浙江师范大学创办的“中非智库论坛”，以“民间为主、政府参与、坦诚对话、凝聚共识”为宗旨，积极为中非关系发展建言献策，成为中非合作论坛框架内民间对话的固定机制。2013年，“中非智库10＋10合作伙伴计划”项目启动，中国国际问题研究所和南非国际事务研究所结成伙伴关系，中国与南非高端智库展开更深层次的合作。中国与非洲之间的智库交流与合作虽已取得显著成效，但交流有限，也未能形成中非话语权。中非智库之间应加强对话与合作，消除误解，以增进中国对南非市民社会的认识。中国与南非在市民社会领域的对话处于上升期，且已取得一定成效。但是，中国与南非在此领域的交流合作主要在发展问题方面，仍有很大的合作空间。中国的社会组织应与南非的市民社会需要增强互信，建立起长期有效的合作伙伴关系。

入围全球顶级智库的南非智库①

智库名称	全球排名
粮食、农业和自然资源政策分析网络（FANRPAN）	50
非洲争端解决中心（ACCORD）	62
南非国际事务研究所（SAIIA）	76
解决冲突中心（CCR）	86
国际安全研究所（ISS）	116
自由市场基金会（FMF）	123

中国与南非在社会组织方面的交流是中南人文交流重要组成部分，两者在该方面的交流与合作发展态势良好，双方之间能够开展良性互动。为使双方的交流互动达到更好的效果，中国首先应该加强对南非市民社会的基本认识。目前中国政府与学术界对此类问题的关注度不高，研究较少，尚未形成对南非市民社会的系统认知。其次，中国与南非同属发展中国家，迫切需要发展经济。在经济社会发展的过程中，两国在贫困、环境污染和艾滋病等方面都遇到了相似的社会问题。中国与南非之间有太多相似性，加强对南非市民社会的认识与了解，对中国解决正面临的许多社会问题有启示作用。

五、结论与展望

南非市民社会萌芽于殖民初期，发展于种族隔离制度的高压之下，并于

① McGann，James G. 2016 Global Go To Think Tank Index Report 2017. TTCSP Global Go To Think Tank Index Reports. 12. http：//repository. upenn. edu/think _ tanks/12，p. 46－49.

1994 年南非民主政府建立之后进入新时期。无论是在推翻种族隔离制度还是在新南非的建设中，南非市民社会一直以来在南非的社会中扮演着重要角色。市民社会根植于国家发展现状，南非经济萎靡、社会动荡，市民社会面临着困难和挑战。南非市民社会要处理好内部问题，更要找准在政府与社会中的定位，更好地发挥市民社会的作用。南非市民社会在推动社会发展和监督政府执政方面发挥的重要作用，对发展中国市民社会的启发意义需要进一步探索。如何在中国进一步发展市民社会也是一个值得深思的问题。中国政府要给予有作为的社会组织以资金支持和活动空间，社会组织要与政府有效合作，提高国家治理能力。学术界和智库更要关注这一领域，更加透彻地认识和把握南非的市民社会，为国内建设市民社会提供智力支持。中国的市民社会发展可增强与南非市民社会的对话机制，社会组织和智库应积极探索解决社会问题的建设性方案，共同探寻推动国家发展的新道路。

附录 4　南非黑人经济振兴政策（BEE）

一、BEE 发展背景

受历史因素的影响，西方殖民者通过对南非的入侵和扩张，造成以白人为首的种族主义在南非持续长达 80 余年，从而造成以白人为主体的富有经济即“第一经济”和以黑人为主体，贫困、失业为特征的“第二经济”长期并存。这种“二元经济”体制导致南非贫富差距悬殊，经济发展不平衡。

自 1994 年非国大（ANC）上台执政后，结束了南非长达 38 年的殖民统治和 46 年的种族隔离历史。尽管 ANC 在执政初期，帮助黑人取得了政治独立，拥有属于自己的民主地位，经济方面致力于提高黑人等社会弱势群体在社会经济中的地位和实力，促进黑人渐渐融入主体社会并逐步掌控经济，缩小黑人与白人之间的贫富差距，但由于黑人经济基础较弱，仍然不能成为带动就业以及推动南非经济的主要力量。依据南非统计部门发布的数据显示，南非新民主政府成立初期，占总人口 50%以上的贫困人口仅拥有南非 6%以下的财富，而占人口不足 10%的富人阶层却拥有 50%以上的财富。数据显示，白人家庭平均收入是黑人的 4 倍，白人更多处于社会管理者的身份，扮演着南非财富所有者的角色，相反黑人则更多承担着社会基层生产者的任务。

二、BEE 法律环境的形成

通过何种手段，打破种族隔离造成的在产权、管理、就业和经济利益分配方面的不平等格局，使得占南非总人口大多数的黑人在财富、知识、技能等方面获得更多机会，成为南非新民主政府长期而又艰巨的任务。

1994 年 ANC 执政初期提出通过实施"黑人经济振兴"政策（Black Economic Empowerment，BEE）即 BEE 政策，确保南非整体发展与提高黑人经济地位相结合，从而解决因南非社会贫富差距扩大以及失业人口持续增加，造成社会治安恶化等问题。1996 年南非宪法修正案 S217 条规定"政府可以采取倾斜的采购政策"，进一步奠定了南非政府实施 BEE 政策的法律依据。

三、BEE 指导委员会成立

为了进一步明确 BEE 政策的实施范围，强化 BEE 政策的统一指导，1998 年 5 月南非政府成立 BEE 指导委员会。该委员会隶属于南非贸工部。为了确保 BEE 政策能够充分地实施，BEE 指导委员会对国家"黑人企业"进行了相应的分类：①黑人拥有公司 51.1％以上的股份和掌控权，为黑人企业；②黑人拥有公司 25.1％以上的股份和掌控权，为黑人授权企业；③黑人拥有公司 5％～25％的股权，为黑人影响力的企业；④以上黑人股份中黑人妇女占有 30％以上的股份，则为性别平等的企业。

四、南非 BEE 发展战略确立

（一）BEE 定义及目标

2001 年 4 月南非 BEE 指导委员会向时任总统姆贝基递交了 BEE 国家发展战略，并对 BEE 进行明确定义，即加大政策倾斜力度，鼓励黑人发展中小型企业，积极参与国家大型企业的发展，对各企业黑人持股比例、参与管理程度和接受技能培训等设定硬性目标，以期全面提高黑人经济地位。与此同时 BEE 指导委员会还提出通过 10 年时间完成 BEE 目标规划，包括：①凡在约翰内斯堡证交所上市的公司，黑人至少拥有 25％的股份；②约翰内斯堡证交所上市公司中 40％以上的董事须是黑人；③30％以上的生产性土地归黑人所有；④50％以上的政府和国企采购须由黑人企业承担，同时合同中 30％的份额须由黑人中小企业所有；⑤政府针对私人企业的资助中 40％的份额须由黑人企业所有；⑥国家金融财务公司 50％以上的借款人须是黑人；⑦30％以上的政府—私营 BOT 项目须与黑人企业合作。

（二）B-BBEE 法案确立

2003 年 11 月议会通过了《全面提高黑人经济实力法案》即广义基础的黑人经济振兴法案（Broad-based Black Economic Empowerment ACT，即 B-BBEE 法案），2004 年 1 月该法案由时任南非总统姆贝基签署生效，BEE 发展战略正式确立。南非 BEE 指导委员会将依据 B-BBEE 法案细化各行业 BEE 章程。

B-BBEE 法案的签署是对 BEE 政策解读的深化，其主旨在于进一步夯实国家经济基础，依据 B-BBEE 法案加强对各行业 BEE 章程制定的监督，逐步加快国家经济发展速度，带动南非就业率稳步提升。

与此同时 B-BBEE 法案中关于“黑人”的定义由原先单一非洲裔扩展至非洲裔、印度裔、有色人种等；“广义基础”包括妇女、工人、青年、残疾人士和居住农村地区的广大人群等。

五、BEE 行业章程制定

南非政府在实施 BEE 政策的同时，各行业组织也在依据自身特点，制订适合本行业的 BEE 章程，建立行业 BEE 规划。

2000 年 11 月，《南非石油和液体燃料业提高社会弱势群体经济地位章程》出台，规定 10 年内弱势群体在石油经济中的比重要达到 25%；2002 年 10 月，《南非矿业提高社会弱势群体经济地位章程》出台，规定 10 年内弱势群体在矿业和石油经济中的比重要达到 26%，5 年内弱势群体在管理层的比例达到 40%，妇女在管理层的比例达到 10%，以及加强弱势群体接受技能培训等。该章程是南非第一个比较完整的行业 BEE 章程，为后来其他行业 BEE 章程的制定提供了参考。2003 年 10 月，南非财政部公布了《金融服务业 BEE 章程》，规定 2010 年前黑人至少要拥有金融业资产的 25%，其中至少有 10%是直接控制，并对黑人和黑人妇女在各级管理层的比例作出了规定。

2007 年，农业、金融业、旅游业、建筑业和信息通讯技术业的 BEE 章程陆续获得内阁批准，BEE 政策正逐步渗透到南非各个行业系统中。

六、BEE 准入机制和 B-BBEE 评分卡、BEE 级别

2007 年为了进一步落实 B-BBEE 法案，南非 BEE 指导委员会协同南非国家认证中心（SANAS）对参与南非行业经济发展的经济实体设立 BEE 准入框架机制。其标准主要针对各实体依据完成 BEE 目标规划的贡献比重来确定其所得分数，从而获得南非政府赋予的行业准入资格，并进一步监控各实体执行 BEE 政策的进展情况以及评估 B-BBEE 法案对于南非行业经济发展带来的影响。

BEE 准入机制主要经历两个阶段：第一阶段（1998—2003 年），BEE 指导委员会通过特许经营、优先采购、资产出售、公私合作等方式，推动所有经济实体包括公共和私营实体落实 B-BBEE 法案，敦促企业向有实力的黑人个体出让股份；第二阶段（2007 年至今），设立 B-BBEE 评分卡，通过七大要素为经济实体强制设定评分标准，即“股权、管理控制、平等就业、技术发展、定向采购、企业发展、社会经济发展（行业及企业的社会回报举措）”。评分卡的设定进一步确立并完善了 B-BBEE 法案对于各行业 BEE 政策的指导作用，同

时也为经济实体设定了清晰的行业准入标准。

B-BBEE 评分卡

组成部分	权重（百分比）	分数
股权	20	
管理控制	10	
平等就业	15	
技术发展	15	
定向采购	20	
企业发展	15	
社会经济发展	5	
总计	100	

BEE 级别	B-BBEE 评分	BEE 所占比重
第一级别	大于等于 100 分	135%
第二级别	大于等于 80 分	125%
第三级别	大于等于 75 分但低于 85 分	110%
第四级别	大于等于 65 分但低于 75 分	100%
第五级别	大于等于 55 分但低于 65 分	80%
第六级别	大于等于 45 分但低于 55 分	60%
第七级别	大于等于 40 分但低于 45 分	50%
第八级别	大于等于 30 分但低于 40 分	10%
无贡献者	小于 30 分	0

为了进一步简化 B-BBEE 审批程序，自 2010 年 2 月 1 日起凡收到 SANAS 提供的有效评估证书，企业即可参与南非行业发展建设，该评估证书有效期为 12 个月。

附录 5　关于进一步深化浙江与南非合作的建议*

摘要：2020 年，时值浙江与南非东开普省建立友好省份 20 周年，亦是中国南非高级别人文交流机制大会第四届会议在南非主办，为贯彻落实好浙江省政府在 2019 年 3 月发布的《浙江省加快推进对非经贸合作行动计划（2019—

* 本报告发布于浙江师范大学非洲研究智库专刊 2020 年第 3 期，同时提交浙江省外办做政策参考，作者：徐薇、刘钊轶。

2022 年)》，本文基于对南非的长期调研与关注，对如何进一步深化浙江与南非的合作提出若干建议，同时指出重点方向与领域，以及实施中应着重把握的思路与观念。

作为习近平新时代中国特色社会主义思想的重要萌发地和改革开放先行地，浙江始终把参与“一带一路”建设作为最大使命、最大机遇、最大平台，充分发挥其战略交汇、全球大港等优势，全面提升在“一带一路”国际合作中的参与度、连接度和影响力。

一、加强浙江与南非全面合作正逢其时

为贯彻落实习近平主席在 2018 年 9 月中非合作论坛北京峰会开幕式上提出的“八大行动”，在中非合作中做出表率、体现担当、走在前列，推动浙江省开放型经济高质量发展，结合浙江省对非经贸发展实际，2019 年 3 月浙江省发布了国内第一个省级层面对非经贸合作行动计划，即《浙江省加快推进对非经贸合作行动计划（2019—2022 年）》。在全国省级层面的对非合作中起到了引领和示范的积极作用。然而除了政府层面的设计与搭建工作，目前更需要相关部门从半官方和民间的力量为这些框架添加深入、务实、符合两国人民利益与需要、贴近共同价值观、具有社会意义、商业意义的可持续性项目作为核心内容的支撑。

二、加强浙江与南非合作的重点方向与领域

南非新政府在第六届国会上明确了一系列南非未来五年的重要工作方向和国家战略。结合浙江省的区域优势与实际情况，笔者提出以下几点具体的重点合作方向与领域。

（一）浙江省区域发展经验与南非区域发展计划相结合

南非新政府提出的重要国策之一是在南非推进区域经济建设。这里的区域特指南非的特别行政规划 District Municipality 即自治区。除 8 个自治大都市以外，其他的小城市按照地缘纽带组合成 44 个自治区。这些地区的共同特点是：相对于城市，发展落后、许多资源有待开发。南非的区域经济建设国策是计划在五年内，将发展任务下沉到自治区，充分调动基层的发展能力和主观能动性，推进地区经济发展。

东开普省的 OR Thambo（Muthatha）地区是南非总统亲自宣布的第一个试点区。这里是东开普省传统文化的中心，种族隔离时期南非科萨人的“黑人家园”，亦是多个新南非缔造者们的家乡；这里拥有三万多公顷的公有/社区所有可耕地，有小高原、河流、平原、海洋等多种丰富的自然资源，亦是东开普

省消费潜力最大的社区。

基于浙江省与东开普省的友好省份关系，可从以下几个点开展合作：

1. 推动南非与浙江基层行政人员交流互访

南非基层工作人员欠缺实际工作中的思路和方法论，建议浙江行政部门与基层政府、高校智库开展合作，组织邀请南非基层政府工作人员来浙江进行深入的行政经验与基层社会治理方面的理论学习与案例探讨，给他们创造到浙江基层社区深度锻炼与体验的机会。

2. 向南非推广浙江农村的经济合作社经验

南非的经合社 Co-Op 模式一直以来都是白人用于垄断农业市场的重要工具。黑人社区的小型经合社建设相当缓慢，其孱弱的自组织与执行能力以及虚有其表的架构让政府没有信心将资金与项目投入到这些小型经合社上。因此，以具体农业项目为依托，将浙江成功的农村经合社发展经验向南非进行推介，由小做起，将会是中国特色成功经验走出去并发挥实际效用的重要途径。

3. 遴选重点资源与产业开展对接

仍以 OR Thambo 为例，其自然资源丰富，人口密度相对较大，配套设施相对落后。经过前期调查和气候比较，该地区的河谷地带是南非最适合发展综合竹业的区域，可做南非竹业示范地；此外，当地对建材的需求比较强烈，本地制造生产能力不高，适合引入一个小型建材综合基地，实现产销一体化。浙江的竹木环保建材产业、五金制造业、纺织印染等优势特色产业，可以有计划有步骤地与该地区展开合作。

（二）将中国精准扶贫经验与南非土地改革及落后地区发展战略相结合

南非的土改并非被外界所妖魔化的那样——对白人进行驱赶和杀害，而是把闲置用地国有化，进而将国有可耕地储备精准释放。国家先把土地资源分配给地方政府，地方政府再分配给符合条件的经合社或个人。然而在这些分配过程中，会出现国土资源流失、项目停滞等现象和风险。

南非政府迫切需要中国的精准对口扶贫经验来解决农民怎么利用土地脱贫致富的问题。浙江可将具体的精准扶贫经验、土地流转经验和模式同南非进行分享，也可通过中国技术输出和产品市场回购的方式，和南非社区进行深度的农业项目合作。

（三）将浙江互联网建设经验与南非第四次工业革命倡议相结合

南非正在推进第四次工业化革命，即数字化与信息化。在该领域，广东（通讯）和湖北（光纤）都已经取得和南非合作的先发优势。从浙江的角度看，可以从电商平台建设方向与南非开展深度合作。南非中小企业部、中小企业发展署很早就在计划建设南非本土的“淘宝”“亚马逊”等电商平台，需要中国的实际技术与经验支持。这个平台建设的过程也是一个科技培训、本土科技企业孵化的重要契机。平台建成后，南非下一步的诉求是寻求和中国市场的对接以及在中国电商经验的启发、指导下与世界市场的对接。

（四）推动中小企业交流合作，与南非优质企业强强联合，树立新时代正面品牌

大力发展中小企业是南非的既定国策之一。然而南非的中小企业受制于市场规模、资源厚度等因素，大多没有持续发展的能力与竞争力。而浙江是中国民营经济与中小企业最发达的省份，浙江可以随时注意引导并促成两方中小企业基于具体项目的精准对接和合作，并且将这些合作树立为典型样本，会产生极强的正面示范作用。

南非与中国在一些优质产业和商业实体上已经实现了具有代表性的合作。比如“南非酿造”与华润集团的全面合作；南半球最大制药企业 Aspen 对中国市场超过十亿元的持续投资等。然而长期以来，这些企业都是依托市场、自主发展，中国政府缺乏对这些少数优质的商业资源进行公关和整合。笔者建议浙江省可以建立专门的工作团队，对这些优质企业开展有针对性的公关与合作。无论是对南非企业来华的精准招商、合资落地，还是对中方深度进入南非对口领域开展合作，都是一种以小博大的有益尝试，并能引发国家层面的深切关注。

（五）推动人文交流与合作，树立双方的文化自信与自觉

当下南非面临着传统文化消亡的危机，各民族语言及文化习俗迅速被西方文化所同化，年轻一代从语言、生活习惯、意识形态以及思维模式上受西方影响极其严重。南非政府对于传统文化出现断层、年轻人失去民族意识和文化自信亦感到深深的忧虑。

同为发展中大国的中国也曾经历过类似阶段，在建立年轻一代文化自信和民族自豪感上取得了很好的成效。基于中国南非建立的国家级人文交流机制与平台，浙江文旅部门可以和南非共建“传统文化保护与弘扬”的经验交流项目。在交流中，以寻求中国与非洲文化的共通点为出发点，互相尊重，各美其美，美人之美，达成共情与共鸣。如双方文艺工作者通力合作，共创一台基于两国传统文化的商演项目，在两国分别进行公演，则为最佳途径。

三、实施中应着重把握的几点思路和建议

（1）可动员省内研究机构与智库从政府层面多做中南两国新国策、新方向的共通性研究与分析。未来需要在这些共通点上去引导社会资源、创立务实项目，尽量多做有前瞻性、兼顾双方需求而非一厢情愿的项目。

（2）从中国向南非引导资源，重在破除对非偏见，搁置不可解决的问题，

着眼积极的方面。现阶段，多组织主题明确、以目标结果为导向的产业合作工作会议，除了省内智库与科研单位，更要寻找有明确意愿扎根非洲的企业主动参与，用市场的力量来驱动全局发展。

（3）从南非向中国引导资源，要深挖南非之于中国市场有公众认知度和美誉度的正向品牌资源。要鼓励南非人在中国做南非事，而非传统的中国人打着南非的招牌在中国做没有官方背书的项目。尽量跳出谈南非就只谈红酒、红茶、水果等贸易单品或者野生动物的传统窠臼，充分利用中国市场的广度与深度，激发南非多层面资源的应有潜力。

（4）正视中南行政工作中的文化差异，由简入繁，持之以恒。中方需对南非保有持续的耐心，才能得到更好的效果。

参考文献

安春英．2010．非洲的贫困与反贫困问题研究［M］．北京：中国社会科学出版社．

本·图罗克，李淑清．2015．南非非洲人国民大会经济政策的演变［J］．海派经济学（1）．

陈希蒙．2017．21世纪德国对非发展援助政策的调整［D］．北京：北京外国语大学．

胡键．2018．中国智库的对外传播研究［J］．现代传播（中国传媒大学学报）（5）．

黄梅波，李子璇．2013．南非对外援助管理体系研究［J］．国际经济合作（11）．

李志强．2004．政策造就了支柱产业的竞争优势——巴西、南非、印度的主要做法和经验［J］．国际经济合作（12）．

刘中伟．2013．南非市民社会的转型初探［J］．国际展望（4）．

马克·西伍德（Mark Heywood）．2010．市民社会参与国家艾滋病防治的重要性［M］．中国红丝带北京论坛首次会议．

秦晖．2013．南非的启示——曼德拉传·从南非看中国·新南非19年［M］．南京：江苏文艺出版社．

孙红旗．2008．南非白人政权的“分别发展”图谋和“黑人家园”的设立［J］．史学集刊（6）．

孙红旗．2011．土地问题与南非政治经济［M］．北京：中央编译出版社．

孙伟林，臧宝瑞．2007．南非社会组织考察报告［J］．社团管理研究（3）．

王妍蕾．2013．南非的国际发展援助［J］．东岳论坛（8）．

伍俊斌．2010．市民社会基础理论研究［M］．北京：人民出版社．

夏维中．1993．市民社会：中国近期难圆的梦［J］．中国社会科学季刊（香港）秋季卷．

徐薇．2018．南非华人的历史、现状与文化适应［J］．广西民族大学学报（哲社版）（3）．

徐薇．2020．南非种族与族群关系变迁研究［M］．北京：社会科学文献出版社．

袁祖社．2001．社会发展的自主逻辑与个体主体的自由人格——中国特色“市民社会”问题的哲学研究［J］．哲学动态（9）．

ANC. 1994. *The Reconstruction and Development Programme*：*A policy framework*［M］. Johannesburg：Umanyano.

A. McCord. 2005. Public Works：Does Anyone Get the Ice-cream? [R]. WORK，University of the Witwatersrand.

Bhekizizwe Mbuli. 2008. *Poverty reduction strategies in south Africa* [D]. M. E diss，University of South Africa.

Charles Feinstein. 2005. *An Economic History of South Africa：Conquest，Discrimination，and Development* [M]. Cambridge：Cambridge University Press.

CPRC. 2004. The Chronic Poverty Report 2004－2005 [R]. Manchester：Chronic Poverty Research Centre.

D. Grusky and R. Kanbur. 2006. Introduction：The conceptual foundations of poverty and inequality measurement [M]. in D. Grusky and R. Kanbur（eds.），*Poverty and Inequality*，Stanford：Stanford University Press.

D. Narayan，R. Chanbers，M. K. Shah and P. Petesch. 2000. Voices of the Poor：Crying Out for Change [R]. Washington D. C.：World Bank.

Global Fund. 2020. Overview [OL]. https：//www. theglobalfund. org/en/overview/，accessed June 21，2020.

Haroon Bhorat. 2013. Economic Inequality is a Major Obstacle [OL]. December 6，2013. www. nytimes. com.

HSRC. 2006. Descriptive Analysis of Land Reform Delivery and Unit Costs in South Africa：1994－2004 [R]. report commissioned by the Department of Land Affairs.

International Monetary Fund. 2020. South Africa Forecast：Unemployment Rate [R]. https：//www. ceicdata. com/en/indicator/south-africa/forecast-unemployment-rate.

International Organization for Migration. 2018. Southern Africa [OL]. 2018－11－06. https：//www. iom. int/southern-africa.

I. Goldman，J. M. Marumo and A. Toner. 2002. Goodbye to Projects? The Institutional Impacts of a Livelihood Approach on Development Interventions [R]. Research Project No. R7 908，Department for International Development，Working Paper Series，Paper No 2，An Appraisal of the Use of Livelihoods Approaches in South Africa.

J Western. 2002. A divided city：Cape Town [J]. Political Geography，Special Issue Dedicated to Saul B. Cohen，June，21（5）.

Jared Diamond. 1997. *Guns，Germs，and Steel：The Fates of Human Societies* [M]. New York：Norton.

Jeremy Seekings. 2008. The Carnegie Commission and the Backlash against Welfare-Stete Building in South Africa，1931－1937 [J]. *The Journal of Southern African Studies*，Vol34，no. 3.

John Iliffe. 1987. *The African Poor：A History* [M]. Cambridge：Cambridge University Press.

Julie Hearn. 2000. Aiding democracy? Donors and civil society in South Africa [J]. Third World Quarterly（5）.

J. Seekings. 2007. *Poverty and Inequality After Apartheid* [R]. CSSR Working Paper 2007, No. 200, Centre for Social Science Research, University of Cape Town.

Lauren Graham, Rebecca Himlin, Hermine Engel, Malachia Matholo, Julie Reddy, Aislinn Delany, Renee Lewis, Leilanie Williams. 2008. *Review of the State of Civil Society Organisations in South Africa* [R]. Braamfontein: The Community Agency for Social Enquiry, Planact and Africa Skills Development.

Martin Hall, Famers, Traders, and Kings. 1987. *The People of Southern Africa, 200 - 1860* [M]. Chicago: University of Chicago Press.

McGann, G. James. 2017. 2016 Global Go To Think Tank Index Report [J]. TTCSP Global Go To Think Tank Index Reports (12).

Michael Lipton and Martin Ravallion. 1993. Poverty and Policy [R]. Policy Research Department, The World Bank.

National Development Plan 2030 [OL]. https://www.gov.za/issues/national-development-plan-2030.

Neissan Alessandro Besharati. 2013. The establishment of the South African Development Partnership Agency: Institutional complexities and political exigencies [J]. *South African Journal of International Affairs*, 20 (3).

OECD. 2006. Promoting pro-poor growth: Key policy messages [R]. Paris, OECD.

OECD. 2020. South Africa's Development Co-operation [OL]. https://www.oecd.org/dac/stats/south-africas-development-co-operation.htm, accessed June 21.

OEDC. 2012. Aid Effectiveness 2011: Progress in Implementing The Paris Declaration [R]. Volume II Country Chapters, OECD publishing.

Pali Lehohla. 2017. Statistics of the non-profit sector for South Africa, 2010 - 2014 [R]. Pretoria: Statistics South Africa.

PMG. 2020. South African Development Partnership Agency (SADPA): progress report [OL]. https://pmg.org.za/committee-meeting/22022/, accessed June, 21.

Prinesha Naidoo. 2020. After More Than 25 Years S. Africa Is Now Junk With Moody's Too [OL]. https://www.bloomberg.com/news/articles/2020-03-27/south-africa-gets-full-house-of-junk-ratings-after-moody-s-cut.

P. Delius & S. Schirmer. 2000. Towards a workable rural development strategy [R]. Paper presented to the Trade and Industrial Policy Secretariat (TIPS), 2000 Annual Forum.

Republic of South Africa. 2004. Infrastructure Sector Plan for the Expanded Public Works Programme [R]. Department of Public Works (DPW).

Republic of South Africa. 2005. Public Service Commission [OL]. http://www.psc.gov.za/.

Republic of South Africa. 2016. Stats SA [OL]. http://www.statssa.gov.za/.

Republic of South Africa. 2019. International Social Service [OL]. https://www.gov.za/documents/annual-report.

Republic of South Africa. 2020. DTI [OL]. http://www.thedtic.gov.za/.

Republic of South Africa. 2020. Social Security [OL]. https://www.sassa.gov.za/.

Republic of South Africa. 2020. State of the Nation Address [OL]. https://www.gov.za/SONA2020.

Republic of South Africa. 2020. Stats SA [OL]. http://www.statssa.gov.za/.

Republic of South Africa. 2020. The Department of Agriculture, Land Reform and Rural Development [OL]. https://www.dalrrd.gov.za/.

Republic of South Africa. 2020. The Department of Human Settlements [OL]. http://www.dhs.gov.za/.

Republic of South Africa. 2020. The Housing Development Agency [OL]. http://www.thehda.co.za/.

Roser M, Ortiz-Ospina E and Ritchie H, Life Expectancy. 2019. Our World in Data [OL]. https://ourworldindata.org/life-expectancy.

R. Ross. 1999. *A conicise history of South Africa* [M]. Cambridge: Cambridge University Press.

SADC. 2020. Regional Indicative Strategic Development Plan [OL]. https://www.sadc.int/documents-publications/show/Regional _ Indicative _ Strategic _ Development _ Plan.pdf, accessed June 21.

Samson. M et al. 2004. The social and economic impact of South Africa's social security system [R]. Further work done by Dr. Monde Makiwane from the HSRC that disproves the claim that the CSG increased the rate of teenage pregnancies. His various works on this topic can be found at: http://www.hsrc.ac.za/.

Saul Dubow. 1995. *Scientific Racism in Modern South Africa* [M]. Cambridge: Cambridge University Press.

South African Population. 2020. Worldometers [OL]. https://www.worldometers.info/world-population/south-africa-population/.

Statistics South Africa. 2007. Labour Force Survey (September 2006). Electronic data set.

Statistics South Africa. 2016. Community Survey, 2016 [R]. Pretoria: Statistics South Africa.

Statistics South Africa. 2018. Mid-year population estimates, 2018 [R]. Pretoria: Statistics South Africa.

STATS SA. 2017. Poverty Trends in South Africa: An examination of absolute poverty between 2006 and 2015 [R]. Statistics South Africa.

Stats SA. 2019. Five facts about poverty in South Africa [R]. April 4. http://www.statssa.gov.za/? p=12075.

S. Van der Berg, M. Louw and L. du Toit. 2007. *Poverty trends since the transition: What we know* [R]. Department of Economics, Stellenbosch University.

T. Keegan. 1986. *Rural transformations in industrializing South Africa: The southern Highvel to* 1914 [M]. Johannesburg: Ravan.

United Nations Development Programme. 2006. Human Development Report 2006-Beyongd scarcity：Power，poverty and the global water crisis [R]. UNDP，New York.

World Bank Group. 2018. Mixed Migration，Forced Displacement and Job Outcomes in South Africa [R]. Pretoria：World Bank.

缅甸农村发展与减贫政策研究

商务部国际贸易经济合作研究院

课 题 组 成 员

王　泺	商务部研究院国际发展合作研究所所长、研究员
袁晓慧	商务部研究院国际发展合作研究所副主任、副研究员
姚　帅	商务部研究院国际发展合作研究所助理研究员
范伊伊	商务部研究院国际发展合作研究所助理研究员（课题协调员）
卢立群	中国国际扶贫中心合作处处长、高级工程师
周　梁	中国国际扶贫中心合作处主任科员、助理研究员
李博伦	Diinsider 研究员、法人代表
孔　喆	Diinsider 研究员、联合创始人
Kay Khine Oo	Diinsider 研究员、缅甸项目主任

致　谢

本研究得到了中国国际扶贫中心的全力支持。课题组衷心感谢张云飞、李晨阳、翟崑、范晓洁、丹敏乌等专家在北京、昆明和仰光两国三地提供的智力支持，特别致谢中国驻缅甸使馆经济商务参赞处、云南省商务厅、云南省扶贫办、云南大学缅甸研究院、联合国粮农组织缅甸国别办公室、日本国际协力机构驻华代表处和驻缅甸代表处、亚洲基金会中国办公室和缅甸办公室、仰光大学国际关系学院、U THANT HOUSE 等机构为课题组访谈座谈和实地调研提供的便利和支持。希望研究成果能为今后缅甸农村发展减贫研究实践提供有益借鉴和参考，为推动中缅发展合作更加惠及两国民众贡献绵薄之力。

摘　要

本课题研究采用文献整理、深度访谈和实地调研相结合的方法。文献整理涵盖中、英、缅三种语言的材料，受访对象主要为缅甸研究专家、减贫领域专家；考察机构包括多双边发展合作机构的合作、国际非营利组织、本土非营利组织以及创新企业等；村级实地调研地点主要集中在仰光、曼德勒、密支那三地的数个乡村。课题组还在北京、云南、仰光召开多场座谈会，特别是在仰光与多家致力于发展与减贫的缅甸本土民间组织进行座谈，了解实施项目过程中的经验和倾听对缅甸农村发展与减贫的建议。

经过五个月的研究，课题组的主要发现如下：

2010年以来，缅甸贫困人口整体比重持续下降，但贫困依然是缅甸尤其是农村地区发展面临的主要挑战。根据世界银行的测算，2005—2015年的十年间，缅甸贫困发生率从44.5%下降至26.1%，下降约41%；贫困程度有所缓解，从11.1%下降至5.8%，下降约48%。但是在联合国开发计划署人类发展指数排名中，缅甸仍排在189个国家中的第148位（UNDP，2018）。当前缅甸贫困主要集中于农村地区，且省邦间差异明显。农村地区在能源电力、安全饮水、卫生设施、道路设施、居住条件等方面发展滞后。

农业发展潜力巨大，但发展水平相对滞后，对减贫的贡献有待发掘。缅甸拥有极其肥沃的土地和大量潜在的生产性自然资源，农业一直以来都是缅甸经济的支柱行业。然而缅甸农业尽管种植面积很大，但单产低于周边国家。如大米是缅甸最重要的农产品，土地和自然资源都具有潜力，但产量和生产收益在东南亚各国均排名倒数，不到柬埔寨的一半，仅为越南的三分之一。这严重地影响了缅甸农民的增收。农业对减贫的带动作用远未发挥出来。

农村减贫发展日益受到缅甸政府重视，但相关政策尚未发挥有力支持作用。1948年独立以来，缅甸一直处于内战状态，战乱带来的动荡严重损害了发展和减贫，尤其是战乱所在的少数民族地区。为了解决农业发展问题，2010年以来两届民选政府采取了多项改革措施，包括减少政府管制，推动农业市场自由化与土地改革，加大了对基础设施的投入，授予地方政府更多财政权，并制定了减贫目标。昂山素季领导的民盟将复兴农业作为其施政的经济纲领之一，并在2016年发布了为期5年的《农业发展战略及投资计划》。但目前缅甸政府的相关土地政策、技术政策、资金支持政策，对以小农经济为基础的缅甸农村经济发展尚未实现有力支持，也无法有效带动农村地区的减贫。

各大国际援助机构重视支持缅甸农村发展与减贫，各类发展合作伙伴不断创新相关工作，缅甸政府也建立了成熟的接受援助协调沟通机制。从援助的领域看，农业是2010年以来国际对缅援助上升最快的一个领域，在各领域援助规模中排第五，以韩国、日本、英国、德国、世界银行的援助项目最具代表性。各类本土非营利组织、创新企业、智库也通过与政府或国际援助机构合作的方式，开展研究和试点工作、创新援助模式，为农村发展与减贫实践注入了新的活力。缅甸政府也完善了外援管理构架，通过建立工作机制，提升了统筹协调能力。

中缅在减贫领域合作成果初显，亟待精耕细作、扩大影响、提质增效。由中国援外资金支持，中国国际扶贫中心组织、云南省国际扶贫与发展中心实施的中缅乡村减贫示范合作项目已在缅甸埃羌达村和敏彬村落地一年。中国派驻精通缅语的专家与缅甸政府、当地村民共同开展工作，致力于将中国"整村推进"的减贫经验及"精准扶贫"经验因地制宜地推广到缅甸。这项工作取得了初步成果，但需要充分发挥已有项目的示范效应，扩大项目的覆盖面和影响力。

据此，课题组建议，中缅可以以"人"字形经济走廊为主线，将农村减贫发展打造为中缅民生合作的一大领域。在重点区域选择上，建议根据中缅经济走廊"人字形"布局，选择沿线节点地区的村落，为农村发展与减贫领域合作的项目地点。在合作项目设计上，课题组创新提出了"中缅农村发展与减贫合作策略设计矩阵"，分别从联邦层面和地区层面提出了合作项目设计，包括合作策略、合作领域、合作伙伴及具体合作内容等细化考虑。

保障措施方面，建议扩大合作伙伴网络，加强政策协调与项目宣传，增加中国项目的可见度，挖掘现有合作项目潜力，整合多种援外手段，广开思路，创新方式并择机选择地区开展三方合作。建议考虑在与对口的农业畜牧灌溉部合作基础上，拓展与其他相关业务部委的合作；将现有的对话交流机制扩大到非政府层面，吸纳缅甸当地的科技研究机构、政策研究智库和本土NGO组织等；逐步参与到农村减贫领域国际援助方的协调工作中，考虑参加农村减贫主题的援助方协调会议；探讨与德国、日本等国开展三方合作项目，充分发挥各方优势，形成发展合力。为此，建议采取如下具体行动：草拟《伙伴关系发展计划》，启动合作方接触活动；在仰光参与/举办多方参与的中国农村减贫项目经验分享、报告发布会等；设计响亮的口号（如"减贫助和平"），开设面向国际读者的Facebook主页；派遣青年志愿者，增加项目的人力；与UN机构联合申请南南合作援助基金；与缅甸高校农业和发展研究部门建立合作关系，开发中国高校在缅实习科研基地等。

Summary

This research adopts a range of methodologies, including desk review, in-depth interviews and field research. Materials in Chinese, English and Burmese languages are studied. The research team interviewed experts in poverty reduction and Myanmar studies field, bilateral and multilateral development cooperation agencies, international NGOs, local NGOs and innovative enterprises, in Yangon, Mandalay, and Kachin State. The research team also hosted workshops in Beijing, Yunnan and Yangon. In Yangon, the research team had a comprehensive discussion with civil society organizations in Myanmar and understand further about challenges and solutions in rural development and poverty reduction sector in Myanmar.

After 5-month comprehensive research, we have the following findings:

Since 2010, the poverty rate in Myanmar has steadily declined, however, poverty is still a major challenge in Myanmar's rural areas. According to the World Bank, from 2005 till 2015, poverty rate in Myanmar declines from 44.5% to 26.1%, however, Myanmar still ranks 148 out of 189 countries in the Human Development Index issued by UNDP. Currently most of the poor people in Myanmar live in rural areas, with a clear difference between provinces and states. Rural regions still lag behind in areas related to electricity, safe drinking water, hygiene, road infrastructures, and other living conditions.

There is significant potential in agricultural development, however, the contribution of agricultural development to poverty reduction still needs improvement from current stage. Myanmar has extremely fertile land and natural resources for potential production, and agriculture has long been a vital sector for Myanmar's economy. Even though Myanmar has remarkable areas of fertile land, productivity per unit land is significantly lower than other countries. For example, rice is an essential agricultural product, however its productivity is only half of Cambodia, one-third of Vietnam. There is a long way ahead to reduce poverty through agriculture development.

Rural development and poverty reduction have attracted significant attention from Myanmar government, yet policies have not been able to fully play a role. Since gaining independence in 1948, Myanmar has long been in a civil war, which increases the extent of poverty, especially in the ethnic minority regions. Since 2010, the recent two civic governments led by USPD and then NLD have taken actions to promote agricultural reform, including reducing government controls, promoting agriculture market liberalization and land reform, increasing investment in infrastructure, speeding fiscal decentralization, and making clear targets of poverty reduction. The NLD government puts agriculture development as its core of economic strategy, and launched its 5-year Agriculture Development Strategy and Investment Plan (ADSIP) in 2016. Nonetheless, current polices of land, technology, finance cannot provide enough support for economic development or poverty reduction in rural Myanmar, where small-holder farmers make up the majority of economic activities.

Various international development agencies have paid much efforts to Myanmar's rural development and poverty reduction and innovated their strategies; at the same time Myanmar government has established coordination mechanisms for development cooperation. Among different sectors, agriculture has seen the most remarkable growth of international aid since 2010, and currently ranks 5th by aid amount. Among all the agriculture related aid, those from Korea, Japan, UK, Germany and World Bank are most representative. Various NGOs, innovative enterprises, research institutes are also involved in cooperation of this areas. This has created new approaches for the traditional development aid.

Poverty reduction cooperation between China and Myanmar has produced initial results, but still need to expand scale and improve effectiveness. Supported by China foreign aid account and organized by International Poverty Reduction Center of China and Yunnan International Poverty Reduction and Development Center, the China-Myanmar Village-level Poverty Reduction Cooperation Program has been in operation in Aye Chan Thar village and Min Pyin village for more than a year. China appointed experts with Burmese proficiency to work together with Myanmar government and local villagers, and spread the experiences of "Entire Village Poverty Extension" as well as "Targeted Poverty Reduction" in China to Myanmar. These efforts have created initial impacts, and need further expand the scale and impact.

As a result, the research team suggests that China and Myanmar enhance cooperation of rural development and poverty reduction under the framework of

"Y-shape" China Myanmar Economic Corridor (CMEC). Villages along the CMEC are suggested to be selected as program locations for poverty reduction cooperation. In the meantime, we propose the below "Program Design Matrix for China Myanmar Rural Development and Poverty Reduction Cooperation", to discuss detailed strategies of different sectors, regions, partners and programs.

For facilitating measures, it is recommended to expand partner network, enhance policy coordination, increase publicity and visibility of Chinese aid projects, explore potentials of existing cooperation, integrate different foreign aid approaches with open minds for innovation, conduct trilateral cooperation in appropriate time. In addition to cooperation with MOALI, other ministries such as MPF should also be involved. Expand current dialogues to non-governmental organizations, including research institutions, think tanks and CSOs. Gradually participate international aid organizations' coordination in rural poverty reduction. Discuss with Germany, Japan and other countries for trilateral cooperation, and thus combine strength of all stakeholders. The following steps are recommended: ①draft Partnership Development Plan to start contact with potential partners; ②Participate or organize meetings and workshops to share China's experience in poverty reduction in Yangon; ③Design slogans (like Poverty Reduction for Peace) and open Facebook account for international audience; ④Send young volunteers for projects' manpower; Joint application with UN agencies for South-South Cooperation Fund; Establish cooperation with Myanmar universities and research institutions to start internship or research centers in Myanmar for Chinese university.

第一节　缅甸减贫与农村发展的现状、影响因素及变化趋势

一、缅甸贫困状况及农村发展现状

（一）近年来缅甸贫困发生率持续下降，贫困程度有所缓解，但收入脆弱人员比例依旧庞大

缅甸约有 5 338 万人口（中国—东盟统计年鉴，2018）。根据《缅甸贫困分析报告》①（世界银行和缅甸计划与财政部，2017），2015 年缅甸全国贫困发生率 26.1%。在联合国开发计划署人类发展指数（HDI）排名中，缅甸得分 0.578，排在 189 个国家（地区）中的第 148 位（UNDP，2018）。

从变化趋势看，缅甸贫困发生率在过去十年始终处于下降趋势。根据世界银行的测算，2005—2015 的十年间，贫困发生率从 44.5%下降至 26.1%，下降约 41%。贫困程度（poverty gap）有所缓解，从 11.1%下降至 5.8%，下降约 48%（图 1、图 2）。

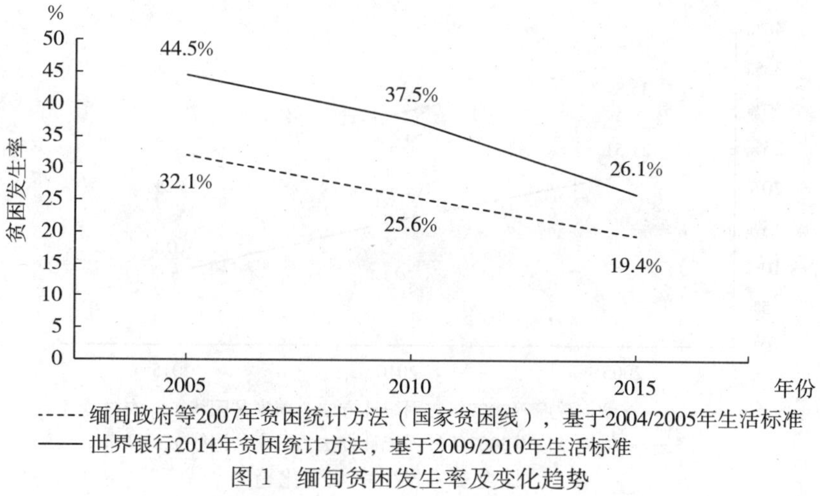

图 1　缅甸贫困发生率及变化趋势

当前贫困主要集中于农村地区，且省邦间差异明显。2015 年缅甸农村贫困发生率为 23.3%，城市为 19.0%（图 3）。根据世界银行测算，缅甸贫困人口的 87%的生活在农村地区。从地理分布上来看，不同省或邦的贫困程度存在很大差异。根据缅甸国家贫困线，钦邦的贫困率最高（73%），其

① An Analysis of Poverty in Myanmar，World Bank Group，2018. 若无特殊说明，本文中贫困相关数据主要来源于此报告。

次是若开邦（44%），德林达依省（33%），掸邦（33%）和伊洛瓦底省（32%）。

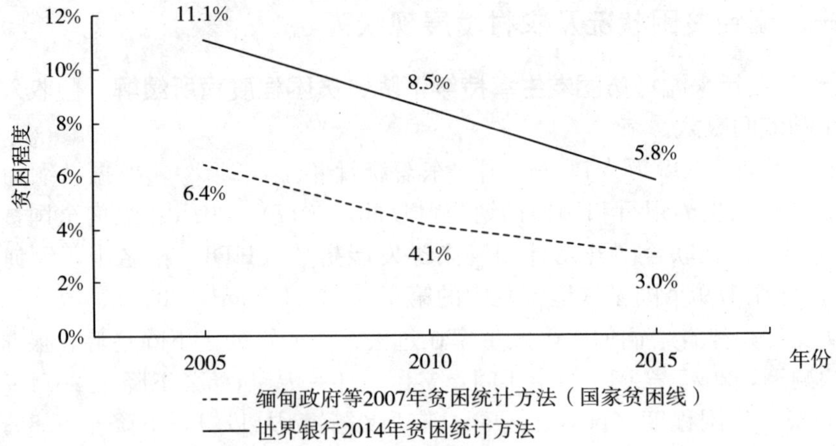

图 2　贫困程度及变化趋势

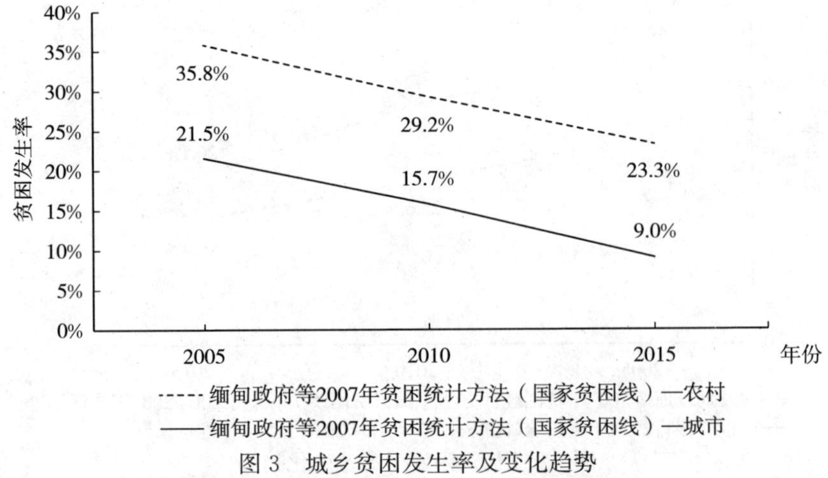

图 3　城乡贫困发生率及变化趋势

城乡贫困发生率均有所下降。其中城市贫困发生率的下降更为显著。根据缅甸国家贫困线测算，2005—2015 年间，城市贫困发生率下降 58%，农村贫困发生率下降约 34.9%。制造业、服务业的快速发展，是带动城市人口脱贫的主要因素。但是，如果聚焦于临近贫困线附近的人口，缅甸在 2015 年仍有约 37.4%的人生活水平处于贫困线附近，处在生计脆弱的状态（图 4）。

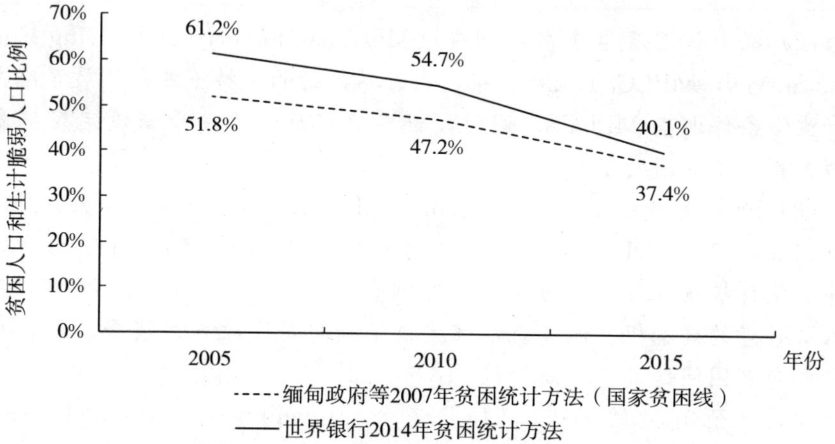

图4　贫困人口和生计脆弱人口的比例和变化趋势

专栏1　缅甸的贫困统计调查和贫困线

准确的统计数据是理解贫困的重要工具。缅甸政府在国际社会的帮助下，从2004年起开展了一系列针对家庭生计水平的调查。有关调查结果对分析缅甸贫困问题具有重要意义。

（1）家庭生活水平综合调查（Integrated Household Living Conditions Assessment，IHLCA）。2004—2005年，缅甸政府在UNDP支持下进行了IHLCA第一期调查，又于2009—2010年开展了第二期调查（IHLCA-II）。基于IHLCA调查，缅甸财政部划定了食品（赤贫）和贫困两条贫困线（表1）。根据IHLCA的调查数据和缅甸国家贫困线，2004/2005年缅甸贫困发生率为32.1%，在2009/2010年降至25.6%。

表1　缅甸国内贫困线和贫困发生率

	2005年	2010年
食物贫困线（赤贫线）	118 402 缅甸 Kyats（2004年11月不变价）（140.95美元*，下同）	折合为274 990缅甸 Kyats（327.36美元）
食物贫困发生率（赤贫线）	9.6%	4.8%
贫困线	162 136 缅甸 Kyats（2004年11月不变价）（193美元）	折合为376 151缅甸 Kyats（447.79美元）
贫困发生率	32.1%	25.6%

* 其中美元折算价参考《缅甸减贫概要》，中国国际扶贫中心。

(2) 缅甸贫困及生活水平调查 (Myanmar Poverty and Living Conditions Survey, MPLCS)。2015 年, 在世界银行的支持下缅甸开展了缅甸贫困和生活条件调查 MPLCS。同时, 世界银行改进方法重新设定了缅甸贫困线并测算了贫困发生率。

(3) 缅甸生活水平调查 (Myanmar Living Conditions survey 2017)。2016—2017 年, 在 UNDP 和世界银行的技术支持下, 缅甸计划与财政部的中央统计机构开展了缅甸生活条件调查 (2017)。该调查基于 2014 年全国人口普查的样本框。调查全方位反映了缅甸居民收入、消费状况, 对于分析缅甸贫困问题具有很高价值。

(4) 其他有关的调查。LIFT 基金 (Livelihoods and Food Security Trust Fund) 在 2011 年、2013 年、2015 年, 开展了针对农村地区的家计调查。

(二) 居民生活水平有所提升, 尤其是移动通讯和互联网设备拥有率提升迅猛

根据世界银行和生计粮食安全基金会 (LIFT) 有关研究, 2010—2015 年, 缅甸居民的恩格尔系数持续下降, 食品消费愈发多元化。耐用消费品, 如电视、摩托车的拥有量, 在农村地区显著增加。电脑拥有率不高, 但手机普及迅猛。这体现了缅甸整体和农村地区居民消费能力和市场发展水平的提升。

其中, 值得一提的是手机尤其是智能手机的普及率。缅甸 5 000 余万的国民中, 约有 4 000 万人生活在至少有一部手机的家庭中, 3 580 万人生活在至少有一部智能手机的家庭。在 2010 年调查中, 仅有 1.7%的农村家庭拥有手机, 而到了 2017 年, 农村家庭拥有手机率跃升至 76.6%, 城乡差距缩小至 1.2∶1, 而这其中拥有智能手机的比例达到 86%。

缅甸近年来在移动互联网连接方面的后发优势, 体现了缅甸农村地区通讯基础设施的新兴发展。手机拥有率的城乡差距主要由于经济社会和购买力水平, 而并非基础设施建设的滞后。钦邦、若开邦的手机拥有率垫底, 分别是 56%和 70%, 主要归因于这些地区网络运营商的服务较少。

(三) 农村基础设施有所改善, 但农村地区电力、饮水、卫生等基础设施供应仍明显滞后

目前缅甸缺乏有助于推动经济增长的基础设施, 电力、洁净水缺乏、道路交通状况不佳, 易受到极端天气和气候变化影响。

(1) 在能源电力方面, 农村居民的照明用能源逐步由传统的蜡烛和煤油灯转变为电力。近年来太阳能发电系统的普及积极提升了农村居民的电力使用水平。但是, 农村地区的电网接入比例较低: 仅 24.7%的农村居民接入电网

（缅甸计划与财政部，2018），约63%农村居民所生活的村落尚未通电。农村地区电力基础设施水平落后（图5、图6）。

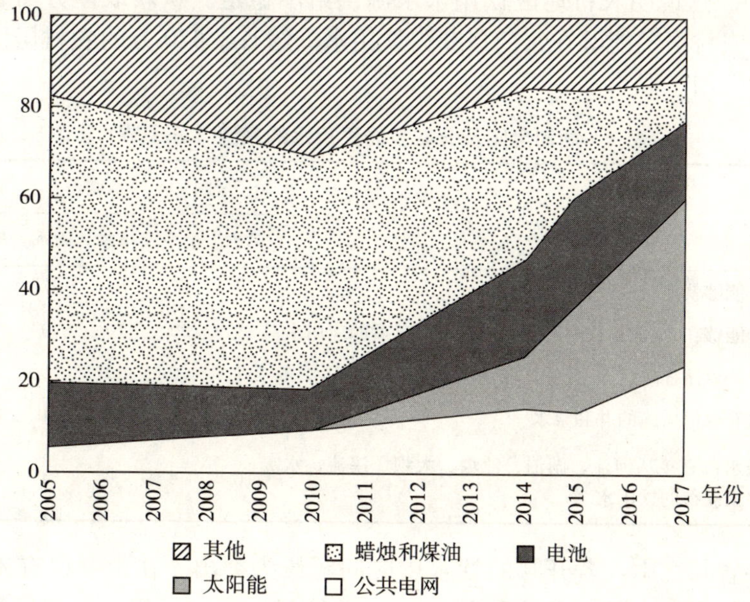

图5 农村地区照明能源的构成

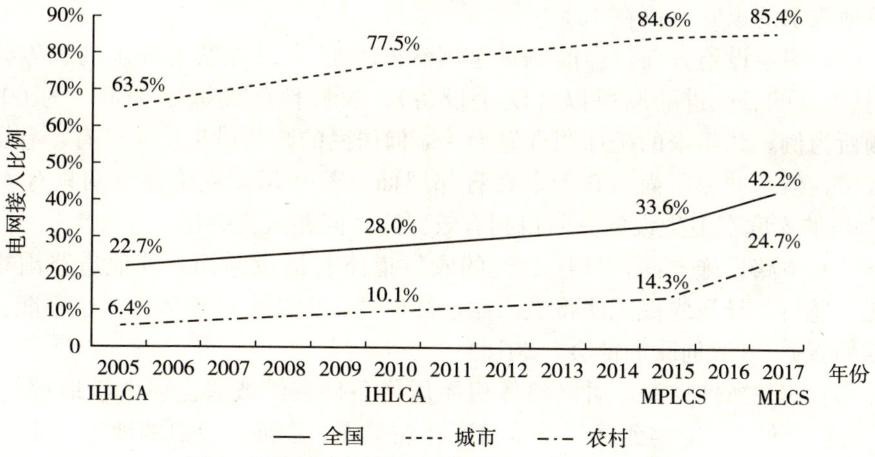

图6 缅甸全国及城乡电网接入比例及变化趋势

（2）在饮水安全方面，长期以来缅甸饮水和卫生方面缺乏有效供应，痢疾和其他水生疾病的发病率较高。为此缅甸政府于1994年开展了社区水供应和卫生项目。自2005年以来的几次调查均显示，全国范围内居民用水情况有所改善，但农村地区仍不容乐观。

从水源水质方面看，在雨季，84%的农村居民能用上经过改善的水源①；但到了旱季，这一比例会降低至74%。旱季供水依赖传统（非改善型）的水源（表2）。这说明农村地区饮用水水源供给不稳定。从获取性方面看，仅有约一半的农村居民能够在家门口获得饮用水。约有1 670万的农村居民每天需要耗费时间用于取水。

表2　缅甸全国及分城乡居民用水的来源（分季节）

	全国		城市		农村	
	旱季	雨季	旱季	雨季	旱季	雨季
安全管理：能够就地获取改善的饮用水	57	67	84	87	47	59
基本改善：能够在30分钟往返路程以内获取改善后的应用水	21	20	10	9	26	24
有限改善：往返路程超过30分钟才能获取改善后的饮用水	1	0	0	0	1	0
未改善：没有保护措施的井和泉水	5	4	1	1	6	6
地表水地表水：直接从河流、湖泊、池塘、大坝、溪流、水渠和灌溉水渠获得的饮用水	16	9	6	4	20	11

在各省邦之中，若开邦的饮水供应问题最为突出。在雨季仅有45%的人口可以获得安全水源，在旱季为42%，仅有18%家庭可以在家庭所在地便利地获取饮用水。其次是伊洛瓦底省，在旱季有53%的人口可获得安全饮水，居住地取水的家庭比例在43%。

（3）卫生设施方面，当前缅甸全国约64%的人口能获得基本的卫生设施（包括独立的、改进的厕所以及洗手设备）。农村地区的数字偏低，为60%。以厕所为例，几年来的统计调查显示，缅甸居民的厕所设施从无到有，有了明显改善，但水冲厕所尚未普及。在省邦层面，若开邦和克伦邦分别只有41%和50%的家庭在卫生设施方面得到有效保障，问题最为突出。

（4）道路设施方面，只有12%的农村道路有铺设路面，其他道路雨季几乎无法通行，导致农民无法将农产品运往市场，无法去外地务工，也不能获得所需的服务。（缅甸欧洲商会，2018）

（5）居住条件方面，居民整体房屋居住条件持续改善。但由于地理气候、社会经济条件不同，各地居住基本情况存在差异。在部分炎热的地区，如实皆、马圭、曼德勒和内比都，有超过60%的农村居民使用竹子作为房屋墙体材料。

① 在世界银行对缅甸生活水平的调查和分析中，“改进的饮用水”指：管道入户/院、公用龙头/水塔、管井/深井、有保护措施的井或泉水、雨水搜集、包装饮用水、运输来饮用水。

农村住房在墙体、地面和屋顶三个方面全部达标①的居民占比仅为31.6%。

（四）农业发展水平滞后，对减贫的贡献仍有待发掘

农业一直以来都是缅甸经济的支柱行业。缅甸拥有极其肥沃的土地和大量潜在的生产性自然资源。缅甸土地按照生态气候特点分为三大区域：三角洲及沿海区、旱区和山区。其中三角洲及沿海区人口聚集度高，靠近水源，是主要的大米和渔业生产区。旱区农业生产集中在河谷一带，山区则适合林业发展。

总体看，随着经济的发展，近年来占GDP比重不断下降，2017年农业占GDP比值为26.18%（图7）。农业吸收了约一半的劳动力（图8）。2014—2015年，农业增长率达到10.5%，对GDP增长的贡献率仅有1.8%（图9、图10）。

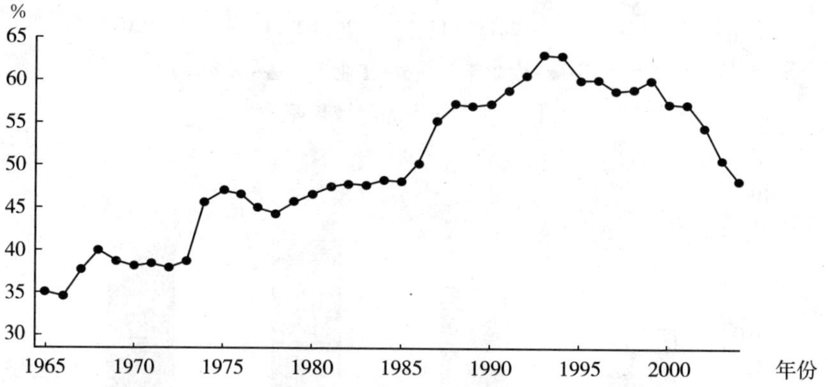

图7　缅甸农业部门占GDP比重变化趋势

数据来源：世界银行。

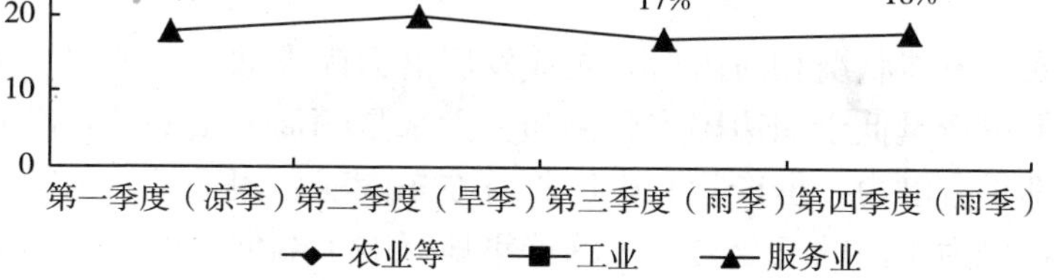

图8　联邦层面各部门对劳动力的吸纳

① 墙体达标是指采用墙面材料使用砖、混凝土、波纹板。地面达标是指地面材料为木材、水泥/混凝土、地砖、拼花地板。屋顶达标指材料使用铁板、瓷砖、水泥。

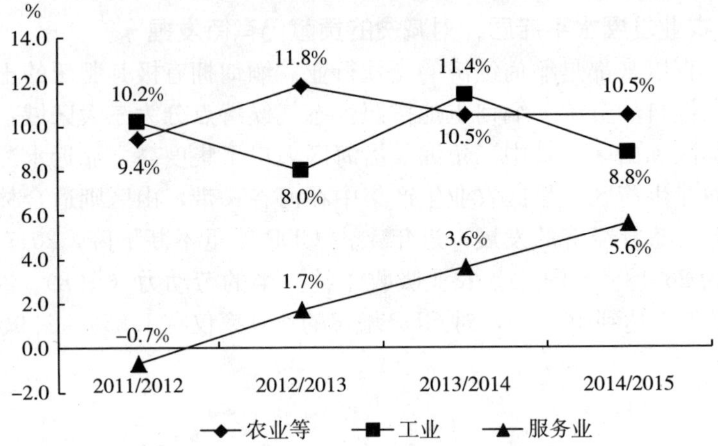

图 9　缅甸各部门增长率

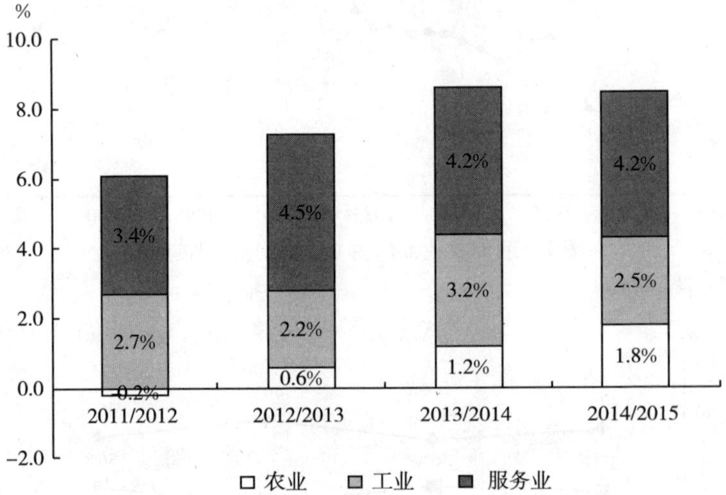

图 10　缅甸各部门对 GDP 增长的贡献率

缅甸农业发展状况相对落后，农业发展潜力尚未被完全挖掘。尽管种植面积很大，但单产量低于周边国家。例如，大米是缅甸最重要的农产品，土地和自然资源都具有潜力，但产量和生产收益在东南亚各国均排名倒数，不到柬埔寨的一半，仅为越南的三分之一。这严重地影响了缅甸农民的增收和减贫。缅甸农业人口的年均收入远低于其他东南亚国家。据估计，2012 年缅甸农民的年收入为 194 美元，而泰国为 706 美元。缅甸近年来的农业机械化程度有较大提高，如伊洛瓦底江三角洲这样的农业发达地区大多数农户都使用机械耕种，但仍然以小型农业机械为主（图 11）。

图 11　缅甸常用的手动两轮拖拉机

(五) 整体不平等问题并不突出，但城乡收入差距在不断扩大

根据世界银行的数据和方法测算，2015 年缅甸全国的基尼系数为 0.317，城市为 0.366，农村地区为 0.28。与周边国家类似发展阶段时期的基尼系数相比，缅甸整体的不平等问题并不特别突出。

但缅甸就业收入的城乡差别巨大。从事农业的人口收入低于从事工业和服务业的人口收入。如图 12 所示，缅甸劳动人口的日均工资水平约合 4 800 缅

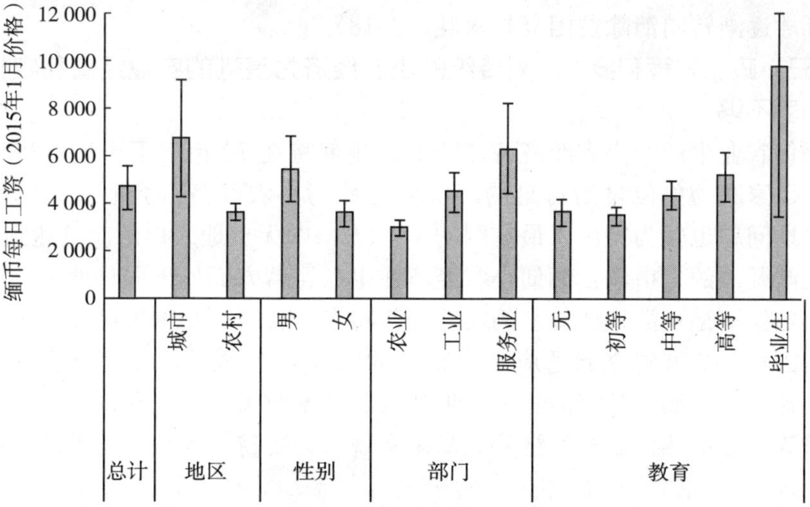

图 12　缅甸人口日均工资

币（折合人民币约 25 元）。缅甸农村劳动人口的工资水平低于城市劳动人口的工资水平，每日收入不足 4 000 缅币（折合 20 人民币）。

二、缅甸贫困的原因分析

（一）多年国内冲突造成动荡，不利于发展与减贫

自 1948 年独立以来，缅甸一直处于内战状态。直到近年，部分少数民族武装与中央政府军仍冲突不断。2012 年，缅甸东南部的战乱造成 40 多万人民背井离乡，约 14.2 万人被安置于缅泰边境的难民营（赵永胜，2018）。2016 年 11 月，缅北克钦独立军、德昂民族解放军、若开军、果敢同盟军 4 支“民地武”组成“缅北联合阵线”，突袭掸邦木姐县的城镇和公路，缅北战事又起战事（赵永胜，2018；胡培等，2018）。战乱带来的动荡严重妨害了发展和减贫，尤其是战乱所在少数民族地区（图 13）。在仍有战乱影响的若开邦、克钦邦和掸邦，2010 年贫困发生率均高于全国。

（二）贫困问题长期没有得到应有的重视，对于农村基础设施和公共服务的投入长期不足

尽管积贫积弱，但贫困问题长期没有得到政府的正视和重视（U Myint，2011）。政府对农村和贫困地区的基础设施建设和基本公共服务长期缺乏投入。出口也严格控制在国有企业手中。加之腐败问题、失败的计划经济政策，造成普遍的贫困和社会不公平加剧。外部因素方面，严厉的国际制裁限制了国际援助和资金渠道，也加剧了贫困。

在 2011 年吴登盛总统发表的一系列关于减贫工作的讲话说明中，他指出腐败、任用亲信、贫富之间不断扩大的差距是缅甸亟须解决的问题。政府的施政目标才逐渐转向消除贫困（赵永胜，2018）。

（三）政府政策和投入，对传统的小农经济为基础的农业经营和农村发展支持力度不够

缅甸农业生产的小农经济特征明显。缅甸将在 10 亩以下土地上耕种混合作物，以家庭为单位自给自足的经济形态称为小农经济（光明日报，2016）。农户失地问题也较为突出。最贫困的 10%人口中无土地人口的比例达到 38%。面对逐渐开放的大市场，缅甸小农经济在生产经营方面处于弱势地位。

小农经济是亚洲地区普遍的农业经营特点。日本、韩国等已经实现农业现代化的国家，能够建立起适应小农特点的农业政策体系，发展农业，积累资本。相比之下，缅甸政府的相关土地政策、技术政策、资金支持政策，对以小农经济为基础的缅甸农村经济发展尚未实现有力支持，无法有效带动农村地区的减贫。

土地政策方面，缅甸的土地政策未能积极促进农业经济的发展。传统上，

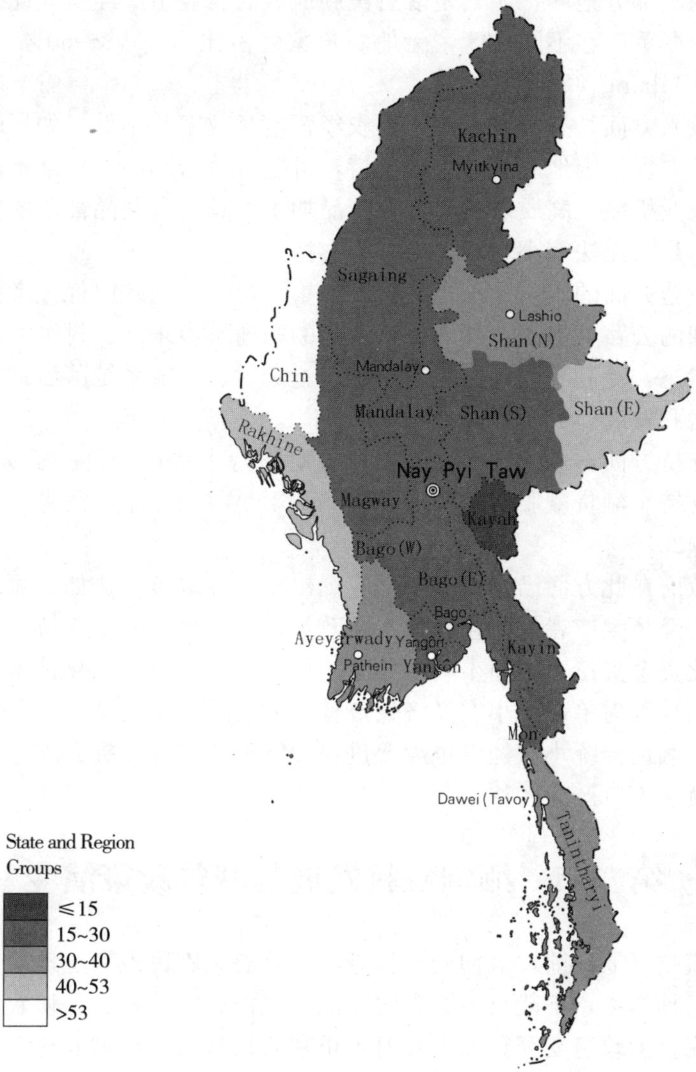

图 13　2010 年缅甸各省邦贫困发生率

Source：UNDP，2011。

缅甸农民对土地的使用权大多数是依照习俗和惯例。2012 年的《耕地法》为长期耕种固定土地的农民提供了土地使用权保障，土地使用权可以转让、继承和抵押。虽然该法律实施后越来越多农民拿到了耕地使用权凭证，但该项制度未能有效解决传统习惯法遗留的产权问题，也未能解决战乱导致的迁徙农民土地耕作问题。甚至部分本意是促进产权稳定性的政策法律，在事实上产生了混乱的相反效果（McCarthy，2016）。获得地权未能很好地激活农民的生产积极性，并制约了部分地区，尤其是落后民族地区的农业生产经营。此外，农民失地问题十分严重。在不同地区，无地农户家庭占比为20%～60%（S Srinivas and U Saw Hlaing，2015）。

技术投入方面，有研究表明，小农经营本身效率并不低。如果政府在技术方面能给小农提供因地制宜的有力支持，可以有效帮助小农户增产增收。但缅甸政府对农业机械、高质量种子、农产品加工等具有公共品性质的技术投入和推广力度不足，无法为小农户提供有力支持。

基础设施方面的政府投入更是长期严重不足。缅甸政府优先考虑连接各省和各邦之间的公路，但省、邦内公路之间的联通不容乐观。村级道路仍处于十分原始的状态，受制于天气。交通基础设施滞后、运输系统落后，不利于农业经营的销售和发展。

资金支持方面，缅甸国内外的投资方对支持小农户经营的资金投入有限。提供资金支持小额贷款服务机构力量薄弱，不足以满足小农需求（仰光市市长吴貌貌梭，2016）。

缅甸政府在此方面已开始做出反应提出支持性政策。例如，缅甸政府明确将增加小农经济生产者的收益作为主要政策目标，将进一步支持小农经济生产者，从优化资金支持、提高市场主导率、便捷信息交流和强化技术培训四个维度，构建以社区为单位的小农经济生产体系（光明日报，2016）。面对国际市场的竞争，缅甸传统小农经济也需要进一步转型。在逐步提升农业竞争力的同时，促进就业人口产业转移。

第二节　缅甸农村发展与减贫政策演变

吴登盛政府上台前，缅甸处于计划经济状态。农民没有土地所有权，无权决定种植何种作物，不能自由买卖农产品，也没有定价权。一切农业相关的供需和价格完全由政府支配。加上政府不重视农村减贫，缅甸农村存在大量贫困人口。

一、吴登盛执政时期相关政策及影响（2010—2015年）

2011年吴登盛政府执政后，缅甸开始了全面的经济社会改革，对农业和减贫政策开始了改革探索。

（一）政策与初步成效

首先，吴登盛政府于2011年5月举办了全国性的关于农村发展和减贫研讨会，提出到2015年将贫困率降低至16%的目标，并制定了涉及几乎所有部委的五年发展规划（Daw Win Myint，2012）。具体规划主要包括以下几个方面：

- 农业：增加耕地和灌溉设施、提高农业机械化、引入现代化技术、丰富生产种类、增加肥料使用、减少虫害、改善种植方式。政府提供优质水稻种子，并将信贷额提高到每公顷 100 000 缅币（约 65 美元）。
- 畜牧业和渔业：控制捕捞强度、提高水产品的附加值；改良家畜品种、鼓励一体化耕作。
- 森林与环境保护：增加自然保护区、扩大干旱地区植被覆盖面积。
- 能源：开发小型水电、风能、太阳能等可再生能源。
- 工业：提高农产品加工行业的效率。

2013 年初，缅甸政府推出了《农村发展战略框架》，重在推行以社区为本的发展战略，强化社区赋权和自治，成立了包括联合国、政府、私有企业、公民社会组织在内的发展伙伴联合体，加强彼此之间的交流与合作（Zarni Minn，2014）。在该框架下，开展了国家社区驱动发展项目（NCDDP）。该项目由世界银行提供 8 000 万美元资金支持社区制订发展规划，并为村委会提供资金进行社区基础设施建设（详见后文案例分析）。

与此同时，吴登盛政府寻求开放封闭的农业和土地市场。2012 年底缅甸政府发布了《经济与社会改革框架》，推行货币兑换市场化、贸易自由化，让市场成为决定农产品价格的主要因素。2012 年通过的《空置、休耕和未开垦土地法》《外国投资法》《农业用地法》，以及 2013 年通过的《保护农民权益法》，旨在放松对政府对土地市场的管控，鼓励土地并购与规模化利用，以提高农业效率和收入。在这些法律的支持下，许多农民拿到了正式的土地使用许可证。

上述各种措施一定程度上带动了缅甸农业发展和减贫。2012—2015 年，缅甸农业增长率从 1.7%上升至 5.6%。缅甸农业发展银行的信贷从 940 亿缅币增加到 11 650 亿缅币（2009—2015 年）。私有企业对农业的投入也有所增加（世界银行，2016）。截至 2015 年，缅甸贫困率降低到了 19.4%（缅甸计划与财政部和世界银行，2017），虽然目标与计划的 16%仍然有较大差距，但还是呈现了进步。

（二）挑战与不足

由于很多政策只停留在纸面上，实际无法落实，吴登盛政府政策也备受争议。吴登盛政府任期结束时，缅甸农业生产率依旧处于较低水平。首先，在农业技术等公共服务方面，缅甸政府投入严重不足；私有企业由于缺少有效的投资政策支持、知识产权保护、产品注册和检测等服务而不愿投入资金。以种子为例，据世界银行估计，缅甸仅有 1%的水稻种子需求得到满足（世界银行，2016），优良种子的供给严重不足（图 14）。

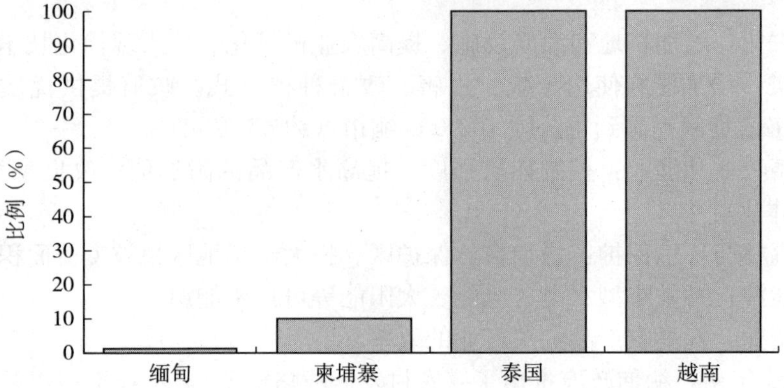

图 14　水稻种子供需比

来源：World Bank estimates.

第二，杀虫剂和化肥滥用一直没有得到解决。缅甸的相关标准远远落后于其他国家（缅甸农业、畜牧业和灌溉部、日本农业、森林和渔业部，2017），缅甸关于杀虫剂和化肥使用的法律分别发布于 1990 年和 2002 年，之后就一直没有新的立法。两项法律的实施细则也一直没有更新。加上缅甸农民普遍缺乏必要的农业知识和技术，往往过量使用化肥和杀虫剂，降低了农产品的产量和质量（图 15）。

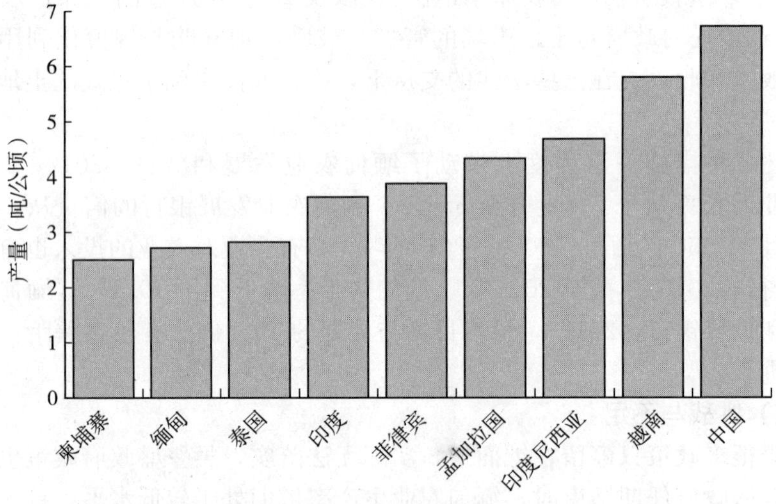

图 15　亚洲国家稻谷产量

来源：US Department of Agriculture.

第三，农业对私营部门的投资吸引力不足。截至 2017 年 9 月，缅甸本地只有 9 家企业投资农业，总额 5 200 万美元，占本地投资总额的 0.35%，有

23家外资企业投资农业，投资额3.8亿美元，仅占外来投资总额的0.51%。缺少投资阻碍了农业机械化和现代化，也无法改善粮食存储、运输和加工条件。缅甸仅有8%的碾米厂日产量超过100吨，仅有10%可以生产出满足出口质量标准的大米（缅甸欧洲商会，2018）。

第四，信贷市场未能提供有效服务，缅甸农民收入低且不稳定，往往需要依赖信贷来弥补短期家庭或务农的资金需求，但缅甸的农村信贷市场并没有提供足够的服务。农民由于缺少抵押品，并且贷款额度较低，大部分商业银行没有针对农民的信贷业务。缅甸农村信贷的最主要来源是缅甸政府下属的农业发展银行。由于农民缺少必要的硬件设施（尤其是缺少现代化的信息系统），另外资金规模有限（绝大部分资金来自缅甸政府，且利率受到政府控制），农业发展银行的分支机构仅覆盖全国208个镇，仍有120个镇没有网点。同时政府设定的每公顷65美元的信贷额度仅为实际水稻产量价值的一半，无法满足资金需求。大部分农民只能寻求利率高达10%～15%的私人借贷。

第五，土地权利问题依旧没有得到解决。由于新的土地法律只涉及已被划分为“农业用地”的土地，占有林地和不定期耕种的土地的农民无法得到土地使用证。很多土地因此被强制征收，更有大量土地被投资者侵占用于开发项目，而农民几乎得不到合理赔偿。对土地权利保障不足制约了农户对土地的投资，也限制了耕地的流转。

二、民盟执政时期政策的新变化（2015年至今）

2015年缅甸举行了议会大选。大选之前，民盟就将复兴农业作为其竞选经济纲领之一，承诺优先发展农业研究、开展土地制度改革和利用先进技术。当选后为了兑现竞选承诺，民盟政府联合国内外发展机构对缅甸农业开展了大量研究，在之后几年相继发布了《缅甸粮食与营养安全国家行动计划》《缅甸气候智能农业战略》《缅甸大米发展战略》《从饭碗到食物篮白皮书》《蔬菜白皮书》《粮食价值链路线图》《缅甸密集农业提升项目准备调查》《农业政策》《缅甸种子行业路线图》等一系列报告和政策文件。

整体来看，新政府的改革方向可以概括为：政府主要职责是建立一个透明问责的监管体系，减少政府对市场的干预，逐步完全开放农业市场，加大私人和外国投资，提高粮食生产率和种类，并注重可持续发展。随着经济发展，预计农村人口将加快转移到城市，从事第二、三产业工作，将会出现农业劳动力短缺的情况。为了应对未来发展，政府提出需要将目前劳动密集型的生产方式转化为现代资本密集型农业，主要措施包括推进农业机械化、引入高质量种子、提高化肥使用效率、利用信息通讯技术等。同时还要改善灌溉设施在内的基础设施，通过提高价值链改善粮食分配水平。

2016年，缅甸政府发布了为期5年的《农业发展战略及投资计划》，将治理、生产率和竞争力作为支持发展的三个重要方向，并针对此战略制定了相应的政府财政和融资计划。该计划相比过去主要有两大变化：一是将部分预算从灌溉设施和机械化转移到农业研究、土地管理、价值链、畜牧业和渔业等领域；二是考虑对当前发展和中期发展所需的资金进行了平衡。总的来说，治理方面占了总投资预算的11%，主要包括农业总体规划、政策协调、公众参与、政策制定、评估和监测、数据统计等内容。生产率方面的投资预算占据56%，集中在水利灌溉设施、农业研究、畜牧和渔业、可持续发展和气候变化、灾害应对等。竞争力方面占33%，包括基础设施、社区发展、价值链和质量控制、食品安全等内容。

缅甸虽然有着诸如珍珠米（Paw San Rice）这种在国内外享有盛誉的产品，但优良种子的选育和管理工作水平较低，优秀品种的产量不高，抵御虫害和自然灾害水平较低，无法在全国得到有效推广。对此，民盟政府相继通过了《种子法》《植物种类保护法》和《种子管理条例》等政策、法律。这些政策的主要方向是逐渐减少公共部门的角色权重，鼓励社会资本的参与。一方面规定公共部门的主要任务是提供相关服务，包括原种培育、科学研究、建立整体种子质量控制体系和种子推广机制。政府将增加种子实验室的数量并雇佣更多质检员。另一方面，鼓励私营部门担负起种子生产、质量控制、种类注册和认证申请工作。值得指出的是，民盟政府提出了“种子村”的构想，即村一级组织的种子生产者负责生产能用于商业认证和推广的种子，将传统非正式的种子制造者转化为正式生产者。此外，缅甸政府还计划成立一个独立的种子认证部门，负责种子质量检查测试，并负责注册审批（缅甸农业、畜牧业与灌溉部，2016）。

缅甸目前大部分食品加工企业为中小企业，因此民盟政府还特别鼓励中小企业的发展。2015年发布的《中小企业发展政策》将食品、渔业和海产品作为短期优先发展产业，将高附加值产品生产加工列为长期优先发展产业。政府通过提供技术支持和信息服务，帮助中小企业选择收入更高的农作物，并通过鼓励其加入农业协会等机构来获取更多市场和资源渠道。此外，加大对农业投资的扶持，并在2018年通过了新的投资法，利用包括税收优惠在内的各种方式吸引国内外投资者。

民盟政府还提出了未来农业农村政策制定的一些方向：

（一）加强农业应对气候变化的能力

由于缅甸农业非常易受气候变化影响，政府在制订农业政策时，将此因素纳入考虑。包括进口能够抵抗气候变化的水稻种子、建立应对气候变化的保险体系、降低气候变化对收入的影响等举措。考虑设立气候变化智能化村组织

(Climate-Smart Village)，开展下列工作：①通过电视、广播、报纸、短信等方式及时获取近期天气情况以及专家建议。②合理利用和管理水资源，包括开展含水层补给、雨水收集、水储存，以及采用滴灌等方式。③由于土壤中的有机碳可以帮助抵抗气候变化并提高土地肥沃程度，因此鼓励发展通过农林业开展耕牧混合、采取水土保持耕作等方式增加有机碳含量。④通过氮管理控制氮肥用量。

（三）加强农村金融服务

民盟政府鼓励私人机构为农业提供全方位金融服务，包括贷款、储蓄、保险、资金汇划和租赁。政府计划建立相应的农业保险制度，以使小农户无需抵押品就可以贷款（国家经济与社会咨询理事会，2016）。

（四）加强农业教育和研究

建立农业研究理事会、农业和农村发展政策研究所、农业科学院等机构，为缅甸农业从业者提供专业知识、市场信息和经济治理等方面信息。

（五）发展农村非农业就业

除了发展农业，缅甸政府也鼓励农民从事农业之外的其他行业，尤其是服务业，增加本地就业机会，减少农村劳动力外流，同时增加农民收入。

总结来看，新政府农业政策在诸多方面延续了吴登盛政府的既定方针，比如进一步市场化、农业产品多元化、技术现代化、机械化，以及进一步提升农村金融服务等。相比之下，与前政府的主要区别在于：新政府更注重农业科学研究；提倡“包容性发展”，即在鼓励大型农业企业投资的同时，也支持中小企业发展；关注可持续发展与气候变化应对等。

专栏 2　农村发展与减贫领域相关法律、政策指导文件

（1）缅甸农业发展战略（2018/2019—2022/2023）；
（2）国家农村道路联通战略（2016）；
（3）缅甸国家交通规划（2016）；
（4）农村学校供水、卫生与清洁国家投资计划（2016—2030）；
（5）中小企业发展政策（2015）；
（6）缅甸粮食与营养安全国家行动计划；
（7）缅甸气候智能农业战略；
（8）缅甸大米发展战略；
（9）缅甸密集农业提升项目准备调查；
（10）缅甸种子行业路线图。

三、议会在农村发展与减贫政策中的作用及影响

(一) 议会相关委员会及职能

缅甸联邦议会（Hluttaw）是缅甸国家两院立法机构，自 2011 年民主化转型时成立。由上院民族院（Amyotha Hluttaw，共 224 名议员）和下院人民院（Pyithu Hluttaw，共 440 名议员组成）组成，每届任期为 5 年。在 224 名民族院议员中，168 位由 14 个省邦选出（每个省邦 12 位），剩余 56 位是由总司令任命的国防人员；在 440 名人民院议员中，330 位是由缅甸各乡镇根据人口数量大小加权选出，110 位是由总司令任命的国防人员。联邦议会每五年选举一次。

议会最主要的职能是提交、审理、讨论并批准出台法律。对于具体立法过程，一般为民族院和人民院的议员先进行提案，提案在联邦议会进行辩论，辩论通过则递交给缅甸总统审议，如若总统批准，则需在收到提案的十四天内签字，签字后七天内提案可以正式生效；如若总统认定提案需要完善，则发回给联邦议会进行审议，相关提案议员须对提案进行修正，再发回总统进行审议，如此往复进行（图 16）。

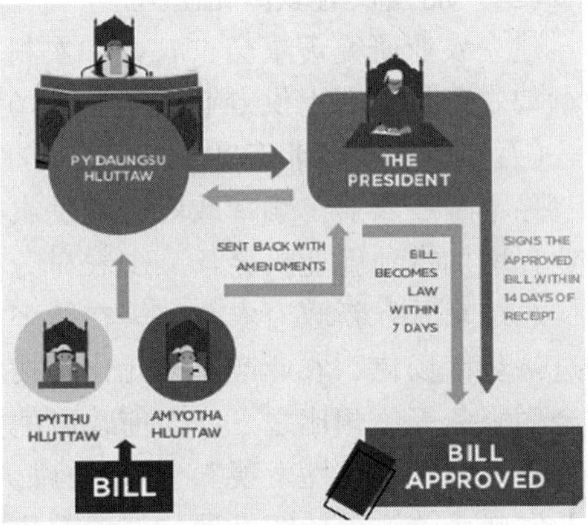

图 16　缅甸议会立法过程介绍图

为了保证立法的专业性，上院民族院和下院人民院针对不同议题成立了常务委员会和专门委员会。其中民族院设有 4 个常务委员会和 12 个临时委员会，人民院设有 4 个常务委员会和 15 个临时委员会。委员会会对立法工作进行研究和评估，在此过程中与政府其他部门相互协调，也与选民沟通，征集不同利益相关方对法律的意见，形成相关报告提交议会审阅。作为立法部门，各委员会对相应行政部门有监督权，能够接受来自选民的投诉、组织开展相关调查。

民族院和人民院都在专门委员会中设有农业、畜牧业和农村发展委员会（Agriculture，Livestock Breeding and Rural Development Committee）。负责相关的立法工作，与缅甸农业、畜牧与灌溉部（MOALI）以及各省邦的农业部门保持沟通并行使监督权力。2016 年以来，本届议会已通过、修改或正在起草的与农村发展及农业、畜牧业相关的法律如下：

- 农村发展法（Rural Development Law）；
- 动物健康法（Animal Health）；

- 边界法（Boundary Law）；
- 保护农民权利与提高农民福利法（Law of Protection of the Farmer Rights and Enhancement of their Benefits）；
- 空置、休耕和未开垦土地管理法（Vacant，Fallow，and Virgin Land Management Act）；
- 灌溉法（Irrigation Law）；
- 土地收购法（Land acquisition Act）。

（二）主要在野党的政策主张

除执政党全国民主联盟外，缅甸还有众多的在野党，包括少数民族政党，这些党派组织积极同执政党对话，尤其关注本党或民族政党选民集中地区的发展情况。由于这些党派并非执政党，其公开的减贫与农业发展相关政策或主张信息不多。为全面展示其他政党在此领域的关切和主张，课题组摘选了一部分在野党领导人的言论及其他公开信息，作为对缅甸国内扶贫与农村发展政策部分的补充。

联邦巩固与发展党（USDP）：2016 年 1 月，缅甸议会（此时仍由联邦巩固与发展党占多数）通过了新的《国家土地使用政策》。新政旨在协调现有法律，为新的土地法铺路。政策尊重传统土地使用权和性别平等，为无地农民和小农户提供了同等权利保障。

掸族民主联盟（SNLD）：掸族民主联盟中央执行委员会成员吴赛吞埃（U Sai Tun Aye）表示："我们想要的政府是负责任的政府。我们掸邦有森林、矿物、珠宝、河流，我们需要保护好这些资源。然而，我们的森林被砍伐，矿物被开采，珠宝被挖掘；在乡村砍伐森林破坏了自然环境，导致气候变化。当地人民不得不离开村庄流离失所，并遭受洪水和山体滑坡的灾害。很多外来公司垄断了宝石和矿产，而本地人别无选择。那些已经生产出的电力和天然气被通过管道输送到国外，而我们的社区还是没能通电。我们从不想要这样的政府。"①

若开民族党（ANP）：前主席埃貌博士（Aye Maung）表示："Ann 镇是若开邦的一部分。若开邦还有许多其他乡镇与 Ann 一样不发达。Ann 有许多土地被没收的案件。我们将不得不重建若开邦。我们必须努力在区域内发展和建设更好的基础设施，提升居民的生活质量。这是我们的愿景。我们期望改变若开邦的农业和畜牧业，因此我们需要政府提供大量资金支持我们的计划。"②

---

① 出自 The Global New Light of Myanmar. http：//www. globalnewlightofmyanmar. com/shan-nationalities-league-for-democracy-party-presents-policy-and-programmes/.

② 出自《缅甸时报》. https：//www. mmtimes. com/national-news/25548-anp-s-dr-aye-maung-intends-to-make-an-impact. html.

“安溪水电（Ann Creek Hydropower）项目对乡村环境的影响是显著的，我们需要重新评估。我们必须根据最新的数据和环境影响评估再次进行考量。”[①]

第三节　缅甸的农村发展与减贫治理体系

一、联邦政府：农业、畜牧业与灌溉部（MOALI）

农业、家畜与灌溉部（Ministry of Agriculture，Livestock and Irrigation，简称 MOALI）是缅甸农村发展的主要管理部门。其下设立 14 个司级部门，包括：部长办公室、农业司、农村发展司、灌溉与水资源管理司、农业机械化司、农业土地管理与统计司、规划司、畜牧养殖和兽医司、兽医大学、农业研究司、耶金农业大学、小规模工业司、渔业司、合作社司。不同的部门主管农村发展的不同方面。

其中，农村发展司（Department of Rural Development）是与农村发展和减贫最相关的责任部门。农村发展司的使命是提升缅甸农村人口的经济社会状况，构建更有利于农村人口生计的社会环境与基础设施，强化针对农村人口的基本公共服务。农村发展司下设农村经济与金融处、减贫与支持处、农村供水与健康处、农村供电与住房处、监测与评估处、计划与国际关系处等分支部门。目前农村发展司有 5 802 名雇员，其中高级雇员 831 名。农村发展司负责的主要减贫项目包括农村供水、电力、社区驱动型发展项目、农村发展规划和农村生计类项目。农村发展司还与中国有援助项目合作，中国援缅农村发展与减贫示范项目的联合办公室就设在了该司。

二、省邦政府及财政转移

农业、畜牧业与灌溉部的每个下属司级部门在各省邦都有所管辖的对应部门，负责执行上级（联邦政府）所分配的各项工作任务。财政上，2011 年吴登盛上台后，开始推行财政分权，给邦和区一级政府更大财政支配权，以实施具体减贫项目。此前，邦和区一级政府财政预算较低，但却要负责农业、当地交通与通讯、手工业、小型能源项目等对农村发展减贫至关重要的领域。改革后，中央政府根据地方发展需要，通过财政转移为地方政府提供必要的资金支持。财政转移从仅占 GDP 总值的 0.6%提高到了 2.3%（2011—2015 年）（世界银行，2016）。

目前，缅甸有三种从联邦到地方的财政转移方式（图 17）：

① 出自《缅甸时报》. https://www.mmtimes.com/national-news/25548-anp-s-dr-aye-maung-intends-to-make-an-impact.html.

（1）联邦政府各部委或职能部门将其预算分配给所管辖的各省邦下属部门（图 17 左）。

（2）联邦政府以赠款或贷款的形式提供将资金拨付省邦政府，以统一支持其管理的一系列职能部门的工作，地方政府有权决定资金具体使用去向（图 17）。

（3）其他限定性资金通过联邦政府转移至地方政府，用于基础设施等领域的采购（图 17 右）。

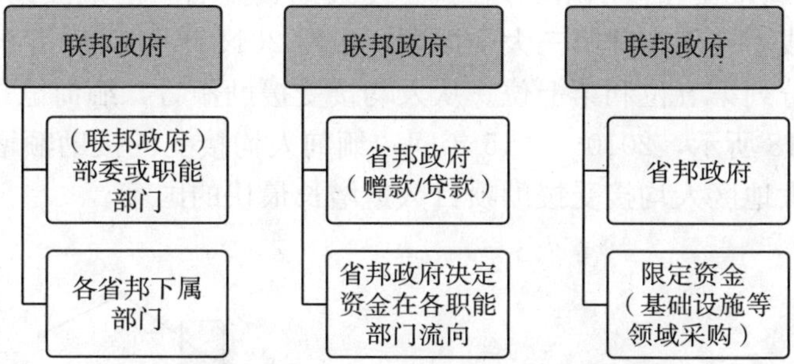

图 17　缅甸财政转移体系（课题组绘制）

三、镇区及村级治理机构

虽然吴登盛政府进行了一定的财政分权改革，但缅甸的财政分权依然充满挑战。一个最主要的挑战是缅甸行政体系复杂，比如缅甸有联邦（union）、省邦（state/region）、县（district）、乡镇（township）、村庄（ward and village track）和村（village），每个行政级别都需要具体项目预算的权力下放，但是由于缅甸基层政府存在广泛的权责不清、功能重复等问题，向下一级的财政分配充满挑战。民盟政府对此和省邦政府举行过多轮磋商，但是至今未有明显进展。

不过，这一问题并不影响一些特定的国际援助项目在缅甸的开展，比如韩国新村运动（案例 1），由于项目资方要求获得资助的村（village）设立村民委员会管理项目资金并定期监督，这种情况下由于试点村落有限（新村运动在缅甸项目覆盖村的数量为 110 个），财政分权得到了更充分的贯彻。

第四节　国际对缅援助：现状及管理机制

2011 年民选政府上台以来，缅甸开始经济市场化和政治民主化转型，国际社会对缅援助的局面随之打开。国际社会采取了若干步骤使对缅援助正常化，援助规模不断增加，领域也日渐丰富。2015 年数据显示缅甸是世界上第七大国际援助接受国，同时也是亚太地区人均接受援助的第三大国。缅甸政府管理对外援助的机制于 2013 年正式设立。民盟政府上台后虽然有所微调，但是总体还是在吴登盛政府时期奠定的机制基础上运作。

一、国际对缅援助及其发展趋势

（一）总体情况

根据经合组织（OECD）发展援助委员会统计数据，2011—2015 年，对缅援助共计 137 亿美元，实际支付额超过 103 亿美元。缅甸在这五年期间成为全球第 13 大援助接受国（承诺额）。就年度援助资金看，对缅援助在 2013 年达到峰值，并成为当年全球第三大受援国。虽然 2014 年和 2015 年的援助水平有所下降，仍分列第五位和第七位。从人均接受援助额看，缅甸也是相对靠前的国家。如图 18 所示，2010—2015 年间，缅甸人均接受的援助额增长了大约十倍，成为亚太地区人均接受援助项目数量增长最快的国家。

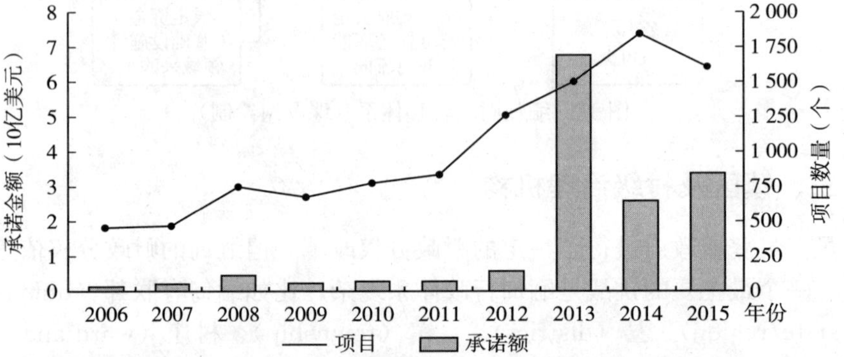

图 18　2006—2015 年缅甸接受援助（承诺额）及援助项目数①

2011 年以来，在缅甸开展援助工作的机构数量不断增加。根据 OECD 统计，2011—2015 年，援助机构数量从 29 个增加到 39 个。根据亚洲基金会 2016 年 11 月的专项研究，缅甸的前十大援助国（地区）依次为日本、英国、美国、欧盟、澳大利亚、德国、挪威、韩国、瑞典②。此外还有包括世界银行和亚洲开发银行在内的多边发展银行，以及全球疫苗免疫联盟（GAVI）、全球基金（Global Fund）和全球环境基金（GEF）等专业机构，后者对缅援助资金超过了许多双边援助机构。其中，日本、英国和世行对缅援助额占到了缅甸接受援助总额的一半以上。

从援助的领域看，能源、医疗卫生和交通运输为对缅援助（承诺额）的前三大领域，总共占援助总额的 50%。然而由于能源和交通运输领域援助项目落实需要较长时间的前期投入，因此实际支付额并不高。相比而言，医疗卫生

① 数据来源：亚洲基金会根据 OECD 数据整理。

② 该数据并未包括中国、印度、泰国等非 OECD 成员。

和教育部门的援助支付率最高（图 19）。值得指出的是，根据研究数据，缅甸接受的其他多领域援助（other multi-sector）数量也非常多，排在医疗卫生援助之后。世界银行主导的“国家社区驱动发展项目”（NCDDP）就是该领域的代表项目。总的来说，对缅援助的领域分布与全球国际发展援助的分布趋势基本一致。

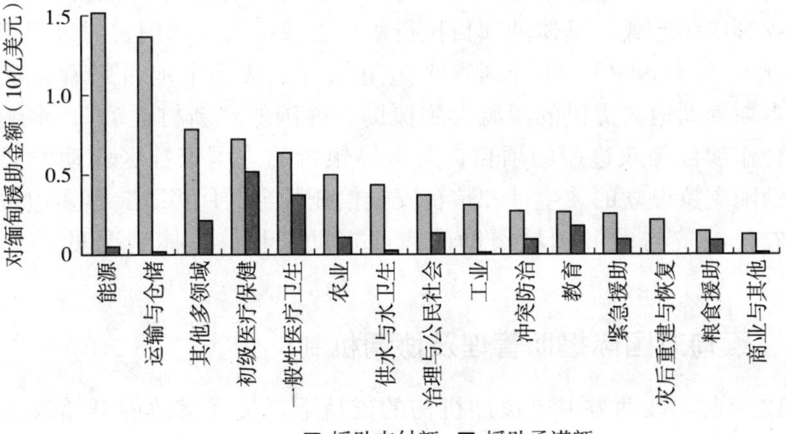

图 19　2016 年对缅援助领域分布

（二）减贫与农村发展领域的援助

由于农村发展领域的援助具有跨领域性质，OECD 的领域分类中没有专门的农村发展类别。但农村发展是缅甸政府确定的优先领域之一，“农村发展”也是对缅发展援助界的高频词汇。其中，农业领域援助是最重要的一个组成部分。农业是 2010 年以来国际对缅援助上升最快的一个领域（图 20）。截至

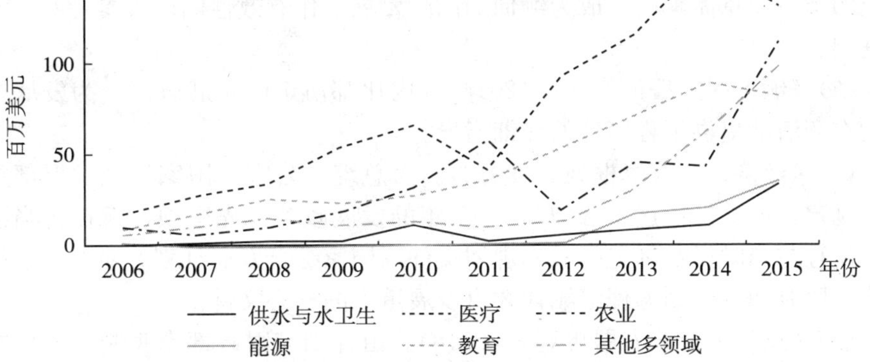

图 20　2006—2015 年对缅援助领域分布及趋势

来源：OECD 债权人报告系统援助活动数据库。

2016 年 11 月，在农业领域的援助承诺额为 4.99 亿美元，在各领域援助中排第五。此外，“其他多领域”援助和“医疗卫生领域”的援助中，很大一部分也可以算作是减贫与农村发展领域的援助。值得指出的是，由于减贫与农村发展领域本身的跨领域属性，该领域的援助很难从统计数据上剥离出来。

总的来看，农业与农村发展领域的援助项目数量多，金额和规模大小不一，援助额从几万美元至上亿美元不等，援助方式包括方案援助、技术援助、优惠贷款等诸多形式。具体的项目执行机构也包括政府部门、村级组织、国际 NGO、缅甸本土 NGO、联合国等多边组织等。从单个项目来看，双边援助中，日本在勃固地区提供的灌溉设施援助、韩国的“新村运动”、中缅农村减贫示范合作项目等双边援助项目，及世界银行的“国家社区驱动发展项目”，诸多援助国支持设立的“生计和粮食安全信托基金（LIFT）”等多边援助，都是对缅农村减贫与发展领域援助的旗舰援助项目。具体情况见后文的案例分析。

二、缅甸对国际援助管理及协调机制

2012 年起，在西方主要援助机构的支持下，吴登盛政府开始改革缅甸的外国援助管理体系，从顶层制度设计、政策和优先领域制定、整合协调内外资源等方面进行了一系列改革。与 20 世纪 90 年代初期“低效”“冗杂”的外援管理体系相比，吴登盛政府领导搭建的援助管理系统在机构设置、部门分工、权责规定、援助数据统计、技术能力建设、协作和管理效率等方面得到了较大提升，也逐渐开始对接传统的国际援助标准规范。

2013 年以来，缅甸政府还发布了诸多援助政策，成为针对国际社会援助缅甸的“指导性文件”：

（1）《内比都发展合作有效性协定》（2013）。缅甸政府与发展援助方共同作出的十一项总体承诺，成为缅甸的国际发展合作有效性的政策参考和行动指导框架。

（2）《缅甸国际援助指南》（2014）。内比都协定的扩展解读，为发展援助机构在缅活动提供了程序性的详细指导。

（3）《经济社会改革框架》（2013）。由总统办公室和国家计划发展部的领导下制定，该文件概述了缅甸到 2015 年的发展政策优先事项，旨在将当前的政府流程与当时正在制定的长期规划文件《国家综合发展计划》对接。该框架成为这段时间各援助方理解缅甸政府发展重点的核心文件。

（4）《缅甸可持续发展规划》（2018）。由计划与财政部牵头制定，旨在协调各部门的诸多发展政策，具体包含五个大目标、28 个战略和 238 个行动计划，《缅甸可持续发展规划》也与联合国的可持续发展目标、缅甸联邦“十二点经济政策”和东盟共同体规划等诸多计划保持一致。

2016年民盟上台执政之后，缅甸政府对援助管理体系进行了调整。一是将吴登盛时期的援助管理中央委员会进行了重组，并更名为发展援助协调小组（Development Assistance Coordination Unit，简称DACU），昂山素季担任该小组主席，副主席为计划与财政部部长。部委层面，计划与财政部（MOPF）是援助归口管理部门。MOPF下设对外经济关系司（Foreign Economic Relations Department，简称FERD），是DACU的秘书处所在，也是接受来自各多、双边官方发展援助的窗口单位。对外经济关系司负责援助合同拟定、工作层面协商、援款入账等具体执行事务。民盟政府于2017年7月，将17个领域工作小组改为简化的10个，更名为“领域协调小组”（SCG）。这十个领域协调小组分别是：就业、宏观经济管理、交通、农业与农村发展、教育与职业技术教育、医疗卫生、社会保障与灾害风险防控、营养、环境保护、能源与电力。每一个领域协调小组都由一个缅甸部委牵头。其中，农业与农村发展协调小组的牵头部委是农业畜牧业与灌溉部。此外，还有3个部级层面牵头的非领域的协调小组，分别是：仰光城市发展小组、统计质量发展小组和性别平等与女性发展小组。

各援助国于2016年7月改组了协调机构，用新的“合作伙伴小组”（CPG）取代了原先的“发展伙伴小组和发展伙伴工作委员会”，改进后的协调机制更具包容性。CPG有四名轮值主席机构，分别是：一个国际金融机构，一个联合国机构，一个经合组织双边援助机构和一个非经合组织双边援助机构。CPG有一个小型秘书处设在联合国开发计划署，由欧盟、英国和澳大利亚提供资金支持其工作及后勤工作。

CPG还建立了专门的“工作流”（work streams），以解决在提供援助面临的主要挑战。“工作流”一共有十个，包括：发展有效性圆桌会、本地CSO联络、国际NGO联络、援助实施工作、援助信息管理系统、发展—人道—和平协同发展、私营部门发展、省邦发展、若开邦发展、城市发展。CPG成员可以选择性地参加这些“工作流”定期举行的会议，讨论所选领域可以采取的实践改进步骤。

第五节　农村发展与减贫领域对缅援助案例分析

结合中缅经济走廊“人字形”布局，我们选取了沿线节点地区的仰光、曼德勒、密支那、皎漂和木姐五地附近乡村作为调研备选方案。

仰光省位于中缅经济走廊最南端，是缅甸经济最发达、人口最密集的地区，也是国际对缅援助最集中的地方。中缅经济走廊最西端的若开邦，是缅甸发展最落后的地区之一，罗兴迦问题也使得该地区成为国际关注焦点；中国在若开邦有皎漂深水港和经济特区、中缅油气管道等重要战略项目。中缅经济走廊途径的缅甸首都内比都，下辖中国援缅减贫示范合作项目支持的两个示范村，目前项目已进入实施操作阶段，中缅双方在该地区减贫与发展合作已有了全方位的基础。“人字形”交汇的曼德勒是缅甸第二大城市、北部经济重镇，曼德勒缪达经贸合作区、中色镍业达贡山镍业开发项目和莱比塘铜矿项目都在曼德勒和与其相连的实皆省。缅北克钦和掸邦，是中缅主要边贸、跨境合作的阵地，包括如在中缅经济走廊框架下的瑞丽—木姐跨境经济合作区等。这些也都是缅甸农村发展与减贫的主要关注点。

课题乡村调研的受访对象包括缅甸政府（如缅甸农业畜牧灌溉部 MOALI）的项目、多边发展合作（如世界银行和意大利、日本政府合作项目）的案例、双边发展机构（如英国国际发展署 DFID、美国国际发展署 USAID、韩国国际合作机构 KOICA）的合作、国际非营利组织（如德国 Welthungerhilfe）的参与以及本土非营利组织和创新企业（如克钦邦 Metta Development Organization 等）的实践。在此我们选取几个多/双边发展援助机构的案例作一分享。

一、农村发展与减贫领域的双边援助

案例 1：新村运动 SMU（Saemaul Undong）

援助方：韩国国际合作机构（KOICA）

韩国曾是发展中国家，凭借几代领导人的经济改革成功跃升发达国家行列。与美国和欧洲国家不同，韩国在缅甸的援助思路极大地借鉴了自身过去几十年的发展经验，这与中国对缅援助的实际背景和思路更接近。此外，同为亚洲国家，文化上与行政管理上相对欧美来说，韩国、中国、日本与缅甸更为接近，因此韩国在缅发展援助工作十分值得我们学习与研究。

韩国国际合作机构（KOICA）成立于 1991 年，是韩国政府负责国际发展合作的官方机构，致力于发展中国家的民生建设，并推动其对韩友好关系。KOICA 缅甸办公室于 2001 年在仰光建立，并长期致力于区域发展、交通、能源以及发展与减贫的其他方面。与此同时，KOICA 也与缅甸政府积极开展人力资源培训与交流项目，每年邀请大量缅甸政府官员到韩国接受公共治理方面的培训。

韩国近年来在缅甸加大援助投入，收效明显，其中“新村运动（SMU）”是其主打的以农村减贫与发展为主题的民生领域援助旗舰项目。“新村运动”（SMU）是韩国前领导人朴正熙当政时期推行的农村经济发展政策。从 2016 年起，KOICA 试图在缅甸复制这一成功经验，首期资助缅甸政府 2 200 万美元，在缅甸不同省邦的 110 个村子开展“新村运动”项目，为期 5 年。

KOICA 为每个村子提供每年 2 万美元的资金支持，这些资金通过联邦政府、各省/邦政府、镇政府最终转至村一级政府。项目一共 5 期，每期 1 年。该项目保持了韩国“新村运动”的基本特点，即通过择优选择和支援引导优秀村庄的良性竞争，激发村民勤勉建设村庄的主动性，让村民拥有获得感。“新村运动”在缅复制也不拘泥于一个固有模式，如在援助资金分配上，在缅甸第一年采用了韩国原本的模式，即第一期每个村子获得 2 万美元，其中 5%用于举办活动会议、开展能力建设，45%用于修建基础设施、改善居住环境，剩余 50%用于乡村经济开发，如为农业生产和经营提供小额信贷等。但在缅甸执行的第二年，根据各方反馈，将用于活动会议、能力建设的资金占比上调至 10%。

管理架构上，缅甸农业部下属农业司是执行部门，并将具体任务下派到每个省邦，各省邦农业厅负责人作为该省邦“新村运动”项目主席。韩国还派出海外志愿者协助项目主席进行一些技术性或日常性工作；省邦下一级是镇区，每个镇区有一位项目主任，和一位项目秘书，相当于副主任，并在这一级开设专用银行账户，用于该镇区资金拨付与使用。每个项目执行村由村民选出自治委员会，委员均为本地村民。委员会每月开 3～4 次会议，讨论 SMU 资金使用和通过项目决议。

我们在实地采访的两个“新村运动”项目点了解到，该村利用“新村运动”的资金修建了位于学校里的净水设施、卫生中心和社区活动中心，并每月两次组织村民委员会讨论村庄发展的重要事项、资金使用等，以及为村民提供农业生产、市场营销、消防急救等方面的经验与培训。该项目目前在运营第三年，尚无完善的评估报告可以参考（图 21）。

案例 2：日本国际协力机构（JICA）

日本国际协力机构（JICA）是日本政府领导的官方发展援助机构（ODA），宗旨是协助发展中国家的经济和社会发展，以及促进国际合作。由于缅甸是日本第三大援助目的国（仅次于印度和越南），所以 JICA 在缅甸的工作非常活跃，也很值得参考。日本驻受援国使馆和日本国际协力机构（JICA）当地代表处组成“国别官方发展援助工作组”（Country-based ODA Task Force），为国别政策的制定提供支持，并负责与受援国政府、外国援助机构、国际组织、非政府组织和企业等利益相关方沟通协调。JICA 在缅甸有三大主要工作领域：提升人民社会经济水平和收入、完善乡村基础设施和发展减贫机制和能力建设。JICA 缅甸代表处的副所长分管农业和农村发展相关事务，这一领域的项目援款规模不大，但数量众多，很多项目在军政府时期就开始执行了，已经实施了很长的时间。

该领域下的具体项目包括：

（1）中小企业发展。在 2018—2019 财年，JICA 计划通过缅甸本土银行向

图 21　调研团队实地走访 SMU 项目点

缅甸中小企业（SME）提供总额为 1 685 亿缅币（1 亿美元）的贷款。每一家中小企业最大的贷款额度为 5 亿缅币（约 30 万美元），贷款需要在 1～5 年内还清。事实上，早在 2015—2016 财年，JICA 就已经通过缅甸本地银行向缅甸中小企业提供了 49 亿缅币（约 300 万美元）的贷款，而在 2016—2017 财年这一数字增加到 368 亿缅币（约 2 300 万美元）。2018—2019 财年这一计划显示 JICA 对其中小企业贷款项目的运营前景表示乐观。

代理 JICA 中小企业贷款业务的缅甸本地银行包括缅甸中小产业发展银行（The Small and Medium Industrial Development Bank）、缅甸顶点银行（Myanmar Apex Bank）、缅甸公民银行（Myanmar Citizen Bank）、缅甸合作银行（Myanmar Cooperative Bank）、KBZ 银行和 AYA 银行。其中缅甸中小企业发展银行是 JICA 最大的代理方（148 亿缅币，约合 972 万美元）。

从中小企业贷款支持的行业来看，制造业获得了最大的支持（有 397 亿缅币贷款流向制造行业的中小企业），服务业紧随其后，获得了 145 亿缅币的贷款。JICA 提供的贷款年利率为 8.5%，远远低于缅甸其他中小企业贷款的平均年利率（13%以上）。

（2）中央干旱地区乡村供水：JICA 为缅甸农业畜牧灌溉部农村发展司提供赠款，支持其改进缅甸村级的水井工程，并加强水质分析与检测，以应对中央干旱地区安全饮用水的巨大缺口，从而改善中央干旱地区农村人口的社会经济生活质量（图 22、图 23）。JICA 为此提供的赠款总额为 12.42 亿日元（约 1 100 万美元），用于采购车载钻机、空气压缩机、起重机车、潜水泵和发电机等设备（具体情况见附件二）。

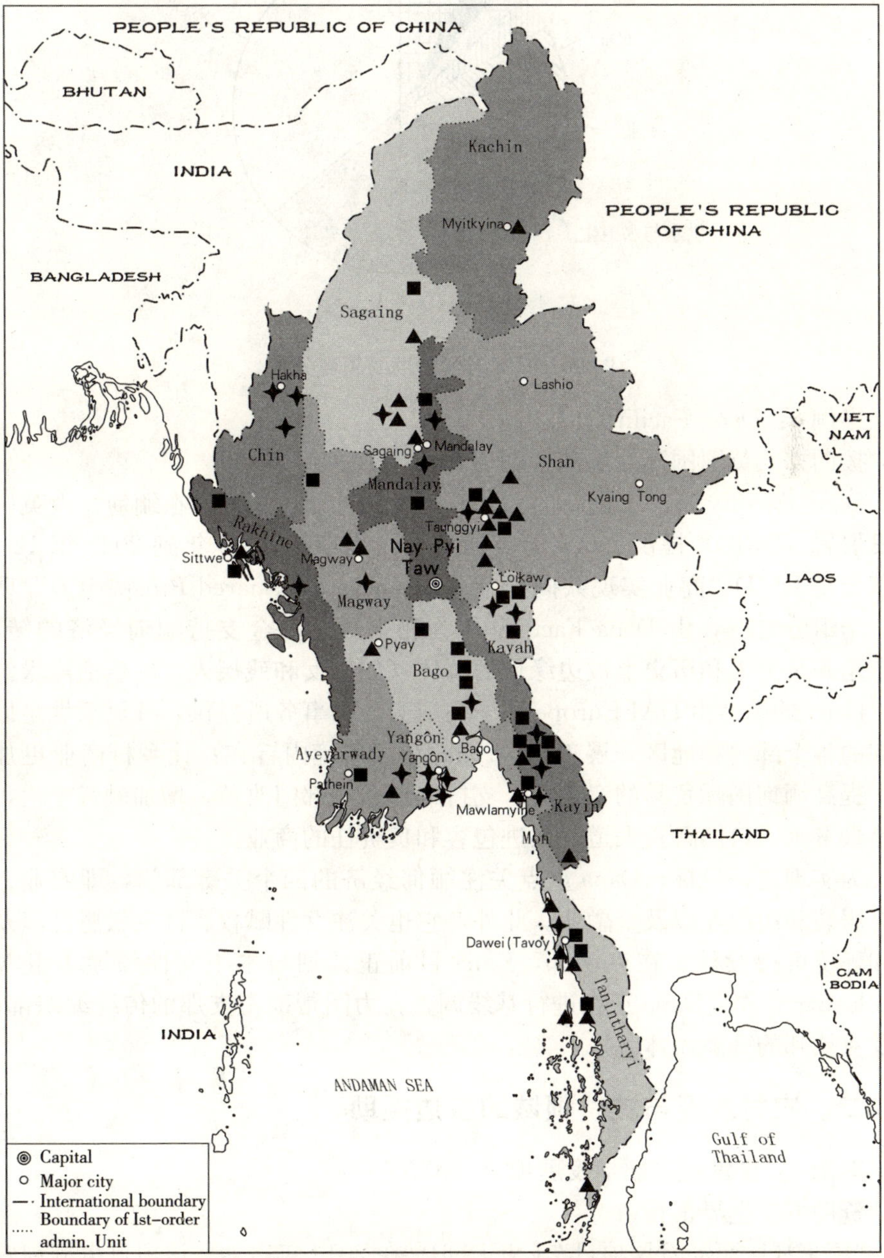

图 22　JICA 在缅甸的基础设施支持项目

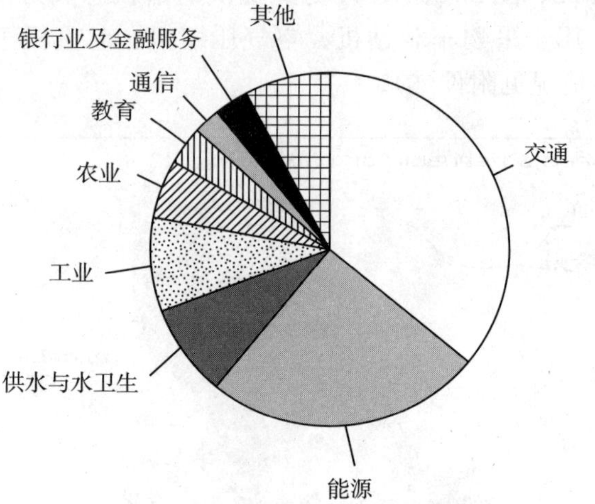

图 23　日本对缅援助的领域分布

案例 3：Dana Facility

援助方：英国国际发展部（DFID）

Dana Facility 是一个创新的私营部门发展计划，总部设在缅甸，由英国国际发展署（DFID）提供 2 500 万英镑资金，周期为 2016 年到 2020 年 12 月。该基金是 DFID“商业实现共同繁荣（Business for Shared Prosperity）”项目的三个组分之一，由 Dana Facility 作为秘书处。基金支持缅甸经济的转型，重点是满足穷人和历史上被边缘化的群体（如妇女和残疾人）的生活需求。

Dana 的设计由 DAI Europe 和毕马威会计师事务所提供，其灵活性足以在缅甸的各个部门和地区开展工作。Dana 在缅甸境内旨在：让乡村商业更加便利；提高缅甸国际贸易的竞争力；支持缅甸金融部门改革，增加融资渠道，特别是最贫困人口的融资渠道；促进包容和负责任的商业。

为实现这一目标，Dana 重点关注缅甸经济的四个关键部门，即农业、林业、服装和纺织业以及金融业。此外，它也关注女性赋权、冲突敏感性以及社会和环境可持续性。在克钦邦，Dana 目前正计划与本土女性领导小组 May Doe Kabar 合作。Dana 正在进行基线调查，力图帮助密支那的传统编织部门，以及克钦邦的残障团体。

二、农村发展与减贫领域的多边援助

案例 4：国家社区驱动发展项目（NCDDP）

资助方：世界银行

“国家社区驱动发展项目”（NCDDP）在 2013 年启动，该项目由缅甸农业畜牧灌溉部（MOALI）农村发展司（DRD）实施，资金规模高达 5 450 万美元，主要来自于世界银行和双边政府，如意大利。项目截止时间为2021年11月。NCDDP为乡村地区提供赠款，修建基础设施，同时提供能力建设，帮助社区以包容，知情和透明的方式做出选择。该项目的目标通过以下方式实现：①为社区决定的农村基础设施投资提供资金；②加强社区与地方政府合作的能力，以有效地规划和实施其发展优先事项；③在整个项目周期内促进社区级的贫困人口和弱势群体的参与。NCDDP的项目预算分配为灌溉（20%）、乡村公路（30%）、水与卫生和废物管理（20%）、医疗（15%）、教育（15%）。

目前该计划资助了2 000多个子项目，这些子项目由社区确定和实施，改善了学校、卫生中心、街道、码头和其他关键社区基础设施。在2017—2018财年，该计划扩展至全国63个乡镇的约12 000个村庄，覆盖约700万人口（图24）。

图24　调研团队实地走访“社区发展驱动（CDD）”Kaw Hmu项目点

以Kaw Hmu镇NCDDP项目为例。Kaw Hmu镇位于仰光省，距仰光市中心约2小时车程。其南边是Kungyangon镇，北边是Twantay和Dala镇，东边是仰光河，西边是Maubin，Kyaiklat，Dedaye镇。Kaw Hmu有130个村庄，总人口为119 050，其中男性占49%，女性占51%。Kawhmu居民大多数是缅族（83%）和克伦族（11%），也有少数掸族和若开族人口。该项目点距离昂山素季创立的Daw Khin Kyi基金会很近。

整笔项目拨款基于不同村庄的人口规模进行分配：人口数小于3 000的，获得2 000万缅币（约8.8万人民币）；人口数在3 001～5 000的，获得4 000万缅币（约17.6万人民币）；人口数在5 001～9 000的，获得6 000万缅币（约26.4万人民币）；大于9 000的，获得拨款1.2亿缅币（约52.8万人民币）。

每个镇会任命一定数量的技术协调员（Technical facilitator）和社区协调员（Community facilitator）参与村庄的 NCDDP 项目执行。每个村庄设一个社区委员会，并进一步设两个分支委员会：乡村道路项目支持委员会（VTPSC，负责审查乡村发展计划并围绕整笔拨款分配作出决定）和财务小组委员会（负责财务，包括从银行账户提款）。在会议中，村民们集思广益，通过参与式农村评估，为村庄制定发展计划。NCDDP 项目主要关注基础设施，不包括宗教建筑。在 CDD 项目期间，委员会定期召开会议（表 3）。

表 3　Kaw Hmu 镇 NCDDP 项目子项目一览表

项目类型	第一轮	第二轮	第三轮
道路	134	150	148
供水	9	14	9
桥梁	17	11	11
社区建筑	6	7	15
教育	4	6	12
电力		4	4
健康	1	2	1
灌溉	2	1	4
防波堤		1	
围栏	15		
总计	188	196	204

为确保透明度，每个村庄选出两个申诉联络点，由一位男士和一位女士负责。乡村申诉联络点必须独立于项目组，并且必须公平且能够保密（图 25）。

图 25　申诉制度（公告栏，Sone Shan 村）

此外，该项目包括一系列活动，以改善村庄中的性别平等并赋予妇女权力。每个社区也设性别专家，进行与社会性别有关的项目设计。社区协调员（CFs）和村庄中的村民志愿者努力确保女性在整个社区项目周期中的参与，包括社区监督、申诉处理和审计。参与项目实施的工作人员在整个项目期间接受性别议题培训，以确保项目活动以增强性别平等和赋予妇女权力的方式开展。

值得注意的是，NCDDP缅甸项目受到了一些批评。一是关于项目乡镇的选择机制，对是否所有的利益相关方都参与到了决策中提出了质疑。另外，对该项目在缅甸受冲突影响地区的适当性也提出了一些问题，认为在这些地区开展政府主导的项目可能会加剧当地的紧张局势。

案例5：生计和粮食安全信托基金（Lift Fund）

资助方：澳大利亚、丹麦、法国、爱尔兰、意大利、卢森堡、荷兰、新西兰、瑞典、瑞士、英国、美国和欧盟等，以及私营部门。

生计和粮食安全信托基金（LIFT）是一个多边捐助基金，成立于2009年，旨在改善缅甸农村小农和无地居民的生活和前景。LIFT资金来自于澳大利亚、丹麦、法国、爱尔兰、意大利、卢森堡、荷兰、新西兰、瑞典、瑞士、英国、美国政府和欧盟，以及私营部门。其中，三菱是私营部门的捐助者代表。LIFT由联合国项目事务署（UNOPS）管理，其同时管理资金并进行监测评估。到目前为止，LIFT的项目已经服务超过350万人口，约占缅甸农村人口的10%，地理上覆盖缅甸全国近半数乡镇。

LIFT正在努力确保缅甸的农村经济转型具有包容性。LIFT的活动包括粮食安全，促进农业商业化、气候智慧农业、普惠金融、商业和技能发展，以及针对母亲和儿童的营养支持。LIFT为迁徙人口提供资金，使迁徙变得更加安全，也将工人与新的经济机会和工作联系起来。LIFT利用数据为制定改善贫困人口生活的农村政策提供信息。例如，在缅甸克钦邦，LIFT资助著名本地社会组织Metta开展价值链与综合农业有关的项目。

LIFT也关注土地使用及其对小农户的影响、在LIFT的支持下，缅甸政府发布了最新的国家土地使用政策（National Land Use Policy，NLUP），新发布的政策强化了习惯法对于土地使用解释的重要作用，以进一步将国际援助机构的要求与本地习惯法与制度传统的需要更好地结合起来。

作为LIFT基金的管理和评估方，联合国项目事务署（UNOPS）自1996年以来开始在缅甸工作，UNOPS的擅长领域包括项目管理、人力资源、资金管理、采购和基础设施建设，为多家多、双边援助机构管理资金、实施采购，涉及行业包括医疗、乡村发展、生计等。比较主要的资金管理例子包括食品安全信托基金（Food Security Trust Fund）、联合和平基金（Joint Peace Fund）、ACCESS、LIFT等。此外，UNOPS还是全球防治艾滋病、结核病和疟疾基金（Global Fund）在缅管理方。

UNOPS总部设有不同职能部门，在各大洲也设有区域办公室协调各国家办公室的工作。UNOPS 对管理的项目收取一定比例的管理费，费用根据项目的性质（如风险、复杂性、规模等）进行计算。在过去五年中 UNOPS 在全球范围内管理的项目平均管理费率为 5.5%，最低为 2%，最高为 35%。

案例 6：联合国粮农组织（FAO）

FAO 一直致力于支持缅甸政府战胜饥饿，实现可持续的粮食和营养安全。其在缅甸的实地项目包括技术合作以及紧急援助项目，也包括对依赖农业社区的直接支持。FAO 在缅甸近几年的干预措施侧重于加强农业生产和多样化，提高畜牧业生产力，减少价值链上的损失，加强可持续林业和自然资源管理，提高沿海生态系统中小规模渔业和水产养殖的可持续性，减缓和适应气候变化，加强依赖渔业和水产养殖生计的适应力。

粮农组织在缅甸的援助共计七个优先领域，分别为：增加农业生产，加强粮食安全；改善食品安全和质量；自然资源和环境的可持续管理；土地使用和管理；人力资源开发和机构能力建设；农村生计改善；防灾减灾。

目前，粮农组织正在与缅甸自然资源和环境保护部（MONREC）以及农业畜牧灌溉部（MOALI）合作实施“缅甸优先农业生态系统中的可持续农田和森林管理”项目。该项目由全球环境基金（GEF）提供资助，周期为从 2016 年 7 月到 2021 年 6 月。该项目旨在采用气候智能型农业（CSA），可持续森林管理（SFM）和可持续土地管理（SLM）政策和实践，采用创新方法开展综合土地利用规划、各级能力建设，促进和气候智能农业和可持续森林管理的最佳实践。以缓解气候变化和改善土地状况。

在实地层面，该项目通过开展农民田间学校（FFS），提出社区林业倡议，并在三个不同农业生态区的乡镇开展试点，推广综合土地利用规划和数字土地利用制图工艺。试点乡镇包括：①钦邦濒临农田或高原的 Mindat 和 Kanpetletii 镇；②伊洛瓦底省拉布塔镇的沿海/三角洲地区，以及③曼德勒省中部干旱地区的 Kyaukpadaung 和 Nyaung-U 镇。

气候智能农业（CSA）是该项目的一个重要组成部分，FAO 参与了与缅甸有关部委和其他利益攸关方的 CSA 协议，并在耶金农业大学（YAU）建立了国家 CSA 中心。CSA 中心作为国家 CSA 知识库和催化剂，为知识进步、影响监测提供支持（图 26）。

三、农村发展与减贫领域的本土项目

除了多双边援助机构以外，缅甸也有数量众多的国际和本土非营利组织以及创新企业参与缅甸减贫与农村发展。与官方援助机构不同，这些组织大多来自民间，相对于官方援助机构，大多更具有特定领域的专业度，在与受益群体沟通时“更接地气”。

图 26　调研团队在 FAO 缅甸办公室

推动缅甸减贫与农村发展的非政府组织中，比较有名的包括 Metta 发展组织、Proximity Designs 等本土机构，也包括国际机构如乐施会（Oxfam），Welthungerhilfe（WHH）等国际机构。这些机构大多与村民具有直接的沟通，也与缅甸政府具有良好的合作。同时这些非政府组织大多也是多双边发展机构的资金接受方，其工作与多双边援助机构高度相关，双方在资金、技术、资源网络上相互补充。

案例 7：缅甸种子行业综合发展项目（ISSD）

执行方：缅甸农业畜牧与灌溉部、荷兰瓦赫宁根大学（Wageningen University and Research Centre）、德国非政府组织 Welthungerhilfe（WHH）

长久以来，缅甸小农户因为缺乏获取优质种子的信息和渠道，农业生产遇到很多瓶颈。虽然缅甸农业畜牧灌溉部（MOALI）设有专门的研究司（Department of Agriculture Research），并进行了一定有意义的种子研究，但这些研究成果如何可以更好地与农民的信息需求对接，一直是一个挑战。一方面，MOALI 没有财力雇佣农业专家为农民进行相关培训与能力建设；另一方面，农民获得信息的渠道非常有限，也不知如何获得 MOALI 的信息。而 ISSD 这一项目就致力于解决这一痛点。

ISSD 由荷兰和荷兰瓦赫宁根大学（Wageningen University and Research Centre）资助，由德国非营利组织 WHH 执行，为小农提供获取优良种子方面的能力建设，并切实改善小农户获取和采用优质种子的渠道，以可持续地提高农业生产力。该项目周期为 2017 年 4 月至 2020 年 12 月（45 个月），在曼德勒省 Myinmu，Chaung U，Monywar，Kyaukse，Madayar 和 Patheingyi 镇落地。ISSD 项目也致力于扩大与干旱地区农业发展组织的伙伴关系，并预期在项目第三年与180家当地种子企业进行合作（图27）。

图27　调研项目组与ISSD项目收益农户交流

案例8：Proximity Design

Proximity Design成立于2004年，是一家致力于服务低收入农民的缅甸社会企业。它通过设计低收入人群可负担的产品，通过这些产品提高农业生产率来增加收入，是缅甸最大的农业服务平台。Proximity Design的业务主要分为四个部分，包括设计及销售农业生产工具，为农村地区居民提供低利率贷款，建设农村基础设施及经济政策研究。截止到2018年，proximity design的服务范围已覆盖缅甸国内的9 000个村庄和80%的农业人口。

1. 农业生产工具（品牌Yetagon）

由于长期的闭塞，缅甸农民一直使用着原始而低效率的农具，农民往往需要投入大量人力但是产量却很低。由此，为农民专门定制高效而可负担的农具，就成为了一项十分有价值的工作。Proximity Design最开始的产品主要是脚踏水泵。由于农业生产工具的落后，当地农民一直使用篮子来搬运地下水到农田。虽然市场上已经有了现成的脚踏水泵，但是这种产品并不适用于缅甸农民的情况。Proximity Design与斯坦福大学设计学院合作，设计出了适用于缅甸农村的脚踏水泵——The Red Rhino和The Origina。该产品售价为71美元，可以为农民们节省大量时间并提高33%的产量。

2. 农业贷款

由于银行系统的缺乏，农民们通常会选择一些不正式的方法来获得一些高利率的贷款。为了满足农民对贷款的需求，Proximity Design设计了一套低利率的贷款系统。目前，面向农民的贷款主要有农业贷款、畜牧业贷款、小型商业贷款。

3. 其他

为了更有效地帮助农民提高生活水平，Proximity Design也会为缅甸政府开展一些调研辅助其制定政策。Proximity lab 是 Proximity Design 的核心设计团队，该队伍由各个领域的设计师、工程师和研究者组成。其设计理念是“和农民们一起设计”，这意味着队伍中的每一个人员都会亲自来到农村，倾听和观察消费者的需求，然后制作出产品雏形并从消费者对产品雏形的反馈中听取意见并改进。“设计”同样体现在 proximity 对数据的使用。例如，由于智能手机在缅甸的普及，proximity 开始使用手机短信来连接农民和一些农学家，以便让农民们得到更加专业的农业知识。

Proximity Design 的产品与服务因为专注于贫困的农民且行之有效，也获得了很多国际发展援助机构的资助，包括 LIFT、USAID、DFID 等。美国国际发展署（USAID）的全球发展实验室（Global Development Lab）和斯科尔基金会（Skoll Foundation）一起发起了创新投资联盟计划（Innovation Investment Alliance scheme），并通过这个计划为好的创新项目提供资助和其他支持，Proximity Designs 便是这样获得 USAID 支持的。根据公开可见的 Proximity Designs 2017 年财务报表，其全年共获得 1 437.3 万美元，其中来自国际发展机构和基金会等资助共 705.3 万美元，占其全年总收入的将近一半。

案例 9：Metta 发展组织

Metta 发展组织于 1998 年成立，是一个非政府组织，该组织总部位于克钦邦密支那。最初在缅北地区的克钦邦工作，后来将项目扩展到缅甸的其他地区，服务群体涉及不同民族和宗教。Metta 的主要目标是为村民自助小组设定计划、支持可持续的社区项目、促进技能培训和与志同道合的组织或个人建立伙伴关系。Metta 扎根基层，优先考虑经济上可行、技术上适当和社会可接受的本土项目。

1. 价值链与综合农业

价值链与综合农业有关的工作是 Metta 最重要的关注领域。农业领域的多年援助机构 LIFT 对 Metta 进行此领域的资助，并主要在克钦邦的 9 个村庄落地具体项目。Metta 在项目期间提供技术支持，投入小规模农业用具和油厂。基本模式是项目的成员每年向 Metta 提供固定数量的坚果和芥菜种子，工厂提供加工和包装。当然 Metta 和农民之间的合作也面临挑战。如果农民不能按时供给农作物，他们就无法从 Metta 获得利润。尽管克钦邦对芥子油的需求很大，但 Metta 在协调原材料方面还是遇到了一些挑战，Metta 依然在努力解决供应链的问题。

2. 发展工作者中心（Center for Development Workers）

发展工作者中心成立于 2013 年，位于缅甸勃固省勃固镇的 Bulae Inn 村，位于仰光市东北约 88 千米处，距离仰光—曼德勒高速公路约一个半小时车程。中心大力提倡乡村地区可持续生活系统的构建，开展生态旅游、乡村办公等活动，并为活动配备营养餐、天然食品和咖啡。中心采用商业化经营，其销售的产品大部分由 Metta 支持的当地社区生产，部分利润归社区所有。Metta 也通过这一社会企业为当地村民提供就业机会（图 28）。

图 28　Metta 在勃固省建立的“发展工作者中心”

案例 10：卡鲁那使命社会团结组织（Karuna Mission Social Solidarity，KMSS）

“卡鲁那使命社会团结组织”（Karuna Mission Social Solidarity，KMSS）成立于 2001 年，由“缅甸天主教大主教会议”（Catholic Bishops' Conference of Myanmar，CBCM）发起并管理，位于密支那附近。组织的宗旨是致力于帮助生活在亚洲最贫困国家的人们脱贫。由于天主教在克钦邦具有极强影响力，CBCM 发起的这一组织在克钦邦具有很重要的民众基础，且因为以扶贫作为核心工作领域，由此 KMSS 的工作与本项研究具有极强的相关性。

KMSS 的主要活动之一是和克钦邦社区代表和贸易协会一起开展社区能力建设和农民论坛相关活动，以分享和交流经验、知识、技术和政策，扩大市场并增加合作机会。这些活动覆盖不同的村庄，每个村庄有一个项目管理委员会，所有的委员会共同组成 KMSS 社区代表协会。在协会中 KMSS 的主要角色是为协会提供能力建设，合作网络和贷款。

KMSS 还关注农民的经营销售问题。玉米是克钦邦的主要农作物之一。但大多数玉米种植户缺少市场渠道，依赖中间商的收购，而由于不少中间商从中赚取高额利润，这导致农民卖出的价格较低，盈利不足。有时候农民甚至没有钱购买种子，从而需要借种子或借钱购买种子，待卖出玉米后再偿还相关资金。这一模式本来就很脆弱，在农作物产量不足时则迫使农民进入十分艰难的境地。KMSS 注意到了这一挑战，希望通过自己的力量与中间商和农民进行协调，帮助农民获得更好的价格。KMSS各村庄代表组成的委员会联合起来与中间商谈判，并挑选了几家KMSS认定的“优质”（收购价格较有利于农民）中间商，并鼓励农民和这些中间商建立直接联系。

总的来说，Metta和KMSS对中缅开展村级发展合作有一定的启示。由于克钦邦的特殊情况，大部分发展项目仅在少数易访问和到达的区域，地理上各项目相互重叠较多，而偏远的地区则少有项目涉及，特别是在冲突地区。西瓜和香蕉种植园非常普遍，例如，在克钦邦，大部分组织都专注于密支那附近地区，而没有进入像葡萄（Putao）、瑙蒙（Nogmung）和帕敢（Hpakant）这样的地区。中国市场对于缅甸尤其是缅北农民来说至关重要。在克钦东部地区，事实上，最脆弱的人口往往生活在这些地区。农民和土地所有者将大量土地租给包括中国投资者在内的集团来种植经济作物。产品将直接出口到国外市场并获取高额利润，使这种做法比传统农业更有利可图，并且对寻求短期收益的人有吸引力。然而如果投资者离开的话，受影响最大的人将是本地农民，因为他们不能立即在受损土壤中生长农作物。

这些都是目前的热点问题。中国机构需要与本地社会组织合作，消除彼此之间的不信任并建立信任。

案例11：杜钦枝基金会（Daw Khin Kyi Foundation，DKKF）

杜钦枝基金会（DKKF）于2012年由诺贝尔和平奖获得者昂山素季成立，以纪念她已故的母亲杜钦枝（Daw Khin Kyi）。基金会总部位于仰光，由基金会主席昂山素季领导的执行委员会管理。基金会的使命是促进本国

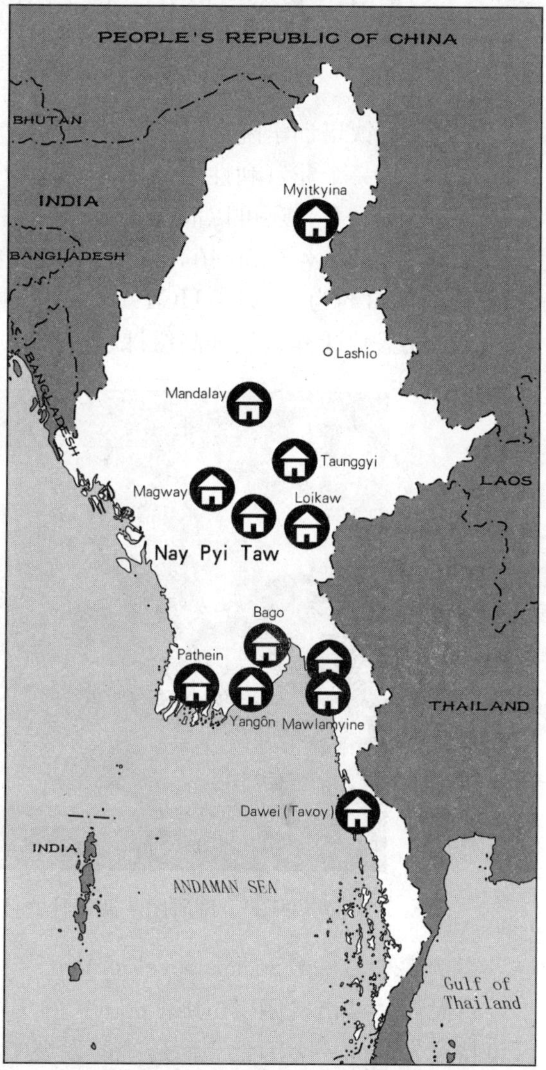

图29 DKKF移动图书馆项目分布图

人民健康、教育并提升生活水平，尤其注重缅甸最不发达地区的发展需求。基金会是一个非营利性慈善组织，相信不论种族或宗教，所有人都有权利拥有一个更美好的未来。基金会在政治上保持中立，并与当地和国际机构及合作伙伴合作以实现其目标。基金会在缅甸内政部注册，并具有明确的章程，且在全国各地具有合法性。

DKKF 的主要项目包括移动图书馆（Mobile Library）（图 29），酒店和餐饮培训学院（Hospitality and Catering Training Academy，HCTA）等。DKKF 的资助者包括亚洲基金会、昂山素季卫生和教育信托（英国）、昂山素季基金会（美国）、BCM（瑞士）、Dariu 基金会（瑞士）、缅甸第一投资集团（FMI）、缅甸图书援助和保护基金会（Myanmar Book Aid and Preservation Foundation）等。

酒店和餐饮培训学院（HCTA）旨在培养具有国际标准的酒店业和旅游业接待人员，是一个非营利性培训中心，为缅甸年轻人提供职业教育培训机会，不仅创造就业机会，还可以满足旅游业和酒店业的快速发展需求。HCTA 位于缅甸仰光省 Kaw Hmu 镇，距离仰光市中心有超过两个小时车程。Kaw Hmu 镇的人口约为 12 万。HCTA 提供的课程包括酒店基础课程、酒店高级课程、烹饪基础课程、烹饪高级课程（图 30）。

图 30　调研团队调研杜钦枝基金会（DKKF）

案例 12：Bedar Social Development 贫民窟项目

贫民窟是城市贫困（urban poor）的集中体现，贫困人口密集，是影响地区可持续发展的一大因素。而传统的发展工作却大多关注农村减贫。根据一项 2016 年在缅甸仰光莱达雅镇区（Hlaing Tharyar）的抽样统计，该镇 58.8%

的人口收入处于缅甸全国贫困线以下（Thet Htwe，2016）。这一数据显示贫民窟的减贫问题不容忽视，也应被视作缅甸全国范围减贫与国际发展援助的关注对象之一。

Bedar Social Development 是缅甸仰光省莱达雅镇区致力于环境治理与贫民窟治理的社区发展组织。莱达雅是仰光周边典型的工厂区，聚集了大量的制衣业及其他行业的工厂，大量周边省邦的工人在此工作。由于收入及工作环境限制，很多家庭在该镇建造简易房屋，并由于人口的大量积累形成城市贫民窟。Bedar 长期致力于在此镇区进行贫民窟环境治理、社区倡导工作，并协助相关非营利组织和政府部门进行贫民窟治理工作。

调研组拜访了 Bedar 在莱达雅的办公室，并跟随 Bedar 的工作人员拜访了贫民窟社区民众。在贫民窟社区了解到，该社区民众可以享受到急救服务，且没有特别严重的流行病。但大多数家庭都较难承受医疗和教育的成本，且很多年轻女孩不得不辍学去工厂打工。除了在工厂工作，大多数居民只能打零工，比如做汽车司机、开零售店等。此外，大部分年轻人平时在外打工，工作繁重，无暇照顾年老的家庭成员（图 31）。

图 31　调研团队与 Bedar 办公室访谈

Bedar 积极推动缅甸民众对于贫民窟问题的认知，通过邀请各界名人（如著名艺术家 Zaw Tu Hkwang）到贫民窟考察，编写或拍摄有关贫民窟主题的音乐或纪录片，来激发社会各界关注贫民窟问题。

而对于 Bedar 这样的社区非营利组织来说，人才招募是很大的问题，而大多数对贫民窟工作有热情的年轻人又缺少吃苦精神，所以人才流失率很高。

第六节　中缅农村发展与减贫领域合作潜力与路径分析

一、重点区域分析

分析中国与缅甸在农村发展与减贫领域开展合作的重点领域和区域，一方面要上升到中缅合作这一更高的层面，另一方面也需要紧扣缅甸自身发展的规划与具体诉求。2017 年 11 月，中缅两国领导人达成共建“人”字形中缅经济走廊的共识，并于 2018 年 9 月正式签署经济走廊谅解备忘录、分别建立工作委员会机制，中缅合作有了更清晰的发展方向、优先区域选择和稳定的机制保障。在此大背景下，中缅在农村发展与减贫领域的合作，应该融入到中缅经济走廊的建设中，并与其他领域合作相互补充、配合。

结合中缅经济走廊“人字形”布局，选择沿线节点地区，推动农村发展与减贫领域合作。这些节点地区为仰光、若开、内比都、曼德勒、克钦邦和掸邦。

（1）中缅经济走廊最南端的仰光省，是缅甸经济最发达、人口最密集的地区，由于不可替代的经济地位和政治影响力，仰光历来都是各国角力的“大舞台”，是国际对缅援助最集中的地方——次国家一级的对缅援助约有一半都投放在了仰光（图 32）。

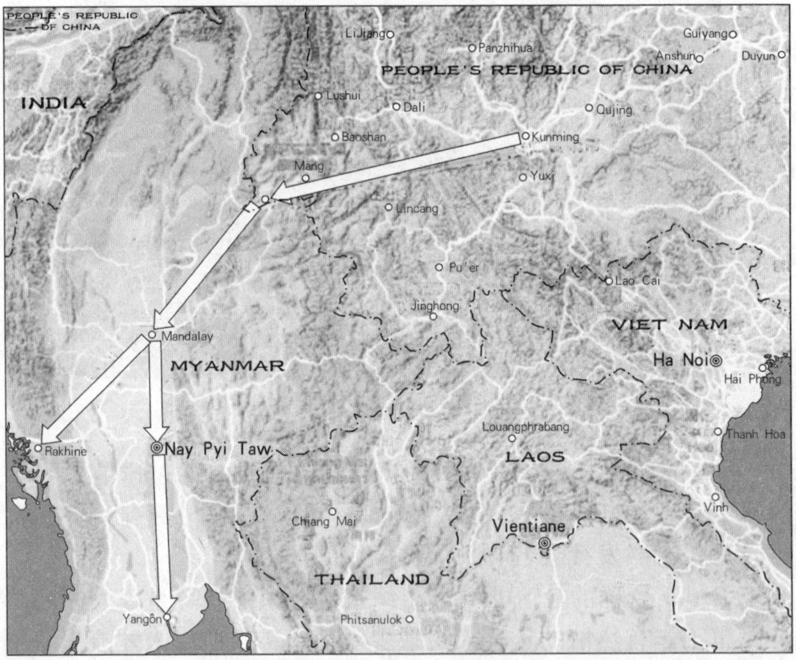

图 32　中缅农村发展与减贫合作重点区域

（2）中缅经济走廊最西端的若开邦，缅甸发展最落后的地区之一，罗兴迦问题也使得该地区成为国际关注焦点，缅甸政府非常重视若开邦的稳定与发展，中国在若开邦有皎漂深水港和经济特区、中缅油气管道等重要战略项目。

（3）中缅经济走廊途径的缅甸首都内比都，距离仰光400多千米，中国援缅减贫示范合作项目支持的两个示范村就在内比都辖区，项目已进入实施操作阶段，中缅双方在该地区减贫与发展合作已有了全方位的基础。

（4）“人”字形交汇的曼德勒是缅甸第二大城市、北部经济重镇，曼德勒缪达经贸合作区、中色镍业达贡山镍业开发项目和莱比塘铜矿项目都在曼德勒和与其相连的实皆省。

（5）缅北的掸邦和克钦邦，中缅经济走廊接通云南省的两个省邦，主要开展边贸、跨境贸易等合作，例如在中缅经济走廊框架下的瑞丽—木姐跨境经济合作区、克钦邦密支那经济开放区等项目就分别位于掸邦和克钦邦。这两个省邦还面临长期的民族武装冲突，导致大量流离失所难民的出现，加上治理缺位、非法经济活动猖獗、生态环境退化等，使得缅北长期处于贫困状态，发展水平落后。以上是在省邦一级的重点合作区域及选择该区域的主要考虑因素。缅甸政府、民众等多方在这两个地区的首要追求是和平与稳定，可以推出“减贫助和平”（Poverty Reduction for Peace，简称PR4P）计划。

二、项目设计策略

（一）国别战略

无论是对外援助还是广义的开发合作，可以动员的资金和人力资源都是有限的，在设计具体项目时，除了就单个项目设定减贫和发展目标外，还需要通盘考虑项目之间的整体性和配合度。因此，要求在国别层面总体推进，项目间统筹考虑：一是与农业畜牧灌溉部以外的其他相关业务部委合作，二是将现有的对话交流机制扩大到非政府层面，纳入缅甸当地的科技研究机构、政策研究智库和本土NGO组织等，三是要积极参与到该领域国际援助方的协调工作中，参与当地发展援助机构的协调会议，选择与德国、日本等国探讨开展三方合作项目。

（二）确定合作次领域的策略

具体到每个区域选择什么合作领域，需要结合缅甸国家农村发展与减贫的地区战略和规划，圈定一个优先领域范围，再把中国与缅甸合作的考虑相结合，选择重点领域。农村发展和减贫一般都是在村一级别开展项目，面临的情况会更加复杂，需要与当地的需求、利益相关方、本土组织的能力等因素结合。在合作次领域选择上，课题组认为应该有五大优先领域，分别为：农业政策、农业发展（种子、农资、金融、农产品加工贸易）、农村经济基础设施（灌溉、能源、电力）、民生基础设施（教育、卫生、医疗）、农民赋能与就业。

（三）合作伙伴选择

首先，农村发展与减贫援助支持的大部分是村级的项目，从国家层面的合作下沉到最低的村一级，从国家领导人到农户农民，本身就会经历全链条的参与者。二是缅甸农村发展与减贫领域的参与方非常多元，不仅有本土机构还有很多国际组织、外国机构。所以深入了解多元相关方的工作领域、政府与社区关系、执行能力、利益诉求等就十分关键。应当以开放、包容的态度作为合作伙伴选取的出发点。但与此同时需要以谨慎、周全的研究作为合作伙伴选取的落脚点，可以帮助中国对缅援助项目获得更广泛多元的关注和支持，同时避免执行不力，甚至进入“雷区”。

以下为课题组通过资料分析结合实地调研访谈等，列举出的中缅潜在领域（项目方向）、合作伙伴和主要考虑。

三、中缅农村发展与减贫合作策略设计矩阵

表 4　中缅农村发展与减贫合作策略设计矩阵

<table>
<tr><td colspan="5">联邦层面合作</td></tr>
<tr><td>合作领域</td><td colspan="2">次领域</td><td>合作伙伴</td><td>具体内容</td></tr>
<tr><td>政策对话</td><td colspan="2">更好地了解缅甸需求，政策沟通促进双方理解</td><td>农业畜牧与灌溉部、计划财政部、“领域协调小组”（SCG）农业与农村发展小组</td><td>政策沟通交流会、联合研究、研讨会，中缅互派专家等双向的考察交流和访问，探讨联合开设减贫扶贫大学生实践平台</td></tr>
<tr><td>国际协调</td><td colspan="2">与其他援助机构在援助政策、规划设计、项目执行等层面开展沟通协调</td><td>“合作伙伴小组”（CPG），FAO、IFAD、世界银行等机构</td><td>参与“合作伙伴小组”机制中涉及农村发展与减贫领域的“工作流”会议，参与 CPG 与缅甸政府的对话会，访问考察国际机构成功项目</td></tr>
<tr><td>三方合作</td><td colspan="2">探讨与第三国、国际组织开展三方合作的可能性</td><td>JICA、EU、LIFT Fund、UNOCHA CBPF 等</td><td>了解缅甸政府部门对三方合作的态度，探索与国际组织联合申请南南合作援助基金或开展实际的三方合作项目</td></tr>
<tr><td colspan="5">地区层合作项目</td></tr>
<tr><td>省邦</td><td>镇区</td><td>领域</td><td>合作伙伴</td><td>主要考虑</td></tr>
<tr><td colspan="5">总体策略：突出政治目的、项目创新与独特视角</td></tr>
<tr><td rowspan="2">仰光</td><td>告木</td><td>农村劳动力职业技能开发培训</td><td>杜钦枝基金会、中国的民间机构、基金会等</td><td>告木是执政党民盟的“发源地”，与官方背景的慈善机构合作，利用其社区影响力，彰显政治效应</td></tr>
<tr><td>莱达雅</td><td>农民工就业、工业园区周围农村发展问题</td><td>工厂园区、政府、CSO</td><td>选择交通枢纽附近的村落，开展贫民窟治理、供水、卫生等领域项目。考虑与工业园区和地方政府合作，充分利用本土 NGO 资源（参考 KOICA SMU 村项目）</td></tr>
</table>

（续）

地区层合作项目				
省邦	镇区	领域	合作伙伴	主要考虑
总体策略：配合战略大项目、不回避国际热点议题				
若开	皎漂	基层卫生项目、基础教育或职业技术教育类项目	中资企业、省邦议会和地区政党、Dr Saw Mra Aung Foundation	与中信集团等中国企业在皎漂地区的CSR项目相互配合，了解地区长期发展诉求，为我战略性项目营造良好的社会舆论环境
若开	妙乌	渔业发展、改善渔民生计、罗兴迦人安置	缅甸若开邦人道主义援助、重新安置和发展联邦事业机制（UEHRD）	参与UEHRD实际开展的业务，改善当地民众生计，针对归国的罗兴迦人安置工作，参与部分基础设施项目、cash for work
总体策略：经济发展主导、参与国际合作积累经验				
曼德勒	缪达	农民工就业	缪达工业园区、地方政府	配合园区发展规划，开展技能培训，服务当地农民生计，为工业园区开发提供劳动力资源
曼德勒	玛达	农业发展、种子研发与推广	MOALI、德国、荷兰等援助机构	与缅甸种子行业综合发展项目（ISSD）配合，良种开发、种子推广、提升农民获取农业相关信息能力
总体策略：扩大影响力、关注可持续				
内比都	埃羌达 敏彬	中国援缅减贫示范项目	MOALI、MPF、高校、研究机构	继续推进示范项目，加强与相关方的交流，扩大项目影响力，与缅甸当地机构开展项目效果评估等。积累经验，打造中国援外旗帜项目，推动援外体制机制创新改革
总体策略：关注机会公平、与云南省精准扶贫和发展议程对接				
克钦	密支那	清洁能源、弱势人群（孤儿院）救济与发展	KMSS、宗教慈善机构、中国企业、同乡会等	提升密支那周边农村地区的电气化水平，推广水电、沼气等清洁能源知识，参与冲突影响人群的生计恢复，关注弱势群体的教育和就业问题
克钦	八莫	基层卫生、农产品贸易、流离失所人群救助	Metta发展组织、云南省及所属州、市政府、民间组织	推动边境地区的民生水平提升，与云南省各州市扶贫、发展规划对接，开展跨境人员流动管理

（续）

地区层合作项目				
省邦	镇区	领域	合作伙伴	主要考虑
总体策略：弱势群体发展				
掸邦	东枝	乡村旅游、山地农业	当地旅游管理部门、缅甸负责任商业中心（MCRB）、私营部门	开辟特色农业小镇，开发文化旅游、养老保健、产业旅游等多种旅游项目
	木姐	农产品跨境贸易、农村电子商务发展等	云南省民间组织、电子商务企业	结合木姐—瑞丽跨境经济合作区产业规划，为农民提供农产品市场信息，推广农村电子商务经验，传播知识与技能，推动边境贸易便利化、合法化

四、政策建议与保障措施

（一）搭建在缅伙伴关系网络，深入了解缅甸各方需求

一是扩大部委一级的合作关系，拓展与农业灌溉部内其他司局的合作。二是强化与其他部委的合作，例如计划财政部、自然资源与环境部等。三是推动省邦政府层面的交流沟通，包括仰光、曼德勒、若开邦、克钦邦、掸邦，识别需要对接和沟通的部门，要在全部接触之后对比需求的基础上，再做详细方案计划。四是识别相关领域的国际组织、外国机构，参与“合作伙伴小组”（CPG）机制中涉及农村发展与减贫领域的“工作流”（Work Stream）会议，参与 CPG 与缅甸政府的对话会，访问考察国际机构成功项目。五是加强与缅甸本土民间机构、组织接触。

具体举措：在此报告基础上，缅甸联合项目办草拟《伙伴关系发展计划》，并基于计划开始合作方接触活动。

（二）利用各种平台机制，增加中国在缅农村发展与减贫领域的可见度

缅甸是全球接受援助最多的国家之一，备受国际社会关注。无论是 OECD 传统援助国还是泰国、印度等新兴援助国，都在缅甸竞争援助高地。在激烈竞争的环境中，农村发展与减贫领域的项目更是多样，这要求我们积极发声，提高人员的参与度和项目能见度。充分抓住一些国际会议等机会进行宣传，除了中国主导的一系列多边和区域合作机制外（如“一带一路”高峰论坛，澜湄合作机制、东盟减贫合作机制等），还要借助更高级别的国际平台，发挥项目的影响力。如 2019 年在阿根廷布宜诺斯艾利斯举办南南合作高峰论坛“BAPA＋40”，将中国援缅减贫示范项目纳入中国主导的“南南合作”最佳实践案例等。

具体举措：在仰光参与/举办多方参与的经验分享、报告发布会等；为项目

设计一个响亮的口号（如“减贫助和平”）、开设面向国际读者的Facebook主页。

（三）整合多种援外方式、挖掘中国对外援助的最大潜力

进一步整合我多种对外援助方式，推动援外朝着“方案援助”的方向改革，积极呼吁派遣援助专员。当前我国对外援助由八大方式构成，包括：成套项目、物资援助、技术援助（派遣技术专家）、青年志愿者、官员及技术人员来华培训、现汇援助、人道主义援助，这些都属于无偿援助。此外还有无息贷款和优惠贷款。农村发展和减贫综合性跨领域的本质决定了援助应当采用多种手段。目前的“援缅减贫示范项目”只打通了成套项目、物资援助和技术援助三大援助方式，作为援外项目本身，还有进一步挖掘和突破的空间。

具体举措：派遣青年志愿者，增加项目的人力，但要注意志愿者的选派与管理（可参考KOICA的做法）；积极参与到中国对缅人道主义援助的项目执行中，如大使馆支持的UEHRD的以工代赈（“cash for work”）援助项目。

（四）择机选择地区推动开展三方合作

三方合作是中国援外改革、国际发展合作的一大方向。农村发展与减贫领域是一个非常适合开展三方合作的领域。应该鼓励中国发展援助机构与联合国，或与西方传统援助国在缅甸开展三方合作项目。三方合作的方式可以具体到一个项目层面的合作，也可以是技术交流分享层面的合作。当然也需要了解缅甸政府部门对三方合作的态度，遵守“受援国提出、受援国同意、受援国参与”的原则。

具体举措：考虑与日本、德国开展以“三方合作”为议题的接触与交流；与联合国粮农组织（FAO）联合申请南南合作援助基金。

（五）广开思路，创新合作方式

人员方面，在目前我派驻缅甸人员非常有限的基础上，要开阔思路，考虑符合中国国情的解决方案。例如，可以通过三方合作的伙伴，设立专门的合作项目“协调员”，人员从国内选拔，经费从项目预算中拨付，但“编制”属于国际组织当地代表处；再如可以将缅甸一些高校农业专业开发为国内农业经济、发展研究等领域研究生或博士生的实习基地，以获得留学基金委等专项机构支持。另外大胆使用缅甸本土合作伙伴的人力资源，真心培养“知华、友华”的本土力量。资金方面，进一步寻找国内工作目标一致的机构，如：和平与发展基金会、深圳市国际交流合作基金会等。另外，也可以与私营部门合作，例如对开展特色农业小镇，开发文化旅游、养老保健、产业旅游等多种旅游项目感兴趣的中国和缅甸私营部门。

具体举措：与缅甸高校农业和发展研究部门建立合作关系，开发在缅大学生、研究生实习基地。

附录 1 “缅甸农村发展与减贫政策”研讨会

（2018 年 10 月 31 日 仰光）

研讨会专家合影

2018 年 10 月 31 日，商务部国际贸易经济合作研究院国际发展合作研究所与 Diinsider 合作，在缅甸仰光共同主办了以“缅甸农村发展与减贫”为主题的研讨会，并邀请缅甸各民间组织代表参加，直接倾听当地 NGO 的心声，了解他们的发展情况，遇到的困难以及挑战，为在缅甸发展建言献策。活动也荣幸邀请到云南省扶贫办中缅减贫示范合作项目的两位专家和几位仰光大学的博士和硕士参与交流。

主办方致辞

下面为参会的缅甸本土民间组织机构介绍和主要观点小结。

May Doe Kabar

机构介绍：May Doe Kabar（“缅甸乡村女性网络”）成立于2015，由缅甸乡村女性领导人发起，目前会员包括来自八个省邦的20 000多名农村女性。May Doe Kabar为其网络内的成员提供能力建设、领导力等支持，也帮助成员开展经济活动强化创收。此外，May Doe Kabar与联合国开发计划署缅甸办公室一起开发了iWomen手机应用，通过信息技术为缅甸乡村女性赋权。

主要观点：May Doe Kabar最主要的服务对象是缅甸乡村女性，而最重要的目标之一是提升她们的经济地位。我们网络里的成员大多是拥有一些小生意，比如制作竹垫、手工艺品等，但却苦于缺乏销路，无法获得太多额外的收入。所以如果有可以针对这一痛点的乡村发展项目，会对我们有很大帮助。此外，我们希望中国在缅甸的乡村发展项目可以是更长周期（如5～10年）的，这样会对我们的会员更有帮助。May Doe Kabar的发展也依赖于信息技术的普及，未来我们希望通过iWomen手机应用为缅甸乡村女性提供更全方位的生产和消费服务，希望可以与更多解决方案提供方交流。

Green Way Myanmar

机构介绍：Green Way Myanmar是一家社会企业，由缅甸耶津农业大学（Yezin Agriculture University）的年轻校友创立并领导。Greenway致力于促进农民权利、粮食公平、可持续农业和消费道德。Green Way为公共和私营部门客户提供咨询服务，并为缅甸农民提供广泛的无偿服务。

Green Way Myanmar于2010年建立，2015年成功完成注册，2016年5月发布手机应用。到目前为止，已经有来自324个镇的约10万名农民使用Green Way的APP。他们通过这一手机应用进行知识分享，寻找改善价值链的方法，并帮助彼此变得更加强大。为此，Green Way还向农民们发送每日农业简讯，并通过电视、广播等方式送达更多没有智能手机的农民。

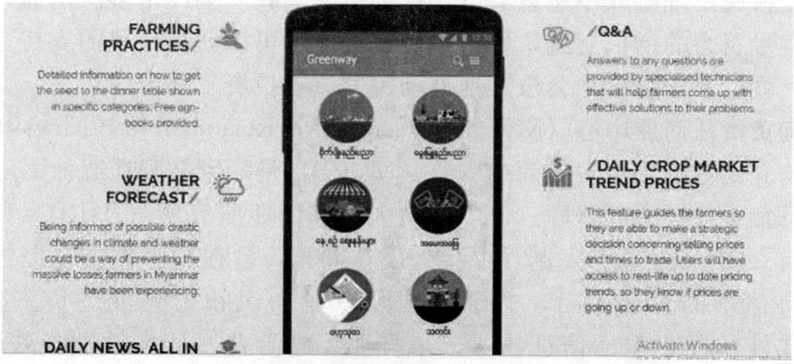

Green Way APP功能示意图

主要观点：农业是一项很复杂的工程，需要长时间可持续的努力。不少发展机构曾致力于农业领域的工作，其管理者也认识到农业种子的供给、农业技术的获取等非常重要。但受限于资金、人员流动等因素，他们的项目大多缺乏长期的稳定性和可持续性。这反倒会带来很多麻烦。此外，对于农业生产的一些器械（如播种机），很多时候缅甸本土的供给有限，希望也能够从中国获得更多支持。

缅甸环境研究所（Myanmar Environment Institute）

机构介绍：缅甸环境研究所（MEI）于2010年建立，致力于通过多学科交叉的教学，为缅甸全国培养有志于环境科学和可持续发展的人才。MEI提供的课程目标是为学生提供科学知识、原则、概念和方法，以识别和分析重要环境问题，评估与这些问题相关的风险，并研究这些问题的解决方案。目前MEI已经与德国科隆大学地理研究所、中国科学院、武汉大学、泰国朱拉隆功大学、全球环境研究所、泰国理工等签署了谅解备忘录。MEI授课的内容包括森林保护、水资源利用、社会经济调查、环境影响评估等。MEI的项目多为短期培训（2～3个月），目前已为缅甸公共部门培养的超过1 000位环境保护顾问。

主要观点：我们发现很多多边和双边发展机构进入缅甸的时候，不知道该和什么组织打交道，以及什么样的信息是最准确的。这一问题一方面是因为缅甸基层的治理本身就充满挑战：例如，民地武问题使得很多地方的治理出现交织和混乱；另一方面，不是所有的国际NGO都可以在项目点（尤其是基层）长期驻扎，直接与当地民众接触。所以选取靠谱的信息提供方就非常重要，这有助于明确当地真正的需求。此外，学习和了解一些失败的案例，并了解专业的监测与评估方法，对于国际发展机构在缅甸的工作也十分重要。MEI在此过程中也做了大量的工作。此外，在基层工作，与老百姓和草根组织建立信任、反复沟通也是行之有效的方式。比如有的时候我们去一些村庄推广环保技术，但是村民不理解或不愿意尝试，这种情况下我们会经常多次沟通，并努力与村里有号召力的僧侣交流，取得信任，并最终可以获得村民的支持。村民一旦支持，就会非常配合，会极大地推动援助或者投资工作。

缅甸负责任商业中心（Myanmar Center for Responsible Business）

机构介绍：缅甸负责任商业中心（MCRB）是一家鼓励在缅甸国际和本土企业进行负责任投资的智库。该中心由人权和商业研究所（IHRB）和丹麦人权研究所（DIHR）联合发起，办事处设在仰光，旨在为各相关方提供一个公正而值得信赖的对话平台，并通过国际专业知识和工具促进负责任投资。MCRB关注的行业包括信息技术、采掘业、旅游业、社会性别与残障群体，并关注企业投资过程中在这些领域的作为是否尊重道德准则与法律。MCRB

近期刚刚在德国国际合作机构的资助下，与中国纺织协会举行了工作坊，讨论在缅社会责任议题。MCRB也积极参与在中国举办的各项与缅甸相关的研讨，尤其是企业社会责任领域。

主要观点：传统的国际组织如IMF、世界银行、欧盟等，都有各自的一整套标准，所以在执行一些项目时候有其固有的要求。这些国际标准的执行对于在基层执行项目具有重要的意义。此外对于大型项目，除了国际标准，还有一些如何促进当地参与的问题、环评的问题、当地社区磋商的问题等，以减轻项目可能带来的消极影响。此外，对于援助项目，应该审慎思考，援助是“为了谁”，谁真正从援助中受益。如果援助落地的社区不受益则无意义，后者可能还要承担环境和社会的不良影响。所以风险管理也至关重要，在做大项目之前一定要做可行性研究。

Radanar Ayar

机构介绍：Radanar Ayar是缅甸本土致力于农业发展、灾害应对与减贫的非营利组织，其方法是赋能缅甸本土的民间组织，帮助其更好地成长。Radanar是联合国气候变化公约、联合国全球契约的签署方，还积极与私营部门合作开拓创新模式（如public private partenrship）促进缅甸乡村发展。

主要观点：在乡村发展过程中，政府也是重要的利益相关方，地方政府有时可以扮演关键的应对紧急情况和调解纠纷的角色。此外，我们应该确保项目的收益可以让本地普通老百姓看见，比如帮助基层小生意人的产品拓展更好的销路，基础设施发展的成果精确到户等。

Open Data Myanmar

机构介绍：“开放数据缅甸”（O. D. M）成立于2014年11月，致力于为缅甸民众分享有关土地争议、农业、居民健康状况等有关的信息，并推动这些

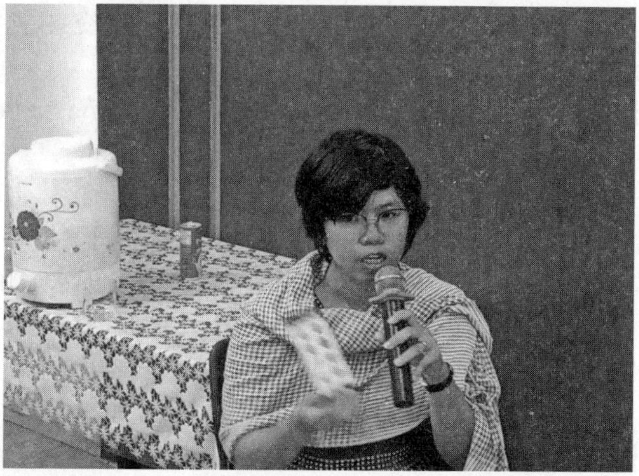

参会代表发言

问题的解决。自 2013 年开始，Open Data Myanmar 共与 88 家机构合作，通过分享信息参与土地争议和油气管道事宜的斡旋调停。

主要观点：对于偏远地区教育程度较低、以体力活动为主的村民来说，给予他们足够的和有吸引力的工作机会才能够让他们理解你工作的意义。你不能给他们留下一种印象，即你做了很多事情，但是什么也没有留下，而且还带走了一些东西。

Enlightened Myanmar Research

机构介绍：缅甸开明研究基金会（EMReF）是一家独立的非营利性研究机构，致力于推动以实证为基础的政策制定和缅甸独立研究的振兴。EMReF 通过提供关于政党选举和发展政策问题的可靠信息，为民间社会组织参与政策制定发挥重要作用。EMReF 也一直在开发一种信息机制，通过网站、社交媒体和其他电子即时通信手段（如短信和应用程序）等不同方法收集信息，分析和分发给公众。

主要观点：培育扶持本土草根机构也是好的方式，在缅甸，因为历史原因很多组织虽然没有注册，但在当地有一定的影响力，也被视为应当积极接触的组织。对于那些相关激进的组织，在保证信息透明的情况下，你也可以有效规避其消极影响，甚至最后可以说服这些组织支持你的工作。在缅甸，很多时候不是所有 NGO 都有官方性质的介绍（包括网站），但是却不能忽视这些组织的存在。

附录 2　JICA 在缅中部干旱地区乡村用水项目简介

项目名称：缅甸中部干旱地区乡村用水项目

● 项目位置：曼德勒省娘乌镇（Nyaung-U）和交帕党镇（Kyaukpadaung），马圭省兆克镇（Chauk）

● 执行机构：边境地区国家民族和发展事务部（Ministry of Progress of Boarder Areas and National Races and Development Affairs）

● 项目背景：有 1 150 万人口居住在缅甸中部干旱地区，占据整个国家人口的 27%。这一区域的年均降水量在 400～880 毫米之间，由于该地区旱季时间较长，在旱季中后段村民不得不到几千米以外的市场买水，用以生活所需。与此同时，大多数国际机构援助的水井由于缺少维护而损坏，而专业维护人员的培训也未能跟进。在这种情况下，缅甸政府请求日本政府为其提供技术支持，来解决乡村用水问题。

● 项目目标：提供乡村水处理设备的安装、使用、维修等技术支持，提升中部干旱地区能够获取安全饮用水的乡村数量。

● 项目产出：获取更好的技术和设备用以建造乡村供水设施、维护深水井、监测水处理质量等。

● 项目开展活动：

（1）开展地下水勘探和地理调查培训

（2）修复钻井相关设备

（3）编制供水设施建设规划和水库设计的案例和培训手册

（4）选择试点乡镇，对村民进行供水设施管理维护情况的调查

（5）对试点乡镇水务委员会的负责人进行培训

（6）为边境地区国家民族和发展事务部的工作人员进行培训

● 工作机制：

（1）日方：委派10位专家（包括首席顾问、地理信息顾问、水处理顾问、社会发展顾问等）参与培训与实地调查工作，并对水处理相关的数据进行收集和分析。JICA在此过程中不仅仅自身参与，也委派了一家日本NGO（Bridge Asia Japan）一同参与该项目的顾问工作。

（2）缅方：委派日本专家对接人员，为日本专家提供办公场地，修理破损设备等。

参考文献

《国际医学科学研究》杂志 . 2016. 缅甸仰光 Hlaing Tharyar 镇贫民窟家庭贫困状况研究［R］.

国家经济与社会咨询理事会 . 2016. 从饭碗到食物篮白皮书［R］.

联合国粮农组织 . 2010. 通过农业促进减贫与农村发展的国家行动计划［R］.

缅甸计划与财政部和世界银行 . 2017. 缅甸贫困分析［R］.

缅甸家庭生活条件综合评估项目技术小组 . 2011. 家庭生活条件综合评估——贫困概览（2009—2010）［R］.

缅甸农业畜牧业灌溉部、日本农业、森林和渔业部 . 2017. 粮食价值链路线图（2016—2020）［R］.

缅甸农业畜牧业灌溉部 . 2016. 缅甸种子行业路线图：2017—2020［R］.

缅甸农业灌溉部 . 2015. 缅甸气候智能农业战略［R］.

缅甸欧洲商会 . 2018. 缅甸农业指南［R］.

世界银行 . 2016. 共同成长：减少缅甸农村贫困［R］.

世界银行 . 2017. 缅甸贫困分析报告（An Analysis of Poverty in Myanmar）［R］.

亚洲基金会 . 2018. 理解缅甸援助［R］.

Central Statistical Organization（CSO），UNDP and WB. 2018. Myanmar Living Conditions Survey 2017：Key Indicators Report［R］. Nay Pyi Taw and Yangon，Myanmar：Ministry of Planning and Finance，UNDP and WB.

Daw Win Myint. 2012. 缅甸增长与发展政策［R］.

Prafulla Pradhn, Myanmar. 2002. Reducing Poverty through Provision of Basic Services [J]. 人类居住.

S Srinivas and U Saw Hlaing. Myanmar. 2015. Land tenure issues and the impact on rural development [R]. UN Food and Agriculture Organization, page 35.

Stephen Mccarthy. 2016. Land Tenure Security and Policy Tensions in Myanmar [R].

Zarni Minn. 2014. 缅甸农村可持续发展之路 [R].

中国—巴基斯坦减贫合作研究

中国农业大学中国南南农业合作学院

课题组成员

课题组成员	工作单位
王海民	中国农业大学中国南南农业合作学院
赛拉（Saira Akhtar）	农业大学，费萨拉巴德，巴基斯坦
沙玻（Shabbir Ahmad）	中国农业大学人文与发展学院
卢立群	中国国际扶贫中心
赵美艳	中国国际扶贫中心
周梁	中国国际扶贫中心
唐丽霞	中国农业大学中国南南农业合作学院
武晋	中国农业大学中国南南农业合作学院
张传红	中国农业大学中国南南农业合作学院

致　谢

课题组感谢中国国际扶贫中心为本课题提供的资金支持，谭卫平副主任为课题的开展给予了多方面的帮助与指导，王泺、王世达两位评审专家提出了建设性的意见与建议，在此一并表示诚挚的谢意。

感谢外交部亚洲司张志忠处长、国际合作署的赵凯先生以及中国驻巴使馆商务处朱嵩嵩先生为课题组在巴基斯坦调研过程中提供的便利条件。

在巴基斯坦调研过程中，承蒙巴基斯坦伊斯兰救济组织（IRP）与巴基斯坦国家灾难管理署（NDMA，伊斯兰堡，巴基斯坦）独立咨询专家 Rizwana Ehsan Waraich 女士的大力协助，使机构访谈进行顺利。感谢巴基斯坦半干旱农业大学的 Abdul Saboor 教授以及巴基斯坦执政党执行委员会的中心秘书 Shahid Zia 博士提供的启发性见解。同时，巴基斯坦计划发展与改革部、巴基斯坦国家自然灾害管理署、巴基斯坦农业研究委员会、贝纳齐尔收入支持计划、巴基斯坦扶贫基金、联合国粮农组织、联合国开发计划署和国际自然保护联盟驻巴代表处以及巴基斯坦红心月会等单位的受访人员都提供了详细的信息资料，在此谨向他们表示感谢。

最后，感谢中非农业投资有限责任公司坦桑尼亚剑麻农场管善远、汪路生两位先生提供的坦桑尼亚村级减贫示范学习中心的案例。

本报告并不必然代表中国国际扶贫中心的观点。

摘　要

一、巴基斯坦减贫现状、影响因素和变化趋势

2018 年巴基斯坦人口为 2.12 亿，是世界第 5 大人口国。从巴基斯坦的贫困现状来看，收入贫困发生率在 24.3%（2015 年，巴国内标准），即每 5 人中有一人处于贫困状态，多维贫困发生率在 38%左右。

巴基斯坦的贫困具有三个明显特征：一是贫困现象普遍存在，表现在除了大城市以外，其他地区都穷，以多维贫困发生率为例，伊斯兰堡地区的多维贫困发生率为 10.6%，其他地区均高于 25%。二是全国四个省之间贫困人口分布不均衡，偏远的俾路支斯坦省的多维贫困发生率高（65.3%），但该地区人口少（占巴基斯坦总人口的 6%），多维贫困人口 830 万；相对照而言，旁遮普省的多维贫困发生率最低（25.2%），但该地区人口多（占巴基斯坦总人口的 52.2%），因而贫困人口最多，高达 2 788 万人。三是贫困发生率在城乡之间差异大，按收入计算的全国贫困发生率为 23.2%，然而农村贫困发生率（30.7%）几近城市（15.5%）的两倍。

造成这种现象的主要原因是：①巴基斯坦的经济发展制度导致精英阶层对社会资源的俘获（“精英俘获”），导致财富分配的不平等，基尼系数超过 42%。②巴基斯坦的经济增长乏力，经济增长速度在 1990 年以来的大部分年份在 5%以下。③反恐战争、边界冲突等地缘政治因素迫使军费支出增加，挤占经济社会发展事业的财政支出份额。④巴基斯坦国内人口的劳动参与率低、失业率高。巴基斯坦 2017/2018 年度的劳动参与率为 36.92%，失业率为 4.97%，青年人的就业局势严峻，其中 20～24 岁青年劳力的失业率高达 10.35%。⑤人口增长速度快，人口自然增长率超过 2%，人力资本水平较低。例如，初中教育的完成率仅为 53.34%。

就巴基斯坦的贫困变化趋势而言，该国贫困人口比例在 2001 年以前出现了大幅波动，按照巴基斯坦国内贫困标准，1977—2001 年，贫困发生率由 17%上升到 64.3%，但 2001 年之后的极端贫困发生率呈现出逐年减少的良好趋势。

二、巴基斯坦减贫政策及其近年来的变化趋势

巴基斯坦的减贫政策从无到有，正在向真正瞄准贫困群体的扶贫方向发展。

如同中国等大多数发展中国家一样，巴基斯坦早期（1950—1992 年）的“五年计划”没有把减贫纳入专门考虑。这段时期巴基斯坦采用“涓滴理论”

作为经济发展的依据，其目的是通过经济增长促进收入提高，但效果很差。在 20 世纪 90 年代，世界银行和国际货币基金组织推行的结构改革进程中，巴基斯坦参与了从这些国际机构贷款的项目，并曾经准备过两期减贫战略报告。

巴基斯坦政府于 2008 年 7 月启动了《贝纳齐尔收入支持计划》（BISP）[①]，这是真正意义上的通过财政转移支付帮助最贫困家庭的减贫举措。

2018 年底，巴官方开始对可持续发展目标实施情况进行自愿性国家评估，找出减贫中的短板，并于 2019 年 3 月形成了旨在建设福利国家的“埃萨斯”计划讨论稿。

2019 年 8 月正式公布的“埃萨斯”计划，是伊姆兰·汗竞选总理时提出的口号，也是众望所归。

从目前的情况看，巴基斯坦的减贫政策趋势长期向好。

三、巴基斯坦主要扶贫机构及扶贫工作运作方式

巴基斯坦目前由总理府直接领导的减贫与社会保障署负责减贫计划的制定与落实。巴基斯坦在 2018 年以前没有统一的类似于中国的扶贫制度，因而没有专门的扶贫机构，直到 2019 年 2 月 5 日，现任总理伊姆兰·汗成立了扶贫协调委员会，主要负责减贫资金的统一调配使用，在此委员会的基础上成立了减贫与社会保障署（Poverty Alleviation and Social Safety Division，PASS），该署的核心机构是秘书处，包括减贫协调委员会、“埃萨斯”指导委员会与“埃萨斯”工作小组。减贫与社会保障署主要通过其对 19 个部委以及 7 个项目活动实施层面的机构贯彻落实“埃萨斯”计划的 130 多项政策举措。

巴基斯坦减贫协调委员会主要包括 8 个成员单位，本部分介绍了承担减贫与社会保障重要工作的官方机构 BISP、提供资金来源的扎卡特（Zakat）管理局，以及提供小额信贷扶贫工作的半官方机构巴基斯坦扶贫基金（Pakistan Poverty Alleviation Fund，PPAF）。同时还介绍了对减贫项目进行统筹规划的计划与发改部（Ministry of Planning，Development and Reform，MPDR，简称计划部）可持续发展目标（Sustainable Development Goal，SDG）处（简称 SDG 处），以及国际红十字会领域的巴基斯坦红新月会（Red Crescent Society）。

扶贫工作的运作方式是规划（政策）——计划（项目）——实施（开展项目活动）——监测评价（对结果进行追踪评价）。总理府的减贫与社会保障署（PASS）制定了埃萨斯计划，在国会通过后形成政策；公布的计划以文件的形

① 参见巴基斯坦官方网站，https：//bisp.gov.pk.

式转到计划部SDG处，对项目进行统筹规划；对批准实施的项目通过招标或委托的方式选择项目执行机构或实施单位；并对项目的实施进行监测与评价。在省级层面，其机构设置与联邦层面类似，工作方式也类似。

四、在巴援助机构概况

由于历史和地缘政治原因，巴基斯坦是一个接受援助较多的国家，而且援助项目呈碎片化的管理状态。

巴基斯坦的主要多边援助机构包括联合国、世界银行等多边组织；双边援助机构包括发达国家（巴黎俱乐部）以及发展中国家（非巴黎俱乐部）的双边援助机构；非政府组织机构主要是国际非政府组织（INGO）和国际发展研究基金等。

最主要的多边援助机构是世界银行、国际货币基金和亚洲开发银行。这些多边机构主要依靠机构的研究报告、知识的传播来实现其主导理念。以其拥有的“知识产品”，通过向巴方政府（财政部为代表）灌输现有的危机（比如债务危机）、发展路径（比如结构调整）以及发展趋势（比如跟随联合国倡议），影响巴官方决策。

在双边援助机构方面，美国的影响力最大。除了影响力较大的主要参与国以外，其他援助国也有自己的对外援助原则，由于在接受各国双边援助时必须由双方达成共识，这就出现了不同援助方所执行的项目政策不一的情况。

巴基斯坦接受外国援助的合作机制，包括应急援助机制和减贫与发展援助机制。应急援助具有很强的时效性，主要通过自然灾害管理署来协调执行；减贫与发展援助机制是巴方政府与相关多、双边机构有了初步合作意向（备忘录或会议纪要）之后，通过联邦政府的经济事务署（Economic Affairs Division，EAD）和计划部来履行相关审批程序。批准以后的项目按照双方签署的协议实施。

巴基斯坦接受了较多的国际援助，不同类型的项目有不同的运作方式，即使相同类型的项目，也会因为援助方的不同而采取不同的项目运作方式。但不论哪一类项目，项目运作方式都涉及人员的部署，具体而言就是要做什么、怎么做、谁来做、如何监管。工作任务主要包括通过招标方式安排项目前、中、后期技术支持（Technical Assistance）与项目建设任务。

巴基斯坦发展界的咨询市场较成熟，所需人员均可在公共媒体上招募并组建项目团队。其他小型援助项目，在程序上能简化则简化。此外，有些双边援助项目出资方，委托有经验的联合国机构（如联合国开发计划署、联合国粮农组织等）运行项目。

五、巴方农户对中方减贫援助的需求及其合理性和可行性

多年来，巴基斯坦学习了西方的发展模式来开展减贫工作，其特点是聚焦于短期效应而忽略了农村基础设施建设与公共服务的提供。

本次实地调研发现：总体上，受访农户的需求主要集中在村级基础设施与村级公共服务这两个类别。村级道路、诊所、学校的改善以及村级饮用水供应和村级电力系统升级，占据了需求排序的前5位。不同省份之间受访农户对同一需求的选择偏好略有差异。从问卷中的减贫需求选项中筛选出打分最高的10项进行了针对其合理性与可行性的讨论。

农户问卷调查中排在前10位的需求，得到了社区干部以及中方公司受访人员意见的印证，即对基础设施和基本公共服务的需求是急需，体现了不同受访群体对巴方农户减贫需求的共识。此外，教育是减贫和阻断贫困代际传递的有效方式，而增加就业是减贫的直接路径，均为农户的直接的、合理的减贫援助需求。

根据中方公司受访人员的建议、中方公司在海外从事项目建设与运营的经验、驻巴国际机构项目运作方式与经验、巴基斯坦当地实施援助项目的经验与专家力量进行综合研判，若按受访农户减贫援助需求的前10项内容拟定项目，具备可行性。

六、中巴减贫合作建议

1. 总体建议

（1）减贫合作方向。中巴减贫合作应定位于符合巴基斯坦官方诉求、切实满足贫困群体的生活与生产需求的领域，有长远的国别援助规划，逐步实现中方援助项目的可持续发展，打造可持续的中国对巴减贫援助体系。

指导思想：我国的国际发展合作援助应在南南合作框架下开展活动，充分总结国际援助领域的经验、教训，创新项目运作模式。坚持以我为主，项目协同；坚持量力而行，尽力而为；坚持能力建设，储备智力；坚持模式创新，长远发展。前两个“坚持”在于筛选项目，后两个“坚持”在于推动项目。

（2）村级减贫合作项目的工作重点。中巴减贫合作重点应放在既能满足巴基斯坦农户需求，同时又能发挥我方优势的领域，包括村级基础设施建设、公共服务基础设施建设以及农户能力建设三大领域。

（3）村级减贫合作项目的内容。村级减贫合作项目内容主要包括如下几个方面：修建村级道路、诊所和修缮学校；铺设自来水管道以及农村电网的升级改造；对农民开展种植业、畜牧业和非农产业技能培训。

2. 具体操作建议

（1）中巴减贫合作项目地点选择何地？中巴减贫合作应沿着中巴经济走廊

“叉型”通道（从新疆红旗拉普到巴基斯坦伊斯兰堡，之后分别走东线到卡拉奇，走西线到瓜达尔港），在现有已启动基础设施建设项目周边展开，同时针对交通状况、产业区域（以农作区域为主）、地区社会治安状况以及农户识字水平进行选点，并针对深度贫困地区选择适合的减贫项目。

（2）进行什么样的减贫项目？项目的性质为村级综合减贫示范项目与巴减贫机构能力建设项目两个类别。村级减贫示范项目的预算大致在 2 100 万～3 150 万元人民币，执行期 2～3 年为宜。巴减贫机构能力建设项目是帮助巴方成立一个减贫研究中心。

（3）如何推动这一减贫项目？项目的推动涉及项目的运行模式与运行机制两个方面。坚持能力建设，储备智力；坚持模式创新，长远发展的指导方针，把中方的减贫理念贯彻到中巴减贫项目的全过程。

项目的推动分为先行先试阶段（先导项目）与推广两个阶段。在先行先试阶段，要做好三件事：一是以能力建设为主，选好项目实施机构；二是按照项目的筛选标准，选出积极性高且项目成功把握性大的首批项目示范村；三是尽可能与国内其他民生项目进行整合，形成综合性、易见效的示范性减贫项目。在项目成功的基础上，总结经验，逐步在条件适合的地区推广。

在减贫合作方式方面，先导项目突出模式创新，为长远发展打下良好的基础。大面积推广阶段可以引用我国东西扶贫协作模式或者中央企业定点帮扶的经验，把相关国内经验“送出去”。

值得推荐的减贫合作方式：中国企业的参与以及巴方专业人员实质性参与，必要时邀请联合国机构以及信誉高的国际机构参与，广泛调动贫困农户内生动力的真正“融合性”合作方式。所谓“融合”，即“项目融合、资金融合与人员融合”。

首先是项目融合。一是大小项目融合——解决互联互通“最后一公里”问题，二是中方援巴领域的民生项目融合，解决项目分散的问题。

其次是资金融合。与“民生项目”融合相对应的是资金的融合，国内脱贫攻坚期间的“整合使用涉农资金”的模式值得借鉴。

三是人员的融合。做到项目有人管、技术有人负责、活动有懂中国减贫经验的巴方人员负责开展，各领域人员各司其职，又密切沟通、相互支持。

SUMMARY

1. Current situation, influencing factors and changing trends of poverty reduction in Pakistan

Pakistan has a population of 212 million in 2018, making it the fifth most populous country in the world. Judging from the current poverty situation in Pakistan, the incidence of income poverty is 24.3% (2015, Pakistan's domestic standard), that is, one out of every five people is in poverty, and the incidence of multidimensional poverty is about 38%.

Poverty in Pakistan has three distinct characteristics. First, poverty is widespread. It is manifested in all regions except large cities. Taking the incidence of multidimensional poverty as an example, the incidence of multidimensional poverty in the Islamabad region is 10.6%, the rest areas are all above 25%. The second is the uneven distribution of the poor population among the four provinces of the country. The remote Balochistan Province has a high incidence of multidimensional poverty (65.3%), but the region has a small population (6% of Pakistan's total population). The multidimensional poverty population is 8.3 million. In contrast, Punjab Province has the lowest incidence of multidimensional poverty rate (25.2%), but the region has a large population (52.2% of Pakistan's total population), and therefore has the largest number of the poor, up to 27.88 million. Third, the incidence of poverty varies greatly between urban and rural areas. The national incidence of poverty in terms of income is 23.2%. However, the incidence of rural poverty (30.7%) is almost twice that of cities (15.5%).

The main reasons for this phenomenon are: ①Pakistan's economic development system leads to the capture of social resources by elites ("elite capture"), resulting in unequal distribution of wealth, with a Gini coefficient of more than 42%. ②Pakistan's economic growth is weak, and the economic growth rate were below 5% in most years after 1990. ③Geopolitical factors such as anti-terrorism wars and border conflicts have forced military spending to increase, squeezing the share of financial expenditure in economic and social development. ④ The labor participation rate and unemployment rate of Pakistan's domestic population are low. In 2017 - 2018, Pakistan's labor participation rate was 36.92%, and the unemployment rate was 4.97%. The employment situation of young people was unsatisfactory. Among them, the unemployment rate of young workers aged 20～24 was as high as 10. 35%. ⑤The population grows fast—the natural population growth rate exceeds 2%, and the level of human capital is low. For example, the completion rate of junior high school education is only 53. 34%.

As far as Pakistan's poverty trends are concerned, the proportion of the country's poor population fluctuated sharply before 2001. According to Pakistan's domestic poverty standards, the incidence of poverty increased from 17% to 64. 3% during 1977—2001, but after 2001 The incidence of extreme poverty is showing a decreasing trend year by year.

2. Poverty reduction policies in Pakistan and changing trend in recent years

Pakistan's poverty reduction policy is developing from scratch and is moving towards poverty alleviation that truly targets the poor.

Like most developing countries such as China, Pakistan's early (1950—1992) Five-Year Plan did not specifically consider poverty reduction. During this period, Pakistan adopted the "trickle-down theory" as the basis for economic development. Its purpose was to promote income growth through economic growth, but the effect was very poor. In the 1990s, during the structural reform process implemented by the World Bank (WB) and the International Monetary Fund (IMF), Pakistan participated in projects that were loaned from these international institutions, and had prepared two phases of Poverty Reduction Strategy Paper (PRSP).

The Pakistani government launched the Benazir Income Support Plan (BISP) in July 2008, which is a real poverty reduction initiative to help the poorest families through financial transfer payments.

At the end of 2018, Pakistani government officials began a voluntary national assessment of the implementation of the Sustainable Development Goals, identified shortcomings in poverty reduction, and formed a discussion draft of the "Ehsaas" Program aimed at building a welfare state in March 2019.

The "Ehsaas" Program, officially announced in August 2019, was the slogan put forward by Prime Minister Imran Khan during his election campaign, and was widely expected.

Currently, it is expected that the trend of Pakistan's poverty reduction policies will be improving in a long run.

3. The main poverty alleviation institutions in Pakistan and the operation methods of poverty alleviation

In Pakistan, the Poverty Reduction and Social Security (PASS) Division, directly led by the Prime Minister's Office, is responsible for the formulation and execution of poverty reduction plans. Before 2018, Pakistan did not have a unified poverty alleviation system similar to that of China, so there was no special poverty alleviation agency. Until February 5, 2019, the current Prime Minister Imran Khan established the Poverty Alleviation Coordination Committee, which is mainly responsible for the unified allocation and use of poverty reduction funds, and later established the Poverty Alleviation and Social Safety Division (abbr. "PASS") based on this committee. The core agency of the PASS is the Secretariats, including the Poverty Reduction Coordination Committee, the Ehssas Steering Committee and the Ehsaas Working Group. The PASS will implement more than 130 policy initiatives documented in Ehssas through 19 federal ministries, related provincial agencies and 7 project activity implementation agencies.

The Poverty Reduction Coordination Committee of Pakistan mainly includes 8 institutional members. This section introduced BISP, the official institution that undertakes the important work of poverty reduction and social security, the Zakat Administration that provides funding sources, and the Pakistan Poverty Alleviation Fund (PPAF), a semi-official organization focused on poverty alleviation work through microcredit provision. At the same time, the Sustainable Development Goal (SDG) Section of the Ministry of Planning, Development and Reform (MPDR) is also introduced. Moreover, the final organization introduced is the Pakistan Red Crescent Society under the umbrella of International Red Cross Society.

The mode of operation of poverty alleviation work is planning (policy)-plan (project) -implementation (carrying out project activities) -monitoring and evaluation (tracking evaluation of results). The Poverty Reduction and Social Safety (PASS) Division of the Prime Minister's Office formulated the Ehssas Program, which was formally released as a policy after the Congress approval. Then the published plans will be transferred to the SDG Section of the MPDR to for overall project planning. For the projects approved for implementation, the executive agency or implementation unit shall be selected through bidding or entrustment; and finally, the monitoring and evaluation of the project will apply. At the provincial level, its institutional settings are similar to those at the federal level, and its working methods are similar.

4. Overview of aid agencies in Pakistan

Due to historical and geopolitical reasons, Pakistan is a country that receives a lot of aid, but aid projects are fragmented.

Pakistan's major multilateral aid agencies include the United Nations agencies, the World Bank and other multilateral organizations; bilateral aid agencies include those agencies from both developed countries (Paris Club) and developing countries (non-Paris Club); NGOs are mainly international non-governmental organizations (INGO) and the International Development Research Fund.

The main multilateral aid agencies are the WB, the IMF and the Asian Development Bank (ADB). These multilateral institutions mainly rely on their research reports and knowledge dissemination to realize their leading concepts. With their "knowledge products", through instilling existing crises (such as debt crises), development paths (such as structural adjustments) and development trends (such as following United Nations initiatives) to the Pakistani government (represented by the Ministry of Finance), these institutions will affect Pakistan's official decision.

In terms of bilateral aid agencies, the United States (US) is of the most influential. In addition to the major aid participating countries with greater influence, other aid countries also have their own principles of foreign aid. When accepting bilateral assistance from various countries, it is necessary for both parties to reach a consensus. This has led to different project policies implemented by different donors.

Pakistan's cooperation mechanisms for receiving foreign aid include emergency assistance mechanisms and poverty reduction and development assistance mechanisms. Emergency assistance has a strong timeliness, and is mainly coordinated and implemented through the Natural Disaster Management Authority (NDMA). Poverty reduction and development assistance mechanism reflect the final implementation of relevant projects approved by the Federal Government's Economic Affairs Division (EAD) and the MPDR after the Pakistani government and relevant multi-and bilateral agencies have initial program cooperation intentions (memorandum or meeting minutes). The approved project will be implemented according to the agreement signed by both parties.

Pakistan has received substantial international assistance. Different types of projects have different modes of operation. Even projects of the same type will adopt different modes of project operation because of different aid parties. But no matter what kind of project, the project operation method involves the deployment of personnel, specifically related to what to do, how to do, who to do, how to supervise. The tasks mainly include arranging the technical assistance (before, during and after the project) and project construction tasks of the project through tendering.

The consulting market in Pakistan's development community is relatively mature, and all personnel required can be recruited via the public media to form a project team. Other small aid projects can be simplified in terms of procedures. In addition, some bilateral aid project sponsors will entrust experienced United Nations agencies (such as the UNDP and FAO, etc.) to run the project.

5. Pakistani farmers' aid needs from China for poverty reduction, the rationality and the feasibility

Over the years, Pakistan has learnt the development model of the West to carry out poverty reduction. It is characterized by focusing on short-term effects and ignoring rural infrastructure construction and public service provision.

The field survey found that, overall, the needs of the interviewed farmers were mainly concentrated in the two categories of village-level infrastructure and village-level public services. The improvement of village-level roads, clinics and schools, as well as the improvement of village-level drinking water supply and village-level power system upgrades, occupy the top five in the needs ranking. The preference of the interviewed farmers for the same needs option differs slightly between different provinces. The 10 items with the highest scores were selected from the poverty reduction needs options in the questionnaire, and their rationality and feasibility to realize them were discussed.

The top 10 needs of farmers' questionnaire surveys were confirmed by the opinions of community officials and respondents of Chinese companies, that is, The demand for basic public services is urgently needed, which reflects the consensus among different interviewed groups on the poverty reduction needs of Pakistani farmers. In addition, education is an effective way to reduce poverty and interrupt the intergenerational transmission of poverty, while increasing employment is a direct path to poverty reduction, and all are direct and reasonable needs of farmers for poverty reduction assistance.

According to the suggestions and experience of the Chinese respondents, the project operation methods and experience of the international agencies in Pakistan, and the experience and expertise of the Pakistan local aid projects, a comprehensive judgment showed that It is feasible to formulate a project based on the first 10 items of poverty assistance needs.

6. Suggestions on china-pakistan poverty reduction cooperation

1. Overall Recommendations

(1) Direction of poverty reduction cooperation. The direction of poverty reduction cooperation should be positioned in the field of meeting Pakistan's demands and the living and production needs of the poor. There should be a long-term country assistance plan to gradually realize the sustainable development of China's assistance projects and build a sustainable system for China's foreign poverty reduction assistance.

Guidelines: Activities under China international cooperation assistance must be carried out within the framework of the United Nations South-South Cooperation, fully summarize the experience and lessons in the field of international assistance, and innovate the project operation mode.

We should focus on ourselves, coordinate projects; do what we can; build capacity and reserve intelligence; innovate models and focus on long run development. The first two points lie in screening projects, and the last two points lie in promoting projects.

(2) Priorities for poverty reduction cooperation. The focus of China-Pakistan poverty reduction cooperation should be on areas that can meet the needs of Pakistani farmers and at the same time give full play to our advantages, including village infrastructure construction, public service infrastructure construction and farmers' capacity building. On the one hand, according to the results of a survey of farmers in Pakistan, the main needs are concentrated in the areas of village-level infrastructure, supply of village-level public services, and skills training for farmers. On the other hand, the construction of infrastructure is also a strength of our country and we have rich experience.

(3) Components of poverty reduction cooperation. The poverty reduction cooperation mainly includes the following aspects: construction of village-level

roads, clinics and school reparation; laying of water pipes and upgrading of rural power grids; and training of farmers in planting, animal husbandry and non-agricultural industries.

2. Specific Operational Recommendations

(1) Where to choose the China-Pakistan poverty reduction cooperation project (where?) The China Pakistan poverty reduction cooperation projects should be carried out around the existing infrastructure construction projects along the "fork" channel of China Pakistan Economic Corridor (from Hongqilapu in Xinjiang to Islamabad in Pakistan, then to Karachi in the East, and to Gwadar Port in the West). At the same time, project sites should be selected according to different situations of transportation, industry, regional security and farmers' literacy level, as well as select appropriate poverty reduction projects in deep poverty-stricken areas.

(2) What kind of poverty reduction projects? By nature, the projects include two categories: a village level comprehensive project for poverty reduction demonstration, and a capacity-building project for Pakistan poverty reduction agency. The budget level of village poverty-reduction demonstration project is about 21～31.5 million Yuan (US＄3～4.5 million), and the implementation period is expected to be 2～3 years. The capacity-building project of Pakistan poverty reduction institutions is to help Pakistan establish a research center for poverty reduction.

(3) How to promo the poverty reduction project? The promotion of the project involves two aspects, i. e., the project operation mode and operation mechanism. Adhere to capacity building and intelligence reservation; adhere to the guidelines of mode innovation and long-term development, and implement the Chinese concept of poverty reduction into the entire process of China-Pakistan poverty reduction projects.

The promotion of the project covers two stages: first trial stage (pilot project) and extension stage. In the first trial stage, three tasks should be completed well:

1) To give full play to capacity-building, and select competent project implementation agencies;

2) Optimize the selection of the first batch of project demonstration villages (focus on strong interest and high initiatives of farmers); and

3) Incorporate the overall livelihood project contents as much as possible

to formulate a comprehensive and demonstrable poverty reduction projects.

Based on the success of the project, draw the experience, and gradually extend it in areas with suitable conditions.

In terms of ways to cooperate in poverty reduction, the pilot projects highlight model innovation and lay a good foundation for long-term development. In the large-scale promotion stage, we can refer to China's Eastern-West Cooperation Model for Poverty Alleviation or the experience of China State Enterprises in poverty alleviation for designated counties. Finally, "Send out" relevant domestic experience.

Recommendable cooperation methods for poverty reduction: the participation of Chinese enterprises and the substantial participation of Pakistani professionals, when necessary, invite United Nations agencies and highly reputable international organizations to participate, and a truly "integrated" cooperation method that widely mobilizes the endogenous initiatives of poor farmers. The so-called "integration" means "project integration, capital integration and personnel integration".

1) Integration of Projects. The first is the integration of large and small projects—solving the "last mile" problem of interconnection. The second is the integration of people's livelihood projects in the field of Chinese assistance to Pakistan to solve the problem of scattered projects.

2) Integration of Funds. Corresponding to the integration of the "people's livelihood projects" is the integration of funds. The model of "integrating the use of agricultural/rural project related funds" during China's domestic poverty alleviation is worth learning.

3) Integration of personnel will ensure that deployed in-charge persons are responsible for the project management, technology diffusion and activity implementation, with a special focus of the participation of Pakistani personnel who know the experience related to China's poverty reduction activities.

引　言

一、项目背景与意义

该研究项目的背景与中巴经济走廊的建设密切相关。中巴经济走廊（乌尔都语：رابداری اقتصادی چین-اکستانپ，英语：China-Pakistan Economic Corridor，CPEC）是中国政府李克强总理于2013年5月访问巴基斯坦时提出的，初衷是加强中巴之间交通、能源、海洋等领域的交流与合作，加强两国互联互通，促进两国共同发展。该项目于2015年4月20日启动。①

2015年，中巴关系由战略合作伙伴关系升级为全天候战略合作伙伴关系。2015年4月，习近平主席访问巴基斯坦期间，双方确定了以中巴经济走廊为引领，以瓜达尔港、能源、交通基础设施和产业合作为重点的“1+4”经济合作布局。② 这是中巴开展务实合作共同打造“命运共同体”的关键内容。

中巴经济走廊起点在喀什，终点在巴基斯坦瓜达尔港，全长3 000千米，北接“丝绸之路经济带”、南连“21世纪海上丝绸之路”，是贯通南北丝路关键枢纽，是一条包括公路、铁路、油气和光缆通道在内的贸易走廊，也是“一带一路”倡议的重要组成部分。两国政府初步制定了修建新疆喀什市到巴方西南港口瓜达尔港的公路、铁路、油气管道及光缆覆盖“四位一体”通道的远景规划。中巴两国将在沿线建设交通运输和电力设施，根据巴方的统计，总投资额随着项目的增加由原先的460亿美元增加到了620亿美元③，计划于2030年完工。④

习近平强调，中国和巴基斯坦是独一无二的全天候战略合作伙伴。巴基斯坦朋友曾在中国困难的时候提供了无私帮助，现在中国发展起来了，真诚希望帮助巴方更好发展……要高标准推进中巴经济走廊建设，建设好、运营好现有能源、交通基础设施、产业园区和民生项目，把走廊打造成高质量共建“一带一路”倡议的示

---

① 百度百科。网站：https：//baike. baidu. com/item/中巴经济走廊#。另见“李克强访巴基斯坦：打造经济走廊 寻求双赢合作”，2013年05月24日 11：37 中国新闻网。网址：http：//www. chinanews. com/gn/2013/05－24/4853223. shtml。

② 中巴经济走廊，从梦想到现实。2017－02－21 09：26：13 人民日报。网址：http：//www. xinhuanet. com/world/2017－02/21/c_129487536. htm。

③ （1）中巴经济走廊总投资额从460亿美元增至540亿美元，2017年01月06日16：37中国经济网。网址：http：//finance. china. com. cn/roll/20 170 106/4 058 820. shtml。（2）中国3月内2次增资中巴经济走廊 投资将达620亿美元．2017年04月14日 17：42 观察者网。网址：http：//mil. news. sina. com. cn/dgby/2017－04－14/doc-ifyeimqy1533056. shtml。

④ 参见巴基斯坦中巴经济走廊官方网站的《中巴经济走廊远景规划（2017—2030）》英文版，网址：http：//cpec. gov. pk/long-term-plan-cpec。

范工程。[①] 中巴经济走廊是“一带一路”倡议的重大先行先试项目，过去的六年里已在瓜达尔港建设、能源、基础设施、经济特区等方面取得丰硕的成果。据不完全统计，中巴经济走廊各项目已直接雇佣 75 000 多位巴基斯坦人。[②]

近年来，巴基斯坦减贫取得了一定进展，但仍面临困难与挑战。巴总理伊姆拉·汗表示要学习中国减贫经验，而中巴经济走廊的发展促进了两国在社会经济方面的合作。2019 年 4 月，中巴签署了《中巴经济走廊社会民生合作谅解备忘录》。在与巴方协商的基础上，双方确定了农业、教育、医疗、扶贫、水供应和职业培训六个重点合作领域。首批 17 个项目在备忘录签署后一年内已全部启动。截至目前，其中 11 个项目已落实或通过第一阶段审批，其他 6 个项目将在 2020 年上半年获得第一阶段审批。这些项目中，瓜达尔医院与职业培训学校已开工建设。后续项目还包括向巴基斯坦提供 10 000 套太阳能照明设备、100 套净水设备、800 套太阳能水泵，以及为 30 家医院提供医疗设备，为 50 所技能培训学校提供教学设备。此外，中方还将在巴基斯坦各省份建立农业合作实验室和示范点。这些项目致力于改善民生，为巴基斯坦实现可持续发展注入新动力。[③]因此，开展中巴减贫合作，对于加强中巴全天候战略合作伙伴关系、打造新时代更紧密中巴命运共同体具有重要意义。

为推进中巴两国在减贫领域交流合作，中国国际扶贫中心公开招标确定委托我单位执行本课题研究任务。该课题的设立也是对习近平总书记“构建人类命运共同体”[④]、促进亚洲国家减贫领域合作[⑤]的积极响应。

二、研究目标和内容

通过文献研究、问卷和访谈、案例分析等形式，整合中巴双方视角，在对巴基斯坦减贫政策、实践及减贫需求等进行系统梳理的基础上，提出中巴减贫合作建议，形成具有前沿性、指导性的研究报告和决策参考。

研究内容包括但不限于：

（1）分析巴基斯坦减贫的现状、影响因素和变化趋势；

（2）梳理分析巴基斯坦减贫政策及其近年来的变化趋势；

---

① 习近平会见巴基斯坦总理伊姆兰·汗。来源：《人民日报》（2019 年 10 月 10 日 01 版），人民网—人民日报。下载网址：http：//cpc. people. com. cn/n1/2019/1010/c64094－31390697. html

②③ 专访中国驻巴基斯坦大使：友谊历久弥坚 合作成果显著。2020 年 05 月 21 日 11：29 来源：中国经济网。网址：http：//www. chinanews. com/gn/2020/05－21/9190507. shtml。

④ 《迈向命运共同体 开创亚洲新未来》习近平出席博鳌亚洲论坛 2015 年年会开幕式并发表主旨演讲，来源：人民网—人民日报 2015 年 03 月 29 日 00：00。http：//finance. people. com. cn/n/2015/0329/c1004－26765716. html。

⑤ 习近平在博鳌亚洲论坛 2018 年年会开幕式上的主旨演讲。2018－04－10 11：51：20 来源：新华网。网址：http：//www. xinhuanet. com/politics/2018－04/10/c_1122659873. htm。

（3）梳理巴基斯坦国内主要扶贫机构（包括官方及非官方机构）及其扶贫工作的运行方式；

（4）梳理近年来主要多、双边发展援助机构及非政府组织对巴基斯坦减贫领域的援助情况，及巴基斯坦接受相关国际援助的政策和合作机制、项目运作方式；

（5）梳理巴方对中方减贫援助的需求，并对其合理性和可行性进行分析；

（6）就中巴减贫合作的方向、工作重点、合作内容及方式等提出建议。

三、研究方法

本研究的研究方法包括二手资料收集、机构访谈、农户调查问卷以及调研结果的研讨等形式。机构访谈包括到巴基斯坦实地调研过程中针对扶贫相关部门及机构的关键人物访谈。

农户调查问卷选择了巴基斯坦全国四个省（旁遮普省、开普省、信德省与俾路支斯坦省）的各一个区（District）的一个村，每个村调查100户，共完成1 200户农户的问卷调查（见附录）。具体调查区的位置参见图1。

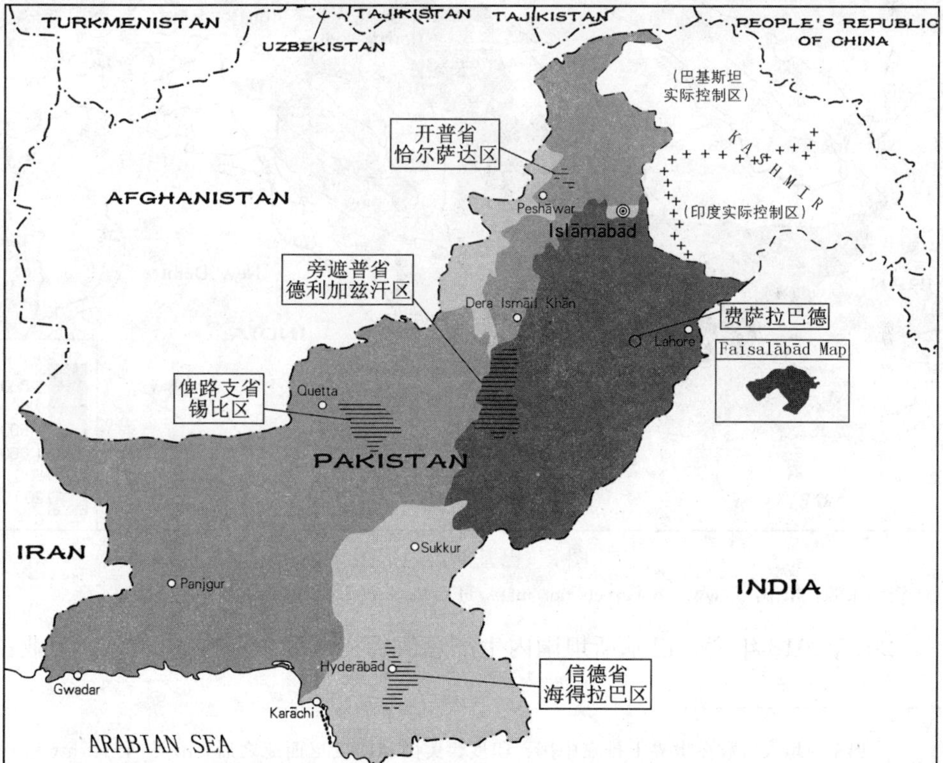

图1　项目小组在巴基斯坦调查点位置图

资料来源：根据巴基斯坦行政图绘制。

四、巴基斯坦情况概述

巴基斯坦2018年人口为2.12亿人，是世界上人口第5大国家[①]，国土面积第33大国家。全国共有旁遮普、开伯尔—普什图赫瓦、俾路支、信德4个省和伊斯兰堡首都特区。各省下设专区、县、乡、村联会[②]。

巴基斯坦全境五分之三为山区和丘陵地，南部沿海一带为沙漠，向北伸展则是连绵的高原牧场和肥田沃土。全国最高峰乔戈里峰（海拔8 611米）。喜马拉雅山、喀喇昆仑山和兴都库什山这三条世界上有名的大山脉在巴基斯坦西北部汇聚，形成了奇特的景观。源自中国的印度河进入巴境内后，自北向南，长驱2 300千米，最后注入阿拉伯海（图2）。

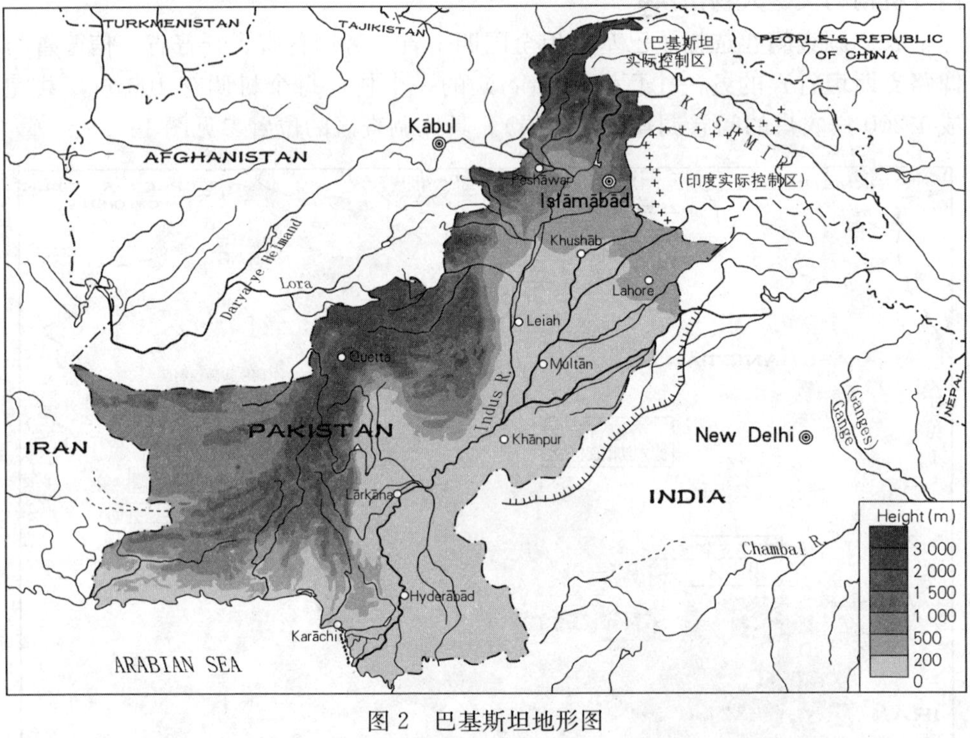

图2 巴基斯坦地形图

资料来源：http://www.onegreen.net/maps/HTML/47807.html。

2017/2018年度，巴基斯坦国内生产总值的构成为农业占19.0%，工业占

① 巴基斯坦人口数在世界上排在中国、印度、美国和印度尼西亚之后。参见网站：https://worldpopulationreview.com/countries/pakistan-population/。2020年5月31日。

② 中国领事服务网：巴基斯坦。下载网址：http://cs.mfa.gov.cn/zggmcg/ljmdd/yz_645708/bjst_645958/.

20.6%，服务业占 60.4%（图 3）。① 就业构成方面，农业就业人数占 38.5%，工业就业人数占 24.6%，服务业就业人数占 36.9%。②

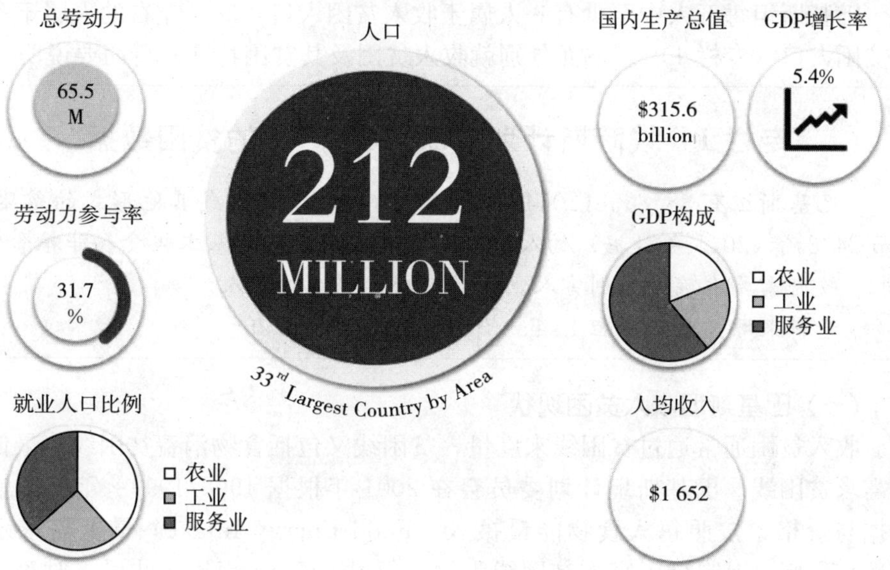

图 3　巴基斯坦情况一览③

资料来源：Pakistan Voluntary National Review 2019.

五、本报告内容安排

本报告共包括六个部分：第一是巴基斯坦减贫现状、影响因素和变化趋势；第二是巴基斯坦减贫政策及其近年来的变化趋势；第三是巴基斯坦国内主要扶贫机构及扶贫工作运作方式；第四是在巴基斯坦开展援助的多、双边机构概况；第五是巴方对中方减贫援助的需求及其合理性和可行性；第六是建议。

第一节　巴基斯坦减贫现状、影响因素及变化趋势

本部分主要阐述巴基斯坦贫困现状、贫困的影响因素以及变化趋势三个方

① Pakistan Voluntary National Review 2019. 第 12 页。https://sustainabledevelopment.un.org/content/documents/233812019_06_15_VNR_2019_Pakistan_latest_version.pdf.

② PAKISTAN STATISTICAL YEAR BOOK 2018. http://www.pbs.gov.pk/content/pakistan-statistical-year-book-2018-provisional.

③ P.12，Pakistan Voluntary National Review 2019. https://sustainabledevelopment.un.org/content/documents/233812019_06_15_VNR_2019_Pakistan_latest_version.pdf.

面的内容。

一、巴基斯坦的贫困现状

巴基斯坦每五人中至少有一人属于收入贫困人口，38%左右的人属于多维度贫困人口（专栏1）[①]。下面分别就收入贫困及其贫困特征进行简要说明。

专栏1　埃萨斯计划（Ehsaas）[②] 中的贫困数据

巴基斯坦有38.8%（2014年数据）的人处于一种或其他形式的贫困，而24.3%（2015年数据）的人没有足够的钱来满足其基本粮食和非粮食需求。政府需要准确地识别穷人，使政府补贴瞄准这些人。

资料来源：巴基斯坦Esaias计划，2019-08-29。

（一）巴基斯坦收入贫困现状

收入贫困通常通过贫困线来度量，贫困线又包括食物消费贫困线与最低基本需求贫困线。巴基斯坦计划委员会在2001年根据1998/1999[③] 年度的消费数据与价格，按照每人食物能量摄入（Food Energy Intake）最低需求水平2 350千卡[④]/天制订了官方贫困线为每人每月637.54卢比。此后，对每个连续调查期的贫困线根据通货膨胀影响进行了更新。计算贫困的规范程序一直延续到2007/2008年度。

2012年开始，巴基斯坦政府酝酿了一种基于基本需求成本（Cost of Basis Needs）的新贫困线测算方法，即侧重于参照组家庭的消费模式，将家庭所需的非食品支出（如服装、住房和教育）考虑在内。按此方法并使用2013/2014年度的家庭综合经济调查数据，巴基斯坦官方制定出了相当于每个成人每月3 030卢比的一个新的贫困线标准。在此标准下，计算出巴基斯坦不同年份的贫困发生率如表1所示。

① PM Imran releases policy statement on Ehsaas，his poverty reduction programme。2019年4月8日。https://www.geo.tv/latest/233533-pm-releases-policy-statement-on-ehsaas-his-poverty-reduction-programme.

② 参见Ehsaas计划与举措（Ehsaas programmes and initiatives），网址：http://pass.gov.pk/Detail2613b3ab-74b6-4eeb-86f4-71a59d83967a.

③ 巴基斯坦的财政预算年度为每年的7月1日到次年的6月30日，因此，一般表示年份时通常用两个年份。

④ 1卡≈4.18焦耳，下同。

表 1　巴基斯坦贫困发生率变化趋势（%）

（基本需求成本法）

年份	总体	城市	农村
2005	50.4	36.6	57.4
2007	44.1	32.7	49.7
2010	36.8	26.2	42.1
2011	36.3	22.8	43.1
2013	29.5	18.2	35.6
2015	24.3	15.5	30.7

资料来源：巴基斯坦贝娜齐尔收入支持计划（BISP）2019.

巴基斯坦无论是农村还是城市，都采用了统一的基于基本消费水平的收入贫困标准。

此外，为了国际间的比较，国际机构还采用了每人每天 1.9 美元和 3.2 美元（2011 年购买力平价，下同）标准开展国际比较。世界银行 2019 年 10 月的文件《南亚贫困与不平等简介：巴基斯坦》中指出，根据 2015 年数据，按照国家贫困线，巴基斯坦的贫困发生率为 24.3%（贫困人口 4 600 万人）；按每人每天 1.9 美元的标准，贫困发生率为 3.9%（贫困人口 760 万人）；按照每人每天 3.2 美元的标准，其贫困发生率为 34.7%（贫困人口 6 920 万人）。①

（二）巴基斯坦贫困问题的特征

巴基斯坦的贫困具有三个明显特征：一是贫困现象普遍存在，表现在除了大城市以外，哪个地方都穷；二是不同省份贫困人口分布悬殊；三是贫困发生率在城、乡之间差异大，按收入计算的农村贫困发生率几近城市的两倍。

1. 贫困现象普遍存在

与中国的贫困现象主要集中在中、西部地区不同，巴基斯坦的贫困现象在各个地区普遍存在。除了首都伊斯兰堡与拉合尔之间的平原区域和卡拉奇、奎塔、白沙瓦等省会城市之外，其他地方的贫困发生率均很高，无论是 2007 年的收入贫困地图还是从 2015 年的多维度贫困地图均反映出这一点（图 4 和图 5）。因而，即使在经济较发达的省份，贫困也普遍存在。

① World Bank (2019). Poverty & Equity Brief South Asia: Pakistan. October 2019. https://databank.worldbank.org/data/download/poverty/33EF03BB-9722-4AE2-ABC7-AA2972D68AFE/Global_POVEQ_SAR.pdf.

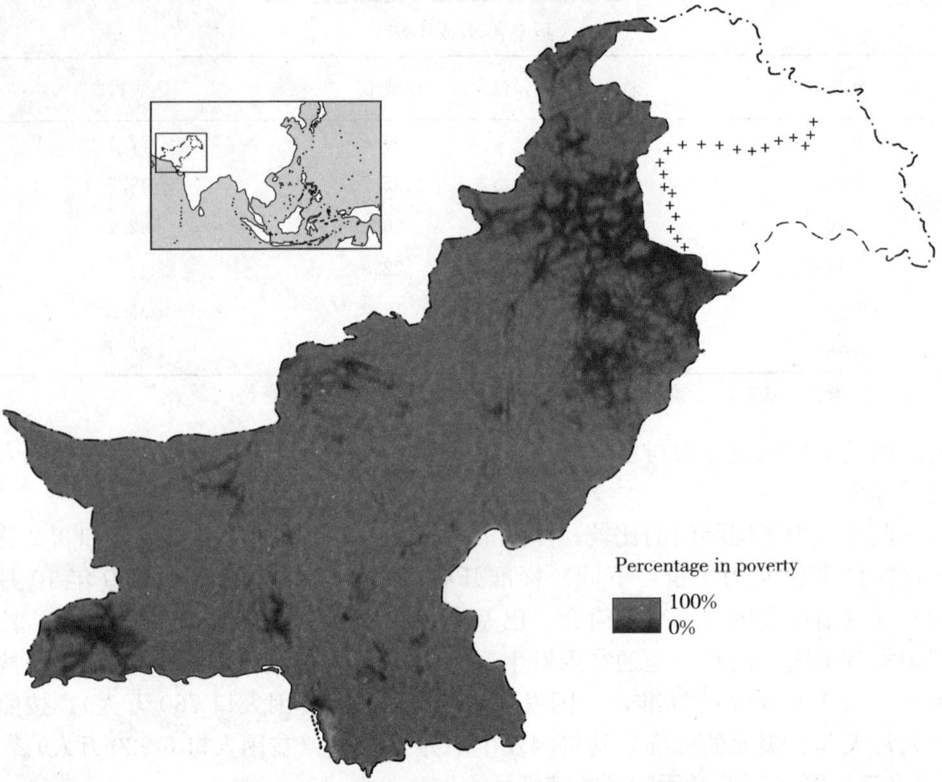

图 4　2007 年巴基斯坦贫困发生率的地理分布

2. 不同省份之间贫困人口分布不均衡

各省贫困人口等于其贫困发生率与其总人口之积，由于各省人口分布比例不同，因而贫困人口在各省的分布也不均衡。由于巴基斯坦政府尚未更新 2015 年以后的贫困人口分布的数据，我们利用英国牛津人类发展倡议（Oxford Poverty and Human Development Initiative，OPHI）的研究结果[①]予以说明。

目前，人们普遍认为俾路支斯坦的贫困发生率最高但贫困人口的数量在全国四个省中最低。在 2018 年 5 月以前，法塔（Federally Administered Tribal Areas，FATA）属于联邦直接管辖的部落区域，位于巴基斯坦西北部与阿富汗交界的地带，也是难民聚集的地方，该地区的贫困发生率实际上是最高的

① Oxford Poverty and Human Development Initiative（OPHI），Country Briefing July 2019。https：//ophi. org. uk/.

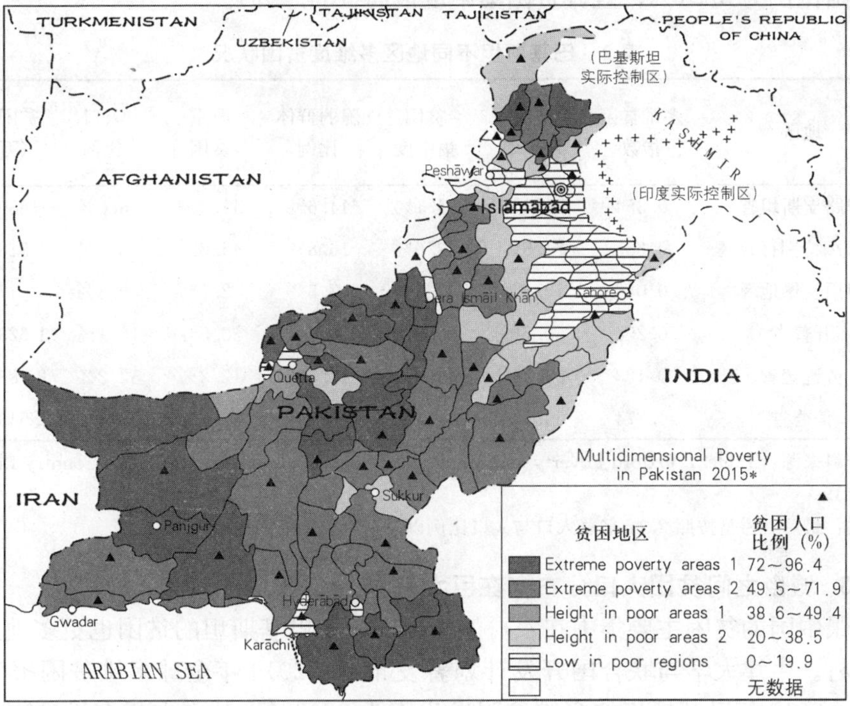

图 5　2015 年巴基斯坦多维贫困发生率的地理分布

资料来源：巴基斯坦扶贫基金会手册 2016。

（表 2）。但由于 FATA 地区目前已并入了开普省①，且其人口比例仅占巴基斯坦总人口的 2.1%，按照全国总人口 2.12 亿人计算，法塔地区的贫困人口为 318.32 万人，与开普省的贫困人口 1 623 万之和为 1 941 万人，由此计算出开普省合并法塔地区之后的总平均贫困发生率为 53.2%，因而显示出俾路支斯坦省的贫困发生率最高（65.3%），随后是开普省（53.2%）和信德省（50.5%），而旁遮普是印度河等五条河流经过的平原地区，地域优势适合农业生产的发展，因而其多维贫困发生率最低，只有 25.2%。然而按总人口 2.12 亿人计算的贫困人口却是旁遮普省最高，信德省排第二，开普省第三，而俾路支斯坦省在除了贫困人口最少的伊斯兰堡特区以外的四个省中排名最低。

由此可见，贫困发生率高的俾路支斯坦省与原来的法塔特别行政区贫困人口总数不高，但其贫困发生率高居前列，显示出其深度贫困地区的特征，这一点可以通过严重贫困比例（分别为 41.0%、45.8%）反映出来，信德省的严

① FATA Merger with KPK：Dawn of A New Era。http：//informationistan.com/fata-merger-with-kpk/.

重贫困比例为32.1%，且其贫困集中度最高（54.2%）。

表2　巴基斯坦不同地区多维度贫困状况

地区	多维贫困指数	贫困发生率	贫困集中度	脆弱群体比例	严重贫困	人口比例	贫困人口（万人）
俾路支斯坦省	0.354	65.3%	54.1%	14.6%	41.0%	6.0%	830.62
FATA特别行政区	0.383	71.5%	53.6%	16.8%	45.8%	2.1%	318.32
伊斯兰堡地区	0.046	10.6%	43.6%	7.5%	2.7%	0.8%	17.98
开普省	0.258	50.7%	50.9%	16.7%	26.5%	15.1%	1 623.01
旁遮普省	0.123	25.2%	49.0%	13.5%	12.2%	52.2%	2 788.73
信德省	0.274	50.5%	54.2%	8.7%	32.1%	23.8%	2 548.03

资料来源：Table2，Oxford Poverty and Human Development Initiative（OPHI），Country Briefing July 2019。

注：最后一栏是按照2.12亿总人口与人口比例以及贫困发生率乘积计算所得。

3. 城乡之间贫困人口分布存在巨大差异

跟中国的贫困主要集中在农村的情况类似，巴基斯坦的贫困也更多地集中在农村。牛津大学与联合国开发计划署发布的《2019年全球多维贫困报告》① 指出，2019年巴基斯坦的多维贫困发生率为38.3%，其中农村多维贫困发生率为49.8%（城市为18%），近半数的农村人口为多维贫困人口。从2015年的巴基斯坦收入贫困发生率也可以看出，农村贫困发生率（30.7%），接近城市贫困发生率（15.5%）的两倍（表1）。尽管巴基斯坦的城市贫困发生率也较高，但由于农业产业的比较效益低，贫困农户的比例必然比城市更高，这也是经济学家刘易斯提出的农业劳动力向二三产业转移的阶段，同时也促进了农村人口向城市的转移。

总之，巴基斯坦每五人中至少有一人属于收入贫困人口，38%左右的人属于多维贫困人口。

二、巴基斯坦贫困的成因

贫困，从经济学的视角来看，归根到底是由经济不发达与分配不均两个因素造成的。而这些因素又与政策导向、地缘政治、人口素质及其社会文化因素密切相关。总括而言，巴基斯坦的贫困成因主要有如下五个方面。

第一，巴基斯坦的经济发展制度导致精英阶层对社会资源的俘获（“精英

① The 2019 Global Multidimensional Poverty Index（MPI）. http：//hdr. undp. org/en/2019-MPI.

俘获”），产生了财富分配的不平等，进而使贫困发生率在1977—2001年出现大幅上升。精英俘获问题在巴基斯坦2019年出台的“埃萨斯（Ehsaas）[①] 计划”中得到充分说明，该计划明确指出“埃萨斯”致力于通过反对精英俘获和利用21世纪的工具（例如使用数据和技术来创建精确的安全网）来创建福利国家。巴基斯坦在20世纪50年代采用“涓滴理论”[②] 指导经济发展，结果导致了财富分配的不平等，并导致贫困发生率自1977年的17%上升到了2009年的40%。[③]

在巴基斯坦，最富有的1 800万人的总消费量是最贫穷的7 200万人的1.5倍。[④]

在土地制度方面，有超过60%的农户是没有土地的佃农，剩下不到40%的拥有土地的人群中，3%是大封建地主，97%属于小农户（土地面积在5英亩[⑤]以下）。在这种情况下，该国的农业科技人员服务的对象不是广大的小农户，而仅仅是3%的大农场主（地主），这种体制安排使得广大小农户与佃农难以从现代农业科技中获益，这是农村贫困的一个重要制度因素。

第二，巴基斯坦的经济增长乏力，使该国的减贫事业步履艰难。经济学家的研究表明，如果最初的不平等水平很高，就限制了增长在减少贫困方面的有效性，而在给定的增长水平下，不平等现象的加剧会直接加剧贫困。[⑥] 经济增长被认为是减贫的驱动力，但持续的增长需要良好的收入分配政策作保障。既没有高速的经济增长，又出现收入分配的不平等时，减贫效率会很低。巴基斯坦经济增长速度在1990年以来的大部分时间内在5%以下（图6），因而减贫的效果受到了阻碍（图7）。

---

① Ehsaas是印度语，意思是人不仅有生活（life），还要感受生活（feeling the life）。类似于英文中welfare（福利），但还包含精神追求的内涵。具体内容参见巴基斯坦政府官方网站：https：//www. pass. gov. pk/Detail92a7fc95 - 647d - 43bd - a86c - 477897e596e2。

② 涓滴理论又译作涓滴效应（又译作利益均沾论、渗漏理论、滴漏理论），指在经济发展过程中并不给予贫困阶层、弱势群体或贫困地区特别的优待，而是由优先发展起来的群体或地区通过消费、就业等方面惠及贫困阶层或地区，带动其发展和富裕，或认为政府财政津贴可经过大企业再陆续流入小企业和消费者之手，从而更好地促进经济增长的理论。

③ Trickle-down approach and its efficacy。巴基斯坦报纸DAWN，June 08，2009。https：//www. dawn. com/news/838887/trickle-down-approach-and-its-efficacy.

④ 50 shades of inequality in Pakistan. ZOFEEN T. EBRAHIM ｜ HUSSAIN ALIUPDATED MAY 14，2015. https：//www. dawn. com/news/1178703.

⑤ 1英亩≈0. 404 68公顷，下同。

⑥ Augustin Kwasi Fosu (2017). Growth, inequality, and poverty reduction in developing countries: Recent global evidence. Research in Economics, 2017 (71): 306 - 336.

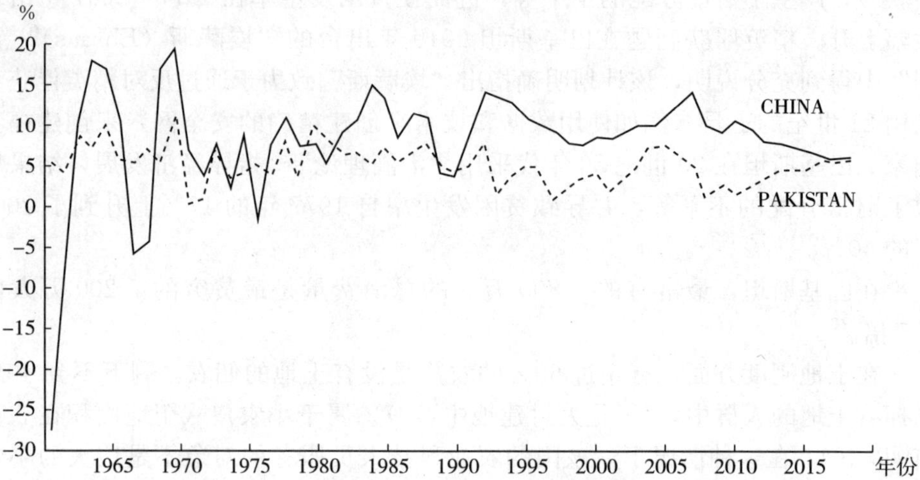

图 6 巴基斯坦与中国的国内生产总值年增长率比较（1961—2018）

资料来源：世界银行网站①。

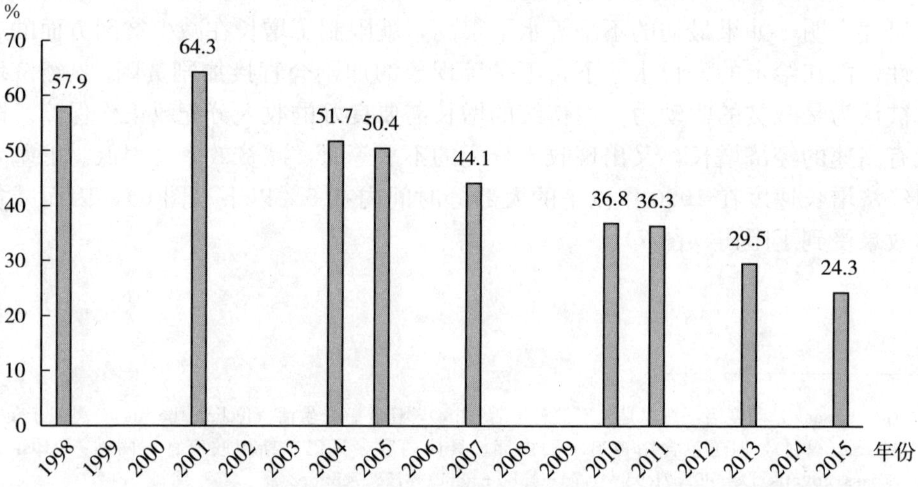

图 7 巴基斯坦贫困发生率

资料来源：根据世界银行网站②数据绘制。

第三，地缘政治因素阻碍了减贫步伐。众所周知，巴基斯坦西北部的法塔部落地区，有超过两百万的阿富汗难民在那里避难，恐怖袭击活动也时常发生，也成为美国反恐战争的前沿阵地，这既会导致反恐军费的增加，同时也对

① https：//data. worldbank. org/indicator/NY. GDP. MKTP. KD. ZG? end ＝ 2018&locations ＝ PK-CN&start＝1961&view＝chart.

② https：//data. worldbank. org/indicator/SI. POV. NAHC? locations＝PK&view＝chart.

地区人身安全带来负面影响。另外，近期的印度、巴基斯坦两国在克什米尔地区的军事冲突，无疑会增加军事开支。军事开支占国内生产总值的比例越高，意味着用于其他经济社会发展领域的费用会减少，因而会对减贫产生消极影响。巴基斯坦 1974—2014 年的数据揭示出，军费占国内生产总值比例的增加，会对其国内的贫困发生率上升起到显著的推波助澜的作用。①

第四，劳动参与率低、失业率高可直接造成家庭贫困。就业并获得劳动报酬或经营利润，是减少贫困的最直接途径，相反，一个家庭中的劳动力难以就业，则会造成家庭收入的减少甚至陷入贫困。巴基斯坦 2017/2018 年度的劳动参与率为 36.92%，其中男性 48.43%，女性 25.3%；失业率为 4.97%，其中男性 5.06%，女性 4.8%。按劳动力年龄层次划分，青年人的失业率最高，其中 20～24 岁青年劳力的劳动参与率为 60.98%，失业率为 10.35%，15～19 岁的青年劳动力参与率为 38.66%，失业率为 11.53%。由此可以看出，解决青年充分就业问题是巴基斯坦面临的一个重要挑战。长期以来，巴基斯坦脆弱的经济与产业基础，表现在工业基础较差，劳动力密集型的加工企业数量少，这样就难以吸纳大量就业。根据巴基斯坦驻中国大使馆的介绍，目前在中国的留学生超过 3 000 人，毕业生回国的很少，因为难以找到工作，有些回国的学生在找不到工作的情况下，申请继续出国深造；在中国毕业的硕士想继续攻读博士，毕业的博士想继续攻读博士后甚至留在中国工作。这种现象从一个侧面反映出巴基斯坦青年人就业困难。

第五，人口增长速度快，人力资本水平较低，助推了贫困发生率的增加。一方面，巴基斯坦的人口增长率在 1985 年达到最高值 3.4%，之后逐步下降，2019 年为 2.04%，经过人口增长抵消后的人均国内生产总值增长率至少比国内生产总值的增长率下降 2 个百分点，意味着人均收入增长速度放缓，个人收入增长水平也会随之放缓；另一方面，巴基斯坦的教育、医疗等公共服务的供给出现短板，目前初中生完成学业的人口比例为 53.34%（中国实行 9 年制义务教育，初中教育完成率 100%），获得基本公共卫生服务的人口比例为 58.25%（中国这一数据为 75.04%）。②

人力资本的提高是阻断贫困的代际传递、促进减贫的最关键因素。学者 Abeer Khandker（2016）比较了南亚与韩国发展的差异后指出，造成韩国与

① Rizwan Akhtar，Hongman Liu，Amjad Ali.（2017）. Influencing Factors of Poverty in Pakistan：Time Series Analysis. International Journal of Economics and Financial Issues，2017，7（2）：215 - 222.

② 《全球可持续发展报告 2019》英文版。Sachs，J.，Schmidt-Traub，G.，Kroll，C.，Lafortune，G.，Fuller，G.（2019）：Sustainable Development Report 2019. New York：Bertelsmann Stiftung and Sustainable Development.

孟加拉国、印度、巴基斯坦、尼泊尔和斯里兰卡之间人均国民生产总值差异的主要因素是劳动力、人均人力资本和物质资本。因此，从韩国增长经验中学到的最关键的一点是，无论一个国家增加贸易或开放经济的程度如何，如果该国无法通过这些政策改善其人力资本和生产技术，从长远来看，不会繁荣。①

尽管巴基斯坦的贫困还有与社会文化因素相关的原因，但总体而言，正如 Abeer Khandker（2016）明确指出的，最关键的还是人力资本和物质资本的积累。与此相关联，通过国家的治理体系与经济制度的完善、处理好地缘政治问题、促进经济增长、增加就业、促进公平发展，是应对巴基斯坦贫困问题的关键因素。

三、巴基斯坦的贫困变化趋势

现有数据表明，巴基斯坦的贫困发生率在 1977—2001 年出现了一个大幅度上升，之后逐步下降，在实现联合国千年发展目标的时间段（2001—2015 年），巴基斯坦的减贫效果比较明显。

按照国家贫困线标准，亚洲开发银行发布的《亚洲太平洋关键指标 2019》② 显示，巴基斯坦 2001 年的贫困发生率为 64.3%（其中农村 70.2%，城市 50.0%），到 2015 年减少至 24.3%（其中农村 30.7%，城市 12.5%）。贫困发生率在 14 年里减少了 40.4 个百分点，年均减少 3.9 个百分点。

以世界银行的数据为例，按照每人每天 1.9 美元（2011 年购买力平价）的极端贫困标准，巴基斯坦在 2001—2015 年，贫困发生率从 2001 年的 28.6%减少到了 2015 年的 3.9%（表 3 和图 8）。平均每年减贫比率达到 1.8 个百分点③，排在不同比较时期减贫幅度最快的 15 个国家的第 14 位。

表 3　年度极端贫困率变化（%）

国家	时间段	年均减贫百分点
坦桑尼亚	2000—2011	−3.2
塔吉克斯坦	1999—2015	−3.1
乍得	2003—2011	−3.1

① Abeer Khandker (2016). Why is the South Korean growth experience different? An analysis of the differences of per capita GDP between South Korea and South Asian countries. Econ Change Restruct (2016) 49: 41-69.

② Key Indicators for Asia and the Pacific 2019. https://www.adb.org/publications/key-indicators-asia-and-pacific-2019.

③ https://propakistani.pk/2019/11/20/pakistan-among-top-countries-for-poverty-alleviation-wb/.

（续）

国家	时间段	年均减贫百分点
刚过共和国	2004—2011	−2.7
吉尔吉斯共和国	2000—2015	−2.6
中国	1999—2015	−2.5
印度	2004—2011	−2.4
马尔代夫	2000—2015	−2.4
布基纳法索	1998—2014	−2.4
民主刚果	2004—2012	−2.3
印度尼西亚	2000—2015	−2.1
越南	1998—2015	−1.9
埃塞俄比亚	1999—2015	−1.9
巴基斯坦	2001—2015	−1.8
纳米比亚	2003—2015	−1.6

资料来源：根据世界银行网站数据计算。

注：由于有数据的各国贫困发生率的统计年份不一致，因而本表仅展示减贫速率的大致情况。

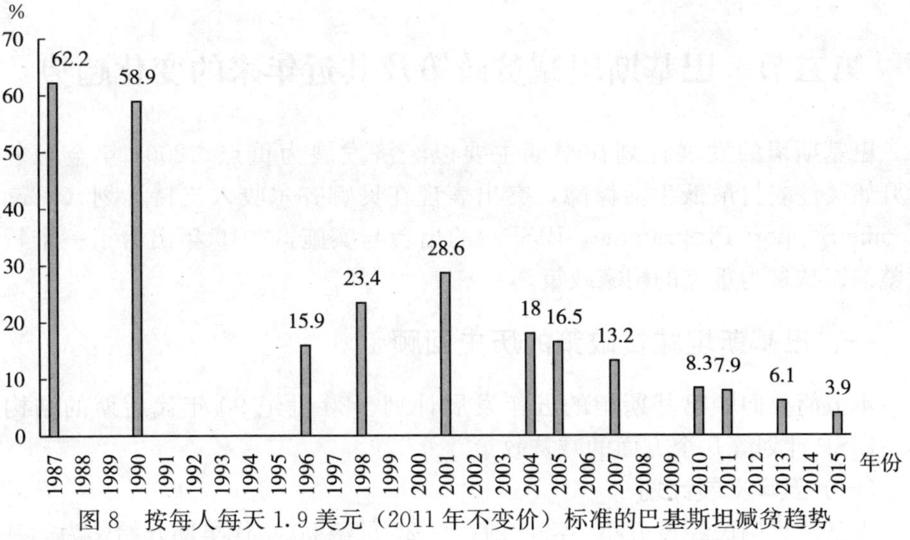

图 8　按每人每天 1.9 美元（2011 年不变价）标准的巴基斯坦减贫趋势

资料来源：根据世界银行网站数据绘制。

总之，巴基斯坦的贫困人口比例在 20 世纪 80—90 年代出现了大幅波动，但 2001 年之后的极端贫困发生率呈现出逐年减少的良好趋势。

四、小结

从巴基斯坦的贫困现状来看，收入贫困发生率为24.3%（2015年，巴国内标准），即每5人中有一人处于贫困状态，多维贫困发生率在38%左右。

巴基斯坦的贫困具有三个明显特征：一是贫困现象普遍存在，表现在除了大城市以外，哪个地方都穷。二是四个省之间贫困人口分布不均衡，偏远的俾路支斯坦省贫困发生率高，但人口少；旁遮普省的贫困发生率最低，但贫困人口最多。三是贫困发生率在城乡之间差异大，按收入计算的农村贫困发生率几近城市的两倍。造成这种现象的主要原因是：①巴基斯坦的经济发展制度导致精英阶层对社会资源的俘获（“精英俘获”），产生了财富分配的不平等；②巴基斯坦的经济增长乏力，经济增长速度在1990年以来的大部分年份在5%以下；③反恐战争、边界冲突等地缘政治因素迫使军费支出增加，挤占经济社会发展事业的投资；④巴基斯坦国内人口的劳动参与率低、失业率高，青年人的就业局势严峻；⑤人口增长速度快，人力资本水平较低等原因。

就巴基斯坦的贫困变化趋势而言，该国贫困人口比例在2001年以前出现了大幅波动，但2001年之后的极端贫困发生率呈现出逐年减少的良好趋势。

第二节　巴基斯坦减贫政策及其近年来的变化趋势

巴基斯坦的发展计划在早期主要以经济发展为重点，2008年金融危机后开始关注农村最低生活保障，突出表现在贝娜齐尔收入支持计划（Benazir Income Support Programme，BISP）的出台与实施，2019年出台了一个较为完整的以扶贫为重点的国家政策。

一、巴基斯坦减贫政策的历史回顾

本节简要回顾巴基斯坦的五年发展计划、20世纪90年代后期的结构调整、BISP计划等几个方面的减贫政策。

（一）五年发展计划[①]

巴基斯坦国民经济五年经济计划，自20世纪50年代早期开始作为巴基斯坦官方经济发展的重要工具，是巴基斯坦以目标为导向的全国性集中经济计

① 本部分是对维基百科英文网站中“巴基斯坦的五年计划”（https://en.wikipedia.org/wiki/Five-year_plans_of_Pakistan）内容的简要概括。

划。该计划由财政部提出，由经济协调委员会根据生产成本价值理论研究和制定，其理论基础是经济学上的“涓滴效应”理论。

在巴基斯坦实施过的八个五年计划中，第二个五年计划（1960—1965 年）是成功的，其成功很大程度上得益于美国的援助。其他的五年计划几乎都没有成功，到第八个五年计划（1993—1998 年）期间，正是世界银行与国际货币基金组织倡导进行结构性调整的阶段，在政府阶层开始了经济发展计划的“短视”行为，由五年计划改为年度计划，缺乏长期发展战略。

总体而言，巴基斯坦虽然在早期发展过程中制定了一系列的五年计划，但由于各种原因，除了第二个五年计划成功以外，其他的计划均以失败而告终或者不了了之。尽管如此，现在还有些人怀念那个时代，至少政府有一个长远的想法，而不是像现在这样以短期政治得分为主。

（二）结构调整

在新世纪以来，尤其是在 2003—2004 年，巴基斯坦加入了以国际货币基金和世界银行领导的为实现千年发展目标而实施的减贫战略计划（PRSP）①。由于减贫战略报告的根本目的是从国际货币基金（International Monetary Fund，IMF）获得有条件贷款，至于减贫的效果，目前可查证的文献稀少。据曾经在 IMF 工作过的专家的观点，（IMF 倡导的）传统的消除贫穷政策没有取得那么好的效果，因此，现在是巴基斯坦学习消除贫穷的新的、创新性的办法的时候了。②

（三）贝纳齐尔收入支持计划

巴基斯坦政府于 2008 年 7 月启动了《贝纳齐尔收入支持计划》（BISP）③，其主要目标是促进（金融危机之后的）平稳消费并减轻经济增长缓慢带来的不利影响。当时 BISP 产生的背景是，该国正经历着食品价格的快速上涨，基本必需品的价格达到了 30 年来的最高水平，并且全球金融危机对经济产生了影响。该计划的目标是向全国最贫穷的家庭中的弱势、应得到关照的妇女及其家庭成员转移现金，而不论其政治血统、种族身份、地理位置和宗教信仰如何。

---

① 《减贫战略文件》由世界银行和国际货币基金组织于 1999 年共同成立，旨在抗击贫困。实际上，事实证明，它是变相的结构调整政策的一种更为残酷的版本，试图赢得社会参与者的认可和合法化。http：//www. cadtm. org/PRSP-in-Pakistan，https：//www. imf. org/en/Publications/CR/Issues/2016/12/31/Pakistan-Poverty-Reduction-Strategy-Paper-24003，http：//www. finance. gov. pk/poverty/PRSP-II. pdf.

② OMER JAVED（2019）. Nobel Prize 2019 for innovative poverty economics. LAST UPDATED OCTOBER 20，2019. HTTPS：//WWW. PAKISTANTODAY. COM. PK/2019/10/20/NOBEL-PRIZE-2019-FOR-INNOVATIVE-POVERTY-ECONOMICS/.

③ 据巴方人员介绍，该机构由时任总理贝布托夫妇成立，目前情况参见巴基斯坦官方网站：https：//bisp. gov. pk.

长期目标包括实现联合国可持续发展目标（SDG）中关于消除极端和长期贫困以及增强妇女权能的目标。

图 9　贝纳齐尔收入支持计划

该计划根据议会法案建立并在巴基斯坦总理的行政人员支持和巴基斯坦总统的关照下开展工作，因而确立了其官方机构的属性。该计划的目标如下：

（1）增强穷人及其家属的经济能力；

（2）制定和执行全面政策和有针对性的收入扶持方案，以提高贫困和弱势群体的地位；

（3）减少贫困，特别是针对低收入群体促进财富的公平分配。

BISP 拥有巴基斯坦最大的最贫困住户数据库，这是第一次全国逐家逐户（door-to-door）贫困调查的结果。该数据用于扶贫和社会保护性计划的规划与发展政策的制定，并已根据协议与各种国际和国家组织共享以供研究之用。

二、实施可持续发展目标的自我评估

2019 年，巴基斯坦对实施联合国“2030 年可持续发展目标（SDG）”进行了自愿性国家评估[①]（该活动始于 2018 年底），其中关键焦点是贫困问题。与联合国 2030 年可持续发展目标中所提到的（极端贫困人口）“零贫困”相对照，巴方提出的目标是使国家标准下的贫困人口减半[②]。报告明确了所有减贫措施的总体目标是提高巴基斯坦人民的生活水平，并使至少一半的贫困人口摆

① Pakistan's Implementation of the 2030 Agenda for Sustainable Development：Voluntary National Review. https：//www. sdgpakistan. pk/uploads/pub/PakistanVNR2019. pdf.

② Pakistan's Implementation of the 2030 Agenda for Sustainable Development：Voluntary National Review，第 14 页。

脱贫困。在未来几年中，巴基斯坦承诺到2023年将贫困率从24.3%降低到19%，同时将多维贫困人口比例从38.8%[①]降低到30%。

此外，报告提出了省级社会保护政策将与制定社会保护政策的国家框架的规定保持一致。这需要减贫部门的数据库做重要支撑，以确保各省更好地制定具有针对性的减贫措施。

三、最新出台的综合减贫政策

2019年3月27日，巴基斯坦总理伊姆兰·汗（Imran Khan）启动了“埃萨斯”计划，包括了115项政策举措，并于2019年8月扩充到134项。该计划的目标是在未来四年中使至少330万贫困人口的生活水平得到提高。[②] 采取这些必要举措后，伊姆兰·汗誓言将巴基斯坦变成一个福利国家。这是一份被媒体所称的最宏大且最大胆的减贫计划，更是巴基斯坦有史以来，最系统全面的一份减贫计划（专栏2）。

专栏2 “埃萨斯”总括计划（Ehsaas Program）简介

埃萨斯于2019年3月27日启动，其目标是减少不平等，投资于人并消除落后地区。

埃萨斯致力于通过对抗精英捕获并利用21世纪工具（例如使用数据和技术来创建精密安全网）来创建“福利国家”。促进金融普惠和获取数字服务；支持妇女在经济领域的赋权行动；侧重于人力资本的形成在消除贫困、经济增长和可持续发展方面的核心作用；克服获得健康和高等教育的经济障碍。

该计划的原则和方法还集中于利用政府间多部门合作寻求解决方案；确保联邦和省的联合领导；并通过一种方法将私营部门的作用纳入主流，这种方法一方面将提供一个公平的竞争环境，另一方面将促进与地方有关的创新，在快速取得成效（Quick-Win）领域创造就业机会并促进生计。该计划的前提是根植于制度加强、透明度和善政的重要性的基础之上。

该方案的对象是极度贫困者、孤儿、寡妇、无家可归者、残疾人、有医疗贫困风险者、失业者、贫穷的农民、体力劳动者、患病和营养不良者、

---

① 该数据38.8%（参见专栏1）是巴基斯坦官方认可的2015年数据，即以千年发展目标结束年份的数据为参照点，与《全球多维贫困报告2019》中巴基斯坦的多维贫困数据（根据2017年数据计算而来）的38.3%略有差异。

② https://enews.hamariweb.com/pakistan/ehsas-program-pm-imran-khan-vision-of-welfare-state/.

低收入背景的学生以及贫困妇女和老年人。该计划还涉及对贫困程度较高的落后地区的临时援助[①]（This plan is also about lifting lagging areas where poverty is higher）。

"埃萨斯"的减贫战略分为四个支柱，目前体现了134项政策行动，随着该计划的磋商进程进一步扩大，这一行动可能会扩大。这四大支柱包括：解决精英俘虏问题；使政府系统为创造平等而努力；弱势群体的安全网；以及工作与生计（Jobs and Livelihood）。

资料来源：巴基斯坦减贫与社会保障署网站．https：//www. pass. gov. pk/home.

四、减贫政策变化趋势

巴基斯坦的减贫政策从无到有，正在向真正瞄准贫困群体的扶贫方向发展。

如同中国等大多数发展中国家一样，巴基斯坦早期（1950—1992年）的"五年计划"没有把减贫纳入专门考虑。这段时期巴基斯坦采用"涓滴理论"作为经济发展的依据，其目的是通过经济增长促进收入提高，但效果很差。在20世纪90年代，世界银行和国际货币基金组织推行的结构改革进程中，巴基斯坦参与了从这些国际机构贷款的项目，并曾经准备过两期减贫战略报告。

巴基斯坦政府于2008年7月启动了《贝纳齐尔收入支持计划》（BISP）[②]，这是真正意义上的通过财政转移支付帮助最贫困家庭的减贫举措。

2018年底开始的对可持续发展目标实施情况进行自愿性国家评估，找出减贫中的短板，并于2019年3月形成了旨在建设福利国家的"埃萨斯"计划讨论稿。

2019年8月正式公布的"埃萨斯"计划，是总理伊姆兰·汗竞选时提出的口号，也是众望所归。

从目前的情况看，巴基斯坦的减贫政策趋势长期向好。

五、小结

本节首先对巴基斯坦建国以后实施的一系列"五年发展计划"进行了回

① 这里的"lift"有提高的意思，但总体的计划是为提高全域包括落后地区的生活水平，而lift具有提供临时援助（the act of giving temporary assistance）的意思，结合巴基斯坦的现状，理解为提供临时性的帮助更为恰当。

② 参见巴基斯坦官方网站．https：//bisp. gov. pk.

顾，发现早期的发展计划以“涓滴效应”理论作为经济发展的指导依据，对减贫未产生良好的效果。后期加入世界银行与国际货币基金主导的“减贫战略计划”，也未取得良好效果，在此背景下，贝娜齐尔收入支持计划可以算作里程碑式的低收入弱势群体的社会安全网“兜底”行动，一直延续至今。2018 年开始的对实现联合国 2030 年可持续发展目标国家层面的自愿回顾，目的在于找出巴基斯坦减贫过程中的“短板”，并在此基础上形成了一个有史以来最大胆、最全面的减贫计划——“埃萨斯”计划，旨在把巴基斯坦建成一个“福利国家”。因而，巴基斯坦的减贫政策趋势，长期向好。

第三节　巴基斯坦国内主要扶贫机构及扶贫工作运作方式

一、巴基斯坦国内主要扶贫机构

巴基斯坦国内有许多机构都与减贫有关，但本部分除了介绍在全国层面新成立的减贫与社会保障署以外（Poverty And Social Safety Division，PASS），主要介绍两个官方机构——贝娜齐尔收入支持计划（BISP，制定贫困标准）和巴基斯坦计划与发展改革部（MPDR）的可持续发展处（进行贫困项目的汇总与计划），一个半官方机构——巴基斯坦扶贫基金（对计划项目实施操作），以及相关的非官方机构（出资机构）。

（一）巴基斯坦减贫与社会保障署

巴基斯坦在 2018 年以前没有统一的减贫部门，因为在贫困人口占大多数的情况下，任何涉及民生的发展活动都是减贫行动，属于广义扶贫的范畴。直到 2019 年 2 月 5 号，新任总理伊姆兰·汗成立了减贫协调委员会，主要协调减贫资金的统一管理与使用。机构主要成员单位如下[①]：

（1）贝娜齐尔收入支持计划（Benazir Income Support Program，BISP）；

（2）巴基斯坦布托基金（Pakistan Bait-ul Mal）[②]；

（3）扎卡特管理局（Zakat[③] Administration）；

（4）巴基斯坦扶贫基金（Pakistan Poverty Alleviation Fund，PPAF）；

（5）员工老年福利机构（Employees Old Age Benefit Institution）；

（6）工人福利基金（Worker Welfare fund）；

---

① 资料来源：巴基斯坦中巴经济走廊卓越中心。

② 为贫困者提供个人资金援助的组织，前总理贝娜齐尔·布托（Benazir Bhutto）女士创建于 1991 年。http://pbm.gov.pk/.

③ Zakat，扎卡特，伊斯兰教徒每年一次的慈善捐款。

（7）巴基斯坦小额信贷投资公司（Pakistan Microfinance Investment Company）；

（8）员工社会保障机构（Employee Social Security Institution）。

2019 年，巴基斯坦政府专门为实施埃萨斯总括倡议（Ehsaas Program 专栏 2），成立了一个独特的（Unique）总理府减贫与社会保障署（Pakistan Poverty Alleviation and Social Safety Division，PASS），其领导人由 BISP 的主席萨尼亚博士（Dr. Sania）兼任。萨尼亚女士在现任总理的 13 个特别助理中排名第一，是负责社会保障与减贫领域的部长级助理[①]，而且目前的 BISP 继续保留了原来的名称，但承担了部分减贫与社会保障署的工作。由此可以看出 BISP 在巴基斯坦实施减贫计划中的重要地位（图 10 显示出网站的设计风格都一样）。

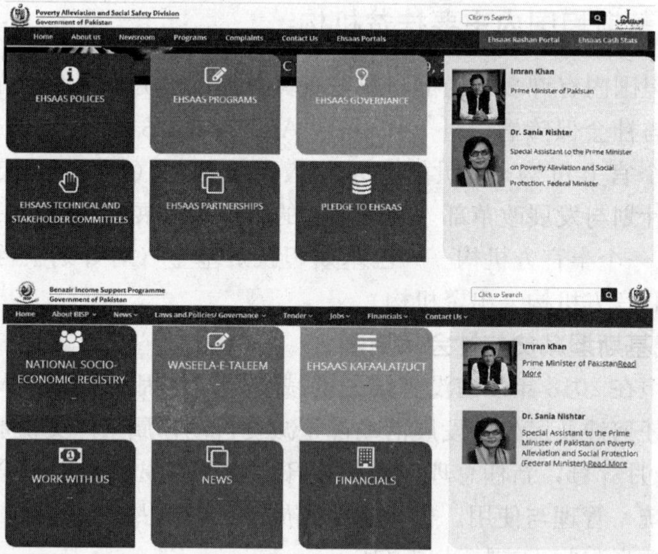

图 10　巴基斯坦减贫与社会保障署（上）与 BISP（下）官网首页

成立了减贫与社会保障署以后，巴基斯坦减贫协调委员会成为该署秘书处的三个决策指导部门之一，秘书处的另外两个部门是“埃萨斯”指导委员会（EHSAAS Steering Committee）与“埃萨斯”工作小组（EHSAAS Working Group）。该署是一个新成立的机构，除了秘书处之外，其机构设置方面尚未有明确的司局设置。但在其实施机构组织架构方面，已经有明确的路线图（图 11）。

---

① 参见 http：//www.cabinet.gov.pk/frmDetails.aspx.

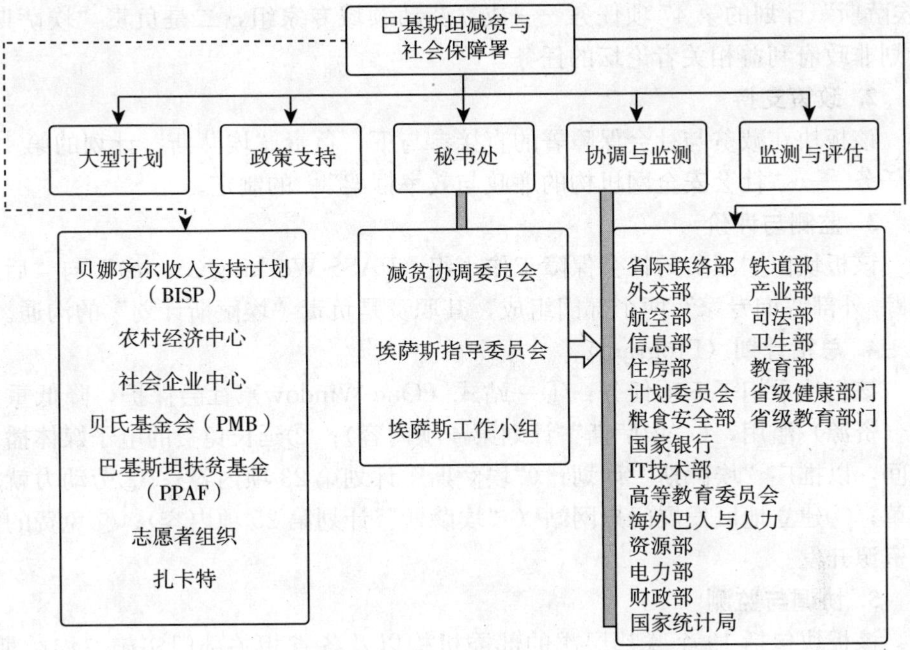

图 11　巴基斯坦减贫与社会保障实施机构框架

资料来源：根据巴基斯坦官网文件①整理。

在巴基斯坦减贫与社会保障署下设 5 个实施“埃萨斯”计划的职能板块，分别是秘书处（Secretariats）、政策支持（Policy Support）、计划（Program）、协调与监测（Coordination and Monitoring）以及监测与评价（Monitoring and Evaluation）。这五个方面均由该署直接领导，核心板块是秘书处，其中包含了巴基斯坦的减贫协调委员会（Poverty Alleviation Coordination Committee）、“埃萨斯”指导委员会（Ehsaas Steering Committee）与“埃萨斯”工作小组（Ehsaas Working Group）。重要的实施板块是协调与监测板块，包括了巴基斯坦政府 19 个部委以及各省级单位的健康与教育等部门，这些部门接受减贫与社会保障署以及秘书处的直接领导。此外，在具体项目实施过程中，减贫与社会保障署通过对 BISP 等 7 家机构（大多为减贫协调委员会成员）进行间接指导并实施项目（图 10 中的虚线箭头所指）。

各职能板块下，所包含的实施“埃萨斯”计划的部门及其在“埃萨斯”实施中分解到具体部门的任务分别介绍如下。

1. 秘书处

秘书处除了对协调与监测板块提供直接指导以外，还承担两项任务：一是

① https：//www.pass.gov.pk/Document/Downloads/Ehsaas%20Institutional%20Architecture%20for%20Implementation.pdf.

“埃萨斯”计划的第47项任务——成立劳动领域专家组，二是负责“埃萨斯”计划非政府利益相关者论坛的任务。

2. 政策支持

该板块在减贫与社会保障署的直接参与下，负责“埃萨斯”计划的第114项任务——“社会安全网机构的廉政与效率框架”① 的制定。

3. 监测与评价

该板块由“减贫与社会保障工作小组（PASS Working Group）”与“后续跟踪/外部咨询专家”两个部门组成，其职责是负责“埃萨斯计划”的沟通。

4. 总括计划（Program）

该板块承担了5项任务：①一站式（One-Window）社会保护，降低重复与（资源）滥用，（“埃萨斯”计划第4项内容）；②延长免费的电子媒体播出时间，以推广“埃萨斯”计划；（“埃萨斯”计划第23项内容）；③劳动力就业改革；④建立地区发展门户网站（“埃萨斯”计划第25项内容）；⑤免费的网络资源开发。

5. 协调与监测

该板块包括19个联邦层次的部委机构以及各省相关部门实施“埃萨斯”计划的相应职责。表4第一部分列出了国家19个部委的任务，从中可以看出“埃萨斯”计划是为创建一个“福利”国家而实施的不同领域的改革方案，涉及的内容不仅仅是减贫，而是几乎所有与减贫和社会保障相关的领域。

表4 “埃萨斯”计划监测与协调板块所涉及部门及其承担的任务

编号	部门机构	“埃萨斯”计划中的编号与任务
		第一部分　19个部委机构
1	省际联络部	7）建立新的国家财政委员会奖励框架下的基于需求的系统； 8）设立所有省级财政委员会奖励
2	外交部	21）政府给予狩猎许可证的社区共有产权政策
3	民航局	54）对工资低的工人提供机票补贴
4	信息部	23）延长免费电子媒体播出时间以推广“埃萨斯”计划
5	住房部	39）通过无息贷款为贫困者提供住房的计划 112）在新住房计划中确立妇女对房屋的共有产权

① 该项任务针对的是由于腐败问题导致的“精英俘获”与低效率问题，尽管“腐败”这一负面词汇未出现在正规的官方文件中，实际的“精英俘获”即是腐败问题引发的后果，因而用“Integrity 廉政”来表述更贴切。

（续）

编号	部门机构	“埃萨斯”计划中的编号与任务
6	计划委员会	5）每个部委的助贫目标与指标 6）为助贫部门优先预留资源 9）为促进公共部门发展计划的助贫影响最大化而制定政策 10）成立一个创新性的融资委员会 11）制定企业社会责任指南 12）成立一个与减贫相关的 PCI-Performa 宽带端口管理的权威处室 14）为国会议员制定新的发展支出使用指导政策
7	粮食安全部	63）在油桶上附加种子包的政策 103）根据劳动专家组的建议，使佃农耕作制度正规化 104）针对碎片化的小地块帮助农户的政策 105）制定应对“精英捕获”的农作物多样化政策 106）为农场设备的加工制造提供激励 107）促进有效的畜牧业、饲草以及制作青贮饲料的政策 108）提供年两期的农业贸易条件报告，完善定价机制 110）制定减少农业投入成本的政策 111）制定激励干旱地区畜牧业、渔业发展的市场政策
8	国家银行	83）提供增加流动性的小额贷款，手机贷款电子化 85）支持“解决方案创新挑战”和资金奖励政策的农业信贷 101）汇款人的汇款金额起步数量 100 美元 102）开发使汇款灵活且具有成本效益的产品 109）促进仓库发展和仓库收据融资的政策
9	IT 技术部	71）可自由获取的作为公共产品的网上学习内容 72）用当地语言编写的聊天机器人，以帮助（居住）分散的人群获得教育 88）基于架构方法促进政府数字化 89）通过促进电子支付加快自由职业发展的政策 90）通过创新挑战方式促进创业的政策 91）通过普遍服务基金加强落后地区宽带互联网服务的政策
10	高等教育委员会	59）由国家人类营养中心创办历史上第一所大学 75）为低收入家庭和落后地区的学生提供需求导向的奖学金 82）支持有关地方环境中贫困驱动因素的研究和证据（数据）收集的政策

（续）

编号	部门机构	“埃萨斯”计划中的编号与任务
11	巴基斯坦海外巴人与人力资源部	45）通过员工老年龄福利院（Employees Old Age Benefit Institute）以生物识别方式支付养老金 48）按劳动专家组的建议，为非正规就业者提供福利与退休金的计划 49）提高社区福利专员的作用和数量的政策 50）增加外出移民保护（Protector of Emigration）办公室数量 51）提高针对外出务工人员出发前进行的注意事项通报的质量 52）为方便外出务工人员，移民办公室的要创建“一站式”服务 53）与外国政府谈判，把与工人签订的第一份合同期限延长至最少三年 100）加快外交政策驱动，以审视邻国是否存在巴基斯坦劳动力出口机会
12	电力部	86）未上电网地区的电力解决方案，以支持“解决方案创新挑战”和资金奖励政策
13	财政部	2）增加社会保护开支
14	巴基斯坦统计局	24）制定国家统计发展战略，以加强统计的质量和可用性
15	铁道部	16）在为火车站等政府拥有的土地上分配售货摊位的时，为穷人预留配额
16	工业部	63）食用油的油瓶上搭配种子（菜籽）包
17	司法部	01）新的宪法修正案，将第 38 条（d）款移至“基本权利”部分 13）成立一个委员会，审查弱势群体司法系统的瓶颈因素 15）制定国家和政府官员的利益冲突准则
18	卫生部	40）为 38 个区（Districts）的 330 万人发放 INSAF 健康保险卡① 78）解决健康相关监管机构中的监管问题
19	教育部	70）增加国家教育基金的预算 96）修改国家职业与技术培训委员会（National Vocational & Technical Training Commission，NAVTTC）的法律，以检查不合格和不受监管的贸易测试中心为何如雨后春笋般涌现 97）增加 NAVTTC 的预算 98）NAVTTC 采取措施，获得职业教育与技术培训课程的国际认可 99）面向海外就业的综合劳动力市场信息系统

① Sehat Insaf 卡是总理伊姆兰·汗（Imran Khan）提出的健康保险卡计划，该计划通过巴基斯坦各地的数十个注册中心进行了注册。https：//awamiweb.com/sehat-insaf-card-registration-eligibility-criteria-other-details-103689.html.

（续）

编号	部门机构	“埃萨斯”计划中的编号与任务
		第二部分　7个操作项目实施层面的机构
1	BISP	登记（Registry） 26）2019年国家社会经济状况调查登记 27）国家社会经济登记情况的多次验证 28）将国家社会经济登记转换为实时登记（数据动态管理） 社会安全网建设 33）在精准安全网（乌尔都语 Tahafuz）下提供一次性财务援助，以保护弱势群体免受灾难性事件的影响 34）为那些其子女没有收入的寡妇提供援助 35）司法援助 41）保护穷人免受灾难性医疗支出之苦 42）确保残疾人能够普遍使用辅助设备 妇女赋权运动 29）每个妇女都有一个银行账号政策 30）针对600万妇女，提供按物价上涨调整的现金转移支付 31）在乡镇（Tehsil）一级建设500个数字中心，为穷人创造摆脱贫困的机会 55）解决儿童发育迟缓的新社区健康与营养计划 65）为发育不良和费掉的儿童（因严重发育不良而失去自理能力）提供特殊营养食品 73）为落后地区的教育提供有条件的现金转移支付计划
2	PPAF	32）落后地区的BISP受益人国家贫困毕业计划（National Poverty Graduation Program），通过社区组织的农村支持计划进行推广 60）德喜鸡资产转移（Desi Chicken Asset Transfer）模式用于减轻贫困和增加营养 61）向农村贫困人口转移山羊资产，并提供兽医服务 84）针对政府“解决方案创新挑战”和资金奖励政策，提供无息贷款和实施贫困退出 87）在青年计划（Youth Program）下发放贷款，以支持“解决方案创新挑战”和资金奖励政策
3	巴基斯坦贝氏基金会(PBM)①	37）在“埃萨斯”计划中，安置1万名孤儿 46）创办5个大型的“埃萨斯”之家（养老院）

① PAKISTAN BAIT-UL-MAL（PBM），巴基斯坦 Bait-ul-Mal（PBM），是通过1991年法案设立的自治机构。PBM通过向最贫穷者提供以减贫为重点的服务，为减轻贫困做出了巨大贡献，并根据 Bait-ul-Mal 董事会批准的标准，合格地向贫困者、寡妇、孤儿、健康不佳以及和其他有需要的人提供援助。http：//pbm. gov. pk/.

（续）

编号	部门机构	“埃萨斯”计划中的编号与任务
4	农村经济中心	43）20个公私合作模式（PPP）的贫困地区残疾人中心
5	社会企业中心	81）实施“解决方案创新挑战”和资金奖励政策，引进风险投资基金，开发价值链并大规模解决贫困
6	扎卡特	提供“一站式”社会保护，减少重复与资源的滥用
7	志愿者组织信托（TVO）①	36）与非政府组织建立伙伴关系，以扩大针对孤儿、流浪儿童、季节性移徙者、变性者、儿童受害者以及抵债劳工的成功计划

资料来源：根据巴方的文件 EHSAAS：Institutional Architecture for Implementation 整理。

6. 操作层面上的项目实施机构

操作层面的实施机构包括 BISP 等 7 家机构，这些机构成承担任务多的当属 BISP 与 PPAF 以及贝氏基金会（PBM）。其中 BISP 主要承担了登记造册（建档立卡）、社会安全网与妇女赋权方面的核心工作，涵盖了 14 项具体实施“埃萨斯”计划的任务（表 4 第二部分）。

由此可以看出，巴基斯坦减贫与社会保障署是为贯彻落实“埃萨斯”计划而设立的一个广泛意义上的扶贫机构，与中国的“国务院扶贫领导小组”有些类似，但又有本质的差异，巴基斯坦的减贫看似涉及经济社会发展的方方面面，但其本质是建成一个“福利社会”，更注重“社会保护”领域的社会安全网的建设，而后者是为了实现全民迈入小康社会这一目标的举措；前者更注重快速见效（quick-win）的措施，后者在强调社会保障（例如，“两不愁三保障”）的基础上，更强调具有长效机制的产业发展。

（二）贝娜齐尔收入支持计划（BISP）

BISP 已经由早期的一个计划行动转变成了一个官方机构，按照 BISP 受访人员的说法，这在巴方政府频繁更迭的过程中能够因项目而保留下来的一个机构，弥足珍贵。BISP 总部在伊斯兰堡，通过其 6 个区域（Regional）办事处、33 个地区（Divisional）办事处和 385 个乡镇（Tehsil）办事处及其网络在全国范围内开展工作。

该机构主要是对审查合格②的低收入家庭提供无条件的资金支持，其费用由政府财政预算拨付，同时吸收 10%～12%的外部援助资金。另外，该机构

① Trust For Voluntary Organizations（TVO），TVO 是一个非政治自治机构，其任务是向巴基斯坦的非政府组织提供支持。它是参与参与性发展导向方案的土著非政府组织的催化剂。TVO 提倡社会各阶层享有平等机会的发展。http：//www.tvo.org.pk.

② 审查标准按照百分制打分标准，低于 17 分的有资格接受无偿资助。类似于中国的建档立卡贫困户的审核。

还有一个相当重要的功能是住户收入核查（1～100分建档）和贫困住户退出机制的标准制定。政府授权该机构进行农户收入统计，发挥统计部门的职能，拥有入户调查数据库。

该计划具有极强的政治性，相当于我国的民政部门的最低收入保障项目。该部门实施政府职能，宣称其在减贫领域作用突出。这一点从政府持续的财政预算额度可以看出（表5），其2017/2018年度的投入达到1 210亿卢比（约合人民币60.5亿元），其中政府拨款为1 070亿卢比（约合人民币53.5亿元）。

表5　贝纳齐尔收入支持计划的政府拨款与合作伙伴资助资金

单位：10亿卢比（1美元约合138卢比）

年度	资金数量			比例（%）	
	合计	巴基斯坦政府	外方	巴基斯坦政府	外方
2014/2015	97	85.7	11.5	88.2	11.8
2015/2016	102	87.6	14.4	85.9	14.1
2016/2017	115	97	18	84.3	15.7
2017/2018	121	107	14	88.4	11.6

资料来源：贝娜齐尔收入支持计划，2019.

BISP支持的项目额度小，但覆盖面广，持续时间长，因而是一项民心工程。尽管在访谈时有关机构和课题组成员认为该项目的作用微小，给每个符合条件的人员补助太少，每人每季度5 000卢比（2018年约合每人每月12美元），但总体而言，该项目类似于中国的农村老年人补助项目，尽管每月的数额不多，但是一项很重要的涉及面广的民心工程，目前BISP项目的受益人口达570万人。

受该项目支持的人员从项目一开始一直享受着这项待遇，从现在开始，BISP正在筹划“贫困退出”（Poverty Graduation）计划，就是对那些已经脱离贫困陷阱的家庭，实施“贫困户（人口）退出”计划。该计划需待新调查数据公布（预计在2020年公布）以后，根据新的贫困标准进行筛选并对符合退出条件者实行“毕业”，结束无条件资助；并把新的符合条件者纳入BISP计划。

（三）可持续发展目标处

巴基斯坦计划发展与改革部（简称“计划部”，英文Ministry of Planning，Development & Reform，MPDR）可持续发展处（SDG Section）具备项目层次上的计划与协调功能，是减贫项目立项必须经过的一个窗口。巴基斯坦计划部专门为实现2030年可持续发展目标（Sustainable Development Goal，SDG）成立了一个处，该处的职能是对全国与可持续发展目标相关的项目分门别类进行统一规划并下达实施计划。

2019年11月，该机构正在对中巴经济走廊合作项目中寻求中方援助的减贫项目收集项目建议书。据该处处长（Mr. Shahid Naeem）介绍，截至访谈之时，有些省份已经上报项目，有的省份没有上报。有些省份报上来十几个不同项目，这些项目将在全部收齐以后进行筛选，最终通过中巴经济走廊协调委员会提交给中方审议。

（四）巴基斯坦减贫基金（PPAF）

巴基斯坦减贫基金（PPAF）是一个半官方扶贫机构，该机构实施的项目都是有条件的资金利用（跟BISP无条件支付不同），主要是小额信贷项目。这是世界银行经过16年（1999—2015年）的扶持、近20年的运营发展起来的一个可持续发展的项目机构。目前该机构共有工作人员165人（不包括雇佣的保安）。

该机构自称是世界银行合格的毕业生，其运作完全继承了世界银行的运营模式，并有所创新。其职能主要是筹资、管理项目资金、对贫困受益人群进行培训、提供财产（比如水牛、羊）或现金给借贷人、进行项目监测评估。项目的实施主要外包给各地区的非政府组织（NGO）。

由于小额信贷主要是扶持小企业以及有能力偿还贷款但并非最贫困人口的发展，因而该项目很难做到服务于最贫困的农户。通过访谈，发现该机构正在筹划的活动是与国际农发基金合作，承担巴基斯坦收入支持计划现有受益群体“贫困退出”项目的实施。

PPAF如果涉及外方资金的吸收，则需要通过经济事务署（EAD）审核，审核通过后将资金打入到PPAF的账户。EAD是巴基斯坦管理外国援助的专门机构，将在第四节介绍。

（五）非官方机构

巴基斯坦有若干非官方机构，通过不同的形式参与到扶贫或者慈善活动中来。这里重点介绍扎卡特（Zakat）与巴基斯坦红新月会（红十字会在巴基斯坦等伊斯兰国家称为红新月会）。

1. 扎卡特（Zakat）管理局

扎卡特是伊斯兰国家的一年一度的慈善捐赠活动。按教规要求，每人每年需要向社会贫困人群捐赠一定数量的款项或实物，其管理机构称扎卡特管理局（Zakat Administration）。扎卡特是慈善基金的一个重要来源，巴基斯坦减贫协调委员会将扎卡特管理局纳入其中，主要是为了规范资金的使用，提高资金使用效益。

2. 巴基斯坦红新月会

巴基斯坦红新月会是一个与中国的红十字会功能等同的组织，与中国红十字会有着密切的合作关系。目前，巴基斯坦红新月会、中国红十字会与巴基斯坦政府就灾难管理领域的志愿者能力建设达成了共识，在瓜达尔急救中心建设以及志愿者设备（中方提供自行车）方面开展了良好的合作。

该组织在巴基斯坦开展的业务涉及面广，其中有一个“生计部”（Livelihood Department）负责与民生相关的事务，因而在实施项目的能力和专业知识方面，具有应急管理部门的属性，是未来减贫合作的一个重要潜在合作伙伴。

二、扶贫工作的运行方式

扶贫工作的运作方式是规划（政策）——计划（项目）——执行、实施（开展项目活动）——监测评价（对结果进行追踪评价）。

以前，巴基斯坦的减贫项目缺乏统一协调，在实施方面形式多样。自2019年出台了“埃萨斯”计划以来，一切围绕着该计划向前推进。在此过程中，运行步骤如下：

（1）总理府减贫与社会保障署制定“埃萨斯”计划，在国会通过后形成政策。

（2）公布的计划会以文件的形式转到计划部SDG处，进行统筹规划，计划批准以后，通过招标或委托的形式选择项目实施机构（一般委托给官方或半官方机构，比如BISP和PPAF）。

（3）中标单位或接受委托的单位执行项目。其中收入支持计划是BISP的专属业务，巴基斯坦红新月会也会接受一些应急性的项目；除此之外的诸多项目委托巴基斯坦减贫基金（PPAF）来执行。具体项目实施，主要以PPAF公开招标选定实施单位，参与的投标者绝大部分是分布在巴基斯坦各地的非政府组织和咨询专家。

（4）项目的实施过程中的监测与评价。在国家层面上，尚没有形成第三方评估的模式。只是在国际机构比如联合国开发计划署的引介之下，会有牛津大学人类发展倡议（OPHI）这样的机构对该国的多维贫困进行追踪监测。这种监测是宏观层面的贫困发生率的变化监测，不是针对某个项目的评估。但是，在项目层面上，PPAF有专门的项目审计监测与评价部门，只是这种评价缺乏第三方的独立性。

以上是巴基斯坦国家层面的减贫工作的运作方式。在省级层面，其机构设置与联邦层面类似，工作方式大同小异。所不同的是在与自然灾害相关的救助与灾后重建方面，联邦总理府的自然灾害管理署（National Disaster Management Authority，NDMA）更具权威性且救助目标更明确（仅聚焦在发生灾害的地方）。这是与其他部门互补的单位，是为了减少贫困风险的部门。由于该部门在可持续发展目标领域的职责仅限于气候变化与妇女赋权两个层面，因而不予单独介绍。

三、小结

巴基斯坦目前由总理府直接领导的减贫与社会保障署负责减贫计划的制定与落实。巴基斯坦在2018年以前没有统一的类似于中国的扶贫制度，因而没有专门的扶贫机构，直到2019年2月5号，新任总理伊姆兰·汗成立了扶贫协调委员会，主要负责减贫资金的统一调配使用，在此委员会的基础上成立了一个独具特色的专门为了贯彻实施“埃萨斯”计划的减贫与社会保障署，该署的核心机构是秘书处，包括减贫协调委员会、“埃萨斯”指导委员会与“埃萨斯”工作小组。减贫与社会保障署主要通过19个联邦部委、相关省级机构以及7个项目活动实施层面的机构贯彻落实“埃萨斯”计划的130多项政策举措。

巴基斯坦减贫协调委员会主要包括8个成员单位，其中本部分介绍了承担减贫与社会保障重要工作的官方机构BISP、提供资金来源的扎卡特管理局，以及提供小额信贷扶贫工作的半官方机构PPAF。同时还介绍了对减贫项目进行统筹规划的发改部SDG处，以及国际红十字会领域的巴基斯坦红新月会。

扶贫工作的运作方式是规划（政策）——计划（项目）——执行、实施（开展项目活动）——监测评价（对结果进行追踪评价）。总理府的减贫与社会保障署制定了埃萨斯计划，在国会通过后形成政策；公布的计划以文件的形式转到计划部SDG处，对项目进行统筹规划；对批准实施的项目通过招标或委托的方式选择执行机构或实施单位；对项目的实施进行监测与评价。在省级层面，其机构设置与联邦层面类似，工作方式也类似。

第四节　巴基斯坦援助机构概况

由于历史的原因（巴为英国前殖民地）和地缘政治的原因，巴基斯坦是一个接受援助较多的国家，而且援助项目呈碎片化的管理状态。以2013年为例，巴基斯坦有32个官方双边援助机构和12个官方多边援助机构（不包括18个联合国机构），与政府组织和地方伙伴合作管理着约2 094个项目活动。在巴基斯坦国内，由联邦政府33个部委的38个部门和大约150个省级政府部门（旁遮普38个，信德省36个，开普省32个和俾路支省39个）和四个省级特区政府的执行机构与这44个官方捐助组织进行互动、管理巴基斯坦境内的外国援助。①

① Faheem Jehangir Khan (2017). The Aid Policy Network in Pakistan: Actor Network Analysis. PIDE Working Paper Series, No. 140: 2016. https: //devpolicy. org/2017-Australasian-Aid-Conference/Papers/Faheem-Khan _ AidPolicyNetworkPakistan. pdf.

为了清楚了解巴基斯坦的援助机构情况，本部分简要介绍在巴主要援助机构、巴方接受援助的政策、合作机制以及援助项目运作方式。

一、减贫领域主要多、双边发展援助机构及非政府组织

巴基斯坦的主要多边援助机构包括联合国机构、世界银行等，双边援助机构包括发达国家（巴黎俱乐部）以及发展中国家（非巴黎俱乐部）的双边援助机构，非政府组织机构主要是国际非政府组织（INGO）和国际发展研究基金等。

最主要的多边援助机构是世界银行、国际货币基金和亚洲开发银行。实际上，过去二十年，这三家机构几乎主导了巴基斯坦的发展政策，尤其是世界银行与国际货币基金主导了结构调整与减贫战略计划。

双边援助机构最关键的是美国国际发展署（USAID）、英国国际发展部（DFID）和日本的国际合作署（JICA）。而中国虽然近期援助数量不少，但由于中国很少参与国际援助论坛，因而巴基斯坦发展经济学学院的研究人员 Faheem Jehangir Khan 认为，中国在巴基斯坦援助领域尤其是对援助政策的影响并不大（属于重要参与机构）。他针对巴方的援助利益相关者绘制了一张示意图（图 12）来说明利益相关者群组以及群组中成员的影响。

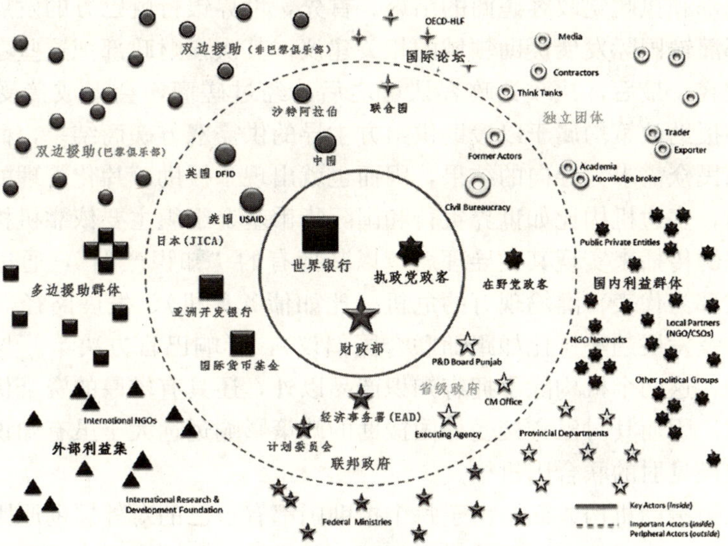

图 12　巴基斯坦援助政策网络利益攸关者示意图

资料来源：Khan（2017）。

根据图 12 可以看出，在内部实线圆圈之内的三个机构是影响巴基斯坦援助政策的核心机构，因而世界银行在巴基斯坦的援助政策网络中产生的影响

最大。

介于内部实线与外部虚线圆圈之间的援助机构，是重要的参与机构。其中，主要双边机构包括美国、英国和日本这三个发达国家，以及中国和沙特阿拉伯这两个发展中国家。

非政府组织主要是外国的出资机构以及研究与发展基金，但这些机构处于虚线圆圈以外（图 12 左下角的三角形区域），其重要性有所下降。

二、巴基斯坦接受相关国际援助的政策和合作机制

巴基斯坦的国际援助政策主要通过核心援助机构对巴财政部和执政党政客施加影响而磋商形成；在合作机制方面包括应急援助、减贫与发展援助两个类别。

（一）接受援助的政策

巴基斯坦接受国际援助的政策，要排除那些打着援助的旗号在巴基斯坦搞破坏活动的国际非政府组织[①]，对于其他多双边的对巴援助政策，没有一个统一的规定。换言之，只要促进巴基斯坦的经济社会发展的援助，就是受欢迎的。

总体上，巴基斯坦接受外国援助的政策，就大方向而言，主要是世界银行、财政部和执政党政客磋商的结果。首先，世界银行就巴方的发展问题向巴方财政部灌输国际发展援助领域的相关建议；其次，财政部把这些建议提交给执政党政客；最后，执政党政客认可之后，经过磋商，会形成接受援助的政策。一切援助政策均属于以援助供给方主导的供需双方磋商结果，而不是单纯以受援国民众需求为导向的结果，因而也就出现了援助碎片化管理的状态。

目前，多边机构比如世界银行和国际货币基金组织主要依靠机构的研究报告、知识的传播来实现其主导理念。以其拥有的“知识产品”，通过向巴方政府（财政部为代表）灌输现有的危机（比如债务危机）、发展路径（比如结构调整）以及发展趋势（比如跟随联合国倡议），影响巴官方决策。与联合国机构相比较，这两个机构除了拥有知识产品以外，还具有雄厚的资金优势，可以提供贷款，因而其对巴方接受外国援助的政策影响远远大于虽有知识产品但资金方面捉襟见肘的联合国机构。

在双边援助机构方面，由于每个援助国都有自己的对外援助原则，且巴基斯坦在接受各国家的双边援助时必须双方达成共识，因而就出现了不同的援助

---

① Security and Counter-Intelligence：Pakistan's New Regulations Regarding International NGOs。Global Research，December 27，2018。https：//www.globalresearch.ca/security-and-counter-intelligence-pakistans-new-regulations-regarding-international-ngos/5663914.

方所执行的项目政策不一的情况。

(二) 援助合作机制

援助合作机制有两种：一种是应急援助机制，一种是减贫与发展援助机制。

1. 应急援助机制

巴基斯坦应急援助的职能部门是总理府自然灾害管理署（National Disaster Management Authority，NDMA）。该部门属于半军方机构，署长由军队的将军担任，直接对总理负责，各部委领导是该署的成员。每当有自然灾害比如地震、洪水发生时，该署直接整合救灾援助资金与物资进行灾难救助，以减少灾害损失和致贫风险。

这是一种效率较高的援助利用方式，但有些时候也出现以供给方主导的重复救助的现象。比如，据接受访谈的该署的委员介绍，当一个地方发生了洪灾时，一个国家提供帐篷，其他诸多国家也提供帐篷，到时帐篷用不了还要储存。一个国家提供毛毯，其他诸多国家也提供毛毯，结果毛毯的供应量是需求的 5 倍，于是有些灾民把毛毯拿到市场上去卖。由此看出，灾难救助物资的捐赠也存在信息不对称、协调不力的现象。

2. 减贫与发展援助机制

一个减贫与发展援助项目的立项，首先需要通过财政部与执政党政客们以及相关多、双边机构进行沟通，有了初步合作意向（备忘录或会议纪要）之后，再通过联邦政府的经济事务署（EAD）和计划部来履行项目评估、审批与备案程序。

经济事务署的职能如下：

● 评估外部经济援助的要求、项目计划并与外部援助方谈判；

● 与技术援助有关的事项；

● 通过部长级联合委员会进行双边经济合作；

● 与多边发展伙伴——世界银行、亚行、亚投行、伊斯兰开发银行、联合国机构打交道；

● 外债管理与还款；

● 与国际组织进行联络。

巴基斯坦接受中方赠款援助的机制如图 13 所示。首先是项目实施机构提出项目建议书或者项目概念阐述，然后由 EAD 批准，批准之后递交到中巴经济走廊合作委员会在伊斯兰堡的办公室，该办公室与中国商务部或国家国际发展合作署进行沟通与磋商，如果双方没有异议，就签署同意进行前期工作的协议或备忘录。之后是选择承包商，实施备忘录的内容，最后执行并移交项目。若评估不满意，则将评估结果通知出资方重新修改项目建议书。

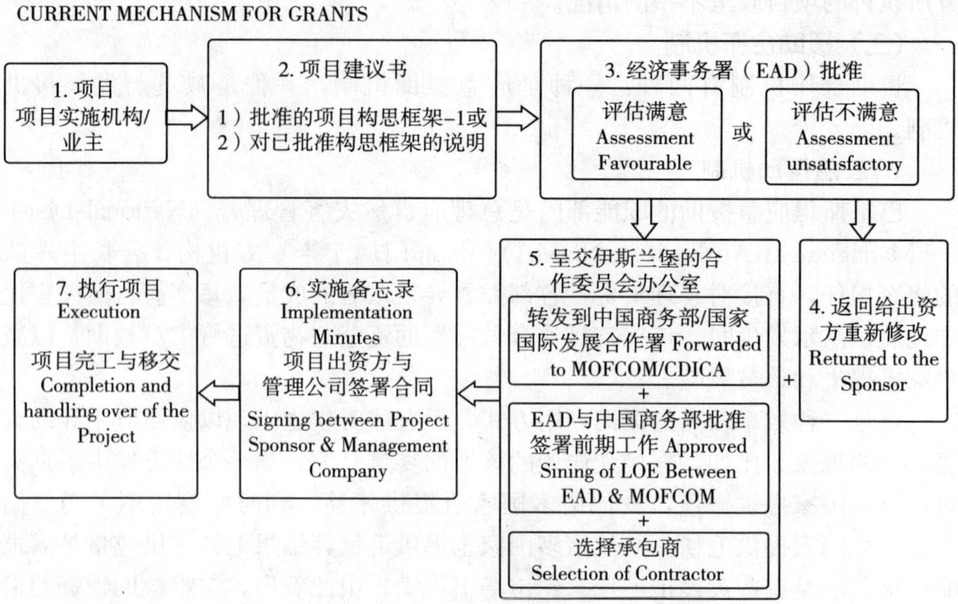

图 13　中方援款项目机制

资料来源：EAD（2019）.

批准的项目尤其是与可持续发展目标相关的减贫项目，一般要纳入计划部 SDG 处备案，然后组织实施。

三、项目运作方式

巴基斯坦接受了较多的国际援助，不同类型的项目有不同的运作方式，相同类型的项目也会因为援助方的不同而采取不同的项目运作方式。

从项目的类别来看，在社会发展与减贫领域主要有如下几种：

- 配套工程项目，如医院、学校、供水管网建设；
- 设备的捐赠，如教学设施设备、课桌、书包等；
- 培训项目，如技能培训、实用技术培训；
- 农牧业发展项目；
- 小额贷款项目；
- 慈善捐赠项目；
- 医疗服务项目。

在工程建设领域，基本都按照国际惯例，进行招标、设计、监理与运营维护。至于其他类别投资额度不大的援助项目，若是多边机构的资金，几乎无一例外地按照各机构的标准进行项目的运作，它们均已有成熟的项目运作经验。若资金来源于双边国家或民间慈善机构，那么项目的运作方式以签订合同时的磋商意见为准。但不论哪一类项目，项目运作方式主要涉及人员的部署，具体而言就是要做什么、怎么做、谁来做、如何监管，工作任务主要包括通过招标方式安排项目前、中、后期技术支持（Technical Assistance）与项目建设与运营任务。

- 项目前期调研与项目概念框架的形成、项目考察与项目建议书编写、项目可行性研究、立项审批后的基线数据调查；
- 立项后的项目初步设计、施工图设计、施工单位与监理单位的招标；
- 项目建设与管理（人员、财务、原材料的采购与管理、合同管理、审计等、监测与评估）；
- 项目建设工程（土木工程）完工评价与验收（Construction Completion Evaluation）、项目中期评估（Midterm Review）、项目完工评价（Project Completion Evaluation）以及项目影响评价（Impact Evaluation）。

在巴基斯坦咨询市场上，大约有10万发展与扶贫咨询专家，无论多、双边援助项目，均可通过公共媒体发布招聘信息，组建团队。

其他小型项目，在程序上能简化就简化，比如巴基斯坦扶贫基金会（PPAF）的小额信贷项目，主要依靠在地方招募项目成员实施项目。此外，有些双边援助项目出资方通过委托有经验的联合国机构运行项目，这些机构包括联合国开发计划署、联合国粮农组织等。

四、小结

由于历史和地缘政治原因，巴基斯坦是一个接受援助较多的国家，而且援助项目呈碎片化的管理状态。巴基斯坦的主要多边援助机构包括联合国机构、世界银行等多边组织；双边援助机构包括发达国家（巴黎俱乐部）以及发展中国家（非巴黎俱乐部）的双边援助机构；非政府组织机构主要是国际非政府组织（INGO）和国际发展研究基金等。其中，最主要的多边援助机构是世界银行、国际货币基金和亚洲开发银行。这些多边机构主要依靠机构的研究报告、知识的传播来实现其主导理念。以其拥有的“知识产品”，通过向巴方政府（财政部为代表）灌输现有的危机（比如债务危机）、发展路径（比如结构调整）以及发展趋势（比如跟随联合国倡议），来影响巴官方接受外国援助的决策。在双边援助机构方面，美国的影响力最大。除了影响力较大的主要参与国家以外，其他援助国也有自己的对外援助原则，且由于在接受各国双边援助时必须双方达成共识，这就出现了现有不同援助方所执行的项目政策不一的情况。

援助合作机制包括应急援助机制和减贫与发展援助机制。应急援助具有很强的时效性，主要通过自然灾害管理署来协调执行；减贫与发展援助机制是巴方政府与相关多、双边机构有了初步合作意向（备忘录或会议纪要）之后，通过联邦政府的经济事务署（EAD）和计划部来履行相关审批程序。批准以后的项目按照双方签署的协议实施。

巴基斯坦接受了较多的国际援助，不同类型的项目有不同的运作方式，相同类型的项目也会因为援助方的不同而采取不同的项目运作方式。但不论哪一类项目，项目运作方式主要涉及人员的部署，具体而言就是要做什么、怎么做、谁来做、如何监管。工作任务主要包括通过招标方式安排项目前、中、后期技术支持（Technical Assistance）与项目建设任务。巴基斯坦发展咨询市场较成熟，所需人员均可通过公共媒体招标来招募并组建项目团队。其他小型援助项目，在程序上能简化则简化。此外，有的双边援助项目出资方委托有经验的联合国机构（如联合国开发计划署、联合国粮农组织等）运行项目。

第五节　巴方对中方减贫援助的需求及其合理性和可行性

本研究项目缘起于巴基斯坦官方想在其国内建设类似于中国的减贫示范村/示范中心。为此，本研究有针对性地（交通方便、地区人身安全有保障、农作区、农民有文化）设计了在巴基斯坦的全部四个省中每个省选择三个村进行援助需求调查，从而可以在这些潜在的村中选出最适合的村作为减贫试验示范村。因而，收集到以社区发展主体——当地农户为核心的减贫援助需求类别与领域[①]，是开展减贫示范村工作的基础。

此次调研过程中，巴基斯坦方面的需求主要通过三个渠道收集而来：一是1 200份农户调查问卷，二是与农户问卷调查相关的34份村干部或当地干部的需求调查问卷，三是11份针对中国在巴基斯坦企业的调查问卷。本研究中的“巴方”需求，虽然源于巴基斯坦官方，但本研究的宗旨是聚焦于农户的需求，而当地社区干部以及中方公司受访人员的需求可以侧面印证农户需求的合理性，此后再研判这些需求的可行性。

一、巴方对中方减贫援助需求

（一）农户需求

总体上，受访农户的需求主要集中在村级基础设施与村级公共服务这两个类别。村级道路、诊所、学校的改善以及改善村级饮用水供应和村级电力系统升级占据了需求排序的前5位（表6），种植业技术培训并列第5位，接下来的“对巴基斯坦有能力的农民进行创收技能的培训”“畜牧应用技术培训”“非

① 详细的需求比如具体的农业技术培训的具体技术科目，有待可行性研究调查时确定。

农业/商业技能培训”“创收活动——种植业”，分别占据了需求问卷需求中第7～10的位置。

具体到各个省份而言，村级基础设施类别下的三项需求，在俾路支省和旁遮普省均排在前3位，在信德省排在前4位，在开普省排在前7位。其余的前10位的需求各有不同，关于村级公共服务这一类别，除了开普省受访农户在这方面的需求不是太迫切以外，其他三个省的农户对其需求较为迫切。另外，俾路支斯坦省与开普省受访农户更关注能力建设（培训）领域的需求，而旁遮普省与信德省的受访农户更关注家庭生活改善层面的需求。

表6　农户需求问卷调查结果与排序

类别	需求打分（1～10分）	俾路支	开普	旁遮普	信德	总体	排序
		N=284	N=305	N=302	N=309	n=1 200	
村级基础设施	村级道路改善	8.19（2）	6.76（7）	5.73（1）	7.96（1）	7.15	2
	村级诊所改善	8.06（3）	7.62（1）	5.69（2）	7.61（2）	7.24	1
	村级学校改善	8.45（1）	6.88（3）	5.56（3）	6.82（4）	6.90	3
村级公共服务	改善村级饮用水供应	7.71（4）	4.88	5.23（8）	7.03（3）	6.19	4
	村级电力系统升级	7.17（5）	5.36	4.81（9）	6.71（5）	6.00	5
	改善乡村环境（例如固体废物的收集/处理）	6.65（10）	5.33	4.61	6.12（9）	5.67	
改善农民家庭生活	改善住房	6.20	5.03	4.77（10）	6.70（6）	5.67	
	改善家用厕所	5.34	4.82	4.81（9）	6.64（7）	5.41	
	家用炉灶的改进	5.14	4.67	4.72	6.18（8）	5.18	
	创收活动—种植业	6.39	5.72（10）	5.51（4）	5.61	5.80	10
	创收活动—畜牧业	6.18	5.61	5.36（5）	5.45	5.64	
	创收活动—农业以外的活动/业务	6.38	5.59	5.33（6）	5.62	5.72	11
	小额信贷	5.81	4.98	5.31（7）	5.10	5.29	
能力建设	种植技术培训	6.98（6）	6.77（5）	4.53	5.77（10）	6.00	5
	畜牧应用技术培训	6.85（8）	6.70（8）	4.65	5.25	5.85	8
	非农业/商业技能培训	6.78（9）	6.82（4）	4.71	5.11	5.84	9
	培训培训师	5.97	6.22（9）	3.79	4.72	5.16	
	对巴基斯坦有能力的农民进行创收技能的培训	6.91（7）	7.15（2）	4.45	5.23	5.92	7

资料来源：农户问卷调查（2019）。

总之，这种针对农户的需求调查，为我们筛选巴方提供的项目或者为中方形成针对需求的项目提供了第一手资料。这种第一手资料在巴基斯坦很少见，因而在费萨拉巴德农业大学展示初步调查结果的时候，与会的老师与博士生们都很感兴趣，因为这为更好地满足农户的需求提供了可参考的事实依据。

（二）当地村/社区干部的需求

由于当地村干部所处立场与农户不同，因而在需求方面与农户需求略有差异。在村级基础设施与村级公共服务两个类别的 6 个选项中，当地干部的需求有 4 个分别排在需求的前第 1、3、4、7 位（表 7）。与农户的需求相比，村干部更加强调社区管理干部的培训（排在第 2 位）；针对农民的技术培训是村干部的共识（排在第 5、8、10 的位次）；厕所的改造和炉灶的改造排在第 6 与并列第 8 的位次。

表 7　受访村干部关于发展需求的意见

类别	需求打分（1～10 分）n＝34	平均分值	排序
村级基础设施	村级道路改善	6.42	1
	村级诊所改善	4.70	
	村级学校改善	5.67	3
村级公共服务	改善村级饮用水供应	5.63	4
	村级电力系统升级	5.16	7
	改善乡村环境（例如固体废物的收集/处理）	4.68	
改善农民家庭生活	改善住房	4.72	
	改善家用厕所	5.42	6
	家用炉灶的改进	4.97	8
	创收经营活动培训		
	创收活动—种植业	4.79	11
	创收活动—畜牧业	4.38	
	创收活动—农业以外的活动/业务	4.26	
	小额信贷	3.82	
能力建设	农民培训		
	·种植技术培训	5.55	5
	·畜牧应用技术培训	4.88	10
	·非农业/商业技能培训	4.97	8
	培训培训师		
	·培训巴基斯坦村庄/社区领袖的社区管理/发展	6.10	2
	·为有能力的村庄/社区领导提供到中国穆斯林社区（新疆喀什或宁夏）的培训，以进行社区管理/发展	3.42	
	·对巴基斯坦有能力的农民进行创收技能的培训	3.00	
	·对有能力的农民到中国穆斯林社区（新疆喀什或宁夏）进行创收技能的培训	2.89	

资料来源：与当地干部的访谈（2019）。

（三）中资企业对巴方减贫需求的看法

本部分所了解到的是开放式问卷的意见，尽管问卷数量不多（共 11 份），但由于属于开放式问题，因而具有重要的参考意义。①

从表 8 可以看出，中方企业认为巴方在减贫领域对中国援助的需求主要集中在基础设施、基本公共服务与增加就业三个领域。有 5 份问卷提到了与教育相关的需求，4 份问卷提到培训与增加就业或提供工作，还有一家非农业的公司（中国电建）提到了“农业现代化”，隆平高科提到的是提高教育与教学质量。这些需求，也与针对农户与社区干部调查中收集到的重视村级基础设施与基本公共服务领域的需求相契合。

表 8　中资企业对巴方减贫援助需求的看法

公司名称	巴方对中国援助最急迫的减贫需求
中国水利水电第十一工程局有限公司	增加就业机会
中铁六局集团有限公司驻巴基斯坦办事处	急需技术工种工作机会以及专业的技工培训
中国电建国际工程有限公司	农业现代化
川铁国际经济技术合作有限公司	通过基础设施建设和工业园区建设来提供更多的、稳定的就业岗位，降低失业率
中资企业协会	教育
袁隆平农业高科技股份有限公司巴基斯坦项目部	提高教育和教学质量
中国建筑巴基斯坦有限责任公司	教育医疗基础设施建设
中国土木集团巴基斯坦分公司	失学率高，需关注教育
中国土木工程集团驻巴办事处	提供工作
中国葛洲坝集团巴基斯坦分公司市场开发部	基础教育、医疗资源
中国能建葛洲坝集团巴基斯坦分公司项管部	基础设施（公路、学校、医院）

资料来源：针对中国驻巴公司的问卷调查（2019）。

综上所述，无论是针对农户、社区干部以及中方公司的调研，结果都显示出各方对基础设施和基本公共服务的需求是急需，这不仅反映出巴基斯坦在基础设施与基本公共服务供给领域的短板，也体现了社区干部、中方公司受访人员与受访巴方农户在减贫需求方面存在共识。此外，教育是减贫和阻断贫困代际传递的有效方式，而增加就业是减贫的直接路径，均为农户层面的

① 据中资企业协会介绍该会有 150 家会员公司，原计划回收 100 份，但由于中国人在巴基斯坦的流动率仅有 5%，因而许多公司表示填不了，因而仅收回了自愿填报的 9 个公司的 11 分问卷。这些公司都是较大型的公司，有些已经在巴基斯坦开展业务 10 年以上，至少也是 3 年以上，因而他们的意见值得参考。

直接需求。

二、巴方需求的合理性与可行性

本部分就巴方提出的需求的合理性与满足这些需求的可行性进行研判，其中，需求的合理性主要根据农户对调查问卷中减贫援助需求的打分情况、援助理论与实践、当地社区干部与中方公司受访人员的问卷佐证情况来考察，而可行性主要参考中方公司受访人员的建议、项目运作方式与经验、巴基斯坦当地实施援助项目的经验与能力来研判。

（一）巴方需求的合理性

从针对巴方农户调查的结果来看，至少就排序的前10项需求而言，无论是总体还是分省份的需求，都是合理的。有些需求不太合理（因可行性较差），如派农民到中国的穆斯林地区研修培训。调研人员在经过若干份问卷的收集之后发现无人选择该选项，原因可能是不会中文，后期在针对农民的问卷中删除；而在社区干部的问卷中有些受访者选择了该选项，但总体排名在最后（分值2.89）。这也说明，此次调研收集到的农户减贫需求按打分排序，从20个选项中筛选出分值最高的前10个选项较合理，可以为后期农户需求的进一步筛选提供参考依据。

农户问卷调查显示的农户需求集中在基础设施、基本公共服务与技能培训领域，从理论上来讲，受访农户所在村中，尤其是巴基斯坦贝纳齐尔收入支持计划未覆盖的村的贫困人口特别是极端贫困人口，不借助外部援助，很难自我摆脱贫困，即使能够自我摆脱贫困，那也需要很长的时间，因而需要外部的助力来“推一把”。无论是“大推进”理论还是农村发展理论，关键是让农户在外援投入的情况下，先将这些人“推出”贫困“陷阱”，然后再培养其自身发展能力。

目前巴基斯坦力图建立以分配为主的“福利社会”，出台了针对贫困群体的社会保护（Social Protecting）政策。针对巴基斯坦收入分配不平等的情况，对弱势群体实行保护政策是必需的，然而只是保护而没有发展，同样也很难摆脱贫困。农户提出的需求也聚焦于摆脱限制他们发展的瓶颈因素——落后的基础设施与教育。

从最原始的援助理念与援助实践，并经历了时间见证的事实就是援助要从教育与医疗入手，促进人的转变。从这个意义上来讲，巴方农民的需求既有其必要性，也是合理的。中国的对巴扶贫援助也应该从教育与医疗入手，并向受援国传播中国式减贫与发展理念。

中国经验证明，修路建桥历来是促进发展和减贫的重要手段，会大大改善贫困人口的生活与生产条件，因而这种需求也是合理的。能力建设方面，对农户提供培训、增加就业，也是中国减贫惯常的做法，因而也具备合理性。

总之，综合巴方农户的减贫需求、当地社区干部提出的需求以及驻巴中方公司人员的意见，无论从理论上还是实践经验而言，都印证了巴方受访农户前10项减贫需求的合理性。

（二）巴方受访农户需求的可行性

总体而言，满足巴基斯坦受访农户提出的前10项需求是可行的。主要依据如下：

第一，根据中方公司多年在巴基斯坦开展项目建设与经营的经验，“中巴经济走廊”所涉及的项目规模大、工期长，这样的项目都能实施，通过中国援助的扶贫项目当然可以实施，而且村级基础设施的建设项目的投资规模小，容易把控，具备可行性。

第二，在项目运作方式方面，既可以委托国际机构进行操作，同时也可以在巴基斯坦寻找合作伙伴按照中方的要求来实施项目。此次调查人员到巴基斯坦进行机构访谈之时，至少有5家机构表达了对中国减贫援建项目的积极兴趣。受访者表示，如有机会，可以与中方寻求密切合作。这些机构分别是：

- 联合国开发计划署驻巴基斯坦代表处（UNDP）；
- 联合国粮农组织驻军巴基斯坦代表处（FAO）；
- 巴基斯坦扶贫基金（PPAF）；
- 巴基斯坦红新月会（Pakistan Red Crescent Society）；
- 世界自然保护联盟（International Union for Conservation of Nature），简称IUCN。①

上述机构在巴基斯坦运作减贫与社会发展项目方面具有非常丰富的经验，是值得信赖的合作伙伴。巴基斯坦红新月会内部具有一个从事社区发展工作的民生部门（Livelihood Department），专门负责社区项目的组织与实施；世界自然保护联盟驻巴基斯坦代表处设在卡拉奇，在伊斯兰堡有一个项目办公室，该机构在巴基斯坦从事过诸多社区道路、水利设施项目的建设。

第三，中非农业投资有限责任公司坦桑尼亚剑麻农场在莫罗戈罗省开展的社区发展项目——村级学习中心项目的实施（专栏3），说明在巴中国公司实施社区发展项目也具备可行性。巴基斯坦属于南亚地区，与东亚、东南亚国家

---

① 世界自然保护联盟是世界上规模最大、历史最悠久的全球性非营利环保机构，也是自然环境保护与可持续发展领域唯一作为联合国大会永久观察员的国际组织。1948年在法国枫丹白露（Fontainebleau）成立，总部位于瑞士格朗，亦作为“国际自然与自然资源保护联盟”。

文化上有差异，但非洲国家尤其是坦桑尼亚等前英国殖民地国家，独立之前的管理性工作大多由英国派印巴人去执行，因而在文化方面，坦桑尼亚与巴基斯坦有共通之处，治理制度类似，在坦桑尼亚可以做成功的村级减贫示范项目，在巴基斯坦也具备可行性。唯一不同的地方是巴基斯坦的地区安全局势不佳，但现在巴基斯坦政府规定凡是中国人出入，一定要派保安人员保护，因而出行安全会得到一定保障。

专栏3　中坦村级减贫学习中心项目

背景：援非农业技术示范中心作为中非农业合作新阶段的标志，遇到的困难和问题主要集中在如何做到可持续发展。几十年来中国对非洲大陆提供了大量农业方面的援助，以促进当地农村的社会和经济发展。虽然中方援助者始终在积极尝试改进援助方式，但总体来说农业援助的有效性和可持续性仍不能完全令人满意。

中国对非农业援助方式日益多元化，越来越多的部门和机构参与到对非农业援助行动中，包括不同的政府部门、政府部门下属的事业单位、企业、高校等农业科研机构等。这些部门和机构的参与形成了中国对非农业援助管理的多元主体共同参与的基本特征。未来援助项目必然要注重受援国的实际国情，重视当地的实际需求开展项目活动，同时注重利用当地资源、与当地政府机构密切合作并注重项目活动的可持续性。

项目的起源：在非洲建立村级社区发展示范项目是个全新的、带有探索性的课题。2011年1月9—15日，中国国际扶贫中心和中国农业大学人文与发展学院共同组团，以中非农业投资有限责任公司坦桑尼亚剑麻农场为依托，对其毗邻的佩雅佩雅村进行深入详细的调查，调研小组对该村人口结构、产业构成、收支状况进行摸底建档，为该村量身打造减贫方案，制订路线图。该项目于2011年4月24日举行启动仪式，2012年7月26日举行项目揭幕仪式。

项目内容：

（1）中坦村级减贫学习中心（兼做村公所）主体建筑建设；

（2）饮用水项目建设；

（3）村级道路建设；

（4）组织培训；

（5）田间示范工作；

（6）协助我驻坦大使馆开展公共外交活动；

（7）资助当地医疗及教育。

项目影响力：

1. 对外界的影响力

（1）出生在该村现已经退休的一个知名企业高管出资在该村建一中学，以呼应中国国际扶贫中心的举措，回报家乡。

（2）2012 年 7 月 17 日下午，坦桑尼亚年度火炬传递活动基洛萨站在减贫学习中心举行。这是火炬传递活动首次来到鲁代瓦地区。火炬传递执行官对中坦村级减贫学习中心的落成和中国人民对坦桑尼亚人民的无私帮助表示由衷感谢。

（3）基洛萨地区非政府组织“人类发展战略协会”在中坦村级减贫学习中心举办“妇女营养项目”培训。

（4）受“中坦村级减贫学习中心”项目影响，乐施会在与佩雅佩雅村毗邻的宫果尼村实施扶贫项目。

（5）2014 年 12 月 29 日，来自坦桑尼亚国父尼雷尔的故乡马拉省本达县县长米荣贝先生等专程来中坦村级减贫学习中心参观学习，他是欣闻该村玉米示范户平均单产从 5 袋/英亩提高到 15 袋/英亩，故不远千里专程来访取经。

（6）在佩雅佩雅村“村级减贫学习中心”取得初步成功的基础上，该减贫模式得以有效推广。中国农业大学人文与发展学院承担科技部中坦农村科技合作项目，在莫罗戈罗省城附近的莫特果瓦辛巴村成功建设了“村级减贫学习中心”项目，并取得显著效果。中国驻坦桑尼亚前任大使吕友清博士在获知坦桑尼亚成功建成两处“村级减贫学习中心”项目后，从大使基金中安排 3 万美元专项资金，计划在新都多多马附近再建一处“村级减贫学习中心”项目。该项目由在节水农业研究处于国际领先地位的西北农林科技大学负责实施。

（7）2018 年 3 月 22 日，中国农业大学、坦桑尼亚莫罗戈罗省政府在莫特果瓦辛巴村联合举办“中坦千户万亩玉米增产示范项目”启动仪式。同年 9 月 14 日，全球南南合作智库对话会以“中国农业南南合作”为主题在联合国总部举办，中国农业大学起草的南南合作特别报告《南南合作评估框架及其在中坦合作中的应用》在该会发布。

2. 内生动力提升

（1）项目有无生命力，内生动力的提升最能说明问题。与佩雅佩雅村毗邻的宫果尼村、姆乌米村自筹资金效仿佩雅佩雅村建立了村公所，设计布局风格与佩雅佩雅村十分接近。村委会把它当成议事、培训、学习场所。

（2）项目的可复制性、内生性是评判其生命力的实践阐释。尤其是姆乌米村，它通过争取坦桑尼亚中央政府土地事务部门的支持，没收周边大农场闲置多年的土地分配给缺地农民，并相继组成养羊合作社、养鸡合作社、甘蔗种植合作社、洋葱种植合作社等互助机构，在合作社获取收益后收取一定的互助金，聚少成多，最终建成了用于议事和交流学习的村公所。村委会还计划继续募集资金，在照明、办公条件、音像设备等方便给予配套，为下一步出租创造条件。

3. 媒体评价

为配合G20峰会召开，央视驻坦记者于2016年8月26—30日到“中坦村级减贫学习中心”项目现场采访，央视新闻联播于9月1日给予报道。2017年12月8日，央视专题片《中国与南南合作：以发展促人权》第一个故事就是讲述佩雅佩雅村的减贫成就。

4. 在中坦农业交流合作中的作用

佩雅佩雅村级减贫学习中心项目为中外专家学者研究坦桑尼亚农业、农村、农民问题提供了一个平台，中国农业大学、中央民族大学、北大非洲中心等学者、学生纷纷以佩雅佩雅村级减贫学习中心项目为依托进行田野调研，中国农业大学人发学院自2013年起连续6年选派本科生到佩雅佩雅村级减贫学习中心实习，多位博士生以此为研究基地撰写博士论文；协助中国援坦农业技术示范中心为实用农业技术在坦桑尼亚落地打通“最后一公里”，扩大中国援坦农业技术示范中心在坦桑尼亚的影响力，把中国的援助落到实处，造福坦桑人民，服务国家政治外交；以佩雅佩雅村级减贫学习中心项目为依托，先后选送8人次来中国进行短期学习培训，为坦桑尼亚农业发展和减贫培养了一批土专家。

——资料来源：中非农业投资有限责任公司坦桑尼亚剑麻农场管善远、汪路生（2019）[①]。

第四，巴基斯坦利用外国援助在当地实施社区发展项目的经验丰富，且在人员能力方面，从一个成熟的发展咨询市场上可以找到适合项目职位的有能力的咨询专家或项目工作者。

第五，最重要的，当地受访村庄渴求项目，尤其渴求符合他们需求的村级发展项目，如若有项目，当地官员及村民会提供各种便利条件来支持项目的实施。

综上所述，根据受访农户的前10项扶贫援助需求来拟定村级发展项目的

① 管善远，汪路生．朴素视角下中坦村级减贫学习中心项目有效性评价，2019，未发表论文。

话，具备可行性。

三、小结

巴基斯坦的减贫多年来借鉴了西方的模式，更多的考虑是短期效应而忽略农村基础设施建设与公共服务的提供。本次调研发现：总体上，受访农户的需求主要集中在村级基础设施与村级公共服务这两个类别。村级道路、诊所、学校的改善以及改善村级饮用水供应和村级电力系统升级占据了需求排序的前5位。不同省份之间受访农户对同一需求的选择偏好略有差异。从问卷中的减贫需求选项中筛选出打分最高的10项进行了针对其合理性与满足这些需求的可行性的讨论。

农户问卷调查中排在前10位的需求，得到了社区干部以及中方公司受访人员意见的印证，即对基础设施和基本公共服务的需求是急需，体现了不同受访群体对巴方农户减贫需求的共识。除此之外，教育是减贫和阻断贫困代际传递的有效方式，而增加就业是减贫的直接路径，均为农户的直接、合理的减贫援助需求。

根据中方公司受访人员的建议、中方公司在海外从事项目建设与运营的经验、驻巴国际机构项目运作方式与经验、巴基斯坦当地实施援助项目的经验与能力进行综合研判，若按受访农户减贫援助需求的前10项来拟定并实施项目，具备可行性。

第六节　中巴减贫合作建议

在本部分，就中巴双方减贫合作的方向、工作重点、内容以及减贫合作的方式提出建议，集中回答如下关键问题：①对巴基斯坦的减贫援助应该从何地着手？这些项目与现有中巴经济走廊项目有什么关系？②进行什么样的减贫项目？③如何推动这一减贫项目？

一、总体建议

（一）减贫合作方向

减贫合作方向应该定位于符合巴基斯坦诉求、切实满足贫困群体的生活与生产需求的领域，有长远的国别援助规划，逐步实现中方援助项目的可持续发展，打造可持续的中国对外减贫援助体系。

指导思想：我国的国际合作援助必须在联合国南南合作框架内开展活动，充分总结国际援助领域的经验、教训，创新项目运作模式。坚持以我为主，项目协同；坚持量力而行，尽力而为；坚持能力建设，储备智力；坚持模式创新，长远发展。前两个“坚持”在于筛选项目，后两个“坚持”在于推动项目。

（二）减贫合作的工作重点

中巴减贫合作的重点应该放在既能满足巴基斯坦农户需求，同时又能发挥我国优势的领域，包括村级基础设施建设、公共服务基础设施建设以及农户能力建设三大领域。

一方面，根据对巴基斯坦农户调查的结果，主要需求集中在村级基础设施、村级公共服务的供给以及农户技能培训领域；另一方面，基础设施的建设也是我国的强项，具有丰富的经验、资源和能力。

（三）减贫合作的内容

减贫合作内容主要包括如下几个方面：修建村级道路、诊所和修缮学校；铺设自来水管道以及农村电网的升级改造；对农民开展种植业、畜牧业和非农产业的技能培训。

将农户需求调查表（表6）进行简化，仅保留排名前十的需求，可以看到减贫合作的内容（表9）。这些内容大致可以归为基础设施建设、村级公共服务与培训三个板块（能力建设与改善农民家庭生活可归为一类）。

表9　中巴减贫合作的主要内容

类别	需求/合作内容	排名	减贫合作内容
村级基础设施	1. 村级道路改善	2	修建村级道路
	2. 村级诊所改善	1	修建村级诊所
	3. 村级学校改善	3	修缮村级学校
村级公共服务	4. 改善村级饮用水供应	4	铺设管道或利用太阳能泵水
	5. 村级电力系统升级	5	根据巴方需求，按规范操作
能力建设	6. 种植技术培训	5（并列）	针对具体的种植业门类
	7. 畜牧应用技术培训	8	针对技术需求
	8. 非农业/商业技能培训	9	针对技术需求
	9. 对巴基斯坦有能力的农民进行创收技能的培训	7	针对技术需求
改善农民家庭生活	10. 创收活动—种植业	10	针对产业领域
	11. 创收活动—农业以外的活动/业务	11	针对非农创收活动领域

资料来源：根据表6整理。

二、具体操作建议

在上一部分给出总体减贫合作方向与合作指导方针的前提下，本部分就具体合作内容和工作重点进行初步细化，并提出操作层面的相关建议。

(一) 中巴减贫合作项目地点选择及其与走廊项目的关系

中巴减贫合作应沿着中巴经济走廊“叉型”通道（从新疆的红旗拉普到巴基斯坦伊斯兰堡，之后分别走东线到卡拉奇，走西线到瓜达尔港，参见图 14、图 15）在现有已启动基础设施建设项目周边展开，同时针对不同的交通、产业、区域安全以及农户识字水平进行选点，并针对深度贫困地区选取适合的减贫项目。具体概述如下。

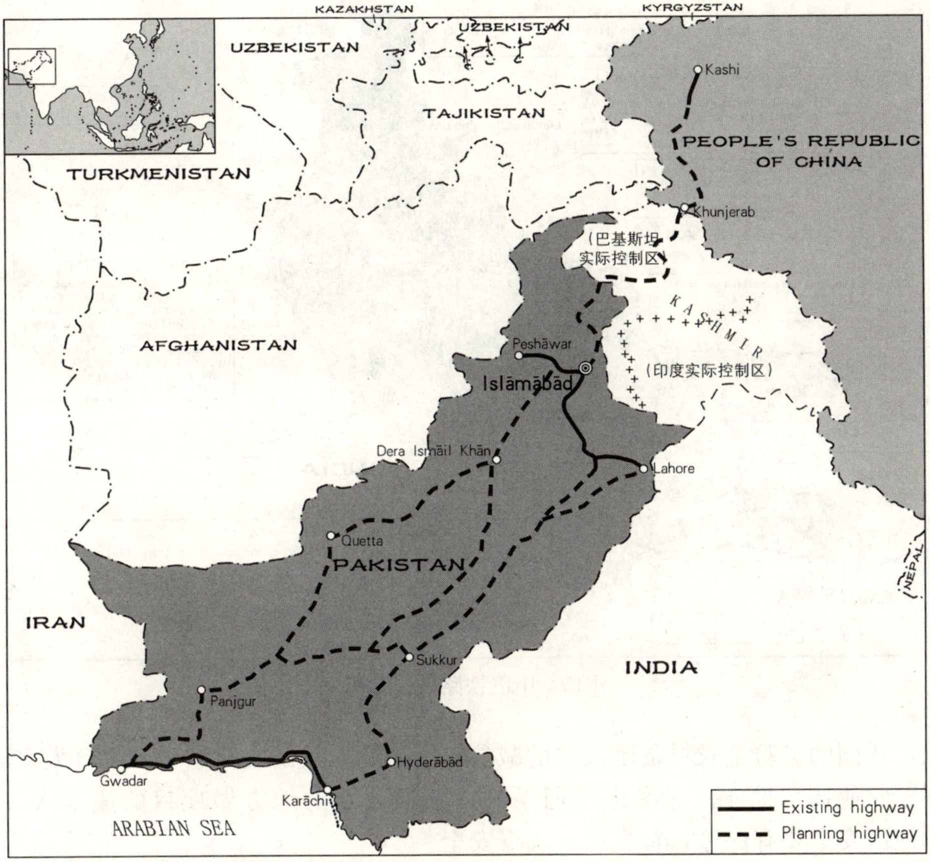

图 14　中巴公路项目示意图

1. 何地——项目点的筛选步骤

第一，按照“坚持以我为主，项目协同”的指导思想，筛选项目地点必须在现有已开工或将要开工的中巴经济走廊项目点附近。

第二，进一步按中国国际扶贫中心四项原则[①]缩小范围：①选择农业区

① 这四项原则就是中国国际扶贫中心在 2019 年“民生工作组”赴巴考察之前对扶贫专家提出的选择项目区的四个原则。

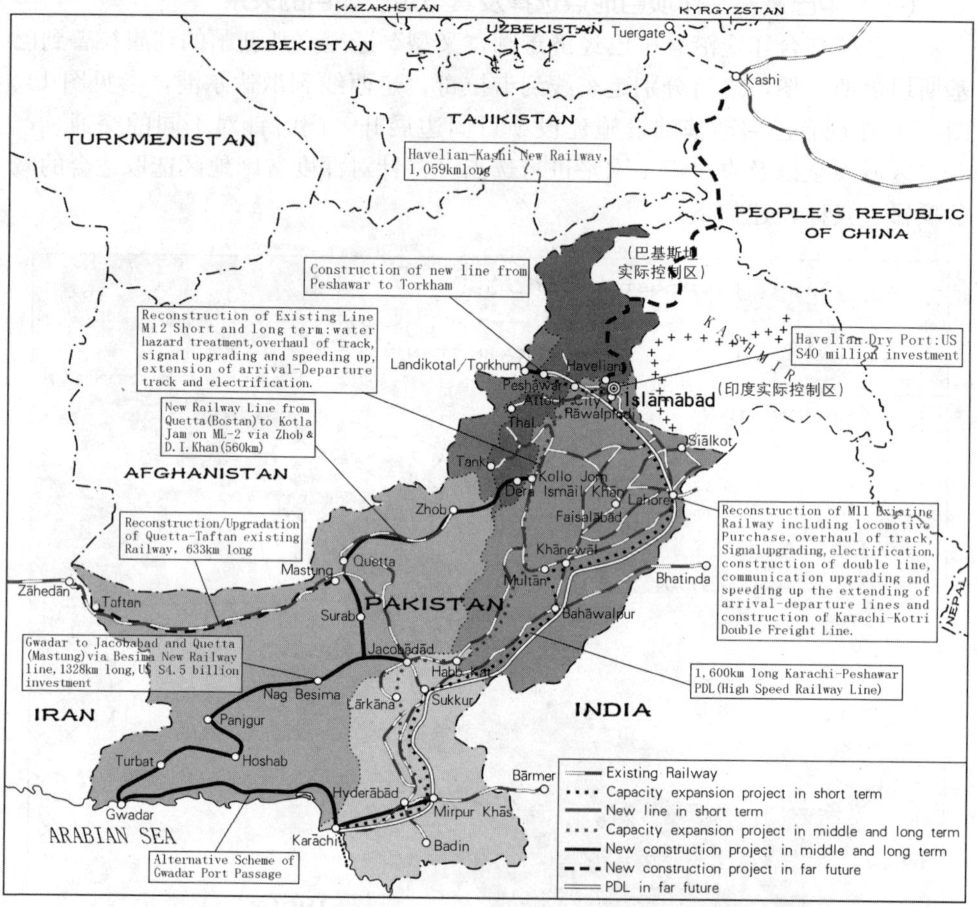

图 15　中巴铁路项目示意图

域，我国的经验是农村贫困人口的减贫；②考虑农民的文化水平，文盲太多不利于农业技术推广；③考虑交通条件，不通公路的地方做项目的成本太高；④地区安全要有保障，首先保证人身安全。

第三，按照“坚持量力而行，尽力而为”的方针，结合中国的减贫经验进行选点，根据地区之间的贫困差异选择不同的减贫项目。但减贫示范项目绝不能选择贫困发生率最高的深度贫困地区。①

① 经过综合研判，课题组对“援助地点应优先选择最贫困地区”的专家观点不予采信，因为到目前为止，这种观点缺乏理论与实践经验的支撑。以中国为例，如果有经验可鉴，那么中国西部的“三区三洲”也不会成为脱贫攻坚的“硬核”，实质上在这些最贫困的地区，基础设施本身匮乏，处于多维度覆盖的深度贫困范畴，可以通过其急需要求进行短平快的援助，而单纯的村级示范难以见效而且成本太高。

第四，根据巴方减贫项目建议书的准备情况进一步筛选出项目建议书准备充分、积极性高的项目点进行磋商。

2. 减贫合作项目是中巴经济走廊基础设施建设项目的有效补充

巴方对中巴经济走廊民生项目的诉求，是由现有大型项目衍生而来，其目的是为了减低大型项目带来的负面效果（巴基斯坦“债务危机”、造成农户失地以及当地民众不能直接受益），从而发挥项目的整体效益（不仅是经济效益）。要发挥整体效益的最直接办法就是先把负面效应减到最低程度。国际机构包括亚洲基础设施建设银行所采取的减低项目负面影响的措施，除了在前期进行风险评估并制定应急措施以外，在项目实施的同时，还要加强对受影响区受影响农户的补偿性的生计活动的支持，常见的就是开展减贫项目。因此，根据减贫项目辅助大型项目的原则，所选项目区的大范围也就有了大致方向。

（二）进行什么样的减贫项目？

项目的性质为村级综合减贫示范项目与巴减贫机构能力建设项目两个类别。村级减贫示范项目的预算大致在 2 100 万～3 150 万元人民币，执行期 2～3 年为宜。巴减贫机构能力建设项目是帮助巴方成立一个减贫与发展中心。

巴基斯坦总理伊姆兰·汗明确提出要学习中国的减贫经验。按巴官方要求，在每一个省建立减贫示范村。这一前提指出中巴合作减贫项目是村级综合扶贫项目。而村级示范项目的第一步是摸清村级发展的现实需求，并根据需求形成项目。

按中巴减贫合作框架协议规定，项目需求/项目建议书须由巴方提出，中方根据相关项目遴选原则/标准从巴方项目清单中选择可实施的项目，并通过中巴经济走廊磋商机制，制定出以我为主同时满足巴方需求的项目。以 2019 年初中巴经济走廊民生工作组赴巴考察时巴方的项目上报情况为例，俾路支斯坦省提出的太阳能照明项目远远比示范村建设急迫，因而可以优先考虑快速实施、快速见效的太阳能设备捐赠项目。在村级减贫示范点方面，俾路支斯坦省提的“农村生计支持计划”提出了 10 个地区（District），并没有提到村。相反，在示范村计划中提出了瓜达尔与奎塔老城区的遗产保护（非农村），更没有项目预算（表 10），一方面他们可能没有准备好，另一方面，可能信息传达方面有偏差，提交的项目概念框架中没有针对农户需求，因而类似的项目不予考虑。

从项目预算盘子来看，旁遮普省提出了 3 个地区 1 125 万美元，每个项目点 375 万美元；开普省提出 6 个村 1 亿美元，每个村 1 667 万美元；俾路支斯坦省提出 10 个点 3 000 万美元，每个点 300 万美元。根据驻巴基斯坦的联合国开发计划署（UNDP）提供的数据，2018 年中国南南合作基金向南亚四个国家提供了 1 800 万美元的资金，委托 UNDP 开展灾后重建项目，每个国家的资金额度平均为 450 万美元。综合这些可参考的数据，未来巴基斯坦每个减贫示范村项目的资金额度以 300 万～450 万美元为宜，约合人民币 2 100 万～3 150 万元。巴方现阶段不需要太大的项目，因为他们已经有太多超大项目(Giant Project)①。该类项目的实施期限目前以 2～3 年为宜②。

表 10　巴方提出的部分村级减贫项目概念框架

序号	中文名称	省份（地区）	地址	金额 百万美元	周期
1	穷人和弱势群体福利综合发展方案	旁遮普	Bahawalpur；D. G. Khan；Muzaffargarh 等地	11.25	1 年
2	六个村落减贫计划	开普	DirUpper，Swat，Kohat，Khyber，South Waziristan & North Waziristan	100	
3	农村生计支助方案	俾路支省	Gwadar，Turbat，Khuzdar，Kalat，Quetta，Pishin，Killa Saifullah，Loralai and Zhob.	30	2019—2021
4	太阳能住宅系统项目	俾路支省	俾路支省	10	Early Harvest（2019—2020）C：12 个月
5	示范村	俾路支省	Kund Malir，Chaghi，Ziarat，Old town Gwadar and Quetta Preservation of heritage of Old town Gwadar	待定	2020—2024

资料来源：根据 2019 年国际发展与合作署派赴巴基斯坦民生专家组收集的资料整理。

除了筛选项目以外，谁来实施项目？学习中国经验必须要有懂中方经验的巴基斯坦人员，同时，在巴基斯坦需要有学习中方经验的研究机构。本研究实质上属于行动研究，在研究的过程中，加强中巴双方的合作兴趣，为后期的项目实施做准备。目前该项目的巴方合作伙伴——农业大学（费萨拉巴德）正在申请成立首个减贫研究机构——巴基斯坦减贫与发展中心，期望开展与中国减贫经验以及巴方农户需求相关的研究，且正在通过巴方计划部申请为期 3 年的资助（表 11），并拟通过中巴经济走廊联委会申请部分中方援助（国际合作

① 巨大项目往往成为恐怖袭击的对象。

② 巴方政府换届频繁，在现任政府内不宜安排长期项目，在短期内形成可推广经验以后，再考虑长期，争取做到与 BISP 和 PPAF 那样的以项目促长效机制的发展。

署）。如果中国资助成立一个连接巴官方渠道与贫困人口之间的纽带、传播中国减贫经验的窗口机构，并培养一支能够执行中巴减贫合作项目的巴方队伍，事半功倍。另外，该大学拥有门类齐全的农业技术研究与推广的教学与研究机构，是未来中巴减贫合作项目的良好合作伙伴。

表 11 巴基斯坦农业大学的减贫与发展中心申请项目审批表

（SOCIAL SECTORS）

1	Name of the Project		Centre for Poverty Alleviation and Development（CPAD）
2	Location		University of Agriculture Faisalabad
3	ⅰ.	Sponsoring	Govt. of Pakistan through PSDP
	ⅱ.	Execution	University of Agriculture Faisalabad
	ⅲ.	Operation & Maintenance	University of Agriculture Faisalabad
	ⅳ.	Concerned Federal Ministry	Ministry of Science & Technology
4	Plan Provision		36 months
5	Project goals and its relationship with sectoral objectives		

（三）如何推动这一减贫项目？

项目的推动涉及项目的运行模式与运行机制两个方面。坚持能力建设，储备智力；坚持模式创新，长远发展的指导方针，把中方的减贫理念贯彻到中巴减贫项目的全过程。

项目的推动分为先行先试阶段（先导项目）与推广两个阶段。在先行先试阶段，充分注重能力建设，选好项目实施机构；按照项目的筛选标准，优化首批项目示范村的选择——在位置选择方面，尽可能考虑示范村与中方在建工程项目位置的结合，在示范村项目内容方面，尽可能与其他民生领域（农业、卫生、教育、职教培训、饮用水供给）相关项目内容的整合。在项目成功的基础上，总结中国在巴村级减贫项目成功经验，动员巴方政府力量，逐步使中国村级减贫经验在巴基斯坦全国的四个省有条件的地区推广。

在扶贫合作方式方面，先导项目突出模式创新，为长远发展打下良好的基础。大面积推广阶段可以引用我国东西扶贫协作模式或者中央企业定点帮扶的经验，把相关国内经验“送出去”。

减贫合作方式方面推荐中国企业的参与以及巴方专业人员实质性参与项目活动而不仅仅是做监测评价，必要时邀请联合国机构以及信誉高的国际机构参与，广泛调动贫困农户内生动力的真正“融合性”合作方式。所谓“融合”，即“项目融合、资金融合与人员融合”。

首先是项目融合。一是大小项目融合①，即减贫援助项目与中方在建“中巴经济走廊”大项目地点选择的融合，真正做到物流场地与项目村的“互联互通”，完成到村“最后一公里”联通是对“中巴经济走廊”大项目的重要补充；二是民生项目融合②，即在项目活动的设置方面，目前六大民生领域的项目同时推进，项目太散，需要充分发挥我国扶贫办职能部门在国内的协调整合职能的优势，根据实际情况进行项目整合，统筹推进，以彰显中国民生领域援助项目的整体效应，扩大对巴民生领域援助项目的整体影响力。

其次是资金融合。与“民生项目”融合相对应的是资金的融合，国内脱贫攻坚期间的“整合使用涉农资金”的模式值得借鉴。

再次是人员的融合。做到项目有人管理（目前援助项目由中国驻巴基斯坦大使馆的商务处代管，国合署尚未派驻专人管理对外援助项目。农业项目方面，中国驻巴基斯坦大使馆从华南热带作物学院抽调了一名工作人员专门负责农业援助领域相关事务）、技术有人负责、活动有懂中国减贫经验的巴方人员负责开展。③ 懂中国减贫经验的人员负责项目的开展这一点非常重要，因为不懂中国减贫经验的人难以理解中国的减贫理念，难免走到西方援助项目的惯常路线中去。

这种模式需要一个制度安排与磋商磨合的过程，但目前已就此在巴方政界、发展领域国际机构以及学界之间进行了较为广泛的讨论，各方面的积极性高涨，实现这种合作方式具备良好的前景。

附录一　农户调查方法说明与田间调查简短反馈

一、调查方法

每个省选定调查区内一个乡镇（Tehsil），再选择三个片区（Union Council），

---

① 交通项目的目的是货物运输，目前从伊斯兰堡出发，北到白沙瓦、南到费萨拉巴德，高速公路上车流量太少，不经济。一方面是缺乏连接货物区与高速公路的支线公路（feeder roads），高速公路的结构应该像“鱼刺”一样分布，现在只是有了中间的“鱼骨”部分；另一方面是农村的货物在很多地方还是出不了村，交通基础设施的“最后一公里”存在短板。有了主干路以后，应加强辅助大项目的小项目的作用。鉴于农户的需求领域集中在基础设施方面，大小项目的融合的一个明显优势是大型施工设备使用的便利，可以提高设备利用率并降低项目成本（中国机械设备工程股份有限公司第五工程成套事业部区域五部提出该建议）。

② 中方的民生项目分为农业、教育、职业培训、医疗、饮用水与扶贫六个类别，在选择项目区时尽量集中安排项目，发挥集团作战优势，避免撒胡椒面式的“碎片化”管理。

③ 驻巴使馆将有一位华南热带作物科学研究院的干部入驻使馆管理援巴农业项目，UNDP 驻巴代表处从中方聘请了一名懂中国减贫经验的干部带薪到该代表处工作两年。此外，本课题组赴巴调研以后，Shahid 博士，一个民间农村发展组织的负责人和执政党计划与发展领域的中心秘书，愿意花三个月时间到中国农业大学了解并学习中国农村减贫经验，目前正在办理审批手续。充分整合好这些资源，是减贫项目成功的关键。

每个片区选择两个村，每个村选择 50 户进行访谈。这样，每个省调查 300 户农户（6 个村×50 户），四个省共计完成 1 200 份问卷。

二、主要发现

大多数受访人员是文盲且是男性，家长不允许女性参与访谈。他们大多数依赖农业为生，一般从事季节性的工作。在农闲季节，他们通常整天待在宾馆外面的休息床上打发时间。

主要作物是小麦、玉米、棉花与甘蔗。养殖牲畜与家禽的农户很少。他们害怕参与访谈，因为他们怀疑调查人员是来自税务部门，怕把收集到的数据用于收取他们的税收。

调查村的总体情况实在可怜，他们卫生条件差、缺乏电力、污水处理设施、合适的间隔墙以及健康保健设施。学校坐落在很远的地方且只有很少的孩子去上学，学校条件差，学校教师连最基本的家具都没有，他们的生活方式落后，他们期望从我们调查人员这里得到某种东西——钱，因为他们一般由在当地运营的非政府组织提供工资。村子里极度缺乏基础设施。

村民中有人（不是大多数）接受贝娜齐尔收入支持计划（BISP）的救助，但是他们不满意，因为该计划忽略了那些真正应该得到帮助的人。该项目主要针对妇女而不是农场主，符合条件的妇女每月从政府领取补助，而农场主在收获的季节却雇不到人。

在中巴经济走廊（CPEC）问题上，失去土地的人们抱怨最多，他们批评政府，因为政府在征地时把土地补偿价格压得很低，因而失地农户抱怨并反对政府的决定。对于那些没有失去土地的人们，他们认为中巴经济走廊是一个有前景的项目，能够为他们的发展与进步带来丰硕成果。他们并未看到因项目的建设会带来恐怖活动的任何威胁。总体上，他们为他们的最好的朋友在巴基斯坦建设完成的这种超大项目感到高兴。

就受访的地方领导而言，他们认为自己辖区的村子发展需要外部的帮助，因为政府并没有提供足够的资金发展村子所需要基础设施。他们需要有质量保证的学校、医院、道路以及不停电的电力供应（巴基斯坦经常停电）等等许多方面。

就所调研的四个省的治理而言，四个省的村级管理机构差不多，只是管理村子的人的称呼不一样。旁遮普省由 Numberdar 来管理村子的发展；在信德省，由 Wadersa 和封建地主管理，在俾路支省，村子由 Maliles 与 Sardars 管理。

三、调研中遇到的困难

（1）大多数人不情愿分享他们的家庭信息，他们有意识地掩盖某些信息。

他们害怕调查人员是从联邦税收委员会（Federal Board of Revenue）来的，也许说了实话以后会征收重税，因而他们的回答都是经过深思熟虑的。

（2）他们期望从调查人员那里得到钱，因为以前他们得到过非政府组织（NGO）的资助。NGO 有上百万美元资金的项目，因而他们支付的起，而我们不行，这也是为什么我们的访谈被拒绝的比例高的原因（也拖长了完成调研工作的时间）。

（3）在信德和俾路支斯坦，人们的回应率很低，调查小组的调研遇到了许多困难。比如在俾路支斯坦，当问到与家庭和女性有关的问题时，有人把问卷撕碎甩在调研人员的脸上，被激怒的受访者让我们“滚开”。

抽样方法说明

Specification of household Sample

Province	District	Tehsil	UC	Village	Sample
Balochistan（284）	Pishin	Karezat	Dilsora	Clustes-I，II	84
			Lumran	Clustes-I，II	100
			Yaru	Clustes-I，II	100
KPK（305）	Haripur	Huripur	Sarei Saleh	Changi Bandi	50
			Dhinda	Dhinda	50
			Shahmaqsood	Mohri	54
			Sara Saleh	B. Bandi	50
			Dhenda	Garah	51
			Shah Maqsood	Shah Maqsood	50
Punjab（302）	D. G. Khan	Taunsa	Dona	Dona	100
			Tunsa Sharif	Makwal Kalara	104
			Tunsa	Bindi	98
Sindh（309）	Hyderabad	Tandòjam	Gopang	Gopang	60
		Barham	MB Barham	MB Barham	50
		Hyderabad	Khatian	Mero Bhurgsi	51
				Mir Ghulam Akbar	17
				Saman Magsi	33
		Tando Jam	Khatan	Arif Khatan	48
			Lashari Ghoth	Lashari Ghoth	50
TOTAL	4	7	17	19	1 200

中国驻巴基斯坦公司参与
中巴经济走廊建设与改善民生问卷调查

（2019 年 11 月 4 日星期一）

说明：

1. 调查目的：根据商务部专家的建议要求，了解中国企业在巴基斯坦的发展现状与改善当地民生情况。

2. 问卷要求的信息填在卷面上。

3. 相关概念的界定：

（1）在巴基斯坦的中国企业“走出去”的形式：对外直接投资、设立海外分支机构、投资工厂、设立研发中心、建立科技园区、技术投资、跨国并购、海外承包工程、海外劳务合作（不包括纯产品出口）。

（2）企业可持续发展：企业在追求自我生存和持续发展的同时，既要考虑企业目标的实现，又要考虑其市场地位。为了确保在相当长的时间内实现繁荣，企业应该在其已经领先和未来业务扩展的领域保持盈利性增长和能力建设。如果企业想要实现自身的可持续发展，就需要关注经济、公司治理、环境和社会问题的可持续性。

4. 要求：

（1）问卷应由负责巴基斯坦业务的负责人填写。

（2）为确保结果的有效性和完整性，请忠实回答所有问题。如果有些指标您没有，请填写“无”

5. 隐私声明：您的所有答案都将保密，仅用于本研究。

填写人的信息和联系方式

企业名称：________________________________

填写人姓名：________________

部门：____________________职位：____________________

电话：____________________传真：____________________

电子邮件：____________________

企业网页：____________________

填写日期：____________________

请根据行业/企业的实际情况和你自己的经验回答以下问题：

说明：请在横线上“____________”填写，并在方框“□”内打勾。

第一部分：基本信息

1. 公司类型（母公司）：

□国有　□私营企业

2. 海外投资规模

□低于 100 万美元　□ 100 万～500 万美元　□500 万～1 000 万美元

□1 000 万～5 000 万美元　□5 000 万～1 亿美元　□超过 1 亿美元

3. 所属行业：（主营业务）

□制造业

□农业，林业，渔业，畜牧业

□采矿

□房地产

□租赁业务

□信息服务

□批发零售

□住宿，旅游，餐饮

□体育和娱乐

□生产和供应电、热、水、气

□建设

□金融服务

□水、环境、公共设施管理

□住宿服务，维修服务

□交通、运输、仓储、邮政服务

□科学研究、技术服务

□新能源和可再生能源

□其他________________

4. 公司在巴基斯坦业务的重要性：

□高　□平均　□低

5. 合作形式和海外投资（您可以选择多个选项）

□绿地投资　□海外并购　□工程合同　□劳务输出

6. 公司在巴基斯坦开展业务的时间有多长：

□10 年以上　□5～10 年　□3～5 年　□不到 3 年

7. 在巴基斯坦员工总数（含中、巴双方）为________________，其中女性员工人数为________________；

在巴基斯坦员工的年龄从________________到________________；

其中，中方员工人数________________，巴方员工人数________________；

高级管理团队（部门经理及以上）的巴方员工人数________________

第二部分：中巴经济走廊与当地扶贫

1. 您认为目前中巴经济走廊建设项目面临的最大挑战是什么？（选择最主要的前三项）

□地区安全问题难以保障员工人身安全

□项目延期带来的建设与管理成本上升

□媒体报道的负面影响

□巴方前期工作（比如征地拆迁与移民安置）不到位

□其他，请注明____

2. 中巴经济走廊建设是否会给当地百姓带来减少贫困的效果，您的看法是：

□1	□2	□3	□4	□5
负面效果最多	有些负面效果	没什么变化	有些成效	成效明显

3. 未来要在中巴经济走廊沿线建立经济开发区/经济特区，您认为这些开发区如何才能更好地与当地民生改善（扶贫）有机结合？（选择你认为最可行的前三项）

□建立相应的技能培训学校，培训技能工人

□企业招工时，同等技能条件下，优先考虑录用家庭贫困的应聘人员

□在开发区建立劳动就业服务体系，帮助贫困家庭的劳务输出

□把产业链延伸到贫困村（扶贫车间）

□中资企业与当地贫困村结对帮扶

□发展餐饮、旅游等服务业吸纳贫困户劳动力就业

□在贫困地区创办蔬菜水果等农产品供应基地

□中资企业为当地贫困学生提供助学金

□其他，请注明____

4. 若中国政府方面提供社会民生援助，您认为目前巴基斯坦贫困人口最急迫的减贫需求是什么？

5. 巴基斯坦总理伊姆兰·汗提出学习中国减贫经验，您对未来在巴基斯坦建立减贫示范中心/示范村，传播中国经验有什么建议？

国际减贫合作研究

GUOJI JIANPIN HEZUO YANJIU

（第1册）

封面设计：关晓迪

欢迎登录中国农业出版社网站：http://www.ccap.com.cn
欢迎拨打中国农业出版社读者服务部热线：010-59194918，65083260

购书敬请关注中国农业出版社天猫旗舰店：

中国农业出版社官方微信号

农经分社投稿邮箱：ccapnjfs@163.com

ISBN 978-7-109-28088-5

9 787109 280885 >

总定价：180.00元（共2册）

国际减贫合作研究

（第2册）

中国国际扶贫中心　编

中国农业出版社
北　京

目　录

第 2 册

中国—菲律宾减贫与社会发展战略研究

责扬天下（北京）管理顾问有限公司
中国农业大学人文与发展学院

第一节　菲律宾发展、贫困状况及减贫情况

一、菲律宾基本情况

菲律宾共和国是地处东南亚的一个群岛国家，由7 641个岛屿组成，其位于西太平洋，靠近赤道，面积约300 000平方千米[①]。从北到南可分为三个主要岛群：吕宋岛、维萨亚斯岛和棉兰老岛，其中11个主要岛屿占全国总面积的96%。境内大部分多山的岛屿都被热带雨林和火山所覆盖，2015年亚洲开发银行统计其森林覆盖率为26.96%，最高峰是阿波山（Mount Apo）。菲律宾位于太平洋地震带的西部边缘，经常发生地震和火山活动。由于岛屿的多火山性质，菲律宾矿藏丰富（如矿产、地热能等）。同时岛屿地势低洼，该国更容易受到如台风以及海平面升高风险的影响。

菲律宾首都为马尼拉大都市，其中人口最多的区域是奎松市。菲律宾国土面积较小，但人口增长速度较快，从1990年至2008年的近20年里，人口增长了2800万，增幅达45%。2014年7月27日，菲律宾全国总人口突破1亿大关，成为世界上第12个人口过亿的国家。根据亚洲开发银行数据，2019年菲律宾总人口为10 827万。菲律宾国民的预期寿命为71.94岁，其中女性为75.03岁。主要民族有维萨亚人（Visayan，约占33.8%）、他加禄人（Tagalog，占27.7%）、伊洛卡诺人（Ilocano，占9.8%）等；外来居民有华人、阿拉伯人、印度人、西班牙人和美国人，还有为数不多的原住民。从宗教来说，菲律宾是东南亚仅有的两个以基督教为主的国家之一，包括92%的人信奉天主教、5.57%的人信奉伊斯兰教、2.43%的人信奉其他宗教。

菲律宾历史上先后被西班牙（1521—1898年）、美国（1898—1942年，1945—1946年）、日本（1942—1945年）三国殖民，对菲律宾的政治和文化产生深远影响，突出表现在政治体制、宗教、语言等方面。1946年7月4日，菲律宾获得独立。但其后在民主方面经常遭遇动荡，包括以非暴力革命推翻独裁统治。菲律宾文化是东西方文化的结合，不仅有亚洲国家的特色，也有西班牙、美国等国家的文化元素。

菲律宾的基础设施相对不发达，这主要是由于山区地形和岛屿分散的缘故，以及历届政府对基础设施投资较少。菲律宾全国共有216 387千米的公路，其中有61 093千米为柏油路（美国中央情报局数据）。

2009年，菲律宾共有2180所高等教育机构，其中607所是公立学校，1 573所是私立学校。公立大学都是非宗教性质的，可被进一步划分为州立高

① 菲律宾政府官网数据，https：//www.gov.ph/es/the-philippines.html.

校（State Universities and Colleges，SUC）或地方高校（Local Colleges and Universities，LCU）。其中菲律宾国立大学（University of the Philippines）、德拉萨大学（De La Salle University）、雅典耀大学（Ateneo De Manila University）和圣托马斯大学（University of Santo Tomas）合称为菲律宾四大名校。

二、政治体系

菲律宾有数百年被殖民的历史，美国是其殖民国家之一。菲律宾的政治建设深受美国的影响。菲律宾政治上实行多党制和总统制，党派包括自由党、民族主义人民联盟、民主人民力量党等主要政党。该国实行立法、行政和司法三权分立。国会是立法机构，由上议院（参议院）和下议院（众议院）组成，议员任期分别为六年和三年。参议院更加独立，议员通过投票选举产生。众议院中不超过 20%的议员通过政党名单选举产生，其余议员由立法选区选举产生。每个法案都需要两院同意才能提交总统签字，如果总统否决议案，国会可以以三分之二的绝对多数票推翻总统否决。行政机构由总统和副总统组成，总统是国家元首和政府首脑，是武装部队总司令。总统由普选产生，任期 6 年，期间由总统任命并主持内阁。司法机构由最高法院和其他下级法院组成。最高法院具有司法审查、宣布条约、国际性或执行性的协定、法律、总统法令、公告、命令、指示、条例或规定的权力。菲律宾宪法规定地方政府必须有地方自治。虽然地方政府部门享有自治权，但地方的预算经费大部分都依赖于国家财政拨款，因此并非纯粹自治。

菲律宾是联合国的成员之一，已多次当选为安全理事会成员。除了加入联合国之外，菲律宾还是东盟的创始成员国和活跃成员。菲律宾与其他国家建立积极、友好的国际关系，一方面菲律宾遵循民主价值观有利于缓和与西方国家的关系，同时与其他发展中国家一样面临类似的经济问题，这有助于菲律宾与其他发展中国家建立关系。

三、经济发展历程及现状

第二次世界大战后，菲律宾一度被认为是东亚第二富有的国家，仅次于日本。但 20 世纪 60 年代菲律宾的发展形势开始下滑。在总统费迪南德·马科斯（Ferdinand Marcos）的统治下，菲律宾经济陷入停滞，经济管理不善，政局动荡，经济增长缓慢，经济衰退，直至 20 世纪 90 年代的经济自由化，菲律宾经济才开始复苏。虽然受 1997 年亚洲金融危机影响，比索贬值，股市下跌。但由于政府的财政保守主义以及国际货币基金组织（IMF）数十年的监督，金融危机对菲律宾的影响程度并不像其他亚洲国家那样严重。此后，菲律宾经济逐步复苏，2004年，经济增长率为6.4%，2007年增长率为7.1%，是30年来增长最快的一年（国际货币基金组织数据）。1966—2007年菲律宾人均国内生产总值平均年增长率为1.45%，远低于东亚和太平洋地区的5.96%的年人均GDP增长率。根据联合国开发计划署数据，45%的菲律宾人日均收入仍低于2美元。进入21世纪，菲律宾将发展经济、消除贫困作为施政核心，加大对农业和基础设施建设的投入，扩大内需和出口，国际收支得到改善，经济保持平稳增长。实行出口导向型经济模式，第三产业在国民经济中地位突出，农业和制造业也占相当比重。

2009年美国中央情报局数据显示，菲律宾经济是世界第34大经济体，主要出口产品包括半导体和电子产品、运输设备、服装、铜制品、石油产品、椰子油和水果。主要贸易伙伴包括美国、日本、中国、新加坡、韩国、荷兰、德国和泰国。作为一个新兴的工业化国家，菲律宾经济正从一个以农业为基础的国家转变为一个更加注重服务业和制造业的经济体。根据亚洲开发银行统计，2018年菲律宾国内生产总值增长率达6.3%，2019年为5.9%，预测其2020年为负增长，为－7.3%，2021年将恢复增长至6.5%。2019年菲律宾的国内生产总值为3 593.5亿美元，政府财政支出占国内生产总值的20.4%，同年政府税收占16.86%，通货膨胀率为2.48%，失业率为2.15%。

菲律宾国家统计局报告显示，2018年菲律宾劳动力约为4 346万人，其中从事农业生产的劳动力约占总劳动力的24.3%，贡献国内生产总值的8.1%。工业生产劳动力约占19%，贡献34.1%的国内生产总值。旅游服务业劳动力占比最大，约占57%，贡献57.8%的国内生产总值。根据菲律宾政府官网数据，2019年到菲律宾的外国游客人数达到820万人，创历史新高。

四、贫困状况

（一）按国内标准的贫困发生率

根据菲律宾统计局《菲律宾2015年官方贫困数据》，菲律宾国内采用两套贫困线标准：一是食物临界线，即满足每个人最基本的食物需要，2015年全年折算是人均年收入需要15 189菲律宾比索；二是贫困临界线，即满足每个人的最低食物和非食物需要，2015年全年平均值为21 753菲律宾比索。换句话说，一个五口之家家庭月均收入需要6 329菲律宾比索来满足其基本的食物需要（即15 189/12×5），或者需要9 064菲律宾比索来满足最低的食物和非食物需要（即21 753/12×5）。表1说明了2006年、2009年、2012年和2015年的食物临界线及贫困临界线以及两种类型的以家庭和个人为单位的维持生计比例和收入贫困发生比例。数据表明，2015年菲律宾全国贫困发生率（按人口计）是21.6%，也就是贫困临界线。

表 1　菲律宾不同年份贫困线

年份		2006 年	2009 年	2012 年	2015 年
五口之家食物临界线（家庭月均收入，菲律宾比索）		3 878	4 908	5 513	6 329
维持生计发生比例	以家庭计（%）	8.8	7.9	7.5	5.7
	以人口计（%）	12.0	10.9	10.4	8.1
维持生计类型数量	以家庭计（百万）	1.60	1.55	1.61	1.30
	以人口计（百万）	10.23	9.70	9.81	8.23
五口之家贫困临界线（家庭月均收入，菲律宾比索）		5 566	7 030	7 890	9 064
贫困发生比例	以家庭计（%）	21	20.5	19.7	16.5
	以人口计（%）	26.6	26.3	25.2	21.6
贫困类型数量	以家庭计（百万）	3.81	4.04	4.21	3.75
	以人口计（百万）	22.64	23.30	23.75	21.93

数据来源：菲律宾统计局《菲律宾 2015 年官方贫困数据》.

菲律宾民间调查机构“社会气象站”于 2016 年 1 月 6 日称，该机构在 2015 年 12 月 5 日至 8 日对全菲 1200 个家庭户主进行面对面调查发现，50%的家庭自认为贫困，自认为贫困家庭比例较上年同期减少 4 个百分点。调查还显示，与上次相比，菲律宾南部的棉兰老地区自认为贫困家庭的比例锐减 19%，降至 51%；首都大马尼拉地区自认为贫困家庭比例从 32%增至 37%；吕宋岛其他地区（除大马尼拉地区外）自认为贫困家庭比例升至 46%；维萨亚斯地区自认贫困家庭的比例则从 66%增至 71%（中国新闻网，2016 年 1 月 6 日）。

（二）按国际贫困标准的贫困发生率

按照国际上的贫困标准来看，菲律宾的贫困状况仍然比较严重。表 2 显示，自 1985 年以来，菲律宾人口中日收入不足 1.25 美元的贫困人口比例和总人数是在不断下降的。但是日收入不足 2 美元的人口比例和下降人数却并没有什么变化，甚至相较于三十年前更多。所以极度贫困的人口是在不断减少的，但总的贫困群体没有大的变化。此外，最为贫困人口比例虽然在减少，但是在较长时间跨度中减少的比例并不大，贫困人口数量仍旧占据国内人口很大的比重。与此同时，官方数据显示的是数字概念上的贫困，社会调查显示的是居民自身对于贫困的定义，按照这样的标准，菲律宾目前自认为贫困的人数远远大于官方给出的数据。

表 2　不同年份菲律宾贫困人口比例及数量

年份		1985	1988	1991	1994	1997	2000	2003	2006	2009	2012
贫困人口比例（%）	按国内贫困线	—	—	—	—	—	—	24.90	26.40	26.50	27.90
	按 1.25 美元/天	34.90	30.48	30.68	28.11	21.61	22.45	21.99	22.62	18.40	—
	按 2 美元/天	61.91	56.92	55.39	52.63	43.83	44.83	43.78	45.04	41.5	—
贫困人数（百万）	按 1.25 美元/天	—	—	30.70	19.10	15.70	17.40	18.20	19.80	16.90	—
	按 2 美元/天	33.60	33.50	35.20	35.80	31.90	34.80	36.20	39.30	38.10	—

数据来源：1985—2009 年数据源自世界银行，http://data.worldbank.org.cn/indicator/si.pov.dday/countries，2014 年 1 月 25 日；2012 年数据来自菲律宾国际统计协调局，http://web0.psa.gov.ph/，2014 年 1 月 25 日.

（三）菲律宾不同区域贫困情况

菲律宾贫困状况在国内的分布是不均匀的，以首都地区（National Capital Region-NCR）的贫困发生率最低（按每人每年计，单位是菲律宾比索），相应地，其贫困临界线最高（同前），都要显著高于其他地区。按地理区域来看，贫困发生率最高的区域主要是南部，即从 Region III 到 Region XII，但 Region XI 除外（表 3）。

表 3　不同年份不同区域贫困线和贫困发生率

区域	贫困临界线（按人均年收入计，菲律宾比索）				贫困发生率（按五口之家家庭计，%）			
	2006 年	2009 年	2012 年	2015 年	2006 年	2009 年	2012 年	2015 年
全国平均	13 357	16 871	18 935	21 753	21.0	20.5	19.7	16.5
NCR	15 699	19 227	20 344	25 007	2.9	2.4	2.6	2.7
CAR	14 107	17 243	19 483	21 770	21.1	19.2	17.5	14.9
Region I	14 107	17 595	18 373	20 488	19.9	16.8	14.0	9.6
Region II	13 944	17 330	19 125	21 860	21.7	20.2	17.0	11.7
Region III	14 422	18 188	20 071	23 200	10.3	10.7	10.1	8.9
Region IV-A	13 241	17 033	19 137	22 121	7.8	8.8	8.3	6.7
Region IV-B	12 645	15 613	17 292	20 224	32.4	27.2	23.6	17.4
Region V	13 240	16 888	18 257	21 476	35.4	35.3	32.3	27.5
Region VI	12 684	15 971	18 029	21 070	22.7	23.6	22.8	16.6
Region VII	13 963	16 662	18 767	21 914	30.7	26.0	25.7	23.6
Region VIII	12 520	16 278	18 076	21 304	33.7	34.5	37.4	30.7
Region IX	12 743	16 260	18 054	20 925	40.0	39.5	33.7	26.0
Region X	12 917	16 878	19 335	22 345	32.1	33.3	32.8	30.3
Region XI	13 389	17 120	19 967	22 754	25.4	25.5	25.0	16.6
Region XII	13 319	16 405	18 737	21 025	31.2	30.8	37.1	30.5
Caraga	14 324	18 309	19 629	22 570	41.7	46.0	31.9	30.8
ARMM	12 647	16 683	20 517	21 563	40.5	39.9	48.7	48.2

数据来源：菲律宾统计局。

从图1也可以看出，其贫困主要集中在中部偏南和南部地区（即棉兰老岛），其他区域的贫困状况相对比较轻。

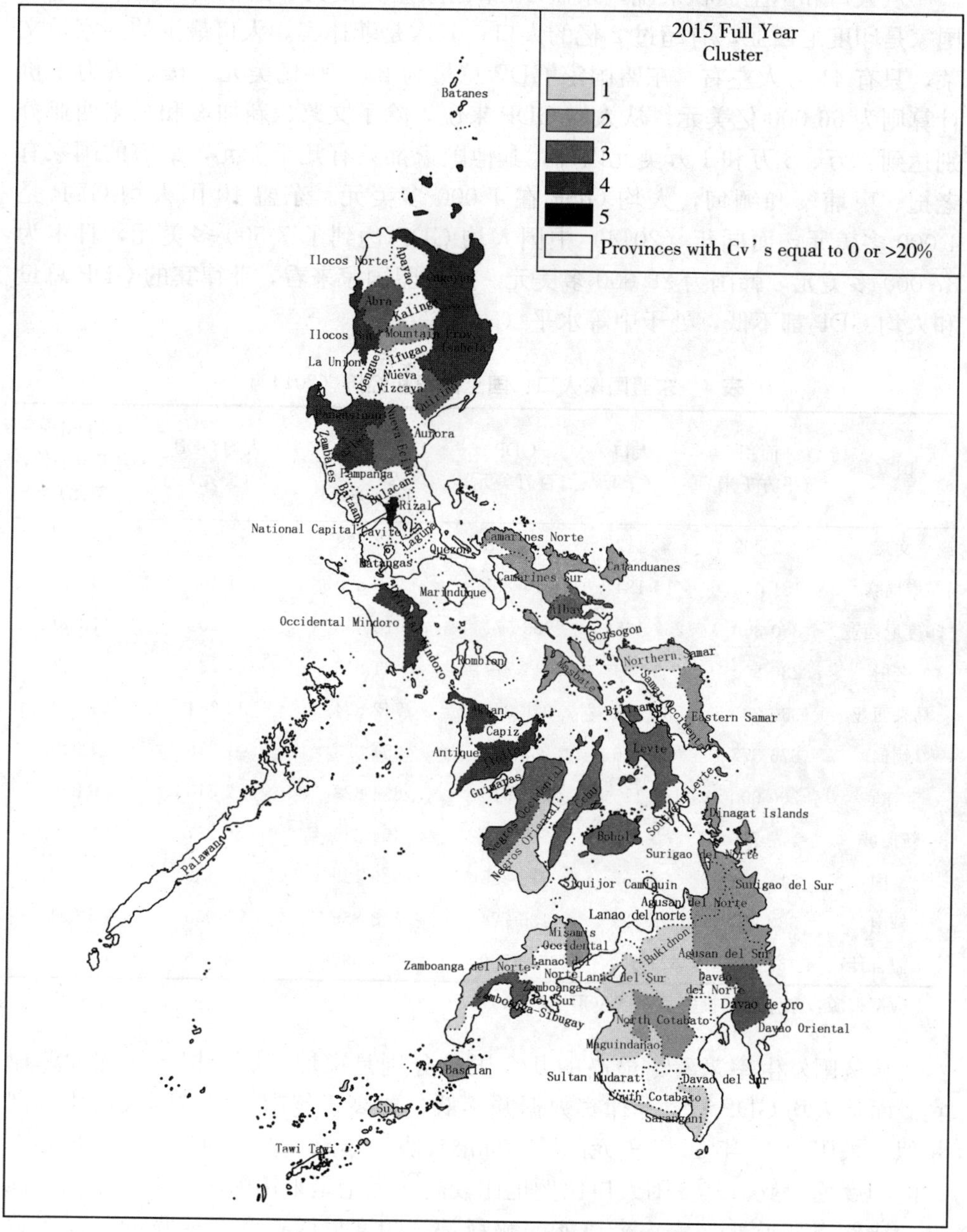

图1　2015年菲律宾贫困地区分布

五、与东盟比较看菲律宾贫困情况

从人口和国土面积来说，东盟 10 个国家差异很大，面积最大人口最多的国家是印度尼西亚，有超过 2 亿的人口，其次是菲律宾，人口最少的国家是文莱，只有 41 万人左右。东盟国家 GDP 总量为 25 000 亿美元，按购买力平价计算则为 66 000 亿美元。从人均 GDP 来说，除了文莱、新加坡和马来西亚分别达到 4 万、5 万和 1 万美元以外，其他国家都只有几千美元，最穷的国家有老挝、柬埔寨和缅甸，人均 GDP 在 1 000 多美元。东盟 10 国人均 GDP 是 4 000 多美元，而同年（2014）中国人均 GDP 达到了 7 500 多美元，日本为 37 000 多美元，韩国为 28 000 多美元。从东盟国家来看，菲律宾的 GDP 总量和人均 GDP 都不低，处于中等水平（表 4）。

表 4　东盟国家人口、国土面积和经济（2014 年）

国家	面积（平方千米）	人口（千）	GDP（百万美元）	GDP（购买力平价，百万美元）	人均 GDP（美元）	人均 GDP（购买力平价，美元）
文莱	5 769	412	17 108	32 958	41 535	80 014
柬埔寨	181 035	15 184	16 771	50 829	1 105	3 348
印度尼西亚	1 860 360	252 165	983 571	2 910 098	3 901	11 540
老挝	236 800	6 809	11 777	34 816	1 730	5 113
马来西亚	330 290	30 262	326 346	742 584	10 784	24 539
缅甸	676 577	51 486	65 785	254 623	1 278	4 945
菲律宾	300 000	101 175	284 910	694 628	2 816	6 866
新加坡	716	5 470	307 872	454 346	56 287	83 066
泰国	513 120	68 657	373 225	986 129	5 436	14 363
越南	330 951	90 729	186 224	513 856	2 053	5 664
东盟合计	4 435 618	622 349	2 573 589	6 674 867	4 135	10 725

数据来源：东盟中国投资基金（ACIF）(2016)。

从贫困发生率来看，最高的几个国家分别是柬埔寨、老挝、缅甸和菲律宾。而从人均 GDP 看，菲律宾数据并不低，要高于越南，但贫困人口比例则相似。采用 2010 年 1.25 美元的国际标准计算，结果类似。而作为东盟最多人口的印度尼西亚，其贫困人口比例也比较高，无论是采用国内标准还是国际标准，比例都高于 10%。一个可能的解释是，印度尼西亚和菲律宾的基尼系数分别为 0.413（2013 年）和 0.430（2012 年），而所有其他东盟国家的数据则低于 0.4（ACIF，2016）（表 5）。

表5 东盟国家不同年份的贫困发生率

国家	2007年	2008年	2009年	2010年	2011年	2012年	2013年	2014年	2010年按1.25美元平价
文莱	n. a.	n. a.	n. a.	n. a.	n. a.	n. a.	n. a.	n. a.	n. a.
柬埔寨	30.1	—	26.1	21.1	19.8	—	16.0	—	28
印度尼西亚	16.6	15.4	14.2	13.3	12.5	11.7	11.4	11.3	16
老挝	—	27.6	—	24.0	—	—	23.2	—	31
马来西亚	3.6	—	3.8	3.8	—	17	—	—	—
缅甸	—	—	—	25.6	23.6	—	—	—	—
菲律宾	26.5	—	26.3	25.6	—	25.2	—	—	23
新加坡	n. a.	n. a.	n. a.	n. a.	n. a.	n. a.	n. a.	n. a.	n. a.
泰国	—	9.0	—	7.2	13.2	—	—	—	0
越南	14.8	14.5	—	14.2	12.6	11.1	9.8	8.4	14

数据来源：ACIF（2016），其中2007—2014年数据为按照东盟国家国内的贫困线标准的贫困人口比例。

注：n. a. 表示数据缺失。

总体来看，除了柬埔寨、老挝以外，东盟国家的成人识字率还是很高的，大都达到95%左右。这说明东盟国家的教育普及程度还是非常好的（表6）。

表6 东盟国家成人识字率

单位：%

国家	男			女			合计		
	2012	2013	2014	2012	2013	2014	2012	2013	2014
文莱	95.8	96.3	—	97.8	98.1	—	96.8	97.2	—
柬埔寨	73.2	—	—	86.9	—	—	79.7	—	—
印度尼西亚	86.3	91.4	94.1	94.1	96.5	97.6	90.1	93.9	95.9
老挝	—	—	—	—	—	—	—	79.0	—
马来西亚	92.1	92.1	—	96.0	96.1	—	94.1	94.2	—
缅甸	95.1	95.4	86.9	94.8	94.8	92.6	95.6	95.1	89.5
菲律宾	—	—	—	—	—	—	—	—	—
新加坡	94.4	94.6	94.9	98.5	98.5	98.6	96.4	96.5	96.7
泰国	—	—	—	—	—	—	—	—	—
越南	92.9	93.1	—	96.6	96.6	—	94.7	94.8	—

数据来源：ACIF（2016）。

从就业情况来看，大多数东盟国家人口在农业中的就业比例达到30%～

50%。从第三产业的商业、金融保险和公共服务业来说，新加坡、马来西亚所占比例很大，泰国和印度尼西亚其次。文莱比较特殊，它是一个非常小的国家，就业领域主要是商业和公共服务业。而柬埔寨、菲律宾和越南的金融保险业并不发达，就业人口比例远远低于其他国家（表7）。

表7　东盟国家人口在不同行业中的就业比例

	文莱（2014）	柬埔寨（2012）	印尼（2014）	老挝	马来西亚（2014）	缅甸	菲律宾（2013）	新加坡（2014）	泰国（2013）	越南（2014）
农林渔业	0.60	54.85	34.00	—	12.27	—	31.52	—	34.31	46.28
制造业	3.80	13.13	13.31	—	16.75	—	8.17	11.85	16.54	14.06
建筑业	7.40	4.97	6.35	—	9.06	—	5.98	4.67	6.24	6.28
批发零售和餐饮业	17.30	17.02	21.66	—	25.04	—	18.80	22.98	22.75	16.97
交通物流	5.10	4.48	4.46	—	5.95	—	7.14	13.15	3.65	3.51
金融保险	8.80	0.41	2.64	—	10.15	—	1.27	22.67	3.90	1.94
公共服务	43.60	3.25	16.07	—	18.03	—	26.13	23.50	11.20	9.67
其他（采掘电力燃气）	13.40	1.89	1.51	—	2.76	—	0.98	1.18	1.42	1.29
合计	100.00	100.00	100.00	—	100.00	—	100.00	100.00	100.00	100.00

数据来源：ACIF（2016）。

在东盟国家中，拥有安全饮水设施比例最低的国家是柬埔寨和印度尼西亚，分别为50%和40%多。而比较贫困的老挝和缅甸在这方面要高出很多，在70%～80%。其他国家的人口基本上都拥有安全饮水设施。而从卫生设施的拥有情况来看，老挝、缅甸、柬埔寨以及印度尼西亚四国的比例最低，在50%～70%。由此可以看出，虽然印度尼西亚的经济发展水平相对并不低，但人口基数大，基尼系数高，在拥有安全饮水和卫生设施方面的比例却很低。当然，老挝、缅甸和柬埔寨三国经济差，贫困发生率高，在安全饮水和卫生设施方面的情况也是最差的（表8、表9）。

表8　具有安全饮水设施的人口比例

单位：%

国家	2007	2008	2009	2010	2011	2012	2013	2014
文莱	100	100	100	100	100	100	100	100
柬埔寨	55	55	49	48	51	51	54	55
印度尼西亚	48	46	48	44	43	—	—	—
老挝	—	—	—	82	70	—	—	—

（续）

国家	2007	2008	2009	2010	2011	2012	2013	2014
马来西亚	91	91	93	94	100	93	—	—
缅甸	80	82	83	83	84	—	—	70
菲律宾	82	81	—	83	83	—	—	—
新加坡	100	100	100	100	100	100	100	100
泰国	99	—	99	99	96	97	—	—
越南	—	91	—	89	96	91	—	—

数据来源：ACIF（2016）。

表 9　东盟国家拥有卫生设施的人口比例

单位：%

国家	2007	2008	2009	2010	2011	2012	2013	2014
文莱	80	80	80	85	86	—	—	—
柬埔寨	31	33	35	40	44	45	52	56
印度尼西亚	44	49	51	51	56	—	—	—
老挝	—	—	—	49	57	—	—	—
马来西亚	98	98	98	98	98	100	—	—
缅甸	80	82	83	84	82	81	—	74
菲律宾	88	89	—	92	92	—	—	—
新加坡	100	100	100	100	100	100	100	100
泰国	99	99	99	99	99	97	—	—
越南	—	—	65	—	76	75	77	—

数据来源：ACIF（2016）。

汇总来看，东盟 10 个国家人口、面积和经济发展水平差异很大。经济发展水平最好的几个国家是新加坡、马来西亚和文莱，其次是泰国、印度尼西亚和菲律宾，最差的三个国家是老挝、缅甸和柬埔寨。从基尼系数来看，菲律宾和印度尼西亚要高出其他国家，其发展的不平等程度高于其他东盟国家。而印度尼西亚人口拥有安全饮用水和卫生设施的比例也比较低，与最穷的三个国家处于同一水平上。

从东盟国家来看菲律宾，其经济总量和人均 GDP 都还比较高，但贫困发生率还是很高的，与老挝、柬埔寨和缅甸处于类似的水平；从国家各经济行业来说，菲律宾的金融保险业比较差；从饮水设施和卫生设施来看，菲律宾相对较好。

六、减贫情况

（一）扶贫政策

2009 年拨付 50 亿比索扶贫资金，帮助解决全国 20 个省近百万人的贫困问题。这笔资金主要用于资助上学、食品援助及改进医疗。2010 年菲政府将支出 3 066 亿比索用于实施扶贫计划，包括向贫困家庭发放 2 760 亿比索现金补贴。2011 年，菲政府从世行和亚行提取两笔共计 8.05 亿美元贷款用于向 90 万贫困人口发放现金补贴。国际援助分为两个部分：一个是民间公益组织，比如 Compassion 致力于对贫困儿童的教育，弱势保护等；另一个是来自国际的援助，即官方开发援助（ODA），由发达国家官方机构（包括中央、地方政府及其执行机构）为促进发展中国家的经济发展水平和福利水平的提高向发展中国家或多边机构提供的赠款，或赠予成分不低于 25%的优惠贷款，支持地区性金融机构的发展筹资。

图 2 是 2008 年菲律宾接受到的贷款来源比例以及全部援助（指海外发展援助，包括贷款在内），显示了各国对菲律宾的援助比例。它主要来自日本、澳大利亚、美国，世界银行、中国等。日本对于菲律宾的援助是持续的，无论贷款还是赠款数额占比都最大。

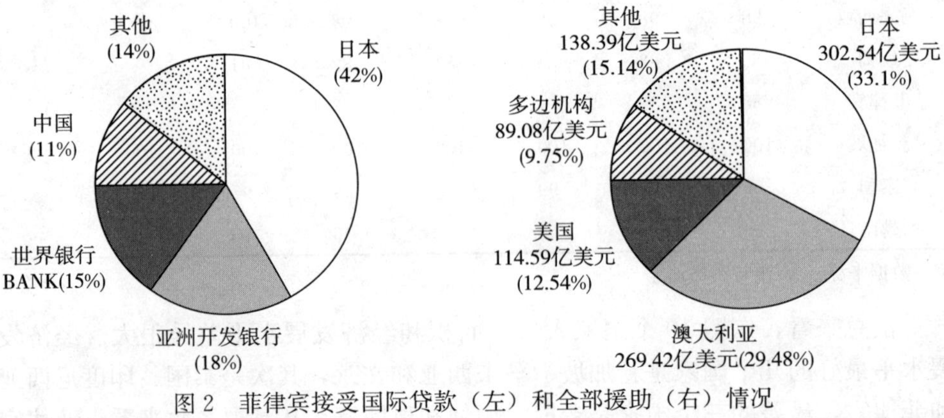

图 2　菲律宾接受国际贷款（左）和全部援助（右）情况

（二）菲律宾减贫机构

菲律宾于 1998 年成立了国家反贫困委员会（National Anti-Poverty Commission，NAPC），是根据拉莫施总统于 1997 年 12 月 11 日颁布的第 8425 号令，即菲律宾社会改革和减贫法令（Social Reform and Poverty Alleviation Act，由菲律宾国会参、众两院通过）设立的，其主要目标为推动扶贫计划并确保其符合政府与地方的发展计划，结合社会基层组织推动扶贫工作实施有利于减少贫困的计划。国家反贫困委员会是由菲律宾总统办公室批准成立的，它作为一个协调、咨询机构负责实施社会改革议程（Social Reform Agenda）。该委员会成立取代了当时的相关机构，即反贫困总统委员会（Presidential Commission to Fight Poverty-PCFP）、社会改革理事会（Social Reform Council-SRC）以及乡村发展总统理事会（Presidential Council for Countryside Development-PCCD），这三个机构同时废止，国家反贫困委员会将行使这些机构的权力和职能，其主要原则是把社会改革议程纳入到从国家到区域、亚区域和基层等不同层面上的发展计划中，通过加强各相关部委减贫项目和机制的协调和整合来提高国家反贫困计划实施效率，使得政府部门各项社会改革和消除贫困项目得以协调和同步等。

国家反贫困委员会由菲律宾总统杜特尔特亲任主席（Chairperson），下辖国家反贫困委员会秘书处（Secretariat）。主席之下设两个副主席职位，一个代表官方（Vice Chairperson for Government Sector），另一个代表民间（Vice Chairperson for Basic Sectors）。作为菲律宾国家一个部级机构，国家反贫困委员会部长（Secretary）是 Liza Maza 女士，她于 2017 年 8 月接受中国国际扶贫中心的邀请到中国北京访问，并去了海南省考察和交流扶贫事宜。

官方副主席现在是 Leoncio Evasco JR，负责协调 13 个政府部门首脑以及 4 个地区联盟（省、城市、自治区、小区）的领导，13 个政府部门如下：①DAR（农村土地改革部）；②DA（农业部）；③DOLE（劳动与就业部）；④DBM；⑤DSWD（社会福利与发展部）；⑥DOH（卫生部）；⑦DepEd（教育部）；⑧DILG（国家村社运动办公室）；⑨DENR（环境与自然资源部）；⑩DOF（财政部）；⑪NEDA（国家经济与发展局）；⑫PCFC；⑬PCUP（城市贫困总统委员会）。

民间副主席现在是 Ruperto B. Aleroza 先生，他负责协调 14 个基础部门的代表。这些基础部门包括：①Farmers and landless rural workers（农民和农村无地工人）；②Artisanal fisherfolk（传统手艺渔民）；③Urban poor（城市贫困群体）；④Indigenous cultural communities/indigenous peoples（当地乡土社区或乡土群体）；⑤Workers in the formal sector and migrant workers（外出打工者）；⑥Workers in the formal sector（正式行业工人）；⑦Women（妇女）；⑧Youth and students（青年和学生）；⑨Persons with disabilities（智障群体）；⑩Victims of disasters and calamities（自然灾害受害者）；⑪Senior citizens（老人群体）；⑫NGOs（非政府组织）；⑬Children（儿童）；⑭Cooperatives（合作社）。

从设立国家反贫困委员会可以看出，菲律宾高度重视国家的贫困问题，成立的国家反贫困委员会是由政府最高首脑直接任主席的机构，其定位是“监督实施社会改革议程并给政府咨询”，具体的职能包括：①协调中央和地方政府机构以及私营部门来制定和实施社会改革和减贫项目；②保证所有 14 个基础部门能够有效地参与到国家治理进城中；③监督、监测社会改革、减贫项目和相关政策的有效制定、实施和评估；④为促进社会改革建言政策措施；⑤为社会改革和减贫筹措资源；⑥为实施社会改革和减贫项目的地方政府机构提供激励机制，并监测“人民发展信托基金”。

（三）反贫困战略

1. KALAHI 计划

菲律宾的贫困问题，不单单是因为亚洲金融风暴所导致。1991 年菲律宾的贫困人口高达 40.7%，政府的目标是将之减至 30%。

在阿罗约总统执政期间，菲律宾具体的反贫困策略名为 KALAHI（Kapit-Bisit Laban sa Kahirapan），是一项由国家反贫困委员会推动的减少贫困计划，KALAHI 计划是菲律宾扶贫工作的基础。这项计划由阿罗约（Gloria Macapagal-Arroyo）提出，旨在加强地方政府的设计、实施和管理发展的能力，包括基础设施建设、学校与水利设施等。地区政府需要说明如何将资源加以良好利用以达到持续减少贫穷的目的。KALAHI 计划希望促进地方政府的参与、透明度、责任感和目标导向的减贫策略。KALAHI 包含了五个核心的反贫困策略：①资产改革，包括土地和生产资源的运用；②人力发展服务，包括基本社会及人力发展服务的延续和扩展；③生计与就业上提供机会，包括对贫困小区在资本和信贷、生产力、技术、市场及内在结构等方面的支持；④社会保障及免于暴力的保障，包括社会安全网、社会保险、缔造和平解决冲突；⑤贫困群体参与政策制定和各种计划项目。

KALAHI 包含了各个社会改革议程，其中包括旗舰式的计划如社会服务的综合发放、协助贫困群体的住房服务，以及实施对土著的权利保障、农业及渔业的支持、无贫穷社会的建立、中小企业发展等。

2. 推进“十个基本需求运动”

近十年来，菲律宾的贫困情况进展缓慢，从前述的贫困人口表中可以看出，贫困人口比例从 2006 年的 26.6%缓慢下降到了 2015 年的 21.6%，只减少了 5 个百分点。而按贫困线标准来看，贫困人口数量从 2 264 万下降到了 2 193 万，几乎没有什么变化，当然这一方面是由于菲律宾总人口增长很快，另一方面是贫困缓解力度并不大。

随着新总统杜特尔特上台执政，他着力于经济建设，尤其是基础设施建设，以及反贫困。最近两年来，菲律宾的反贫困战略提出了一个新的计划，即推进“十个基本需求运动”。同时，在国家经济和社会发展方面，该国在完成了上一个《菲律宾发展计划 2011—2016（Philippine Development Plan 2011—2016）》的基础上，制定了《菲律宾发展计划 2017—2022（Philippine Development Plan 2017—2022）》。该计划提出了菲律宾发展的远期目标（即菲律宾国家雄心 2040，菲律宾语是 AmBisyon Natin 2040）。这个远期目标就是，到 2040 年，要把菲律宾建设成为一个繁荣的、没有一个贫穷人口的中等发达社会。人民生活健康长寿、聪颖、富有创新力。菲律宾将成为一个具有高度信任的社会，人们在充满活力、文化多元、富有弹性和勃勃生机的社区幸福地生活（见菲律宾发展计划 2017—2022 的前言引语）。该计划还表述道，“自从该国实施了上一个菲律宾发展计划 2011—2016 这样一个促进包容性增长和减贫项目以来，菲律宾正在从一个亚洲经济落后的国家慢慢转型为该地区表现最好的经济体之一。”可以看出，该国的包容性经济和社会发展以及反贫困事业最起码在最近六七年来具有高度连续性。

作为本研究人员，我们有幸与中国国际扶贫中心领导和责扬公司负责人一起于 2017 年 10 月访问了菲律宾，期间我们与菲律宾国家反贫困委员会以及相关的部委进行了座谈讨论（图 3），感受到了当前菲律宾政府和社会对于贫困的高度重视并正在积极行动以消除这个国家的贫困问题。我们了解到，推进“十个基本需求运动”是菲律宾政府反贫困的重要战略和运动。该战略认为，菲律宾的贫困问题应该从一个综合的视角去看待，贫困是多层面的，是结构性的，也是贫困群体受剥夺的一个现象，既是原因也是结果，是多因素的其中部分互为因果的复杂关系。由此出发，菲律宾的反贫困战略驱动就是在综合分析贫困现象的基础上，在国家反贫困委员会的具体协调下，通过相关政府和非政府部门的政策倡导和大众参与（特别是贫困群体的参与）实施具体项目和计划帮助改进贫困群体的十个基本需求。

图 3　IPRCC 领导及本研究专家与菲方座谈

十个基本需求包括如下：①Food and land reform（食物和土地改革）；②Water（安全饮用水）；③Shelter（居所）；④Work（工作）；⑤Health（健康）；⑥Education（教育）；⑦Social protection（社会保障）；⑧Healthy environment（健康的环境）；⑨Peace（和平稳定）；⑩Participation（参与社会事务）。

推进满足“十个基本需求计划”是一个复杂工程，需要多部门以及非政府部门参与和协调一致。2017 年 10 月 20 日，我们有幸参加了一次为推进“十个基本需求运动”的由多部门参与的动员活动。这次参与的政府和非政府部门主要属于人力发展和减贫范畴的，包括下列机构和民间组织代表，这些组织的代表都是高级官员，如主席、副主席、协会会长、项目负责人等。

- 国家反贫困委员会；
- 城市贫困者总统委员会；
- 农村土地改革部；
- 环境与自然资源部；
- 农业部的菲律宾农村发展项目代表；
- 农业部的国家灌溉机构；
- 农民灌溉协会代表；
- 国家食物管理局；
- 国家村社运动办公室（DILG）；
- 妇女问题总统委员会；
- 菲律宾穆斯林全国委员会代表。

本次活动为期半天，整个会议是由菲律宾通讯局、总统通讯运营办公室、国家电视台以及农业部农业和渔业信息处联合相关部委组织和策划的，会议主持人来自于菲律宾国家电视台。会议气氛庄严而隆重，包括歌唱菲律宾国歌、展示民族舞蹈和歌曲等。通过这样的活动，“十个基本需求运动”能够迅速地深入人心，为政府和民间机构所理解和认知（图4至图6）。

图4　会议主题是“十个基本需求运动”中的居所、土地和食物

图5　主要政府部门官员合影

图6　本研究专家周圣坤与邓维杰

据国家反贫困委员会官员介绍，这种相关部委和民间机构的社会动员活动是系列性的，将连续举办多场。

由此可以看出，当前菲律宾政府对于解决国家贫困问题非常重视，正在联合多个政府部门、民间机构和社会大众参与进来协调一致地采取行动，采取的主要战略就是以帮助满足贫困群体的“十个基本需求运动”为核心。

第二节　中菲减贫发展合作的背景与意义

一、中菲两国关系总体发展历程①

中华人民共和国成立后，菲律宾与中国的关系大体分为三个阶段：1949—1975年，两国关系处于紧张状态。20世纪70年代初期，两国关系开始解冻，合作发展不断增多。2000年以后，两国关系得到进一步发展，进入全新的时代。

1946年，刚刚获得独立的菲律宾就与当时的南京国民政府建立了外交关系，1947年在上海和厦门设立了总领事馆，1948年向南京国民政府派驻了公使。新中国成立后，菲律宾领事馆及公使随国民党到了台湾。抗美援朝战争结束后，菲律宾加入了以美国为首的东南亚条约组织，完全采取了向美国一边倒的策略，与社会主义国家互不来往。同时，菲律宾一直与台湾保持了相对密切的外交关系。1960年后，马科斯领导下的菲律宾开始反思其对华政策。中国于1971年恢复了联合国合法席位，美国与中国建交，菲律宾认识到中国地位的改变，而且有成为世界大国的潜力，因此其做出了政策上的调整。1975年6月9日，菲律宾紧随美国的步伐与中国建立外交关系，承认中华人民共和国为唯一合法政府，断绝与台湾的外交关系。

中菲两国建交后，中国政府积极履行自己的承诺，从未干涉菲律宾的内政，菲律宾也积极奉行一个中国政策，双方积极发展贸易和文化交流，促进了两国关系的进一步密切。1986—2010年菲律宾共经历了5届政府4任总统，在此期间中菲之间的贸易合作进一步发展，两国互访不断，积极寻求新领域的合作。尤其是中国和东盟的关系日益密切促进了中国与整个东南亚地区合作的进一步发展。这段时间的中菲关系整体稳定，但在具体的一些问题上却时有摩擦，比如围绕南沙群岛的主权争端和台湾问题等。

20世纪末至今，中国和菲律宾的高层领导保持了频繁的接触和互访，加深了两国之间的相互了解和交往。如1996年江泽民主席对菲律宾进行了国事访问；2000年菲律宾总统埃斯特拉达访华，两国签署了《关于21世纪双边合

① 转引自吴杰伟主编，《菲律宾社会文化与投资环境》，2012。

作框架的联合声明》。两国的经贸关系一直以来保持了良好的形势。双边贸易规模在逐渐扩大，经济方面的合作也在不断发展。1992 年两国正式签署了《相互鼓励和保护投资的协定》，1993 年又签署了了《经济技术合作协定》。1999 年两国农业部长还签署了两国政府间《关于加强农业及有关领域合作协定》，2004 年两国签署《渔业合作谅解备忘录》。据中国海关统计，2002—2007 年中菲贸易连续 6 年增幅超过 30%。2007 年中菲贸易额创历史最高纪录，达到 306 亿美元。

二、中国和菲律宾减贫合作的意义

菲律宾是中国的近邻，中菲两国隔海相望，两国人民友好往来的历史悠久，源远流长，漫长的官方和民间交流为中菲关系奠定了坚实的基础。但中华人民共和国成立后，菲律宾政府在冷战的大背景下，曾长期追随以美国为首的西方国家，推行反华政策，拒绝承认中华人民共和国。随着中美关系的缓和，1975 年中菲建交，双边关系重新回到正常轨道上来，中菲经贸、科技、教育、文化交流得到了稳步发展。近几年来由于领土利益纠纷，双方又产生了些许摩擦。但随着南海国际仲裁案的结束，特别是随着杜特尔特总统执政后，菲律宾改变了与中国的关系，以杜特尔特总统访华为标志，中菲关系进入了全新发展阶段。从目前看，中菲关系正处在恢复和稳定的发展阶段，友好合作已经成为两国关系发展的主流。菲律宾政府充分认识到，与中国开展合作而不是对抗是符合菲方利益的。

从中国来说，开拓并维护与菲律宾的合作关系对于中国也是非常重要的。2013 年中国提出“一带一路”倡议，菲律宾就是其节点上重要国家之一，同时也是东盟十国成员，在当前中国与“一带一路”沿线国家加强合作与互联互通的大背景下，没有理由不与菲律宾合作发展。从经济上来说，中菲两国存在一定的互补性，菲律宾大量的热带农产品可以作为丰富中国市场的重要来源。从政治上来看意义更大。菲律宾长期以来紧随西方阵营，现在菲方在外交和政治层面不断向中国示好，特别考虑到中国南海领土争端问题，中国加强与菲律宾的友好合作和互利共赢的关系对于中国来说至关重要。

从发展合作层面来说，新中国成立以来特别是改革开放四十多年来的高速发展使得中国成为了最大的发展中国家。在中国不断发展壮大的同时，中国也不忘承担着越来越大的国际责任和义务，与广大的发展中国家分享、交流、发展与减贫就是其中重要的任务之一。考虑到当前菲律宾仍然存在着 21.6%的贫困人口，减贫进展缓慢，存在着巨大的脱贫需求，无论是经验上的还是资源上的，需求都很大。而中国在过去几十年来积累了大量成功的减贫经验和对外援助扶贫资源，特别是近年来中国政府推行的精准扶贫、精准脱贫、对于贫困人口建档立卡等措施非常有效。中国加强对菲律宾在减贫方面的支持合作对于双方来说都具有重要的政治和现实意义。中国已经在东盟的老挝、柬埔寨和缅甸实施了落实李克强总理对于东盟承诺的减贫倡议项目。在当前中菲关系全面稳定发展的情况下，中国与菲律宾政府联合起来，共同来探索解决菲律宾的贫困问题，通过实施适当的示范项目可谓时机恰当、水到渠成。

第三节 中国减贫经验及其对菲律宾的启示

一、中国减贫和社会发展的基本历程

中国曾经面临过十分巨大的贫困压力，减贫与社会发展工作异常艰辛。基于不同时期的财力、智力、国际环境和贫困群体现状，中国的减贫发展经历了若干过程，走出了一条具有中国特色但同时具有高度借鉴性的减贫与社会发展之路。

中国的减贫与社会发展工作严格地说是从20世纪70年代末改革开放后才开始的。长期以来，中国的减贫与社会发展工作曾经更多地关注了减贫的有效性，在一定程度上忽略了减贫和社会发展的针对性和可持续性。与此同时，中国的减贫与社会发展中更多地关注了贫困群体的经济减贫，忽略了贫困群体的社会发展需求。但随着中国减贫和社会发展工作的不断深化与完善，中国式减贫不仅关注减贫的有效性，也关注减贫的针对性和可持续性，不仅关注经济减贫发展，也关注社会、文化等发展。减贫与社会发展不仅是解决贫困群体的减贫与致富问题，更是解决持续发展、公平发展和全面发展的问题。

因此，中国的减贫与社会发展历程大致可以分为以下四个阶段。

（1）第一阶段：1978—1985年。以土地承包到户的体制改革方式进行，并在全国范围全面推开。这个阶段的减贫目标，是要解决全国性粮食安全问题，也就是解决贫困群体吃饱饭的问题。这个阶段的减贫与社会发展成效，体现在极大地缓解了中国全国性的绝对贫困状况，“吃饭”问题基本得到缓解。

（2）第二阶段：1986—1994年。通过国家专项计划、成立专门扶贫机构、制定扶贫标准、确定贫困县（国家重点贫困区域）等方式进行重点扶贫开发工作。减贫和社会发展工作从全国性铺开到侧重于重点贫困地区（国家级贫困县），并通过专门机构、专项减贫与社会发展计划以及针对重点区域突破的方式推进。该阶段巩固了第一阶段全国性减贫的成效，全国性主体性贫困群体的吃饭问题不仅得到解决，更是得到巩固。

（3）第三阶段：1995—2015年。主要瞄准国家级（重点）贫困县、贫困村，通过整村推进、城乡统筹、以工促农和以城带乡等方式，重点抓减贫工作进村入户，形成了行业（对口帮扶）扶贫、社会扶贫和政府体制性扶贫的大扶

贫格局。2011 年 12 月 1 日，中国政府发布了《中国农村扶贫开发纲要（2011—2020 年）》。该纲要指出，从 2011 年开始，中国新的扶贫开发策略是“突出重点，分类指导，并根据不同地区经济社会发展水平，因地制宜制定扶贫政策，实行有差异的扶持措施。”扶贫开发的支持重点包括了“连片特困地区、民族地区、边疆地区”等。据此，国务院扶贫办于 2012 年 6 月 14 日正式公布了所确定的 14 个集中连片贫困地区和特殊困难地区名单。这 14 个集中连片贫困地区覆盖了 680 个县，是中国扶贫攻坚的主战场。2012 年 2 月，中国政府又发布了新的国定贫困线标准，贫困线从之前的年人均纯收入 1 300 元提高到年人均纯收入 2 300 元。这不仅意味着中国的贫困人口基数加大，更意味着贫困的多样性也更加复杂。例如，新的国定贫困线标准将新增大约 7 000 多万贫困人口，远远高于原国定贫困县确定的 2 688 万贫困人口（截至 2010 年底数据）。而且，这两类贫困人口的减贫需求显然是不一样的。该阶段的主要成效是基于全国性和区域性减贫成效，更多瞄准残留的贫困县、贫困村，推动综合性社区减贫与社会发展，并从单一的政府主打的减贫发展，拓展为政府主导的企业、行业、社会全面参与的综合性社会性减贫发展。贫困群体及其所在社区的社会综合发展成为发展的主要目标，从关注较为单一的经济减贫目标扩展到综合社会发展目标。

（4）第四个阶段：2016 年以后。强调“精准扶贫”，以“六个精准”即“扶贫对象精准、项目安排精准、资金使用精准、措施到户精准、因村派人精准、脱贫成效精准”为原则，以“五个一批”即“发展生产脱贫一批、易地扶贫搬迁脱贫一批、生态补偿脱贫一批、发展教育脱贫一批、社会保障兜底一批”为具体手段，同时强调了“坚持扶贫攻坚与全局工作相结合，走统筹扶贫的路子；坚持连片开发与分类扶持相结合，走精确扶贫的路子；坚持行政推动与市场驱动相结合，走开放扶贫的路子；坚持‘三位一体’与自力更生相结合，走‘造血’扶贫的路子；坚持资源开发与生态保护相结合，走生态扶贫的路子”等“五个坚持”，确保在 2020 年实现全面脱贫和全国同步小康的目标。该阶段的主要特点就是强调“精准扶贫”并以实现全国全面脱贫和同步小康为目标，同时充分考虑到现有贫困群体存量缺乏劳动力、缺乏资金和技术等特点，重点通过资产性、转移性增收为主，经营性增收为辅的策略，通过政策性社会保险方式兜底持续解决贫困问题。在这个框架下，精准扶贫已经成为全国性人人参与的社会发展运动，彰显了中国政府强大的组织、协调和引导能力。

从上面的描述可以看出，中国减贫与社会发展经历了全国全域扶贫、区域重点扶贫、扶贫到村到户以及精准扶贫的四个阶段，扶贫开发的对象趋向于细化和精准。其中，第一阶段的扶贫开发主要是解决大范围内绝对贫困（吃饭）的问题，面对的是绝大多数农村人口。第二阶段的扶贫开发侧重县级区域发展，以解决粮食安全和增收为主要目的。第三阶段扶贫开发更加侧重贫困群体（村、户），侧重村级综合和整体扶贫发展。第四阶段完全瞄准残存的贫困户，采取更加精准和符合现有条件的减贫与社会发展措施。整体上减贫与社会发展从普惠性向产业性和公平性减贫发展方向推进。

二、中国乡村减贫和社会发展的经验

在国家层面，无论是从减贫理念还是减贫策略，中国国家层面的乡村减贫和社会发展经过30多年的实践与探索，已经走出了一条具有中国政治、经济和文化特色的乡村减贫与社会发展道路，并取得了举世瞩目的乡村减贫成就。按照中国扶贫标准，中国乡村的贫困人口发生率已经从1990年的73.5%，下降到2014年的7.2%。联合国2015年《千年发展目标报告》也指出，中国乡村农村贫困人口的比例，从1990年的60%以上，下降到2002年的30%以下，率先实现比例减半，2014年更是下降到4.2%。自20世纪70年代末以来，中国累计已有7亿多人摆脱了贫困，使中国已成为世界上最早实现联合国千年发展目标中减贫要求的发展中国家，对全球减贫的贡献率超过70%。

2016年是中国宏伟的乡村减贫决胜计划“十三五精准脱贫”的第一年，2017年2月28日国家统计局发布的《2016年国民经济和社会发展统计公报》称：按照每人每年2 300元（2010年不变价）的农村贫困标准计算，2016年我国农村贫困人口为4 335万人，比上年减少1 240万人。这些乡村贫困人口将通过“十三五精准扶贫计划”，用五年的努力，在2020年实现全面脱贫和全国同步小康的目标。

中国的乡村减贫和社会发展经验，可以概括为国家层面的规划性、政策性、法规性和原则性经验，以及操作层面的具体的乡村减贫和社会发展模式。

（一）国家层面的乡村减贫与社会发展经验

在国家层面，无论是从减贫理念还是减贫策略，中国国家层面的乡村减贫和社会发展经验至少包括如下几个方面。

（1）将减贫与社会发展作为执政理念之一。作为执政党，中国共产党及中国政府始终把消除贫困、改善民生、实现共同富裕作为执政宗旨，赢得社会大众对执政党和政府的高度信任与支持，并积极参与到政府主导的减贫与社会发展工作中。

（2）成立政府主导的减贫与社会发展职能部门。自1983年开始成立全国性系统性的乡村减贫政府职能部门，从国家级的中央农村工作领导小组、国务院扶贫工作领导小组办公室（国务院扶贫办），到省、市、县（区）的扶贫办公室（局），直到乡镇和村级的扶贫工作专职工作人员，确保系统性乡村减贫工作的有效和有序推进。

（3）制订全国性法规性的乡村减贫规划并有序推进落实。如《国家八七扶贫攻坚计划（1994—2000年）》《中国农村扶贫开发纲要（2001—2010年）》《中国农村扶贫开发纲要（2011—2020年）》，以及“五年扶贫发展规划”等，确保全国性乡村减贫和社会发展工作具有指导方向、目标、原则和路径。

（4）政府主导，全民参与减贫与社会发展工作。在政府主导下，举全国之力办大事，动员全国力量包括政府力量、非政府力量以及社会力量参与乡村减贫和社会发展事业，而不是政府尤其是政府减贫部门一家单打独斗。

（5）坚持精准扶贫原则。根据中国乡村贫困实际，从1983年前的全国大规模扶贫解决贫困群体温饱问题（基本粮食安全）为目标，逐步聚焦到区域性扶贫（十四个集中连片贫困地区，且以增收和综合发展为目标），整村推进（瞄准贫困村和贫困户的持续发展为目标），最后到“十三五”期间的精准扶贫战略瞄准最具挑战性的贫困群体（通常都是缺乏劳动力、缺乏技术能力、缺乏信息和缺乏资金等）且以实现全国同步小康为目标（不再仅仅是脱贫而已）。

（6）在全国乡村层面提出了“五个精准”和“六个一批”的战略性路径要求，为全国性减贫目标的实现（即在2020年实现全国同步小康）明确了核心路径和方向。

（7）官员升迁与减贫成效挂钩。将各级政府职能部门关键官员的升迁（工作业绩）与所在区域乡村减贫效果直接挂钩，甚至在整个“十三五”期间没有有效实现县精准扶贫目标的官员暂时不予升迁，增强了政府官员对乡村减贫和社会发展工作的责任心。

（8）建立减贫与社会发展数据实行动态管理。中国建立了全国性从中央到省县乡镇村级的乡村减贫和社会发展档案系统（数据库），动态掌握全国性的乡村减贫变化，每户贫困户的贫困表现、致贫原因和减贫措施及其退出计划（时间表）等信息。

（9）签订减贫与社会发展责任书。从中央到省、市、县、乡（镇）、贫困村都层层签订了乡村减贫和社会发展责任书，第一负责人为减贫首位责任人。同时，每个贫困村都有驻村工作组、专职第一书记以及对口帮扶机构，每个贫困户都有具体的对口帮扶的国家工作人员，都有减贫发展的帮扶公示牌等，包括具体的减贫项目、减贫计划和退出（贫困名单）的计划表等，保证每个贫困户都能按期脱贫，每个贫困村和贫困县都能按期摘帽。

（10）建立多途径的减贫监督督查体系。包括从司法、监察以及社会监督等方面专项监督、监察和督查乡村减贫和社会发展专项资金的使用情况，避免腐败或挪用，保证乡村减贫资金的足额到位和有效使用。

（11）第三方评估。中国一直坚持按照第三方独立评估方式验证乡村减贫和社会发展效果，尤其是充分利用大专院校和科研机构的技术力量独立承担乡村减贫和社会发展的绩效评估工作。

（二）中国乡村减贫与社区发展的常见操作模式

中国地域辽阔，自然、社会、文化等条件迥异，乡村贫困的现象基本一致，但致贫原因具有高度的多样性和多维度。因此，各地通过长期的实践，形成了既有相似性，又各具特色的乡村减贫和社会发展模式，尤其是推行包容性多途径乡村减贫发展模式，根据致贫原因、减贫需求以及现实条件等确定不同的减贫措施，包括以工代赈、小额信贷、农民经济合作组织、产业扶贫、电商扶贫等。最终目的，就是保证贫困户粮食安全，增加贫困户收入，提高贫困户发展能力，满足贫困户生计的基本需求并不断提升水平，达到贫困户与全国同步实现小康的目标。以下是中国在乡村减贫和社会发展方面常见的一些操作模式。

1. 经营性增收模式

帮助乡村贫困户实现经营性增收的模式主要包括如下几类。

（1）产业扶贫模式。即根据贫困社区和贫困户的资源禀赋、产业尤其是传统产业能力，以及市场需求情况，帮助贫困社区和贫困户建立具备一定规模化的产业，尤其是适合贫困户既有技术能力的传统种植和养殖等产业，使贫困社区具备至少一种主导产业产品（一村一品），让贫困户融入到产业中直接参加生产或者将自有的产品融入到村级产业中增加收入。种植蔬菜、水果、中药材、林木以及养殖猪、牛、养、兔等是最为常见的产业扶贫模式，也逐步从生产端延伸到加工、储存、包装、运输等产业链环节。产业扶贫已经形成了具有中国特色的“五个好”经验，即要有一个好的产业规划（瞄准贫困人口减贫目标）、一个好的产业（基于贫困户贫困地区资源禀赋和市场需求的实业）、一个好的龙头企业（带头引领，信心建立，风险管控）、一个好的机制（财政税收等政策支持环境）和一个好的体系（包括技术服务、保险等）。

（2）电商扶贫（电商入村）模式。电商扶贫模式是利用“互联网+”的方式，强化贫困社区和贫困户将产品更好更直接更有效对接消费市场，更快和更稳定实现产业增收的目的。在世界知名的阿里巴巴、中国邮政、苏宁易购、京东等电商的支持下，电子商务已经遍布中国的贫困社区，各地都建有相应的县级和村级电商平台，把贫困社区和贫困户的产品直接进入消费市场，显著增加了贫困户的收入及其稳定性。电商的追溯体系还带动了消费者进入产地，带动了贫困社区和贫困户乡村旅游业的发展。

（3）光伏（发电）扶贫模式。中国光伏产业发达，成本不断走低，这为贫困社区借用高技术的光伏推进扶贫工作创造了条件。而中国的西部、中部相当多的贫困社区具备光伏发电的条件。中国的光伏（发电）扶贫包括三种类型，即电力企业或光伏企业主导的大规模光伏发电厂、社区主导的村级分布式光伏发电厂，以及贫困户主导的户级光伏发电厂。光伏企业和电力企业负责提供技术服务（安装、维护等）以及电力交易，社区和农户负责提供建设用地以及简单的日常维护即可获得稳定的效益。贫困户所获得的效益既包括电力消费（不再花钱购买生活用电），还可以将多余的电力销售增收，同时改善了贫困户的卫生环境，降低了医疗费用，实现了多维度的减贫成效。

（4）乡村旅游扶贫模式。国民消费是中国经济有效和持续发展的三驾马车之一，而乡村旅游已经成为中国消费转变的方向之一，发展势头非常强劲。而农业供给侧结构性改革、乡村旅游资源的禀赋优势以及乡村旅游需求的增长，使得乡村旅游成为中国乡村减贫和社会发展的主要模式之一。目前，中国的乡村旅游扶贫，已经从相对集中在大城市周边的贫困社区，扩展到相对偏远的贫困社区，乡村旅游业从相对单一的观光旅游，扩展到休闲、度假、养生、乡村购物、乡村体验等旅游业态，不仅具备非常显著的减贫成效，也改善了中国乡村旅游的业态水平。根据中国国家旅游局、国务院扶贫办等十二个部委联合制定的“十三五”《乡村旅游扶贫工程行动方案》所设定的目标，到 2020 通过乡村旅游将带动全国 25 个省区市 2.26 万个建档立卡贫困村 230 万贫困户 747 万贫困人口实现脱贫，让全国 1 万个乡村旅游扶贫重点村年均旅游经营收入达到 100 万元，贫困人口年人均旅游收入达到 1 万元以上。全国要建成 15 万个乡村旅游特色村，培育 300 万乡村旅游经营户，带动 1 200 万贫困人口脱贫，占全国“十三五”总贫困人口的 17%。统计显示，截至 2015 年，全国休闲农业和乡村旅游营业收入超过 4 400 亿元，790 万从业人员人中包括了 630 万农民从业者，带动了 550 万户农民受益。2015 年对旅游扶贫试点贫困村监测的数据显示，全国建档立卡贫困村通过乡村旅游实现脱贫人口大约有 264 万人，占年度脱贫总人数的 18.3%。

（5）自营性扶贫模式。即帮助贫困户建立可以自营的微型企业性质的小饭馆、小面店、加工店、商铺等，获得稳定的经营性收入。具有中国减贫特色的自营性扶贫类型包括拉面馆、自行车维修店、摩托车维修店、缝纫店、小百货（小超市）、小货运（车辆）、挖掘机（出租）、纪念品加工等作坊式自营店铺。

为解决贫困社区和贫困户在产业扶贫中面临的多重问题，中国各级政府部门和社会服务机构还提供多重配套措施保证产业扶贫有效落实。包括为贫困户免费提供或垫付种子、苗木、化肥、农药等生产资料；免费提供技术培训和指导；协助贫困社区组织或贫困户参与农民经济发展组织（农民专业合作社或农民专业协会等），既解决生产端的资金和技术问题，也解决市场端的销售对接问题，降低贫困户的市场风险，提高贫困户应对市场风险的自信心和能力。

2. 资产性增收模式

中国常见的帮助乡村贫困户实现资产性增收的模式主要有以下几个类型。

（1）土地、林地、草场等自然资本流转。通过产权改革，使贫困社区和贫困户根据自身条件和意愿，依法流转法定土地、林地、草场等自然资本的使用权、经营权，获得稳定的资产性收入。根据中国目前的政策要求，流转的时间通常为30～50年。这意味着，通过自然资本的合法流转，贫困社区和贫困户可以在流转期内获得稳定的资产性收入，解决生计基本需求。或者通过一次性支付方式，获得一笔较大的发展资金作为从事其他生计活动的资本。

（2）土地、林地、草场等自然资本入股。目前越来越普遍的做法是将贫困社区和贫困户拥有使用权和经营权的土地、林地、草原、民居、林木等自然资本，以股份折算的形式融入相应的产业体系中（无论是传统的种植业、养殖业，还是新兴的旅游业、加工业、产业园等），进而获得长期的资产性收入，真正把自己的生计资源变成了发展资本。

（3）财政专项扶贫资金以及其他自有资金入股（借贷）。作为一种创新方式，政府的财政扶贫资金以及贫困社区集体所有和贫困户自有资金也可以根据需要以协商方式折股融入到产业体系中，成为贫困社区和贫困户的资产性收入来源之一。借贷也是其中的选项之一，这在很多贫困地区非常普遍，其效益远远高于银行利息，因此理财产品的风险低，更具有减贫的可靠性。

3. 转移性增收模式

帮助乡村贫困户实现转移性增收的模式主要包括：

（1）财税扶贫模式。即通过财政转移支付，减免税收直至取消贫困地区和贫困户的税收负担推动扶贫工作。凡是贫困地区和贫困户的产业发展均享受政府的税收减免优惠。

（2）生态补偿模式。即贫困社区和贫困户并不需要开展实质性的经营型活动，其既有的土地、林地、草原等纳入国家的生态保护范畴（如生态公益林、禁止开发区等），即可获得国家稳定且不断提升标准的经济补偿，并且直接拨付到农户个人账户。这对于边远地区的贫困社区和贫困户来讲是最有保障的增收途径。

（3）政策性补偿扶贫模式。包括将符合一定条件的贫困户纳入到国家社会保险体系（城乡共筹、城乡一体化）、医疗保险体系等，既有直接增加贫困户收入水平的做法（收入兜底保障），也有降低支出压力的做法（医疗保险、新型农村合作医疗等）。

4. 工资性收入增收模式

工资性增收扶贫模式，即为具备一定工作基本能力（劳动力、技能）的贫困户提供能够胜任的工作岗位，实现工作性就业来稳定贫困户的收入途径（一人就业全家脱贫）。贫困户的技能既可以是贫困个体已有能力，也可以通过提供免费的技术培训获得。常见的工资性增收模式主要有以下几种。

（1）以工代赈扶贫模式。即通过实施各类基础设施建设，为贫困社区和贫困户创造打工机会，获得工资性收入推动脱贫。尤其是贫困社区和贫困户所在地区的整村推进、整乡推进项目所形成的大量的乡村公路、农业灌溉体系、中小学校、通讯、医疗、产业园区、工厂、工程造林、养殖场等基础设施建设（甚至运营）工程成为以工代赈的主要工资性增收扶贫途径。以工代赈除了为贫困社区和贫困户提供了工资性增收机会外，同时也显著改善了贫困社区和贫困户所在区域的基础设施水平，为生计水平的改善和提高创造了更好的基础条件，尤其是农业灌溉设施、电力供应（生产加工所需）、交通运输、通讯（市场信息）、医疗教育（人力资本提升）、人畜饮水等。

（2）外出务工扶贫模式。即为贫困户提供其所在区域以外的就业机会获得工资性收入岗位。为此，通常会为有意愿外出务工的贫困户提供相应的技术和技能培训，更会在用工接收单位和提供地区（贫困社区和贫困户所在地区）之间建立长期的合作关系，保证贫困户的就业机会。外出务工既包括工厂打工，也包括在饭馆、酒店担当服务员，在建设工地设置技术人员等长期稳定的工作岗位，也包括应对季节性用工需求形成的供需关系，如新疆每年的棉花采摘工、水（干）果采摘工、蔬菜采挖工等。

（3）公益性岗位扶贫模式。即根据当地实际情况，为贫困户提供力所能及的公益性岗位获得稳定的工资性收入。例如，基于国家生态公益林（草原保护）等项目，提供护林员、防火员等生态公益岗位；基于地质灾害防控项目，提供地质灾害检测员公益岗位；根据社区卫生改善项目，设立社区保洁员等岗位；根据景区需求，设立保洁员、引导员、本土导游、安全巡查员等就业岗位。

除了贫困户的增收减贫，中国政府还在乡村贫困户综合减贫与社会发展方面做了大量努力和探索。如：

（1）整村推进扶贫模式。根据村级减贫和发展需求，对全村进行系统性的建设发展，提高社区综合生计能力，包括世界银行对基本生存条件的建立和完善等，使减贫效果更具有综合性和可持续性。

（2）整乡推进扶贫模式。一些地方根据自身条件将整村推进扩大到更大的行政和地理范围，以更好地整合各类资源推动减贫的成效和持续性。云南曲靖推行的整乡（镇）推进扶贫模式，每个乡镇的减贫投资规模不低于一亿元，每个整村推进投入不低于1 000万元，具备了综合性和规模性，减贫效果很好。

（3）集中连片开发扶贫模式。这是在更大尺度，以自然地理单元为基础，突破行政格局的大规模减贫模式。中国整体上形成了以山系为基础的十四个集中连片贫困地区。如四川省就有乌蒙山片、大小凉山彝族片区、秦巴山片区和藏区片区四大片区。所有集中连片贫困地区均开展“县为单位、资源整合、整村推进、连片开发”的减贫工作。

（4）异地搬迁扶贫模式。即对于那些居住在生存条件恶劣地区，生态环境脆弱、生产基础很差或者投资成本效益极低，严重缺乏市场对接途径尤其是缺乏发展可持续性的贫困地区的特困人口，搬迁到条件相对更适合人类居住和发展的区域进行扶贫开发。这类生态移民的直接目的是减贫发展，与工程建设导致的移民没有关系。通过异地搬迁扶贫，贫困户的生产和生活条件得到显著改善，甚至有质的提升，减贫和发展的效果都很好。

（5）智力扶贫模式。包括针对乡村女童基础教育保障的雨露计划、针对少数民族地区的职业技能培养与就业的“9＋3”计划，以及农民田间学校、农民夜校、高等学校针对贫困地区的定向招生计划、针对高校和中小学的贫困生资助体系、贫困地区中小学营养餐补助等计划或者项目都是如此。

（6）医疗扶贫模式。包括大病统筹治疗、新农村合作医疗保险等，确保贫困群体在医疗支出的成本上不断趋于低水平状态，不断减少甚至完全丧失对贫困户的致贫影响。

此外，中国在乡村减贫方面，不断赋权社区和贫困户更多的权利和责任，使贫困社区和贫困户在减贫与社会发展过程中承担更多的角色和责任。包括贫困户识别、贫困户退出贫困评议等。甚至在贫困线的确定上，基于国家和省级贫困线标准的基础上，让贫困社区有更多的相对灵活识别和确认的自主空间，使贫困社区和贫困户在乡村减贫与社会发展中扮演更加主动和积极的角色。

总体上，中国的乡村减贫和社会发展经验可以概括为：

（1）以人为本是实现乡村减贫的核心理念。减贫最根本的是要以贫困者致贫原因为基础，以贫困者减贫与社会发展的需求为目标，发挥社区和贫困户的智慧和传统文化的优势，树立群众观点、把握群众方法、集中群众智慧、体现群众意愿。将以人为本作为乡村减贫和社会发展的核心理念，使乡村减贫和社会发展的目标更加明确和细化，发挥贫困社区和贫困户在减贫中的重点核心作用，发展方式更加科学。

（2）政府主导是实现乡村减贫的根本保证。中国各级政府将乡村减贫作为各级发展战略计划的重要部分，推动全民共享中国改革开放发展成果，并以自上而下的政府垂直体系（扶贫系统）主导和推动全国各级层面的乡村减贫工作，同时通过发展规划、纲要和计划项目等各种手段，来落实乡村减贫具体行动，确保减贫目标的实现。从中国政府中自上而下完整的组织体系在乡村减贫中的职能分工可以看到，中国政府的相关部门在乡村减贫和社会发展中完全占据了主导角色，尤其是中国政府的扶贫系统主导了国家扶贫策略和政策制定、主导了扶贫资源的组织和动员、主导了扶贫资金的分配和扶贫项目的实施等，并以政府的名义向社会包括国际社会做出了庄重的承诺。自加压力背水一战，必然集中力量付诸行动，确保乡村减贫目标的实现。

（3）体制机制创新是实现乡村减贫的重要前提。在扶贫攻坚时期，要确保贫困农民持续增收、最终实现脱贫致富的目标，就必须从扶贫开发的体制机制创新这个根本性问题入手，创新扶贫标准模式，建立扶贫投入增长机制，推进扶贫法制建设。同时，建立贫困影响评价制度和补偿机制，从制度上解决因重大政策出台、重大项目建设导致的贫困问题，不断增强扶贫攻坚活力，集中力量解决突出问题，强化组织领导，提供扶贫攻坚制度保障，形成举全国之力打赢扶贫攻坚这场硬仗的良好局面。

（4）社会力量是实现乡村减贫的坚实基础。尽管政府主导是中国乡村减贫的重要经验之一，但并不排斥社会力量和市场力量的介入共同推动乡村减贫和社会发展目标的实现。在中国，国际多边和双边政府组织、国际非政府组织以及国内的社会组织一直是中国反贫困实践中的一支重要且不可替代的力量。如世界银行、亚洲开发银行、国际农村发展基金、国际计划、行动援助、中国扶贫基金会、中国青少年发展基金会、中国人口福利基金会等。这些机构凭借其灵活性、动态性、亲民性以及强大的资源动员力量和高效的运作效率，将全球乡村减贫和社会发展的经验和做法引进到中国的乡村减贫实践中进行应用和完善，同时形成了具有中国特色的乡村减贫和社会发展的经验，对世界的减贫与社会发展事业做出了贡献。大量社会企业的介入，是中国乡村减贫和社会发展的一大亮点，社会企业的介入不仅带来了大量的财政资源，更带来了高新技术和市场，丰富了中国的乡村减贫手段和措施，更带动了全社会对乡村减贫和社会发展的关注与支持，形成了更加有利于乡村减贫和公平发展的社会氛围与社会环境。

（5）改变观念是实现乡村减贫的战略要素。乡村减贫和社会发展工作要取得预期成功，关键还是要解决人的观念和素质问题，包括贫困群体（贫困户）本身以及减贫队伍。贫困地区的劳动力资源比较丰富，只要通过培训，实现转移，就可能将人口压力转化成人力资源，将劣势变为优势。加强对贫困地区剩余劳动力的技能培训，促进其实现就业，具有“一次培训、终身受益，一人务工、带动一片”的作用。而减贫队伍的能力建设，无论是从理念建设、态度建设，还是知识建设、能力建设，瞄准的不仅仅是一批批的贫困群体的短期减贫需求，更是持续发展和公平发展的长远战略基础。例如，就目前的全国性精准扶贫而言，受益的不仅仅是精准扶贫本身，而是后精准扶贫时代中国乡村的可持续和公平发展，即2020年以后的持续发展。

（6）市场机制是实现乡村减贫的重要杠杆。市场经济体制的日益完善，在某种程度上丰富了过去过度依赖政府的单一化的减贫路径，使乡村减贫的手段更加多元化，也提高了贫困群体的市场应对及其后续发展能力。市场的介入至少解决了三个方面的问题。一是解决了扶贫主体的利益问题，作为社会扶贫主体的企业和个人在扶贫过程中如能得到相应的经济利益，就可以带来扶贫的可持续性，反之，则会导致短期行为和随机性。二是解决了扶贫客体的依赖性，对那些有劳动能力的贫困群体不必长期依赖政府的救济，而是通过市场的洗礼和锻炼，达到扶志扶本的目的，提高贫困群体在乡村减贫和社会发展中的主动性和积极性，进而提高乡村减贫和社会发展的有效性、针对性和持续性。三是从扶贫理念来说，解决了扶贫主体和客体在扶贫开发中的社会地位平等问题，双方在这一社会活动中按照市场的价值规律进行等价交换，实现了经济利益的双赢。运用市场机制扶贫，是“授人以渔”的科学扶贫模式。

（7）农户参与是实现乡村减贫的内在动力。中国乡村减贫和社会发展中广泛应用的参与式扶贫、社区主导式扶贫等，都是为了强化和突出贫困群体和贫困户本身在乡村减贫与社会发展中的主体角色，表明中国的扶贫模式从政府主导扶贫资源的传递和控制的单向式扶贫模式过渡到了以尊重扶贫客体意愿，强调扶贫客体主动参与到扶贫活动中的一种互动型扶贫模式。农户参与不仅是被动的融入，而是体现在决策、行动、受益、能力建设，以及分享和贡献，使贫困社区和贫困户从乡村减贫的客体，转化为自我帮助和帮助他人的主体，其内生动力不仅体现在了我要减贫和发展，也体现在我要帮助他人发展，我要与人共同发展等方面。贫困群体和贫困户已经逐步成为中国社会乡村减贫和社会发展的合力构成之一。

三、中国的乡村减贫经验对菲律宾的启示

经过三十多年的努力，中国的乡村减贫不仅取得了举世瞩目的成效，更形成了具有中国特色同时具有一定国际性推广和示范的经验与模式。

（1）从乡村减贫战略定位上看，1983 年前属于救济性扶贫，1984 年后则是开发式扶贫。

（2）从乡村减贫的目标上看，从优先解决全国性的大面积的绝对贫困，即贫困群体的温饱（吃饭）问题，到解决贫困群体的经济收入问题，直到贫困群体的综合发展、全国性同步小康，和后精准扶贫时代的可持续发展为目标。

（3）从减贫和社会发展干预尺度看，由最初的全国性大面积扶贫，到后来的十四个集中连片区域减贫，再到全国性重点县重点村减贫，以及“十三五”期间的精准扶贫（重点聚焦贫困户和贫困人口），经历了从全国尺度到区域尺度、村级尺度和户级尺度的历程，且始终聚焦减贫。

（4）从乡村减贫手段看，从最初的经营性减贫（解决粮食安全和经济增收），到逐步推行到经营性增收、资产性增收、转移性增收和工资性增收并举，并通过转移性增收对特殊贫困群体进行政策兜底保证基本生计，体现了乡村减

贫、城乡统筹和城乡一体化的公平发展。突出表现在大力推进的农业供给侧结构性改革、新农村建设、美丽乡村建设，以及最近的乡村振兴计划。

（5）从机构建设和法制建设方面看，既有乡村减贫的垂直机构扶贫系统，也有推动全国性乡村减贫一盘棋的统筹机构“中央扶贫工作领导小组”，更出台了一系列的从中央到省级的扶贫刚要和扶贫工作条例，从法制层面确保了乡村减贫和社会发展的权威性、一致性和强制性。

（6）从乡村减贫主体看，不断高度地多元化。从政府主导的财政扶贫，扩展到政府部门参与的行业扶贫（例如林业扶贫、教育扶贫、卫生扶贫等）、企业扶贫、社会扶贫和国际扶贫等。

（7）从乡村减贫驱动力看，由过去的政府行政推动到市场驱动，从外界推动到贫困群体内生发展，从个体减贫到社区组织发展；从社区内部发展到产业链体系发展等。

中国与菲律宾国情不同，乡村减贫和社会发展需要基于菲律宾历史和现实并用前瞻示范和推广的视角来借鉴中国的乡村减贫和社会发展经验和模式。

菲律宾非政府机构众多，民众权益意识较强，社会团体力量分化突出，政府机构权力相对分散且具有较高自主性，包括中央政府与省级政府之间分权明显，但从调研情况看贫困乡村社区内部的团结性很强。同时，调研也表明，菲律宾贫困的核心表现依然突出地体现在粮食安全没有保障、经济收入低且缺乏稳定性、土地权属复杂且不清晰、乡村贫困与城市贫困高度融合（村民多以城市就业为方向，当地包括安置点缺乏工作机会以及工资标准太低），土地被富有者控制的现象非常突出。因此，中国和菲律宾两国之间国情差异较大，中国的减贫和社会发展模式不能照搬使用，但很多经验和模式对于未来菲律宾开展减贫和社会发展具有借鉴作用。根据文献分析以及对菲律宾实地调研的结果看，中国在减贫和社会发展方面的以下做法作为经验值得菲律宾方面借鉴。

（1）建立全国性政府主导的减贫与社会发展体制。包括成立由中央政府主导的减贫与社会发展政府部门，即从中央、省市直到乡镇层面设置扶贫部门和扶贫专职岗位，确保每个层面都有具体的机构和人员负责减贫与社会发展工作；有效推进实施全国性的五年制减贫与社会发展规划；引入第三方独立机构参与减贫成效的监测和评估；建立全国性的减贫和社会发展数据库，对全国贫困现状与减贫成效实施动态的大数据监测管理；将减贫和社会发展成效直接挂钩相关官员的升迁等。

（2）实施贫困分类，根据全国贫困现状，划分不同等级的贫困省、市、乡镇和社区，纳入不同力度的减贫和社会发展规划中，包括尝试中国的“五个一批”精准扶贫方式，快速有效减贫。

（3）多渠道增收。从调研结果看，菲律宾贫困群体的生计安全依赖于增收，包括打工等。可以借鉴中国的建立社区经济发展合作社（或协会），通过公司＋合作社、公司＋协会等方式推动贫困群体的产业发展与增收减贫。也可以结合中国游客的市场需求，开展贫困地区的农旅、林旅结合等方式，将传统产业与旅游业结合发展带动贫困群体增收。对于适合直接对接市场的社区，可以借鉴中国的整村推进模式推动贫困社区的综合发展。

（4）充分发挥现代技术手段助推减贫和社会发展。例如中国的园区扶贫、光伏扶贫、电商扶贫等不同减贫模式。

（5）建立行业和社会参与减贫和社会发展的环境，提高企业、行业在对口帮扶贫困社区和贫困群体中的角色和功能，形成全社会参与减贫和社会发展的社会环境和格局。

（6）不同时期确定优先减贫和社会发展目标。尤其是针对减贫对象的情况确定解决粮食安全、生计设施（物质资本）、经济增收等优先目标，并分轻重缓急纳入计划推进。

同时，在具体操作上，菲律宾的减贫和社会发展可以参考中国的以下具体做法。

（1）借鉴以工代赈扶贫经验。启动就贫困地区的公共基础设施建设尤其是与社区发展直接关联的基础设施建设，不仅可以增加贫困人口的就业机会，增加工资性收入，更能大力改善贫困地区的生计水平，为后续和持续的减贫与发展奠定基础。这与菲律宾政府目前大力推进的“建、建、建”运动是完全一致的，这成为菲律宾乡村减贫的一大机会。

（2）借鉴农业基础产业扶贫模式，发挥菲律宾土地和热带气候的优势，发展蔬菜种植和家畜家禽养殖产业，通过菲律宾国内市场消费为贫困户实现经营性增收。通过出口这架马车，将大量的热带水果等出口到中国市场，既满足中国市场的消费需要，更为菲律宾乡村贫困人口提供了庞大的经营性增收机会。

（3）借鉴园区扶贫模式。通过与中国有关企业的合作，建立菲律宾产品加工园区，为当地贫困户提供土地等资产入股形成的资产性收入，招聘当地贫困户就业增加贫困户工资性收入，推动菲律宾的乡村减贫工作。

（4）借鉴企业参与的社会扶贫模式。将企业包括来自中国等国家企业整合为企业主导或企业合作的乡村减贫与社会发展模式，尤其是从事产品加工、出口和销售的企业、光伏等高技术企业。

（5）借鉴国际减贫合作模式。与世界银行、亚开行、亚投行、中国在菲企业，以及慈善扶贫机构等开展深度和持续合作。

（6）借鉴精准扶贫模式，确保精准识别、精准扶持和精准脱贫与社会发展。中国的“六个精准”和“五个一批”的理念完全值得尝试和探索。

（7）借鉴能扶则扶的模式，让有基本能力的贫困户在外界帮助下实现自我发展和主动减贫发展，对于毫无减贫能力的贫困户通过国家政策性和法规性保障实施兜底，确保其基本生计需求。

（8）借鉴整村推进扶贫模式，对贫困社区实施综合减贫和发展措施，奠定综合发展和持续发展的基础。

（9）借鉴电子商务扶贫模式，通过“互联网＋”的方式让贫困户的产品直接进入市场甚至是中国市场。

（10）借鉴农民经济合作社模式，将贫困户有效组织起来共同生产和应对市场，提高产业发展的稳定性和高效性。尤其是将妇女、老人等弱势群体有效组织起来实施乡村减贫和社会发展的行动。

（11）借鉴光伏扶贫模式，利用菲律宾光能丰富的优势，支持贫困社区和贫困户建设分布式光伏电站，在解决自身用电基础上实行余电销售增收。

（12）借鉴旅游扶贫模式，尤其是结合中国游客开展基于产业链的乡村旅游扶贫。

（13）借鉴订单生产扶贫模式，可以根据城市高档校区消费需求，以及中国市场需求，建立基于市场需求的订单生产和加工（基于产业链需求），为贫困户和社区建立专门的生产区域（加工区域）等，对接中国市场，减少市场风险。

（14）借鉴企业基地建设扶贫模式，主要是将贫困社区的生产作为企业产业链的原材料供应基地，实行系统性包销，确保贫困社区的产品具有稳定市场。

（15）借鉴贫困户自营减贫模式，支持有条件的贫困户建设微型企业或商业，配套提供相应的资金和技术支持，通过自营实现减贫和社会发展目的。

（16）借鉴“公司＋合作社＋贫困户”扶贫模式，把所有贫困户都融入到产业链中推动减贫和社会发展。

（17）借鉴减贫数据库模式，建立全国性的贫困与减贫动态数据库，便于社会监督、认知和支持菲律宾的乡村减贫和社会发展工作。

（18）借鉴减贫反腐模式，确保减贫政策、规划尤其是减贫资金到位，避免减贫工作中的腐败和违规行为。

第四节　中菲减贫合作战略建议及可能挑战

一、中国和菲律宾在贫困和社会发展领域的差别和共同点

中菲两国有非常悠久的历史联系，但无论从地缘角度、历史角度还是从现代国际政治经济合作关系看，客观地讲，两国实际上并没有太多的交集和联系。从地缘角度看，菲律宾是太平洋上的岛国，与海洋的联系较多，而中国是

亚洲北部的陆地大国，只有东部和南部近海。虽然中国历史上曾经有过郑和七次下西洋的经历，但中国大部分地区的经济与海洋关系不大。从气候上讲，菲律宾处于热带地区，而中国大部分地区都属于温带。从历史来看，菲律宾曾经被西班牙殖民过三百多年，后来又被美国和日本短暂占领殖民。菲律宾的很多人名和地名都深受西班牙文化的影响，至今还保留很多。菲律宾独立后，长期以来与美国为首的西方国家关系密切，其政治体制和经济也是多从西方学习来的，20世纪六七十年代曾一度被认为是日本之后的又一个繁荣经济体。而中国作为一个陆地国家在过去两千多年来经历了世界史上非常强盛的自我封闭式的封建王朝，自1840年以来，中国被西方用当时的尖端武器洋枪洋炮给打败了。自新中国成立后，就开始了社会主义道路的艰苦探索，并在20世纪80年代初实行改革开放后发生了翻天覆地的变化，变成了世界上最大的发展中国家和仅次于美国的世界第二大经济体。从历史和发展道路上看，中国和菲律宾是具有完全不同性质的两个国家。再从当代国际政治经济联系与合作来看，菲律宾属于东盟十国的成员，中国地处东亚，其经济联系的最大伙伴是美国、欧洲和日本等，当然，中国与东盟的经贸关系也变得越来越重要，双边贸易额迅速增加，但中国与菲律宾的经贸合作还处于较低的水平。在亚洲金融危机前的2007年，中菲双边贸易额达到了300亿美元，后来快速下降，现在又慢慢上升。中国和菲律宾经济具有一定的互补性，2017年初中国已经取代日本成为了菲律宾最大的贸易伙伴，但中菲贸易在中国对外贸易中所占比例仍然很小。当然，从政治角度看特别是菲律宾和越南与中国在南海问题上存在的领土主权纠纷，使中菲关系在近年来得到了越来越多的关注。

总之，中国和菲律宾虽然同处于亚洲，但一个在南亚岛国，另一个属于东北亚陆地大国，两国的历史、经济体制和政治体制是完全不同的，同时，在全球化的今天，双方的经济互补性实际上并不是很强，经贸联系也并不强。但由于近年来的南海问题升温，中国和菲律宾的政治联系出现了令人关注的变化。由于领土主权问题而使得双方关系降温，但随着新总统杜特尔特上任，他改变了上届政府的策略与做法，两国关系出现了回暖，双方高层互访增多，经贸和旅游业得到了加强。菲律宾旅游部长接受中新社记者专访时表示，2017年中国赴菲游客破百万人次，同比增长100%，中国成为韩国之后菲律宾旅游第二大客源国。

二、中菲两国的贸易、援助发展情况

（一）中菲两国经贸关系情况

前面已经分析，中国和菲律宾是分布于亚洲相距很远的两个国家，相互之间无论是历史、政治和经济体制之间是完全不相同的。而且由于菲律宾在相当长一段时间以来与美国有着良好的政治和军事关系，对中国联系不多，一直到

1975年才和中国建交。中菲两国之间的经贸联系并不强，其双边经贸总量并不大。表10显示了21世纪以来，中国和菲律宾两国间的贸易总额。而根据菲律宾国家统计局，两国间的双边贸易总额要远远低于中国海关统计数，比如2015年中国海关统计数是456.79亿美元，而菲方数据大约只有一半左右，为219.37亿美元。

表10　21世纪以来中菲双边贸易情况

单位：亿美元

年份	中菲贸易额
2000	31.4
2001	35.7
2002	52.6
2003	94.0
2004	133.3
2005	175.6
2006	234.1
2007	306.2
2008	285.8
2009	205.3
2010	277.64
2011	322.54
2012	362.99
2013	380.66
2014	432.81
2015*	456.79

资料来源：①2000—2009年数据摘自驻菲律宾经商处“2000—2009年中国—菲律宾贸易统计”，2010年1月26日，http://ph.mofcom.gov.cn/article/zxhz/tjsj/200801/20080105344568.shtml。②2010和2011年数据来自于中国新闻网，菲律宾2011年与中国双边贸易额破300亿美元①。③2012年数据来自于网页“爱问共享资料”，东盟各国2012年和2013年经贸数据以及与中国经贸往来，2013年12月3日，http://ishare.iask.sina.com.cn/f/304TRmz9 631.html。④2014数据来源于南博网，2014年1—12月中国—菲律宾重点产品进出口趋势分析，2015年3月26日，http://customs.caexpo.com/data/country/2015/03/26/3 642 197.html。⑤2015年数据来自南博网，2015年1—12月中国—菲律宾重点产品进出口趋势分析，2016年3月24日，http://customs.caexpo.com/data/country/2016/03/24/3 659 434.html。⑥*根据菲律宾国家统计局2016年7月公布的2015年菲律宾外贸数据显示，中国是菲律宾的第二大贸易伙伴，双边贸易额为176.5亿美元。这与中国海关的数据（456.8亿美元）有很大不同。同样菲国家统计局2017年7月公布数据显示，菲中双边贸易额219.37亿美元。

① 中国新闻网，菲律宾2011年与中国双边贸易额破300亿美元，2012年1月22日，http://www.chinanews.com/gj/2012/01-22/3621920.shtml.

当然，随着中国经济总量的迅速增大，中菲两国有意愿加强双边贸易。据中国新闻网报道[①]，菲律宾总统阿基诺2011年对中国进行国事访问期间，两国曾商定到2016年把双边贸易额提高到600亿美元。2016年中国是菲律宾第二大贸易伙伴。在2017年第一季度，中国已经超越日本成为菲律宾最大的贸易伙伴[②]。

由于中国经济体量（2017年全年经济总量超过80万亿元人民币）以及巨额的对外贸易，中国和菲律宾两国间几百亿美元的双边贸易对菲律宾很重要，但只占中国对外贸易很小的百分比。21世纪以来，中国与菲律宾的双边贸易额大约占中国与东盟贸易额的10%左右。也就是说，菲律宾与中国的贸易只是代表了东盟十国的一个平均水平。从经贸来看，菲律宾对中国的需求要远远高于中国对菲律宾的需求。

（二）中国对菲律宾的援助情况

从国际层面上讲，近年来中国的援助管理正在变得越来越规范，主要归于商务部协调和管理。中国实际上从20世纪50年代就开始对广大亚非拉国家提供支持和帮助，如对非洲派遣医疗队，帮助援助建设著名的坦赞铁路。中国于2011年发布《中国的对外援助[③]》，又于2014年发布《中国的对外援助（2014）[④]》。这些官方文件指出，中国的对外援助的两大主要区域就是非洲和亚洲，援助的重点领域包括农业、经济基础设施、公共设施、教育、医疗卫生等。

菲律宾属于东盟十国成员之一，但其经济基础并不差，20世纪六七十年代甚至还成为亚洲经济的榜样。故此，中国对于东盟的援助主要在相对最贫困的国家，特别是老挝、缅甸和柬埔寨，对菲律宾的援助比较少。本研究查询到中国对菲律宾援助主要包括对于台风等受灾的人道主义援助、近几年来支持菲律宾禁毒和反恐援助、基础设施建设以及农业技术合作项目。

- 为加强中国和菲律宾农业合作，特别是在杂交水稻和农业机械方面的合作，中国政府援助菲律宾在中吕宋大学修建中国菲律宾农业技术中心。该中心竣工于2003年，成为中国和菲律宾农业专家开展技术合作的基地。中国农业

---

① 中国新闻网，菲律宾2011年与中国双边贸易额破300亿美元，2012年1月22日，http://www.chinanews.com/gj/2012/01-22/3621920.shtml.

② 据新华社报道，中国驻菲律宾使馆经商参赞金远于2017年5月24日在中国（广西）菲律宾企业家交流会上表示，2017年第一季度中国成为菲律宾第一大贸易伙伴。参见搜狐网，中国成菲律宾第一大贸易伙伴，http://www.sohu.com/a/143310482_206880.

③ 中国国务院新闻办，中国的对外援助，中央政府门户网站，2011年4月21日 http://www.gov.cn/gzdt/2011-04/21/content_1849712.htm.

④ 中国国务院新闻办，中国的对外援助，中央政府门户网站，2014年7月11日 http://www.fmprc.gov.cn/ce/cohk/chn/xwdt/jzzh/t1173111.htm.

部和菲律宾农业部签订双方技术合作方案已有 4 年之久，从 2003 年至 2007 年长期有 9 名中国与菲律宾专家在中菲农业技术中心共同开展杂交水稻、农业机械等方面的技术合作研究①。

● 2007 年年初，中菲两国签署合作协议，在未来 5～7 年内中国将斥资 49 亿美元投资菲律宾农业，菲律宾允许中国吉林富华农业科技发展有限公司投资 38.3 亿美元，在菲律宾 100 万公顷土地上种植高产玉米、稻米和高粱。这可以缓解菲方每年进口玉米 80 万～100 万吨的粮食短缺问题。由于菲律宾玉米产量低，菲律宾官员对吉林高产玉米很感兴趣。2005 年，富华集团向菲出口 30 吨优质玉米杂交种，并在菲 20 多个省的 1 600 公顷的土地上进行大面积商业化种植②。

● 菲律宾农业部长阿尔卡拉 2011 年 8 月在接受新华社记者书面采访时说③，近年来，菲中两国农业在双边、多边和地区等各层面的合作卓有成效。在谈到中国对菲律宾的农业援助时，阿尔卡拉列举了 5 大工程。已经竣工并投入使用的两个项目是，位于菲南部棉兰老地区桑托斯将军城的渔港综合改扩建工程和菲中农业技术中心，这两个项目已经在菲律宾经济中发挥了很好的作用。其他 3 个为在建项目，分别是位于首都大马尼拉地区的纳沃塔斯渔港改扩建工程、位于北吕宋地区的卡塞克南多功能灌溉和电力系统以及巴纳昂水利灌溉系统。

● 2013 年菲律宾遭受了台风海燕后，中国政府送去了 10 万美元援助，后又追加 160 万美元的救灾物资。

● 2016 年菲律宾受到台风海马袭击，中国对菲救灾援助总额约 9 000 万比索④。

● 2016 年 10 月 25 日，菲律宾总统杜特尔特表示，中国将提供 160 亿美元援助，菲政府将优先照顾教育、农业和卫生方案⑤。

● 据搜狐网报道⑥，《日本经济新闻》2017 年 3 月 8 日报道称，中国与菲律宾两国政府 3 月 7 日就中国经济援助的项目达成协议，援助总额达到 34 亿

①② 中国驻菲律宾大使馆，中国给菲律宾农业注入活力，2007 年 7 月 1 日，http://www.fmprc.gov.cn/ce/ceph/chn/flbxw/t335733.htm.

③ 中国网络电视台，菲律宾农业部长：菲中农业合作硕果累累前景广阔，2011 年 8 月 29 日，http://jingji.cntv.cn/20110829/100716.shtml.

④ 中国新闻网，中国向菲律宾提供台风救灾援助，2016 年 10 月 25 日，http://world.huanqiu.com/hot/2016-10/9596554.html.

⑤ 新浪网新浪军事，菲总统称中国将提供 160 亿美元援助优先发展三项目，2016 年 10 月 24 日，http://mil.news.sina.com.cn/dgby/2016-10-24/doc-ifxwztrt0260644.shtml.

⑥ 搜狐网，又抛 34 亿美元经济援助！中国撒钱菲律宾？2017 年 3 月 8 日，http://www.sohu.com/a/128275315_519485.

美元，将建设从菲律宾首都马尼拉向南延伸的铁路等。该协议具体落实了菲总统杜特尔特 2016 年 10 月访华时与中方领导人会谈达成协议的经济援助。

● 2017 年 3 月 28 日，据神军网报道[①]，菲律宾总统杜特尔特称“中国是我的好邻居。我只想交朋友和做贸易，以便我国人民快乐并且使我们的国家进步”。杜特尔特请求赵鉴华大使帮助布基农省（Bukidnon）列为中国优先援助清单。

● 2017 年 11 月 15 日，中国评论通讯社报道，中国将向菲律宾提供 73.4 亿美元贷款和援助。菲律宾财政部 14 日表示，这些援助将用于菲律宾的基础设施建设以及其他优先发展的项目[②]。

● 2017 年 11 月 15 日，在菲律宾总统府，国务院总理李克强与菲律宾总统杜特尔特出席中国政府援建菲律宾戒毒中心项目启动仪式，并为项目揭牌。援菲律宾戒毒中心项目是中国政府多年来援建菲律宾的首个成套项目，项目由两所 150 个床位的戒毒中心组成，分别位于菲律宾棉兰老岛地区的萨兰加尼省和南阿古桑省[③]。

三、中国对菲减贫援助战略分析

前述分析，中国和菲律宾两国相距遥远，意识形态和政治经济体制各不相同，两国经济之间有一定的互补性，主要是菲律宾能够给中国提供大量的热带农产品。菲律宾的主要出口产品之一是电子产品，这客观上与中国形成一定的竞争关系。两国发展到现在，双边贸易总额不足 500 亿美元（这是中国海关的统计数据，而根据菲律宾统计局，双边贸易总额大约为 200 多亿美元），大约达到了中国与东盟十国单个国家的平均水平。

菲律宾对于中国的经济重要性并不强，但菲律宾除了与日本、美国等大国加强合作外，显然是需要发展与中国的经济与贸易合作，以实现其平衡大国关系的外交思路。但从中国来说，发展与菲律宾的经贸合作以及援助关系主要是能够获得政治得分，为中国战略性地维护南海局势稳定，抵消或减轻来自域外视中国崛起为威胁的巨大压力，特别是与岛屿主权争端国（主要是菲律宾和越南）维护好现有关系具有十分重要的意义。因此，从这个视角出发，中国反而

① 神军网，菲总统：中国是邻居朋友　中国为改善菲律宾提供了帮助，2017 年 3 月 28 日，http：//www.shen119.com/huanqiubolan/201703/feizongtong _ zhongguoshilinjipengyou _ zhongguo-weigaishanfeilvbintigongliaobangzhu _ 170384.shtml.

② 中国评论通讯社，中国将向菲律宾提供 73.4 亿美元贷款和援助，2017 年 11 月 15 日，http：//www.crntt.com/doc/1048/8/0/2/104880284.html? coluid=7&kindid=0&docid=10.

③ 中国路面机械网，李克强、杜特尔特为菲律宾戒毒中心项目揭牌，2017 年 11 月 20 日，https：//news.lmjx.net/2017/201711/2017112017112623.shtml.

应该策略性地使用好这些“经济牌”来获得更多的国际政治、外交空间及话语权。

中国对菲律宾的援助与经济合作，应该在力所能及的情况下继续进行，但应该保证这些“经济牌”是非常有效和具有较高效率的。考虑到中国仍然是一个发展中国家的性质，中国自身也还有很多地区需要资源去实现发展，中国对于菲律宾的经贸合作与援助应该是紧紧围绕中国中长期发展战略服务，同时也应该量力而行，而不是大规模地为其提供经济合作与援助。

中国应该对菲律宾提供适度的、力所能及的援助。理由如下：第一，中国在最近四十年中获得了突飞猛进的发展，2017 年末中国 14 亿人口的 GDP 总量 80 万亿元人民币，按 6.5 元人民币兑换 1 美元，中国人均产值已经达到 8 800 美元，而菲律宾大约是人均 3 000 多美元。按其国内贫困线标准，还有 21.6%的贫困人口，而农民的贫困人口约为 38%，因此，中国作为一个崛起中的大国，需要也应当承担国际义务支持他国减贫。第二，菲律宾处于热带气候区，容易发生自然灾害如台风、海啸等，中国应当提供与自身实力相适应的人道主义国际援助。第三，中国政府和人民长期以来在与贫困作斗争的过程中积累了丰富的经验，特别是农村减贫经验。当然，对于城市贫困，中国也有一些经验和办法可以供菲律宾参考，因此应该加强与菲律宾政府和民间的减贫合作与交流。这与中国国际扶贫中心的宗旨也是完全一致的。

中国对于菲律宾的经贸合作以及减贫合作，首先应该符合中国自身发展与国际发展的大战略，即要为中国发展赢得相对稳定可控的周边国际环境，积极推动“一带一路”倡议、南南合作等中国与国际发展重大战略的实施；其次，中国对菲援助战略上应该分轻重缓急、分阶段。我们应该清醒地认识到，当前的菲律宾政府愿意与中国开展更多合作而不是对抗，但未来其政权更替完全有可能恶化与中国的政治外交关系。因此，中国对菲援助的主动权应该握在我们自己手中，既有一定的方向性，同时也保持必要的灵活性。

（一）中菲减贫合作战略目标

根据前面的分析，中国对菲援助从战略上看应该服务于中国自身发展的宏观战略。到目前为止，中国对菲律宾的国际援助还是呈点状的个案，可能还未达到制定援助战略的发展阶段。鉴于中国对菲援助似乎还没有专门的减贫项目，建议开展双方的减贫合作不能急于求成，首先实施示范性的减贫合作项目，在客观而科学的评估后再实施更多的减贫合作计划。

中菲社会发展和减贫示范合作项目的战略目标，应该定位为：通过中菲两国在减贫和农村发展领域的交流合作，推广中国减贫和社会发展的理念和模式，在菲律宾形成有效的乡村减贫示范效果，赢得菲方政府及菲律宾民间对中国减贫经验的充分肯定和认可，显著提高菲律宾乡村减贫和农村社会发展的成效，从而增进中菲两国人民的友谊与互信，为中菲两国持续友好合作与发展营造更好的氛围，并与其他相关的中国—东盟合作项目（如中国—东亚减贫示范合作项目，该项目目前覆盖柬埔寨、老挝和缅甸三个东盟国家）整合，将中国乡村减贫的经验拓展到整个东盟各国，为改善中国与东盟国家的关系，形成持续友好合作创造更好的条件，为中国营造更加安全与和谐的周边国际环境。

（二）中菲社会发展与减贫示范合作重点

中菲社会发展和减贫示范项目的战略重点应该集中在以下几个方面：

（1）基于中国过去三十多年乡村减贫发展的模式和经验，包括国际援外减贫项目（如国际多边、双边项目，以及国际非政府组织支持的项目）形成的经验、做法和模式，系统整理和包装，形成具有中国特色的乡村减贫和发展模式与经验，淡化中国乡村减贫和发展经验的国际背景色彩，让菲律宾方面充分认同中国的乡村减贫和发展经验既是中国特色的，更是国际化的，使中国的乡村减贫和发展模式与经验更好融入到国际社会经济发展的潮流中，为中国乡村减贫和发展的经验和模式贡献于全球社会经济发展夯实基础。

（2）充分利用在菲中资企业的财力、物力和技术资源优势，为中菲社会发展和减贫示范合作项目的规划、实施以及后续维护服务结合起来，既解决合作项目所需的资金、物资和技术，更为巩固中资企业的产品与服务在菲律宾的持续发展以及进一步走向东南亚甚至全球提供助力。这样，既可放大中菲社会发展和减贫示范合作项目的规模，产生更为可观的经济效益和社会效益，为中国外交援外大局做贡献；同时又可为中资企业树立良好的社会形象，为中资企业走出去和发展壮大起到积极的推动作用。

（3）中菲社会发展和减贫示范合作项目的主要项目内容应该在短期内（尤其是一个自然年）显著见效，可视性、公众冲击性以及新闻性都要强，也要便于今后菲律宾基于自身力量进行推广。

（4）每个项目示范点的主要项目内容应该有所侧重，同时可以相互印证互补完善。

（5）项目点应该优选在菲律宾具有良好示范潜力的地方，兼顾菲方相关机构尤其是菲律宾总统办公室、国家减贫委员会、总统府内阁部等菲律宾国家核心决策机构的选点建议，包括菲律宾现任总统杜特尔特家乡达沃市的选点，同时要便于今后中菲高层尤其是国家领导人现场视察，以及菲项目区人员的现场考察学习。最好项目点距离马尼拉市区的交通时间限定在 2 小时左右，同时要降低“公路偏见”的嫌疑，避免国际上对中菲减贫合作的误解。

（6）不同项目点要有各自重点项目内容，同时兼顾硬件建设投入与软件运行能力的结合，建立菲方社区自主和持续发展的能力和成效，避免中国传统外援项目的“交钥匙工程”现象的重现，使中菲社会发展和乡村减贫合作的经验能够较快甚至很容易在项目点或者周边推广应用并产生显著成效。例如，安置点选择部分安置户通过打水井解决用水问题（生活）、通过屋顶太阳能电站建设既能直接降低室内温度又能发电增收并解决自己生活用电问题（照明和生产用电等）。而这些做法一旦产生效果，可以很快在整个安置区数千安置户中推广应用，进而推广到周边省市，为中资太阳能企业拓展市场。

(7) 与亚洲发展银行（ADB）和菲律宾政府项目的结合要慎重，不要过多分摊资源，降低中国援助的品牌内涵，影响中菲社会发展与减贫示范合作的影响力。

(8) 加强菲律宾相关机构和关键人员的能力建设和体系建设，一定要在中方专家的指导下形成基于菲方人员的后续维护能力体系。为此，需要发挥在华留学或工作过的菲方人员的作用，聘请相关人员加入项目实施管理队伍，提高项目持续性和影响力。

(9) 以中菲社会发展和乡村减贫示范合作项目的减贫活动为基础，策划扩大中国影响力的社会文化交流活动，包括项目区域中小学与中国中小学对接交流基础上的考察学习、中国传统文化和知识尤其是中菲友好历史知识的竞赛、中菲教师的短期互换任教交流活动、为菲律宾贫困大学生建立在华留学（乡村发展领域专业）奖学金（包括年度名额），并据此在中菲相关大学之间建立合作交流关系。

(10) 探讨资助菲律宾相关研究机构和大学开展“中国的减贫发展经验与菲律宾的借鉴”之类的研究、交流和学术论坛活动，论坛地点放在菲律宾，但部分活动尤其是相关的考察活动可以在中国开展。

四、中菲减贫合作可能遇到的挑战

中菲减贫合作存在的问题和挑战主要来自政治和外交方面、减贫合作体制方面、环境和社会等方面。

（一）政治和外交方面

菲方当前政府或政府换届后在政治和外交上挑战中国底线（可能出尔反尔），尤其是在南海问题、与台湾的政治军事关系上挑战中国的核心利益。2016年10月，菲律宾总统表示要“调整外交政策”，最终可能会在任内“与美国分手”。2018年初，美菲军方高层频频会晤，曾经因为杜特尔特上台而一度疏远的美菲军事关系正出现回暖现象[①]。也有可能菲律宾国内反对派不断施加压力使得菲政府再次在南海问题上对中国采取强硬态度。但从当前态势看，

① 大国策，菲律宾反常现象接连曝光，杜特尔特倒向美国迹象明显，中国需警惕，2018年1月30日，http://www.twoeggz.com/news/6771931.html.

杜特尔特总统有能力控制菲律宾国内政局，同时他采取的大国平衡外交策略中，从政治、经济、外交等方面中国是不可或缺的重要力量。菲律宾短期内对中国在经济贸易、援助等方面需求很迫切。中国需要密切注视中菲关系发展动态，需要在中菲关系、中国对菲援助及减贫示范合作项目中牢牢掌握主动权。

（二）减贫合作体制方面

目前，中国国际扶贫中心与菲律宾反贫困委员会形成了对接来协调中国对菲律宾援助的减贫项目策划和设计。中国和菲律宾的两家机构也即将签署合作谅解备忘录。但如果未来的更多减贫合作项目涉及多个部委而且需要它们的配套投入，就需要中国国际扶贫中心与菲方谈判来构建减贫合作体制，明确各方的角色与责任。对此，菲律宾国家反贫困委员会和内阁部是否有同等的协调作用，这需要未来加以明确。因此，中菲减贫合作首先以先导示范项目为起点，以评估未来两国更大规模的减贫合作计划可行性和效果。在这方面，中国对菲援助减贫项目可以参考菲律宾国内项目以及日本或韩国对菲的减贫合作项目的经验。

（三）环境和社会方面

中国援助菲律宾的减贫合作项目不能仅仅为了实现减贫目标而采取一些对生态和环境不利的措施和办法，这是一定要加以注意的。菲律宾国内非政府组织很多，潜在项目区本身就存在非政府组织，核心成员本身也是具有较大影响力的人（安置区负责人、农业区负责人都是如此），项目在环境或社会方面的瑕疵可能对项目产生不好的影响。

第五节　中菲减贫合作示范项目可行性分析

一、菲律宾减贫需求与中国经验

中菲两国外交和政治关系的稳定发展为拓展减贫合作打开了空间。如前所述，过去几十年来，中国积累了大量的、多样化的农村减贫与发展经验，可以用于帮助菲律宾基于其自身社会、经济、政治和文化特殊性基础上进行选择和试验。当然，由于菲律宾贫困家庭和贫困人口的巨大规模，单纯靠中国的减贫援助是很难帮助解决的，必须依靠该国自身的努力。因此，中国对菲律宾提供先导性减贫合作项目是一个可行的选择，这有利于菲律宾更好地学习和借鉴中国的减贫经验和措施。

2017 年 8 月，菲律宾国家反贫困委员会部长 Liza Mazao 女士率领的代表团应中国国际扶贫中心的邀请对中国进行了短暂的访问，除了在国务院扶贫办、中国国际扶贫中心举行了交流研讨，代表团专程赴海南省进行了深入考察和学习。代表团认为此行收获很大，学到了很多有益的经验和做法，可以带到菲律宾进行尝试和试验。海南在脱贫攻坚实践中，总结了经验，也呈现了“亮点”。比如，一是企业带动贫困户就业脱贫；二是产业扶贫采取“政府＋龙头企业＋产业基地＋贫困户”模式；三是大数据支撑精准扶贫。海南省三亚市自2016年末启动扶贫信息化工作，借助信息化工作方式助力扶贫工作，应用精准扶贫数据库管理系统，突破传统工作模式，通过扶贫信息化系统的健全和完善，在互联网平台上将扶贫工作、农业工作和信息化工作相互结合，为三亚市扶贫工作精准识别、精准帮扶、精准施策提供大数据支持。菲律宾代表团考察回国后，撰写了详细的考察体会报告①，高度赞扬中国的精准识别贫困人口、精准扶贫、建档立卡等扶贫监测措施。另外他们认为中国是通过促进贫困人口的发展来扶贫，而不仅仅是实施社会保障措施进行帮扶；还有就是中国政府对于扶贫的体制安排，包括扶贫责任制、问责机制以及动员企业等社会力量参与扶贫等。这些对于菲律宾都有很重要的借鉴意义。

当然，我们也需要看到，菲律宾存在着大量的贫困家庭和贫困人口，而且往往大城市周围形成了贫民窟和无家可归者、缺乏固定职业的群体，这构成了菲律宾贫困现象的显著特点。而这一点是中国在过去几乎没有遇到的。因此在这一方面中国实际上并不能给菲律宾提供太多的成熟经验。中国在近十多年围绕着城市低收入尤其是住房困难者，解决办法是进行棚户区改造，实行廉租房等措施。这也是值得借鉴的。

总之，中国和菲律宾的发展和减贫方面的合作才刚刚开始，任重道远，可以采取先易后难的原则。对于减贫合作来说，采取社区示范项目是一个比较好的选择。而中国国际扶贫中心与菲律宾国家反贫困委员会作为两国的牵头机构已经有了初步的接触和交流访问，这也为今后顺利实施示范项目奠定了良好基础。

二、中菲减贫合作社区示范项目

（一）以社区示范项目应对农村和城市贫困问题

2017年10月20日，本课题研究人员与菲律宾相关部委官员进行了座谈讨论，从他们提供的统计数据可以看出菲律宾的经济和社会形态，2011—2016年菲律宾平均GDP增长率达到6.1％，显著高于东盟其他国家如马来西亚（5％）、印度尼西亚（4.8％）、泰国（2.8％）和新加坡（2％），但其2015年的人口贫困发生率是21.6％（每5个菲律宾人口中就有1人属于贫困者），几乎与经济最不发达的老挝（23.3％）和缅甸（23.6％）处于同一水平。农业部

① National Anti-Poverty Commission，Report on the Study Tour on Poverty Reduction in China：Hainan 31 July to 04 August 2017，published in 2017.

官员说，菲律宾经济增长很强劲，但包容性不够，没有很好地惠及到穷人。另外，虽然2015年全国人口的贫困发生率是21.6%，但在农民中贫困人口发生率达到了38.3%，渔民的贫困人口更是多达39.2%，几乎是全国平均水平的2倍。因此，农村中的农民、渔民应该是扶贫的一个重点。

另外，2010年菲律宾农业占GDP比例达16.3%，从业人口占总劳动力的33%；2012年工业占GDP的比例为33.3%，从业人口占比约15%；2010年服务业占GDP的54.8%，从业人口占比也是54.8%。从这些数据可以看出，菲律宾的发展已经与很多一般的传统农业国家不同，它主要以第三产业为主，工业制造业不太发达，从业人口比例较低，依赖农业的人口占三分之一。同时，研究者也从菲律宾农村土地改革部（Dept of Agrarian Reform，DAR）获悉，到现在为止，全国有470万公顷土地通过土地改革运动分配给了约270万受益者农民手中，使得很多农民的无地现象有所缓解。鉴于菲律宾农村贫困的严重程度和农民情况，在农村社区开展减贫示范项目仍然可行。

除此以外，我们还应看到菲律宾贫困的另一个方面，这就是城市贫困。根据菲律宾统计局数据，2015年菲律宾人口的贫困发生率是21.6%，这些贫困人群主要包括农民、渔民、儿童、自谋职业者、无报酬家庭工人、妇女等。结合在菲律宾的实地考察，我们认为城市贫困是除农村贫困人口之外的另一主要群体。这是菲律宾当前贫困的主要两个方面，中菲发展与减贫合作应该从这两方面入手。

（二）候选社区调研

2017年10月，研究人员和中国国际扶贫中心领导对菲律宾马尼拉附件的4个社区（由菲律宾国家反贫困委员会提供并联系）进行了比较详细的考察，获得了初步发现，为下一步确定项目区以及可能的项目内容提供基础信息。

我们所参观和调研的4个社区，实际上只有1个是真正的农村社区（Block 5 of the Barangay Langkaan I），社区成员大多数是从事农业的农民，也有一些农业工人等；另外3个实际上都是政府的安置区，其中1个在马尼拉城区，还有2个在马尼拉旁边另外两个省。这些安置区家庭也许过去曾经在农村从事农业，但如今都不再从事农业生产，而是在安置区附近或马尼拉市就业。根据他们叙述，很多人没有稳定的就业岗位，部分人群自谋职业或处于无业状态，因此缺乏稳定的、体面的收入，使得他们很多人陷入到贫困之中。他们反映最突出问题主要是缺乏就业或稳定就业、收入低下难以支撑家庭生计、房屋缺乏供水、供电等必要设施。以下将分别叙述这些调研的社区基本情况。

1. Villa Lois of Barangay Siling Bata（政府安置小区）

这个安置区属于Siling Bata Barangay（社区），属于Bulacan省Pandi市

管辖范围，距离马尼拉奎松市 1.5 小时车程，实际距离比较远，但有高速公路相连，交通比较方便。这本来是菲律宾政府给军人和消防队员用于退休养老的公寓房小区，由菲律宾住房局委托建造。在建造过程中，存在着一定程度上的偷工减料（可能也有腐败等因素），原本设计的类似室内 Loft 双层并没有实现，只有样板间那一间才有，其他所有房间都是包括一个卫生淋浴、类似筒子楼的单间公寓。后来军人和消防队员由于公寓没有达到设计要求而拒绝接受，由此房子空置了一年左右。小区共占地 10 公顷，盖了约 1 700 套住房，每套住房（一个房间加卫生间）18 平方米。

图 7　政府安置区全貌（左）和安置区中心街道（右，中间为当地非政府组织负责人）

由于这些房子空置着，同时该省存在着大量的无家可归者，于是在非政府组织 KADAMAY 的号召和组织下，这些无家可归者（也属于组织成员）自 2016 年与当地政府谈判，请求把这些住房给他们居住。协商无果后，他们于 2017 年 3 月 8 日正式占领了该小区。20 天后，菲律宾总统迫于压力，宣布将这些住房无偿赠予这些无家可归者，他们自此一直居住在这儿。

但当前面临的问题是，他们虽然占领居住了这些房屋，但小区还没有通水、通电，另外，这些贫困人群很多人并没有工作，生计难以维系。

2. Block 5 of Barangay Langkaan I（农业村）

这是一个典型的农村社区或村，坐落于 Cavita 省 Dasmarinas 市。它共有 6 个小队。我们参观调研的是第五小队。该小队有大约 290～300 户，其中大约 190 户是土生土长的当地农民，他们的先辈一直生活在这里，到现在为止已经四代了；另外 100 户左右是从其他地方移民来此居住的。我们看到这个小队居民生活非常贫困，很多房子非常破旧，农业是他们的主要生计来源，但我们考察所看到的农作物有的长势并不好，产量不高。农业生产没有拖拉机耕作，菲律宾农业部赠送了他们一台大型拖拉机。这里几乎没有田间道路，现有的一条机耕道雨季泥泞，完全达不到使用要求（图 8）。

图 8　田间机耕道非常泥泞

第五小队农民现在耕种 372 公顷土地，但这些土地还牵涉他们和拉莫斯先生（Mr Ramos）的一个官司。他在 1965 年之前曾是当时总统的执行部长，他于 1965 年回到这个地方，称这片土地是属于他的。现在这个土地权属官司还在审理之中，但土地是在这 300 户农民手中，他们沿袭其先辈耕种这片 372 公顷的农业土地（图 9）。这个小队的农民在争取土地权利的过程中，还成立了一个农民自发非政府组织（Katipunan ng mga lehitimong Magsasaka at Mamanayan Lupang Ramos，KASAMA-LR）。

图 9　农民种植的作物玉米、花生等

这个典型农业社区在菲律宾有一定的代表性，值得中国政府考虑帮助这些农民发展更加高效的农业，改善道路等基础设施和农民的生活设施如饮水设施等。

3. Barangay 101，Vitas，Tondo，Manila（政府安置小区）

这是一个马尼拉市区内的一个政府安置小区。它是 1990 年建立起来的，是一个有 27 年历史的老小区。这个小区共有 27 栋居民楼，全部住着安置的居民。这个安置点属于马尼拉市区的一个社区（相当于我国城区的一个居民委会，称之为 101 社区）。这个安置点人口大约占整个 101 社区三分之二。据估计，该安置点共有 1 664 户，按平均每户 5 人计算，这里至少居住着 9 000 人。这些居民没有土地，没有农业生计，只能依靠在城市打工挣钱谋生。但他们一般都 40～50 岁了，而这个年龄的人口加上受教育水平比较低、缺乏职业技能等，往往很难找到长期稳定的工作。因此，这些居民生计非常困难。

通过我们的两次调研发现，与他们的生计同样困难的是他们的居住条件。这个安置点每户居住在一套房子中，实际上每套房子就是一个房间（内含卫生间），面积为 18 平方米，而每户平均人口约为 5 人，居住条件是很拥挤的。另外，由于这是一个将近 30 年的老小区，房屋破旧不堪，虽然有供水和排水设施，但很多排水已经不畅，常常造成下水道堵塞，导致污水流到地面，这里臭气熏天，严重影响居民的健康。这个小区也有电力供应，我们看到很多电线缠绕在一起，极容易发生安全事故，所幸到现在为止并没有出现过这样的事故。这里面临的另一个问题是住房不够，原因是随着时间的延长，这些安置点居民家庭孩子慢慢长大成人，他们再组成家庭后，居住条件就更加拥挤不堪了，因此有少数居民在楼顶上搭起来简易房子来满足不断增加的人口居住需要。这些旧楼房其他一些设施也破旧老化，我们看到很多楼梯是十分危险的（图 10）。

图 10　安置小区楼与楼之间街道（左）及楼背后的垃圾（右）

对于该社区来说，一个更为长远的问题就是当地居民的生计。很多家庭的劳动力已经是老龄人口，难以找到稳定的工作，使得他们的生计很难。家庭生计的困难造成的另一个问题是很难有充足的条件实现对下一代的抚养和教育。

这个政府安置点居民成立了一个自己的组织，名为 Alliance for Poor Residents of Katuparan（hope），实际就是一个居住者协会。协会负责人和其他工作人员全部来自这些居民，属于志愿者为大家服务。

4. Kasiglahan Village of Barangay San Jose（政府安置小区）

这同样也是一个政府安置点，安置对象是来自马尼拉大区和其他地区的人，据说他们是由于公路拆迁而被迫搬到这儿的，可能还有其他来源的居民。这些居民不是农民，他们没有土地，没有农业生计。这个安置点坐落于 Rizal 省的 Rodriguez 地区，距离马尼拉市区大约有 2 小时车程。

这个安置点特别大，全都是平房，每个房间内有小的卫生淋浴间，共 23 平方米（不像 101 社区是四层楼房），共有约 1 万户居民居住，分成 163 个小区，官方估计其总人口至少有 4 万人。与 101 社区相比较，该安置点比较新，大部分房屋是 1999 年完工的，安置居民同年陆续搬进来居住。因此安置点房屋和其他设施如道路、供水、排水、供电等设施还比较新。但由于地势比较低，加上附近有一条河流连接着上游水坝容易有洪水，在每年雨季，这儿都要淹水，当地居民也习惯了，往往把不耐淹水的物品放到房间高处，等雨季过去后再放回原处。

安置点居民很多人在省内或去马尼拉寻找就业，由于社区很大，内部也有社会服务的需求，创造了很多就业机会，如卖菜、买卖各种生活用品。安置点内有学校、有各种市场，还有各种小型服务业如理发、饭馆、小商店、裁缝店等（图 11）。

图 11　政府安置小区

我们再一次有趣地看到，菲律宾境内的 KADAMAY 民间组织在这个巨型社区也有它的分支机构，该组织在这儿共有 10 个工作人员，全都是居民，以妇女为主。在座谈中，这些工作人员反映当地社区的主要问题包括生计、住房、医疗及垃圾问题等。

（三）项目村选择

研究人员和中国国际扶贫中心团队一起考察了上述四个可选的项目社区（村）。这些社区包括一个纯粹农业村和三个政府安置社区。这也从另一个侧面反映出马尼拉首都区更多的是服务业、贸易，而农业比较少。但同时首都区的城市贫困问题比较严重，特别是政府安置区。菲律宾首都马尼拉的贫民窟是出了名的。

作为先导性的示范项目，研究团队初步确定选择一个农业村和一个政府安置区作为项目区，这也是兼顾了菲律宾贫困的特点即农村贫困和城市贫困共存。由中国国际扶贫中心和菲方国家反贫困委员会筹划的项目正是要根据菲律宾的实际贫困情况，结合中国积累的反贫困经验，在首都地区进行试验和探索。同时，中国国际扶贫中心领导在菲律宾考察期间拜访了亚洲开发银行，向他们取经，可能结合其他地方的减贫活动如研究在苏比克地区能否帮助当地渔民增加收入缓解贫困状况。

（四）项目概念

本研究认为，计划中的项目（特别是未来的中菲减贫合作计划，比如说三年或五年计划）很可能是中国和菲律宾两国以减贫为核心的首次合作。因此，项目应该保证符合菲律宾国家当地条件和实际需求，具有可行性；项目应该能够体现中菲政府的意愿和期望，具有战略上的重要性和现实意义；项目应该体现出中国智慧、中国经验，而不是中国政府帮助菲律宾减贫就是大把撒钱；项目要能够帮助当地社区实现有效减贫，体现中国援助项目良好效果。

从项目设计概念上讲，计划中的项目应该具有以下几个原则：

● 以解决当地村社和农民的问题和需求为基础，项目内容应该符合当地农民的实际需要，不能脱节。

● 以农业（包括种植业和养殖业、甚至小型加工等）为突破口，使得当地社区和农民有效利用当地资源，提高产量，增加收入。

● 项目具体内容既包括必要的硬件来改善当地群众的生产和生活水平，同时也有软性措施来帮助提高其能力，比如学习中国精耕细作的小农发展经验等；与此同时，项目也应该注意不能使用太多的化肥农药等，以避免生态恶化和环境污染。

● 由于当地的贫困是多方面的，就要求项目尽可能体现出多样性，应实现短期效益和长期效益相结合。如除了改善农业生产增加收入，也可以改进当地的教育、医疗卫生，减少疾病的发生等。

● 项目应该是中菲两国政府（甚至包括企业参与）结合，给贫困社区和农民家庭一个推动力，帮助其实现自我发展以及可能的社区发展，实现可持续发展。

● 从投入和管理来说，项目应该通过必要的机制安排使得相关部委（如农业部、城市贫困总统委员会、劳动与社会保障部等）有效地参与，并积极地投入（包括技术和资源投入）。中国的扶贫管理经验（如贫困户建档立卡、扶贫管理信息化等）也可以供菲律宾参考。

（五）建议的项目内容

中国国际扶贫中心团队初步确定的试点项目的两个村（社区），包括一个政府安置小区和一个纯农业村。对于菲律宾的援助支持，应该充分研究菲律宾国情和当地的实际情况，针对农村贫困和城镇贫困现象进行分析，结合学习借鉴中国精准扶贫、登记造册相关经验，以农业产业为基础和突破口，提高农业产量、增加农业收入、改善生产和生活基础设施，来减少贫困和改善人民生活。本研究提出以下建议。

1. Villa Lois 政府安置小区项目内容建议

根据本次考察的初步发现，本研究提出如下的项目内容建议，当然这些项目内容还需要再进行深入研究其可行性（包括技术方面可行性、投资可行性、社会可行性等）。特别需要指出的是，该小区由于是那些无家可归者于 2017 年 3 月占领后形成的，后来据说虽然由总统宣布将这些公寓无偿赠送给他们，但是实施此援助项目的前提是，这个小区和居民已经完全合法化了，有完备的官方合法性证明文件。

（1）建立饮用水系统。据小区负责人介绍，这个小区由于其特殊的历史原因，到 2017 年底还没有通水、通电，造成了居民生活极大不方便。在研究团队考察过程中，小区居民反映这是首要的也是最大的困难和问题。居民们还反映，为解决饮水问题，他们需要从当地小商小贩买水，价格是 5 加仑水 3 比索[①]，当地水价格是北京的 4 倍。而且菲律宾国内人均收入比中国要低很多，对于当地这些无家可归者来说购买饮用水是很大的经济负担。

在考察中，我们一起探讨了解决饮用水的可能方案，比较理想的方案就是在附近打井，据说井深要达到 100～150 米才能满足要求。建议项目考虑打井、提水来建立小区的自来水系统，即包括打井、提水水泵、电机或柴油机、建立水塔、自来水管网、出水口等（需要进一步研究是否要把出水口放在每户家中还是建立公共出水口）。同时还需要考虑的是建立的自来水管网系统是连接到当地市政饮用水公共网络还是独立的？从技术和制度安排上如何维护自来水管网系统？维护费用如何分摊？还要考虑到未来的可能性，即随着城市化发展的加速，当地管网系统势必需要连接到当地公共系统中，那么现在建立的系统就需要与此相配套。

（2）解决电力供应。这个小区缺电也是居民最头疼的问题之一。帮助小区居民解决电力问题是他们的迫切需求，但还需要进一步研究是连接到当地电网

① 这相当于人民币 0.41 元能够买到 5×3.785＝19 升，也就是每升 0.02 元。以北京市为例，每吨自来水价格 5 元，则平均每升价格是 0.005 元。

还是建立小区独立太阳能发电系统？当地的电网距离这个小区有多远？如果从技术上、经济上分析独立太阳能发电系统更高效、更环保，是建立整个小区的太阳能发电系统吗？这个小区现有不到2 000套（单间式）公寓，这个规模应该适合建立整体的太阳能发电系统。这还需要进一步从技术上、经济性方面加以研究。在太阳能发电系统方面，中国具有一定的技术优势。

（3）解决学生上学交通问题。小区居民孩子上学必须到3～4千米以外的学校，现在每家每户需要自己想办法把孩子送到学校。项目可能的解决办法是建立一个班车系统，由当地居民自己管理，进行必要的收费，使之能做到自我维护管理，良性运转。当然还需要分析是否有其他可行方案。

（4）职业技能培训。小区居民面临的最困难问题还是缺乏就业岗位。但就业是当今很多国家面临的共同的严峻形势。下一步可行性研究中，我们还将更详细地调研，哪些人就业了？哪些人没有就业？为什么会有这些差别，是年龄问题还是缺乏技能或文凭？在另一个政府安置小区我们了解到，当地有一个韩国援助的技能培训中心。建议项目应该加以更为细致地分析。中国在职业技能培训有很多的经验可供参考，如为企业定向培训，毕业后受训人员都能到预定的企业就业。

（5）创业信贷。针对以上的就业困难问题，中国政府鼓励大学生或其他寻找工作的人员开展多种形式的就业，如自我创业、创新等，政府可以提供信贷和其他形式的帮助。对于这个小区居民来说，项目可以设立创业信贷和创业指导，用于支持那些创业人员。本研究在与菲律宾政府部委官员的座谈中也了解到，劳动与社会保障部也有类似的项目。本援助项目应该和劳动与社会保障部举行交流与必要的合作。

2. Langkaan I农业村项目内容建议

菲律宾农村人口大约占三分之一多，因此项目重点之一应该放在农业和农村领域。这同时也是应用中国减贫经验来支持菲律宾，用中国经验、中国智慧为中菲两国减贫合作做出贡献。这是一个纯粹农业村中的第五小队，项目预期对这个村（可能包括第五小队以及其他小队）提供支持，帮助贫困农民发展生产提高收入。对于这个村来说，由于他们与Ramos先生还有土地权属纠纷（指的是那372公顷农业土地），当地的司法还没有进行最后的宣判或调解，因此所计划的援助项目还需要等待。同时由于当地农民事实上已经实际控制了争议土地的使用权，并且使用土地很多年了。为了确保本援助项目能够顺利实施，同时不对当地产生负面影响，项目实施的一个必要条件是项目需要与当地市政府（Dasmarinas city）签署协议，他们需要保证土地争议不影响项目的实施。建议的项目内容包括如下几部分。

第一类是基础设施及其配套方面。

（1）田间道路。现在第五小队仅有一条2米多宽贯穿372公顷农业土地的机耕道，全是土路，雨季非常泥泞。该道路全长2～3千米。建议项目先修建这条道路，修成水泥路或砂石路面，需要进一步研究分析各种可能方案。这条机耕道非常重要，适合拖拉机方便到田间进行作业如耕翻、收获等。未来随着农民收入提高后，当地农民可能像中国农民那样购置小型拖拉机或三轮车、自行车，在家和农田之间运输种子、收获的农产品、化肥农药等投入品。对于372公顷的土地，除了一条主要机耕道，可能还需要更多的适合拖拉机、三轮车行走的分支道路，方便田间运输。下一步就要研究如何建设这一片农田的田间道路体系，并绘制成规划图。

（2）灌溉。这块很大面积的农田纯粹是雨养农业。当地的降水量实际是很大的，很显然雨水没有被充分地保留下来并应用于农业生产。在下一步可行性分析中，我们将详细了解当地的种植结构、种植的作物种类、相应的灌溉需求，以此来优化当地的农业种植（品种、作物、是否灌溉）体系，从而提高农民农业收入。需要指出的是，建立灌溉体系往往投资巨大，同时需要有合适的水源保证，还要使用机械或电力提水等，这些都需要进一步详细分析论证。也可以探讨分析建设集雨水塘或小型水库，并利用其进行农田灌溉。在具体的田间灌溉技术中，可以研究小畦灌溉、喷灌、滴灌等不同方式的适用性和可行性。

（3）通过农业技术示范来改进农作物生产。当地村民现有的农作物包括水稻、玉米、花生、秋葵、红薯、甘蔗，还有热带水果如椰子、芒果、香蕉等。据村民反映，他们使用的老品种，产量低，不施用化肥和农药。项目预期将通过技术措施来改善其农作物生产，包括调整优化农作物生产结构，增加种植市场需求大的作物，减少市场需求少的种类等，同时通过应用或创新适合当地的技术措施来提高产量。项目可以采取农业技术示范的方式，这样农民能够自我快速学习并决定是否采用。需要特别强调的是，项目不能完全用中国的经验去指导和改革当地农业生产，一定要依据当地的自然资源和社会条件以及市场需求来确定种植结构，以保证生产适销对路的农产品如蔬菜，从而提高收入改善农民生活水平。

除了农业种植以外，养殖业也是很重要的一部分。当地有农户养牛、养猪和养鸡。发展养殖业至少有两大优点：一是养殖业可以给农民家庭带来更多的收入，二是可以形成种植业和养殖业的结合，当地光热资源非常丰富，一年两季或三季是可行的，这其中就可以结合一季牧草生产或绿肥生产，以此来形成农牧结合，培肥地力，使得农业生产更具有可持续性，而不会造成土壤板结或退化。我们应该注意把中国的好经验介绍到菲律宾，同时避免中国遇到过的教训，如农业生产中过度施用化肥农药造成土壤板结和环境污染等问题。因为菲律宾制造业不发达，拖拉机等农用机械价格比较高，当地可以通过发展养牛，利用牛来代替拖拉机耕地和耙地。在项目中可以学习和借鉴中国养殖业的经验，如青贮技术。

（4）项目可以资助拖拉机、播种机等设备。当地农业生产的困难之一是缺少拖拉机、播种机等机器设备。中国援助的减贫项目可以引进国内的拖拉机、播种机等并赠给当地农民组织（KASAMA-LR），具体合作机制还有待进一步调研分析。

（5）农产品加工。当地农民反映的另一个问题是农产品加工困难，如碾米。项目可以通过公开透明、民主的程序吸引有一定条件和兴趣的村民自主创业，开办社区农产品加工厂，主要针对社区村民的需求。项目给予创办企业的村民一次性资助，这样既帮助他实现自主创业，同时也方便解决社区农产品加工难题。村里是否还有其他的加工机会呢？还需要详细调研分析。

第二类是改善贫困农民生活设施方面。

（6）饮用水系统建设。当地村民用水如洗衣服等都是到河边，村民需要走下垂直落差7～8米深的地方才能到达那条河。这是村民反映的一大难题。我们在考察中没有看到村民是如何取水回家的，但肯定有困难。我们同时也看到这个村有新建的PVC管道应该是输送自来水的。建议项目对农民的饮用水问题和他们的需求进行详细调研，并资助建立入户自来水系统。这个村农民居住相对比较分散，而且有高有低，因此建议建设入户系统，同时应该建设自来水塔，保证管网内有足够的水压。自来水系统的维护和管理应该由这个社区形成一套体制自己解决。

（7）解决村民用电问题。村内还有40%左右的农户没有通电。对于这个问题，一个办法是连接到公共电网，另外就是通过太阳能系统发电。由于这个村村民居住分散，建议采用太阳能发电系统，优点是成本低，维护简单容易。

第三类是社区设施方面。

（8）社区减贫中心。为配合村里的具体减贫措施和技术示范，项目可以帮助该村建设一幢大楼——社区减贫中心。这幢建筑可以集村行政办公、会议、培训、村民休闲聚会等多种功能为一体，体现出真正的社区发展概念，同时，这也体现出项目援助的可视性，未来可以把项目进展和成果在社区减贫中心展览出来。当然，这也需要下一步通过调研来确认是否有这种需求？该社区是否有了类似的场所？这个社区还有一个农民自己成立的组织（KASAMA-LR），该组织可以在社区减贫中心开展自己的工作。

其他项目内容建议。

（9）教育交流。这个村的中小学就在附件，学生步行就可以去学校，该学校的校舍和学校设备都还是相当不错的。我们可以把教育交流嵌入到本项目之中。可以选派一些中国的研究生（英语达到要求）来当地开展支教，也可以选派当地中小学老师和学生到中国参观访问，了解中国历史、体验自然和人文风光。

（10）国际考察。对于计划中的项目，建议设立国际考察这一内容。通过把菲律宾国家政府官员、技术人员、农民代表等邀请到中国参观富有特色的反贫困理念和具体实践做法，将会对他们产生深远的意义，同时也能够加速项目的顺利实施。

（11）促进扶贫管理信息化。中国扶贫的一条具体经验是建档立卡，建立数据库，并采取有针对性的办法进行帮扶。菲律宾国家反贫困委员会部长 Liza Maza 女士去海南考察对此有很深的印象并大加赞扬。项目可以资助相关部委（如反贫困委员会、农业部等）建立这样的扶贫管理数据库，便于加强对扶贫的监测与管理。

三、示范项目的组织和实施

下一步的项目计划和设计建议由中国国际扶贫中心组织中国专家组在中国国际扶贫中心和菲律宾国家反贫困委员会的统一协调和领导下，深入项目区调研，开展细致分析，结合中国和菲律宾两国的宏观政策和当地实际需求，去设计出合理而可行的项目框架和具体内容。

当然，为配合上述解决农村贫困和城市贫困项目的顺利组织和实施，培训和交流考察将是十分必要的。同样的，农村和城市社区中的学校、医疗保健都可以纳入到项目中，使得项目成为解决农村和城市贫困问题的综合发展项目。

而项目未来的具体实施首先需要得到两国政府的正式审批，然后由国务院扶贫办、中国国际扶贫中心以及菲律宾反贫困委员会等机构一起联合组织。在这个过程中，应充分利用中国在发展与减贫方面的丰富实践经验和理论，聘请中国和菲律宾相关专家，特别是应该利用中国国内或中国在菲律宾当地企业参与到项目实施中去，提供一定的服务和技术，保证项目的顺利实施和良好产出。

附录　调研社区详细笔记

考察访问 Bulacan 省农村社区 Villa Lois of Barangay Siling Bata

时间：2017 年 10 月 21 日和 2017 年 10 月 29 日

这个地方叫 Villa Lois，是 Siling Bata 村社区（Barangay）一部分，其面积有 10 公顷。这块地原来是水稻田，是该村的一个农民所有。他于 10 年前把这块地卖给了政府（应该是国家住房机构 National Housing Authority）。根据当初的设计，政府是要为将要退休的军人和防火队员建设房子养老的，不清楚是否从他们那儿每月扣钱。

但后来，政府缩小了原来的建房面积，也降低了质量（根据 KADAMAY 工作人员介绍）。我们看了原来的样板房，原来计划是建设 loft 两层的，实际上后来建成的房子都是一层，而且面积变得很小。这些房子建成后，那些退休军人和防火队员都没有要，他们退出了。据说这些房子有两千多间。从建成到现在有 10 年多没有人住，实际荒废了 10 年时间。

KADAMAY 组织“非法”占领房屋过程

● 2016 年 9 月，该组织寻求与政府对话，请求把这些当时已经荒废很久的房子分配给 Bulacan 省无家可归者居住。该组织宗旨就是为这些城镇贫困者、无家可归者等争取权利。可能后来对话过程并不顺利，没有进展。

● 2017 年 3 月 8 日，这个组织带领其成员就“非法”占领了这些房屋。据说，这在菲律宾成为了一个突发事件，爆发了新闻。20 天之后，3 月 28 日，总统发表电视讲话，宣布同意把这些住房给予无家可归者等，另外再建设更大的房屋给警察和消防人员等。

● 2017 年 4 月 3—12 日，这个组织对这些房屋进行调查计数，发现只有 1 700 套房屋，而不是政府之前的计划数量（2 000 多套）。

● 这个事件影响比较大，当时来了很多电视台记者、参议员、其他人士等，2017 年 10 月 4 日提出了一个联合决议（joint resolution），即把这批房子给予当地政府就业人员（local employees），其中 30%应该给予这些无家可归者。

● 国家住房机构可能是派人来对这些占领者进行调查核实，据 KADAMAY 秘书长和工作人员介绍，到现在为止已经核实了 1 670 人，但不清楚其中有多少符合标准?

● 现在该组织就在等国会 Congress 根据第 4 号法令来制定出实施细则（Implementation Rules and Regulations，IRR）。这个过程需要至少 60 天，他们现在仍焦急等待。

● 当前状况是，他们在等待实施细则，但同时希望政府能够帮助他们安装好水和电力设施，以满足其日常生活需要。

该组织秘书长还说，根据他了解的信息，全国大概应该有 16.5 套政府建设的公用住房处于闲置状态。

考察访问 Cavite 省城镇社区 Barangay Langkaan I

时间：2017 年 10 月 22 日和 2017 年 10 月 27 日

这是一个纯粹当地农民组织，由 Langkaan I 村当地农民组织起来的。共有 121 名男会员、141 名女会员，共 262 人，都是这个村的村民。这些会员大约来自于 159 个家庭。秘书长（Secretary-General）是 Mariam Amor Villanueva 女士。

她介绍说，Langkaan I 村共有 6 个居民点片区（Block），他们属于第五片区。这儿大约有 300 多户家庭，其中包括 190 多户佃农（tenants），另外还有大约 100 户外来移民定居在这儿。这些佃农的先辈很早就在这儿，现在已经是第四代人了。

他们现在种植的土地共有 272 公顷。

● 第二次世界大展后，政府把这片土地向公众开放，实行谁清林土地就归谁的政策，当地 15 个 Dasmarianos 比较有钱，就花钱雇人把这片土地清林，同时租赁给佃农耕作，其中部分佃农就是来自于 190 多户的上代人。

● 再之后，这 15 人把他们的土地卖给了美国公司，其代里人是 Mr. ILAW，当时的价格是每公顷 2 比索。

● In 1965, the emeritus Mr. Ramos who was the executive secretary to the President (Mr. Josdage Mag?) came to claim the ownership of this land: 372 hm^2. He was so powerful so he actually controlled the land. But he still used the tenants to be farm workers for cultivation of the land. Major crops were rice, corn, wheat.

● In 1972, the Philippine President Decree (No. 27) said that the land with rice and corn should be included in the DAR agrarian reform (land re distribution); so in 1973, in order to make the land not eligible for DAR agrarian reform, he shifted the cultivation crops from grains to sugarcane. In July 9th 1972, Ramos said that this area is a developed sub-division of the city (that means it is not agricultural land, it is part of the residential area). Today we can see that on the other side of the valley, it is the Metro Gate for luxurious villa for rich people.

● In 1990, the farmer organization appealed to the DAR that the land here should be qualified as eligible for DAR land reform and they tenants should be CARP beneficiaries. The government noted this with notices in 1991, 1992, 1993 respectively.

● In 1994, Mr. Ramos appealed to the government, but not approved.

● In 1996, the DAR issued a resolution.

● But in 2011, the Supreme Court reversed the resolution.

● Now it has become a civil case, still pending (for several years already). But de facto, the farmers actually are using the land since which years?

The only problem is that they do not have secure tenure status of the land.

Actual use of the land 372 hm^2: around 270 ha of land are cultivated by 159 families (they have a clear list of the farmer families with names and telephone numbers), and another 100 ha of land was contracted by Mr. Ramos to other farmers since 1973, but 3～5 years these lands were abandoned (reason?). These 159 farmer households are cultivating the land on an individual basis, keeping a land area between 0. 25 and 3 ha. This is because that in 1990, these farmers went to occupy the land, cultivating the land, with some keeping more and others less.

Of the 270 ha of the land, 250 ha of land is cultivated with rice (corn planted after harvest of rice), and another 30 ha of land is cultivated with banana and pineapples and other minor crops like peanuts, string beans, sweet potatoes and others.

Problems the farmers are facing.

- Farm to market road, 2 km long? Farm road to the main road.
- Irrigation: all the land is rain fed, with only one harvest of rice and another harvest (not secure) of corn. I saw several plots of corn were not growing well. They say that there are two rivers (east and west) which can be used to pump water for making irrigation.
- Want to have seminars and trainings to teach farmers how to improve yield.
- No law on land reform in the country.
- Food not enough. 90% of farmer households face shortage of food, e. g. rice. Due to low yield.

考察访问城镇社区（马尼拉城区）Barangay 101

时间：2017年10月23日和2017年10月28日

我们参观考察了马尼拉市区的一个政府安置点，这个安置点是1990年建立起来的，到现在已经有27年了。接待我们的是安置点自发组织，名字是Alliance of Residents of Katuparan (hope) (ARK)，即居住者希望联盟。我们访问了Diosdado E. Marx先生，他是该组织的秘书长。组织宗旨是为这些城市贫困人群争取应有的权利。这里通常指那些无家可归者、无业者群体等，他们在城市里没有基本的生存条件，而在农村他们又没有土地。这些人属于弱势群体。他们构成了当地的贫民窟，是政府和当地城市面临的头疼问题。这个机构有12名工作人员，此外每栋楼还有居住者或房主协会（Homeowners

Association)，他们不拿工资，全都是这儿住户，即房屋受益对象。他们的成员约有 1 000 多，秘书长说这儿住户大多数都是该组织成员。

这个安置点只是 101 村社区的一部分。101 村社区共有 7 名工作人员，其中 6 人来自于这个安置点。秘书长说，该安置点人口可能要占到 101 村社区的三分之二，而后者约有 15 000 人，以此推算该安置点大约有 10 000 人。该安置点共有 1 664 户居民，即被认定的受益对象。每个受益对象政府提供了一个 18 平方米的标准住房，住房内包括简单的卫生间设施。

这个安置点共有 27 栋楼房，每个楼房有四层。安置点小区安装了自来水、电、下水道等基本设施。但自建成起已 27 年了，各种设施已经严重老化，实际上都需要赶紧维修和维护，以保证设施和人员安全。ARK 秘书长说，这 27 栋楼中 15 栋政府花费进行了维修，维修项目主要包括屋顶防水、楼梯以及防护栏，另外 12 栋还没有维修。

住房提供模式为“以租代购”

这里一共 27 栋楼房，主要是为大马尼拉城市贫困人群（包括无家可归者、低收入者等，他们有一套认定标准，认定后成为“受益对象”）而建设的。其中第 19～27 栋据说是“开放市场”，即公开出租的，租金要高一些，1990 年的租金是每月 1 500～2 500 比索。而其他楼房的房子，完全是针对城市的贫困群体定居者（informal settlers），符合认定标准成为受益对象后，他们的租金要少得多，最少的只有每月每套房子 250 比索。政府（国家住房机构）向这些城市贫困人群提供住房采用的是“以租代购”模式，签订合同，主要内容是，受益对象按每月交房租，交够 25 年后，房子就完全属于他们了。这位秘书长也是这儿的住户。

交费问题

据秘书长介绍，现在有很多人交不起房租，因为很多人没有稳定工作，缺乏收入。政府如何处理如何规划未来，还需要进一步调查。

面临问题

我们现场步行考察了大部分楼房，之后又与秘书长来到他们工作房间座谈。机构办公室就在其中一栋楼顶楼的一个非常简陋的房间。秘书长谈到了如下问题：

- 住房不够。随着人口增多，很多家庭需要更多的房屋，但由于条件所限，很多人家自发地在楼顶搭建了简易房子。秘书长说，像他们办公室这样的楼顶房子有 200 多个，为此，他们还自发地在该机构下面成立了分支机构，即楼顶住房户联盟（Alliance of Roof Deck Residents）。
- 下水道严重损坏，运行很差。虽然每个房子中都设置了简易卫生间及下水道水管，但 27 年过去了，这些水管严重损毁，无法良好运行。现场我们也看到，垃圾满地、污水很多、臭气熏天，这使得居住环境非常恶劣。另外，我们也看到，18 平方米房间很小，他们一般每家有 2 个大人，大都是 45 岁以上年纪，加上 4～5 个孩子，居住空间十分拥挤。而在雨季热天时，这里应该是酷热难耐、潮气重，让人特别难受。他说，1991—2000 年这些管道设施基本还能发挥作用，但之后就严重破损了，几乎不能用。

● 几乎得不到任何来自政府的支持来改善这儿的状况。

● 生计问题。他们反映，这儿很多人没有稳定职业，据估计就业率只有 50%。主要原因是他们大多是小学或中学毕业，加上这里就业机会十分有限，所以安置点群体的就业很差，导致他们缺乏生计来源。

此外，我们还看到了很多其他问题，比如各种设施设备老化严重，包括电线缠在一起，这儿雨水很多，很容易发生漏电事故，所幸到现在为止还没有出现如此悲剧。部分楼采用的铁质楼梯，大多也是严重损坏，非常危险，但是人们还是在使用。安置点小区没有任何绿化设施，那些臭气严重污染空气，很大程度上威胁人们的身体健康。

我们与秘书长座谈讨论时，他说了好几次政府不管他们。他认为政府应该深入到安置点内部，倾听大家的意见和想法，来一起想办法解决当前的问题，改善这儿的居住环境。他说政府应该支持这些受益对象开展生计改善项目，特别是关心人们如何找到稳定工作。他始终强调政府对于该安置点小区几乎没有什么支持。

考察访问 Rizal 省农村社区 Kasiglahan village of Barangay San Jose

时间：2017 年 11 月 24 日和 2017 年 10 月 29 日

今天考察的实际上是当地社区（村）的一部分，这是国家在该村建立的安置马尼拉贫困人口的安置点。我们访问了该安置点工作的一个机构，即 KADAMAY Kasiglahan village，三位负责人带我们参观考察了安置点并与我们进行了座谈。这个机构其宗旨就是为无家可归者向政府争取他们的权利，帮助其成员解决住房问题等。该机构在菲律宾多个省份都有其分支，不清楚是否形成全国性的联盟。她在该村上一级市（Municipality）也有同样机构，名字是 KADAMAY Montalban。KADAMAY 在该村共有 10 位工作人员，大都是女性，她们实际上都是安置点居民，是受益对象，她的成员有 300 人（户），组织不收会员费，而市级机构成员共有 2 500 多人（户）。

这个安置点很大，现在共有 10 000 户左右，安置点房屋是国家房屋机构（National Housing Authority，NHA）建立起来的，据说安置点房屋大概是 1999 年建成的，一直到 2005 年才完成了土建和配套设施。第一批安置居民是 1999 年进来的，只有 23 户，第二批同年来的，有 248 户，并慢慢地不断进来新的安置居民。每户房屋都是标准户型，只有 23 平方米，内有卫生间设施。很多居民从门口往外延伸盖了一点点，增加了房屋使用面积。

这个安置点原来是这个村的农业用地，土地是属于一些农民的。国家从他们手中买到了土地，建设了安置点。也就是说到现在为止，共有大约 10 000 个左右的标准安置房屋单元。安置居民是那些来自马尼拉的贫困人口，经过国家相关机构调研并确认为安置房屋受益对象，他们绝大多数是马尼拉的无房人口。

以租代购

安置的居民首先必须是认定的房屋受益对象，另外他们必须交房租，采取以租代购的办法。据说这儿每套房屋最后交出房租的总价是 165 000 比索（大体上每月要交 300～500 比索，连续交 25 年，然后房屋就正式确认属于受益对象了）。另一种办法是对于一些稍微富裕的人口，也可以采取直接购买的办法，总价是 185 000 比索。可能这些人口不能被认定是房屋安置受益对象，但本身也比较贫困，因此也可以购买这种有政府补贴的房屋。这点类似中国针对城镇中贫困人口的廉租房。一旦受益对象完成了每月上交房租且持续交够 25 年，他就可以得到房屋证书（certificate），说明房屋将正式属于受益对象了，但还没有土地产权。这是因为这儿的房屋是联排的，只有一个联排中所有房屋都满足上述条件后，才有房屋证书和不动产权证书。

房租交费问题

这些房子虽然在 1999 年建成，但配套设施一直到 2005 年才完成。政府与安置居民达成共识，他们在居住的前几年不用交费，直到 2006 年才开始交费。但大家交费几年后，到 2011 年大多数居民都停止了交费。所访问的 KADAMAY 村分支机构负责人说，主要原因是之前大家交费了，但没有记录，于是就纷纷停止了交费，一直到现在都没有交费。作为国家住房收费机构能源办公室也经常有人来到安置点，提醒居民及时交费。但居民发现，如果他们现在补交的话，需要交的很多，因为有之前未能交费的滞纳金等高额罚款。总之，现在绝大多数安置居民没有交费。

洪灾问题

刚到村里就听 KADAMY 工作人员说，安置点每年有 3～4 次洪水，最高水位达到高于地面 50～60 厘米。洪水主要发生在每年的 7—9 月雨季最集中的时候，这期间降水量大，有时为强降雨，而安置点虽然有下水道排水，但远远满足不了排水需要。另外，这个安置点附件的一个河流，上游有 3 个大坝，用于蓄水供应大马尼拉地区饮用水。每年雨季集中期间，河水暴涨，导致洪水流进安置点大街上。据工作人员讲，安置点居民现在已经习以为常了，在洪水期间，他们采取防范措施，即把地面上一些不耐潮物品转移到高处存放。

最后，我们请KADAMAY机构工作人员大致罗列出她们认知的当地问题如下：

● 首先是生计问题。她们估计说大约一半劳动力没有找到工作，在本地的工作收入低。这是因为菲律宾各地也有最低工资标准，该省Rizal距离马尼拉2小时车程，其省内最低工资标准比较低。

● 住房不够。安置点居民每个房子只有23平方米，加上自己扩大的部分也就是25～26平方米，而每家都要有5～6人甚至更多。从1999年到现在17年过去了，这些家庭人口增长很快，孩子长大成人需要房屋，这也成为一个问题。

● 医疗问题。在考察中我们看到了一个院子，是原来的学校，2004年学校搬走腾空后，改造成几个机构：幼儿园、卫生室、图书馆、农业技术办公室等。根据机构工作人员反映，这儿没有医生，只有护士。这里不像在马尼拉，药品是免费的，需要花钱买药。

● 垃圾问题。她们说，当地市政府每月会派卡车来小区收集垃圾，这无法满足当地需求，导致安置点人们随便扔垃圾。但我们看到，大街上相对还比较干净，可能当地人卫生意识较强。

关于对策，她们分析如下：

● 请求政府在当地开办工厂，来增加当地就业；

● 请求政府免除她们每月的房租；

● 希望政府能够把各地最低工资标准一致起来；

● 请求政府给那些新成家的家庭提供住房。

中国—菲律宾渔业扶贫合作模式研究

清华大学一带一路战略研究院

课题组成员

黄德海　清华大学一带一路战略研究院副院长
高道明　清华大学一带一路战略研究院博士后
王　丽　清华大学一带一路研究院博士后

摘　要

本研究基于大量实地调研资料和文献材料，梳理了中菲渔业扶贫合作的背景和目标，探明了菲律宾典型贫困社区渔民生产生活状况以及面临的主要挑战，剖析了中国水产养殖产业发展经验及其对菲律宾的启示，揭示了中菲开展渔业扶贫合作的前景及可行性，进而提出了既能促进产业发展又能惠及贫困群体的渔业合作模式。主要内容和结论包括以下 9 个方面。

（一）中菲渔业扶贫合作的背景

（1）中菲关系实现从转圜、巩固到提升的跨越式发展。中菲关系已升级为全面战略合作关系，未来双方承诺将进一步加强渔业合作和减贫实践交流。

（2）菲律宾政府正致力于加快推进减贫步伐。菲律宾政府已制定一系列雄心勃勃的减贫目标和未来规划，有分享中国扶贫模式、开展反贫困合作的强烈期望。

（3）菲律宾粮食安全和营养保障面临巨大的挑战。捕捞资源衰退和水产品价格上涨降低了菲律宾穷人对水产品的可得性和可负担性，数以百万计的人口日常食品供给和营养难以得到保障。

（4）中菲渔业合作是缓解南海争端和保护南海渔业资源的一个重要方案。帮助菲律宾提高水产养殖发展能力，有利于缓解其渔民越界捕捞的生计压力，进而促进南海地区的和谐稳定和渔业资源的可持续开发利用。

（5）支持中国水产养殖技术“走出去”的现实需要。利用中国成熟的水产养殖技术和管理经验来促进菲律宾贫困渔民增产增收，将为稳步推进中菲渔业科技合作和企业投资奠定坚实的民意基础。

（6）践行中国助力实现 2030 年可持续发展议程承诺的必然要求。2030 年可持续发展议程的首要目标是消除贫困。中国积极和菲律宾分享和践行减贫的经验和做法，这将充分展现中国在实现 2030 年可持续发展议程上的世界领导力。

（二）中菲渔业扶贫合作的目标

（1）充分发挥菲律宾渔业产业优势，繁荣渔业部门经济。菲律宾发展渔业产业的资源禀赋优势得天独厚，中国输出其水产养殖业发展匮乏的资金、技术和管理要素，旨在挖掘菲律宾渔业资源潜力和提升渔业综合生产能力。

（2）改善菲律宾贫困渔民生计，促进沿海渔业社区的和谐稳定。大量菲律宾贫困家庭的生计高度依赖渔业，支持该国渔业产业化发展本身就可视为一项扶贫措施，势必会给贫困人口带来许多增收脱贫的机会。

（3）缓解菲律宾水产品供不应求的矛盾，提高国民食品安全和营养水平。

中菲渔业合作项目的实施将帮助菲律宾生产出更多可负担得起且营养丰富的水产品，改善该国最贫困人口的粮食安全和健康状况。

(4) 减少菲律宾渔业捕捞强度，实现渔业资源的可持续利用。几乎所有菲律宾近岸海域均存在过度捕捞问题。倘若渔民能从水产养殖产业发展中获得稳定的生计机会，就会自行减少捕捞强度，使得恢复渔业生态系统平衡成为可能。

(三) 菲律宾渔业社区贫困状况、致贫因素和减贫政策

(1) 沿海社区渔民贫困现状。沿海贫困渔业社区生产生活呈现出5个方面的特征：①生计高度依赖渔业捕捞；②生产资料严重匮乏和落后；③居住条件差；④教育程度普遍低；⑤容易受到自然灾害的不利影响。

(2) 主要的致贫因素。造成菲律宾沿海渔村贫困的原因错综复杂，既有该国总体社会发展失衡的因素，也有渔业产业发展陷入困境的因素。即：①较低的经济增长速度；②非“亲贫式”的增长模式；③财富和机会的高度不平等；④不当的渔业资源管理制度；⑤渔业资源退化，渔获数量和质量不断降低。

(3) 沿海社区的减贫策略。21世纪以来，菲律宾政府一直致力于减少渔业资源的压力，同时为沿海社区提供其他谋生选择。这些策略可以概括为三类：①可持续的海洋捕捞；②替代性工作；③搬迁到更安全的地方。从实践来看，在沿海贫困社区实现减少过度捕捞和提高生活水平的双重目标是极具挑战的。

(四) 菲律宾水产养殖业发展现状及主要挑战

(1) 减贫背景下的水产养殖业。菲律宾渔业资源持续衰退，很多渔业社区的社会经济状况不断恶化。发展水产养殖业不仅是一种可持续的替代生计选择，还保障了穷人的食品供给和健康，同时也是壮大和繁荣渔业部门经济的必由之路。

(2) 水产养殖业发展现状。过去十年里菲律宾水产养殖发展的主要特征可概括为4个方面：①虱目鱼、大虎虾、罗非鱼、泥蟹、海藻是菲律宾主要水产养殖品种；②水产养殖产量呈明显的下降趋势，产值呈缓慢上升态势；③不同品种的养殖体系不同，咸淡水池塘是主要的养殖体系；④海水网箱是发展最快的水产养殖体系；⑤养殖区域生产分散，不同品种的产区分布具有差异性。

(3) 水产养殖业发展面临的挑战。水产养殖发展对菲律宾渔业部门的整体生产力作出了重要的贡献，但仍存在诸多的挑战，即：①缺乏资金及信贷支持使得穷人准入受限；②优质种苗供应不足；③商业饲料成本高昂；④养殖和管理技术水平低；⑤收获后设施支持不力；⑥法律和制度支持不足；⑦自然灾害脆弱性问题突出。

(五) 中国水产养殖产业及技术发展现状

(1) 水产养殖发展的主要特征。渔业在中国农业与国民经济中占有重要的

地位。过去十年里，水产养殖业发展的主要特征可以概括为五个方面：①养殖产量和养捕比例持续提升；②养殖品种种类繁多，养殖方式不断优化升级；③单产总体呈上升态势；④水产品加工能力不断提升。

（2）水产养殖的产业贡献。水产养殖是中国大农业发展最快的产业之一，产业贡献十分突出，包括：①保障国家食物供给和营养安全；②繁荣农业经济和促进农民增收；③缓解农产品整体出口竞争力的下降；④减排二氧化碳，促进绿色低碳发展。

（3）水产养殖产业关键技术现状。①育种科技总体处于国际先进水平，构建了较为完善的育种技术体系；②在高效饲料配制技术、饲料添加剂研制技术和水产饲料加工工艺与装备技术方面取得了长足进步；③工厂化和深水网箱养殖是目前水产设施与装备技术的主攻方向，由于成本较高，普遍推广仍较为困难。

（六）中国水产养殖发展经验对菲律宾的启示

（1）确定“以养为主”战略，推动水产养殖业快速发展。菲律宾应确立水产养殖在渔业部门中优先发展战略地位，将更多的财政资金向养殖部门倾斜。

（2）依靠科学技术进步，促进水产养殖业跨越式发展。菲律宾要大力促进产业技术进步，包括提高各产业链条的技术水平；形成标准化的技术体系；加强对关键领域的研究人才扶持力度。

（3）建立健全技术推广体系，助力水产技术成果的科学转化。菲律宾要制定更合理的推广计划并予以资金支持；完善激励机制，吸引学历高、专业素质好的人才加入推广队伍；强化渔民学习，提高他们运用新信息和技术的能力。

（4）发展渔业专业合作组织，实现规模经营。菲律宾应引导和支持成立渔业专业合作组织，降低成员生产成本，提高成员议价和抗风险能力。

（5）理顺产业发展与减贫促进的关系。菲律宾应大力支持在活跃市场中发挥不可替代作用的大户和龙头企业，同时引导其和小规模养殖户建立利益联结机制，保护后者作为独立市场主体应享有的合法权益。

（6）适时调整产业指导方针，实现可持续发展。菲律宾要继续完善养殖水域的容纳量评估制度；发展不同类型的生态友好型养殖模式；视产业发展阶段情况推进设施标准化和现代化改造。

（七）中菲渔业扶贫合作的前景

（1）推进“一带一路”倡议同菲律宾国家发展战略的紧密对接。增加渔业部门和小规模渔民的经济机会是菲律宾中长期发展计划的主要内容，也是“一带一路”倡议下推进的中菲渔业扶贫合作重要目标。渔业扶贫合作的深入推进势必会增进双方信任，深化两国发展战略对接。

（2）促进中菲渔业贸易与投资，实现优势互补。帮助菲律宾培育一批具有市场竞争力的本土渔业企业，使他们成为推动菲律宾现代渔业发展、带动小规模渔民增收致富的重要力量，将为两国经贸和投资合作打下良好的政治和民意基础。

（3）拓宽中菲减贫合作渠道，强化两国减贫合作机制。实施中菲渔业扶贫合作项目是对现有的以经验交流为主的减贫合作渠道的重要补充。随着中菲渔业扶贫合作项目落地实施，并取得实实在在的成效，将有助于推动两国在环境保护、资源管理、医疗卫生、教育等其他领域的减贫合作。

（八）中菲渔业扶贫合作的可行性

（1）良好的双边关系为中菲渔业扶贫合作提供了政治保证。杜特尔特总统开始执政，在对华关系上呈现新的积极态度，政治外交关系的持续改善势必会为两国顺利开展渔业扶贫合作奠定基础。

（2）高度的减贫政治意愿与战略共识是中菲渔业扶贫合作的利益契合点。渔民是菲律宾政府减贫工作的重点对象。菲律宾政府已意识到水产养殖在减贫和发展战略中的关键作用，两国在渔业合作方面达成了越来越多的共识。

（3）可预期的市场需求是中菲渔业扶贫合作项目可持续发展的基础。菲律宾国内水产品供给难以满足日益旺盛的市场需求，水产养殖广阔的市场前景将为开展富有成效的产业扶贫项目奠定基础。

（4）技术适应性是中菲渔业扶贫合作项目顺利开展的关键保障。技术适应性是确保对菲律宾水产养殖技术有效输出的前提。中菲两国一衣带水、隔海相望，相似的自然条件增强了技术的适应性。

（九）中菲渔业扶贫合作模式

（1）资助成功的“龙头企业”，支持其经营和渔户带动模式的复制和推广。中国政府可为菲律宾社会企业解决产业发展的瓶颈问题提供技术支持，也可以资助其将运作模式在附近村庄或其他禀赋条件相似的地区进行复制和推广。

（2）援建水产养殖产业的相关配套设施，对贫困渔户增产增收提供支持。改进相关配套设施是提高菲律宾水产养殖生产力和可持续性的重要路径，包括增加优质种苗供应；降低配方饲料成本；改善收获后处理设施。

（3）举办中菲渔业技术培训与交流项目。以减贫为目的渔业技术培训与交流项目将针对资金和技术门槛较低、生产周期短和产量高的特定产业，进而确保贫困群体能够真正受益。

（4）建立促进小规模渔民准入的中菲海水养殖示范区。中国可与菲律宾渔业部门建立合作伙伴关系，设立减贫基金来帮助小规模渔民融入现有的海水养殖园系统。减贫资金用于无偿资助特定养殖项目或作为穷人的融资担保资金。

Abstract

This study is based on a large number of field investigation data and literatures, combs the backgrounds and targets of China-Philippines poverty alleviation cooperation in the fishery industry, verifies the production, living conditions and major challenges of the fisherfolks from typical poor communities in the Philippine, analyzes the development experiences of China's aquaculture and its enlightenment to the Philippines, reveals the prospect and feasibility of China-Philippines poverty alleviation cooperation in the fishery industry, then put forward to some ideas about the cooperation modes which both promote the industrial development and benefit the poor fisherfolks. The main contents and results include the nine aspects.

(Ⅰ) Backgrounds of China-Philippines poverty alleviation cooperation in the fishery industry

(1) The China-Philippines relations have achieved leapfrog development from the recovery and consolidation to upgrade. China-Philippines relations have been upgraded to a comprehensive strategic cooperative relationship, and both sides commit to further strengthen fishery cooperation and practical exchanges on poverty reduction in the future.

(2) The Philippine government is committed to accelerating the pace of poverty reduction. The Philippine government has formulated a series of ambitious poverty reduction targets and plans, and has a strong desire to share China's poverty alleviation model and carry out a bilateral anti-poverty cooperation.

(3) The challenges of food security and nutrition security in the Philippines are enormous. The declining fishery resources and the increasing price of aquatic products have reduced the availability and affordability of the poor in the Philippines, making it difficult for millions of people to obtain adequate food supplies and nutrition.

(4) The Fishery cooperation of China-Philippines is an important solution to ease disputes and protect fishery resources in the South China Sea. Helping the Philippines promote its aquaculture developmental capacity will contribute to reducing its fisherfolks' cross-border illegally fishing for their livelihoods, thereby promoting the harmony and stability and realizing the sustainable de-

velopment of fishery resources in the South China Sea.

(5) The actual needs to support Chinese aquaculture technology to go global. Using China's mature aquaculture technology and management experience to boost the production and income of poor fisherfolks in the Philippines will lay a solid public opinion foundation for steadily advancing China-Philippines fishery technological cooperation and corporate investment.

(6) The inevitable request to fulfill China's commitment to help realize the 2030 agenda for sustainable development. The primary goal of the 2030 agenda for sustainable development is the eradication of poverty. China actively shares its experience and practices in poverty reduction with the Philippines, which will fully demonstrate China's world leadership in realizing the 2030 agenda for sustainable development.

(Ⅱ) Goals of China-Philippines poverty alleviation cooperation in the fishery industry

(1) Give full play to the potential advantages of the Philippine fishery industry and prosper the fishery sector economy. The Philippines is endowed with unique advantages in developing its fishery industry. China exports its funds, technologies and management elements to tap the potential of fishery resources in the Philippines and enhance its comprehensive fishery production capacity.

(2) Improve the livelihood of poor fisherfolks in the Philippines and promote harmony and stability in its coastal fishing communities. A large number of poor families in the Philippines are highly dependent on the fishery industry for their livelihood. Supporting the fishery industrialization itself in the Philippines can be regarded as a poverty alleviation measure, which is bound to bring many opportunities for the poor people to increase their income and get rid of poverty.

(3) Alleviate the shortage of aquatic products and improve the food safety and nutrition level in the Philippines. The implementation of the China-Philippines fishery cooperation will help the Philippines produce more affordable and nutritious aquatic products, improving the food security and health of the poorest people.

(4) Reduce fishing intensity to achieve sustainable development of fishery resources in the Philippines. Overfishing is a common problem in almost all Philippine coastal waters. If the fisherfolks have a stable livelihood opportunity

from the development of aquaculture industry, they will reduce the fishing intensity, making it possible to restore the balance of fishery ecosystem.

(Ⅲ) The states and causes of poverty and major poverty reduction policies in the Philippines' fishing communities

(1) The poverty states of fisherfolks in coastal communities. The production and living conditions of coastal poor fishing communities show five characteristics: ①the livelihood is highly dependent on fishing; ②serious shortage and backwardness of means of production; ③very poor living conditions; ④generally low level of education; ⑤quite vulnerable to the adverse effects of natural disasters.

(2) Main causes of poverty. The causes of poverty in the Philippines' coastal fishing villages are complex, ranging from the overall imbalance in the country's social development to the fishery industry getting in serious troubles itself. Specifically: ① lower economic growth rate; ② non pro-poor growth model; ③high inequality of wealth and opportunity; ④improper fishery resource management system; ⑤ the degradation of fishery resources and the continuous reduction of the fishing quantity and quality.

(3) Poverty reduction strategies in coastal communities. Since the 21st century, the Philippine government has been working to reduce the pressure on fishery resources while providing coastal communities with other livelihood options. These strategies can be summarized into three categories: ①sustainable Marine fishing; ②alternative jobs; ③move to the safer places. In practice, achieving the double goals of reducing overfishing and improving living standards in poor coastal communities is extremely challenging.

(Ⅳ) Current status and major challenges of the Philippine aquaculture industry

(1) Aquaculture in the context of poverty reduction. Fisheries resources in the Philippines continue to decline and the socio-economic situations of many fishing communities continue to deteriorate. The development of aquaculture is not only a sustainable alternative livelihood option, but also a way to ensure food supply and health for the poor, as well as a necessary way to prosper the fisheries economy.

(2) The developmental state of aquaculture. The main characteristics of the aquaculture development in the Philippines in the past decade can be summarized in four aspects: ①Milkfish, tiger shrimp, tilapia, mud crab and sea-

weed are the main aquaculture species; ②the production volume of aquaculture shows a significant downward trend, and the production value shows a slow upward trend; ③the aquaculture systems of different varieties are different, and the brackishwater pond is the main aquaculture system; ④cage mariculture is the fastest growing aquaculture system; ⑤the production areas is very scattered, and major production areas of different varieties is quite different.

(3) Challenges to the development of aquaculture. Aquaculture development contributes significantly to the overall productivity of the Philippine fisheries sector, but challenges remain: ①the lack of financial and credit support that limits access for the poor; ②insufficient supply of high-quality seedlings; ③high cost of commercial feed; ④low level of production and management technology; ⑤poor post-harvest facility support; ⑥insufficient legal and institutional support; ⑦the vulnerability to natural disasters is prominent.

(Ⅴ) Current status of the aquaculture industrialization and technology development in China

(1) Main features of aquaculture. Fishery plays an important role in China's agriculture and national economy. In the past ten years, the main characteristics of the aquaculture industry can be summarized into five aspects: ①the ratio of culture and catching fishery continues to ascend; ②a wide diversification of aquaculture varieties; ③culture methods are constantly optimized and upgraded; ④the unit yield increases on the whole; ⑤the processing capacity of aquatic products continuously improves.

(2) Contributions of aquaculture industry. Aquaculture is one of the fastest growing industries in China's agricultural industry, and its contributions are outstanding. That includes: ①guarantee national food supply and nutrition; ②boost the agricultural economy and increase farmers' income; ③alleviate the decline of the overall export competitiveness of agricultural products; ④reduce carbon dioxide and promote green and low-carbon development.

(3) States of key technologies in aquaculture industry. ①the breeding technology is generally at the international advanced level, and a relatively complete breeding technology system has been established; ②great progresses have been made in high efficiency feed preparation technology, feed additive development technology and feed processing and equipment technology; ③factory and offshore-cage culture are the main directions of aquatic facilities and

equipment technology at present. Due to high cost, it is still difficult to popularize generally.

(Ⅵ) Enlightenments from China's experience in aquaculture development to the Philippines

(1) Establish the strategy of "giving priority to aquaculture" to promote the rapid development of aquaculture. The Philippines should establish a strategic priority for the development of aquaculture in the fishery sector and allocate more financial resources to the aquaculture.

(2) Rely on technological progress and promote the leaping development of aquaculture. The Philippines should vigorously promote the technological progress, including upgrading the technological level of all industrial chains, forming a standardized technical system and strengthen talent support in key industrial areas.

(3) Build and improve the system of technology extension to facilitate the transformation of aquaculture technological achievements. The Philippines should develop more reasonable extension plans and provide financial support; improve the incentive mechanism to attract highly educated and professional talents to join the extension teams; strengthen the fisherfolks' learning and enhance their abilities to apply the new information and technology.

(4) Develop specialized fishery cooperation organizations and realize scale operation. The Philippines should guide and support the establishment of specialized fishery cooperation organizations to reduce production costs of its members and enhance their bargaining power and resilience against risks.

(5) Rationalize the relationship between industrial development and poverty reduction. The Philippines should strongly support large and leading enterprises that play an irreplaceable role in invigorating the market, and at the same time guide them to establish interest linkage mechanisms with small-scale fisherfolks to protect the latters' legitimate rights and interests as independent market players.

(6) Timely adjustment of industrial guidelines to achieve sustainable development. The Philippines should continue to improve the capacity assessment system of aquaculture waters; develop different types of ecologically friendly culture models; promote the standardization and modernization of facilities according to the stage of industrial development.

(Ⅶ) Prospects of China-Philippines poverty alleviation cooperation in the fishery industry

(1) Deepen a closer link between the "the Belt and Road Initiative" and the Philippines' developmental strategy. Increasing the economic opportunities for the fishery sector and its small-scale fisherfolks is a major part of the Philippines' medium and long-term development plan, which also an important goal of China-Philippines poverty alleviation cooperation under the "the Belt and Road Initiative". The in-depth promotion of fishery poverty alleviation cooperation is bound to enhance mutual trust and deepen the alignment of bilateral development strategies.

(2) Promote the China-Philippines fishery trade and investment. Helping the Philippines cultivate a number of competitive local fishery enterprises and make them an important force in promoting the development of modern fishery and boosting the incomes of small-scale fisherfolks in the Philippines, which will lay a good political and public opinion foundation for the bilateral economic, trade and investment cooperation.

(3) Broaden and strengthen the China-Philippines cooperation channels and mechanisms on poverty reduction. The implementation of the China-Philippines poverty alleviation cooperation in the fishery industry is an important supplement to the existing poverty alleviation cooperation channels based on experience sharing. With the implementation of the fishery poverty alleviation cooperation and the tangible results achieved, it will help promote the cooperation in environmental protection, resource management, health care, education and other areas.

(Ⅷ) Feasibilities of China-Philippines poverty alleviation cooperation in the fishery industry

(1) Sound bilateral relations provide an politically important guarantee for China-Philippines poverty alleviation cooperation in the fishery industry. President Duterte has taken a new positive attitude towards relations with China since he took office. The continuous improvement of bilateral political and diplomatic relations is bound to lay a solid foundation for the smooth development of China-Philippines poverty alleviation cooperation in the fishery industry.

(2) The strong willingness to reduce poverty and the strategic consensus are the common interests of China-Philippines poverty alleviation cooperation

in the fishery industry. Fisherfolks are the major focus of the Philippine government's poverty reduction efforts. The Philippine government has recognized the key role of aquaculture in its poverty reduction and development strategies, and the two countries have reached increasing consensus on fishery cooperation.

(3) The expected market demand is the basis for the sustainable development of China-Philippines poverty alleviation cooperation in the fishery industry. The domestic aquatic product supply in the Philippines is unable to meet the growing market demand under the rapid population growth. The broad market prospect of aquaculture will lay a foundation for carrying out effective industrial poverty alleviation projects.

(4) Technical adaptability is the key guarantee for the smooth development of China-Philippines poverty alleviation cooperation in the fishery industry. Technical adaptability is a key prerequisite for ensuring the effective export of aquaculture technologies from China to the Philippines. China and the Philippines are separated by a strip of water and the similar natural conditions have enhanced the adaptability of technology.

(Ⅸ) Models of China-Philippines poverty alleviation cooperation in the fishery industry

(1) Donate to the successful leading enterprises and support the replication of their operation modes. The Chinese government can provide the technical supports for Philippine social enterprises to solve the bottleneck problem of industrial development, or fund them to replicate their operation mode in nearby villages or other areas with similar endowment conditions.

(2) Assist in the construction of appropriate industrial facilities to increase the production and economic benefits of the poor fisherfolks. Improving appropriate facilities is an important way to improve the productivity and sustainability of aquaculture in the Philippines, which includes increasing the supply of quality seedlings, reducing the cost of formula feed and improving post-harvest processing facilities.

(3) Conduct the China-Philippines fishery technology training and exchange programs. The training and exchange programs on fishery technologies for poverty reduction will target the specific industries with low capital and technology barriers, short production cycles, and high yields, thus ensuring that the poor can truly benefit.

(4) Establish the China-Philippines mariculture demonstration zone to promote access for small-scale fisherfolks. China could develop a partnership with the Philippine and establish poverty reduction funds to help small-scale fisherfolks integrate into the existing mariculture system. Poverty reduction funds are used to support specific projects directly or provide the financing guarantee for the poor.

第一节　中菲渔业扶贫合作的背景

一、中菲关系实现从转圜、巩固到提升的跨越式发展

2016 年 6 月，杜特尔特总统上台执政，摒弃了阿基诺三世政府奉行的极端亲美的外交政策，转而积极重建中菲友好关系。同年 10 月，杜特尔特总统访华，期间中菲签署了农（渔）业、投资、经贸、基础设施建设等领域的 13 个双边合作文件，同意恢复包括渔业联委会、科技联委会在内的双边对话机制。次年多个双边对话机制如期重启。例如，时隔 12 年第二次中菲渔业联委会于 2017 年 4 月在马尼拉顺利召开。同年 11 月，在李克强总理访菲期间，双方农业部代表签署了《关于中华人民共和国农业部向菲律宾赠送东星斑鱼苗的谅解备忘录》，中方将于 2017—2019 年每年向菲律宾巴拉望和达沃地区水产养殖户免费提供 10 万尾优质东星斑苗种。

2018 年是中菲关系发展史上具有里程碑意义的一年，这年 11 月，习近平主席首次对菲律宾进行国事访问，推动中菲关系升级为全面战略合作关系。两国领导人共同见证 29 项双边合作文件的交换签署，中菲关系实现从转圜、巩固到提升的跨越式发展。双方在渔业和减贫领域达成新的共识。未来双方承诺将进一步加强渔业合作和减贫实践交流，中方会为菲方在相关领域的能力建设提供协助。由此可见，开展中菲渔业扶贫合作是落实两国领导人共识的重要举措，势必会为中菲关系发展注入新的动力。

二、菲律宾政府正致力于加快推进减贫步伐

与其他东亚国家相比，菲律宾减贫步伐缓慢。过去 10 年里，菲律宾贫困发生率年均仅下降 0.9%，同期中国下降速度达到 2.5%[①]。2015 年，超过五分之一的人口（2 200 万）仍然生活在国家贫困线以下，贫困发生率高达 21.6%。菲律宾政府已经制定了一系列雄心勃勃的减贫目标和未来规划，包括 AmBisyon Natin 2040 和菲律宾发展计划（2017—2022）。倘若希望实现到 2022 年将贫困人口减少到 13%～15%的目标，即每年贫困人口下降率超过 1 个百分点，菲律宾政府势必要借助于国内和国际力量。因此，从减贫的现实需要来看，菲律宾有分享中国扶贫模式、合作开展反贫困的期望。正如习近平主席访问菲律宾时所作的承诺，“中国将继续在力所能及范围内向菲律宾提供支持，帮助菲律宾开展更多减贫等社会民生项目，打造增进两国人民了解和友谊

① World Bank Group. Making Growth Work for the Poor：a Poverty Assessment for the Philippines. Washington，DC：World Bank Group. 2018.

的新舞台”。

三、菲律宾粮食安全和营养保障面临巨大的挑战

对菲律宾人来说，水产品一直是动物蛋白、健康油脂和微量营养素的最重要来源。然而，渔业捕捞业衰退和水产品价格上涨降低了穷人对水产品的可得性和可负担性。一些贫穷的渔民过去每天捕20～30千克鱼，现在只捕3～4千克。数以百万计的人口日常食品供给和营养难以得到保障。2018年全球饥饿指数报告[①]显示，在119个国家中，菲律宾饥饿水平排名第69位，属于“严重饥饿”国家行列。作为世界上发展最快的粮食生产体系，水产养殖是为菲律宾城乡贫困人口提供更多水产品的主要希望。菲律宾政府在《2016—2020年国家渔业综合发展计划（CNFIDP）》明确提出通过适当的干预措施实现水产养殖产量增加15%。

四、中菲渔业合作是缓解南海争端和保护南海渔业资源的一个重要方案

南沙群岛是我国生物品种最为丰富的海域，海底有大片的珊瑚礁，是海洋生物的饵料仓库和繁殖基地。该水域鱼类年生产量不少于11万吨，渔业作业水域面积大，礁区单位面积渔获量高[②]。与邻近的菲律宾岛礁水域相比，南沙群岛开发水平很低，处于轻度开发状态。对于人口剧增、沿海渔业资源日益衰退的菲律宾渔民具有极大的吸引力。近年来，越来越多的菲律宾商业渔船赴中国南海捕鱼。即便是使用钓具、鱼叉等简单渔具的渔民也定期到该海域捕捞。渔业纠纷已成为南海争端的重要表现形式。积极对菲律宾输出中国水产养殖发展的资源、技术和产业经验，提高其水产养殖业自主发展能力，有助于缓解渔民越界开展海洋捕捞的生计压力，进而促进南海地区的和谐稳定和渔业资源的可持续开发利用。

五、支持中国水产养殖技术“走出去”的现实需要

水产养殖业是中国传统优势产业，中国长期稳居世界第一大水产品生产国和出口国的宝座。目前，中国在水产养殖种苗业、饲料业、设备工程和精深加工等产业链均取得了长足的进步。水产养殖业已成为中国农业对外合作的排头

---

① 全球饥饿指数（GHI）是由国际粮食政策研究所每年发布的反映当年各国相对于总人口的营养不足率、5岁以下儿童的低体重率和死亡率等的综合指数。指数以百分制来衡量一个国家，其中0为最佳（不存在饥饿），100为最差。饥饿指数范围在20～34.9的归类为“严重（serious）”、35～49.9为“不安（alarming）”、50以上为“极其不安（extremely alarming）”。

② 王国红．南海经略中的渔民政策：激励与保障［M］．北京：人民出版社，2018.

兵。菲律宾沿海地区拥有良好的自然禀赋条件，极其适合发展水产养殖业。然而，由于基础设施落后、产业技术水平低下等原因，菲律宾沿海地区渔民长期处于深度贫困状态。如果能成功利用中国成熟的水产养殖技术在菲律宾沿海贫困地区开展渔业扶贫项目，促进当地渔民增产增收和脱贫致富，这将为稳步推进中菲渔业科技合作和企业投资奠定坚实的基础。

六、践行中国助力实现 2030 年可持续发展议程承诺的必然要求

2030 年可持续发展议程的首要目标是在世界每一个角落永远消除贫困。改革开放以来，中国在扶贫方面取得了举世瞩目的成就，形成了一整套扶贫开发的完整体系，堪称全球典范。中国不仅将重心放在国内减贫事业上，在 2020 年前实现现有标准下贫困人口的全部脱贫，还承担着其作为大国的责任，通过“南南合作”以及“一带一路”倡议为其他国家提供减贫方案和援助。菲律宾是中国友好近邻，也是“一带一路”建设的重要伙伴。然而，正如世界银行所指出的那样，“菲律宾的增长速度慢于东亚其他高增长国家，不具有包容性，而且减贫工作滞后。”倘若中国积极和菲律宾建立长期的减贫合作机制，分享和践行中国在促进减贫方面的经验和做法，这将有助于充分展现中国在实现 2030 年可持续发展议程方面的世界领导力。

第二节　中菲渔业扶贫合作的目标

菲律宾渔业陷入了“捕捞业过度开发、养殖业停滞不前”的困境。开展渔业扶贫合作，旨在通过中国对菲律宾水产养殖技术、资金和管理要素的输出，助力其挖掘本国渔业优势，振兴产业发展，实现渔业资源可持续利用。鉴于渔业满足了菲律宾民众对动物蛋白的大部分需求，并为众多最脆弱的家庭提供了就业机会，此项合作势必会在提高食品安全和促进社区稳定方面发挥重要的作用。

一、充分发挥菲律宾渔业产业优势，繁荣渔业部门经济

菲律宾在发展水产养殖业方面具有十分丰裕的自然资源，包括辽阔的海洋面积、数量众多的湖泊、河流和水库以及大大小小适宜咸淡水养殖的出海口。由于工业尚不发达，多数水域水质干净，污染少，为饲养出品质良好的水产品提供了保障条件。此外，菲律宾地处热带，全年气温温暖，可多轮养殖许多周期短的鱼、虾、蟹、贝等品种。这些因素使得菲律宾在发展渔业产业上拥有得天独厚的禀赋优势。随着中菲渔业合作项目的推进，中方逐渐对菲输出其水产养殖业发展所匮乏的资金、技术和管理经验等生产要素，助力后者完善包括育

种、饲料、疫病防治、养殖装备、收获后设施等在内的一系列产业链条，不断挖掘菲律宾渔业资源潜力和提升渔业综合生产能力。

二、改善菲律宾贫困渔民生计，促进沿海渔业社区的和谐稳定

中菲渔业扶贫合作项目的目标不仅在于促进菲律宾水产养殖业发展、壮大起来，还要保障产业发展惠及贫民，实现扶贫效应。渔业属于典型的生产劳动密集型产业，因而具有惠贫利贫的天然属性。在这个意义上，支持菲律宾渔业发展本身就可视为一项扶贫措施。中国渔业产业扶贫典型案例表明，一旦产业发展起来，就能够形成集群效应，降低获得生产资料、技术服务的成本，提高市场可及性，拓宽养殖利润空间，增加就业机会，从而给包括贫困渔民在于的小规模渔民开辟增收致富的通道。鉴于大量菲律宾家庭的生计和收入高度依赖渔业产业，尤其是沿海社区，支持该国渔业产业化发展，必然能够给贫困人口带来许多增收脱贫的机会，最终促进社会的和谐与稳定。

三、缓解菲律宾水产品供不应求矛盾，提高国民食品安全和营养水平

水产品一直是菲律宾民众最喜爱、最便宜的蛋白质来源。然而，由于人口过快膨胀，“吃鱼难”“吃鱼贵”问题日益突出，菲律宾人均鱼类消费呈现明显的下降趋势。这种下降在某种程度上反映了菲律宾富人转向其他肉类的趋势，但这也暴露出菲律宾穷人营养匮乏的问题。有研究表明，菲律宾穷人比富人更严重地依赖鱼类作为动物蛋白质的主要来源，因为最贫困的20%家庭的鱼类支出占肉制品支出比例超过70%，而最富裕的20%家庭的这一比例为38%[①]。在捕捞业持续衰退的背景下，水产养殖是为菲律宾城乡贫困人口提供更多鱼类的主要希望。中菲渔业合作项目的实施将帮助菲律宾生产出更多可负担得起且营养丰富的水产品，改善该国最贫困人口的粮食安全和健康状况。

四、减少菲律宾渔业捕捞强度，实现渔业资源的可持续利用

菲律宾政府早已意识到本国渔业资源日益恶化，于20世纪90年代起积极推动包括水产养殖在内的生计替代战略，旨在谋求资源开发的可持续性。由于资金和技术匮乏，水产养殖业难以获得长足的发展。有限的生计机会使得菲律宾渔民不断增加捕鱼努力，几乎所有的近岸海域均存在破坏性捕捞和过度捕捞问题。中菲渔业扶贫合作的实质是前者对后者提供水产养殖发展所需的资金、

① The WorldFish Center. Supply and demand issues affecting fisheries and aquaculture in the Philippines. WorldFish Center Issues Brief. Malaysia，2008.

技术和设备支持，吸引贫困渔民主动参与产业化经营。只要渔民能够切实从水产养殖产业发展中获得长期、稳定的生计机会，就会自行减少捕捞需求和降低捕捞强度，使得恢复和重构渔业生态系统平衡成为可能，进而促进渔业资源利用的良性循环。

第三节　菲律宾渔民贫困问题研究

一、沿海社区渔民贫困状况

菲律宾群岛[①]由 7 641 个岛屿组成，陆地总面积为 30.1 万平方千米。包括专属经济区在内的海洋水域总面积 220 万平方千米，海岸线总长 36 289 千米。大陆架和珊瑚礁面积分别为 1 846 万公顷和 270 万公顷。值得一提的是，菲律宾位于珊瑚三角区（Coral Triangle）中心，是全球海洋生物多样性中心[②]。其中，位于八打雁省（Batangas）和民都洛省（Mindoro）之间的佛得岛通道号称是地球上海洋物种最集中的地方，是世界上 60%已知鱼类和 300 多种珊瑚的家园（表 1）。

表 1　菲律宾海洋和内陆水域资源

资　　源	单位	面积
A：海洋资源		
1. 总领海	万公顷	22 000
a：沿海	万公顷	2 660
b：海洋	万公顷	19 340
2. 大陆架区域	万公顷	1 846
3. 珊瑚礁区域	万平方千米	2.7
4. 海岸线	万千米	1.75
B：内陆水域资源		
1. 沼泽地	万公顷	24.6
2. 现存池塘：	万公顷	25.3
3. 其他内陆水域资源	万公顷	25

数据来源：Fisheries Statistics of the Philippines 2015—2017。

① 菲律宾划分为吕宋、米沙鄢和棉兰老三大岛组，设有 17 个区（region），下设 80 个省（province），145 个市（city），1 489 个镇（municipality）和 42 036 个村（barangay）。

② 珊瑚三角是指一个生物多样性丰富的地理区域，覆盖了印度尼西亚、马来西亚、巴布亚新几内亚、菲律宾、所罗门群岛和东帝汶周围近 600 万平方千米的热带水域。Carpenter 和 Springer（2005）对海洋物种丰富度的模式分析结果表明，物种浓度最高的是菲律宾，这使得菲律宾成为全球海洋鱼类生物多样性中心。

尽管菲律宾渔业资源禀赋得天独厚，但沿海地区渔民长期处于深度贫困状态。菲律宾统计局（PSA）公开数据显示，2006 年以来渔民一直是该国贫困发生率最高的部门。近年来，菲律宾减贫步伐有所加快，不过渔民贫困发生率仍高达 34%，仍远高于全国平均贫困发生率（21.6%）。从地区分布来看，位于吕宋岛的比科尔大区的贫困发生率最高，为 48.5%；其次是位于棉兰老岛的达沃大区和棉兰老穆斯林自治区（ARMM），分别是 43.8%和 43.4%（表 2）。

表 2 菲律宾各地渔民贫困发生率

地区	2006	2009	2012	2015
全国平均	41.2	41.3	39.2	34.0
国家首都大区				
科迪勒拉行政区				
伊罗戈斯大区	44.8	39.5	20.1	22.0
卡加延河谷大区				
中央吕宋大区				
甲拉巴松大区	24.7	27.1	39.2	19.0
西南他加禄大区	37.9	38.7	36.5	26.2
比科尔大区	47.8	45.1	45.6	48.5
西米沙鄢大区	33.5	32.1	27.6	18.6
中米沙鄢大区	46.0	43.4	40.2	31.2
东米沙鄢大区	45.1	49.0	46.4	40.0
三宝颜半岛大区	56.7	54.3	40.4	34.2
北棉兰老大区				
达沃大区	46.3	43.0	36.5	43.8
南哥苏萨桑大区				
卡拉加大区	61.8	68.6	49.6	38.9
棉兰老穆斯林自治区	44.5	40.3	42.9	43.4

注：国家首都大区、科迪勒拉行政区、卡加延河谷大区、中央吕宋大区、北棉兰老大区、南哥苏萨桑大区渔民的贫困发生率估计值由于精度极低和样本量小而被排除在外。

课题组对位于棉兰老岛的北拉瑙省拉拉镇（Municipality of Lala，Lanao Del Norte）Pacita 村和 Camalan 村、三宝颜市（Zamboanga City）Mercedes 村、北达沃省帕纳博市（Panabo City，Davao del Norte）Cagangohan 村四个典型沿海村庄进行了实地考察，与村庄领导者、村民代表和当地政府工作人员展开了深入访谈。受访渔村主要的生产生活特征可概括为以下五个方面：

（一）生计高度依赖渔业捕捞

生计手段单一化是受访社区的共性。男性渔民是沿海或内陆水域捕捞的主体。在水产养殖投资较为发达的村庄，渔民还可能作为兼业或全职看护和饲养工人。妇女和儿童较少从事渔业捕捞，通常是在近岸收集贝壳类物种，同时负责家庭捕获品的简单加工和销售。对捕捞业的严重依赖给资源及依赖者本身带来了相当大的风险，特别是在渔业资源持续退化的背景下。

（二）生产资料严重匮乏和落后

对于多数菲律宾渔民来说，拥有一艘机动钢制渔船是可望而不可即的。很多渔民使用手动木制渔船进行捕捞作业。2017 年，菲律宾注册市政渔船共有 247 146 艘，仍有 37％为非机动渔船，其余 63％的机动渔船中有相当大一部分并非个人持有，而是政府免费提供、多位渔民共同使用的。即使是机动渔船，装备也比较落后，即吨位小、功率低。

（三）居住条件差

在走访的社区，随处可见搭建在水中仅有三四十平方米的木制平房，渔民一家老小居住于此，有时这些房屋的正门就在涨潮线上。贫困家庭拥有的卫生设施、清洁水、电力和家庭资产非常有限。世界银行公开数据显示，2015 年，30％菲律宾贫困家庭没有卫生设施；70％贫困家庭无法获得清洁水；25％贫困家庭无法正常用电；15％贫困家庭无法拥有电话、电视机或电脑等至少一项通信资产；87％的贫困家庭无法拥有汽车、摩托车或摩托艇等至少一项流动资产；88％的贫困家庭无法拥有冰箱、煤气灶、洗衣机或空调等至少一项耐用资产。

（四）教育程度普遍低

只有少数成年渔民完成中等教育。低水平的教育和技能意味着他们无法在正规部门竞争生产性工作岗位。得益于 2007 年启动的一项名为 Pantawid Pamilya 的社会保障计划，他们的下一代受教育水平有所提高。该计划每月向贫困家庭人均发放 117 比索，但家长需要遵守相应的子女受教育条件[①]。尽管如此，贫困渔民家庭年轻一代极少能从高等教育中受益。一方面，低质量教育水平无法激励年轻一代持续求学；另一方面，由于生育率高而渔业资源在退化，年长子女不得不辍学，承担渔业捕捞的辅助工作，确保全家生计得以维持。

（五）容易受到自然灾害的不利影响

菲律宾位于太平洋边缘的火山和地震活动带。每年平均有 20 个热带气旋

① 教育条件：a. 3～5 岁的儿童在幼儿园或日托所上学，并保持每月至少 85％的上学天数；b. 6～18 岁的儿童在小学或中学入学，并保持每月至少 85％的上学天数。

袭击这个国家，其中 5～7 个是具有破坏性的[①]。一般的渔民家庭购买或打造一条用于生产的渔船需要耗费多年积蓄，甚至债台高筑。渔民家庭一旦遇到强台风等自然灾害，不仅会造成渔船等财产损失，还可能会造成渔民人身伤亡。这种“船毁人亡”的灾难通常是一个渔民家庭所无法承受的，他们很难依靠自己的力量恢复生产和维持意外事故前的生活水平。

二、主要的致贫因素

造成菲律宾沿海渔村贫困的原因错综复杂，既有该国总体社会发展失衡的因素，也有渔业产业发展陷入困境的因素。具体来看：

（一）较低的经济增长速度

2006—2015 年，菲律宾 GDP 和人均 GDP 年均增长率分别是 5.4% 和 3.8%，比同期表现最好的中国低 4～5 个百分点（表 3）。菲律宾家庭收入和支出调查（FIES）数据显示，家庭人均收入增长更慢，平均每年只有 1.6%。这十年里，只有不到 10%（从 37%升至 44%）的人口进入了全球中产阶级。在亚洲其他地区，2015 年经济稳定的中产阶级占人口近三分之二，较 2002 年略高于五分之一的比例大幅增加。相比之下，菲律宾的增幅非常温和。缓慢的减贫进程显然与该国壮大中产阶级方面取得的进展有限有关。快速增长的中产阶级不仅仅是自身享有更大的经济保障和更高的生活标准，而且可以通过税收机制促进他人福利增长，同时也是驱动更好政府治理的有力支持者。

表 3　2006—2015 年东亚地区 GDP 和人均 GDP 增长排名前十的国家

国家	2006—2015 年 GDP 年均增长率	排名	国家	2006—2015 年 人均 GDP 年均增长率	排名
中国	9.6	1	中国	9.05	1
缅甸	9.21	2	缅甸	8.4	2
蒙古	8.43	3	蒙古	6.73	3
老挝	7.95	4	老挝	6.14	4
帝汶岛	7.02	5	柬埔寨	5.3	5
巴布亚新几内亚	6.97	6	越南	4.99	6
柬埔寨	6.96	7	巴布亚新几内亚	4.57	7
越南	6.12	8	帝汶岛	4.49	8
印度尼西亚	5.63	9	印度尼西亚	4.27	9
菲律宾	5.43	10	菲律宾	3.8	10

数据来源：世界发展指数（WDI）。

① Bowen T.. Typhoon Yolanda（Haiyan）and the Case for Building an “Emergency Cash Transfer” Program in the Philippines. Philippines Social Protection Note，No 10. Washington，DC：World Bank Group.

(二) 非“亲贫式 (pro-poor)”的增长模式

许多东亚国家建立了蓬勃发展的制造业，提供了大量劳动密集型就业岗位，吸收了包括渔业在内的农业部门过剩的低技能劳动力，并为他们提供了高得多的工资收入。菲律宾还没有完全建立一个制造业部门，这使它处于非常不利的地位。离开农业的工人通常从事低端服务业，这些部门通常工资低，技能低。根据《菲律宾发展报告》，超过四分之三的服务业由低工资或低技能的工作组成，如小型零售贸易和公共交通①。服务业的低生产率并不能为大幅加薪提供基础，限制了本国减贫和共享繁荣的范围。工资是大多数菲律宾家庭收入的主要来源，过去 10 年里实际工资整体仅增长 4%。

(三) 财富和机会的高度不平等

菲律宾基尼系数在过去十年中徘徊在 45%左右。根据瑞士信贷《2017 年全球财富报告》估计，菲律宾最富有的 1%人口拥有全国 50%以上的财富，位居俄罗斯、土耳其和中国香港之后的第四位②。财富分配的高度不平等对商业环境产生了负面影响，限制了长期投资、包容性增长和生产性就业创造。掌握巨额财富的一小部分人有强烈的兴趣维持现状，并有能力阻碍为促进包容性增长和减贫所需要的改革的实施。人力资本质量和家庭收入差异也在很大程度上导致菲律宾不平等的产生。贫穷的孩子从一开始就处于不利地位，他们获得高质量医疗保健和儿童早期教育的机会有限，进而削弱了他们日后成功的能力。

(四) 不当的渔业资源管理制度

菲律宾捕捞渔业分为市政渔业（Municipal fisheries）和商业渔业（Commercial fisheries）。市政渔业指在市政管辖的水域内（不超出 15 千米海岸线）不使用船或使用 3 总吨（GT）及 3GT 以下的船从事捕捞。商业渔业是指捕捞设备功率超过 3GT，在市政水域以外（超出 15 千米）海岸线进行作业。根据 2002 年菲律宾渔业普查资料，在 160 万渔民中，共有 137 万都是小规模的，占比为 86%③。可见，为数众多的小规模渔民只能使用落后的装备在狭小水域竞争作业来获得食物和收入。数量稀少的商业渔民④则利用先进设备在广阔水域进行捕捞，还享有着政府的燃料和渔具购置补贴。尽管如此，商业船队还时常进入市政水域非法捕捞。在市政渔民举报后，政府往往追责不力。

① World Bank Group. Philippine Development Report：Creating More and Better Jobs. Washington，DC：World Bank Group. 2013.

② Credit Suisse Research Institute. Global Wealth Report 2017. Zurich.

③ The Philippines' Bureau of Fisheries and Aquatic Resources. Philippine fisheries profile 2017，2018.

④ 商业渔船要到市政外海域捕鱼，需要渔业和水产资源局（BFAR）颁发执照，每三年更新一次。2016 年，共有 3 473 艘商业捕鱼船队获得 BFAR 的许可。

（五）渔业资源退化，渔获数量和质量不断降低

人口快速膨胀和社会经济发展驱动下的水产品需求剧增，激励着渔民不断提高捕捞强度。过度捕捞问题非常普遍，随之而来的是渔业资源不断衰退。受访渔民表示，他们日捕捞量从过去的 20～30 千克降至现在的 3～4 千克。菲律宾渔业统计数据显示，自 2011 年以来，市政海洋捕捞量呈现显著的下降趋势，从 2010 年 118 万吨的峰值降至 2017 年的 96 万吨①。优质渔获品种数量下降尤为明显，例如大眼金枪鱼、黄鳍金枪鱼和护卫舰金枪鱼产量降幅分别达到 52%、25%和 16%；鲣鱼和篮子鱼降幅也超过 20%。高价值鱼类捕捞量下降的直接后果是渔民收入下降。一些低价值鱼类产量下降，例如毛缘沙丁鱼和凤尾鱼，则直接对贫困渔民家庭的食品供给和健康构成威胁。因为对于他们来说，鱼类是动物蛋白、健康油脂和微量营养素的最重要来源。

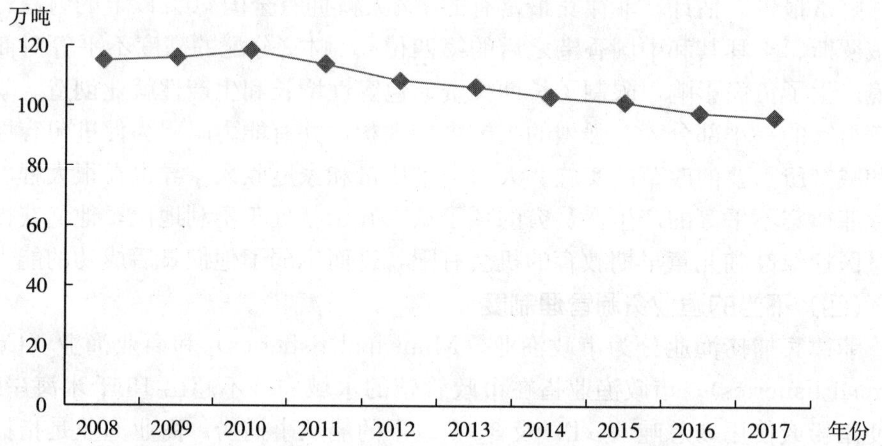

图 1　2008—2017 年市政海洋渔业捕捞量

数据来源：菲律宾渔业统计（The Fisheries Statistics of the Philippines）。

三、沿海社区的减贫策略及挑战

菲律宾大量沿海社区人口高度依赖海洋渔业资源维持生计，然而这些资源正在处于衰退过程。一份针对菲律宾 44 个镇的研究②发现，30 个市政水域渔业“必将崩溃”，市政水域必须得到更好的保护，以减少过度捕捞。21 世纪以

① Philippine Statistics Authority. The Fisheries Statistics of the Philippines，2015—2017，Manila，2018.

② Muallil R N，Mamauag S S，Cabral R B，et al. Status，trends and challenges in the sustainability of small-scale fisheries in the Philippines：Insights from FISHDA（Fishing Industries' Support in Handling Decisions Application）model. Marine Policy，2014（44）：212 - 221.

来，菲律宾政府一直致力于减少渔业资源的压力，同时为沿海社区提供其他谋生选择。这些策略可以概括为三类：①可持续的海洋捕捞；②替代性工作；③搬迁到更安全的地方。从实践来看，在沿海贫困社区实现减少过度捕捞和提高生活水平的双重目标是极具挑战的。

（一）可持续的海洋捕捞策略

多年来，菲律宾政府、国内外非政府组织积极采取诸多的措施来防止进一步的渔业资源退化和过度开发。首先，审慎发放大型机动船只和大型设备的捕捞许可，注重对维持生计和小规模渔民捕捞权的保护。其次，建立海洋保护区（MPAs），以保护海洋环境和恢复渔业资源。1998 年菲律宾渔业立法规定，在15％的沿海市政水域设立禁渔海洋保护区；菲律宾海洋保护区战略设定了2020 年以前在禁渔海洋保护区内保护 10％的珊瑚礁区域的目标。还有临时禁捕区的制度安排，例如自 2011 年起三宝颜半岛实行沙丁鱼禁渔期（12 月 1 日至 3 月 1 日）政策。再次，通过投放人工鱼礁来鼓励鱼类更容易更快地繁殖。当前，国际组织对菲律宾沿海社区生计援助方式之一就是投放人工鱼礁。2013年英国红十字会资助了伊洛伊洛省 Ajuy 镇的人工鱼礁项目，预计该镇 6 个村庄渔民将受益。该项目成功的关键是建立有效的监测和控制框架来阻止在人工鱼礁附近捕鱼。如果沿海社区过早开始在珊瑚礁周围捕鱼，没有给鱼足够的时间和空间进行繁殖时，人工鱼礁可能起不到恢复渔业资源的作用。

尽管几乎所有受访者都意识到过度捕捞的问题，而且多年来渔获量不断下降，但渔民们还是坚持捕鱼。所有受访者家庭都有一名或多名成员参与捕鱼。捕鱼主要是出于商业原因，但在需要的时候，渔民把鱼留给自己消费。鱼通常在当地的新鲜市场出售或向中间商出售，中间商将鱼运输到大的城市地区。从对拉拉镇 Pacita 村和 Camalan 村渔民代表的访谈中，可以找出这种强烈的坚持的三个原因：一是政府实施的发放渔船政策，拥有渔船的人数增加；二是对政府实施的人工鱼礁投放和红树林恢复项目持乐观预期，即渔获量在中期会有所改善；三是缺乏其他生计手段所需的资金和技能。

（二）从海洋捕捞到就地替代就业策略

自从认识到海洋渔业资源储量低得惊人以来，菲律宾政府、学者和发展工作者鼓励沿海社区谋求生计基础的多样化，也就是从捕捞业转向其他海洋和非海洋资源。多元化确实应该被普遍视为一种积极的生计战略，但有三方面因素阻碍其成功。首先，由于资源和海洋环境所有权的模糊性，加上沿海地区往往较为贫困，制度安排难以实施和执行。其次，对于地处边缘的沿海农村社区来说，进入市场销售产品往往是困难的。长远路途，坑坑洼洼的道路，高昂的运输成本，城市市场之间不同的语言，农业投入品和原材料采购困难，对市场趋势和客户偏好知识缺乏，以及官僚障碍都能严重阻碍渔民寻求新的谋生方式。

第三，其他以海洋为基础的产品多样化面临诸多的挑战。20 多年来，菲律宾政府一直认为在沿海社区种植海藻是最好的多样化战略之一。然而，频繁的极端天气使得依赖海藻并不一定会降低生计脆弱性。2013 年台风“尤兰达”（Yolanda）摧毁了菲律宾相当大部分的海藻，许多种植者不得不从零开始。2015—2016 年厄尔尼诺现象带来的海洋温度升高导致了更多疾病，海藻产量大幅下降。除了水产养殖，政府还鼓励通过发展旅游业来增加收入。不过，渔业和旅游业之间的权衡是复杂的。例如，巴拉望群岛旅游业发展导致对石斑鱼品种的高需求，助长渔民继续捕鱼的热情。过去十年里石斑鱼捕捞量下降了近 10%。

（三）易地搬迁策略

在沿海地区常常能看到整个村庄建筑和城市贫民窟在高潮线 40 米以内，甚至就在高潮线上。台风“尤兰达”夺走了 6 300 多人的生命，致使菲律宾政府更加重视沿海地区的安全，因为大部分伤亡和破坏都发生在海滩上。菲律宾国家住房管理局发起了若干社会住房项目，为贫困渔民在安全地区提供长期住房。课题组走访的帕纳博市政府通过新建公共住宅来鼓励渔民搬迁。当地政府人员表示该项目实施效果不佳，大多数家庭只是在有需要的时候才会把它们作为住宅，很多时候还是在旧处居住和劳作。造成这一局面的原因是多样的。客观来说，公共住宅对一个至少有五个成员的家庭来说太小，并且在隐蔽性和水电供应方面并不能让搬迁户满意。不过，最关键的还是渔民在非渔业部门寻找体面工作的技能严重缺乏。在菲律宾，大学毕业生可以找到小学教师、护士、警察和公司雇员工作，但即便是渔民的子女，也很少有上大学。此外，政府在为离岸渔民提供技能培训和替代生计方面所作的努力也有限的。因此，社会中最贫穷的群体不会从迁往城镇中获益多少。

第四节　菲律宾渔业发展现状及挑战

一、减贫背景下的水产养殖业

由于过度捕捞和非法捕捞，菲律宾大部分渔场的鱼类资源正在枯竭和退化，而依赖这些资源的人口不断增加，使得该国大多数渔业社区的社会经济状况日益恶化。在这样的背景下，发展水产养殖业不仅作为一种可持续的替代生计选择，还保障了穷人的食品供给和健康，这也是壮大和繁荣渔业部门经济的必由之路。

（1）作为沿海贫困社区的一项替代性生计方案。在渔业资源枯竭的过程中，渔民和其他家庭成员迫切需要发展非资源开采生计来确保食物和收入的获取。由于地理上的孤立和自身文化素质水平低，学习适应非海洋环境技能并胜任相关工作对他们来说是困难的。正在实施的搬迁计划则可能造成社会不稳定，因为大多数渔民非常依赖他们那一代的生活环境，在其他地方看不到未来。相比之下，就地发展水产养殖业可成为经济上可行和多样化收入来源的生计选择，穷人可以通过利用一系列资产从事各种生产活动。根据菲律宾国家海洋中心提供的数据，在帕纳博市海水养殖园 1 个家庭经营 1 个网箱的平均年收入为 5 万～6.5 万比索，平均每月获得 1 万～1.5 万比索额外收入。

（2）确保贫困人口食品安全和健康。对菲律宾人来说，鱼类一直是动物蛋白最重要的来源，2017 年，该国人均消费鱼类和渔业产品 40 千克（相当于 109 克/天）。然而，渔业捕捞量下降和鱼类产品价格上涨降低了穷人食用水产品的可获得性和可负担性。一些贫穷渔民现在每天捕获量仅为过去的十分之一。尽管他们可以直接获得渔业资源，但沿海渔业社区仍可能是粮食最不安全的地方。水产养殖现在是为菲律宾城乡贫困人口提供更多鱼类的主要希望。即便水产养殖发展较为缓慢，但在提高菲律宾普通民众水产品的可获得性、消费和营养方面的表现是不俗的。目前，养殖罗非鱼比鸡肉便宜，而且正在取代以前便宜的海鱼，例如圆形竹荚鱼成为穷人的食物。

（3）助力渔业部门经济的振兴。菲律宾群岛特征使得该国在构建繁荣的渔业经济方面具有良好的前景。现状却是，不管是捕捞业还是水产养殖业，均先后出现衰退（图 2）。由于渔具效率提高、渔民人数增加，以及污染和破坏性人类活动等影响，当前捕捞业衰退具有一定的必然性。从国际经验来看，即使海洋渔业资源恢复和保护工作到位，捕捞量也最终会趋于平稳，而不太可能出

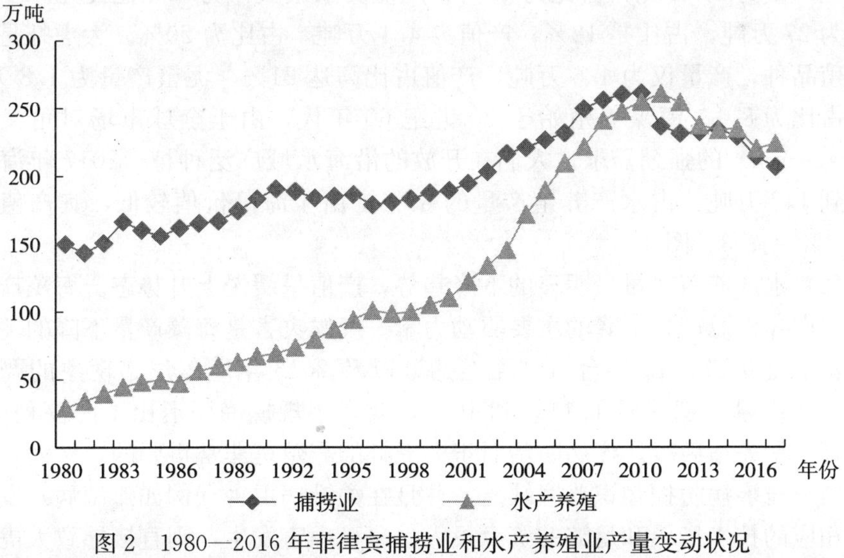

图 2　1980—2016 年菲律宾捕捞业和水产养殖业产量变动状况

数据来源：菲律宾渔业统计（The Fisheries Statistics of the Philippines）。

现大幅回升。相比之下，菲律宾水产养殖业仍具有极大的潜力待挖掘。一方面各养殖品种单产普遍极低，很容易通过普及现代化养殖技术获得高产量；另一方面现存池塘仅有 25 万公顷，仍有广阔的沿海和内陆水域来扩大养殖面积。水产养殖业的产业效益不仅体现在最终产品的价值，还会带动育种、饲料、建造材料以及收获后设备等产业的联动发展。以中国为例，2017 年渔业工业、建筑业、流通和服务业在整个渔业经济中的产值占比总和首次超过了渔业产值。

二、水产养殖业发展及现状分析

自 20 世纪 40 年代中期起，菲律宾渔业总产量（主要来自捕捞业）大幅增长。80 年代，沿海或小规模渔业生产仍在积极增长，但速度较慢。进入 90 年代，与大多数渔场有关的重要沿海生态环境开始退化，捕捞量增长停滞。菲律宾政府意识到广阔的沿海水生资源并不意味着也不能保证渔业作为沿海社区生计的可持续性。作为应对渔业生产率下降的主要措施之一，自 2000 年以来该国渔业和水产资源局一直致力于促进和支持水产养殖，旨在为沿海渔民提供替代性或补充性的生计和食物来源。2017 年，水产养殖业对渔业部门的贡献最高，产值为 20 亿美元，占 41%，其次是市政捕捞部门，产值为 16.6 亿美元，占 34%；商业捕捞部门贡献了 11.8 亿美元，占 24%。过去十年里菲律宾水产养殖发展的主要特征可概括为以下四个方面：

（1）虱目鱼、大虎虾、罗非鱼、泥蟹、海藻是菲律宾主要水产养殖品种。虱目鱼产量为 41 万吨，占比为 18%；产值贡献最大，为 7.5 亿美元。罗非鱼产量为 27 万吨，占比是 12%；产值为 4.1 万吨，占比为 20%。大虎虾是高价值养殖品种，产量仅为 4.6 万吨，产值占比高达 21%。泥蟹产量为 1.8 万吨，产值占比为 8%。海藻养殖始于 20 世纪 60 年代，由于全球市场对角叉菜胶（carrageenin）的强劲需求，人们在开放的沿海水域广泛种植。2017 年海藻产量达到 142 万吨，占水产养殖产量的 63%。由于海藻价值较低，其产值占比仅为 8%（图 3、图 4）。

（2）水产养殖产量呈明显的下降趋势，产值呈缓慢上升势态。海藻产量下降是水产养殖总产量下降的主要驱动力量。气候灾害是海藻产量下降的关键诱因，特别是受到 2013 年台风“尤兰达”以及 2016 年厄尔尼诺现象的严重破坏，当年产量分别下滑了 11%和 10%，众多小规模渔民退出了海藻种植业。大虎虾产量先增后减。疾病防治对于大虎虾的养殖是非常重要的。然而，菲律宾养殖户对疾病防控知识普遍缺乏，并且在关键病虫害（例如弧菌病）发生后缺乏相应的技术指导和足够的资金投入。一旦病害发生，则直接导致大虎虾减产。由于养殖面积扩大和技术的推广采用，虱目鱼产量出现较大的增长，尤其

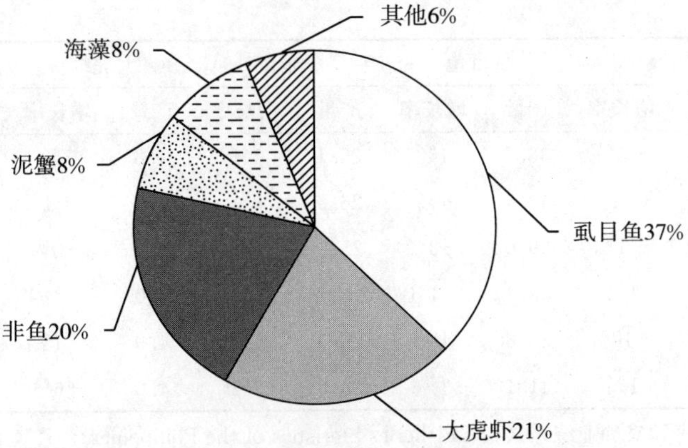

图 3　2017 年水产养殖的品种及产值占比

数据来源：菲律宾渔业统计（The Fisheries Statistics of the Philippines）。

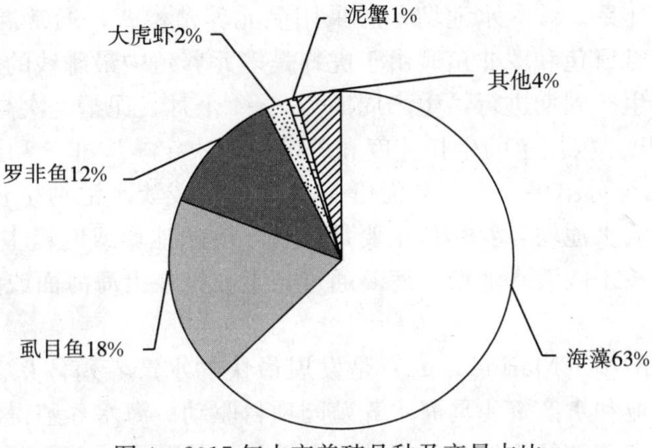

图 4　2017 年水产养殖品种及产量占比

数据来源：菲律宾渔业统计（The Fisheries Statistics of the Philippines）。

是近两年。得益于此，菲律宾水产养殖在产量大幅下滑的背景下，产值能够保持稳定。罗非鱼产量增长较为缓慢。泥蟹体量不大，但增速较快（表 4）。

表 4　2008—2017 年主要水产养殖品种产量变动状况

单位：万吨

年份	海藻		虱目鱼		罗非鱼		大虎虾		泥蟹	
	产量	增长率	产量	增长率	产量	增长率	产量	增长率	产量	增长率
2008	166.7	—	35.1	—	25.7	—	4.5	—	1.2	—
2009	174.0	4%	34.8	−1%	26.1	1%	4.8	5%	1.4	18%
2010	180.1	4%	34.9	1%	25.9	−1%	4.8	1%	1.4	5%
2011	184.1	2%	37.3	7%	25.7	−1%	4.7	−1%	1.6	9%

（续）

年份	海藻		虱目鱼		罗非鱼		大虎虾		泥蟹	
	产量	增长率	产量	增长率	产量	增长率	产量	增长率	产量	增长率
2012	175.1	−5%	38.7	4%	26.1	1%	4.8	1%	1.6	4%
2013	155.8	−11%	40.1	4%	26.9	3%	4.9	3%	1.6	−3%
2014	155.0	−1%	39.0	−3%	25.9	−4%	4.8	−3%	1.6	2%
2015	156.6	1%	38.4	−1%	26.1	1%	5.0	4%	1.6	0%
2016	140.5	−10%	39.8	4%	25.9	−1%	4.9	−1%	1.7	4%
2017	141.5	1%	41.1	3%	26.8	3%	4.6	−6%	1.8	7%

数据来源：菲律宾渔业统计（The Fisheries Statistics of the Philippines）。

（3）不同品种的养殖体系不同，咸淡水池塘（Brackishwater fishpond）是主要的养殖体系。咸淡水池塘一般采用多元养殖模式，通常混养以下品种：虎虾、泥蟹、虱目鱼和罗非鱼。由于虎虾是多元养殖中最赚钱的品种，养殖活动主要围绕其生产周期进行，生产周期为3～4个月。泥蟹是次高价值的产品，6个月就能产出。根据鱼的生长速度和养殖户的决定，罗非鱼和虱目鱼一般在3～9个月内长至可出售。虎虾和泥蟹基本上只在咸淡水池塘生长。约60%的虱目鱼产自咸淡水池塘。罗非鱼主要是淡水环境的池塘或网箱中养殖，约7%的耐盐罗非鱼长于咸淡水池塘。海藻通过长索或筏在沿海海面或淡咸水池塘中养殖。

（4）海水网箱（Marine cage）是发展最快的水产养殖体系。菲律宾海水养殖主要由渔业和水产资源局海水养殖园项目驱动。海水养殖得以推崇的主要原因是用于水产养殖的土地日益短缺，以及红树林转为池塘养殖产生的负面影响。此外，海水养殖被认为更具社会包容性，穷人可以以不同的方式参与进来。陆上池塘养殖者往往需要拥有土地和资本。近年来海水养殖的虱目鱼比例持续上升，2017达到30%，十年内上升了10%。虱目鱼是政府运作的所有海水养殖园中的主要养殖品种，占比高达99%，原因在于其生产周期短，管理较为简单，幼苗可获得性相对较高。这些养殖园不到1%的产量是源于石斑鱼养殖。石斑鱼养殖的盈利能力要高于虱目鱼养殖，近年来在菲律宾引起了人们的兴趣，但常常受到来自孵化场和野生环境的鱼苗和小鱼数量有限的限制。高死亡率、对网箱设备和配方饲料的高要求以及对关键养殖技术的认知缺乏，同样也使得小规模渔民和投资者皆望而却步。

（5）水产养殖生产较为分散，不同品种的产区分布具有差异性。邦板牙省、八打雁省和北拉瑙省是水产养殖的三大省份，占比分别为22%、12%和10%。从分品种地区分布来看，海藻主要生产省分别为巴拉望省、塔威塔威省和苏禄省，占比分别为23%、22.7%和16%。虱目鱼生产大省分别是邦阿西楠省、奎松省和卡皮斯省，各占26%、9%和8%。罗非鱼主要产自吕宋群岛的邦板牙省、八打雁省和邦阿西楠省，占比各为44%、23%和5%。大虎虾主产省分别是邦板牙省、北拉瑙省和北甘马粦省，占比分别是43%、30%和4%。泥蟹主要产自北拉瑙省、邦板牙省和卡皮斯省，占比各为42%、25%和11%。

三、水产养殖业发展面临的问题和挑战

过去几十年，水产养殖发展对菲律宾渔业部门的整体生产力做出了重要的贡献，在增加水产品供应方面已取得一些里程碑式的进步，但水产养殖总体经济和社会效益仍然有限。许多水产养殖企业生产率和盈利能力都很低。例如，占菲律宾全部水产养殖面积约90%的咸水池塘，对其养殖鱼类产量的贡献不足50%。在BFAR确定的71个海水养殖地点中，只有不到20%是生产性的。产量低和可持续性差的原因是多方面的，包括关键病虫害防治时期缺乏相应的技术指导和没有足够的资金投入，以及其他高度关联部门发展滞后造成的制约。

（一）缺乏资金及信贷支持使得穷人准入受限

合法获得和拥有生产资源是生产力增长的先决条件，是许多沿海贫穷社区的一个重要发展选择，也是促进水产养殖部门发展的核心。多数小规模渔民缺乏用于支付养殖投入品和设备费用的财政资源，而针对水产养殖的小额信贷安排还没有得到很好的发展。许多小规模渔民由于收入低和不稳定而处于边缘地位，无法取得正式的信贷来源。他们被迫使用非正式信贷系统，承担着高昂的信贷成本，经营所得收入大部分用于偿还基本利息、服务费和交易费。在大多数情况下，穷人只能作为非技术工人受雇于水产养殖企业。这些企业通常由拥有鱼塘或网箱所有权或租赁权的富人拥有和经营。因此，“亲贫困”的水产养殖发展战略应确保小规模渔民和其他农村贫困人口获得养殖系统所有权和经营权的机会来避免这些缺陷。

（二）优质种苗供应不足

种子是决定水产养殖生产率的基础，如果养殖户能获得具有已知育种历史的优质种子，很容易通过适当的饲养获得预期的产量。由于技术和组织方面的限制，小规模经营者往往无法获得基因改良品种，高度依赖野生幼苗的捕获。例如，泥蟹和石斑鱼种苗以及大虎虾的种虾几乎100%来自海洋捕捞。野生渔业资源种子正在减少，价格也越来越贵，野生种苗供应不足问题时常发生。促进孵化场设施的发展无疑是解决这一问题的办法。目前菲律宾没有足够的公共或私人投资来促进孵化和育苗。BFAR在主要水产养殖地区都建立孵化场，但

很多运作不善，以致于几乎所有养殖品种的种苗供应持续不足。菲律宾估计每年需要 25 亿虱目鱼鱼苗，其中约 15 亿虱目鱼鱼苗从印尼或中国台湾进口。

（三）商业饲料成本高昂

菲律宾几乎所有高价值养殖品种的商业饲料都依赖进口，价格高昂。对于小规模养殖户而言，从野外捕捞杂鱼和贝类进行喂养是更为现实的做法，然而也容易引发疾病和供应不足。有研究指出，活体贝类饲养是大虎虾白斑病的重要诱因①。与野外种苗一样，活体饲料也有随着渔业资源衰退而供给不足的问题。由于公共资金的大力支持，在虱目鱼和罗非鱼等低价值品种方面的商业饲料的研发和推广比较到位。不过对于贫困群体而言，高度依赖商业饲料的网箱养殖方式仍是难以负担的。在集约化水产养殖系统中，饲料是最关键的投入品，通常占总可变生产成本的 65%左右。因此，促进海水养殖作为小规模渔民收入来源多样化的方案，势必要考虑饲料成本增加的不利影响。

（四）养殖和管理技术水平低

养殖和管理知识缺乏和技术水平低是造成菲律宾水产养殖生产力低下的重要原因，使得“靠天吃饭”具有一定的必然性。即使是养殖体系最为成熟的虱目鱼，也只有受过少数良好教育的养殖户和商业投资者采用半集约化和集约化的养殖体系，愿意探索和使用新技术，以提高产量和盈利能力。大多数传统的虱目鱼养殖者并不知道正确的养殖方式。大虎虾是菲律宾水产养殖体系中经济价值最高的品种，也是主要的出口创汇品种之一。然而，过去十年里，其产量始终徘徊在 4.5 万～5 万吨。养殖户水质管理知识匮乏，深水增氧机，水质监测仪普遍缺乏。从政府相关技术部门到养殖户，对关键疾病的暴发往往也是束手无策，例如 2014 年北拉瑙省出现了较大面积大虎虾感染荧光弧菌病，直接造成产量的大幅下滑。

（五）收获后设施支持不力

针对收获后储存、运输、营销支持是非常重要的，这是产品拥有良好销路和价格的基础，也是确保水产养殖成为沿海社区一项有效和可持续生计战略的前提条件。菲律宾政府提供了一些冷冻和运输服务，但符合养殖鱼类质量安全要求的购买站/交易中心相对较少，冰厂和冷藏设施不足，运输设施较差，加工配套设施有限。菲律宾几乎不存在渔业市场信息系统，导致了中间商的持续主导地位。在主要水产养殖区，没有及时和相关的市场信息（如不同水产养殖品种的替代市场网点和批发价格），小规模养殖户主要依靠当地贸易商获取市

---

① Tendencia E A，Bosma R H，Verreth J A J. White spot syndrome virus（WSSV）risk factors associated with shrimp farming practices in polyculture and monoculture farms in the Philippines. Aquaculture，2011，311（1-4）：1-93.

场信息，特别是与他们有信贷销售安排的贸易商。这些商人经常以极低的价格从他们手中收购。市场推广和咨询服务也很薄弱，导致渔民和出口商进入国内和出口市场的机会有限。虽然一些水产品可以在大型连锁超市出售，但大多数仍在当地的菜市场交易。

（六）法律和制度支持不足

首先，菲律宾水产养殖法律制度受到监管不协调和重叠的地理管辖范围的困扰，这些机构在水产养殖的同一环境中对不同部门和活动行使不同的监管职能。相互冲突的政策和权限阻碍了水产养殖的发展。最著名的是在1998年渔业法（RA8550）赋予BFAR增加渔业生产的政策重点与环境和自然资源部（DENR）的维护和保护使命之间不一致。例如，BFAR最近在拉瑙湖一项推进罗非鱼网箱养殖的生计倡议提案遭到了DENR代表的强烈反对。其次，1991年颁布的《地方政府法典》削弱了BFAR提供推广服务的能力。许多地方政府单位（LGUs）缺乏执行水产养殖管理任务的能力，包括确定水产养殖区（例如海水养殖公园）以及相关权利和许可证。许可证往往更多地被看作一种创收机制，而不是调节进入水产养殖业和确保遵守规章的重要手段。再次，BFAR缺乏能够促进菲律宾水产养殖的熟练员工，包括训练有素的技术指导专家、质量标准检查员、审核员、鱼类健康审核员、信息经理、营销专家和业务发展顾问。

（七）自然灾害脆弱性问题突出

生活在发展中地区的贫困人口特别容易受到自然灾害的影响，自然灾害的脆弱性成为他们减轻贫困和促进经济发展的主要障碍。21世纪以来，菲律宾海水养殖发展速度显然快于其他养殖体系，在贫困渔民家庭中显示出作为生计战略的潜力，但维持收入和就业仍然是一项较大的挑战。所有规模的海水养殖参与者，无论是所有者、经营者还是雇佣工人，都容易受到气候挑战的影响。近年来，气候变化对菲律宾海水养殖的影响日益频繁。台风发生的时期及其地理范围正在扩大。气温上升、海平面上升、降雨模式变化以及当地天气的不可预测性都是不可避免的。应对气候变化和防御极端气候灾害，已成为菲律宾政府实现海水养殖快速发展必须解决的现实问题，也是保障沿海社区人们生命财产安全必须解决的民生问题。

第五节　中国渔业及技术发展现状

一、水产养殖发展的主要特征

我国是渔业大国，渔业在农业与国民经济中占有重要的地位。1985年，中央正式确定了“以养为主，养捕加并举，因地制宜，各有侧重”的渔业发展方针，我国水产养殖业由此获得了快速发展，取得了举世瞩目的成就。过去十年里，水产养殖业发展的主要特征可以概括为以下五个方面：

（1）养殖产量和养捕比例持续提升。继 1988 年中国水产养殖产量首次超过捕捞产量，并成为全球唯一的水产养殖产量超过捕捞产量的国家之后，中国水产养捕比持续攀升。截至 2016 年，中国水产品总产量为 6 901 万吨，其中养殖产量达到 5 142 万吨，养捕比例已接近 75∶25，成为世界第一水产养殖大国（占世界产量的 2/3 左右)。《全国渔业发展第十三个五年规划（2015—2020年)》提出，到“十三五”末，中国水产品总产量中养殖产品比重将要超过 80%，水产养殖面积稳定在 200 万公顷以上。养捕比的重大变化，不仅标志着中国渔业结构发生了根本性的改变，同时也带动了世界渔业发展方式的重大转变（图 5)。

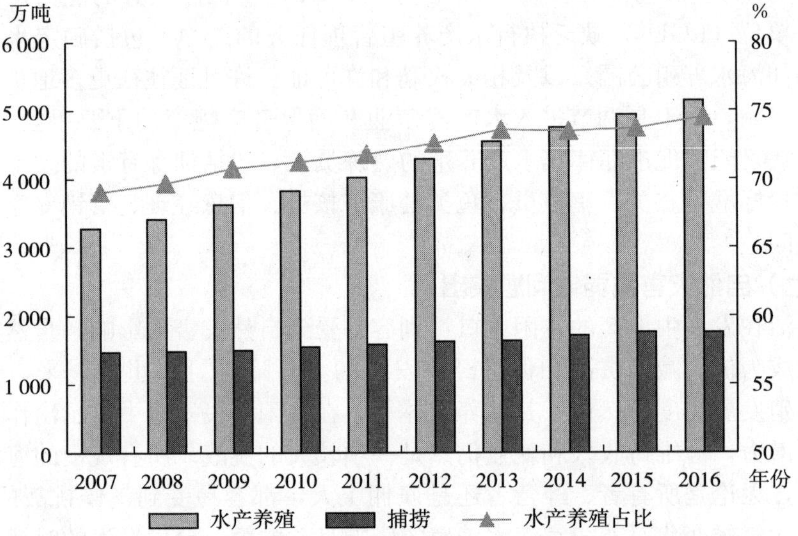

图 5　2007—2016 年中国渔业产量变化状况

（2）养殖品种种类繁多。以海水养殖为例，资源开发先后经历了以海带为代表的藻类养殖、以牡蛎和蛤为代表的贝类养殖、以对虾为代表的甲壳类养殖、以网箱养鱼为代表的鱼类养殖四次产业化发展浪潮，养殖品种结构具有多样性丰富、营养层次多和生物产出量多的特点[①]。各养殖品种产量整体上均保持增长态势，其中贝类养殖产量的增速和幅度最大，鱼类、甲壳类、藻类海水养殖产量则呈小幅的平稳增长。目前，各养殖品种对我国海水养殖产出的贡献

① 卢昆，高晶晶，郝平．我国海水养殖资源开发评价及其支持政策分析．农业经济问题，2016，37 (3)：95-103，112.

份额基本保持不变。2016 年，贝类、海藻类、甲壳类、鱼类海水养殖产量分别达到了 1 389 万吨、210 万吨、150 万吨和 131 万吨，分别占海水养殖总产量的 72%、11%、8%和 7%（表 5）。

表 5　主要海水养殖品种的产量变化状况

单位：万吨

项目	2007		2012		2016	
	产量	占比	产量	占比	产量	占比
海水养殖	1 307	100%	1 644		1 963	
贝类	994	76.0%	1 208	73.5%	1 421	72.4%
牡蛎	351	26.8%	395	24.0%	483	24.6%
蛤	296	22.6%	374	22.7%	417	21.3%
扇贝	117	8.9%	142	8.6%	186	9.5%
藻类	136	10.4%	176	10.7%	217	11.1%
海藻	78	5.9%	98	6.0%	146	7.4%
甲壳类	92	7.0%	125	7.6%	156	8.0%
虾	71	5.4%	101	6.1%	127	6.5%
蟹	21	1.6%	24	1.5%	29	1.5%
鱼类	69	5.3%	1 028	6.3%	135	6.9%
鲈鱼	10	0.8%	13	0.8%	14	0.7%
鲆鱼	7	0.5%	11	0.7%	12	0.6%
大黄鱼	6	0.5%	10	0.6%	17	0.8%
石斑鱼	4	0.3%	7	0.4%	11	0.6%

数据来源：《中国渔业统计年鉴》。

（3）养殖方式不断优化升级。经过多年的发展，我国目前已经形成底播、筏式、池塘、吊笼、普通网箱、深水网箱及工厂化养殖等 7 种海水养殖模式和适宜于不同养殖水域的技术体系同步推行。其中，筏式、底播、池塘和吊笼养殖属于传统养殖方式，也是主要的养殖方式，大多在滩涂或港湾内发展。2016 年各产量占海水养殖总产量分别为 30%、28%、12%、5%。随着抗风浪养殖器材的应用和养殖技术的提升，海上养殖逐渐拓展至海湾外，并逐步向深水区发展。普通网箱养殖和深水网箱养殖产量占比虽不大，但增长平稳。工厂化养殖是首先在淡水养殖领域发展起来的高密度集约化养殖生产方式。20 世纪 90 年代以来，大菱鲆、牙鲆海水工厂化养殖在北方地区得到了广泛应用。2016 年，产量贡献将近 1%。

（4）单产总体呈上升态势。从养殖品种来看，除了贝类以外，其他品种单产都有了较大幅度的增长。其中，鱼类每公顷从 2007 年 11.3 吨增至 2016 年的 15.9 吨，10 年内增长了 40%；虾类每公顷从 3.3 吨增至 4.9 吨；藻类代表性品种海带每公顷从 20.5 吨增至 32.9 吨。就养殖方式来看，筏式、底播和池塘三种主要养殖方式的单产均出现增长，其中筏式养殖单产增幅最大，每公顷从 2008 年的 3.7 吨增至 2016 年的 17.2 吨，翻了 3.6 倍。由于现阶段我国海水养殖资源开发工作仍然偏重传统养殖技术，代表集约化养殖方式的深海网箱养殖和工厂化养殖所占比例较小，单产没有明显增长且波动较大（表 6）。

表 6　2007—2016 年中国不同养殖品种和方式的单产变化

单位：万吨

品种	2007	2012	2016	方式	2008	2012	2016
鱼类	11.3	14.1	15.9	池塘	4.0	4.9	5.6
虾	3.3	4.4	4.9	普通网箱（千克/立方米）	14.2	9.9	9.2
蟹	3.2	4.0	5.1	深水网箱（千克/立方米）	12.1	16.2	11.2
贝类	12.5	8.2	10.5	筏式	3.7	11.5	17.2
海带	20.5	24.4	32.9	吊笼	9.8	9.2	8.6
				底播	5.2	4.4	5.8
				工厂化（千克/立方米）	8.5	8.3	7.2

数据来源：《中国渔业统计年鉴》。

（5）水产品加工能力不断提升。随着我国水产养殖业的快速发展，我国水产品加工产业也进入了快速发展期，养殖水产品加工规模不断壮大。水产品年加工能力从 2007 年的 2 124 万吨增至 2016 年的 2 849 万吨，增长了约 34%。水产品冷库从 6 857 座增至 8 595 座；冷藏能力从 298 万吨增至 458 万吨。2016 年水产品加工率达到 39%，相比 2007 年上升了 4%，其中海水产品加工率为 60%，而淡水产品加工率为 17%。主要加工形式首先是冷冻品，占加工总产量的 65%；其次是鱼糜制品及干腌制品，占比为 15%，第三是饲料（鱼粉），占比为 3%。

二、水产养殖的产业贡献

水产养殖作为中国大农业发展最快的产业之一，不仅在保障市场供应、解决“吃鱼难”、增加农民收入、提高农产品出口竞争力、优化国民膳食结构和保障食物安全等方面做出了重要贡献，在促进渔业增长方式的转变、减排二氧化碳等方面也发挥着重要作用。

（1）保障国家食物供给和营养安全。水产养殖是世界上最有效率的食物生产技术之一，如鱼虾养殖饵料投入与产出比为 1～1.2∶1，而畜禽类养殖饲料投入与产出比为 2.5～7∶1，再加上有一半多水产养殖不需要投放饵料，其生产效率就更高了①。所以，这种特有的低投入、高效率的特性，必然会使水产养殖在未来食物供给中发挥不可或缺的作用。我国预计在 2030 年人口总量达到峰值，若按水产品人均占有量 50 千克（现在为 47.2 千克）计，水产品需求量要增加约 800 万吨，而这些新的需求增量将主要通过发展水产养殖来满足。可以预见，水产品持续稳定供给将在解决我国粮食和营养安全问题以及提高国民身体素质中发挥越来越重要的作用。

（2）繁荣农业经济和促进农民增收。水产养殖业快速发展不仅为中国食品供给持续增长提供了重要保证，同时为促进渔业生产方式和结构的改变做出了重大贡献。水产养殖业作为渔业增长的新方式，为现代农业发展提供了不竭动力。过去十年里渔业产值及其占农林牧渔业比重不断提升，分别从 2008 年的 5 521 亿元和 9%增至 2017 年的 12 314 亿美元和 10.6%。在促进渔民增收方面也同样表现不俗。渔民人均纯收入从 8 219 元增至 18 453 元，年均增长率达到 10%，显著高于同期农村居民人均收入的增速（图 6、图 7）。

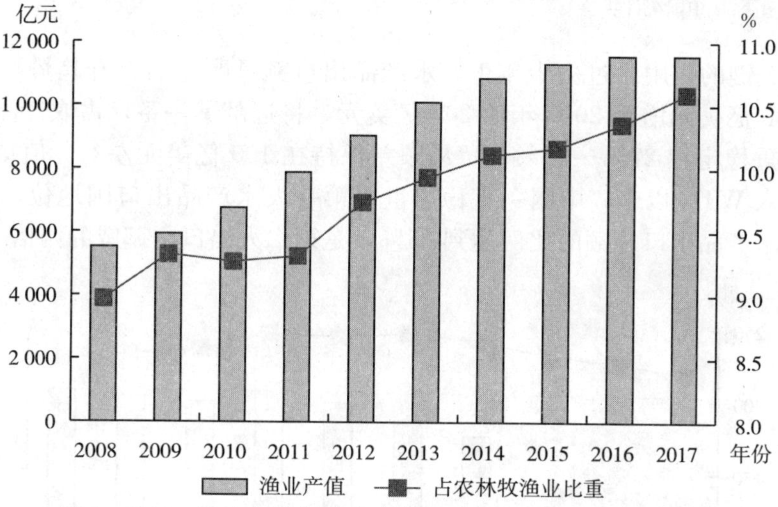

图 6　2008—2017 年中国渔业产值及其在农林牧渔业中的比重

数据来源：《中国统计年鉴》。

（3）缓解农产品整体出口竞争力的下降。由于人多地少水缺的资源禀赋，21 世纪以来中国农业国际竞争力持续下降，农产品出口逆差不断扩大。水产品作为第一大出口优势农产品，在出口创汇和缓解农业国际竞争力下滑方面起

① “中国水产养殖业可持续发展战略研究”课题综合组．环境友好型水产养殖业发展战略．中国工程科学，2016，18（3）：1-7.

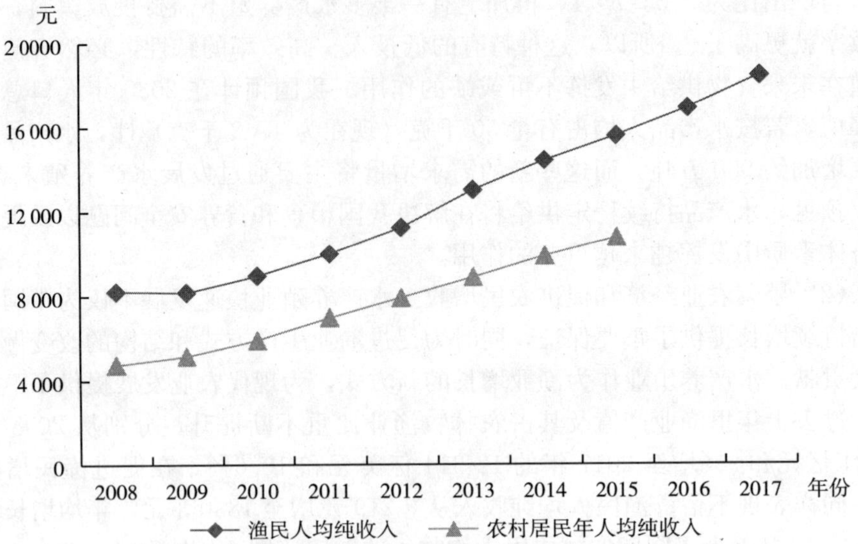

图 7　渔民和农村居民收入状况比较

数据来源：《中国统计年鉴》。

到了最关键的作用。过去十年里，水产品出口额呈明显的上升趋势，从 2008 年的 106 亿美元增至 2017 年的 207 亿美元，将近翻了一番，占农产品出口总额的比重稳定在 27%～30%；贸易顺差保持在 100 亿美元左右。值得一提的是，加入 WTO 以来，中国一直稳居世界第一大水产品出口国地位，2017 年占世界水产品出口总额的比例达到 15%，是第二大出口国挪威的两倍（图 8）。

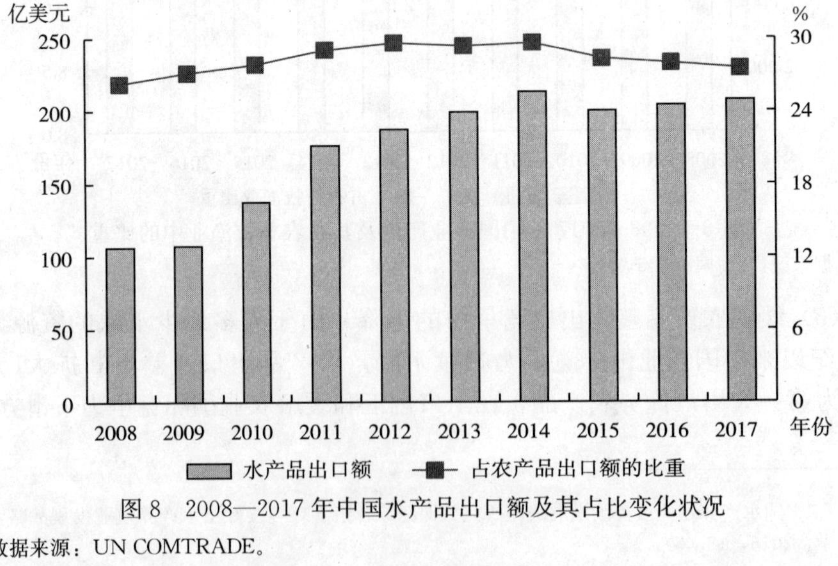

图 8　2008—2017 年中国水产品出口额及其占比变化状况

数据来源：UN COMTRADE。

（4）减排二氧化碳，促进绿色低碳发展。研究表明，藻类、滤食性贝类、滤食性鱼类以及草食性鱼类等养殖生物具有显著的碳汇功能，它们的养殖活动直接或间接地大量使用了水体中的碳，明显提高了水域生态系统吸收大气中二氧化碳的能力①。目前国内海水养殖的贝类和藻类使用浅海生态系统的碳可达400多万吨，并通过收获直接从海中移出至少170万吨的碳。按照林业碳汇计量方法，我国贝类、藻类养殖对二氧化碳减排的贡献相当于每年新增造林面积70多万公顷。水产养殖业进一步发展将促进渔业向绿色低碳和环境友好的方向发展，对减排二氧化碳的贡献也会越来越大，为应对全球气候变化发挥积极作用。

三、水产养殖产业关键技术现状

中国长期稳居世界第一大水产品生产国和出口国的地位，在很大程度上得益于不断建立健全的各产业链。种苗业、饲料业、设备工程和精深加工等产业的协同跟进是中国水产养殖业高效发展的有力保障。

（一）水产育种和水产种业发展现状

1. 水产遗传育种基础研究

中国是世界上最早开展水产选择育种技术研究的国家之一，早于20世纪70年代初就成立了专门从事鱼类遗传育种的研究室。经过40多年的发展，水产遗传育种科技综合实力总体处于国际先进水平，尽管有些领域落后于发达国家，但在水产遗传育种基础研究方面总体处于世界领先水平。

国家行业管理部门自1992年起开始建设以良种场为主体的全国水产原良种体系来保存和保护重要的水产种质资源。在国家基础条件平台项目的支持下，开展了全国范围的水产种质资源收集、整理、整合与共享工作，初步建成了水产种质资源保护和共享利用平台；自2007年起发布与水产相关的法律法规，积极推进建立水产种质资源保护区，初步构建了覆盖各区域的水产种质资源保护区网络。

20多年来，生物技术创新和发展为水产遗传育种和病害控制以及水产种业的形成提供了源源不断的动力。通过深入研究水产养殖品种的生物学特性和遗传背景，进而开发新品种，如新品种鲤鱼、各类鲫鱼等，多数已在产业中发挥了重大作用，推动水产种业可持续发展；初步解析了调控水产动物生殖、性别、生长、抗病、抗逆等重要性状的主要功能基因及其调控网络，在水产动物分子生物学基础研究领域已经取得了重要突破或进展，其中对鲤鱼、鲫鱼、草

① 肖乐，刘禹松．碳汇渔业对发展低碳经济具有重要和实际意义　碳汇渔业将成为新一轮渔业发展的驱动力——专访中国科学技术协会副主席、中国工程院院士唐启升．中国水产，2010（8）：4－8.

鱼、半滑舌鳎、虾、贝类等功能基因的研究处于国际领先水平①。

2. 水产新品种培育

中国科研人员运用常规育种和现代育种技术已培育出一批水产新品种。选择育种是我国研究最早、使用最广泛的技术之一，已在银鲫、鲤鱼、中国对虾、罗氏沼虾、大菱鲆、牙鲆、斑点叉尾、罗非鱼、鲍鱼、扇贝、牡蛎、珍珠贝和文蛤等养殖种类中培育出新品种。在细胞工程、性别控制和多倍体育种方面，利用银鲫特殊的生殖方式，已连续培育出三代异育银鲫新品种，促进了鲫鱼产业持续快速发展。人工雌核生殖和雄核生殖技术在草鱼、鲢鱼、罗非鱼、泥鳅、真鲷、牙鲆、大马哈鱼、非洲鲶鱼、虹鳟、黄颡鱼和团头鲂等鱼类中都得到应用；采用性别连锁遗传标记辅助的鱼类性别控制技术，成功培育出黄颡鱼“全雄1号”、全雌牙鲆“北鲆1号”和“北鲆2号”、罗非鱼“鹭雄1号”和半滑舌鳎高雌苗种。水产动物倍性育种研究始于20世纪70年代中期，已成功诱导出草鱼、鳙鱼、鲤鱼、鲫鱼、鲢鱼、罗非鱼、胡子鲶、黄颡鱼、虹鳟、大黄鱼、真鲷、牙鲆等20多种鱼类的三倍体和四倍体试验鱼。

3. 水产种业体系建设

“发展养殖，种业先行”，种业在水产生物产业链中占有引领性的战略地位。中国政府高度重视水产种业的发展，制定了一系列的法律法规，2012年国务院先后出台《关于加快推进农业科技创新　持续增强农产品供给保障能力的若干意见》和《关于加快发展现代农业　进一步增强农村发展活力的若干意见》，提出“着力抓好种业科技创新”“加强种质资源收集、保护、鉴定，创新育种理论方法和技术，创制改良育种材料，加快培育一批突破性新品种”“推进种养业良种工程，加快农作物制种基地和新品种引进示范场建设”等要求，为我国现代水产种业提供了政策保障，指明了发展方向。从1992年开始建设以原良种场为主体的全国水产原良种体系，2001年开始建设水产遗传育种中心，2013年起启动了国家水产种业示范场建设，截至2014年，全国共建有遗传育种中心25个，水产原种场90个，水产良种场423个，水产种苗繁育场1.5万家。预计到2020年将建设50家水产遗传育种中心，其功能集中在建立育种技术体系，构建核心群体和培育新品种，与国家级良种场（良种扩繁场）和苗种场等相辅相成，国家水产良种与种业体系建设已有效地推动了我国水产良种化进程。

（二）营养与饲料产业发展现状

水产养殖业的快速发展对营养饲料科技进步的依赖越来越大。没有现代的

① 桂建芳，包振民，张晓娟．水产遗传育种与水产种业发展战略研究．中国工程科学，2016，18（3）：8-14.

饲料工业，就没有现代的水产养殖业。鉴于饲料成本占养殖成本的60%～70%，营养研究与饲料开发应用对我国水产养殖业的健康快速发展起到了决定性作用并占有不可替代的地位。20 世纪 80 年代是我国水产饲料工业的萌芽期，到1991 年我国水产饲料产量仅为 75 万吨，2016 年达到 1 930 万吨，25 年间增加了约 24 倍，占世界水产饲料总产量的 40%以上，也产生了世界最大的水产饲料生产企业，逐步建立了较为完整的水产饲料工业体系。

1. 高效饲料配制技术

近年来，通过国家攻关（支撑）、产业技术体系建设、农业行业专项及国家“863”“973”等相关科技计划，完成了草鱼、异育银鲫、罗非鱼、团头鲂、中华绒螯蟹、对虾、大黄鱼、鲈鱼、军曹鱼、大菱鲆、牙鲆和半滑舌鳎等养殖鱼类不同生长阶段营养素的需要参数及常规水产饲料主要原料的利用研究，逐步完善主要水产养殖动物的营养参数公共平台，为饲料企业配方设计提供了科学依据，为中国水产饲料工业的兴起与发展奠定了基础。①

2. 饲料添加剂研制技术

饲料添加剂工业是饲料工业发展水平的一个重要标志。进入 21 世纪以来，饲料添加剂工业有了长足发展。品种大幅度增加，质量提高，产量快速增长，改变了完全依赖进口的局面，许多产品还进入了国际市场。近年来，开发了环境友好的非抗生素类微生物（态）饲料添加剂，或水环境质量调节剂——益生素和益生菌制剂及免疫增强剂，以调节养殖消化道的微生态平衡，或通过免疫增强剂激活免疫系统提高养殖动物的健康水平，实行健康养殖管理，减少乃至停止抗生素的使用。

3. 水产饲料加工工艺与装备技术

我国水产饲料机械设备在改革开放后才逐步发展起来。直到 20 世纪 80 年代中期我国尚无真正适用的水产饲料机械设备。即使从美国、荷兰、法国以及我国台湾地区引进的设备，在熟化调质、制粒、干燥等技术环节也不能完全符合我国实际情况的要求。近 10 多年来微粉碎设备和膨化成套设备的国产化逐步普及，对提高我国水产饲料加工工艺水平和饲料质量起到重要的作用。

（三）养殖设施与深水养殖技术

设施与装备是现代水产养殖发展的重要保障。水产养殖设施与装备的落后状态，是渔业粗放型生产方式的主要成因之一，造成了水土资源利用与排放等方面的问题。多年来，中国致力于通过装备技术升级与工程化应用，促进生产方式转变，为实现与自然生态系统协调可持续发展的水产养殖，提供

① 解绶启，张文兵，韩冬，麦康森．水产养殖动物营养与饲料工程发展战略研究．中国工程科学，2016，18（3）：29－36.

装备保障①。

1. 池塘养殖设施装备

我国池塘养殖设施的构建特点是："鱼池＋进排水沟渠"。设施系统构造简易，主要专业设备为增氧机、投饲机等。增氧机以叶轮式、水车式和微孔曝气式为代表，可保证水体的氧供给；投饲机为定点抛洒式，可按预先设定，实现定时、定量投喂。池塘养殖依赖环境水域水质条件，按照《水产养殖水质标准》的要求，要相当于Ⅲ类地表水质以上。水域环境污染对池塘养殖造成很大危害，是养殖水产品品质不高与病害的主要外因。近年来，中国池塘养殖系统水体富营养化程度不断增加，病害问题日益突出，进而诱发严重的药物残留问题。当前，"健康养殖、资源节约、环境友好、高效生产"明确成为中国池塘养殖方式的发展方向，设施与装备的技术进步也以此为目的，通过调控水质，保障健康养殖生态环境。通过生态工程化构建，形成新型生产模式，并以精准化管控技术，整体提高养殖生产效率。

2. 工厂化养殖设施装备

工厂化养殖一般分为换水型工厂化养殖和循环水工厂化养殖。换水型养殖是目前工厂化养殖的主要方式，其中海水和淡水分别占45%和55%，养殖设施以"车间＋鱼池＋井水"为主要形式，配以微孔充气增氧和热水加温装置，也有一些养殖系统利用砂石过滤的山涧溪流。循环水工厂化养殖设施，设置了水质净化与调温系统，可以形成稳定的养殖环境。循环水工厂化养殖是工厂化养殖的高级形式，在一些品种的繁育与养殖中已有所应用。与养殖池塘生态系统相比，换水型工厂化对养殖过程产生的富营养物质几乎没有净化与转化的能力，氮、磷等营养物质随排水直接进入自然水域，对环境造成的影响更为明显。循环水工厂化养殖的净化过程是将养殖水体中粪便、残饵等固形物分离出来，实现了"点源化"，但很少做进一步的处理，水体中溶解性的物质最终被排放。集约化设施养殖的富营养物质排放尚未得到有效的控制。

3. 普通网箱与筏架养殖设施装备

普通网箱或称"鱼排"，主要设置在沿海内湾水域和内陆湖泊水库。深水网箱面向水质条件良好的更深海域，目前发展至水深20米以内的背风湾口水域。筏式养殖设施多设置在大型的湾区，水深10米左右。网箱设施主要用于鱼类养殖，普通网箱有相当的养殖规模。我国淡水网箱养殖产量约占淡水养殖鱼类的5%，海水网箱养殖产量约占海水养殖鱼类的38%。深水网箱养殖产量只是海水普通网箱的1/5，规模较小。筏式养殖以大型藻类和贝类为主，在我国沿海的养殖规模较大，产量占海水养殖总量的1/3。

---

① 徐皓．水产养殖设施与深水养殖平台工程发展战略．中国工程科学，2016，18（3）：37-42.

普通网箱构筑结构因材料而异，网箱成组排列，形成“鱼排”，上设有看护和储藏用的简易房，主要的作业设备是投饲机。养殖筏架由成排的浮子和绳索组成浮筏，并用缆绳固定于海底，其上固定养殖用的吊绳或者吊笼。网箱养殖的排放对水域环境造成直接的影响。在养殖容量有限的湖泊水库和内湾水域，网箱养殖成为水体富营养化的主要因素之一。深水网箱限于设施安全性，其走向更深水域以获取优良水质、减小环境影响的进程还有待持续推进。筏式养殖的藻类可以吸收水体中的营养物质，贝类可以滤食悬浮的有机碎屑，具有改善水质与固碳的作用，但生长过程产生的死亡残体与贝类排泄物，对局部的水域环境，依然可能带来负面的影响。

4. 深海养殖设施装备

受外部水域环境恶化与内部水质劣化的影响，内陆和沿海近岸的养殖空间受到挤压，养殖产品安全问题日益突出。走向深远海，发展绿色养殖生产方式，确保养殖水产品品质，已成必然趋势。高密度聚乙烯（HDPE）管材圆形重力式网箱是我国深水网箱的主要形式，其他形式的还有浮绳式网箱、方形高密度聚乙烯重力式网箱、方形钢质框架式网箱。高密度聚乙烯圆形重力式网箱一般成组设置，通过组合的锚绳、锚碇系统连片构成。网箱周长一般为 40 米，深度 6～8 米；最大周长 80 米，养殖密度 20 千克/立方米。中国很早就将“深海抗风浪网箱的研制”项目列入国家高技术研究发展计划（国家“863 计划”），深海网箱研发不断取得新成就，一些技术指标已达国际先进水平。由于成本较高，普遍推广仍是困难的。一些地方政府出台了很多对深海网箱养殖的补贴政策①。

（四）生态养殖与新养殖模式发展现状

养殖模式是影响养殖效果和环境生态效益的关键技术。可持续的健康养殖模式应当是选择理想的天然或人工养殖环境，养殖品种的营养层次有机结合，养殖密度适宜，各个要素在养殖水体内部的充分循环利用，既可以取得理想的经济效益，又能达到可持续的生态效益②。以海水养殖为例，我国大陆海岸线 18 000 多千米，50 米等深线以内的海洋成为海水养殖的主要水域。1970 年以前，贝类和藻类是我国的主要养殖种类。1970 年后，鱼虾类养殖开始发展。20 世纪 90 年代以后，我国的海水养殖进入了多种类快速发展阶段。在养殖方

① 例如，海南省 2015 年出台的补贴措施，对周长为 40 米及以上的深水网箱进行补贴，扶持补贴标准原则上不超过网箱造价的 50%；周长为 60 米的深水网箱造价约为 18 万元，扶持补贴 7 万元；周长为 80 米的深水网箱造价约为 32 万元，扶持补贴 13 万元，扶持补助对象为在海南省海域投放深水抗风浪网箱的本省渔民、养殖专业合作社和企业。

② 叶乃好，庄志猛，王清印．水产健康养殖理念与发展对策．中国工程科学，2016，18（3）：101－104.

式上，经过多年的发展，我国目前已经形成海水池塘养殖、浅海与滩涂养殖、深水筏式养殖、深水抗风浪网箱养殖、集约化工厂化养殖等多种海水养殖模式①。

我国海水池塘养殖真正起步于20世纪70年代初，最初用于虾蟹类养殖。近年来池塘虾、鱼、贝、参多营养层次综合养殖模式由于环境友好、生态高效的特点得到了迅速发展。同时，针对高密度池塘养殖水质富营养化和养殖自身污染等问题，开发了新型增氧机、生物滤器、微生物制剂等，缓解了池塘养殖富营养化和自身污染问题。这些技术的应用为池塘生态养殖发展奠定了基础。

工厂化养殖以鱼类养殖为主，是20世纪中期首先在淡水养殖领域发展起来的高密度集约化养殖生产方式，是我国水产养殖领域中装备应用水平最高的生产方式之一。虽然我国工厂化养殖取得了长足的发展，但与先进国家技术密集型的封闭式循环流水养鱼相比，在设施设备、技术工艺、单位产量和经济效益等方面尚存在非常大的差距。近年来，浙江省海洋水产养殖研究所研发了陆基生态高效循环水养殖模式与技术，该系统以养殖种类生态位互补理论为基础，利用不同营养级的养殖品种建立多营养层次生态循环养殖模式，达到高效、生态、安全、节能减排的目的，这将是我国池塘和工厂化生态养殖的新的发展方向。

我国滩涂养殖方式大部分为护养，养殖种类主要是贝类，种类繁多，是我国海水养殖的主要生产方式。与其他养殖方式相比，滩涂养殖生物多样性最高，属于传统养殖方式。近年来，为了提高产量，有的养殖者采用苗种补充的方式，从外地购进苗种，播放在滩涂上进行护养。这种养殖方式虽然提高了养殖产量和效益，但生态风险也相应增加，如病害的传播、外地物种对土著物种的影响等，值得关注。江苏开展的滩涂贝类与紫菜立体养殖模式，山东荣成海草床多营养层次综合养殖，经济和生态效益显著，开辟了滩涂生态高效养殖的新途径。

我国浅海养殖在20世纪90年代以前，因受养殖器材和技术的限制，主要在港湾内发展。20世纪90年代以后，随着抗风浪养殖器材的应用和养殖技术的提升，海上养殖逐渐拓展至湾外，并逐步向深水区发展。如黄海北部的虾夷扇贝底播养殖，山东半岛的浮筏养殖等，已经拓展至50米水深。港湾内养殖方式多样化，多营养层次综合养殖较为普及。深水区养殖方式大部分以单品种养殖为主，特别是深水区，主要是大型海藻。近年来开发构建的贝—藻综合养殖、鱼—贝—藻、鱼—贝—藻—参等多营养层次综合养殖模式，因其经济和生

① 方建光，李钟杰，蒋增杰，王齐东．水产生态养殖与新养殖模式发展战略研究．中国工程科学，2016，18（3）：22-28.

态效益显著，正在由港湾向深水区推广。

第六节　中国渔业发展经验对菲律宾的启示

中国渔业发展取得了举世瞩目的成就的同时，也积累了丰富的经验，包括确定“以养为主”战略，建立健全技术研发与推广体系、发展专业合作组织、理顺产业发展与减贫促进的关系，以及注重发展的可持续性。这些做法对处于较低发展水平的菲律宾渔业具有一定的指导和借鉴意义。

一、确定“以养为主”战略，推动水产养殖业快速发展

1985 年中共中央、国务院发出《关于放宽政策加速发展水产业的指示》，明确了养殖生产可以承包到户和放开价格、实行市场调节等重大政策。1986 年《中华人民共和国渔业法》确立了“以养殖为主”的渔业发展方针。1997 年，《关于进一步加快渔业发展意见的通知》，要求“把提高单位面积产量作为主攻方向，通过加大科技投入、推广优良品种、调整养殖品种结构等措施，大幅度地增加产量，提高效益”。《全国渔业发展第十一个五年规划（2006—2010 年）》提出“提升规模经济的效益”“改造中低产池塘”“研发高效的水产饲料”“提升配合饲料普及率”等目标和要求。这些重要方针政策的出台和实施，推动了中国水产养殖业的快速发展①。

菲律宾政府早已意识到水产养殖业在提供粮食安全和营养方面发挥着战略性作用，并且能够为渔业社区提供就业机会和创造财富，从而减少贫困。然而，水产养殖业的重要地位在该国渔业产业发展战略的制定与实施中尚未得到充分的体现。即使捕捞渔获量日益减少已是不争的事实，并且所有资料都指出渔获量最多只会继续趋于稳定，菲律宾政府仍将大量的财政资金用于支持捕捞渔业。例如，为市政渔民免费提供渔船，为商业渔民提供渔具和燃料购置补贴。同样，政府也将投入大量的财力、物力和人力来恢复珊瑚礁和红树林资源，旨在谋求资源可持续开发。由于渔民缺乏捕捞以外的谋生机会，常常会在这些资源保护区和恢复期内非法作业，致使很多海洋资源恢复政策收效甚微。菲律宾政府应该确立水产养殖在渔业部门中优先发展战略地位，将更多的财政资金向养殖部门倾斜。只有当渔民从水产养殖发展获得更丰厚、更稳定的收入机会，才会自发减少捕捞作业，并且积极拥护政府实施的资源恢复和保护计划。

---

① 杨子江，刘龙腾，李明爽．四十年来我国渔业发展阶段与重大改革举措．中国水产，2018 (10)：61－63.

二、依靠科学技术进步，促进水产养殖业跨越式发展

中国长期稳居世界第一大水产品生产国和出口国的地位，在很大程度上得益于快速的产业技术进步。以水产育种为例，发展前期每10年一次的水产养殖育种突破，或有五次“养殖浪潮”之称的海带、“四大家鱼”、扇贝、对虾/河蟹育苗技术突破和鳗鱼养殖技术的成功，大大促进了中国水产养殖的跨越式发展。20世纪90年代以来，新品种培育成绩依旧斐然，1996—2015年农业部公告的水产新品种为168个。新品种的培育成功和广泛应用，促进了水产养殖的多样化发展。进入21世纪，围绕进一步提高渔业产业科技含量这一主题，产业界集中力量对生产发展中的主要技术问题开展攻关，在水产育种、病害防治与安全渔药、水产养殖技术与设施、水产饲料与水产品加工、渔业资源养护与合理利用等诸多领域取得了一系列的重大突破。2015年，中国渔业科技进步贡献率已达到58%，取得大农业各行业中的最好成绩，极大地促进了水产健康养殖和渔业多功能发展①。

技术进步对于产业发展中的重要作用在菲律宾渔业各界已达成共识，政府试图谋求促进技术革新来谋求产业快速发展。例如，在世界鱼类中心与挪威政府的帮助里，菲律宾成功实现闻名于世的罗非鱼遗传改良计划，廉价优质的罗非鱼大大提高了国民营养水平。不过，菲律宾大多水产品种的种业技术进展仍是缓慢的，总体呈现良种覆盖率差，苗种质量不稳定的特征。在其他产业链环节技术进步同样不尽如人意。以饲料业为例，由于技术落后，品种单一，并且供应量严重不足，只能大量进口配方饲料。小规模渔民直接投喂鲜杂鱼或饲料原料，不仅产量低，还造成环境污染。因此，菲律宾想要构建一个繁荣的渔业部门，必须要大力促进产业技术进步，包括提高各产业链条的技术水平与自主创新能力；形成标准化的技术体系；加强对关键领域的研究人才的扶持力度，扩充科研和应用开发力量。

三、建立健全技术推广体系，助力水产技术成果的科学转化

健全有效的技术推广体系不仅能够提高技术转化的效率，而且能够显著提升行业生产水平。中国政府历来重视水产技术推广体系的构建和完善。在立法方面，以《农业法》作为蓝本，不断完善《农业技术推广法》内容，围绕水产技术推广的机构规范化管理、人员选拔培训、经费监管使用和示范基地建设等

① 中华人民共和国农业部．农业部关于印发《“十三五”渔业科技发展规划》的通知．2017-01-19.

方面均制定了专门性或配套性法律①。在实践中，切实提高推广员工资待遇，持续改进推广员选拔考核制度。增加水产行业补贴范围和比例，加强对高效水产推广技术、渔民教育培训工作和水产技术示范基地的财政补贴力度。为了促进有效的科技供给机制形成，一方面加强高校科研机构行业人才培养工作以及技术创新能力和研发投入力度，另一方面提高技术推广服务机构的公益性服务质量。日臻完善的技术推广体系已成为助推中国水产养殖业持续、高效发展的重要抓手。

在菲律宾，渔业推广同样被视为使渔民能够获得改善其生计的信息和技术的一个关键因素。菲律宾政府于 20 世纪 70 年代后期就着手构建渔业推广体系，渔业和水产资源局（BFAR）专门设立推广部。1997 年颁布的《农业和渔业现代化法》明确将促进推广作为渔业现代化的关键措施。由于缺乏足够的资金支持和清晰的实施框架，推广体系在提高菲律宾渔业生产率和增加渔民收入方面发挥的作用仍是有限的。就课题组调研地区来看，只有帕纳博海水养殖园的养殖户对政府的技术推广服务较为满意，因为设立在此的国家海水养殖中心（隶属于 BFAR）会定期举办讲习班和提供免费的咨询服务。其他地区的养殖户则表明他们没有或者很少得到过推广服务。目前，菲律宾渔业推广体系面临的主要挑战有三点：一是训练有素的推广人员数量不足；二是场地、通信和交通等配套设施缺乏；三是服务对象受教育程度低下。政府迫切需要制定更合理的推广计划并予以资金支持；完善激励机制，吸引一批学历高、专业素质好的人才加入推广队伍；有针对性地强化渔民学习，以便他们更好获取、理解和运用对生产有用的信息和技术。

四、发展渔业专业合作组织，实现规模经营

专业合作组织在渔业产业发展过程中扮演着重要的角色，它为小规模渔民提供强有力的经营组织平台，提供各类专业技术支持和信息支持。中国水产养殖在技术更新和利用新型设备上的成就是举世瞩目的，这主要通过不断建立专业渔业合作社取得。中国有 4 万多个渔业合作社，它们是由渔业捕捞或养殖户、中间商和其他利益相关者自发组织并登记备案的机构②。所有成员都参与一个或两个同样商品的水产养殖和销售部门。它们促进了从生产到销售的日常管理，其关键作用包括指导成员实现可持续捕捞和水产养殖，特别是通过集体

① 金炜博，杨冰，汪艳涛．国外水产技术推广体系构建及其经验启示．世界农业，2015（7）：18－23.

② FAO. Sustainable intensification of aquaculture in the Asia-Pacific region: Documentation of successful practices. Bangkok, 2016.

管理成员的活动，使供应与市场需求相匹配，并支持他们创造增值。为了达到市场的目标，它们采取措施引导成员的生产，通过认证计划、质量控制体系、品牌建设、地理标签等方式进行推广。它们还通过促进职业培训和新技术推广来减少其成员的水产养殖活动对环境的不利影响。许多渔业合作社已发展成为影响整个区域可持续水产养殖业的有效组织。中国产业组织实践再次验证了发达国家的经验，即渔业合作社是实现为小规模渔户赋权和提高其适应能力的成功途径。

菲律宾小规模养殖户在市场营销和经济发展方面存在不足。采用新的水产养殖标准有明显的缺点。例如在购买种苗、商业饲料等投入品时缺乏议价能力，缺乏技术知识、市场信息和良好的设施。这些弊端极大地阻碍了养殖户从事可持续发展和追求利润。现代水产养殖的发展需要渔民掌握大量与快速发展的技术相关的特定技能，需要知识的不断更新，专业合作社在其中发挥着关键作用。政府应该大力促进和鼓励以社区为基础的专业合作组织发展，完善专业合作组织的宣传推介工作，优化合作组织的发展环境，引导和支持成立以单一养殖品种为主或以属地命名的专业合作组织。通过统一筹集营运资金、统一苗种采购暂养、统一购置饵料、统一养殖技术指导、统一养殖病害防治和统一包装销售，规范成员的生产流程和管理手段，降低组织成员的生产成本和养殖风险，在稳步提高养殖生产组织化程度的同时，确保养殖主体议价能力和抗风险能力的提高。

五、理顺产业发展与减贫促进的关系

产业扶贫是中国政府推进的主要扶贫开发模式之一。在水域资源禀赋相对丰裕的贫困地区，支持渔业产业化发展是政府开展扶贫工作的重要形式，带动当地渔民增收致富效果十分显著。实践表明，政府主导的产业扶贫政策要想取得良好成效首先要理顺产业发展与减贫促进的关系，即产业做大做强是其惠贫利贫的基础。如果产业做大做强了，便能够通过涓滴效应等多种机制惠及贫民。特别是产业聚集发展到一定水平后，会创造很多创业、就业机会，扶贫效果凸显①。因此，培育大户、龙头企业成为中国政府实施包括渔业在内的产业扶贫的重点内容。为了确保贫民从不断壮大发展产业中获益，还针对不同行业和产品的特殊属性，设计针对性的政策来鼓励大户和龙头企业带动和扶持普通养殖户，例如前者提供统一标准，将生产环节交由渔民分散完成。此外，中国政府在能力建设、科技服务、改善生产条件方面（水利、交通、电力等）也积极作为。例如，通过购买公共服务的方式，面向贫民提供针对性的服务。

① 孙久文，林万龙．中国扶贫开发的战略与政策研究．北京：科学出版社，2018.

课题组走访的菲律宾贫困渔业社区具有一个共性，即捕捞业资源日益枯竭，水产养殖投入不足，市场发育滞后，产业经营投资回报少。这种局面严重制约着渔业增效和农民增收，是造成社区贫困的重要原因，也是产业扶贫面临的主要挑战。在这样的背景下，若强调支持水产养殖业发展须优先保障贫困户受益，那么产业可能根本发展不起来，不仅不能实现贫民优先受益，而且连受益的机会也创造不出来。因此，菲律宾政府也应把水产养殖业做大做强摆在优先地位，大力支持在活跃市场中发挥不可替代作用的大户和龙头企业发展。一方面，给予他们更多的信贷、税收优惠和财政补贴，切实降低其生产成本和经营风险；另一方面，引导其和小规模养殖户建立利益联结机制。考虑到各地区水产养殖业发展水平不尽相同，这种利益联结机制需要在当地生产特点、养殖品种、生产力水平甚至民风文化等多种因素影响下不断实践而形成。菲律宾政府在这一过程中应起到引导扶持、监督调控和公共服务的作用，为企业发展创造良好的政策环境和社会机制，同时通过加强能力建设来保护养殖户作为独立市场主体应享有的合法权益。

六、适时调整产业指导方针，实现可持续发展

水产养殖业与水环境密切相关，其自身污染及管控状况决定了可持续发展程度。20世纪80年代末中国就成为世界第一水产养殖大国，但随着水产养殖规模迅速膨胀，单一追求产量，水质污染加重、病害蔓延、产品品质下降等问题逐渐出现，越来越多的养殖水域生态系统结构和功能受损，甚至丧失自我调节能力。为了谋求产业可持续发展，中国政府提出了建设环境友好型水产养殖（2009—2010年）理念。“十二五”期间，在国家政策支持和产学研联合攻关的基础上，各地积极发展因地制宜、特点各异的健康、生态养殖新生产模式，谋求实现与生态环境的和谐成为新目标。最近三年中共中央“一号文件”均强调促进渔业转方式、调结构，推进水产健康养殖。在绿色、低碳和环境友好发展新理念的引导下，业界继续探索新的养殖生产模式，采取现代化工程技术措施。例如大力推进传统养殖方式的集约化、精准化、规模化发展，提升机械化、信息化技术水平和防灾减灾能力，缩小与发达国家在产出和耗能方面的差距，使得中国水产养殖业的现代发展站在一个新的起点。

菲律宾拥有漫长的海岸线、众多的岛屿和优质的浅海、滩涂、港湾。在捕捞资源日益枯竭背景下，水产养殖业发展势必能在促进就业与减贫、保障水产品供给、改善国民膳食结构和健康水平方面大有作为。对中国可持续发展理念的借鉴，有助于菲律宾避免以消耗自然资源、破坏生态环境来追求经济效益的粗放式发展模式，从而实现水产养殖生态与经济的协调发展。首先，菲律宾需要继续完善养殖水域的容纳量评估制度，根据容量评估结果，确定养殖密度和

布局，发放养殖许可证，并建立相应的实施和监管体系，确保水产养殖规范、健康发展；其次，不断探索生态友好型的养殖新模式，降低规模化养殖对水域环境所产生的负面影响，实现养殖生产效率和生态效益同步提升；再次，视产业发展阶段，适时实施养殖装备提升工程，推进设施标准化、现代化改造，以保证特色渔业的健康、稳定和持续发展[①]。

第七节　中菲渔业扶贫合作的前景及可行性研究

一、中菲渔业扶贫合作的前景

中菲渔业资源具备良好的互补性，开展渔业扶贫合作是推动两国减贫合作进程的一个现实切入点。中菲渔业扶贫合作项目实施将有助于推进“一带一路”倡议同菲律宾国家发展战略的紧密对接，促进双边渔业贸易与投资、强化两国减贫合作机制。

（一）推进“一带一路”倡议同菲律宾国家发展战略的对接

“一带一路”倡议的重要目标之一是为沿线国家在全球范围内整合经济要素和发展资源，通过战略对接、产能合作、贸易投资等方式推动全球贫困治理，合力解决世界共同面临的反贫困难题搭建有效的平台。实施中菲渔业扶贫合作就是基于这样的理念。中国在世界上率先走出“以养为主”的发展道路，构建了涵盖水产养殖全产业链的产业体系、生产体系、经营体系，并形成了强大的综合生产能力，为世界水产养殖业的发展提供了大量可供借鉴的案例。随着两国渔业扶贫合作项目的推进，中国将充分发挥在水产养殖技术、品种、资金、人力、管理等方面的优势，结合菲律宾在水域自然条件的优势、养殖发展需求以及人才、技术、资金短缺等特点，积极开展产业合作，帮助菲律宾做大做强苗种繁育、饲料、水产品加工、仓储物流等产业链条，促进沿海社区渔民脱贫致富。

自杜特尔特总统执政以后，菲律宾政府就提出了以减少贫困和改善人民生活条件为重点的国家长期愿景 AmBisyon Natin 2040，即将菲律宾建设为一个所有公民免于饥饿和贫穷，享有平等机会的国家。为此，在第一个中期发展计划（2017—2022）中，政府将致力于减少农业、渔业和林业（AFF）的经济机会不平等，促进 AFF 部门增长，例如将水产养殖部门的增加值总额（GVA）增长率从 2015 年 0.5％大幅提升至 2022 年的 5％（表 7）。具体措施包括改进以公路和铁路为基础的运输、岛屿间水运和物流系统，将生产与市场

① 唐启升，丁晓明，刘世禄等．我国水产养殖业绿色、可持续发展保障措施与政策建议．中国渔业经济，2014，32（2）：5－11.

联系起来；将小农和渔民组织成正式的团体，发展产业集群，创造规模经济；增加对生产和营销技术的研发投资，提高小农和渔民采用更好新技术的机会。基于此，在“一带一路”倡议下开展中菲渔业扶贫合作与当下菲律宾国家发展需求不谋而合，是顺应菲律宾减贫与发展愿望的生动体现。可以预见，两国渔业扶贫合作的深入推进势必会增进双方相互了解与信任，深化发展战略对接，为其他领域的务实合作奠定基础（图 9）。

表 7 “菲律宾发展计划 2017—2022”关于 AFF 的增长目标

指标	基线		计划目标
	年份	增长率	2017—2022
部门结果 A：扩大 AFF 的经济机会			
AFF 增加值总额（GVA）的增长（以 2000 年固定价格的同比增长，%）	2015	0.1%	2.5%～3.5%
a. 种植业	2015	−1.8%	2.0%～3.0%
b. 畜牧业	2015	3.8%	3.0%～4.0%
c. 家禽业	2015	5.7%	3.0%～4.0%
d. 林业	2015	−26.7%	2.0%～3.0%
渔业生产值的增长（以 2000 年固定价格的同比增长，%）			
a. 商业渔业	2015	−3.3%	2.5%
b. 市政渔业	2015	−2.2%	1.0%
c. 水产养殖业	2015	0.8%	5.0%
农业和渔业出口价值的增长（同比增长，FOB 计价，%）	2015	−21.6%	9.0%
部门结果 B：增加小农和渔民经济机会的获得			
农民和渔民劳动生产力的增长（以 2000 年固定价格的同比增长，%）	2015	4.6%	5.0%～6.0%

资料来源：菲律宾国家经济和发展局。

（二）促进中菲渔业贸易与投资，实现优势互补

渔业是中国大农业中较早“走出去”的一个产业，这不仅是出于发挥长期积累形成的独特且难以替代的产业优势的考虑，同时也是缓解国内资源环境制约、拓宽产业发展空间、保障国内水产品供给的必然要求。正如渔业发展“十三五”规划指出，中国渔业发展面临着“资源环境约束趋紧，传统渔业水域不断减少，渔业发展空间受限”的困境，为此要“坚持‘走出去’战略，推进开放发展”，提高利用两种资源两个市场的能力①。渔业“走出去”的核心内容

① 柏娜，许勇，杨光，杨易，陈瑞剑．中国渔业“走出去”的经验、问题和相关建议——以山东省荣成市为例．世界农业，2019（2）：23-27.

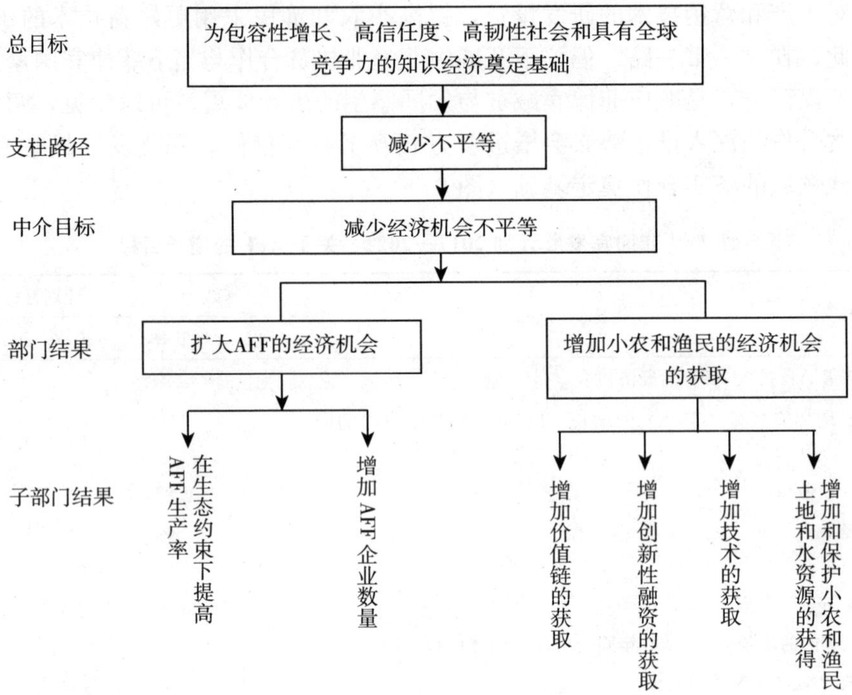

图9 《菲律宾发展计划2017—2022》关于农业、渔业和林业（AFF）的战略框架

资料来源：菲律宾国家经济和发展局。

是促进中国与其他国家的渔业贸易与投资合作，尤其是以菲律宾为典型代表的渔业资源丰裕但开发利用程度低的海上丝绸之路沿线国家。

事实上，菲律宾政府对本国渔业资源的开发利用具有高度的敏感性，《外商投资法》明令禁止外商投资群岛水域、领海和专属经济区海洋资源的利用，以及江河、湖泊、海湾和泻湖自然资源的小规模利用。目前，中菲渔业贸易和投资合作总体呈现规模小、进展慢的特征。通过对菲律宾渔业社区生产生活状况的梳理，不难发现，产业扶贫可作为推动中菲渔业合作的一个现实切入点。中菲渔业产业扶贫项目的重要内容之一是通过资金、技术和管理经验的注入帮助菲律宾培育和发展一批具有市场竞争力的本土渔业企业，使他们成为推动菲律宾现代渔业发展、带动小规模渔民增收致富的重要力量。这种新型的跨国产业减贫合作将为两国进一步的商业经贸和投资合作打下良好的政治、舆论和民意基础。

（三）拓宽中菲减贫合作渠道，强化两国减贫合作机制

减贫合作是中菲两国重要的合作内容之一。现有的中菲减贫合作实践主要

是在“中国—东盟”合作框架下开展[①]。一类是以“中国—东盟社会发展与减贫论坛”为代表的高层减贫合作机制，论坛采用的是“围绕主题深入研讨、结合实际组织考察”模式。另一类是以“东盟+3村官交流项目”为代表的基层减贫合作机制，项目与会代表通过室内研讨和深入农村、社区实地考察，感受中国村官的扶贫实践经验，提升自身参与贫困治理的能力。总的来说，中菲减贫合作仍停留在以减贫经验交流为主，很少有针对菲律宾贫困地区开展直接的扶贫援助项目。

在中菲关系已升级为全面战略合作关系的背景下，两国减贫合作方式从当前注重把菲方官员“请进来”扩展为在菲律宾贫困地区开展减贫与发展试点项目具有一定的必然性。实施中菲渔业扶贫合作项目不仅是对两国现有减贫合作渠道的重要补充，也是对双边减贫合作机制的有效强化。随着中菲渔业扶贫合作项目落地实施，并取得实实在在的成效，这将大大有助于推动两国在环境保护、资源管理、医疗卫生、教育等其他领域的减贫合作工作。

二、中菲渔业扶贫合作的可行性

菲律宾发展水产养殖的资源禀赋条件优越，同时市场前景广阔，为成功开展富有成效的产业扶贫项目奠定了基础。近年来，中菲政治外交关系不断加深，对携手消除贫困和实现可持续发展的共识日益增强，这势必为两国渔业扶贫合作营造有利的外部环境。此外，两国一衣带水、隔海相望，相似的自然条件使得技术输出具备了良好的适应性。

（一）良好的双边关系为中菲渔业扶贫合作提供了政治保证

中菲在渔业领域的合作关系由来已久。早于2004年9月，中菲两国领导人就签署了渔业合作谅解备忘录，并决定设立“渔业合作联合委员会”来商讨两国渔业合作的相关事宜。次年3月，在马尼拉举行了第一次中菲渔业联合委员会会议，就渔业捕捞、水产养殖、水产品加工、渔业科技交流及利用中国贷款建设菲律宾渔业设施等方面进行了磋商，并达成了一些原则性共识。阿基诺三世总统执政以后，中菲之间发生了诸多影响两国关系的事件，造成了两国关系的紧张，阻塞了两国政治沟通的渠道。

2016年6月，菲律宾杜特尔特总统开始执政，在对华关系上呈现新的积极态度。时隔12年，第二次中菲渔业联合委员会于2017年4月在马尼拉顺利召开。会议讨论了中菲渔业合作重点领域、基本原则和政府支持措施，并就开展中菲渔业技术培训交流、发展海水养殖和水产品加工等达成了初步共识。至

① 覃志敏．中国—东盟减贫合作：现实基础、实施机制及发展趋势．广西社会科学，2017（3）：34-37.

今，习近平主席已同和杜特尔特总统进行了6次会晤，双方致力于推动中菲和平与发展战略性合作关系的健康、稳定发展。正如杜特尔特总统发言人罗克列所说的那样，中菲两国关系已经进入"历史上最佳时期"。政治外交关系的持续改善势必会为两国顺利开展渔业扶贫合作奠定扎实的基础。

（二）高度的减贫政治意愿与战略共识是中菲渔业扶贫合作的利益契合点

渔民是菲律宾贫困发生率最高的群体，也是菲律宾政府减贫工作的重点对象。菲律宾大部分渔场的渔业资源正在枯竭和退化，使得渔民通过捕捞维持生计变得十分困难。由于缺乏其他补充或替代的收入来源，渔民仍然坚持捕鱼，这不仅导致自身深陷贫困状态，也促使珊瑚礁和红树林等重要生态环境受破坏的情况继续恶化。由于56%的菲律宾城市位于沿海地区，渔民的贫困问题会间接导致为数众多的其他社会群体难以享受到自然资源和生态系统的产品和服务，还会遭受更多台风暴潮等气象灾害的冲击。可见，沿海社区的贫困问题已对菲律宾社会整体的稳定、健康、可持续发展构成了严峻的挑战。

20世纪80年代后期以来，中国水产养殖业迅速发展，成为沿海和内河沿岸地区人们重要的生计和粮食安全来源，贡献了世界62%的水产养殖产量。中国水产产业政策不仅旨在增加产量，而且重视发挥对减贫的促进作用。政府长期致力于传播低成本技术、提供资源和信贷支持来吸引贫困人口进入水产养殖业。与其他农业部门就业人员持续退出不同，中国水产养殖业就业人数呈明显的上升趋势，从1995年的266万增至2016年的502万，将近翻了一番。水产养殖作为农村经济增长和减贫引擎在其他亚太地区也同样获得了巨大的成功。印度、印度尼西亚、越南、孟加拉国、缅甸和泰国均在全球十大水产养殖国行列①。作为邻国的菲律宾水产养殖业却陷入瓶颈，难以作为贫困渔民生计转型的方案。菲律宾政府已意识到水产养殖在减贫和发展战略中的关键作用，两国在渔业合作方面也达成越来越多的共识。例如，《中华人民共和国与菲律宾共和国联合声明》② 第17条关于农渔业合作的声明明确提出，"双方将在减贫领域交流最佳实践和开展合作"。

（三）可预期的市场需求是中菲渔业扶贫合作项目可持续发展的基础

良好的市场需求前景往往是产业扶贫项目可持续运作的根本。由于渔业资源持续衰退和水产养殖业发展的滞后性，菲律宾国内水产品供给难以满足快速人口增长下日益旺盛的市场需求。联合国粮食及农业组织（FAO）的数据显示，菲律宾人均海水鱼类消费量从2009年的每天68克降至2013年的每天57

① FAO. Yearbook of Fishery and Aquaculture Statistics 2016，Rome，2018.

② 该声明于2018年11月21日正式发布，是习近平主席于2018年11月20—21日对菲律宾进行国事访问期间，两国领导人达成重要共识。

克，淡水鱼类则处于增长停滞状态（图 10）。由于该国实施限制包括鱼类在内的食品进口的政策，以期实现食品的自给自足，国内供求缺口难以通过国际贸易来填补。

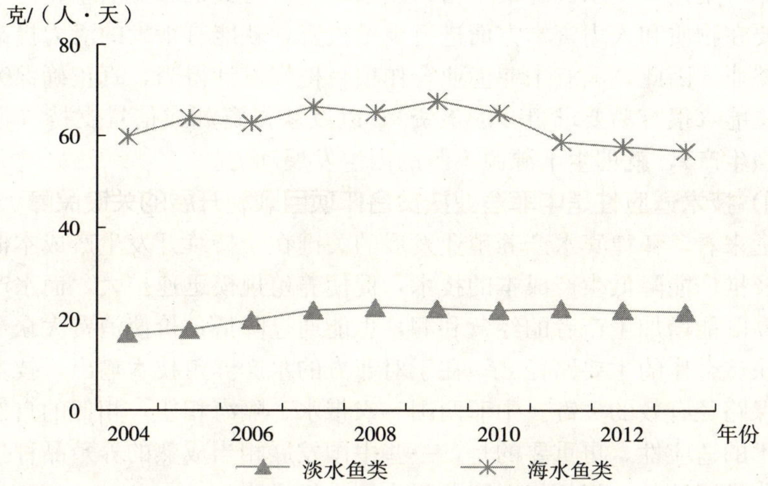

图 10　菲律宾淡水和海水鱼类消费状况

数据来源：FAOSTAT。

菲律宾肉类和家禽人均消费量所有增加，表明其人口正在开发其他动物蛋白的来源（表 8）。然而，大量的沿海贫困社区并没有财力去探索鱼类以外的动物蛋白来源，捕捞数量和利润下降直接造成渔民对其他基本食品的购买力下降。近年来，菲律宾中低收入人口对平价鱼类的巨大需求导致走私十分猖獗。2016 年从中国进口鲭鱼（Mackerel）的官方数据为 7 万吨。一位在菲律宾从事多年水产品贸易的华商向课题组坦言，从中国走私入境的鲭鱼至少在 20 万吨以上。

表 8　菲律宾动物产品消费状况

单位：克/（人·天）

项目	2008 年	2015 年
水产品	110	101
畜牧肉产品	58	61
禽肉	24	28
禽蛋	14	18
奶产品	42	42

数据来源：2017 年菲律宾渔业概况。

菲律宾水产养殖具有广阔的市场前景的同时，也具有优越的资源禀赋条件。该国具有大片地区，特别是海洋水域，仍未得到充分利用。菲律宾拥有超过3.5万千米海岸线、25万公顷沼泽、20万公顷湖泊、3万公顷河流和2万公顷水库，是世界上水资源最丰富的国家之一。与其他农业活动相比，水产养殖只需要在物质和人力资本方面进行少量投资，就能有很大的潜力提高穷人的收入和就业。因此，只有中菲渔业合作项目框架设计得当，真正确保穷人得到培训和技能（很容易要求更多的工资），以及获得资源或信贷支持（很容易为市场加强生产），就催生了源源不断的内生发展动力。

（四）技术适应性是中菲渔业扶贫合作项目顺利开展的关键保障

长远来看，菲律宾水产养殖业发展的关键在于持续开发生产成本低廉的新物种以及推广能降低生产成本的技术，促使养殖规模迅速扩大，而水产养殖效率的提高既能增加生产者的经营利润，也能通过降低鱼价使消费大众受益。中菲渔业扶贫合作的主要路径之一在于对菲方的水产养殖技术输出，技术适应性则是确保路径有效的关键。中菲两国一衣带水、隔海相望，相似的自然条件增强了技术的适应性。更重要的是，一些中国发展相当成熟的养殖品种技术也是菲律宾非常紧缺的。下面将以罗非鱼为例进行说明。

罗非鱼具有生长快、繁殖力强、食性杂、抗病力强等特点，适合于淡水或咸淡水的池塘、网箱、流水池高密度集约化养殖，并且罗非鱼产品价格适中，受到各层次广大消费者的欢迎。罗非鱼是FAO推荐向全世界推广养殖的优质鱼类，也是中国主导水产养殖品种之一，作为许多地区传统农业产业结构调整的途径①。除西藏、青海和宁夏回族自治区外，中国31个省市自治区均有罗非鱼的养殖，足见其广泛的适宜性。与菲律宾良种培育不能满足产业需求不同，中国已经建立较为完备的良种培育技术体系，在杂交雄性化技术创新和快速生长良种培育以及筛选优质新品种方面取得了长足进步。针对菲律宾商业饲料价格昂贵难以推广高密度养殖问题，中国在开发低成本、高效能饲料方面积累了丰富的经验，这也是实现高产量的重要提前。再者，中国在病害防治技术方面也能为菲方提供有效借鉴，中国针对主要致病菌及发病条件已建立完善的防治体系。

第八节　中菲渔业扶贫合作模式及路径选择

基于中国农村开发式扶贫的政策和实践经验，产业扶贫是“拔穷根”的根本之举，但也是难度最大的扶贫措施。因此，中菲渔业扶贫合作模式需要因地

① 杨弘．我国罗非鱼产业现状及产业技术体系建设．中国水产，2010（9）：6-10.

制宜，权衡取舍，既要确保产业能通过政府的扶贫政策及相关行为主体的参与真正发展起来，也要保证足够的扶贫资源及其所创造的利润有效地流向贫困群体。

一、资助成功的“龙头企业”，支持其经营和带动渔户模式的复制和推广

中国在30多年的农村扶贫开发过程中，探索形成了以“龙头企业”带动产业扶贫的完整经验。从2013年开始的以精准扶贫为主要手段的脱贫攻坚战，其核心就是通过“扶持生产和就业发展一批、移民搬迁安置一批、低保政策兜底一批、医疗救助扶持一批”，从而实现农村贫困人口全部脱贫的精准扶贫方略。其中，产业扶贫是精准扶贫的中心工作，产业发展能够从根本上阻断贫困的发生。而产业扶贫离不开“龙头企业”，特别是离不开扎根农村和熟悉农业的龙头企业。龙头企业具备较强的品牌、技术、信息、产业链、组织管理、市场优势和市场抗风险能力。发挥龙头企业的扶贫带动作用，有利于整合扶贫政策资源，有利于培育贫困地区产业发展优势，有利于放大扶贫投资的带动效益，也有利于组织分散的小农与大市场对接。在根本上杜绝贫困户“村村点火、四处铺摊、提篮小卖、品种杂乱、市场竞争力低下”的“小、散、软”现象。中国贫困地区大力引进龙头企业，依托当地独特的生态资源和自然条件，发展适合当地自然资源的特色产业，对推动脱贫攻坚进程和实现大规模减贫发挥了不可替代的重要作用。

中国农村扶贫开发的经验表明，贫困地区需要积极引进龙头企业，发挥龙头企业在产业扶贫中的引领带动作用。因此，中菲渔业扶贫合作也需要充分参考相关的政策和实践经验，依托和培育菲贫困渔业地区的“龙头企业”，将中国的产业扶贫经验在菲律宾复制推广，从而实现带动渔民增产增收和减缓贫困的目标。在菲律宾，三宝颜锡布格渔民联盟（COMFAS）就是一个较为成功的社会企业案例。COMFAS核心项目共有三类：①环境项目，例如红树林保护、重建、管理；②生计和企业项目，例如海水养殖立项、发展和营销；③社区赋权项目，例如能力建设以及技能和领导力发展。三者协调推进确保COMFAS既能实现商业发展的可持续性，又能完成生态保护与减贫的社会使命。

COMFAS的发展壮大离不开菲律宾国内和国际众多政府及非政府组织的资助。主要捐赠者有菲律宾热带森林保护基金会（PTFCF）①、亚洲农村人力

① PTFCF是根据美国政府和菲律宾政府之间的两项双边协议成立的一个非营利性非政府组织，为旨在保护、维护或恢复菲律宾热带森林的项目提供赠款和技术援助。

资源开发（AsiaDHRRA）①、泽维尔农业推广服务基金会（XAES）、菲律宾环境基金会（FPE）② 和USAID（美国农业部）。他们在红树林恢复和保护项目提供关键资助，这是COMFAS运作成功的基础。由于农业扩张、水产养殖和沿海发展，大量红树林遭受破坏，菲律宾政府早已意识到红树林的重要性。因此，以红树林项目作为开端很容易获得当地政府的支持和认可。海水养殖的生计项目同样受益于该项目，理由有三点：一是基于红树林形成的天然种苗和饵料降低了养殖业成本，二是保护养殖品种和设备免受海浪和风暴潮的破坏；三是社区渔民自我管理能力和凝聚力获得了提升。针对菲律宾水产养殖业市场推广和咨询服务薄弱，渔民进入国内和出口市场机会有限的问题，在AsiaDHRRA和荷兰外交部资助下，COMFAZS于2017年1月组织发起了“加强石斑鱼、鲷鱼、鲈鱼和其他高价值鱼类的共同营销”，旨在通过集体和更好的销售安排，提高成员养殖受益，带动渔民参与养殖的积极性，进而减轻渔业捕捞以及海洋资源开采的压力。

中国政府可参考其他国家和国际组织的做法，对菲律宾类似的龙头社会企业进行资助，可以是对他们当前产业链发展的瓶颈问题提供资金支持，也可以资助其将运作模式在附近村庄或其他禀赋条件相似的地区进行复制和推广，以扩大影响力和受益群体。

二、援建产业相关配套设施，对贫困渔户增产增收提供支持

相关配套设施发展滞后是制约菲律宾水产养殖生产力和可持续性的主要因素。助力菲律宾水产养殖业相关配套设施可作为中菲渔业合作的路径之一。首先，增加优质种苗供应。在菲律宾，养殖户越来越多地寻找具有已知育种历史的种苗，因为只有适当的饲养就能很好地预测收益。由于优质种子供应有限，小规模养殖户往往无法获得遗传改良的种苗。BFAR在靠近主要和潜在的养殖区域都建立了孵化场和育苗所，由于没有足够的发展资金支持，孵化场和育苗所的供给能力没有得到充分发挥。例如，虱目鱼作为菲律宾最主要的养殖品种，育苗技术已较为成熟，但幼苗供应不足问题仍非常突出，约60%的虱目鱼幼苗依赖进口。中国政府可通过与BFAR投资合作，盘活已有孵化基地，并且支持孵化技术升级。

其次，降低配方饲料成本。菲律宾水产养殖单产低下问题很容易通过增加

---

① AsiaDHRRA由11个亚洲国家的11个社会发展网络和组织组成的非政府组织，旨在建设公正、自由、繁荣、和平、团结一致、自力更生的亚洲农村社区。AsiaDHRRA是东盟的下属组织，具有联合国经济及社会理事会（ECOSOC）特别咨商地位。

② FPE是第一个为在菲律宾从事可持续自然资源管理活动的民间社会组织提供资金的非政府组织。

配方饲料的使用来改善。由于配方饲料价格昂贵，养殖户基本依赖自然捕捞的杂鱼和软体类进行喂食。因为渔业资源退化，很难保证天然饵料按时足量的供应，产量低下便是必然的结果。咸淡水池塘中的黑虎虾养殖就是典型例子。黑虎虾经济价值高且市场需求可观，但十年来菲律宾产量多在4.5万吨波动。发展和传播低成本配方饲料对于菲律宾政府正在推动的高密度海水网箱养殖模式同样是重要的。中国政府可以对菲律宾水产养殖的饲料环节进行干预，资助低成本配方饲料的研发和推广。21世纪以来，国际市场上优质动物和植物蛋白质饲料原料的价格居高不下，使得饲料成本不断上升，极大挤压了养殖利润空间。为此，中国产学研界持续致力于推动廉价蛋白质（例如菜籽粕）替代优质鱼粉和豆粕，并取得了长足的进步，这将为中菲在该领域的合作提供有力的技术保障。

再次，改进收获后处理设施，减少收获后损失。海藻养殖是菲律宾政府为改善渔业社区社会经济条件的最早、最主要的一种替代方法，在经济困难时期作为生计的补充或支柱。海藻主要的商业价值与卡拉胶（carraganeen）[①] 生产有关，干燥是商业生产卡拉胶的第一步，并且干燥后的质量决定了卡拉胶等级，也决定了海藻产业的国际竞争力。菲律宾很多村庄的养殖户在海藻收获后仍使用传统的晒干方法，容易受风沙污染以及因气候条件变化而发生腐败变质，进而降低了海藻质量和制造工艺能力。菲律宾一度是世界海藻第一大生产国，2008年被印度尼西亚赶超，2017年不到后者的2/3，究其主要原因在于后者供应更高品质的海藻。菲律宾政府未来针对海藻产业的重点便是加大收获后干燥和加工设施建造。因此，中国政府可在棉兰老岛（例如塔威塔威省和苏禄省）地处偏远的海藻主产区援建村级干燥中心；在相对富裕地区与BFAR、当地企业共建海藻加工厂。

三、组织中菲渔业技术培训与交流活动

技术培训与经验交流是当前中菲渔业合作的主要形式之一。中菲渔业合作重启之后，中国农业部渔业渔政管理局于2017年1月举办中国—菲律宾现代渔业技术培训交流活动，邀请BFAR官员和产业代表来华参会，组织专家就深水网箱、种苗繁育、池塘养殖、营养饲料等方面进行培训授课。这些培训对象以菲方渔业部门官员为主，并且不针对特产产业。以减贫为目的渔业技术培训与交流项目应是针对养殖资金和技术门槛较低、生产快和产量高的特定产

① 卡拉胶广泛运用于食品和化工工业。食品工业方面，主要用作增稠剂、胶凝剂、悬浮剂、乳化剂和稳定剂。化工工业方面，能够改善洗涤剂分散和贮存性能；易被皮肤吸附，可与甘油混用制成润肤剂。

业，并且确保贫困群体能够真正受益。根据实地考察和与菲方各界交流的结果，课题组认为可举办牡蛎产业技术培训与交流项目。在菲律宾，除了海藻养殖，牡蛎养殖是最具有潜力成为贫困沿海社区的生计来源。与中国不同，菲律宾很多海区的天然牡蛎种苗非常丰富，大大降低渔民养殖的资金门槛，主要费用发生在采苗器、浮延绳和固定桩上。此类合作项目根据受众和目标不同分为两类。

第一类是跨国界、针对牡蛎主要和潜在产区政府人员和产业代表，主要培训环节为育苗、养殖管理和营销。作为世界第一大牡蛎生产国，中国在自然采苗技术方面已非常成熟，有能力通过加强对菲方技术培训来提高其种苗供应能力，使得养殖户获得低价优质种苗成为可能。加强管理是确保高产的主要环节，因此如何做好管理工作（例如抗台风措施和确保合理的水层深度）应当成为培训的重点内容。营销主要是围绕食用理念和方式推广技术的交流。过去十年里，牡蛎规模得不到扩张的原因在于市场需求疲软。在菲律宾，牡蛎一般是生食或半生食。由于牡蛎是一种滤食性动物，细菌和寄生虫的积累和集中是难以避免的，尤其是经济发展引致海水污染日益加深的背景下。消费者普遍认为牡蛎摄入会对健康构成风险。因此，通过有效的营销安排和提供多元化的烹饪方案来引导消费者从生食转变为熟食，牡蛎产业有望重振。事实上，中国牡蛎也不符合生食标准，需要烹饪后食用，不过由于其肉味鲜美，营养价值高，广受消费者欢迎。

第二类是通过菲律宾当地专业社会组织举办面向社区的讲习班，主要内容包括养殖管理技术和烹饪方法的传播。一方面，通过对养殖户传授成熟的技术，增进养殖产量和经济效益；另一方面，使沿海贫困社区认识到利用牡蛎改善家庭营养的许多好处，并将其发展成一种家庭手工业（例如制作干牡蛎）来增加收入。

四、建立促进小规模渔民准入的中菲海水养殖示范区

人口快速膨胀和经济发展使得菲律宾陆地资源日益稀缺，加上天然渔业的日渐枯竭，发展海水养殖业显得日益重要。自 2001 年起，菲律宾渔业和水产资源局在全国范围内建立海水养殖园，核心目标有 5 个：①推广海水养殖，作为沿岸渔民的主要生计；②加快社会经济增长和粮食安全；③提供适当的基础设施、设备和支持服务，使渔民能够经济有效和安全地作业；④为海水养殖业创造良好的投资环境，为海产品养殖业配套产业创造良好的投资环境；⑤通过培养技术过硬的渔民来支持海水养殖业。截至 2017 年，共建成 71 个海水养殖园，其中 44 个处于运营状态，不到 20％能产生较为稳定的经济效益。可见，政府主导的海水养殖园在促进沿海地区减贫和就业方面的作用仍是较低的。这些海水养殖园大多是由富裕的投资者经营，小规模渔民只能作为非技术工人受

雇于他们。由于没有足够的经济激励，渔民往往不会精心饲养和看护，投资者因得不到理想效益而不愿进行更多的长期投资。解决小规模渔民财政资源匮乏问题，使其获得海水养殖系统的所有权和经营权可作为中菲渔业扶贫合作的一个着力点。

中国政府需要与BFAR、当地政府单元（LGU）建立合作伙伴关系，后者负责海水养殖园的规划、配套设施建设和投资者准入管理，并设立促进小规模渔民准入的减贫基金。利用已有的海水养殖园系统是非常必要的，它们已经建立了较为完善的配套设施和管理体系，有助于增强对贫困养殖户的示范效应及其自身连接市场的能力。减贫基金有两种使用途径，一是通过无偿拨付支持特定水产养殖项目；二是作为融资担保资金，为小规模渔民从正规金融机构（例如菲律宾土地银行和菲律宾开发银行）获得贷款提供担保，以及给予担保费用补贴和贷款利息补贴。值得一提的是，在识别潜在帮扶对象以及项目制定和运作环节应引入当地专业社会组织。他们能通过入户调查、村社关键人物访谈、小组访谈、社区会议等多种方式收集信息，确保筛选出贫困且具有潜力的群体参与示范项目。他们也能及时与帮扶对象共同分析和讨论在生产过程中面临的问题和困难，并寻求相应的解决策略。

第九节　中菲渔业扶贫合作项目投资匡算
——以中菲海水养殖示范区为例

中菲海水养殖示范项目主要开展两个品种的养殖：一是虱目鱼（milkfish），这是菲律宾最重要的传统养殖品种，由于养殖周期较短（3～4个月），能够快速产生收益，用于目标受益者的日常支出；二是石斑鱼（grouper），这是潜在市场需求较大的高价值品种，虽然其养殖周期较长（8～10个月）但利润空间更大，养殖户能获得更长期、更多的利润回报，从而真正地摆脱贫困。

项目拟成立一个项目管理单位（Project Management Unit，PMU），包括一个项目总协调者、技术主管、财务主管、采购专员等工作人员。项目管理单位接受相关政府部门（例如BFAR）的监管。项目无偿向40个目标个体家庭发放10个虱目鱼网箱组和10个石斑鱼网箱组。网箱组的所有权和管理权隶属于PMU。目标受益者必须是项目所在区域的渔民或沿海居民个人或家庭。

项目执行期预计为10个月，共分为三个阶段：

一、产前阶段（1个月）

首先，确定受益者。每4个受益者组成一个小组，每个小组将得到1组虱目鱼网箱（1个6米×6米×5米隔间）和1组石斑鱼网箱（4个3米×3米×5米的隔间）。小组成员共同管理这些网箱并且共享收益。目标受益者必须是在养殖区域附近居住，并且拥有用于运送人员和投入品往返海上养殖场所的船只。小组内成员的居住地也必须是尽可能靠近，以方便协调和集中管理。其次，对受益者进行培训。在得到网箱和投入品赠予前，受益者必须接受关于虱目鱼和石斑鱼养殖以及其他与项目管理方面相关的培训，例如基本的簿记和会计知识。最后，每组推荐小组组长和出纳员各一名，然后小组成员开立一个共同账户，并且办理所在海水养殖园的网箱养殖许可证。

二、生产阶段（8个月）

生产阶段预计为8个月，包括2轮虱目鱼养殖周期和1轮石斑鱼养殖周期。每个小组共同管理指定的虱目鱼和石斑鱼网箱，包括共同处理养殖投入品的储藏和利用问题，定期抽样并计算理想的饲料投放量。第一轮虱目鱼销售所得收入应当被存入共同的银行账户中，当整个养殖周期结束后统一在成员间进行分配。

三、产后阶段（1个月）

产后阶段是对项目规划和执行的评估，以及做出下一个养殖周期支出安排。

表9和表10分别显示了虱目鱼和石斑鱼养殖的潜在收益，它们将用于支持下一个养殖周期以及供受益者平分。在项目执行期间，两轮虱目鱼养殖和1轮石斑鱼养殖所得收入不仅能够为受益者提供收入，并且为他们提供了开展下一个养殖周期所需要的资金，从而保证了示范项目的可持续性。PMU需要保证每个成员必须将一部分共同的收入用于支持下一轮生产周期。PMU还应该在营销方面积极作为，协助养殖户和买家签订一个基于公平市场价的销售协议。

表9　虱目鱼生产的成本收益分析（6米×6米×5米）

成本收益分析	生产成本	
	比索	人民币元①
生产投入		
1. 9 000虱目鱼鱼苗，每条成本为7.5比索	67 500	9 054
2. 商业饲料：		
（1）1包“杂碎料”，每包750比索	750	101

① 根据《2018年中国统计年鉴》，2017年比索对人民币的年均汇率为0.134 1。

（续）

成本收益分析	生产成本	
	比索	人民币元
（2）5 包“开口料”，每包 550 比索	2 750	369
（3）23 包“幼鱼”料，每包 460 比索	10 965	1 471
（4）15 包“成鱼”料，每包 455 比索	6 825	915
3. 看护员工资	4 800	644
4. 营销支出	1 239	166
5. 年度网箱折旧成本（使用寿命为 5 年）	5 931	796
6. 年度税费和许可费	2 500	335
7. 年度修理和维护费	3 000	402
8. 合计	106 260	14 252
收入估算		
1. 总产量为 2 835 千克（按 80%的成活率计算）		
2. 总销售收入（单价为每千克 100 比索）	252 000	33 800
3. 每个养殖周期（4 个月）净收入	145 740	19 548
投资回报率（ROI）	39%	39%

表 10　石斑鱼生产的成本收益分析（3 米×3 米×5 米）

成本收益分析	生产成本	
	比索	人民币元
生产投入		
1. 1 000 石斑鱼鱼苗，每条成本为 60 比索	60 000	8 048
2. 饲料：		
（1）800 千克配方饲料，每千克 75 比索	60 000	8 048
（2）800 千克杂鱼料，每千克 60 比索	48 000	6 438
3. 看护员工资	4 800	644
4. 营销支出	1 239	166
5. 年度网箱折旧成本（使用寿命为 5 年）	5 931	796
6. 年度税费和许可费	2 500	335
7. 年度修理和维护费	3 000	402
8. 合计	185 470	24 877

（续）

成本收益分析	生产成本	
	比索	人民币元
收入估算：		
1. 总产量为 480 千克（按 80%的成活率计算）		
2. 总销售收入（单价为每千克 650 比索）	312 000	41 848
3. 每个养殖周期（6 个月）净收入	126 530	16 971
4. 投资回报率（ROI）	40.60%	40.60%

表 11 显示了中菲海水养殖示范项目的预算支出，主要由设备和材料费、培训费、生产投入品费、行政管理费和不可预见费 5 项构成，占比分别为 40%、2%、38%、11%和 9%，预算支出合计为 1 065 万比索（143 万元人民币）。其中，不可预见费包括因项目设计变更或不可抗力导致的基本预备费和由原材料价格上涨或费率、利率、汇率变动引起的价差预备费，计算方法均为前 4 项预算支出总和×5%。

表 11　中菲海水养殖示范项目预算支出

项目	单位成本	数量	合计	合计
	比索		比索	人民币元
A. 设备和材料				
养殖设备（网箱）所有权和管理属于 PMU，由项目受益者共同使用				
1. 虱目鱼网箱组	200 000	10	2 000 000	268 255
2. 石斑鱼网箱组	200 000	10	2 000 000	268 255
3. 机动运输/采收船只	200 000	1	200 000	26 825
4. 氧气罐	20 000	2	40 000	5 365
5. 潜水泵	1 000	2	2 000	268
6. 收获罐	5 000	2	10 000	1 341
7. 泡沫箱	350	20	7 000	939
8. 收获材料	20 000		20 000	2 683
9. 抽气泵	2 500	2	5 000	671
10. 过滤袋	1 500	2	3 000	402
小计			4 287 000	575 004
B. 培训				
1. 虱目鱼养殖知识的培训员	5 000	1 天	5 000	671
2. 石斑鱼养殖知识的培训员	5 000	2 天	10 000	1 341

（续）

项目	单位成本	数量	合计	合计
	比索		比索	人民币元
3. 基础商业、管理和财务知识的培训员	5 000	1天	5 000	671
4. 场地设施	25 000	5天	125 000	16 766
5. 参与人员交通费	4 000	5天	20 000	2 683
6. 培训材料	10 000		10 000	1 314
7. 实地考察支出	20 000		20 000	2 683
小计			195 000	26 155
C. 生产投入品				
在PMU管理下，投入品交由项目受益者				
1. 虱目鱼生产（第一周期）				
a. 每组9 000条虱目鱼鱼苗	67 500	10个小组	675 000	90 536
b. 每组分阶段饲料	21 290	10个小组	212 900	28 556
c. 每个网箱年度税费和许可费	2 500	10个网箱	25 000	3 353
d. 每个网箱修理和维护费	3 000	10个网箱	30 000	4 024
e. 每个网箱的其他支出	10 000	10个网箱	100 000	13 413
2. 虱目鱼生产（第二周期）				
a. 每组9 000条虱目鱼鱼苗	67 500	10个小组	675 000	90 536
b. 每组分阶段饲料	21 290	10个小组	212 900	28 556
c. 每个网箱修理和维护费	3 000	10个网箱	30 000	4 024
d. 每个网箱的其他支出	10 000	10个网箱	100 000	13 413
3. 石斑鱼生产				
a. 每组1 000条石斑鱼鱼苗	60 000	10个小组	600 000	80 476
b. 每组分阶段饲料	108 000	10个小组	1 080 000	144 858
c. 每个网箱年度税费和许可费	2 500	10个网箱	25 000	3 353
d. 每个网箱修理和维护费	3 000	10个网箱	30 000	4 024
e. 每个网箱的其他支出	20 000	10个网箱	200 000	26 825
小计			3 995 800	535 946
D. 行政管理				
1. 薪酬				
a. 项目总协调人	20 000	10个月	200 000	26 825
b. 技术主管	20 000	10个月	200 000	26 825
c. 簿记员	10 000	10个月	100 000	13 413
d. 采购员	10 000	10个月	100 000	13 413

（续）

项目	单位成本	数量	合计	合计
	比索		比索	人民币元
e. 现场技术专家	20 000	10 个月	200 000	26 825
2. 交通和运输支出	30 000	10 个月	300 000	40 238
3. 办公场地	10 000	10 个月	100 000	13 413
小计			1 200 000	160 953
E. 不可预见费				
1. 基本预备费			483 890	64 903
2. 价差预备费			483 890	64 903
小计			967 780	129 806
总计			10 645 580	1 427 864

参考文献

柏娜，等.2019. 中国渔业“走出去”的经验、问题和相关建议——以山东省荣成市为例[J]. 世界农业（2）：23-27.

蔡科云.2014. 政府与社会组织合作扶贫的权力模式与推进方式［J]. 中国行政管理（9）：45-49.

陈雨生，房瑞景，乔娟.2012. 中国海水养殖业发展研究［J]. 农业经济问题，33（6）：72-77，112.

范和生，唐惠敏.2017. 农村贫困治理与精准扶贫的政策改进［J]. 中国特色社会主义研究（1）：45-52，75.

方建光，等.2016. 水产生态养殖与新养殖模式发展战略研究［J]. 中国工程科学，18（3）：22-28.

苟天来，唐丽霞，王军强.2016. 国外社会组织参与扶贫的经验和启示［J]. 经济社会体制比较（4）：204-211.

桂建芳，包振民，张晓娟.2016. 水产遗传育种与水产种业发展战略研究［J]. 中国工程科学，18（3）：8-14.

郝振林，常亚青.2014. 水产养殖业人才培养模式构建［J]. 财经问题研究（S1）：141-143.

何仁伟，等.2017. 可持续生计视角下中国农村贫困治理研究综述［J]. 中国人口·资源与环境，27（11）：69-85.

胡晗，司亚飞，王立剑.2008. 产业扶贫政策对贫困户生计策略和收入的影响——来自陕西省的经验证据［J]. 中国农村经济（1）：78-89.

吉伟伟.2017. 基于金字塔底层视角的菲律宾减贫：CARD 的案例研究［J]. 东南亚研究（4）：81-91，154-155.

贾俊雪，秦聪，刘勇政．2017．“自上而下”与“自下而上”融合的政策设计——基于农村发展扶贫项目的经验分析［J］．中国社会科学（9）：68－89，206－207．

蒋高中，陈红磊．2018．“一带一路”视角下中国综合养鱼技术对外交流历史回顾与展望［J］．中国农史，37（5）：40－47．

蒋高中．2009．20世纪我国淡水养殖技术发展动因分析［J］．中国农史，28（3）：23－29．

金炜博，杨冰，汪艳涛．2015．国外水产技术推广体系构建及其经验启示［J］．世界农业（7）：18－23．

卢昆，高晶晶，郝平．2016．我国海水养殖资源开发评价及其支持政策分析［J］．农业经济问题，37（3）：95－103，112．

潘慧，滕明兰，赵嵘．2018．习近平新时代中国特色社会主义精准扶贫思想研究［J］．上海经济研究（4）：5－16，26．

孙久文，林万龙．2018．中国扶贫开发的战略与政策研究［M］．北京：科学出版社．

覃志敏．2017．中国—东盟减贫合作：现实基础、实施机制及发展趋势［J］．广西社会科学（3）：34－37．

唐启升，丁晓明，刘世禄，等．2014．我国水产养殖业绿色、可持续发展保障措施与政策建议［J］．中国渔业经济，32（2）：5－11．

汪凤桂，林建峰．2015．农业龙头企业对水产养殖户质量安全行为的影响［J］．华中农业大学学报（社会科学版）（6）：11－18．

王春萍，郑烨．2017．21世纪以来中国产业扶贫研究脉络与主题谱系［J］．中国人口·资源与环境，27（6）：145－154．

王国红．2018．南海经略中的渔民政策：激励与保障［M］．北京：人民出版社．

王瑞芳．2016．精准扶贫：中国扶贫脱贫的新模式、新战略与新举措［J］．当代中国史研究，23（1）：82－85．

肖乐，刘禹松．2010．碳汇渔业对发展低碳经济具有重要和实际意义　碳汇渔业将成为新一轮渔业发展的驱动力——专访中国科学技术协会副主席、中国工程院院士唐启升［J］．中国水产（8）：4－8．

徐敬俊，覃恬恬，韩立民．2018．海洋“碳汇渔业”研究述评［J］．资源科学，40（1）：161－172．

闫东东，付华．2015．龙头企业参与产业扶贫的进化博弈分析［J］．农村经济（2）：82－85．

杨弘．2010．我国罗非鱼产业现状及产业技术体系建设［J］．中国水产（9）：6－10．

杨子江，刘龙腾，李明爽．2018．四十年来我国渔业发展阶段与重大改革举措［J］．中国水产（10）：61－63．

叶乃好，庄志猛，王清印．2016．水产健康养殖理念与发展对策［J］．中国工程科学，18（3）：101－104．

于会娟．2013．中国水产养殖社区管理模式探讨［J］．中国海洋大学学报（社会科学版）（1）：52－57．

张琦，冯丹萌．2016．我国减贫实践探索及其理论创新：1978—2016年［J］．改革（4）：27－42．

"中国水产养殖业可持续发展战略研究"课题综合组 . 2016. 环境友好型水产养殖业发展战略 [J]. 中国工程科学，18 (3)：1 - 7.

中华人民共和国农业部 . 2017. 农业部关于印发《"十三五"渔业科技发展规划》的通知 [Z]. 01 - 19.

Aubin J，Baruthio A，Mungkung R，et al. 2015. Environmental performance of brackish water polyculture system from a life cycle perspective：A Filipino case study [J]. Aquaculture，(435)：217 - 227.

Bowen T. . 2016. Typhoon Yolanda (Haiyan) and the Case for Building an "Emergency Cash Transfer" Program in the Philippines [R]. Philippines Social Protection Note，No 10. Washington，DC：World Bank Group.

Credit Suisse Research Institute. 2017. Global Wealth Report 2017 [R]. Zurich.

FAO. 2016. Sustainable intensification of aquaculture in the Asia-Pacific region：Documentation of successful practices. Bangkok.

FAO. 2018. Yearbook of Fishery and Aquaculture Statistics 2016 [R]. Rome.

Muallil R N，Mamauag S S，Cabral R B，et al. 2014. Status，trends and challenges in the sustainability of small-scale fisheries in the Philippines：Insights from FISHDA (Fishing Industries' Support in Handling Decisions Application) model [J]. Marine Policy，(44)：212 - 221.

Philippine Statistics Authority. 2018. The Fisheries Statistics of the Philippines，2015 - 2017 [R]. Manila.

Salayo N D，Perez M L，Garces L R，et al. 2012. Mariculture development and livelihood diversification in the Philippines [J]. Marine Policy，36 (4)：867 - 881.

Tendencia E A，Bosma R H，Verreth J A J. 2011. White spot syndrome virus (WSSV) risk factors associated with shrimp farming practices in polyculture and monoculture farms in the Philippines [J]. Aquaculture，311 (1 - 4).

The Philippines' Bureau of Fisheries and Aquatic Resources. 2018. Philippine fisheries profile 2017 [R].

The WorldFish Center. 2008. Supply and demand issues affecting fisheries and aquaculture in the Philippines [R]. WorldFish Center Issues Brief. Malaysia.

World Bank Group. 2013. Philippine Development Report：Creating More and Better Jobs [R]. Washington，DC：World Bank Group.

World Bank Group. 2018. Making Growth Work for the Poor：a Poverty Assessment for the Philippines [R]. Washington，DC：World Bank Group.

“一带一路”国家减贫合作研究

华中师范大学

课题组成员

吕　方　华中师范大学社会学院　教授
袁　泉　华中农业大学文法学院　副教授
梅　琳　华中师范大学城市与环境科学学院　副教授
刘　杰　华中师范大学社会学院　副教授
刘鹏程　华中师范大学城市与环境科学学院　副教授
郑芷琦　华中师范大学社会学院　研究助理
龚群芳　华中师范大学社会学院　研究助理
葛　露　华中师范大学社会学院　研究助理
杨祖丽　华中师范大学社会学院　研究助理
周诗芳　华中师范大学社会学院　研究助理
冉飞小　华中师范大学社会学院　研究助理
周　维　华中师范大学社会学院　研究助理
蒋灵箫　华中师范大学社会学院　研究助理
何　箴　华中师范大学社会学院　研究助理
王　笑　华中师范大学社会学院　研究助理
尚涵叙　华中师范大学社会学院　研究助理
赵　婕　华中师范大学社会学院　研究助理
冯　静　华中师范大学社会学院　研究助理
严　静　华中师范大学社会学院　研究助理

第一节 导 论

党的十八大以来，习近平总书记提出了一系列有广泛国际影响的外交思想。其中，关于人类命运共同体的思想，因具有深厚的理论价值和强烈的实践指导作用，得到国际社会的广泛关注和积极回应。党的十八大报告中提到："人类生活在同一个地球村，生活在历史和现实交汇的同一个时空里，越来越成为你中有我、我中有你的命运共同体。"2013 年 3 月下旬，刚刚当选中国国家主席的习近平首次出访俄罗斯。他在莫斯科国际关系学院的演讲中，第一次提到命运共同体的概念。联合国成立 70 周年之际，习近平总书记发表题为《携手构建合作共赢新伙伴 同心打造人类命运共同体》的讲话，强调"当今世界，各国相互依存、休戚与共。我们要继承和弘扬联合国宪章的宗旨和原则，构建以合作共赢为核心的新型国际关系，打造人类命运共同体。"2016 年 9 月，习近平总书记在二十国首脑峰会致辞中指出，"要树立人类命运共同体意识，推进各国经济全方位互联互通和良性互动，完善全球经济金融治理，减少全球发展不平等、不平衡现象，使各国人民公平享有世界经济增长带来的利益。"2017 年 1 月，习近平总书记在联合国日内瓦总部发表题为《共同构建人类命运共同体》的重要讲话，系统阐释了人类命运共同体思想的深刻内涵，并提出了共建人类命运共同体的若干倡议。广有共识的是，人类命运共同体思想是对当代世界发展根本性问题的科学解答，对于促进全球发展，解决人类社会面对的共同问题和挑战，具有重大的理论和实践意义，中国共产党坚定推动人类命运共同体建设，将人类命运共同体思想专门写进了十九大报告和党的十九大修改通过的《中国共产党章程》。

"一带一路"倡议，是实践人类命运共同体思想的重大举措。2013 年 9 月和 10 月，中国国家主席习近平在出访中亚和东南亚国家期间，先后提出共建"丝绸之路经济带"和"21 世纪海上丝绸之路"（以下简称"一带一路"）的重大倡议，得到国际社会高度关注。中国国务院总理李克强参加 2013 年中国—东盟博览会时强调，铺就面向东盟的海上丝绸之路，打造带动腹地发展的战略支点。加快"一带一路"建设，有利于促进沿线各国经济繁荣与区域经济合作，加强不同文明交流互鉴，促进世界和平发展，是一项造福世界各国人民的伟大事业。作为对习近平总书记"人类命运共同体"思想和"一带一路"倡议的推进落实，2015 年，国家发展改革委、商务部、外交部联合发布《推动共建丝绸之路经济带和 21 世纪海上丝绸之路的愿景与行动》，提出要秉持和平合作、开放包容、互学互鉴、互利共赢的理念，全方位推进务实合作，打造政治互信、经济融合、文化包容的利益共同体、命运共同体和责任共同体，将建设目标从命运共同体扩展为三个共同体。其五年多的实践，在政策沟通、设施联通、贸易畅通、资金融通和民心相通等领域均取得了可喜的成就。

随着“一带一路”倡议的深入推进，沿线各国的减贫与发展合作迎来了重大的战略机遇。毫无疑问，消除贫困、改善民生，构建没有贫困的人类命运共同体，是世界各国人民的共同期盼。对于“一带一路”沿线国家而言，减贫与发展的议题有着广泛的共识，参与“一带一路”倡议是将为沿线各国带来共同的发展机遇，利用好“一带一路”倡议所带来的发展期，将其转换为实实在在的减贫与发展成果，对于促进沿线各国的稳定、繁荣，具有重要的国际意义。特别是，减贫与发展领域，是“一带一路”沿线各国共同关注的非敏感问题，通过务实的减贫合作，有利于增进各国的政治互信，促进民心相通，夯实“一带一路”倡议的民意基础，为进一步深入推进“一带一路”各项倡议的落实，提供基础。此外，还应看到，推动“一带一路”沿线国家减贫合作，是落实联合国2030可持续发展议程的重要板块，将有力促进南南合作打开新的局面。然而，不得不承认，知识界对于“一带一路”沿线国家减贫合作的研究仍处于起步阶段。鉴此，我们认为开展“一带一路”沿线国家减贫合作研究，对于填补相关研究的“知识空白”和“理论贫困”，具有重要的理论和现实意义。

本节接下来的部分，将主要介绍几个方面的问题：其一，“一带一路”倡议及其五年来的成就；其二，开展“一带一路”国家减贫合作的背景与意义；其三，本研究的基本问题与研究思路；其四，研究报告的内容框架及各部分之间逻辑关系。

一、“一带一路”倡议概述及其五年来的成就

(一)“一带一路”倡议概述

“一带一路”倡议提出以来，得到国际社会的高度关注和相关国家的积极响应，沿线多个国家与中国签署了“一带一路”合作协议，合作内容涉及经济社会发展各领域。多个重要国际组织也表达了参与“一带一路”倡议的愿望，并积极与中国开展合作。作为全球最具代表性、普遍性和权威性的政府间国际组织，联合国于2016年9月与中国签署了《中华人民共和国政府与联合国开发计划署关于共同推进丝绸之路经济带和21世纪海上丝绸之路建设的谅解备忘录》。这是中国政府与国际组织签署的第一份政府间共建“一带一路”的谅解备忘录，同时联合国的加入更加彰显了“一带一路”建设对全球发展的重要意义。

“一带一路”倡议是中国为推动经济全球化深入发展而提出的国际区域经济合作新模式，其核心目标是促进经济要素有序自由流动、资源高效配置和市场深度融合，推动开展更大范围、更高水平、更深层次的区域合作，共同打造

开放、包容、均衡、普惠的区域经济合作架构①。具体来说，“一带一路”倡议的主要内容就是通常所说的“五通”，包括：①政策沟通，就是相互之间在政府层面要进行很好的政策沟通；②设施联通，包括基础设施，比如道路、铁路、机场、港口，还包括相应的管道设施以及通信设施等，这些方面的设施在沿线国家之间能够更加通畅；③资金融通，因为经济建设需要资金支持，怎么能够支撑“一带一路”建设的项目对资金的需求，各国之间要进行很好的协商，找到很好的解决办法；④贸易畅通，因为最终经济活动要通过具体的实物实现，所以贸易畅通方面要按照互相商量的共识来推进；⑤民心相通，沿线国家人民之间互相往来更加密切②。可见，加快推进“一带一路”建设，是进一步促进沿线各国经济繁荣与区域经济合作，加强不同文明交流互鉴，促进世界和平发展，造福世界各国人民的伟大事业。

（二）五年来的进展与成就

五年来，“一带一路”倡议从理念到行动，发展成为实实在在的国际合作，在政策沟通、设施联通、贸易畅通、资金融通和民心相通等领域均取得了令人瞩目的成就③。2018 年 9 月 19 日，在天津举办的 2018 年夏季达沃斯论坛上，国家发改委主任何立峰介绍，五年来中国已经与 106 个国家和 29 个国际组织签署了 150 份合作文件，就“一带一路”建设取得广泛共识。五年来，中国和“一带一路”沿线国家开展的经贸活动越来越紧密，从 2013 年至今，中国与沿线国家进出口总额近 6 万亿美元，对“一带一路”沿线国家投资超过 800 亿美元，其中在沿线国家建立了 82 个经贸合作区，总投资超过了 280 亿美元，据不完全统计，创造了 24 万多个工作岗位，将近有 4 000 家企业落地、动工、投产；五年来，中欧班列从开始一年几十列到 5 000 多列，累计开行超过 10 300 多列，“一带一路”倡议在 5 年的时间取得了长足进展④。

2018 年正值“一带一路”倡议提出五周年，五年的时间里，“一带一路”倡议从理念逐渐转化为各方行动的共识，得到了沿线国家的积极响应，建设成果丰硕，其实践成效直接体现在“一带一路”沿线国家互联互通程度有了明显提升。政策沟通、设施联通、贸易畅通、资金融通、民心相通的“五通发展”

---

① 刘卫东．“一带一路”战略的科学内涵与科学问题．地理科学进展，2015，34（05）：538－544.

② 何立峰：《“一带一路”理念和内容越来越被沿线国家认同》，http：//finance.ifeng.com/a/20170306/15226440_0.shtml.

③ 五年来“一带一路”建设的实践成效主要根据中国外交部、中国商务部、中国“一带一路”网等官方资料编辑整理。

④ 何立峰：《“一带一路”建设 5 年来取得丰硕成果》，http：//finance.ifeng.com/a/20170306/15226440_0.shtml.

都取得了显著的成绩。

（1）多边合作不断加强，政策沟通不断深化。政策沟通是“一带一路”建设的先决条件和基本保障。“一带一路”倡议提出以来，中国发布了多项推进“一带一路”建设的政策文件。从2015年3月28日，国家发改委、外交部、商务部联合发布的《推动共建丝绸之路经济带和21世纪海上丝绸之路的愿景与行动》，为“一带一路”倡议的发展建设提供了具体方案，到商务部发布的“一带一路”沿线国家的投资合作国别指南、国家税务总局发布的沿线国家投资税收指南等都为中国企业积极参与“一带一路”建设提供了基本保障。根据国家发改委2018年5月份发布的数据，中国已与88个国家和国际组织签署了103份共建“一带一路”倡议合作文件。特别是，2017年5月在北京举行的第一届“一带一路”国际合作高峰论坛一共形成了279项成果清单，目前已经有255项转为常态化工作，有24项工作正在有序推进。

（2）基础设施建设取得明显成效，沿线国家设施联通不断加强。设施联通是“一带一路”建设的优先领域和重点领域，也是深化“一带一路”沿线国家合作的基础。5年来，“一带一路”设施联通建设取得了显著成就。铁路联通方面，中国已与多数沿线国家实现了铁路互通，截至2018年6月底，中欧班列累计开行已突破9 000列，运送货物近80万标箱，国内开行城市48个，到达欧洲14个国家42个城市，运输网络覆盖亚欧大陆主要区域，中欧班列已经成为“一带一路”的金名片；航空联通方面，截至2018年8月，中国已与125个国家和地区签署了双边政府间航空运输协定，我国国内机场（不含香港、澳门和台湾地区）直飞航线网络已覆盖40个“一带一路”沿线国家，与亚洲35国家实现直航；在港口和海上物流方面，截至2017年5月中国已与沿线36个国家及欧盟、东盟分别签订了双边海运协定（河运协定）。截至2017年11月，国家交通运输物流公共信息平台已经实现了与全球31个港口的物流信息互联互通；在跨境光缆建设上，我国已与沿线12个国家建有34条跨境路缆和多条国际海缆。另外中国企业也在“一带一路”沿线国家承担了多个大型项目，在电力、通信设施和交通领域均有重要进展。

（3）经济合作不断加强，贸易畅通进一步提升。贸易畅通是“一带一路”建设的重要内容，5年以来，“一带一路”沿线国家贸易往来更加频繁，贸易畅通进一步提升。根据国家信息中心“一带一路”大数据中心等编写的《“一带一路”贸易合作大数据报告2018》显示：2017年中国与“一带一路”沿线国家的进出口总额达到14 403.2亿美元，同比增长13.4%，高于我国整体外贸增速5.9个百分点，占中国进出口贸易总额的36.2%，其中，中国从“一带一路”沿线国家进口6 660.5亿美元，同比增长19.8%，占中国总进口额的39.0%，近5年来进口额增速首次超过出口额增速。其次，在自贸协定签署方面，2018 年 1 月，商务部发言人表示我国已与 24 个国家和地区签署了 16 个自贸协定，已经生效实施的自贸协定有 15 个，涵盖了 8 000 余种零关税的进口产品，覆盖了亚洲、欧洲、美洲、大洋洲地区，在上述自贸协定的框架下，我国总进口额近三分之一的产品可以享受自贸协定优惠关税的待遇。另外，随着“一带一路”沿线国家设施互动的加深，我国跨境电商交易规模也在不断增长，根据艾瑞咨询、中投顾问等第三方机构预测，在“一带一路”倡议推进的大背景下，2017 年我国跨境电商交易规模突破 7 万亿元，2018 年达到 8.8 万亿元，2020 年有望达到 12 万亿元。跨境电商交易额占进出口总额比重将达到 37.6%。

（4）金融服务建设明显加强，资金融通不断扩大。资金融通是推动“一带一路”建设可持续发展的重要支撑。2014 年中国出资 400 亿美元成立丝路基金，为“一带一路”沿线国家的基础设施建设、产业合作提供融资支持，截至目前，丝路基金已签约 17 个项目，承诺投资 70 亿美元，主持项目涉及总投资金额达 800 亿美元。截至 2017 年 12 月，亚投行成员总数增至 84 个，其中 42 个为“一带一路”沿线国家，亚投行已批准了 20 多个投资项目，开展“一带一路”沿线国家的能源和基建领域建设，总金额超过 37 亿美元。

除亚投行和丝路基金提供的融资支持外，5 年来，沿线国家的其他金融服务建设也有了明显提升。截至 2017 年末，共有来自 21 个“一带一路”沿线国家的 55 家银行已经在中国设立了机构，6 家中资银行在沿线 19 个国家设立 80 多家分行、子行、代表处等，中国银联卡覆盖沿线 50 多个国家、超过 400 万商户和 40 万台 ATM。中国银保监会已与 32 个“一带一路”沿线国家的金融监管当局签署了双边金融监管合作谅解备忘录（以下简称“MOU”）或合作换文。这是各国金融监管当局之间签署的关于建立正式信息共享和监管合作机制的共识文件。另外，世界银行、欧洲复兴开发银行、亚洲开发银行、欧亚开发银行等 10 多家国际金融机构也在积极与中国开展合作，推动“一带一路”倡议走向成功。

（5）文化旅游合作进一步加强，民心相通不断提升。民心相通是“一带一路”建设可持续推进的重要人文基础。5 年来，中国与“一带一路”沿线国家不断加强高层互访，提升政治互信；便利签证措施，推进旅游合作；开展多样文化交流，增强双方的包容理解。目前，中国已与 53 个沿线国家建立 734 对友好城市关系，博览会、旅游节、电影节、论坛、联合考古等交流活动频繁。如在第 21 届上海国际电影节上就有来自“一带一路”沿线近 50 个国家和地区的 1 300 多部电影报名参赛参展。另外在旅游方面，截至 2018 年 6 月，中国已与 41 个国家达成了 70 份简化签证手续协定或安排，15 个国家和地区单方面允许中国公民免签入境，42 个国家和地区单方面给予中国公民办理落地签证便利。另外中国发起成立了“一带一路”绿色发展国际联盟倡议，并同60多个国家签订了文化合作协定。“一带一路”建设实施5年来，沿线国家的文化交流和友好往来进一步加深。

二、“一带一路”沿线国家减贫合作的意义

“一带一路”倡议为沿线国家加强合作，携手构建发展提供了重要的平台和机制，沿线各国都将搭乘“一带一路”的快车，实现各自的美好愿景。随着“一带一路”建设的深入推进，沿线各国的减贫与发展合作迎来了重大的战略机遇。毫无疑问，消除贫困、改善民生，构建没有贫困的人类命运共同体，是世界各国人民的共同期盼。“一带一路”沿线的65个国家，大多为发展中国家，减贫与发展一直是国家治理的重要议题，而加强“一带一路”沿线国家贫困治理合作，无疑能够进一步改善贫困状况，提升国家贫困治理能力。对于“一带一路”沿线国家而言，减贫与发展的议题有着广泛的共识，参与“一带一路”倡议将为沿线各国带来共同的发展机遇，利用好“一带一路”倡议所带来的发展期，将其转换为实实在在的减贫与发展成果，对于促进沿线各国的稳定、繁荣，具有重要的国际意义。特别是，减贫与发展领域，是“一带一路”沿线各国共同关注的非敏感问题，通过务实的减贫合作，有利于增进各国的政治互信，促进民心相通，夯实“一带一路”建设的民意基础，为进一步深入推进“一带一路”各项倡议的落实，提供基础。此外，还应看到，推动“一带一路”沿线国家减贫合作，是落实联合国2030可持续发展议程的重要板块，将有力促进南南合作打开新的局面。

过去十余年间，中国与“一带一路”沿线国家已有一些富有成效的减贫合作，如中国与东盟十国的减贫合作和由中国、泰国、柬埔寨、老挝、缅甸、越南六方形成的澜沧江—湄公河区域减贫合作。后者是中国与东盟十国减贫合作机制下的一个减贫次区域合作机制。从发展的角度来看，东盟国家的贫困主要受到基础设施、科技和教育水平以及国内政治环境的影响与制约。因此中国与东盟国家的减贫合作重点是援助这些国家在道路、桥梁、发电厂等大型基础设施的建设以及开展农业合作。从实践成效来看，中国与“一带一路”沿线国家的减贫合作，取得了非常显著的成效，得到了沿线国家人民的尊重和好评。

还应看到，“一带一路”倡议的深入推进，为沿线国家谋划减贫与发展提供了重要的机遇。随着倡议各项内容落地，无论是快速增长的经贸规模、不断拓宽的投资领域，还是相继建成投入使用的铁路、公路、港口等基础设施项目以及日渐紧密的人文交流，“一带一路”建设的推进都为沿线国家逐步改善经济社会发展状况提供了难得机遇。具体到减贫领域，沿线国家经济发展水平的提高和基础设施建设不断完善，为提高沿线国家贫困人口的收入水平和改善贫

困人口的生存和生活状况起到了积极的推动作用。

同时还应注意到，“一带一路”沿线许多国家的贫困问题是相对严重的，处于世界最不发达国家行列的 9 个国家，以及人口基数大，贫困人口数量多的印度、印度尼西亚以及孟加拉国等国家仍面临着贫困治理的难题。可以说，“一带一路”沿线国家减贫合作是全球减贫事业的重要板块，推动“一带一路”沿线国家务实开展减贫合作，将为联合国 2030 可持续发展议程的实现提供有力支撑。

三、研究问题与研究思路

前文已述，开展“一带一路”沿线国家减贫合作研究，具有重要的理论与现实意义。但不得不承认，相关理论和素材积累显得十分薄弱。鉴此，本研究将着力解决几个层面的基础性问题：其一，掌握“一带一路”沿线国家经济社会发展状况与贫困状况。其二，掌握“一带一路”沿线国家减贫合作的基本状况，重点把握减贫领域的合作需求。其三，基于上述两个方面的整理和分析，在习近平总书记构建没有贫困的人类命运共同体倡议指引下，结合我国对外减贫的历史与现状，结合国际减贫合作领域的新成果和新特点，探索增强“一带一路”沿线国家减贫战略研究的理论框架。最后，在上述几个方面研究的基础上，对我国开展对外减贫合作提出政策建议，并结合中国国际扶贫中心的职能提出相应的建议。

为了实现上述研究目标，我们拟从以下几个大的板块开展研究：第一板块，摸清底数。结合世界银行、联合国开发计划署、东盟等权威信息来源的资料，廓清“一带一路”沿线国家经济社会发展的基本情况，重点掌握贫困人口的分布特征，主要的致贫原因，国内的减贫政策安排以及国际减贫合作基本状况。第二板块，探索理论方法。立足第一板块研究主要发现，基于对国际减贫合作领域的发展历程、发展趋势，中国对外减贫合作的主要阶段、主要特点的回顾与考察，以及对国际减贫合作新理念新思想的研究，结合学习习近平总书记“构建没有贫困人类命运共同体”思想的精神要义，探索“一带一路”沿线国家减贫合作的理论方法。第三版块，综合上述两个板块的分析与讨论，根据“一带一路”沿线国家减贫合作的新特点、新要求，对“一带一路”倡议背景下中国对外减贫合作体系建设，提供一些可能的政策建议。特别是，分析和研究“一带一路”沿线减贫合作体系中，中国国际扶贫中心如何更好立足机构职能特点，更好发挥作用。

四、研究报告的内容框架

通过相对系统密集的资料收集整理和分析研究，我们完成了“一带一路”

沿线国家减贫合作研究报告，报告一共分六个部分，为了更为清晰地呈现各个节之间的逻辑关系，我们在这里简要介绍一下研究报告的内容框架。第二节和第三节主要介绍“一带一路”沿线国家的经济社会发展状况与贫困状况。我们运用世界银行、联合国开发计划署、中华人民共和国外交部等权威来源的资料，从人口、经济总量、经济增长速度、社会发展等方面介绍沿线国家基本情况，并分区域考察了东盟、南亚、中亚、西亚相关国家的区域经济社会发展特点。尤其是，在贫困状况分析方面，我们借用世界银行 1.9 美元标准、MPI 及人类发展指数等几个主要指标体系，介绍“一带一路”沿线国家贫困状况，并重点讨论了贫困人口的区域分布特点，致贫原因等。同时，在国别报告中，介绍了相关国家对“一带一路”倡议的态度，对接举措，以及这些国家国内减贫战略、对外减贫合作的基本状况。通过这些分析，为我们后面的理论分析和政策建议奠定分析基础。第四节介绍了国际减贫合作的基本构成体系、历史沿革及其在近些年来一些改革的努力与挑战。第五节回顾了中国对外援助和对外减贫合作的主要阶段、主要板块，分析和讨论了中国对外减贫合作的特点与优势。这两个部分的回顾和总结，将为后面章节的理论方法探索和政策建议提供一些基础和启示。在报告的第六节，我们综合上面几节关于“一带一路”沿线国家经济社会发展特点、贫困特点的讨论，以及国际减贫合作体系、中国对外减贫合作的分析，学习习近平总书记“构建没有贫困的人类命运共同体”思想的要求和联合国 2030 可持续发展议程的相关内容，对开展好“一带一路”倡议背景下中国对外减贫合作提供了若干思考。最后一节，我们从中国国际扶贫中心的职能定位、工作基础，以及在中国对外减贫合作体系中的位置与作用出发，结合开展好“一带一路”倡议背景下中国对外减贫合作的新特点与新要求，尝试性地提出了一些更好发挥中国国际扶贫中心作用的建议。

第二节 “一带一路”沿线国家经济社会发展状况

“一带一路”沿线国家覆盖了中亚、南亚、东南亚、西亚、中东欧地区包括中国在内的 65 个国家，如表 1 所示。“一带一路”沿线 65 个国家中，仅有 12 个国家属于发达经济体，另有 17 个国家属于转型经济体，36 个国家属于发展中经济体（具体包括：土耳其、伊朗、叙利亚、伊拉克、阿联酋、沙特阿拉伯、卡塔尔、巴林、科威特、黎巴嫩、阿曼、也门、约旦、巴勒斯坦、越南、老挝、柬埔寨、泰国、马来西亚、新加坡、印度尼西亚、文莱、菲律宾、缅甸、东帝汶、印度、巴基斯坦、孟加拉国、阿富汗、尼泊尔、不丹、斯里兰卡、马尔代夫、蒙古、埃及及中国），其中有 9 个国家属于最不发达国家行列

（阿富汗、孟加拉国、不丹、老挝、柬埔寨、东帝汶、缅甸、尼泊尔、也门）。包括中国在内，“一带一路”沿线国家国土面积共约 5 166.13 万平方千米，占全世界陆地面积的 36%左右。根据世界银行 2016 年的数据测算，2016 年“一带一路”沿线国家人口总量为 46.25 亿，占全世界人口总量 62.13%；但从经济体量看，除叙利亚外，2016 年“一带一路”沿线国家 GDP 总量为 23.59 万亿美元（当年价美元），仅占全世界 GDP 总量的 31.07%。“一带一路”沿线国家人口总量接近世界总人口的 2/3，但经济总量却只有世界总量的 1/3 左右。

表 1 “一带一路”沿线国家

地区	数量	国家名称
东亚	2	蒙古国、中国
东南亚	11	新加坡、印度尼西亚、马来西亚、泰国、越南、菲律宾、柬埔寨、缅甸、老挝、文莱、东帝汶
南亚	8	印度、巴基斯坦、斯里兰卡、孟加拉国、尼泊尔、马尔代夫、不丹、阿富汗
中亚	5	哈萨克斯坦、吉尔吉斯斯坦、土库曼斯坦、塔吉克斯坦、乌兹别克斯坦
西亚	19	伊朗、伊拉克、土耳其、叙利亚、约旦、黎巴嫩、以色列、巴勒斯坦、沙特阿拉伯、也门、阿曼、阿联酋、卡塔尔、科威特、巴林、埃及、格鲁吉亚、亚美尼亚、阿塞拜疆
中东欧	20	波兰、阿尔巴尼亚、爱沙尼亚、立陶宛、斯洛文尼亚、保加利亚、捷克、匈牙利、马其顿、塞尔维亚、罗马尼亚、斯洛伐克、克罗地亚、拉脱维亚、黑山、波黑、白俄罗斯、俄罗斯、乌克兰、摩尔多瓦

一、“一带一路”沿线国家的经济发展整体情况

表 2 展示了“一带一路”65 个沿线国家 2016 年的经济发展情况。正如上文提及，尽管“一带一路”沿线国家人口占到全世界总人口的 62.13%，但经济欠发达国家占比较高，2016 年“一带一路”沿线国家 GDP 总量（当年价美元）为 23.59 万亿美元，仅占全世界 GDP 总量的 31.07%；“一带一路”沿线国家人均 GDP 为 6 320.4 美元，远低于世界的平均水平 10 200 美元；另外，从工业、农业在国民生产中的比重来看，2016 年“一带一路”沿线国家工业和农业占 GDP 的比重分别为 31.23%和 8.97%，高于 2016 年世界的平均水平（分别为 25.4%和 3.55%）。尽管从经济总量来看，“一带一路”沿线国家的经济发展都相对不足，但从工业化程度来讲，“一带一路”沿线国家的工业化增长趋势要高于世界的整体水平。

表 2 “一带一路”沿线国家 2016 年经济发展情况①

地区	国家	GDP（亿美元）	人均 GDP（美元）	工业增加值占 GDP 的比重（100%）	农业增加值占 GDP 的比重（100%）	年通胀率 100%
东亚	中国	111 991.45	8 123.2	39.88	8.56	1.14
	蒙古	111.6	3 686.5	33.67	11.68	2.12
东南亚	新加坡	2 969.66	52 960.7	23.72	0.03	−0.04
	印度尼西亚	9 322.59	3 570.3	39.29	13.47	2.48
	马来西亚	2 963.59	9 502.6	38.34	8.66	1.95
	泰国	4 068.4	5 907.9	35.78	8.50	2.36
	越南	2 026.16	2 185.7	32.72	16.32	1.11
	菲律宾	3 049.05	2 951.1	30.75	9.66	1.70
	柬埔寨	200.17	1 269.9	29.45	24.74	3.46
	缅甸	674.3	1 275	35.02	25.46	3.56
	老挝	159.03	2 353.2	28.76	17.23	3.02
	文莱	114	26 938.5	57.29	1.20	−9.18
	东帝汶	25.21	1 987.1	44.82	11.35	−19.46
南亚	印度	22 635.23	1 709.4	26.58	16.28	3.46
	巴基斯坦	2 836.6	1 468	18.26	23.22	0.40
	斯里兰卡	813.22	3 835.4	27.29	7.48	4.08
	孟加拉国	2 214.15	1 358.8	27.35	14.05	6.73
	尼泊尔	211.44	729.5	13.06	29.17	5.07
	马尔代夫	35.91	8 601.6	9.69	5.88	−0.72
	不丹	22.37	2 804	41.46	16.52	4.24
	阿富汗	194.69	561.8	21.70	20.97	5.12
中亚	哈萨克斯坦	1 336.57	7 510.1	31.98	4.56	13.64
	吉尔吉斯斯坦	65.51	1 077.04	26.55	12.83	6.05
	土库曼斯坦	361.8	6 389.3	—	—	−4.84
	塔吉克斯坦	69.52	795.8	27.24	20.38	5.28
	乌兹别克斯坦	672.2	2 110.6	30.08	16.11	7.38
西亚	伊朗	4 395.14	5 415.2	33.86	9.64	1.61
	伊拉克	1 714.89	4 609.6	37.30	5.10	−12.92
	土耳其	8 577.49	10 787.6	28.18	6.18	8.10
	叙利亚	—	—	—	—	—

① 数据来源：整理自世界银行数据库 . https：//data. worldbank. org. cn.

（续）

地区	国家	GDP（亿美元）	人均 GDP（美元）	工业增加值占 GDP 的比重（100%）	农业增加值占 GDP 的比重（100%）	年通胀率 100%
西亚	约旦	386.55	4 087.9	25.51	3.79	1.01
	黎巴嫩	475.37	7 914	15.38	3.45	−1.68
	以色列	3 187.44	37 292.6	18.67	1.17	0.84
	巴勒斯坦	—	—	—	—	—
	沙特阿拉伯	6 464.38	20 028.6	43.16	2.69	−3.05
	也门	273.18	990.3	91.19	15.93	4.45
	阿曼	662.93	14 982.3	47.17	1.97	−7.97
	阿联酋	3 487.43	37 622.2	41.45	0.78	−3.20
	卡塔尔	1 524.69	59 330.9	51.89	0.18	−18.83
	科威特	110.91	27 368.3	51.64	0.57	−6.13
	巴林	318.59	22 354	39.43	0.33	0.08
	埃及	3 362.97	3 514.5	32.46	11.77	6.25
	格鲁吉亚	143.33	3 853.6	21.45	7.73	4.19
	亚美尼亚	105.47	3 606.2	25.58	16.39	0.27
	阿塞拜疆	378.48	3 877	47.50	5.60	14.67
中东欧	波兰	4 695.09	12 372.4	29.84	20.11	0.42
	阿尔巴尼亚	119.27	4 146.9	21.13	2.52	−0.48
	爱沙尼亚	231.37	17 574.7	23.12	2.20	1.59
	立陶宛	427.39	14 879.7	25.82	2.99	0.95
	斯洛文尼亚	439.91	21 304.6	27.98	1.88	0.90
	保加利亚	523.95	7 350.8	24.43	2.25	2.25
	捷克	1 929.25	18 266.6	33.82	2.21	1.24
	匈牙利	1 243.43	12 664.8	25.78	3.72	0.96
	马其顿王国	109	5 237.1	24.71	9.11	4.23
	塞尔维亚	377.45	5 348.3	25.80	6.49	2.53
	罗马尼亚	1 866.91	9 474.1	30.22	4.09	2.05
	斯洛伐克	895.52	16 496	31.44	3.32	−0.45
	克罗地亚	599.4	12 090.7	22.14	3.43	−0.08
	拉脱维亚	276.77	14 118.1	18.56	3.42	0.27
	黑山	41.73	6 701	15.83	7.47	5.10
	波黑	16.91	4 808.6	—	—	—
	白俄罗斯	474.33	4 989.3	30.96	6.90	8.34
	俄罗斯	12 831.62	8 748.4	29.28	4.18	3.54
	乌克兰	932.7	2 185.7	22.99	11.63	17.14
	摩尔多瓦	67.55	1 900.2	18.51	12.11	5.71

二、"一带一路"沿线国家社会发展情况

整体来看，"一带一路"沿线国家土地面积不足但劳动力资源丰富。从土地面积来看，2016 年全世界土地面积 12 973.32 万平方千米，"一带一路"沿线 65 个国家共 4 989.42 万平方千米，占全球 38.46%的土地面积养活了全世界 62.13%的人口；从劳动力资源情况来看，"一带一路"沿线国家劳动力资源非常丰富，2016 年全世界劳动力总数为 34.17 亿，"一带一路"沿线 65 个国家共 21.69 亿，占全世界劳动力总数的 63.48%。

另外从地区差异来看，如表 3 所示，东亚和中东欧地区是土地资源最丰富的地区，尤其这两个地区人口总量适中，人口密度较少，人均资源较为丰富。而南亚、东南亚、西亚地区均属于高人口密集地区，尤其是东南亚地区人口密度高达 844.84 人/平方千米；另外从不同地区劳动力资源情况来看，东亚、东南亚、南亚地区的劳动力资源最为丰富，不仅劳动力总数较多，同时这三个地区老龄化和失业率都较低，处于较好的人口红利时期。中亚和西亚地区虽没有出现老龄化问题，但失业率较高，而中东欧地区老龄化问题和失业问题则十分严重。根据世界银行 2016 年数据测算，2016 年中东欧地区的"一带一路"沿线国家 65 岁和 65 岁以上人口占总人口比重为 16.42%，平均失业率为 10.55%，均远高于其他地区。

表 3 "一带一路"沿线国家区域社会发展基本情况①

地区	土地面积（万平方千米）	人口总量（万人）	人口密度（人/平方千米）	65 岁和 65 岁以上人口占总人口比重（%）	总失业人数占劳动力总数比重（%）	劳动力总数（万人）
东亚	1 094.18	138 169.24	74.40	7.03	5.65	80 431.2
东南亚	434.05	63 989.27	844.84	6.15	2.54	32 974.0
南亚	477.16	176 638.35	494.22	5.27	4.47	68 696.0
中亚	392.56	7 012.54	37.63	4.61	8.25	3 239.4
西亚	741.40	19 369.69	238.82	5.33	9.49	15 486.1
中东欧	1 850.07	32 153.44	77.95	16.42	10.55	16 063.5

三、"一带一路"沿线国家分区域经济发展情况

从"一带一路"沿线国家不同地区的经济发展情况来看，如图 1 所示，在这 65 个国家中，东亚地区的经济总量最高，这主要来自于中国庞大的经济体量，其次分别为南亚、东南亚、西亚、中东欧、中亚地区。从沿线国家不同地

① 数据来源：整理自世界银行数据库．https：//data.worldbank.org.cn.

区的人均 GDP 情况来看，西亚地区的人均 GDP 最高为 15 731.69 美元，其次为东南亚和中东欧地区，而中亚和南亚地区的人均 GDP 相对较低。

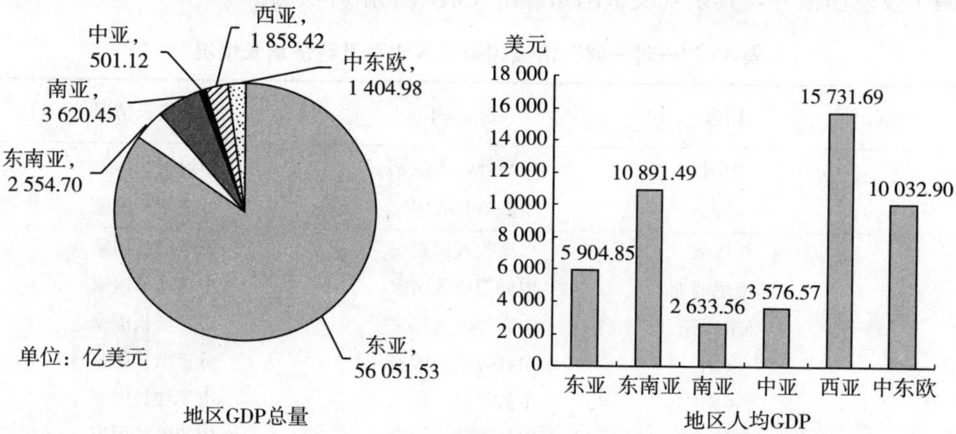

图 1　"一带一路"沿线国家地区 GDP 总量和人均 GDP

四、"一带一路"沿线国家收入水平和经济增长情况

为更直观反映出"一带一路"沿线国家在世界范围内的经济发展水平和现状，本文根据世界银行数据整理了"一带一路"沿线 65 个国家的收入水平和 2014—2016 年三年的平均经济增长情况，如表 4 所示。根据 2018 年世界银行对全世界经济体收入水平划分标准①，可以发现"一带一路"沿线国家中大多数国家为中等收入国家（中高等收入国家有 21 个，中低等收入国家有 20 个），高收入国家有 18 个，低收入国家有 4 个。联合国将人均 GDP 低于 765 美元的国家定义为低收入和贫穷的国家。在"一带一路"沿线国家中，南亚地区的尼泊尔和阿富汗是世界上最贫穷的国家之一，2016 年尼泊尔和阿富汗人均 GDP 仅 729.5 美元和 561.8 美元。为更好地反映"一带一路"沿线国家的经济发展和增长情况，本文计算了世界银行提供的 2014 年、2015 年、2016 年三年时间里沿线国家的 GDP 增长的平均速度来划分沿线各国的经济发展趋势②。可以发现多数"一带一路"沿线国家经济经济增长处于中速和低速增长阶段，

① 截至 2018 年 7 月 1 日，世界银行划定的按收入水平分类所采用的新阈值是：人均国民总收入（当年价美元）低于 995 美元为低收入国家；在 996～3 895 美元为中等偏下收入国家；在 3 996～12 055 美元为中等偏上收入国家，高于 12 055 美元则为高收入国家。中等偏下收入国家和中等偏上收入国家合为中等收入国家。

② 本文参考了北京师范大学新兴市场研究院、"一带一路"研究院学者吴舒钰文章《"一带一路"沿线国家的经济发展》中提出的划分标准，将 GDP 增速在 7%以上的国家划为高速增长国家，GDP 增速在 4%～7%的国家划为中速增长国家，在 0～4%的国家为低速增长国家，其余为负增长国家。

65个国家中，中速增长国家16个，低速增长国家36个，占到“一带一路”沿线国家的80%。其余高速增长国家4个，负增长国家8个，除新加坡、以色列两个发达国家外，其余发展中国家经济发展水平相对较低。

表4 “一带一路”沿线国家收入水平及经济增长情况

地区	国家	收入水平	经济增长情况
东亚	中国	中高等收入国家	中速增长国家
	蒙古	中低等收入国家	低速增长国家
东南亚	新加坡	高收入国家	低速增长国家
	印度尼西亚	中低等收入国家	中速增长国家
	马来西亚	中高等收入国家	中速增长国家
	泰国	中高等收入国家	低速增长国家
	越南	中低等收入国家	中速增长国家
	菲律宾	中低等收入国家	中速增长国家
	柬埔寨	中低等收入国家	高速增长国家
	缅甸	中低等收入国家	高速增长国家
	老挝	中低等收入国家	高速增长国家
	东帝汶	中低等收入国家	中速增长国家
	文莱	高收入国家	负增长国家
南亚	印度	中低等收入国家	高速增长国家
	巴基斯坦	中低等收入国家	中速增长国家
	斯里兰卡	中低等收入国家	中速增长国家
	孟加拉国	中低等收入国家	中速增长国家
	尼泊尔	低收入国家	低速增长国家
	马尔代夫	中高等收入国家	中速增长国家
	不丹	中低等收入国家	中速增长国家
	阿富汗	低收入国家	低速增长国家
中亚	哈萨克斯坦	中高等收入国家	低速增长国家
	吉尔吉斯斯坦	中低等收入国家	低速增长国家
	土库曼斯坦	中高等收入国家	高速增长国家
	塔吉克斯坦	低收入国家	中速增长国家
	乌兹别克斯坦	中低等收入国家	高速增长国家
西亚	伊朗	中高等收入国家	低速增长国家
	伊拉克	中高等收入国家	中速增长国家
	土耳其	中高等收入国家	中速增长国家
	叙利亚	低收入国家	负速增长国家

（续）

地区	国家	收入水平	经济增长情况
西亚	约旦	中高等收入国家	低速增长国家
	黎巴嫩	中高等收入国家	低速增长国家
	以色列	高收入国家	低速增长国家
	巴勒斯坦	中低等收入国家	低速增长国家
	沙特阿拉伯	高收入国家	低速增长国家
	也门	低收入国家	负速增长国家
	阿曼	高收入国家	低速增长国家
	阿联酋	高收入国家	低速增长国家
	卡塔尔	高收入国家	低速增长国家
	科威特	高收入国家	负速增长国家
	巴林	高收入国家	中速增长国家
	埃及	中低等收入国家	低速增长国家
	格鲁吉亚	中低等收入国家	低速增长国家
	亚美尼亚	中高等收入国家	低速增长国家
	阿塞拜疆	中高等收入国家	低速增长国家
中东欧	波兰	高收入国家	低速增长国家
	阿尔巴尼亚	中高等收入国家	低速增长国家
	爱沙尼亚	高收入国家	低速增长国家
	立陶宛	高收入国家	低速增长国家
	斯洛文尼亚	高收入国家	低速增长国家
	保加利亚	中高等收入国家	低速增长国家
	捷克	高收入国家	低速增长国家
	匈牙利	高收入国家	低速增长国家
	马其顿	中高等收入国家	低速增长国家
	塞尔维亚	中高等收入国家	低速增长国家
	罗马尼亚	中高等收入国家	低速增长国家
	斯洛伐克	高收入国家	低速增长国家
	克罗地亚	高收入国家	低速增长国家
	拉脱维亚	高收入国家	低速增长国家
	黑山	中高等收入国家	低速增长国家
	波黑	中高等收入国家	低速增长国家
	白俄罗斯	中高等收入国家	低速增长国家
	俄罗斯	中高等收入国家	负速增长国家
	乌克兰	中低等收入国家	负速增长国家
	摩尔多瓦	中低等收入国家	负速增长国家

另外从地区分布情况来看，首先从国家收入水平角度看，如图 2 所示，“一带一路”沿线国家高等收入国家和中高等收入国家主要分布在西亚和中东欧地区，而中低等收入国家主要分布在南亚和东南亚地区，4 个低收入国家分别分布在南亚（2 个）、中亚（1 个）、西亚（1 个）。因此相对来讲，“一带一路”沿线国家中西亚和中东欧地区国家收入水平相对较高，而南亚和东南亚地区相对落后。另外，从沿线国家经济增长情况的地区分布来看，如图 3 所示，东南亚和南亚地区的国家经济增长势头相对较好，而西亚和中东欧地区的国家经济发展普遍处于低速增长状态，除以色列和新加坡、科威特、文莱几个高收入国家以外，西亚地区的叙利亚和也门同处于低收入国家和经济负增长国家行列，经济社会发展严重不足。

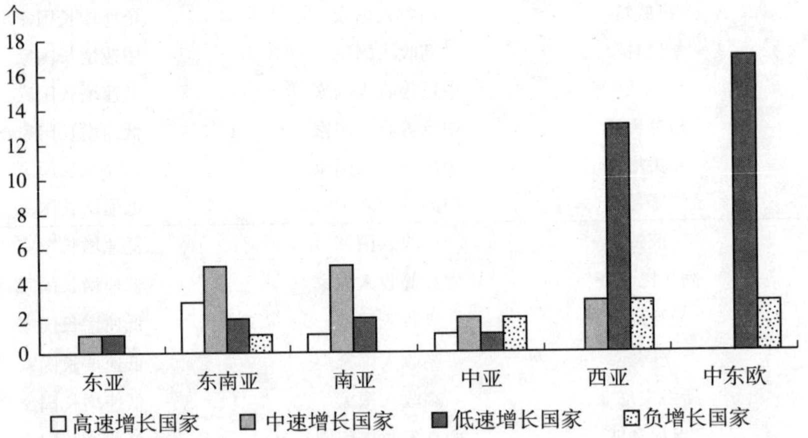

图 2　“一带一路”沿线国家收入水平地区分布

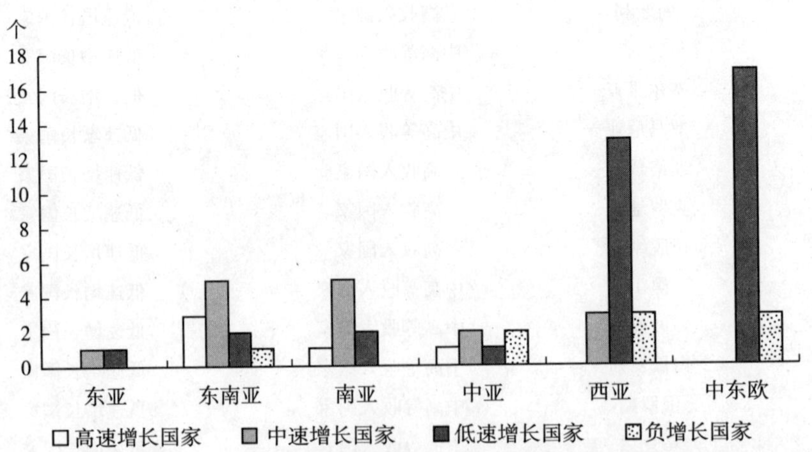

图 3　“一带一路”沿线国家经济增长情况地区分布

第三节 "一带一路"沿线国家贫困问题

2013年是全球贫困重新综合测算的一年，根据世界银行发布的《贫困与共享繁荣2016》数据显示：2013年全世界有10.7%的人口，约7.67亿人生活在每人每天1.90美元的国际贫困线以下，按照这一标准，世界上每100人中就有近11人处于贫困状态。从贫困人口的地区分布来看，随着世界各国反贫困战略的不断推进，东亚和太平洋地区以及南亚地区的贫困人口大幅下降，尤其是南亚地区的印度尼西亚和中国的减贫成就，为在全世界范围内消除极端贫困做出了巨大的贡献，目前贫困人口较多的处于撒哈拉以南的非洲，占到世界贫困人口的41.0%，其次是南亚地区，占15.1%[①]，东欧、中亚及东亚地区占比5.8%。由于"一带一路"沿线国家大多为发展中国家，经济社会发展相对不足，贫困问题一直是许多国家社会治理的重要议题，尤其沿线国家中还有尼泊尔、也门、阿富汗、塔吉克斯坦4个世界上最贫穷的国家，贫困问题突出。

收入贫困是贫困评估的重要标准之一，但贫困不仅指收入贫困，同时也反映在可获得的社会福利、社会服务和社会保障等指标上。因此本文对"一带一路"沿线贫困国家的界定主要以多维贫困指标为主，多维贫困指数（MPI）是一种从微观层面来反映个体或家庭贫困状况及贫困深度的重要指标，它不仅既能反映多维贫困发生率和多维贫困发生的强度，同时还能反映个人或家庭在教育、卫生和生活水平方面的被剥夺程度。根据联合国发布的《人类发展报告2016》，我们集中展示了中"一带一路"沿线34个发展中国家的多维贫困指数。

一、"一带一路"沿线发展中国家的贫困状况

如表5是根据世界银行数据库所整理的"一带一路"沿线国家在每人每天1.9美元贫困标准下贫困人口的最新数据[②]。在"一带一路"沿线65个国家中共有来自35个国家的超过3.65亿的贫困人口生活在每人每天1.9美元的贫困标准下。其中人口基数较大的印度、中国、印度尼西亚、孟加拉国、巴基斯坦仍是这些国家中贫困人口数量最多的国家；而从贫困发生率来看，老挝、印度、也门、孟加拉国是贫困人口占国家总人口数量比例最多的国家。从贫困深

① 世界银行：《贫困与共享繁荣2016》。

② 此表根据当前世界银行数据库中沿线国家最近的贫困数据整理，因年份不统一，无法进行国别之间的比较，但仍可以大致反映出"一带一路"沿线国家的基本贫困状况。

度的角度看，在每人每天 1.9 美元的贫困标准下，东帝汶、老挝、也门、印度、尼泊尔、孟加拉国、马其顿贫困程度最深，贫困差距均高于 2，其中东帝汶贫困差距最高为 6.7。

表 5 “一带一路”沿线国家 1.9 美元贫困标准下贫困情况①

地区	国家	年份	贫困人口比例	贫困人口总数（万人）	贫困差距
东亚	中国	2014	1.4	1 909.98	0.3
	蒙古	2016	0.5	1.51	0.1
东南亚	印度尼西亚	2016	6.5	1 697.25	1
	越南	2015	2.6	238.45	0.5
	菲律宾	2015	8.3	844.25	1.6
	缅甸	2016	6.4	338.47	1.5
	老挝	2012	22.7	145.62	5.3
	东帝汶	2014	30.3	121.281 4	6.7
南亚	印度	2011	21.2	26 441.40	4.3
	巴基斯坦	2013	6.1	1 108.45	0.9
	斯里兰卡	2012	1.9	38.81	0.3
	孟加拉国	2016	14.8	2 411.68	2.7
	尼泊尔	2010	15	405.35	3.1
	马尔代夫	2009	7.3	2.63	1.5
	不丹	2012	2.2	1.66	0.4
中亚	吉尔吉斯斯坦	2016	1.4	8.52	0.2
	塔吉克斯坦	2016	4.8	41.93	1
西亚	伊朗	2014	0.2	15.68	0
	伊拉克	2012	2.5	81.94	0.4
	土耳其	2016	0.3	23.85	0
	以色列	2012	0.7	5.54	0.3
	也门	2015	18.8	506.02	4.5
	埃及	2015	1.3	121.91	0.2
	格鲁吉亚	2016	4.2	15.62	1
	亚美尼亚	2016	1.8	5.26	0.3

① 数据来源：整理自世界银行数据库 . https：//data. worldbank. org. cn.

（续）

地区	国家	年份	贫困人口比例	贫困人口总数（万人）	贫困差距
中东欧	爱沙尼亚	2015	0.5	0.66	0.4
	立陶宛	2015	0.7	2.03	0.5
	匈牙利	2015	0.5	4.92	0.3
	马其顿	2014	5	10.39	2.5
	塞尔维亚	2015	0.1	0.71	0
	斯洛伐克	2015	0.7	3.80	0.3
	克罗地亚	2015	0.7	2.94	0.4
	拉脱维亚	2015	0.7	1.38	0.4
	乌克兰	2016	0.1	4.50	0
	摩尔多瓦	2016	0.2	0.71	0

二、“一带一路”沿线贫困国家的人类发展指数

人类发展指数（HDI）是联合国开发计划署于1990年创立的用预期寿命、教育水平和生活质量为基础变量，计算得出的用以评价各国经济社会发展水平的重要指标。如表6所示，沿线35个发展中国家，平均人类发展指数为0.675，介于世界平均水平的中等人类发展水平（0.631）和高等人类发展水平（0.746）之间；平均预期寿命为71.16，预期受教育年限的均值为12.33年，平均受教育年限的均值为8.1，均介于高等人类发展水平和中等人类发展水平之间。从世界范围来看，根据人类发展指数的划分标准，在这35个贫困国家中，只有黑山一个国家处于极高人类发展水平行列，有14个国家处于高人类发展水平行列，17个国家处于中等人类发展水平，而叙利亚、也门、阿富汗3个国家处于低人类发展水平状态，在176个国家中这3个国家HDI位次为149、168、169，经济社会发展程度非常低下。

表6 “一带一路”沿线贫困国家人类发展指数[①]

地区	国家	HDI位次	人类发展水平	人类发展指数	预期寿命	预期受教育年限	平均受教育年限
东亚	中国	90	高人类发展水平	0.738	76	13.5	7.6
	蒙古	92	高人类发展水平	0.735	69.8	14.8	9.8

① 数据来源：整理自世界银行数据库. https: //data. worldbank. org. cn.

（续）

地区	国家	HDI位次	人类发展水平	人类发展指数	预期寿命	预期受教育年限	平均受教育年限
东南亚	印度尼西亚	113	中等人类发展水平	0.689	69.1	12.9	7.9
	泰国	87	高人类发展水平	0.74	74.6	13.6	7.9
	越南	115	中等人类发展水平	0.683	75.9	12.6	8
	菲律宾	116	中等人类发展水平	0.682	68.3	11.7	9.3
	柬埔寨	143	中等人类发展水平	0.563	68.8	10.9	4.7
	老挝	138	中等人类发展水平	0.586	66.6	10.8	5.2
	东帝汶	133	中等人类发展水平	0.605	68.5	12.4	4.4
南亚	印度	131	中等人类发展水平	0.624	68.3	11.7	6.3
	巴基斯坦	147	中等人类发展水平	0.55	66.4	8.1	5.1
	孟加拉国	139	中等人类发展水平	0.579	72	10.2	5.2
	尼泊尔	144	中等人类发展水平	0.558	70	12.2	4.1
	马尔代夫	105	高人类发展水平	0.701	77	12.7	6.2
	不丹	132	中等人类发展水平	0.607	69.9	12.5	3.1
	阿富汗	169	低人类发展水平	0.479	60.7	10.1	3.6
中亚	哈萨克斯坦	56	高人类发展水平	0.794	69.6	15	11.7
	吉尔吉斯斯坦	120	中等人类发展水平	0.664	70.8	13	10.8
	塔吉克斯坦	129	中等人类发展水平	0.627	69.6	11.3	10.4
	乌兹别克斯坦	105	高人类发展水平	0.701	69.4	12.2	12
西亚	伊拉克	121	中等人类发展水平	0.649	69.6	10.1	6.6
	叙利亚	149	低人类发展水平	0.536	69.7	9	5.1
	约旦	86	高人类发展水平	0.741	74.2	13.1	10.1
	巴勒斯坦	114	中等人类发展水平	0.684	73.1	12.8	8.9
	也门	168	低人类发展水平	0.482	64.1	9	3
	埃及	111	中等人类发展水平	0.691	71.3	13.1	7.1
	格鲁吉亚	70	高人类发展水平	0.769	75	13.9	12.2
	亚美尼亚	84	高人类发展水平	0.743	74.9	12.7	11.3
中东欧	阿尔巴尼亚	75	高人类发展水平	0.764	78	14.2	7.6
	马其顿	83	高人类发展水平	0.748	75.5	12.9	9.4
	塞尔维亚	66	高人类发展水平	0.776	75	14.4	10.8
	黑山	48	极高人类发展水平	0.807	76.4	15.1	11.3
	白俄罗斯	52	高人类发展水平	0.796	71.5	15.7	12
	乌克兰	84	高人类发展水平	0.743	74.9	12.7	11.3
	摩尔多瓦	107	中等人类发展水平	0.699	71.7	11.8	11.9

另外从地区分布来看，如图 4 所示可以发现在这 35 个国家中南亚和东南亚地区的国家主要处于中等人类发展水平状态，而中东欧地区国家主要处于高人类发展水平状态，而三个低人类发展水平国家分布在南亚和西亚地区。

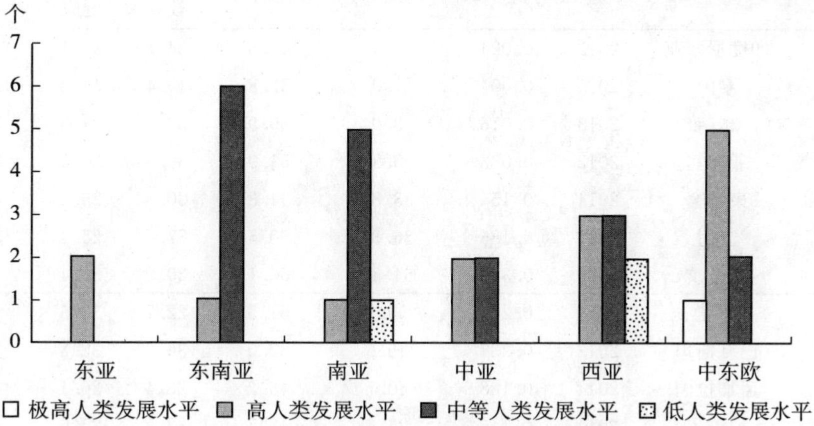

图 4 “一带一路”35 个贫困国家人类发展水平分布①

三、“一带一路”沿线贫困国家的多维贫困状况

多维贫困指数（MPI）是综合反映一个国家贫困状况的重要指标。它不仅既能反映多维贫困发生率和多维贫困发生的强度，同时还能反映个人或家庭在教育、卫生和生活水平方面的被剥夺量。如表 7 所示为“一带一路”沿线 37 个贫困国家的多维贫困指数。尽管由于数据调查年份不统一无法进行国别之间的比较，但仍可以大致看出在这 37 个国家中，东南亚和南亚地区的多维贫困人口占贫困人口的比例最高，而中亚、西亚、中东欧地区除个别国家以外多维贫困状况并不十分突出。另外这 37 个贫困国家的多维贫困人口在教育、医疗、生活水平等方面的被剥夺情况都比较严重，说明这些国家的多维贫困人口在教育、医疗、日常饮水、用电、住房、环境卫生和日常消费等方面面临困境。

表 7 “一带一路”沿线贫困国家多维贫困指数②

地区	国家	调查年份	多维贫困指数	多维贫困人口（100%）	被剥夺强度（100%）	各维度的剥夺占多维贫困的比重（100%）		
						教育	健康	生活水平
东亚	中国	2012	0.023	5.2	43.3	30.0	36.6	33.4
	蒙古	2010	0.047	11.1	42.5	27.7	54.2	21.6

① 数据来源：整理自世界银行数据库．https：//data. worldbank. org. cn.

② 资料来源：联合国《人类发展报告 2016》。

（续）

地区	国家	调查年份	多维贫困指数	多维贫困人口（100%）	被剥夺强度（100%）	各维度的剥夺占多维贫困的比重（100%）		
						教育	健康	生活水平
东南亚	印度尼西亚	2012	0.024	5.9	41.3	24.7	35.1	40.2
	泰国	2005	0.004	1.0	38.8	19.4	51.3	29.4
	越南	2013	0.016	3.9	39.9	39.6	24.3	36.1
	菲律宾	2013	0.033	6.3	51.9	35.3	30.2	34.5
	柬埔寨	2014	0.15	33.8	44.3	30.8	26.4	42.8
	老挝	2011	0.186	36.8	50.5	37.7	25.4	36.9
	东帝汶	2009	0.322	64.3	50.1	20.0	30.4	49.6
南亚	印度	2005	0.282	55.3	51.5	22.7	32.5	44.8
	巴基斯坦	2012	0.237	45.6	52.0	36.2	32.3	31.6
	孟加拉国	2014	0.188	40.7	46.2	28.4	26.1	45.5
	尼泊尔	2014	0.116	26.6	43.7	32.2	25.6	42.2
	马尔代夫	2009	0.008	2.0	37.5	31.9	47.9	20.2
	不丹	2010	0.128	29.4	43.5	40.3	26.3	33.4
	阿富汗	2010	0.293	58.8	49.9	45.6	19.2	35.2
中亚	哈萨克斯坦	2010	0.004	1.1	36.4	4.3	83.9	11.8
	吉尔吉斯斯坦	2014	0.008	2.2	36.3	13.0	73.5	13.5
	土库曼斯坦	2006	0.011	3.0	37.0	7.4	82.5	10.1
	塔吉克斯坦	2012	0.031	7.9	39.0	13.4	52.6	24.0
	乌兹别克斯坦	2006	0.013	3.5	36.6	3.7	83.4	12.8
西亚	伊拉克	2011	0.052	13.3	39.4	50.1	38.6	11.3
	叙利亚	2009	0.028	7.2	39.1	54.7	34.0	11.3
	约旦	2012	0.004	1.2	35.3	31.5	65.0	3.5
	巴勒斯坦	2014	0.005	1.4	38.2	20.8	67.8	11.5
	也门	2013	0.2	40.0	50.1	29.5	32.3	38.2
	埃及	2014	0.016	4.2	37.4	45.6	46.7	7.8
	格鲁吉亚	2005	0.008	2.2	37.6	7.4	67.4	25.2
	亚美尼亚	2010	0.002	0.6	37.0	3.4	87.7	8.7
	阿塞拜疆	2006	0.009	2.4	38.2	20.0	50.7	29.3
中东欧	阿尔巴尼亚	2008	0.005	12.0	38.3	22.4	47.1	30.5
	马其顿	2011	0.007	1.7	38.0	2.2	86.1	11.7
	塞尔维亚	2014	0.002	0.4	40.6	30.7	40.7	28.7
	黑山	2013	0.002	0.5	38.9	22.0	59.9	18.1
	白俄罗斯	2005	0.001	0.4	34.5	2.6	89.7	7.7
	乌克兰	2012	0.001	0.4	34.5	19.0	77.5	3.5
	摩尔多瓦	2012	0.004	1.1	38.4	11.0	66.9	22.1

四、“一带一路”沿线国家实现联合国2030可持续发展议程面临的挑战

在2015年千年发展目标收官之际，联合国全体会员国通过了联合国《改变我们的世界：2030年可持续发展议程》，作为指导2015—2030年全球发展工作的目标框架，制定了包括消除贫困、消除饥饿，实现粮食安全等在内的17项可持续发展目标（SDGs）。消除贫困目标如表8所示。

表8　联合国2030年可持续发展议程关于消除贫困目标内容

- 到2030年，在全球所有人口中消除极端贫困，极端贫困目前的衡量标准是每人每日生活费不足1.25美元
- 到2030年，按各国标准界定的陷入各种形式贫困的各年龄段男女和儿童至少减半
- 执行适合本国国情的全民社会保障制度和措施，包括最低标准，到2030年在较大程度上覆盖穷人和弱势群体
- 到2030年，确保所有男女，特别是穷人和弱势群体，享有平等获取经济资源的权利，享有基本服务，获得对土地和其他形式财产的所有权和控制权，继承遗产，获取自然资源、适当的新技术和包括小额信贷在内的金融服务
- 到2030年，增强穷人和弱势群体的抵御灾害能力，降低其遭受极端天气事件和其他经济、社会、环境冲击和灾害的概率和易受影响程度

要实现联合国2030年实现在全世界消除一切形式贫困的目标，每一个国家都需要做出巨大的努力，尤其是自身贫困人口数量较多、贫困程度较深的国家。不管是从对贫困的多维定义还是从联合国2030年消除贫困的具体目标来看，消除贫困不仅是提高贫困人口的收入和帮助他们满足基本的生存需求，还需要帮助他们获得教育、基本公共服务以及社会事务的参与权，以此才能更好地推动社会的可持续发展。而当前“一带一路”沿线国家不仅大量贫困人口处于国际标准贫困线以下，同时很多国家多维贫困问题突出。要实现联合国2030年减贫目标，“一带一路”沿线的37个贫困国家不仅要努力提高贫困人口的收入，同时还有在解决贫困人口多维贫困，稳定已有的脱贫成效，防止贫困人口返贫等方面做出努力。

五、“一带一路”沿线国家贫困特征

（一）贫困人口主要分布在南亚、东南亚地区

从地区分布的角度看，“一带一路”沿线的贫困国家分布有着较强的区域性特征，如图5所示，“一带一路”沿线国家贫困人口主要集中在南亚和东南亚地区，南亚和东南亚地区的人口总量占“一带一路”沿线国家总人口的55.02%，但贫困人口占到总贫困人口的92.4%。其次为东亚和西亚地区，而

中亚和中东欧地区的贫困人口数量最少。南亚和东南亚地区贫困人口数量最多主要源于印度、印度尼西亚以及巴基斯坦、孟加拉国几个人口大国都分布在这些地区。另外从不同地区的贫困深度来看，如图 6 所示，东南亚和南亚地区的贫困程度是最深的，其次为西亚、中亚、中东欧和东亚。造成贫困差距较大的原因主要是由于东南亚地区的老挝和东帝汶，以及南亚地区印度、孟加拉国、尼泊尔都是贫困发生率较高、贫困差距较大的国家。

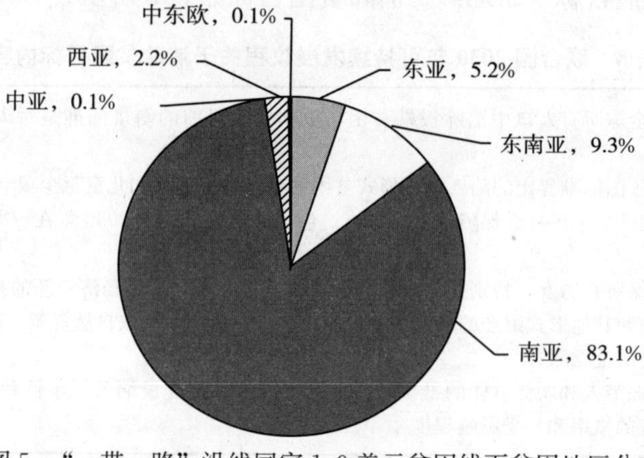

图 5 “一带一路”沿线国家 1.9 美元贫困线下贫困地区分布

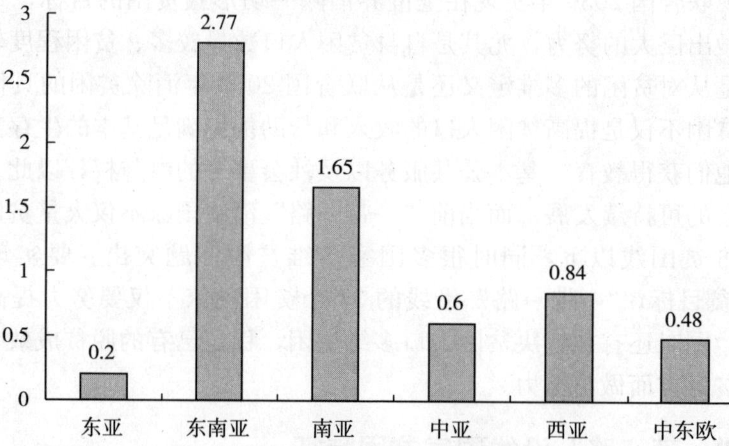

图 6 “一带一路”沿线国家区域贫困差距

（二）发展不充分是沿线国家贫困问题的首因

发展不充分，人均收入水平低是“一带一路”沿线国家贫困问题发生的首要原因。首先从人均 GDP 情况来看，这 37 个国家的人均 GDP 仅 3 491.4 美元。根据世界银行数据，2016 年世界人均 GDP 为 10 200.9 美元，其中低等收入国家人均 GDP 为 2 059.6 美元，中等收入国家人均 GDP 为 4 766.4 美元，

“一带一路”沿线37个贫困国家的人均GDP介于世界中低等收入国家和中等收入国家平均水平之间；其次从国家收入水平来看，沿线37个1.9美元标准以下贫困人口的国家中，有14个国家处于中高等收入国家行列，18个国家处于中低等收入国家行列，5个国家处于低收入国家行列，整体来讲，这37个国家收入水平中等偏下，主要处于中等收入国家行列和低收入国家行列。另外，从2014—2016年三年的平均GDP增长情况来看，37个贫困国家中，高速增长国家仅5个，中速增长国家11个，低速增长国家17个，负增长国家4个。

传统的经济学和公共管理学认为宏观经济增长对减贫具有积极的推动作用，即经济越发达，贫困率越低，这与当前世界主体经济格局基本一致[①]。而“一带一路”沿线有每人每天1.9美元标准以下贫困人口的国家37个，在人均GDP、国家收入水平、经济增长情况三个方面都处于中等偏下的状态，发展不充分的问题较为普遍。未来推动沿线国家的经济发展对国家减贫仍有积极的推动作用。

（三）劳动力资源丰富，但多维贫困特征突出

2016年，“一带一路”沿线37个贫困国家劳动力总数为17.8亿人，是“一带一路”沿线65个国家的82.07%，全世界劳动力总数的52.09%，劳动力资源非常丰富。但这37个国家约有9.22%的人口生活在每人每天1.9美元的贫困标准之下。除了贫困人口数量较多，贫困人口的多维贫困状况也比较突出。根据联合国发布的《人类发展报告2016》数据，“一带一路”37个多维贫困国家中，多维贫困人口占贫困人口的14.4%，被剥夺强度为41.3%，在教育、健康、生活水平方面的被剥夺强度分别为24.8%、50.2%、24.8%。

尽管总体来看，多维贫困人口比例较少，但从国别情况来看，多维贫困人口在40%以上的国家有6个（东帝汶、印度、巴基斯坦、孟加拉国、阿富汗、也门）。另外从多维贫困人口的被剥夺强度来看，多维贫困人口的被剥夺强度较高，在教育方面，这37个国家预期受教育年限的均值为12.33年，平均受教育年限的均值为8.1，从国别情况来看，平均受教育年限在5年以下的国家有9个，最低的国家也门为3年。除了教育水平较低，贫困人口在生活水平方面的被剥夺程度最严重，高达50.2%。说明这些国家贫困人口除了面临着收入低的经济困境，同时在日常饮水、用电、住房、环境卫生和日常消费等方面面临困境。

---

① 吴良，等．“一带一路”倡议背景下东南亚贫困及减贫开发模式研究．科技促进发展，2017，13（6）．

（四）农业为基础产业，但农业部门生产效率低下

“一带一路”沿线国家大多为发展中的农业国家，农业为国家基础产业，在37个贫困国家中也有54.88%的人口生活在农村，其中大多数人是穷人。但农业不发达、农业人口贫困是“一带一路”沿线国家贫困的重要特征。根据世界银行2016年统计数据计算，2016年“一带一路”沿线37个贫困国家农业增加值占GDP的比重仅11.82%。从国别情况来看，许多农业国家的农业效率非常低下，农业增加值占GDP的比重在10%以下的国家有15个，其中许多农业国家农业增加值占GDP的比重非常低，如，孟加拉国2016年农村人口占总人口的64.97%，农业就业人员为41.14%（农业就业人员占全部就业人员的百分比），但2016年孟加拉国农业增加值占GDP的比重仅14.05%。农业虽然为很多国家的主要产业，但农业生产投资不足，农业生产效率低，农产品加工技术落后，农产品附加值低是导致这些国家农业生产水平低，农业贫困人口较多的重要原因。

六、“一带一路”沿线主要贫困区域的贫困问题概述

（一）南亚的贫困问题

根据世界银行《贫困与共同繁荣2016》报告，自1990年以来，南亚地区减贫事业取得了巨大的成就，贫困发生率从45%下降到2013年的15.1%。但同时也应看到，南亚地区人口众多，虽然贫困发生率显著下降，但贫困人口仍超过了2.5亿，占到世界贫困人口的三分之一左右。可以说，南亚是“一带一路”沿线贫困人口主要的分布区。在南亚国家，贫困人口又主要集中在农村地区，20世纪50年代以来，印度、巴基斯坦、孟加拉国等相继推出了以农村社区发展、农村综合发展为主要形式的农村减贫计划，试图改造传统农业经济部门，改善农业基础设施和经营环境，提升农业劳动生产率。应当承认，这些努力取得了一些成就，但整体而言，南亚国家的农业部门依然处于较为落后的状态。特别是南亚国家的发展不均衡问题相对比较突出，边远高地山区、偏僻沿海地带和缺水干旱地区的农民生计十分脆弱。近年来，南亚国家纷纷推出助力农村发展与减贫的公共政策，包括改善基础设施、提升生产资源和生产技术、增加金融服务可及性、人力资本建设特别是妇女和特殊群体技能建设，以及促进非农就业和农业市场化发展，但由于这些国家公共资源较为有限，农村贫困面广、减贫难度高，农村贫困问题依然较为突出。

近年来，南亚国家在新一轮全球分工调整过程中，凭借其人口、资源环境等方面的比较优势，相继进入了快速经济增长时期，特别是印度、巴基斯坦、孟加拉国、斯里兰卡等国经济增速保持了持续较高的水平。快速的经济增长对于减贫形成了较为强劲的“涓滴效应”，但也面临几个方面的挑战：其一，快

速发展过程中，区域差距在不断扩大。南亚国家的经济增长普遍集中于几个特定的区域，这一方面造就了相关区域的经济高速增长，另一方面造成其他区域的落后。以印度为例，印度首府新德里人口超过 2 000 万，人均国内生产总值超过 4 000 美元，印度南部班加罗尔人均国内生产总值也超过了 2 400 美元，但超过 80%的印度穷人生活在农村地区和七个低收入联邦，其中有近 62%的穷人生活北方邦、比哈尔邦、中央邦、拉贾斯坦州、贾坎德州、恰蒂斯加尔州和奥利萨州等地区，其中比哈尔邦和北方邦人均国内生产总值不足 1 000 美元。又如孟加拉国，随着吉大港的兴建，对当地经济形成了较好的带动，贫困发生率显著下降，但朗布尔区和博里萨尔区 2010 年贫困发生率分别为 30.1%和 26.7%。相似的情况也存在于巴基斯坦、斯里兰卡等国。其二，南亚国家国民识字率较低，人口年龄结构较轻。南亚国家老龄人口占比低，65 岁以上人口占比仅为 5.27%，劳动力人口则接近 6.9 亿人，毫无疑问，南亚国家处于较好的人口红利期，近些年我们见证了南亚国家凭借其人口红利在新一轮国际产业转移中，获得了经济快速成长。但是，南亚国家教育发展薄弱，国民识字率较低，如巴基斯坦 2017 年的教育公共开支总额仅占其 GDP 的 2.76%，低于联合国教科文组织所建议的发展中国家教育支出占 GDP 总额 4%的标准。截止到 2014 年，巴基斯坦成人识字率为 56.98%，显示该国仍有高于四成的成人为文盲，教育水平亟待提高。孟加拉国成人识字率 2017 年约为 72.76%，亦有接近三成的成年人口不识字。这种状况表明南亚国家在快速经济成长过程中面临着人力资本建设的难题，也构成了持续减贫的重大挑战。其三，南亚国家农业经济部门现代化程度低，特别是小农经济依然是南亚国家的主要农业经营形态，农业科技水平低，劳动生产率不高，加之自然灾害的影响，农业生计十分脆弱。而土地制度、文化传统、基础设施和公共服务等多重因素制约着农业经济的转型。

基于上述几个方面的原因，南亚国家在减贫战略制定过程中，纷纷将推动农业经济和农村社区发展、扩大就业、提升公共服务水平，以及特殊群体的减贫作为重要的工作领域。鉴于此，在未来开展好“一带一路”国家减贫合作的过程中，可以考虑：①加强农业、就业（产业）、公共服务（特别是教育和医疗）及女性儿童贫困等领域的合作。而中非减贫合作以及中国与东盟国家减贫合作中的农业示范项目、鲁班工坊、社区发展等经验，在南亚减贫合作中应发挥重要作用。②南亚国家如印度、孟加拉国、巴基斯坦等都是人口众多的发展中国家，其推进现代化建设的基础和路径，多与中国改革以来的发展与减贫道路近似，中国在推动持续增长和减贫领域的一些经验，或许值得南亚国家分享。③南亚国家正在经历快速的经济增长，这一时期是实现大规模减贫的重要机遇期，但如何将“一带一路”倡议所带来的机遇转化为实实在在的减贫成果，可能还需要共同探索有效的实现形式，如技能培训和就业扶贫、农村综合发展与减贫等。

（二）东南亚地区的贫困问题

东南亚是“一带一路”沿线主要的贫困人口分布区之一，根据世界银行的统计数据，2013 年，东南亚 9 个国家（新加坡和文莱两个高收入国家不计算在内）总人口达到 6.2 亿，其中贫困人口超过了 0.9 亿人，贫困发生率约为 14.6%，从总量看，贫困人口最多的是印度尼西亚（2 915 万）、菲律宾（2 193 万）、缅甸（1 380 万）和越南（1 186 万），而贫困比例最高的是东帝汶（41.8%）、缅甸（25.6%）、老挝（23.2%）和菲律宾（21.6%）。这 6 个国家的总人口占东南亚全部人口的 81%，贫困人口比重为 87.4%，贫困人口的聚集特征明显①。特别是，老挝、缅甸、柬埔寨三个国家，农业部门对 GDP 贡献均超过了 30%，农村贫困是这三个国家主要的贫困问题。

20 世纪 90 年代，在承接日、德、美等国劳动密集型产业转移过程中，马来西亚、菲律宾和印度尼西亚等“四小虎”国家实现了快速的经济起飞，强劲的经济增长对减贫形成了有力带动，由于人口基数较大，印度尼西亚、菲律宾两国虽然贫困发生率较低，但仍是东南亚地区贫困人口最多的国家。近年来，越南经济保持了持续高速的增长，贫困问题有了一定程度的缓解，老挝、缅甸、柬埔寨三国在参与“一带一路”建设以及承接新一轮国际产业转移过程中，也取得了不俗的经济表现，减贫事业也迎来重要的机遇。但同时，也应看到，东南亚国家的减贫依然面临着多方面的挑战。首先，与南亚国家类似，东南亚发展中国家在经济起飞过程中，区域之间的差异也经历着持续拉大的过程，特别是由于独特的自然地理条件、地形地貌特征，东南亚山地贫困地区的发展面貌仍未得到有效改善，一定范围内也存在着“深度贫困现象”。其次，农业部门占比高，尤其是老、柬、缅、越四国，农业在国民经济中占据较高比重，农村贫困人口占比超过了 80%。籽粒农业、尤其是“稻作农业”在当地农业经济中既然占据支配地位，但科技投入不足，农业劳动生产率不高。以缅甸为例，缅甸有 65%以上的农业人口，但由于长期遭到经济制裁，目前水稻等作物的生产率基本处于亚洲最低水平，每公顷水稻收益仅为 140 美元②。其三，受自然地理条件影响，生态脆弱、自然灾害等因素使得相关国家原本就十分脆弱的农业经济雪上加霜，如老挝、柬埔寨等国因灾致贫、因灾返贫现象较为突出。最后，东南亚国家同样面临着教育和科技不发达的制约，因国家财力有限，科技和教育投入长期不足，这种影响突显在贫困人口的人力资本匮乏上。

新世纪以来，中国加强与东盟国家的减贫合作，逐渐形成区域层次、次区

①② 吴良、钟帅等：《“一带一路”倡议背景下东南亚贫困及减贫开发模式研究》，《科技促进发展》，2017 年第 6 期。

域层次，多边、双边的减贫合作交流机制，并形成了一些重要的减贫合作经验，开发出一些品牌化的减贫合作项目。未来在“一带一路”倡议减贫合作的背景下，可以探索的是与东盟国家携手推进减贫合作领域的协商与对接，在既有合作机制和合作项目的基础上，拓宽合作领域，共同探索更为丰富的减贫合作“工具箱”。特别是，东南亚国家发展具有“继起性”，各国发展阶段存在差异，贫困问题成因及主要减贫动力机制既有共性也有不同，因此应加强减贫合作项目协商，增进相关合作项目供给对各国差异化需求的回应能力。

（三）中亚地区的贫困问题

中亚五国在 20 世纪 90 年代以前都是苏联加盟共和国，苏联解体以后，中亚国家相继独立。可以说，“苏联元素”在理解中亚五国的经济社会变革中显得至关重要。一方面，由于较长时期作为苏联加盟共和国，受高度集中的计划经济体制影响，中亚五国被全方位纳入苏联计划经济体系统筹安排，各国的发展道路选择受制于计划经济体制的影响，逐步成为苏联的煤炭、石油、钢铁、电力、矿产、军工、棉花、羊毛、肉类生产基地，各国均未形成自成一体的完整国民经济体系；遂导致在苏联解体后，中亚五国普遍陷入经济困境，一时间贫困发生率激增。由于产业结构单一，国民经济部门比例严重失调，经济转型和国家转型并举是中亚各国独立之后普遍面临的基本问题。另一方面，在苏联时期，中亚的经济、文化、教育得到了较快发展。十月革命前中亚各国的文盲率高达 90%以上，20 世纪 40 年代各国即已基本扫除了文盲，60 年代普及了中等教育。90 年代，中亚五国独立以后，分别开始了艰难的转型探索。整体来看，独立后的 20 多年间，哈萨克斯坦、土库曼斯坦两国经济转型较为成功，特别是哈萨克斯坦人均国民生产总值 2014 年已经超过了 12 800 美元，进入中高等收入国家行列。而乌兹别克斯坦、吉尔吉斯斯坦和塔吉克斯坦则发展相对滞后，2014 年三个国家的人均国民生产总值分别为 1 868 美元、1 280 美元和 1 045 美元，分列世界的 136 位、148 位和 156 位。

近年来，中亚地区形势总体稳定，各国经济加快增长，产业结构逐步调整，区内贸易发展很快。2002—2005 年，中亚区域经济合作机制各国 GDP 年均增长 9%以上，国际社会普遍看好这一地区的发展前景。但是，中亚地区总体经济发展水平还比较低，基础设施薄弱，社会事业落后，发展资金不足等问题十分突出。恐怖主义、分裂主义、极端主义“三股势力”对和平发展构成威胁。中亚地区的发展既充满了机遇，也面临着挑战①。

不同于南亚和东南亚的贫困问题，中亚国家的贫困问题有独特的历史背景

① 曾培炎：《在中亚区域经济合作部长会议开幕式上致辞》，http：//www.gov.cn/ldhd/2006-10/20/content_419152.htm.

与现实挑战。首先，中亚国家在经济转型过程中，由于转型目标、路径的差异，转型过程及其成效不尽相同，特别是各国在独立之初普遍经历了较为严峻的转型危机挑战，塔吉克斯坦更是陷入了内战的震荡。新世纪以来，各国贫困问题随着经济恢复性增长均有一定程度缓解，但各国的现实状况存在较大的差别。其次，中亚地区资源较为丰富，劳动力受教育水平和技能水平较高，这构成了其成功实现转型发展与减贫的重要基础，但受制于国内政治经济环境，一些国家劳动者外流较为严重，失业率较高。其三，在转型过程中，贫困问题与其他社会问题呈现出复杂的交织状态，研究者指出中亚地区“三股势力”蔓延的重要原因是当地的贫困问题没能得到有效的治理，贫困成为恐怖主义、极端主义和分裂主义的温床。最后，中亚各国积极拥抱“一带一路”倡议，中国高度重视与中亚各国在基础设施建设、能源、技术、减贫、国际安全事务等各领域的合作，这些合作将为促进共同发展和减贫带来机遇。

第四节　国际减贫合作概述

第二次世界大战结束以后，随着前殖民地和半殖民地国家陆续赢得独立，支配世界体系逾400年的殖民统治秩序逐渐瓦解，原有的世界政治经济秩序逐渐消解与变异。国际政治经济秩序告别了军事征服和经济支配时代，逐步让位于全球投资、自由贸易、国际法等各种非军事手段[①]，整个全球体系，进入了一个全新的时代。国际减贫合作最早发端于二战以后美国对发展中国家的发展援助，在60年的发展历程中，国际减贫合作体系在理念、参与主体、行动方式等诸方面不断变化与优化。从实践层面来看，国际减贫合作成绩与挑战并存。以下，我们将分三个板块来介绍国际减贫合作领域的基本情况。

一、OECD国家主导的官方发展援助（ODA）

广义而论，官方发展援助（ODA）指以主权国家为基本行为主体，由发达国家或相对发达国家向发展中国家进行的大规模、制度化、经常性的资源转移；狭义上讲，官方发展援助特指由经济合作发展组织（OECD）下属的“发展援助委员会”（DAC）对发展中国家的大规模经济援助。虽然国家间的资源转移可以追溯至欧洲的帝国主义殖民统治时期，但是直到二战后才逐渐成为重要的国际现象。

二战以后，为了帮助欧洲国家战后重建，美国首先开始大规模地对外援

① 李春林、张学文：《“一带一路”建设与国际发展合作范式转换》，《福建行政学院学报》，2015年第6期。

助。1947年，杜鲁门展开对希腊、土耳其等国的援助，致力于帮助这些国家脱离内忧外患的国内国际困境。同年6月，国务卿乔治·马歇尔提出“马歇尔计划”以帮助欧洲经济复兴；杜鲁门提出以援助第三世界国家为目标的“第四点计划”。这两项援助计划一方面加快了冷战格局的形成，另一方面也开启了战后大规模的国际援助。紧接着，苏联成立经济互助委员会，通过对中国、东欧国家以及其他第三世界国家的援助建立共产主义经济体系。在这一时期，国际援助主要作为一种政策工具，以满足两大阵营相互抗衡的外交需要①。20世纪60年代以后，随着西欧经济恢复与增长，欧洲国家加入了援助国的行列。1961年成立了经济合作与发展组织（OECD）援助发展委员会（DAC），目的在于协调发达国家对外援助政策。DAC提出了官方发展援助（ODA）的概念，建议援助国将国民总收入的0.7%用于对外援助，据统计，从1950年以来，发达国家总共向发展中国家提供了2.9万亿美元的援助资金，这些资金构成了发展中国家外来资本的主要来源②。

研究者发现，发达国家主导的国际发展援助，长期以来存在着多层面的有效性悖论。早期阶段，按照刘易斯（Arthur Lewis）、罗斯托（Walt Rostow）等发展经济学家的观点，认为发展中国家难以积累起助推经济成长的资本是其欠发达的主要原因，因而早期的发展援助用于直接补充欠发达国家的投资缺口，协助其改善国际收支状况。这种思潮点燃了国际援助的热潮，但实际的效果并不显著。20世纪70年代，新增长理论提出，单纯的投资增长，并不足以支撑经济崛起，科学技术进步以及全要素生产率的提升才是经济发展的关键。受这一理念影响，促进教育、救助贫困成为OECD国家发展援助的重点领域。20世纪70年代末，随着发达国家开启国家转型的历程，发展援助的规模大幅缩减，同时更多强调社区层面的能力建设。拉美国家在战后的发展过程中，多采用进口替代发展模式，导致了债台高筑、国内矛盾积蓄。针对拉美债务问题，美国政府和国际货币基金组织等国际机构提出了“华盛顿共识”，对改革发展中国家的政府、促进民主化提出了一系列附加条件，作为国际援助的指导理念③。步入新世纪，与全球财富快速积累相伴的是全球发展不平衡的问题日益突出，在2000年召开的联合国首脑峰会上，世界各国领导人协商形成一套全球多边发展援助议程，统称为联合国千年发展目标（MDGs），为了配合这

① 唐丽霞、李小云：《国际发展援助体系的演变与发展》，《国外理论动态》，2016年7月。

② 郑宇：《援助有效性与新发展合作模式的构想》，《世界经济与政治》，2017年第8期；Sebastian Edwards, “Economic Development and the Effectiveness of Foreign Aid: A Historical Perspective,” Kyklos, Vol. 68, No. 3, 2015, pp. 277-316.

③ Craig Burnside and David Dollar, “Aid, Policies, and Growth,” The American Economic Review, Vol. 90, No. 4, 2000, pp. 847-868.

些目标实施，发达国家增加了援助投入，特别是对社会基础设施（教育、医疗等）的投入，众多国际非政府组织也积极投入全球减贫事业。2008年全球金融危机以后，以社会基础设施为中心的援助模式受到质疑，发达国家增加了对经济基础设施和生产部门的援助，鼓励通过公私合作（PPP）模式吸引更多私营机构参与。

虽然经历了历次的调整与改革，发达国家的发展援助并没有实质性地改善发展中国家的欠发达和贫困状态①。究其原因，则颇为复杂，主要包括援助资源总量不足；援助资金并没有按照受援国的需求分配，特别是世界上最贫困的20%国家得到的援助却极为有限；援助的形式不合理，主要发达国家的对外援助往往会基于自身的利益附加各类条件，导致受援国的发展自主性进一步衰落，内生动力进一步丧失。此外，援助过于碎片化，导致目标分散，难以形成综合性的减贫与发展方案。援助项目从个体层面多数都取得了较好的成效，但难以形成合力，整体效果大幅削弱②。

国际发展援助的有效性问题，引起了国际社会的广泛关注。2002—2011年间，OECD举行了四次有关援助有效性的高层论坛。2005年的会议上通过了《巴黎有效援助宣言》，提出援助有效性的四个基本原则，相关成果在2011年的《釜山宣言》中进一步深化。这些理念构成了新一轮发展援助改革的主导思想。具体来说，主要包括：重视结果（focus on result），即援助要在消除贫困、减少不平等、实现可持续增长方面有持续的推动作用。国家自主权（country ownership），即援助资金纳入受援国的公共财政系统进行统一管理和分配，由受援国制定国家发展战略，确定优先领域和具体实施方案。包容性发展伙伴关系（inclusive partnerships for development），即吸引各种利益相关方都来参与援助，以官方资金拉动民间资金。透明性和共同责任（transparency and mutual accountability），即增强援助决策和实施的透明性，减少腐败和滥用资源③。此后，促进贸易导向的援助，成为对外援助的基本方法。值得一提的是，这些发达国家对外援助在近年来的改革，很大程度上得益于中国在新南南合作中的示范作用。可以说，近年来发达国家的发展援助改革，是基于对既往发展援助收效甚微，甚至引起受援国政治经济状况进一步恶化所做的调整。但各发达国家基于自身的利益考虑，并不愿意主动放弃既往的捆绑援助形式。

---

① 郑宇：《援助有效性与新发展合作模式的构想》，《世界经济与政治》，2017年第8期；Hristos Doucouliagos and Martin Paldam, "The Aid Effectiveness Literature: The Sad Result of 40 Years of History," Journal of Economic Surveys, Vol. 23, Issue 3, 2009, pp. 433 - 461; William Easterly, The Elusive Quest for Growth: Economists' Adventures and Misadventures in the Tropics, Cambridge: MIT Press, 2001, pp. 37 - 39;

②③ 郑宇：《援助有效性与新发展合作模式的构想》，《世界经济与政治》，2017年第8期。

而全球金融危机以来，逆全球化趋势、贸易保护主义抬头，则对发展援助产生了重大挑战。

综上所述，发达国家的对外援助正处在一个剧烈变革的时期，既往的实践中，援助从属于外交、从属于发达国家的利益，而发展中国家则在接受援助过程中，被迫让渡发展的自主性，内生动力难以形成，一些国家甚至状况不断恶化，陷入动荡局面。一方面，发达国家对外援助改革动力不足，另一方面受援国对发展援助产生了较为普遍的失望情绪。在此意义上，新南南合作、"一带一路"减贫合作，无论是在理念上，还是行动上，都给人类命运共同体建设注入希望和能量。

二、国际机构推动的减贫合作

冷战结束后，国际援助逐渐由主权国家主导的对外援助拓展至非政府组织，国际援助体系日趋多元化和复杂化①。具体来说，目前进行国际援助的主体主要有三：其一，主权国家。其中大部分都是以美日法英德等22个国家所组成的发展援助委员会（DAC）。另外，还有不属于该委员会的经合组织成员国，不属于经合组织的欧盟新成员国，还有发展中国家中有较强经济实力的国家，如中东石油输出国组织的成员国、以色列等，以及不属于上述几个国际组织的"新兴援助国"，如中国、巴西等世界和区域大国。其二，多边援助机构，主要包括国际开发协会，国际货币基金组织，联合国专门机构，以及区域性发展银行。其三，一些非政府组织（NGOs），如乐施会、国际援助行动、拯救儿童组织、基督教援助组织等也参与到国际援助的行动中来。在这一时期，国际援助不再主要受外交战略因素的影响，而转向关注减贫和发展问题；前期在受援国推行结构调整和政策改革的失效经验使援助方认识到，要促进发展不应该只关注经济发展这一单一方面，而更应该关注政治和制度层面，以及受援国的国家能力问题。此时，社会各界对什么是发展达成了初步共识，即"为了维持平衡、持续的增长，保证社会公平，让所有群体都能从发展中受益，各种形式的民主、多元，以及诚实、负责的政府都是非常必要的。"②

在"善治"（good governance）理论的指导下，援助方更新对国家在经济发展中的地位的看法，重新制定其援助内容，更多地从单一关注经济基础领域转到关注受援国的人权、民主、治理能力等政治层面的改革上来。该理论认为，国家的制度和治理因素才是影响经济发展的重要因素，认为只有开放的民主政治体制、得到保护的个人权利、公平有效的经济制度，才能真正解决贫困

① 唐丽霞、李小云：《国际发展援助体系的演变与发展》，《国外理论动态》，2016年7月。

② 李小云等：《国际发展援助概论》，社会科学文献出版社，2009年。

问题。这一理念促使援助国改变以往直接干预经济的援助方式，援助重点从关注经济基础设施及其服务生产部门转移到社会基础设施及其服务部门上来，同时对于受援国也有较大影响，因为其如果要获得援助，就必须改善上层建筑，提高国家治理能力。[①] 由此，在 2000 年 9 月，在联合国千年首脑会议上，世界各国领导人就贫困、饥饿、医疗、教育、环境保护和妇女歧视的等八个方面，制定了一套到 2015 年实现、可测量的目标和指标。它们成为全球发展的核心议程，即"千年发展目标"（Millennium Development Goals，MDGs）[②]。随后，国际援助开始逐渐向千年发展目标集中。为实现这一系列目标，2005 年 9 月，联合国在其成立 60 周年首脑会议期间，召开发展筹资高级别会议以为其提供资金支持。2007 年 7 月，联合国经社理事会在日内瓦成立了高级别发展合作论坛，旨在促进援助双方的对话，达成关于影响发展合作质量和效果的政策共识，促进包括"千年发展目标"在内的既定减贫和发展目标的实现。

三、南南合作

国际发展合作根据发展合作的主体被划分为北南合作与南南合作。如上所言，北南合作始于美国总统杜鲁门提出的开发落后地区的"第四点计划"，而南南合作则与 1955 年的万隆会议和随后的不结盟运动密切相关。虽然两者都与殖民体系解体和美苏冷战相关，但总体来说这两种发展合作模式有着不同的起源，在相当长的时期内也没有交集。从万隆会议到不结盟运动与建立国际经济新秩序的斗争，从布宜诺斯艾利斯行动计划再到 20 世纪八九十年代的低潮，南南合作经历了波折与起伏。进入 21 世纪后，随着新兴经济体的群体性崛起，南南合作才焕发出新的生机与活力，并得到北方国家的逐渐认可。2005 年，由经济合作与发展组织（OECD）发展援助委员会（DAC）推动的《关于援助有效性的巴黎宣言》（以下简称"《巴黎宣言》"）并未提及南南合作行为主体与合作模式。2008 年，作为《巴黎宣言》后续行动的《阿克拉行动议程》则承认南南合作是北南合作的有益补充。2011 年，在韩国釜山举行的第四次援助有效性高级别论坛则标志着北方态度的更大转变，南南合作的合法性得到北方国家的进一步承认[③]。

进入新世纪以来，在国际政治经济舞台上，新兴国家对以欧美发达国家为核心的国际体系的挑战一直是近年来国际关系研究中的热点，国际援助作为重要的外交方式也引起了海内外的集中关注。伴随着经济全球化的发展，一批以

① 郑宇：《援助有效性与新发展合作模式的构想》，《世界经济与政治》，2017 年第 8 期。

② 毛晓菁：国际援助格局演变趋势与中国对外援助的定位，《国际经济合作》，2010 年第 9 期。

③ 周强、鲁新：发达国家官方发展援助新趋势，《国际经济合作》，2011 年第 11 期。

中、印、巴、沙特等为代表的新兴国家的经济实力得到迅速增长，为打破旧有的不符合发展中国家政治经济利益的全球治理体系、在国际舞台中树立友好合作的国家形象与寻求新的发展机遇，这批新兴经济体先后加大了本国在对外发展援助中的力度，这些国家成为国际发展合作格局中的新力量，在身份上逐渐实现从受援国到援助国的转变。根据 OECD 统计，DAC 援助国在国际发展援助中的份额从 2009 年的 58%持续下降，到 2016 年只占全球份额的 47%[①]，而 2014 年南方国家的援助规模约 328 亿美元，较 2010 年增长了近两倍，在全球援助总额中的比重从 2010 年的 6%升至 18%[②]。这些被称为“新兴援助国”(New Donors or Emerging Donors) 的对外援助理念和具体援助方式区别于传统的 ODA，但其援助在区域具体实践上呈现了比传统的西方援助主体更具成效的方面，引起了对现有国际援助体系的反思，以平等、互利、共赢为特点的南南合作也越来越受到国际社会的广泛关注。

第五节 中国对外减贫合作的历程、主要做法与经验

中国作为最大的发展中国家，在致力于解决自身发展问题，不断消除贫困的同时，始终积极开展南南合作，力所能及地向其他发展中国家提供不附加任何政治条件的援助，支持和帮助广大发展中国家特别是最不发达国家消除贫困[③]。这些工作，取得了切实的成效，赢得了世界人民的尊重，并且在此过程中，逐渐形成了一套独具特色的对外减贫合作体系和经验，成为“新兴援助国”中重要的援助风向标。新世纪以来，我国加大了对于国际援助的投入，更加主动地承担全球责任。根据国务院新闻办在 2011 年和 2014 年发布的两版《中国的对外援助》白皮书的数据显示，截至 2012 年底，中国累计提供对外援助金额达 3 456.3 亿元，其中无偿援助 1 385.2 亿元，无息贷款 838 亿元，优惠贷款 1 233.1 亿元[④]。尤其是 2013 年 9 月习近平在出访中亚和东南亚国家期间，先后提出共建“丝绸之路经济带”和“21 世纪海上丝绸之路”，即“一带一路”的重大倡议以来，中国开始了以“一带一路”倡议为战略核心的对外合作，在资金投入、机制建立与合作的深度和广度方面都采取了非同以往的更大

① “Development Co-operation Report 2018: Joining Forces to Leave No One Behind.” OECD, July 10, 2018, p. 18. http: //www. oecd. org/dac/development-co-operation-report-20747721. htm.

② 姚帅：《国际发展援助的特点变化及未来趋势》，《国际经济合作》，2017 年第 1 期 .

③ 习近平：《携手消除贫困，促进共同发展》(2015 年 10 月 16 日)，载中共中央党史和文献研究室编：《习近平扶贫论述摘编》，中央文献出版社，2018 年版 .

④ 国务院新闻办公室：《中国的对外援助》，人民出版社，2011 年 . 国务院新闻办公室：《中国的对外援助》，人民出版社，2014 年 .

的力度推进，我国的对外发展援助和减贫合作进入了新的层次。

一、中国对外减贫合作的主要历程

从20世纪50年代至今，中国的对外援助及减贫合作走过了60多年的历程。60多年间，随着国内外形势的变化，中国的对外援助经历着相应调整，大致可以划分为如下三个阶段：

1950—1978年，以政治动机为首要考虑的战略性援助阶段[①]。新中国成立初期，面对着美苏冷战的背景，确保执政地位、维护国家稳定是外交政策中的优先考虑。在"一边倒"的外交政策下，中国向周边国家，以及为摆脱殖民地半殖民地争取民族解放的亚非拉国家和已经实现独立的民族国家开始了以物资、少量现汇和技术援助为主的战略性援助；60年代中苏关系恶化后，为避免在国际关系上走入孤立无援的困境，打开外交封锁，中国外交策略上寻求"中间地带"的支持，即在美苏两国间的广泛的第三世界国家的支持，包括加大对亚洲和非洲国家的援助工作。70年代初期的外援资金大幅增长，到1973年时，中国对外援助资金55.84亿元，占同期GNP的2.05%，占同期国家财政总支出的6.92%[②]。此阶段中国对外援助工作赢得了亚非和拉美等第三世界国家的信任，在发展中国家兄弟的协助下，中国恢复了联合国常任理事国席位。

1979—2000年，中国对外援助进入了收缩调整阶段。经历了"文革"的浩劫与唐山大地震等自然灾害的中国将恢复和发展经济作为党和国家工作重心。20世纪70年代，中国相继恢复和建立了与一些西方发达国家的外交关系，外部环境趋于缓和，各国基于对中国改革发展的信心和发展前景的期待，纷纷表示可以通过投资、贷款、贸易等多种方式参与中国的改革与发展[③]，中国则积极部署和推动各项改革举措，主动地借助西方发达国家的资金、技术、知识和经验，推动经济社会发展。同时，此前长期单向无偿的对外援助的不可持续性，和一度作为中国最大援助对象的一些国家与中国的"反目成仇"引起了国内民众和决策者对于对外援助的反思。因此，在此阶段，中国向其他发展中国家的朋友和伙伴提供援助进入了调整时期，更加强调互利共赢和量力而行，这一原则亦成为此后中国对外援助始终坚持的重要原则。

进入新世纪，国际形势趋于缓和，大多数亚非、拉美等第三世界国家先后

① 黄梅波、唐露萍：《南南合作与南北援助——动机、模式与效果比较》，《国际展望》，2013年第3期。

② 周弘：《中国对外援助与改革开放30年》，《世界经济与政治》2008年第11期。

③ 肖东连：《中华人民共和国史（第十卷）》，香港中文大学出版社，2008年版，第722页。

进入发展经济、提高人民生活水平的发展阶段。对于这些国家来说，改革开放40多年来中国创造的发展奇迹存在着大量可复制、学习的发展经验。特别是，中国率先完成联合国千年发展目标关于绝对贫困人口数量减半任务，在减贫领域积累了大量经验。同时，随着改革开放成效显现，中国的综合国力明显增强，更为积极承担国际责任。在此阶段，中国的对外援助资金不断上涨，援助方式不断优化和完善。在援助结构上，以成套项目为主要援助形式，不断扩大政府贴息优惠贷款的规模和扩大无偿援助的比例；在援助项目上，重点支持受援国的生产发展性项目，注重受援国自身后续的生产自主性能力建设和科学技术合作能力的提升；在援助资金上，倡导多元融资手段结合，将政府资金和银行资金结合起来，推动社会、企业和私人资金参与援助，推动援外项目合资合作。

党的十八大以来，按照习近平主席关于构建没有贫困的人类命运共同体的理念指引，中国更加主动地承担国际责任，为全球减贫事业提供“中国方案”，贡献“中国智慧”。目前中国的对外援助和减贫合作进入了一个新的历史时期，特别是在“一带一路”建设过程中，中国积极提供全球公共产品，搭建互利、双赢与合作的平台，致力于深化国家和区域间的联系，广泛参与国际多边援助组织和地区性发展联盟，双边援助和多边援助并重，协调“南北合作”和“南南合作”，以“联合国2030可持续发展议程”落实为目标，与国际社会和广大发展中国家一道携手推动全球减贫和可持续发展。

二、中国对外减贫合作的主要板块

（一）中非减贫合作

1955年万隆会议后，中国的对外援助范围由社会主义国家扩大到其他发展中国家，如柬埔寨、印度尼西亚、缅甸和部分非洲国家，20世纪60—70年代，非洲成为中国对外援助的重点地区，这种与非洲国家的发展合作关系一直延续至今。长时间的援助与合作不仅取得了多方面的成就和经验，同时也丰富了“南南合作”的内涵，推动着减贫合作领域的持续创新与发展。

2000年以来，在中非合作论坛框架下，中非之间在政治、经济、社会发展和安全方面展开了深入有效的合作。中非合作不仅为“南南合作”树立了典范，为解决发展（援助）有效性问题提供了新框架和新方法。研究者提出，经合组织（OECD）国家的发展援助，是一种过程驱动型发展合作方式，更加注重受援国的良治、问责、透明、参与等西方式民主政治过程，相对忽视了受援国本身的发展。这种发展援助未能使非洲国家成功实现减贫，其有效性备受质疑。中非合作注重“双赢”，主要靠投资和贸易这两种市场导向的方式与援助相结合，带动非洲本土经济增长，因而是一种增长驱动型发展合作方式，也是提高发展有效性的新方式[①]。从中非减贫合作理念与原则、合作主体、合作方式及合作内容看，中国在近年来推动的南南减贫合作，与之前“南北合作”，存在较大的差别，更加注重受援国的独立自主，更加注重在共商、共建、共享中，实现互利和共赢，这些理念和方式的创新，无疑丰富了国际减贫合作的知识库和工具箱，并且其成效日益显现，彰显着合作共赢的新型国际关系要义。

整体来看，中非之间卓有成效的发展与减贫合作，基于中非贫困特征的某些相似性：从中非贫困人口地理分布来看，相对集中于经济条件较差的农村，体现为区域性贫困的特点。从国民收入水平看，贫困的不平等性突出，即在国家内部，社会各个收入阶层在财富增长方面存在高度不均衡性，尤其穷人收入的增速远远低于富人收入的增速。从贫困程度与维度看，存在贫困程度深与多维贫困现象。因此，中非减贫合作具有非常广阔的空间。1956 年，中国与埃及建交以来，中非关系保持了迅速且良好的发展态势，到 2015 年底，中非关系定位提升为全面战略合作伙伴关系，双边合作领域和层级不断拓宽和丰富，包括中国与非洲国家双边委员会、战略对话、外交部政治磋商、经贸联（混）合委员会等机制。2000 年中非双方共同创立的中非合作论坛现成为中国与非洲国家开展集体交流与对话的有效机制和深化务实合作的重要平台。其中，以民生援助为特色的中国对非援助也被纳入中非合作论坛机制化框架，其特点是：随着每三年一次部长级会议，中国都分别推出一揽子三年期援助措施，并通过具体的行动计划加以落实。为此，双方定期召开部长级会议、高官会议和后续工作委员会等。可以说，中非减贫合作具有悠久的传统，新世纪以来减贫合作的形式与内容不断创新，逐渐形成了较为成熟的减贫合作模式。

中非合作不仅包括官方发展援助，还包括政府间的政策沟通、贸易互通、基础设施建设，以及发展融资等，这些因素共同地将商业活动（贸易与投资）变成了中非经济关系的核心，促进了非洲国家经济社会发展和持续减贫。实践证明，近年来中非减贫合作成效突出，大量接受中国援助的国家出现了增长率提高、贸易增长、出口增加和公共财政收入增加的良好状况[②]。在长期的合作中，经济贸易是双方最主要的合作形式，如今，中国已是非洲主要的贸易伙伴国，2017 年中非贸易额达到 1 690 亿美元，较 2016 年 1 510 亿美元，增幅 11.9%，创下 2012 年以来的最大增幅。非洲总体对外贸易额中，对华贸易额从 2001 年的 3.5%增长至 2010 年的 12%，2017 年增至 19%。目前，中国在

① 王小林，刘倩倩：《中非合作：提高发展有效性的新方式》，《国际问题研究》，2012 第 5 期。

② Ngaire Woods. “Whose aid? Whose influence? China, emerging donors and the silent revolution in development assistance.” International Affairs, 2008, 84 (6): 1205 - 1221.

非直接投资总额约为 400 亿美元[①]。

依靠国家宏观经济增长带来的溢出效应减贫虽在初期能取得较好效果，但后期的边际效应递减现象提醒政策制定者不能将发展替代减贫。因此，2010 年，中国国际扶贫中心与联合国开发计划署发起了旨在促进中非减贫与发展交流合作的“中非减贫与发展会议”，并在 2015 年被正式纳入中非合作论坛总体框架，成为重要的分论坛之一。通过此机构，中非正式将减贫置于双方合作的主要目的之一，通过双方协作以及与非盟等多边组织协商，将减贫计划与非洲各国的复兴计划、《发展新伙伴计划》和《2063 年议程》对接，因地制宜地进行减贫合作。

近年来，中非减贫合作不断深化，政府、企业、民间组织的行动也十分活跃，创新非常密集。不同于西方发达国家主导的多边机制，中非减贫合作以双边形式为主，在具体的工作内容方面，涉及：①直接改善贫困人口生产生活条件的项目，如援建农场，援建农业技术实验站、推广站和农业技术示范中心，以及派遣农业技术专家等。②援建经济基础设施和社会基础设施。中方在非洲援建了 500 多个基础设施项目，包括公路、铁路、机场、港口、通讯、水电设施等经济基础设施，以及各类办公大楼、学校、医院、体育场馆、文化设施、住房等社会公共基础设施。③提供医疗援助。通过派遣援非医疗队、援建医院和医疗卫生中心、设立疟疾防治中心、形式多样的医疗援助活动（如“非洲光明行”），为当地病患解除了痛苦，使其免受因病致贫之苦，并在一定程度上缓解了当地医疗资源不足问题。④提升贫困人口的自我发展、自我减贫能力。通过在非洲投资、建立生产型企业，努力提供就业岗位，增加贫困人口收入，提升贫困人口的经济活动参与度、购买力与经济水平；帮助非洲国家建立资源型加工企业与市场开拓型企业；帮助非洲国家开发人力资源，提升劳动力素质与技能。此外，还包括分享减贫经验、开办减贫培训班和提供人道主义援助等内容[②]。中非合作硕果累累，赢得了非洲人民和国际社会的高度赞誉，学界将其称之为“新南南合作”的典范。

（二）中国—东盟减贫合作

中国与东盟在区域减贫领域的合作最初能够追溯到中国对越南、柬埔寨等东南亚社会主义国家独立中的物资援助与技术支持。万隆会议后，对外援助的活动在整个东南亚地区开展。与对非援助一致，早期中国对东盟国家的经济援助是在向“第三世界国家”倾斜的外交理念影响下开展的。到 20 世纪 90 年代

① 商务部．中非贸易额将于 2025 年突破 4 000 亿美元．2018－09－03.

② 安春英：《构建合作共赢的中非减贫合作范式》，《国际经济合作》2016 年第 8 期；安春英：《中非减贫发展理念的比较与分析》，《上海师范大学学报（哲学社会科学版）》，2010 年第 5 期。

后期，东盟各国在国际形势基本稳定的情势下，逐渐意识到需要在亚洲地区建立机制性的长效合作模式来应对未来的发展问题。1991 年 7 月，中国首次应邀参加第二十四届东盟外长会议，正式开启了中国与东盟的对话。1997 年，马来西亚作为东盟轮值主席国承办了第二届东盟首脑非正式会议，积极促成了东盟与中日韩 10＋3 领导人非正式会议的召开。以此为契机，中国与东盟国家依托“10＋3”合作机制在减贫领域展开了长期的探索，形成了以领导人会议为核心，以部长会议、高官会、东盟常驻代表委员会与中日韩驻东盟大使会议（CPR＋3）和工作组会议为支撑的合作体系①。在 2002 年，中国与东盟国家签署《农业合作谅解备忘录》，在农业开发领域建立长期的合作关系，并在此基础上提出了“中国—东盟粮食综合生产能力提升计划”“中国—东盟农村发展推进计划”等一系列农村开发的项目，旨在通过与东盟国家在农业领域的合作，从而推动农村地区的减贫开发。此后相继签署了《落实中国—东盟面向和平与繁荣战略伙伴关系联合宣言的行动计划》（2005—2010 年、2011—2015 年、2016—2020 年），成为中国—东盟减贫合作的行动框架。2007 年中国—东盟社会发展与减贫论坛开始举办，之后每年一次，从国家层面就如何深化中国与东盟国家在减贫领域内的合作进行探讨，旨在通过常态化的学术交流活动为中国与东盟国家提供一个合作减贫的平台。

2013 年开始中国政府每年举办“东盟＋3”村官交流项目，通过研讨学习和参与式调研的方式交流学习彼此之间在基层贫困治理方面的经验。与此同时，中国还在广西建立了主要面向东盟国家的国际减贫培训考察基地并开办了多期扶贫经验国际研修班。在 2015 年的“10＋3”领导人会议上，中国国务院总理李克强代表中国政府提出“东亚减贫合作倡议”，拟由中国提供 1 亿元人民币，开展乡村减贫推进计划，建立东亚减贫合作示范点，选取老挝、缅甸、柬埔寨建设农村减贫合作示范点，目前建设已基本完成。除了上述减贫合作与交流项目，中国还与东盟国家开展经济基础设施建设领域重大项目的合作，中国与东盟贸易持续增长，双方开展了共同建设经贸合作区和跨境经济合作区合作，特别是在电力、铁路、公路、汽车、化工、冶金、建材，还有轻工纺织、信息通讯、工程机械、装备制造、农业领域开展产能投资合作。在“一带一路”倡议提出、丝路基金和亚投行的建立后，中国企业开始了对东盟国家的大规模投资，数据显示，2017 年 1—5 月中国企业累计在东盟国家签订的基础设施建设工程合同额达到 2 962.7 亿美元，累计完成合同

① 莫光辉、于泽堃：《国际区域减贫合作模式探索——基于“东盟＋3”村官交流项目的个案分析》，《领导之友》，2016 年第 9 期。

额 2 040 亿美元[①]。

东盟十国中，柬埔寨、老挝、缅甸、菲律宾、越南、印度尼西亚等国经济发展水平较低。这些国家现代化建设起步普遍较晚，多数存在基础设施不完善、农业生产技术落后、教育水平较低等致贫因素。其中，农业人口的贫困、高失业率以及较大的贫富差距是这些国家贫困问题的主要成因[②]。从发展的角度，东盟国家的贫困主要是受基础设施、科技和教育水平以及国内政治环境的影响与制约。中国与东盟的减贫合作主要集中在柬埔寨和老挝，重点支持基础设施、农业合作，以及能力建设。与日、美等援助国相比，中国的减贫合作侧重受援国的长远利益和基础工作。在项目选择上，中国侧重于道路、桥梁、发电厂等大型基础设施建设。美国和日本则侧重于医疗卫生、环境保护、水资源管理、教育等方面。在附加条件方面，美国和日本国的援助常与人权、政治改革、经济改革、环境等政治条件相关，而中国则从不附加政治条件。

（三）澜沧江—湄公河减贫合作

澜沧江—湄公河区域减贫合作是包括中国、泰国、柬埔寨、老挝、缅甸、越南六方的减贫次区域合作机制。2014 年 11 月李克强在第 17 次中国—东盟领导人会议上首次提出建立澜沧江—湄公河合作机制的倡议，此后经过 2015 年的工作组会、外交高官会，再到 2015 年底的外长会等一系列会议的磋商，“澜—湄”合作机制在一年多的时间内不断扩大共识、积累成果。2016 年 3 月 23 日，由中国国务院总理李克强主持的澜沧江—湄公河合作首次领导人会议在海南三亚市举行，在此次会议上，“澜—湄”合作确定了“3+5”合作框架，即以政治安全、经济和可持续发展、社会人文为三大合作支柱，以互联互通、产能、跨境经济、水资源、农业和减贫为五个优先方向，这标志着“澜—湄”合作机制上升到首脑会议层面。可以说，“澜—湄”合作机制是该次区域迄今为止规格最高、发展最为迅速也最为完善的机制，2018 年 1 月 12 日，六国领导人出席了在柬埔寨召开的澜沧江—湄公河合作第二次领导人会议，并发布了《澜沧江—湄公河合作五年行动计划（2018—2022）》，对接“一带一路”倡议、《东盟 2025：携手前行》、《东盟互联互通总体规划 2025》和其他湄公河次区域合作机制愿景。

“澜—湄”合作机制是中国在次区域提供公共产品的重要实践。其不只是一种单一的合作模式和路径，而是包含着不同的相互交织的双边、多边和次区

① 钱克明．新闻办就中国—东盟经贸合作情况暨第 14 届中国—东盟博览会等情况举行发布会，中国网 2017－07－10 http：//www.gov.cn/xinwen/2017－07/10/content_5209246.htm＃3

② 鞠海龙、邵先成：《中国—东盟减贫合作：特点及深化路径》，《国际问题研究》，2015 年第 4 期。

域合作倡议。相较于其他地区，澜沧江—湄公河次区域六国山水相依，有着良好合作的物质和环境基础。在《澜沧江—湄公河合作五年行动计划（2018—2022）》中，明确提出制订“澜—湄可持续减贫合作五年计划”，推动澜—湄国家减贫经验交流和知识分享。目前，湄—澜减贫合作主要集中在加强减贫能力建设和减贫经验分享，开展澜—湄国家村官交流和培训项目，通过人员互访、政策咨询、联合研究、交流培训、信息互通、技术支持等方式，提升澜—湄国家减贫能力。另外，在湄公河国家启动减贫合作示范项目，在湄—澜的减贫合作中，六国减贫部门联合建立了减贫合作联合组，中国则以中国国际扶贫中心为澜—湄减贫联合工作组牵头联络单位。在具体实践中，中国商务部和国务院扶贫办牵头，在缅甸、老挝和柬埔寨的 6 个村开展减贫示范合作项目，云南省国际扶贫与发展中心、广西外资扶贫项目管理中心和四川省扶贫和移民局项目中心分别承担缅甸、老挝和柬埔寨的减贫示范合作技术援助项目。研究者提出 2016 年形成的“澜—湄”合作机制，是中方与周边国家携手共建的一个重要合作机制，减贫合作是“澜—湄”合作机制的优先发展方向之一。未来应在“澜—湄”合作机制下开展国际减贫合作，应积极倡导包括“共商、共建、共享”合作，绿色环保减贫，以及政府、企业、非政府组织、社会“四位一体”的减贫实践新理念；创建有针对性的减贫合作平台；寻求双边和多边的平衡以及平衡与现有合作机制之间的关系；着力开发减贫项目新领域①。

三、中国对外减贫合作的主要特点

概括而言，中国在新南南合作框架下的国际减贫合作已经形成由一揽子项目支撑的体系，主要包含了对外援助、对外投资、优惠贸易、民生项目等部分。从合作形式看，既包括发展援助、直接投资、优惠贸易等的“硬合作”，也包括技术示范、人力资源培养、援外医疗队、教育改良、知识分享等“软合作”。从援助领域看，既有基础设施和公共产品的援助和投资，也有直接瞄准农村贫困地区的社区发展与减贫示范项目，还有教育、卫生、村官培养等改善民生与能力建设的项目。援助和投资资金来源既有政府支出，也有企业投资行为，成套项目面对市场（企业）招标并辅以官方资金补助，国内部分 NGO 组织也参与到一些国际民生发展项目，这种多元主体合作尽管在实践层面还有诸多待完善的方面，但从理念方面已经做到了政府、企业和社会组织的有效结合。

（一）无附加条件的对外援助

传统的 ODA 援助，包括多边和双边提供的带有附加条件的援助存在着一

① 罗圣荣：《澜湄次区域国际减贫合作的现状、问题与思考》，《深圳大学学报（人文社会科学版）》，2017 年第 34 期；毕世鸿：《澜湄合作如何深化》，《世界知识》，2016 年第 12 期。

些不足。例如，由于对国内政策的附加条件实施存在挤出效应，从而不利于受援国的经济增长。由于受援国在接受援助之前存在一些既定的目标，而援助附加条件又是硬性的，因此实施附加条件需要付出很大的成本，这就影响了该国预设的一些社会指标的实现，加剧了贫困水平。更甚的是，援助通过挤出效应对于受援国的储蓄和投资带来负面影响。而中国一直以来奉行的外交战略是以周恩来总理提出的八项外交原则发展而来的平等互惠的外交原则，中国始终坚持在提供对外援助中不附带任何政治条件，不干涉受援国内政，充分尊重受援国自主选择发展道路和模式的权利。其基本原则是相互尊重、平等相待、重信守诺、互利共赢，重点在于帮助受援国获得自力更生的能力，以改善受援国群众民生条件为优先考虑，而非从民主优先的前提下强制受援国进行体制改革。

（二）发展导向性的对外援助

20世纪70年代后，"量力而行，互惠共赢"的理念成为中国对外援助理念的核心。进入新世纪以后，中国对外援助逐渐形成了立体化的框架，主张在与受援国平等协商的基础上，采取共同行动，推动经济社会基础设施建设、公共服务发展、市场和贸易体系建设，以及推动各类人道主义援助和减贫民生项目。这种对外减贫合作模式，显然不同于西方国家主导的对外援助体系，其根本特点在于"发展导向"（development-orientation）和民生优先，追求与相关国家建立平等合作的关系，在互利共赢、务实合作中，推动共同繁荣，这种援助形式，体现出强烈的"内生动力建设"导向。

（三）积极推动减贫与发展经验的分享

在南南合作框架下的减贫合作的一大优势在于，一部分在面对类似的贫困现状的情况下率先脱贫或获得极大减贫成就的发展中国家对于自身减贫的经验分享，这种跨区域的减贫知识分享在"一带一路"倡议的背景下显得越发重要。相对于西方的带有体制机制改良的条件性援助，中国的对外援助对体制的改变是静默无声的。以成套项目为例，在项目建设和维护中，专家和技术人员在教育培训中不仅仅体现着技术上的转移，更彰显一种中国减贫经验在经验和现实实践层面的跨界漫游，大批培训项目对于扶贫观念的改变，如村官+3项目、南南合作与发展学院的培训交流以及社区驱动型项目对于社区自主性和群众能力的提升使得社区层面通过互动形成一种能动的社会建构，结合受援国的地方文化形态，在社区治理、社会发展和可持续发展上实现一种自下而上的静悄悄的变革。使得中国的增长和减贫经验实现跨国的再生产与地方化，通过有效和灵活的活动以及与国家发展战略相一致的可复制项目，采取差异化战略，形成一种区域化的地方发展经验，成为中国为世界减贫贡献中国方案的一种重要形式。

第六节 “一带一路”倡议下中国对外减贫合作体系优化的思考与建议

结合习近平总书记关于携手共建没有贫困的人类命运共同体思想、“一带一路”沿线国家减贫合作的实际需求、中国对外减贫合作体系的既有成果与经验，以及国际减贫合作领域的新发展趋势，我们尝试性地提出若干关于“一带一路”倡议下中国对外减贫合作体系优化的若干思考与建议。我们认为，开展好“一带一路”国际减贫合作，是全球减贫事业的重要组成部分，是落实联合国2030可持续发展议程的重要板块，是“携手构建没有贫困、共同发展的人类命运共同体”思想的具体实践。

一、“一带一路”国家减贫合作的思想指引、国际背景与经验基础

“一带一路”国家减贫合作，是全球减贫事业的重要组成部分，是中国主动承担大国责任，与广大发展中国家团结协作共同推动发展，携手构建“没有贫困的人类命运共同体”思想的实践表达。党的十八大以来，习近平总书记发表了一系列关于构建没有贫困的人类命运共同体的重要论述，这些论述阐明了全球减贫发展的现实与挑战，回答了以何种理念、何种方式，推动携手减贫，共同繁荣。这些论述，是开展好“一带一路”国家减贫合作的思想指引，也必将为全球减贫合作的理论创新和实践创新提供强大的思想动力。还应看到，开展好“一带一路”国家减贫合作，是推动联合国2030可持续发展议程落实的重要板块，“一带一路”倡议背景下的国际减贫合作，为2030可持续发展议程落实提供了有效的平台和机制，在共商、共建、共享中，通过五通发展，沿线各欠发达国家都迎来了持续推动减贫和发展的历史性机遇。

(一) 思想指引：携手消除贫困，共建人类命运共同体

消除贫困，改善民生，是世界各国人民的共同期盼。二战以来，世界各国积极探索适合本国特点的经济社会发展道路，广泛开展减贫合作，共同应对贫困问题。逐渐形成了由制度化的官方发展援助体系、国际多边组织主导的减贫合作，以及非政府组织参与的减贫合作共同构成了国际减贫合作体系。在过去的60多年间，国际减贫合作领域取得了重要的成就和经验，但同时也面临着多方面的挑战。回首过去，我们经历了全球经济的持续增长，也承受了国际金融危机的严重冲击。我们见证了发展中国家的崛起，也面对着南北发展失衡的现实。我们既为11亿人民脱贫而深受鼓舞，也为8亿多人仍

在挨饿而深为担忧[①]。当今世界仍有 8 亿多人生活在极端贫困之中，每年近 600 万孩子在五岁前夭折，近 6 000 万儿童未能接受教育。由于种种原因，贫富悬殊和南北差距扩大问题依然存在，贫困及其衍生出来的饥饿、疾病、社会冲突等一系列难题依然困扰着许多发展中国家[②]。

毫无疑问，发展是面对困难挑战，解决各种问题的总钥匙。唯有发展，才能消除冲突的根源；唯有发展，才能保障人民的基本权利；唯有发展，才能满足人民对美好生活的热切向往。大家一起发展才是真发展，可持续发展才是好发展。要实现这一目标，就应该秉持开放合作的精神，推动互帮互助、互惠互利。未来十五年，对中国和其他发展中国家都是发展的关键时期。我们要凝聚共识、同舟共济、攻坚克难，致力于合作共赢，推动建设人类命运共同体，为各国人民带来更多福祉。习近平总书记强调，要着力加强减贫发展合作，推动建立以合作共赢为核心的新型国际减贫交流合作关系，是消除贫困的重要保障。中国倡导和践行多边主义，积极参与多边事务，支持联合国、世界银行等继续在国际减贫事业中发挥重要作用；中国将同各方一道优化全球发展伙伴关系，推进南北合作，加强南南合作，为全球减贫事业提供充足资源和强劲动力；将落实好《中国与非洲联盟加强减贫合作纲要》《东亚减贫合作倡议》，更加注重让发展成果汇集当地民众。中国将发挥好中国国际扶贫中心等国际减贫交流平台作用，提出中国方案、贡献中国智慧，更加有效地促进广大发展中国家交流分享减贫经验。[③]

习近平总书记关于携手减贫，共建"没有贫困、共同发展的人类命运共同体"思想，深刻洞悉全球发展的大势，在回顾二战以来全球发展的经验与教训的基础上，提出了构建新型国际关系、新型国际减贫合作关系的构想。我们可以从如下几个方面来理解上述思想的深刻内涵：其一，二战以来的 60 多年间，全球发展成就斐然，但面临着挑战依然十分突出。特别是南北差距持续扩大，广大发展中国家仍有为数众多的贫困人口，生活依然十分艰难。根据瑞信银行所发布的《2014 年度全球财富报告》，从区域分布看，欧洲、北美和亚太国家（不含中国和印度）依次拥有世界总财富的 32.8%、31.7%和 20%，相比之下，拉丁美洲拥有 3.8%，而非洲和印度仅拥有 2.5%。拥有世界人口总量 58%这部分发展中、最不发达的国家和地区仅仅拥有全球财富的 16%[④]。其二，发展仍然是有效应对问题与挑战的根本手段。全球问题类型众多，表现形

① 习近平：《谋共同永续发展，做合作共赢伙伴》，《人民日报》2015 年 9 月 27 日。

②③ 习近平：《携手构建合作共赢新伙伴，同心打造人类命运共同体》，《十八大以来重要文献选编（中）》，中央文献出版社，2016 年版。

④ 肖斌、付小红：《全球财富分配失衡的现状与解析》，《红旗文稿》，2015 年第 5 期。

式各异，但贫困是总的根源。有效应对贫困问题，能够有助于其衍生的区域安全、恐怖主义、生态退化等各种问题的解决，而毫无疑问，发展是解决贫困问题的根本。其三，发展不能是旧的发展，合作共赢是新型国际关系的核心。全球时代，各个国家处于广泛的政治、经济、社会和文化关联之中，已经形成你中有我、我中有你的共同体生态，唯有坚持共同体思维，以开放心态和行动积极融入全球体系，坚持在互利共赢的全球合作中，实现共同进步与繁荣。要与两种发展思维作斗争，一是与那些以牺牲他国利益、以各种强制力胁迫他国、压迫他国的发展模式决裂，二是与自私自利，闭关自守，逆时代潮流而动的思维和趋势决裂。其四，中国的发展和繁荣，中国倡导的“一带一路”建设，为沿线各国实现互利共赢、共同繁荣，带来了最为广阔的机遇。“一带一路”倡议是全球发展的重要区域性公共产品，是沿线各国共谋发展的重要平台。“一带一路”国家经济互补性强，在“一带一路”建设深入推进过程中，各国都将迎来广阔的发展空间。对于“一带一路”沿线国家而言，减贫与发展的议题有着广泛的共识，参与“一带一路”倡议将为沿线各国带来共同的发展机遇。利用好“一带一路”倡议所带来的发展期，将其转换为实实在在的减贫与发展成果，对于促进沿线各国的稳定、繁荣，具有重要的国际意义。其五，“一带一路”国家减贫合作将开展国际减贫合作的新范式。二战以来，国际减贫合作成为全球治理的重要议题，OECD 国家成立了专门的发展援助委员会（DAC），以官方发展援助（ODA）的形式促进发展中国家减贫，同时，一些国际 NGO 也积极参与到全球贫困治理事业中。但不得不承认，西方主导的发展援助与减贫合作，经过历次调整与改革，虽然积累了许多宝贵的经验，但存在的问题和面临的挑战也十分突出，特别是一些非洲国家在接受西方干预式发展援助的过程中，自主性丧失，经济社会状况甚至不断恶化。“一带一路”倡议的提出，为各国坚持独立自主，根据本国实际，通过务实开放合作，谋划减贫与发展道路提供了重大契机，同时相关实践也必将为国际减贫合作研究提供全新的知识框架和理论体系。

（二）国际背景：联合国 2030 可持续发展议程

2015 年 9 月 25—27 日，举世瞩目的“联合国可持续发展峰会”在纽约联合国总部召开，会议开幕当天通过了一份由 193 个会员国共同达成的成果文件，即《改变我们的世界——2030 年可持续发展议程》（Transforming our World：The 2030 Agenda for Sustainable Development）。该纲领性文件包括 17 项可持续发展目标和 169 项具体目标，将推动世界在今后 15 年内实现 3 个史无前例的非凡创举——消除极端贫穷、战胜不平等和不公正以及遏制气候变化[①]。联合国 2030

① 中华人民共和国常驻日内瓦联合国代表团经贸处：《改变我们的世界——2030 年可持续发展议程》（中英文），http：//genevese. mofcom. gov. cn/article/wjysj/201604/20160401295679. shtml.

可持续发展议程提出，消除一切形式和表现的贫困，包括消除极端贫困，是全球最大的挑战，也是实现可持续发展必不可少的要求。并提出，所有国家和所有利益攸关方携手合作，共同执行这一计划。

联合国2030可持续发展议程，涉及非常广泛的公共政策和全球治理议题，在实践中需要全球各国，尤其是发展中国家携手合作，共同推动相关议题落实。党的十八大以来，中国与贫困作斗争的事业进入一个全新时期，以习近平总书记关于扶贫工作的重要论述为指引，以实践精准扶贫精准脱贫基本方略为关键，中国国家减贫治理体系密集地调整与优化。五年多年，取得了决定性的进展，预期将在2020年在中国历史上第一次消灭绝对贫困现象，全面建成小康社会。这意味着中国继续提前完成2030可持续发展议程关于消灭绝对贫困的指标，为全球减贫继续做出重要贡献。而推进"一带一路"国家减贫合作，将搭建沿线国家携手推动减贫与发展的公共平台，以务实合作有力推进联合国2030可持续发展议程落实，成为全球减贫合作的重要板块。

（三）经验基础：中国对外减贫的历史经验

作为一个负责任的发展中大国，中国在解决自身发展问题的同时，始终积极投身于全球减贫治理，通过各种双边机制、多边机制，支持和帮助广大发展中国家特别是最不发达国家消除贫困，对外减贫合作涉及东南亚、非洲、拉美、大洋洲等地区，中国帮扶范围日益扩大，减贫方式不断创新，其贡献和成就赢得了世界人民，特别是发展中国家人民的尊重和认可。特别是，中国在对外减贫合作中坚持"互利共赢"的理念，被知识界誉为"新南南合作"的典范。我们看到，过去一些年，以中国—东盟合作，中非减贫合作，澜—湄合作为代表，中国对外减贫在理念、方法、路径等方面不断成熟，逐渐形成了一套值得认真梳理和总结的国际减贫合作范式。

1955年万隆亚非会议后，中国的外援开始从亚洲扩展到非洲的部分国家。中国对外援助的方式从物资、现汇援助逐步发展到成套设备和技术援助，以及向受援国派遣医疗队，共帮助20个国家建成了313个成套项目；2000年以来，在中非合作论坛框架下，中非之间在政治、经济、社会发展和安全方面展开了深入有效的合作。中非合作不仅为南南合作树立了典范，为发展有效性提供了新框架和新方法。中非合作注重"双赢"，主要靠投资和贸易这两种市场导向的方式与援助相结合，带动非洲本土经济增长，因而是一种增长驱动型发展合作方式，也是提高发展有效性的新方式。从中非减贫合作理念与原则、合作主体、合作方式及合作内容看，中国等发展中经济体颇具特色的南南减贫合作丰富了国际减贫合作的新模式，成效日益显现，彰显合作共赢的新型国际关系要义。中国与东盟的减贫合作主要集中在柬埔寨和老挝，重点支持基础设施、农业合作以及能力建设。与日、美等援助国相比，中国的减贫合作侧重受援国的长远利益和基础工作。在项目选择上，中国侧重于道路、桥梁、发电厂等大型基础设施建设。美国和日本则侧重于医疗卫生、环境保护、水资源管理、教育等方面。在附加条件方面，美国和日本国的援助常与人权、政治改革、经济改革、环境等政治条件相关，而中国则从不附加政治条件。

综上所述，中国在过去几十年中与非洲国家、东盟国家的减贫合作，不仅取得了重大的成就，也逐渐形成了一套迥异于西方官方发展援助体系的新型国际减贫合作关系。我们看到，二战以来，以官方发展援助和国际 NGO 组织发展项目为核心的发展援助和国际减贫合作经过历次调整与改革，积累了许多宝贵的经验，取得了一定的成就，但也存在着多方面的问题，特别是在"民主优先"理念下的一些干预式发展援助，使得部分受援国出现国家自主性丧失，经济社会状况恶化的情形。与之相反，中国在"平等合作""互利共赢""民生优先""内生动力导向"等合作理念指导下，围绕着能力建设、社区发展、基础设施建设、教育医疗等民生改善为核心目标组织援助项目，对传统的西方援助援助提出了挑战，并且在积极影响着南南合作和传统西方发展援助领域的理论与实践发展，为全球减贫治理提供了新的课题、理念与实践样本。

二、"一带一路"倡议背景下中国对外减贫合作的优化

在梳理国际减贫合作历程与经验，回顾中国对外减贫合作 60 年的基础上，我们认为按照习近平"构建没有贫困、共同发展的人类命运共同体思想"的指引，立足"一带一路"沿线国家减贫合作的新特点、新要求，结合联合国 2030 可持续发展议程的有效实施，"一带一路"倡议背景下，中国对外减贫合作，面临着众多新的议题与挑战，将会出现众多国际减贫合作领域的创新，推动本领域的理论和实务发展。

（一）坚持"构建没有贫困的人类命运共同体"思想指引

人类命运共同体思想，是对当代世界发展规律的深刻认识，是对二战以来国际发展理论及其实践的深刻反思，阐明了认识国家间关系的科学方法，指明了新型国际发展合作关系和新型国际减贫合作体系构建的理念与方向。在推动"一带一路"建设和"一带一路"沿线国家减贫合作过程中，需要坚持"构建没有贫困、共同发展的人类命运共同体"思想的指引，以共商、共建、共享的方式，务实推动经济社会发展、全球治理等诸领域的合作。"构建没有贫困、共同发展的人类命运共同体"，强调了世界各国之间的"共存、共生、共同繁荣"关系，我们所面临的发展问题、全球治理问题，需要用开放合作的思维来看待，需要以合作共赢不断发展的办法来解决。"构建人类命运共同体"，是理解当代世界国家间关系的认识论，也是国际发展知识构建的方法论。"命运共同体"思想，迥异于二战以来的国际发展知识，强调世界各国无论大小，都是

国际社会的平等一员，其发展的权益应得到尊重；后发展国家的发展知识和发展道路，没有先验和普世的经验蓝本，而是要在全球体系中立足本国国情与实际，坚持独立自主、开放合作，逐步探索符合本国实际的发展与减贫道路。中国倡导的“一带一路”国际发展合作与国际减贫合作，不输入政治模式、不输出发展道路，坚持共商、共建、共享的方式，与发展中国家人民一道携手共建国际发展的公共产品，共享发展的成果。中国提出的“一带一路”倡议，及作为具体实现形式的“五通”发展和减贫合作，为沿线发展中国家谋划自身发展道路提供了机遇。在减贫合作中，我们以携手减贫，构建没有贫困、共同发展的人类命运共同体思想为指引，坚持南南合作精神，在尊重主体性、尊重发展道路多元性、尊重发展自主的基础上，通过共商、共建、共享，务实推进发展合作与减贫合作，推动新型国际减贫合作体系建设。

具体到中国对外减贫合作领域，我们看到，“一带一路”沿线各国，自然地理特点和经济社会文化条件具有各自的差异性，在国际减贫合作的项目安排上，应尊重减贫与发展的内在规律，我们主张在减贫合作中，加强国家间发展战略与减贫战略的协商与对接，以真诚的伙伴关系共同研究发展与减贫的内在规律，以发展中国家自身的减贫需求为中心，优化减贫政策供给，增进国际减贫合作对各国贫困问题实际需求的回应能力，以此提升发展的有效性和援助的有效性。在开展国际减贫合作的过程中，增强而不是弱化各国减贫治理体系的现代化水平、提升其治理能力。

（二）建立多层次的“一带一路”倡议减贫合作机制

“共商共建共享”是“一带一路”倡议的“黄金法则”，“互利共赢”是新型国际减贫交流合作关系的核心，是推动“一带一路”国际发展合作与减贫合作的理念基石。“共商共建共享”以及“互利共赢”的理念为行动的基础，既是中国人传统处世观念的当代体现，也是基于是对二战以来国际发展知识及其实践经验与教训的深刻反省。以此理念为基础，将开启国际发展合作和国际减贫合作新模式。中国对外减贫合作六十多年的历史，特别是党的十八大以来的实践，表明坚持“共商共建共享”坚持“互利共赢”，是发展中国家携手减贫，共同发展的有效模式。

落实到机制建设层面，“一带一路”沿线国家减贫合作应强化既有区域和次区域合作机制（如东盟 10＋3 合作机制、“澜—湄”合作机制）、探索契合“一带一路”沿线区域特点、契合沿线国家减贫需求的双边、多边磋商协作机制。近年来，中国与东盟国家、南亚国家建立了多层次的减贫协作机制，例如我们积极推进中国与东盟国家减贫协作，湄公河—澜沧江次区域减贫合作，在具体的合作项目拟定和实施过程中，我们充分尊重各国在减贫战略制定、减贫项目安排的主体性，以共同参与需求评估、共同商讨减贫方案的形式，合作开展减贫行动。实践证明，这种坚持“协商协作”的新型减贫合作模式取得了实实在在的成效，赢得了项目所在国人民的尊重和信任。

但同时，也应当看到，“一带一路”减贫合作涉及跨区域、跨国别、跨领域的减贫协作，上文提及的中国与东盟国家减贫合作，以及“澜—湄”减贫合作的机制固然是“一带一路”减贫合作的重要内容，但相关机制建设和内容建设仍有待进一步完善与推进。同时，如前文指出，“一带一路”沿线国家减贫合作具有自身的特点，沿线发展中国家可以划分为几个主要的类别，如一些东南亚国家，在近年来逐渐步入快速经济增长阶段，得益于人口红利，工业部门、服务业部门快速起步，传统农业部门则面临着提升效能，推动产业化、市场化的需求。鉴此，“一带一路”减贫合作应着眼于沿线国家发展与减贫的阶段性特点，积极有为地探索新的不同层次的合作机制。再如，一些国家贫困问题与其他贫困相关的衍生问题（三股势力、跨境毒品犯罪等）属于政府、民众，乃至国际社会广泛关注的治理议题，解决这些突出问题不仅有利于相关国家的稳定和繁荣，也有利于整个区域安全和区域发展环境的改善，虽然必须承认，这些衍生问题成因颇为复杂，但务实推动减贫则无疑是破解这些难题的重要途径。除了与发展中国家加强减贫领域的合作，还应注重与沿线主要援助国加强相关领域的交流与合作，形成更广泛的共识与合作。

随着“一带一路”减贫合作的深入推进，减贫合作的协商协作机制与平台应当是多层次、多类型的。不仅包括区域、次区域层次的减贫合作、国别层次的减贫合作，还应着力构建跨区域、亚国家层次的新型合作形式。前者，可以考虑的方案是结合“一带一路”倡议建设重大项目，开展相关国家相关区域减贫合作，后者可以考虑推动亚国家层次行动主体（如市场主体、社会组织等）广泛参与。

（三）促进“一带一路”建设带来的发展机遇转化为沿线发展中国家的减贫成果

揆诸历史，发展是消除贫困及其衍生问题的根本方法。“一带一路”倡议之所以得到国际社会的高度评价、得到沿线国家的积极响应，根本的原因在于“一带一路”倡议能够与相关国家的发展战略和减贫战略高度契合。特别是，我们看到“一带一路”沿线发展中国家在实践本国发展战略过程中，较为普遍地面临基础设施建设、市场和贸易发展、金融与投资等方面的瓶颈因素，在此意义上，五通发展为各国实践本国发展战略提供了有利的外部环境支撑，并且沿线各国的发展也是互为机遇的。而同一过程中，沿线各国实现消除贫困，化解由贫困问题所衍生的众多社会问题，也面临着重大的契机。在发展中实现减贫，包括两个层面的含义：一方面经济增长对于减贫具有带动效应，随着经济增长和科技进步，农业部门的劳动生产率将快速提升，非农就业将持续扩大，这本身就有利于减贫；另一方面，在发展中不断应对贫困问题，能够为发展营造良好的社会环境和社会基础，提升发展的可持续性和质量。

开展好"一带一路"倡议背景下的减贫合作，需要置于"一带一路"倡议的整体格局中认识，这其中基础设施、贸易、投资、金融等领域的合作平台建设及其项目实施，为沿线国家推动本国发展提供了有力支持，而"一带一路"减贫合作，是促进"一带一路"倡议及其建设成果转化为沿线国家民生福祉的重要方式，也能够为"一带一路"各项倡议内容落实夯实民心和民意基础，更好服务于这一国际发展公共品建设。

（四）构建政府、市场、社会组织共同参与的立体化对外减贫合作格局

从战后国际减贫合作体系演进历程可以发现，早期的减贫合作主要是以主权国家之间的官方发展援助为主，主要援助方式是补充受援国的投资缺口，改善其国际收支情况，随着对援助与减贫规律认识的深化，国际减贫合作体系不断丰富与完善，形成了涵盖经济基础设施、社会基础社会、公共服务援助、技术援助等多个类别的内容体系，同时，主权国家、国际机构、国际非政府组织和公益慈善组织广泛参与其中，以增进对受援国减贫与发展多层次、多维度需求的整体性回应能力。上述对国际减贫合作规律的认识，也体现在近年来关于援助有效性改革的讨论中，例如无论是相关理论研究者还是实务工作者，都积极倡导"贸易对于减贫的作用"，强调应更多借助市场机制、社会力量，提升减贫合作的效能。但值得注意的是，上述理念，并没有完整地贯彻到国际减贫合作体系中，一方面西方国家主导的官方发展援助改革动能匮乏，在近些年主要援助国甚至大规模缩减发展援助的预算；另一方面，各主体之间的行动，协同度不高，导致机制重叠和资源碎片化问题较为突出。

众所周知，贫困的成因具有多元性和复杂性，政策机制、市场机制，以及社会机制在回应贫困问题方面有各自的优势与边界。在减贫治理的过程中，三种机制协同发挥作用，才能真正有效地提升减贫治理体系的现代化水平和治理能力。中国特色减贫道路的基本经验之一，也恰恰是在实践中坚持和不断完善扶贫的工作格局。研究者提出，中国对非援助，体现出"发展引导型援助"的特点，通过援助与合作的方式推动受援国内生动力的成长。在60多年的历程中，中国对外减贫逐渐告别早期单纯发展援助的阶段，逐步形成了政府、市场和社会力量广泛参与的立体化对外减贫合作格局。在"一带一路"沿线国家减贫合作中，以大协作的形式，推动受援国经济社会发展内生动力的形成，有效应对贫困问题，亦将是有益的经验。

（五）推进减贫合作示范区（示范项目）建设，根据沿线发展中国家发展与减贫形势谋划新型减贫合作示范项目

在中国改革40年的历程中，"试点"机制发挥了重要的作用。通过"试点”的方式，推动有益经验和政策的传播与扩散，可以有效地规避大规模改革潜在的不确定性，及其所带来的政治与社会冲击。以中国农村改革为例，之所以中国农村改革能够持续平稳地推进，恰恰是“试点”机制发挥了政策实验和“示范”带动的作用。西方国家主导的发展援助体系，往往是一种“干预式援助”，或称为“干预式变迁”，特别是强调政治体制整体性的转变，并将其作为提供援助的捆绑条件，这在很大程度上弱化了受援国的“自主性”，甚至带来政局的动荡，损害受援国的长远发展利益。中国在推动中非减贫合作、中国与东盟减贫合作过程中，积极采用“示范园区”“示范项目”建设的形式，逐步带动积极经验的接受与传播，收到了非常好的效果。这些经验对开展好“一带一路”沿线国家减贫合作同样具有意义，如农业示范项目、工业园区示范项目、基础设施援建、社会服务援助等示范项目建设。特别是，应考虑在合作基础较好的国家，开展一揽子示范项目建设，以示范建设为基础增进互信，推动经验的分享与传播。

具体来说，南亚和东南亚地区农业贫困人口占据较大比重，前文已述，其农业部门仍处于较为传统的小农经营形态，农业劳动生产率较低，因此中非农业减贫合作领域的经验，对于开展好“一带一路”沿线相关国家的减贫合作同样具有参照意义。值得注意的是，南亚和东南亚地区的主要农业国家，因其独特的自然地理特征，农业生产具有自身的特殊性，如山地农业往往面临着生态脆弱的约束和自然灾害的侵袭，因此推进相关示范项目建设过程中，应充分考虑对地方性知识的创造性借鉴，以及高度重视示范项目经验推广过程中面临的适应性挑战。2017 年，中国在落实东亚减贫合作倡议过程中，在老、柬、缅三国启动了乡村减贫合作示范项目，该项目借鉴中国“整村推进”的建设经验，在三个国家推进综合性的农村社区发展项目示范建设，这些经验必将进一步丰富既有的合作项目范式，探索有益的经验。值得一提的是，中国近年来在脱贫攻坚阶段形成的一些经验，也有潜力作为新的元素添加到既有的村级减贫合作示范项目中。如以发展劳动密集型产业促进劳动力就地转移，增加非农收入的“扶贫车间”经验，以互联网手段助推欠发达地区农产品拓展市场的“电商扶贫”模式。此外，在中亚地区，随着一批建设项目和投资项目的落地，以及贸易互通的发展，将有力带动当地的就业与经济，以此为支点，通过人力资本建设、就业促进、经济开发等手段，助力相关国家经济转型，进而促进地区安全、社会稳定和经济繁荣，将有望探索出消灭贫困及其衍生社会问题（如三股势力）综合治理相衔接的示范合作项目。而这一领域，中国与中亚之间有着广泛的分享、交流与合作空间。

专栏 1　中国农业技术转移项目

2011 年，中国国际扶贫中心依托中国农业大学人文与发展学院在坦桑尼亚开展中国农业技术的试验示范项目。该项目旨在通过示范中国村级减贫基本经验，形成与坦桑尼亚乃至非洲共享中国减贫经验的实践案例。李小云教授及其团队负责项目的规划设计与实施，中农发集团在坦桑尼亚的剑麻农场为项目实施提供支持，原国务院扶贫办主任范小建、副主任郑文凯以及中国国际扶贫中心的领导都曾多次对项目进行视察和指导。目前，该项目已经在坦桑尼亚莫罗戈罗省的佩雅佩雅村和瓦辛巴（MtegoWaSimbar）村进行了试验示范和技术推广，取得了显著成效。

佩雅佩雅村是该项目落地坦桑尼亚的第一个村庄。2012 年，项目陆续开展，主要进行农业技术示范、基础设施建设、制度及能力建设等，促进政府和村民互动，开展各种形式的考察、培训和田间指导活动。第一年只有 9 户参与，到 2017 年，已有 207 户采用中国玉米种植技术，占全村农户总量的 45.59%。参与农户表示，采用中国农业生产技术至少能多产一倍玉米。周围村庄的农户看到示范户的玉米长势及收获情况后，开始向他们咨询玉米种植技术并加以运用。非洲村庄的地缘和血缘关系非常紧密，农户可以通过相互学习交流来分享传递农业生产技术。玉米产量的增加、示范户生活质量的提高，使得中国农业生产技术在相对封闭的村庄内产生了良好的示范效应。

为了走出早期援助非洲农业技术项目的"建设—移交—中断—再投入—再移交—再中断"的恶性循环，在选择第二个项目示范村的时候，专家组结合中国农业技术推广典型经验制定出了新的方案：专家团队和苏科因农业大学（Sokoine University of Agriculture）合作，积极推动该大学的农业科研人员参与其中，同时和莫罗戈罗省政府积极合作，组织省长、分管农业的副省长以及农业官员等进行沟通和讨论，由对方选定示范村。这一次，瓦辛巴村入选。在瓦辛巴村的农业技术示范，一开始就由当地政府的农业技术推广人员主导，中国技术专家参与交流和讨论，共同制定工作方案和技术推广方案，项目的管理主要依托该地区的农业技术推广员和村长。当地政府官员非常满意项目的实施，也非常愿意将该项目所传授的技术在当地其他村庄用他们有限的资源进行推广。当地一位农业官员说："技术不难，产量却提高不少，农民们很开心。今年我们打算在这个区的 25 个村庄推广中国的农业技术。"

——资料来源：中国农业网

专栏 2 鲁班工坊

为更好地服务“一带一路”倡议，天津职业教育以鲁班的“大国工匠”形象为依托，在泰国、印度、印尼等国家相继设立“鲁班工坊”，将天津作为国家现代职业教育改革创新示范区的优秀职业技术和职业文化，采用学历教育与职业培训的方式走出国门，与世界分享，搭建起天津职业教育与世界沟通的桥梁。

2016 年 3 月 8 日，天津渤海职业技术学院依托渤海化工集团在泰国大成技术学院建成我国首个境外“鲁班工坊”，全方位探索并初步形成输出职业教育优质资源、服务“一带一路”建设的有效路径。2017 年 5 月 18 日，天津市第二商业学校依托天津食品集团在英国奇切斯特学院建立我国首家由中等职业学校输出的“鲁班工坊”，并将专业人才培养标准纳入英国国家职业资格框架体系，成功实现职业教育标准的境外输出与国际认证。2017 年 12 月 12 日，天津市东丽区职教中心依托行业企业在印尼东爪哇省波诺罗戈市职业学校建立印尼“鲁班工坊”，围绕汽车维修专业、智能制造、新能源技术、工程实践创新项目 EPIP 开展交流和学习，服务当地经济发展。“鲁班工坊”的核心教育模式 EPIP 得到海内外师生的高度评价，以学生的自主探究和动手制造为核心，培养学生科学探究能力和问题解决能力，以及终身学习的意愿与能力。

泰国“鲁班工坊”是中国职业院校在国外开设的第一个工坊，建成两年来已有 2 000 余名学生在这里接受来自中国的职教培训。这其中不仅有泰国本地的学生，还有来自印度尼西亚、马来西亚、柬埔寨等国家的学生。“鲁班工坊”的作用绝不仅仅是职业教育的单向输出。目前，泰国“鲁班工坊”已从最初的国外培训上升到两国学历教育的互认。自 2016 年起，泰国每年派出留学生及教师赴天津渤海职业技术学院学习。今后，双方的人才可以自由流动于两国的企业之中，为中泰合作创造出更多的机会。借助泰国“鲁班工坊”，天津圣纳科技等企业与泰国大城技术学院签订了科技服务协议，天津启诚伟业公司与泰国大城技术学院、越南胡艺工业学院签署了工程实践创新项目（EPIP）合作协议。与此同时，伴随着“鲁班工坊”建成投入使用，中泰两国成立了职业教育研究中心。该中心为中泰职业教育国际化专业建设提供决策咨询、推广和宣传等服务，并通过组织开展中泰职业教育学术、教学交流活动推广先进技术教育。

据悉，“鲁班工坊”建设，坚持以下四个方面的基本原则：①平等合作原则。平等合作是我国国际教育合作的重要原则，是保持合作双方独立性和平等性的重要方式。鲁班工坊的建设过程以平等合作为准则，共同商讨合作方式、项目实施等问题。②因地制宜原则。各个国家的经济发展水平、技术技能水平和政治环境都存在巨大差异，鲁班工坊的具体建设标准将积极吸纳合作单位的诉求，不断形成和完善统一建设标准。③优质优先原则。优质的国际化教育资源和技术技能是树立鲁班工坊品牌的重要影响因素。在项目实施初期，职业教育资源合作与输出，将优先围绕国际化的优质专业、优质课程、优质教师、优质资源和通用性技术技能资源，优先向天津职业院校合作基础好的不同国别的院校单位推行，扎实实施，保障鲁班工坊的教育质量和品牌。④重技培养原则。实践训练是职业教育发展的核心，也是鲁班工坊增强吸引力的重要方面，在技术和装备的输出的基础上，要坚持将理论与实践训练等优秀的教育教学模式进行不断强化和运用，满足需求方国家对技术技能型人才的需求。

——资料来源：光明网

专栏3　东亚减贫合作示范项目

2014年11月，李克强总理在缅甸出席第十七次东盟与中日韩（10＋3）领导人会议期间，正式提出了开展东亚减贫合作的倡议，中国政府愿意提供一亿元人民币，与相关国家开展乡村减贫推进计划，建立东亚减贫合作示范点。根据此倡议，形成了“中国—东亚乡村减贫合作示范项目”，并将柬埔寨、老挝、缅甸三国作为第一批重点合作国家。合作的基本内容是由中国政府提供主要资金和技术支持，以我国扶贫开发“整村推进”的工作经验为基础，在合作国农村村级社区开展社区综合发展示范项目。“中国—东亚乡村减贫合作示范项目”的总体目标是：深入贯彻落实李克强总理提出的东亚减贫合作倡议，促进东亚国家减贫合作交流，共同消除贫困，改善民生。项目的具体目标为：通过示范中国成功的政府主导的“整村推进”减贫经验，因地制宜，因贫施策，以项目社区发展需求为导向，瞄准贫困对象实施精准帮扶，改善项目社区生产生活条件，增强项目社区自我发展能力，构建项目社区尤其是贫困户多样化的增收途径，为东亚国家消除贫困，改善民生提供示范。按照项目设计，云南省扶贫办承担缅甸部分的东亚减贫示范合作技术援助项目工作，广西外资扶贫项目管理中心作为老挝部分的东亚减贫示范合作技术援助项目实施单位，四川省承担柬埔寨部分的东亚减贫合作援助项目工作。未来3年我国将在老挝、柬埔寨、缅甸6个村合作开展道路、供水等基础设施建设，扶持种植、养殖等农业产业，并开展社区环境整治，提供物资支持和派遣专家开展培训等，通过上述措施切实改善村民的生产生活条件，增强村庄的发展活力。

——资料来源：中华人民共和国商务部网站

（六）结合“一带一路”国家减贫需求，创新减贫合作项目

“一带一路”沿线发展中国家，特别是东盟国家（如越南、老挝、柬埔寨、缅甸）和南亚国家（如印度、孟加拉国、斯里兰卡），近年来经济都在持续较快增长时期，且这些国家多处于现代化的起步阶段，发展经济和社会基础设施、提高农业部门生产效率、推动城镇化、扩大就业特别是劳动密集型就业是这些国家普遍的发展战略选择，而在这些领域中，中国开展对外减贫合作具有资源和经验的双重优势。以劳动密集型产业发展为例，工业革命以来，劳动密集型产业大致经历了四次大规模转移，其流向主要包括英国到美国、二战以后从美国流向日本和德国，20 世纪 60 年代从日德等国流向亚洲“四小龙”，以及 90 年代以后向中国内地的转移。历史经验表明，在后发展国家现代化的起步阶段，发展劳动密集型产业能够迅速扩大就业带动增收，同时为后续持续发展及产业转型积累资本和经验。近年来，中国民营企业赴东盟国家、南亚国家投资不断增长，大部分集中在劳动密集型产业，通过务实推动技能培训、能力建设，搭建就业扶贫的平台，不仅能够为中国企业走出去创造空间，也能够推动相关国家的减贫与发展。又如跨境电商的发展也为丰富和创新“一带一路”沿线国家减贫合作的实践形式提供了有利的条件。

（七）加强“一带一路”沿线国家减贫合作基础理论研究

与中国对外减贫取得重大成就不相称的是，中国对外减贫合作的理论建设一直非常滞后。新时期，习近平总书记提出了“构建没有贫困的人类命运共同体”的思想，提出并推动了“一带一路”沿线国家发展与减贫合作，为相关理论研究做出了指引、提出了要求。积极推进相关基础理论研究，逐步形成中国话语，能够更有效服务于理论发展和国家战略。同时，还应着力加强“一带一路”沿线国家减贫合作经验研究，特别是结合“一带一路”沿线国家减贫合作实际，推动基础设施建设、产能合作、贸易互通、投融资，以及“一带一路”减贫合作等对减贫的带动效应，以及如何更好带动减贫和发展方面的研究。这些研究工作，不仅能够丰富全球减贫知识库，也有望推动新型国际发展合作与国际减贫合作理论的形成。

（八）加强中国企业社会责任意识和能力建设

中国倡导并参与“一带一路”沿线国家发展与减贫合作，体系是综合性的、立体的，参与主体非常广泛，包括官方援助、市场主体履行好社会责任、第三部门广泛参与。特别是，在“一带一路”建设中，一大批中国国有企业和

民营企业，承担了大量的建设项目，对"一带一路"沿线国家投资和贸易持续增长。但实践中，亦不得不承认，中国企业在相关国家的投资与建设，依然面临着多方面的挑战，鉴此，研究和推动中国企业履行社会责任，参与到"一带一路"减贫合作，不仅能够拓展资源、创新机制和形式，也有利于中国企业与投资（建设）所在国、地方社区处理好关系。

（九）加强中国社会组织走出去，提升其国际减贫合作能力

从国际经验来看，社会组织在国际减贫合作中是非常活跃的力量和部门。也是社会创新能力最强，对多元化、差异化需求回应最为敏锐的部门。其重要性不言而喻。中国对外减贫合作体系中，政府力量、市场主体表现积极、活跃，方式方法亦逐渐成熟，但社会组织参与十分有限，属于重要"短板"，应着力补齐。近年来，中国社会组织快速发展，一些社会组织已经活跃于国际发展和减贫合作领域，但整体而言，与西方国家相比，能力薄弱、参与范围和深度有限，是较为普遍的问题。而社会组织参与"一带一路"减贫合作，无疑具有多方面意义，未来应着力加强这方面的能力建设。

（十）加强中国减贫经验的国际分享，特别是注重微观经验、关键经验的国际化

改革开放40多年来，中国发展和减贫取得了举世瞩目伟大成就，中国与"一带一路"沿线发展中国家，发展阶段相近，中国在推动改革与发展，推动持续减贫领域所形成的多阶段、多层次的经验，无疑对沿线发展中国家有很强的借鉴意义。特别是，在微观层面的经验，如乡村工业化、农业技术革新、农村改革、社区治理、电商扶贫等，具有较强的推广和借鉴价值。近年来，在中国减贫经验的国际分享领域，我们已经形成了一些成果，但整体而言，相关的工作仍有巨大空间。必须承认，中国减贫经验确实具有特殊性一面，但在全球减贫治理的基本原理性问题，方法性问题，以及一些难点问题的求解方面，中国经验具有重要的借鉴意义。但同时也应当看到，我们对于中国经验的梳理，以及可交流国际减贫知识产品的开发方面做得不够，未来应着力加强。

第七节 "一带一路"倡议下中国国际扶贫中心更好发挥职能的思考

中国国际扶贫中心成立于2004年12月，为国务院扶贫办直属事业单位，同时又是中华人民共和国政府与联合国开发计划署等国际组织共同发起、资助并组建的，以创新扶贫理论、促进政策转换、增强国际互动、推动南南合作为宗旨的国际机构。中国国际扶贫中心，既是中国政府开展南南合作的重要渠道和平台，又是全球唯一的专职从事减贫研究、培训、交流与合作的国际平台。

中心成立以来，在减贫研究、扶贫官员培训、减贫经验交流与分享，以及开展减贫国际合作等领域，开展了大量工作，相关成果有力推动了国际减贫知识库的丰富，促进了有效减贫经验与模式的分享与传播，为全球减贫事业做出了积极贡献。“一带一路”倡议及其建设，开辟了国际减贫合作的新议题、新领域，中国国际扶贫中心的机构建设与发展面临着重大机遇，同时可以预期中国国际扶贫中心能够在“一带一路”沿线国家减贫合作中发挥更大作用，推动全球减贫治理，为2030可持续发展议程落实做出更大贡献。

一、中国国际扶贫中心的对外减贫合作

2004年成立以来，中国国际扶贫中心形成了独特而稳定的工作领域，取得了多项不可或缺的重要成果和经验，成为中国对外减贫体系不可或缺的一部分，为国际减贫事业做出了重要贡献。大致而言，中国国际扶贫中心的主要工作内容涉及研究、交流、培训与合作四大板块，以下我们将粗略梳理过去十余年间，中国国际扶贫中心在各主要工作领域开展的工作。

（一）减贫研究

中心成立以来，逐步形成了专业的研究团队，并与国内外减贫研究的机构和智库广泛合作，搭建起推动减贫理论和实务研究与传播的知识网络。中心与北京大学、中国社会科学院、英国发展研究院等国内外研究机构合作，共同完成了一系列中国减贫政策与经验总结和提炼、国际减贫理论与实践比较研究成果。丰富了国际减贫与发展研究的知识库，培育和团结了一批创新意识和研究能力强的研究队伍。中心主要的研究项目涵盖减贫经验总结、减贫发展合作、贫困影响评估、贫困研究前沿等议题。中心组织全球减贫理论前沿研究，自2009年起，中国国际扶贫中心组织编印机构专刊《国际减贫动态》，截至2014年底，累计编印97期专刊。这些专刊较为全面地介绍了国际减贫研究领域的理论成果，涵盖贫困瞄准、多维贫困理论、宏观经济与减贫、基础设施与减贫、社会企业、企业社会责任、社会救助计划、非政府组织参与减贫、阻断贫困代际传递、金融部门为穷人服务、贸易与贫困、政府减贫作用与市场减贫机制、城乡贫困、收入分配、农业技术进步、国际发展援助、气候变化、灾害风险管理、绿色增长与绿色减贫、国别减贫案例等众多议题。相关研究成果，促进了全球减贫理论研究成果的分享，特别是增加了中文知识界对国际减贫前沿话语的了解。一些研究成果，甚至直接作用于中国国家贫困治理体系的优化和完善。同时，中心组织专家团队研究编撰了《中国经济增长质量与减贫》《特殊类型贫困地区多维贫困的测量及其干预》《转变发展方式背景下的基本公共服务均等化与减贫》《利贫增长的公共政策研究》《国际减贫与发展论坛集萃(2007—2011)》《中国反贫困发展报告》等减贫经验总结和减贫研究的专著，

相关成果得到了知识界和政策研究者的积极评价，对推动中国扶贫开发政策创新，中国减贫经验国际分享起到了重要作用。

整体来看，这些研究工作对国际减贫理论和实务研究，国际减贫知识库丰富发挥了重要的作用。特别是，我们注意到这些研究活动体现了国际减贫研究与中国减贫经验的互动。中国在推动扶贫开发事业过程中，积极引进、吸收、对话国际减贫的前沿成果，对相关有效经验模式进行创造性地转换和重构。以多维贫困相关研究为例，随着国际减贫研究成果的引进和国内减贫理论研究、政策研究的发展，多维贫困的观点逐渐进入中国减贫研究的知识话语体系中，并且在新时期“精准扶贫精准脱贫”的攻坚战实践中，中国政府创造性地应用、转化和发展了多维贫困理论，根据中国农村贫困的实际，提出了精准识别的理论和方法，并且在实际工作中取得了巨大的成功。根据 2012 年《美国经济学评论》的一项研究，国际通行的贫困识别方法包括家计调查（Means Test）和参与式财富评估（PWR），两种方式识别精度大致都在 60%左右，而中国的精准识别坚持并发展了多维贫困的知识框架，并且稳定实现了贫困识别精确率高于 90%，可以说这创造了国际减贫领域的“中国奇迹”。近年来，中国精准扶贫精准脱贫的经验，也得到国际社会高度关注，中国国际扶贫中心积极回应东盟国家、非洲国家的需求，围绕着中国减贫经验分享开展了大量工作，有力促进了减贫知识和实务模式的国际分享。

（二）减贫交流

中心成立以来，致力于推动国际减贫发展领域的交流，积极组织和参与各类国际减贫发展交流活动，建立了基于中心业务的稳定合作伙伴关系，着力推动促进国际及区域性减贫合作。特别是，与联合国开发计划署、世界银行、主要国际组织和发展机构及诸多发展中国家合作，每年举办“10·17 减贫与发展高层论坛”，“中国—东盟社会发展与减贫论坛”（表 9）以及“中非减贫发展会议”[①]（表 10）；此外，不定期地举办“名人讲坛”“高层对话会”等交流活动。这些重要的减贫交流活动，已经逐渐成为全球最重要的减贫交流平台。围绕着这些交流活动，促进了国际社会特别是发展中国家之间关于减贫议题的讨论与经验分享。此外，为了更为及时、集中地呈现国际减贫交流的动态，中心组织编写了《中外减贫信息摘要》；为服务中非减贫交流，中心与北京大学非洲研究中心合作编写《北大非洲电讯》。2013 年以来，结合中国对外减贫合作新形势的要求，中国国际扶贫中心积极组织国际发展知识、非洲研究领域的成果交流，与中国农业大学国际发展研究中心合作编写《非洲发展研究通讯》

① “中非减贫与发展会议”始于 2010 年，旨在促进中非减贫与发展交流合作，于 2015 年被正式纳入中非合作论坛总体框架。

《国际发展研究进展》。

表 9　历届中国—东盟社会发展与减贫论坛情况表

届次年份	主　题	具体时间	地点
第一届（2007）	减贫与发展	10 月 30 日至 11 月 2 日	中国南宁
第二届（2008）	粮食、灾害与减贫	11 月 4—11 月 6 日	中国南宁
第三届（2009）	全球经济衰退与亚太地区减贫与可持续发展	9 月 28—9 月 30 日	越南河内
第四届（2010）	自由贸易与减贫	7 月 12—9 月 16 日	中国桂林
第五届（2011）	经济增长的质量与减贫	9 月 14—9 月 16 日	印尼雅加达
第六届（2012）	中国—东盟：包容性发展与减贫	9 月 26 日	中国柳州
第七届（2013）	城镇化进程中的减贫与包容性发展	8 月 21 日—23 日	中国防城港
第八届（2014）	深化中国—东盟减贫区域合作	8 月 7 日—9 日	缅甸内比都
第九届（2015）	金融创新与减贫	7 月 28 日—29 日	老挝万象
第十届（2016）	一带一路与中国东盟减贫合作	6 月 22 日—24 日	中国桂林
第十一届（2017）	减贫创新与实践	7 月 25 日—27 日	柬埔寨暹粒
第十二届（2018）	深化减贫伙伴关系，构建中国—东盟命运共同体	6 月 27—29 日	菲律宾马尼拉

表 10　历届中非减贫与发展会议情况表

届次年份	主　题	具体时间	地点
第一届（2010）	中非减贫经验	11 月 1 日至 11 月 3 日	埃塞俄比亚亚的斯亚贝巴
第二届（2012）	中国经济特区发展与减贫	1 月 7 日—13 日	中国深圳
第三届（2012）	农业现代化与减贫	7 月 28 日	坦桑尼亚达累斯萨拉姆
第四届（2013）	促进就业与可持续发展	7 月 8 日—12 日	中国杭州
第五届（2014）	—	—	—
第六届（2015）	面向 2015 后可持续的中非减贫与发展合作	12 月 8 日	南非约翰内斯堡
第七届（2016）	中非产能合作与减贫	9 月 20 日—22 日	中国上海
第八届（2017）	中国和非洲：携手应对减贫挑战	9 月 6 日—7 日	毛里求斯巴拉克拉瓦
第九届（2018）	一带一路与中非减贫合作	8 月 14 日—16 日	中国北京/贵州

（三）减贫合作

在与相关国家共同研究、共同协商的基础上，中国国际扶贫中心还承担着对外减贫合作具体项目管理的工作。特别是近十年来，以中国—坦桑尼亚村级减贫学习中心项目为代表的一批示范项目，逐渐形成了中国对外减贫合作的实践创新。该项目从 2011 年开始，在坦桑尼亚联合共和国摩洛哥罗大区基罗萨县实施中国—坦桑尼亚村级减贫学习中心项目。项目的主要目标是借鉴中国农村扶贫开发"整村推进"的实践经验，通过动员农户自愿参与的方式，支持和指导当地农户进行种植业和畜牧业生产。实地示范中国以农户为核心、以提升生产能力为主要手段，依靠发展低成本农业生产实现脱贫的基本经验。"村级减贫学习中心"项目作为由中国国际扶贫中心在坦桑尼亚组织实施的社区发展示范项目，由中国农业大学人文与发展学院和中非农业投资有限公司坦桑分公司提供技术支持，旨在借鉴我国扶贫开发的实践经验，支持和指导当地农户进行农业生产，实地实践和示范中国通过推动农业和农村发展实现减贫的经验。示范中心项目受到了非洲国家和人民的欢迎，非盟农村经济和农业事务专员皮斯说，示范中心的建立与非盟正在实施的非洲农业综合发展计划相呼应，体现了南南合作的精神。非盟非常欢迎中方以科研与技术合作为重点，通过帮助发展农业实现减贫的做法，希望中方继续支持非洲农业基础设施建设，帮助非洲进行农业研发和人员培训。近年来，为落实"东亚减贫合作倡议"，中国国际扶贫中心陆续在柬埔寨、老挝、缅甸等国启动实施了东亚减贫示范合作技术援助项目。

中国国际扶贫中心着力加强与相关国家、国际机构在减贫领域的合作。与英国、丹麦、秘鲁、南非、科特迪瓦、坦桑尼亚、莫桑比克、柬埔寨、老挝、缅甸、菲律宾等国积极加强减贫领域的协商与协同。与联合国开发计划署、世界银行、盖茨基金会等国际机构和国际非政府组织开展减贫领域的沟通与协作。

（四）减贫培训

中国国际扶贫中心针对非洲、东盟、南亚国家减贫与发展能力建设需求，积极开展各层次各类型的培训活动，已经逐渐形成了较为完整的国际减贫培训体系。据不完全统计，中国国际扶贫中心共举办了133期培训，培训了133个国家和地区的3 587名减贫领域官员、学者和从业人员，其中包括来自52个非洲国家的2 122名学员。除此之外，中国国际扶贫中心还开办减贫学位教育，为非洲提供减贫发展领域的学位教育，分享减贫经验。可以说，中国国际扶贫中心已经成为国际上专职从事减贫培训的重要基地。

主要的培训项目包括："发展中国家农村发展与减贫官员研修班""非洲法语国家开发式扶贫政策与实践官员研修班""非洲英语国家缩小收入分配差距与减贫官员研修班""非洲英语国家经济社会治理与综合减贫官员研修班""非洲英语国家完善精准扶贫机制与综合减贫官员研修班""非洲英语国家公共服务与减贫政策官员研修班""发展中国家生态与旅游扶贫官员研修班""发展中国家金融扶贫官员研修班""非洲英语国家千年发展目标与可持续减贫官员研修班""发展中国家公共服务与减贫官员研修班""发展中国家完善精准扶贫机制与缩小收入差距官员研修班""南非农村产业扶贫海外研修班""发展中国家

医疗与健康扶贫官员研修班”“巴基斯坦减贫研修班”“发展中国家职业培训与劳动力转移减贫研修班”“发展中国家城乡协调发展与减贫官员研修班”“发展中国家包容性增长与持续减贫官员研修班”“发展中国家可持续发展经济社会政策官员研修班”“发展中国家中小企业发展与民间组织扶贫能力建设官员研修班”“孟加拉减贫研修班”“喀麦隆减贫致富经验交流研修班”“老挝中国扶贫工作经验研修班”“发展中国家农村交通建设与水利扶贫官员研修班”“发展中国家信息化扶贫与建档立卡官员研修班”“亚洲国家城乡协调发展与减贫官员研修班”“马里减贫能力建设官员研修班”“拉美、加勒比及南太地区公共服务与减贫官员研修班”“尼日利亚减贫战略研修班”“南非农村发展政策与实践研修班”“亚信国家农村发展与减贫理论与实践研修班”等。

从培训主题来看，主要包括两个大的板块，其一是国际减贫理论实践基础与前沿，内容涵盖“基础设施与减贫”“市场建设与减贫”“中小企业和社会组织能力建设”“城乡协调发展”“公共服务、社会政策与减贫”“国家减贫战略”等；其二是为满足发展中国家对中国减贫经验分享的需求，开设基于中国扶贫理论与实践创新的专题研讨班，涉及“精准扶贫”“信息化扶贫与建档立卡”“农业改革与发展政策与减贫”“产业扶贫”等。

二、“一带一路”沿线国家减贫合作与中国国际扶贫中心

习近平总书记关于携手减贫，构建没有贫困、共同发展的人类命运共同体的思想，“一带一路”倡议及其实践，为中国国际扶贫中心开展对外减贫合作拓展了新的工作领域，也提出了一系列新的议题。在“一带一路”倡议背景下中国对外减贫合作中，减贫研究、交流、合作与培训依然是不可或缺的板块，中国国际扶贫中心立足自身的既有基础和专业优势，将会发挥更大作用，继续为中国对外减贫和全球减贫事业做出重要贡献。

（一）中国国际扶贫中心的独特优势

中国国际扶贫中心自 2004 年成立以来，已经走过了近 15 年的发展历程。过去十多年间，中国国际扶贫中心在国际减贫研究、交流、合作、培训等领域，开展了卓有成效的工作，赢得了国际社会的高度好评。“一带一路”倡议提出以来，中国国际扶贫中心立足中心职能，发挥特色优势，围绕“一带一路”减贫合作进行了积极的探索。我们相信随着“一带一路”倡议及其建设的深入推进，中国对外减贫合作将开启新的领域，中国国际扶贫中心也将做出更大的贡献。具体来说，中国国际扶贫中心在“一带一路”沿线国家减贫合作中的独特优势体现在以下三个方面：

1. 经验优势

中国国际扶贫中心是中国政府开展南南合作的重要渠道和平台，又是全球

唯一的专职从事减贫研究、培训、交流与合作的国际平台。在过去十多年的时间里，中国国际扶贫中心在研究、交流、合作、培训等主要业务领域积累了丰富的经验。特别是，这些主要业务的开展已逐渐形成体系，在中国对外减贫合作中发挥着不可替代的作用。具体到“一带一路”沿线国家减贫合作，中心在过去所开展的中非减贫交流与合作、中国东盟国家减贫交流与合作，以及相关培训业务，自然地归属在“一带一路”沿线国家减贫合作的框架中，所形成的一些品牌化的交流平台、培训项目及合作项目，也必然会成为“一带一路”沿线国家减贫合作的重要基础和支撑。

2. 专业优势

国际发展与减贫研究，是非常具有专业性的知识领域，国际减贫合作也建立在长期对相关事务的投入基础上。易言之，无论是从研究的角度，还是从减贫合作实务开展的角度来说，相关工作都非常具有专业性。中国国际扶贫中心发展的历程，也是中国减贫研究和对外减贫合作不断探索、积累与成熟的过程。这种专业优势具有不可替代性，也必将在“一带一路”沿线国家减贫合作的广阔舞台上发挥更大效能。

3. 领域优势

在中国对外减贫合作体系中，中国国际扶贫中心的地位和作用十分独特，承担了中国对外减贫合作主要的研究、交流、合作与培训任务。可以预见，在“一带一路”沿线国家减贫合作中，上述四个领域的工作依然具有非常重要的价值。特别是，在相关领域中，中心已经形成了相对成熟的工作模式和品牌项目，围绕着相关工作开展搭建了较为完善的协作网络，与相关国际机构、国际非政府组织、研究机构建立了稳定的合作伙伴关系。可以说，这些资源积累，无疑将服务于中心在未来更好地开展对外减贫工作。

（二）更好发挥中国国际扶贫中心对外减贫合作职能的几点思考

如前文所述，“一带一路”减贫合作开启了中国对外减贫的新篇章，提出了众多新的议题和新的挑战。中国国际扶贫中心所承担的国际减贫研究、交流、合作以及培训等工作，构成了在“一带一路”沿线国家减贫合作体系不可或缺的组成部分。在这一部分，我们尝试着结合“一带一路”沿线国家减贫合作的新要求、新特点及新议题，尝试提出关于在“一带一路”沿线国家减贫合作的背景下，更好发挥中国国际扶贫中心对外减贫职能的几点思考。

1. 在既有基础上，组建“一带一路”沿线国家减贫合作工作专班，增强相关工作安排的整体性、协同性和前瞻性

与传统的双边减贫合作、次区域减贫合作以及区域减贫合作不同，“一带一路”沿线国家减贫合作，涉及空间范围更为广阔，参与主体亦将更加多元。毋庸置疑，中国国际扶贫中心之前承担的与东盟国家、与湄公河国家、与非洲国家减贫合作，依然是“一带一路”沿线国家减贫合作的重要板块，但必须承认，领域之间的协同、互鉴、互补需要不断加强。特别是，习近平总书记“构建没有贫困、共同发展的人类命运共同体”思想的提出、“一带一路”沿线国家减贫合作的深入推进，以及总书记关于“推动建立新型国际减贫交流合作关系”的期待，为中心工作提出新的要求。诚然，在过去六十多年，特别是新千年以来的十余年间，中国对外减贫合作逐步形成了一种新的国际减贫交流合作范式。但理性看待这一过程，便会发现，这种新的范式仍有待进一步发展和完善，并在实践工作开展过程中，逐步形成新的国际发展知识话语。同时，可以预见的是，随着“一带一路”建设以及沿线国家减贫合作深入推进，相关工作需要统筹设计和整体性安排，而中国国际扶贫中心在国际减贫研究、交流、合作、培训等领域的职能，内涵也将进一步丰富。鉴于此，无论是从职能完善与优化的角度，还是国际减贫交流合作范式丰富与发展的角度，值得考虑的是在既有工作领域、团队、资源的基础上，组建专门的工作小组或专职机构推动“一带一路”国家减贫合作，以期增强相关工作的整体性、协同性和前瞻性。

2. 立足中心职能，开发“一带一路”沿线国家减贫合作系列研究、合作、培训、交流项目，建设“一带一路”沿线国家减贫合作内容的支撑性体系

中国国际扶贫中心是中国政府开展南南合作的重要渠道和平台，又是全球唯一的专职从事减贫研究、培训、交流与合作的国际平台。在未来“一带一路”沿线国家减贫合作中，中心承担的四项职能，仍然是不可或缺的重要板块。但应当看到，“一带一路”沿线国家减贫合作的大背景和现实需求，以及“推动建立新型国际减贫交流合作关系”的期待与要求下，中心的四项职能都有进一步丰富与发展的空间。即围绕“一带一路”沿线国家减贫合作的需求，开展相关研究、培训、交流与合作，形成支撑性的内容体系。

在减贫交流方面，近几年我们看到，中非减贫与发展会议、中国东盟国家社会发展与减贫论坛，都已经逐步纳入了“一带一路”减贫合作的相关内容，并得到了国际社会和相关国家积极支持。但这些工作，整体来说都还是在既有的内容框架中展开，未来可以考虑的是开办专门的“一带一路”沿线国家发展合作与减贫合作论坛，分年度、分议题讨论与交流相关理论和政策议题。在减贫合作的方面，中心目前推动的与东盟国家、澜沧江—湄公河国家、非洲国家减贫合作项目，都已经有良好的开端，相关工作也在务实推进。这些内容无疑也都是“一带一路”沿线国家减贫合作的支撑性内容。此外，在研究与培训方面，围绕着“一带一路”沿线国家减贫合作的新特点、新趋势，亦可以考虑在研究主题设计、培训课程建设上更多着力。如对中国减贫经验国际分享知识产品的深度开发，对就业扶贫、电商扶贫、产业扶贫等减贫案例的开发与分享。还应看到，以往中国国际扶贫中心承担的研究、培训、交流与合作，主要是对外开展国际合作，而随着“一带一路”减贫合作的深入推进，中国企业和社会组织参与“一带一路”减贫合作的必要性和必然性也在不断凸显，因此可以考虑加强相关研究与能力建设项目的开发。

3. 整合中心内外部资源，围绕“一带一路”沿线国家减贫合作支撑性内容体系构建与实施，搭建相应的资源网络和行动网络

作为专职的国际减贫合作平台，中国国际扶贫中心在履行机构职能的过程中，建立起了与联合国开发计划署、世界银行等国际机构；与乐施会、GIZ、国际美慈、盖茨基金会等国际非政府组织；以及与相关政府部门、相关企业组织广泛的联系和协作网络。“一带一路”沿线国家减贫合作，也是上述这些机构行动目标的一部分，具有较为广泛的共识，加强这些资源和力量的整合，能够更好地为“一带一路”沿线国家减贫合作汇聚智慧、汇聚资源、汇聚力量。在行动网络的搭建过程中，可以考虑以减贫合作项目为载体，推动各方行动者共同参与，发挥各自的专业优势。

4. 加强契合“一带一路”沿线国家减贫合作特点的示范项目开发，建立“行动—总结—宣传—培训”的综合行动体系

做“试点”、开展“政策实验”，是中国改革发展的成功经验之一。而减贫示范项目建设，亦被实践证明是十分有效的经验分享和创新扩散形式。在中国对外减贫合作体系中，开展示范合作项目具有重要的意义，彰显着既积极分享发展知识与智慧，又充分尊重他国选择发展道路自主性的理念与精神。在既往的工作中，示范项目建设在中非减贫合作、中国与东盟减贫合作，以及“澜—湄”减贫合作中，都显现出非常好的成效。未来，我们可以基于“一带一路”沿线国家减贫合作的特点，开发系列示范项目（农业示范项目、工业园区示范项目、就业扶贫示范项目、旅游扶贫示范项目、跨境电商扶贫示范项目等），形成“行动—总结—宣传—培训”的综合性行动体系。具体来说，通过共同协商，立足沿线国家减贫实际需求，与相关国家一道设计示范项目的蓝本，共同组织资源开展示范项目建设，在示范项目建设与管理中沟通和分享经验，及时地总结和宣传示范项目的成果，促进优质减贫经验的传播，并以示范项目建设、管理实际案例为蓝本，开发相应的培训项目，进一步发挥示范项目的效应。

5. 搭建“一带一路”沿线国家减贫合作研究智力支持网络，推动“一带一路”沿线国家减贫合作知识产品生产

中国国际扶贫中心与中国减贫研究知识群体共同成长，可以说近年来学术界对减贫研究的不断深化，很大程度上得益于中国国际扶贫中心搭建的平台、提供的知识产品和研究资源。而在未来，随着“一带一路”沿线国家减贫合作的开展，将会衍生出巨大的研究需求。大致包括几个方面的内容：其一，沿线国家贫困问题与减贫治理研究；其二，中国减贫经验国际分享研究；其三，中国对外减贫战略研究；其四，“一带一路”沿线国家减贫合作内容建设与能力建设研究；其五，国际减贫发展基础理论研究等。这些研究需要培育和凝聚广泛的智慧力量，因此，应着力培育致力于并有能力开展“一带一路”沿线国家减贫合作研究骨干队伍，搭建研究网络。

参考文献

安春英.2010.中非减贫发展理念的比较与分析［J］.上海师范大学学报（哲学社会科学版）(5).

安春英.2016.构建合作共赢的中非减贫合作范式［J］.国际经济合作（8）.

毕世鸿.2016.澜湄合作如何深化［J］.世界知识（12）.

杜德斌，马亚华.2015.“一带一路”：中华民族复兴的地缘大战略［J］.地理研究（6）.

韩永辉，罗晓斐，邹建华.2015.中国与西亚地区贸易合作的竞争性和互补性研究——以“一带一路”战略为背景［J］.世界经济研究（3）.

何茂春，等.2015.“一带一路”战略面临的障碍与对策［J］.新疆师范大学学报（哲学社会科学版）(3).

黄河.2015.公共产品视角下的“一带一路”［J］.世界经济与政治（6）.

蒋志刚.2014.“一带一路”建设中的金融支持主导作用［J］.国际经济合作（9）.

鞠海龙，邵先成.2015.中国—东盟减贫合作：特点及深化路径［J］.国际问题研究（4）.

李小云，肖瑾.2017.新南南合作的兴起：中国作为路径［J］.华中农业大学学报（社会科学版）(5).

李小云，张悦，刘文勇.2017.知识和技术的嵌入与遭遇：中国援助实践叙事［J］.西南民族大学学报（人文社会科学版）(11).

李小云.2016.全球格局变化与新发展知识的兴起［J］.人民论坛·学术前沿（8）.

李晓，李俊久.2015.“一带一路”与中国地缘政治经济战略的重构［J］.世界经济与政治(10).

廖萌.2015.“一带一路”建设背景下我国企业“走出去”的机遇与挑战［J］.经济纵横(9).

林乐芬，王少楠.2015.“一带一路”建设与人民币国际化［J］.世界经济与政治（11）.

林民旺.2015.印度对“一带一路”的认知及中国的政策选择［J］.世界政治与经济（5）.

刘猛.2017.减贫合作与中国—东盟命运共同体的构建［J］.攀登（4）.

刘卫东.2015.“一带一路”战略的科学内涵与科学问题［J］.地理科学进展（5）.

罗胜荣.2017.澜湄次区域国际减贫合作的现状、问题与思考［J］.深圳大学学报（人文社会科学版）(5).

马建英.2015.美国对中国“一带一路”倡议的认知与反应［J］.世界政治与经济（10）.

潜旭明.2014.“一带一路”战略的支点：中国与中东能源合作［J］.阿拉伯世界研究（3）.

申现杰，肖金成.2014.国际区域合作新形势与我国“一带一路”合作战略［J］.宏观经济研究（11）.

覃志敏 . 2017. 中国—东盟减贫合作：现实基础、实施机制及发展趋势 [J]. 广西社会科学 (3).

唐丽霞，李小云 . 2016. 国际发展援助体系的演变与发展 [J]. 国外理论动态 (7).

王小林，刘倩倩 . 2012. 中非合作：提高发展有效性的新方式 [J]. 国际问题研究 (5).

隗斌贤 . 2016. "一带一路"背景下文化传播与交流合作战略及其对策 [J]. 浙江学刊 (2).

习近平 . 2013. 弘扬人民友谊　共创美好未来——在纳扎尔巴耶夫大学的演讲 [OL]. 新华网，12 - 19.

习近平 . 2018. 习近平"一带一路"国际合作高峰论坛重要讲话 [M]. 北京：外文出版社 .

徐念沙 . 2015. "一带一路"战略下中国企业走出去的思考 [J]. 经济科学 (3).

薛力 . 2015. 中国"一带一路"战略面对的外交风险 [J]. 国际经济评论 (2).

杨柏，等 . 2016. "一带一路"战略下中国企业跨国经营的文化冲突策略分析 [J]. 管理世界 (9).

杨晨曦 . 2014. "一带一路"区域能源合作中的大国因素及应对策略 [J]. 新视野 (4).

杨思灵 . 2015. "一带一路"倡议下中国与沿线国家关系治理及挑战 [J]. 南亚研究 (2).

于津平，顾威 . 2016. "一带一路"建设的利益、风险与策略 [J]. 南开学报（哲学社会科学版）(1).

袁新涛 . 2014. "一带一路"建设的国家战略分析 [J]. 理论月刊 (11).

郑蕾，刘志高 . 2015. 中国对"一带一路"沿线直接投资空间格局 [J]. 地理科学进展 (5).

郑宇 . 2017. 援助有效性与新发展合作模式的构想 [J]. 世界经济与政治 (8).

邹嘉龄，等 . 2015. 中国与"一带一路"沿线国家贸易格局及其经济贡献 [J]. 地理科学进展 (5).

Bruce Bueno de Mesquita and Alastair Smith. 2009. A Political Economy of Aid [J]. *International Organization*, 63 (2): 309 - 340.

Craig Burnside and David Dollar. 2000. Aid, Policies, and Growth [J]. *The American Economic Rreview*, 90 (4): 847 - 868.

Hristos Doucouliagos and Martin Paldam. 2009. The Aid Effectiveness Literature: The Sad Rresult of 40 Years of History [J]. *Journal of Economic Surveys*, 23 (3): 433 - 461.

Ju Hailong & Shao Xian cheng. 2015. China-ASEAN Poverty Reduction Cooperation: Characteristics and the Way Forward [J]. *China International Studies*, (4): 115 - 132.

Paul Collier and Anke Hoeffler. 2004. Aid, Policy and Growth in Post-Conflict Societies [J]. *European Economic Review*, 48 (5).

Raghuram Rajan and Arvind Subramanian. 2008. Aid and Growth: What Does the Cross-Country Evidence Really Show? [J]. *The Review of Economics and Statistics*, 90 (4): 643 - 665.

Sebastian Edwards. 2015. Economic Development and the Effectiveness of Foreign Aid: A Historical Perspective [J]. *Kyklos*, 68 (3): 277 - 316.

Stephen Knack. 2001. Aid Dependence and the Quality of Governance: Cross-Country Empirical Tests [J]. *Southern Economic Journal*, 68 (2): 310 - 329.

William Easterly. 2001. The Elusive Quest for Growth: Economists'Adventures and Misadventures in the Tropics [M]. Cambridge: MIT Press: 37 - 39.

William Easterly. 2003. Can Foreign Aid Buy Growth? [J]. *The Journal of Economic Perspectives*, 17 (3): 23 - 48.

中亚地区国际减贫合作研究

清华大学一带一路战略研究院

摘　要

中国与中亚国家[1]的合作历史源远流长，通过古丝绸之路，中国与中亚国家的经济、政治、文化交流频繁。习近平主席 2013 年 9 月 7 日在访问哈萨克斯坦时提出来“建设丝绸之路经济带”，把中国与中亚国家的合作推向一个新的历史高度。“一带一路”倡议为中国与中亚国家加强在经济、科技、文化、安全、民生方面的合作提供了重要契机。

20 世纪 90 年代中亚五国独立后，经济陷入一段时间的衰退，各国的贫困问题比较严重。进入 21 世纪，中亚五国的经济增长取得了持续的进展，政府提高了对国内贫困问题的重视，在解决贫困问题方面采取了很多措施，取得了一定的成效。近年来，虽然中亚五国的贫困水平都有所下降，但贫困仍然是阻碍中亚国家经济社会可持续发展和引发社会不稳定的重要因素之一，减贫事业依然任重道远。

本研究基于大量实地调研材料和文献资料，梳理了中亚国家社会经济发展和贫困现状的主要特征，从宏观和微观两个层面剖析了影响中亚各国贫困的关键因素，重点揭示了社会保障这一减贫支柱政策的框架特点、运作机制及其效果，探明了中国与中亚减贫模式的共性和差异，探讨了世界银行这一代表性国际机构和主要发达国家在中亚国家开展减贫工作的主要模式及效果，进而提出了中国和中亚开展国际减贫合作的政策建议。

[1] “中亚”这一概念覆盖的地区较为广泛，在本报告中主要是指苏联的五个中亚共和国：哈萨克斯坦、吉尔吉斯斯坦、塔吉克斯坦、土库曼斯坦和乌兹别克斯坦。1991 年苏联解体后，这 5 个中亚国家获得了意料之外的独立。鉴于该地区具有重要的政治和经济意义，中亚五国受到国际社会越来越多的关注。

第一节　研究背景与研究意义

中亚地区包括哈萨克斯坦、吉尔吉斯斯坦、塔吉克斯坦、土库曼斯坦和乌兹别克斯坦。中亚地区位于欧亚大陆中心地带，自古以来便是陆上商业贸易路线——古丝绸之路的必经之地和咽喉。如今，中亚地区的地缘战略重要性更加突出，独特的地理位置和丰富的自然资源使其成为大国力量和各种政治势力争夺的对象[①]。中国将发展同中亚国家的友好合作关系视为外交优先方向，中亚是“丝绸之路经济带”向西延伸的域外起点，也是“丝绸之路经济带”的核心地带。

中亚国家的贫困问题随着国家主权独立而凸显，并引起各国政治家和学者的普遍关注，中亚各国的贫困问题在独立之初被放大并日趋严重。事实上，中亚各国在独立前就存在贫困问题，该地区无论是生产、消费还是民众生活水平都落后于苏联平均水平。不过，苏联时期实施的经济与社会“拉平”政策在一定程度上缩小和掩盖了这种差距。随着戈尔巴乔夫改革出现混乱，这种差距逐渐拉大，中亚国家贫困问题开始显现，独立后这一问题迅速凸显并达到顶峰。中亚国家在1991年获得独立后，开始向市场经济过渡，导致大多数人口面临严重的经济困难。由于价格自由化和巨额财政赤字，产出急剧下降，通货膨胀加剧，导致贫困人口显著增加，几乎中亚所有国家都曾经有接近一半甚至超过80%的人口生活在贫困线以下。

表1　部分中亚国家贫困进展与展望

国别	贫困标准	2002	2009	2019
塔吉克斯坦	3.2美元/天	65%	25%	13%
吉尔吉斯斯坦	3.2美元/天	71%	20%	18%
	3.2美元/天	30%	2%	—
哈萨克斯坦		2002	2013	2019
	5.5美元/天	65%	6%	7%

数据来源：世界银行《中亚国家贫困展望》(2019)。

注：鉴于数据可获得性，贫困展望对象不包括乌兹别克斯坦和土库曼斯坦。2019年的数据是预测数据。

自1995年以来，中亚国家推行了反通货膨胀政策并开始了宏观经济改革，

① 朱瑞雪．“丝绸之路经济带”背景下中国与中亚国家区域经贸合作研究．大连：东北财经大学，2015.

从而实现了经济复苏和更大的价格稳定。新世纪初以来，所有中亚国家在减贫方面都取得了重大进展。2002—2009年的8年里，塔吉克斯坦和吉尔吉斯斯坦的贫困率平均每年下降7个百分点，塔吉克斯坦由近70%降至25%，吉尔吉斯斯坦降至20%。然而，从那时起，贫困率下降的速度要慢得多：塔吉克斯坦的贫困率平均每年仅下降一个百分点；吉尔吉斯斯坦贫困率下降率几乎为零，自2009年至今，贫困率一直徘徊在20%左右。按每天3.20美元的中低收入指标衡量，哈萨克斯坦几乎消除了贫困，但以每天5.50美元的中上收入指标衡量，哈萨克斯坦的贫困率在2013年达到最低点，约为6%，此后一直停留在7%。世界银行在2019年10月发布的《中亚国家新贫困展望》指出，尽管中亚地区贫困率总体上继续下降，但减贫步伐正在放缓，并且农村和偏远地区的贫困程度仍然很高。

同中亚各国一样，中国政府将减少贫困作为重要的社会政策目标。自实行改革开放以来，已有7亿多中国人摆脱了贫困，占同期全球减贫的70%以上，为实现联合国2030年可持续发展议程做出了巨大贡献。中国在推进国内减贫事业的同时，始终尽最大努力向发展中国家提供不附加任何政治条件的援助，帮助广大发展中国家消除贫困。中国同中亚国家是山水相连的友好邻邦。在"一带一路"倡议下，中国与中亚各国之间的睦邻友好与互利合作关系日益夯实稳定。在减贫方面，中国的实践和智慧能够为中亚各国提供经验和借鉴。例如，中国针对农村基础设施和农业投资的减贫效果显著，应该与仍有很高农村贫困率的中亚地区分享。同样，中国也需要向中亚国家学习，拓宽减贫与发展的渠道。例如，中国面向社会经济边缘人群的社会保障计划总体上仍处于探索阶段，应当增进与早在苏联制度下就建立全面和完善的社会保障制度的中亚各国的交流，汲取他国所长。

基于上述背景，本研究基于大量实地调研材料和文献资料，梳理了中亚国家社会经济发展和贫困现状的主要特征，从宏观和微观两个层面剖析了影响中亚各国贫困的关键因素，重点揭示了社会保障这一减贫支柱政策的框架特点、运作机制及其效果，探明了中国与中亚减贫模式的共性和差异，探讨了世界银行这一代表性国际机构和主要发达国家在中亚国家开展减贫工作的主要模式及效果。本研究对进一步推动中国和中亚之间的国际减贫交流与合作具有重要意义。

1. 把握中亚贫困特征与规律，提高我国与中亚国家减贫交流效率

中亚国家在独立之后面临着人类发展的重大挑战，新的市场关系的发展伴随着中央计划体制的破坏和无效的管理决策，导致了深刻的经济危机和转型危机。市场变化带来了几次经济衰退，导致劳动力市场状况恶化，从而导致贫穷的增长。然而，这些年轻国家继承了一个几乎覆盖全体人口的社会保障体系，并确保了高水平的社会保障。在过渡期开始时，独联体国家没有遇到发展中国家特有的贫困问题，例如缺乏基本保健和大规模流行病，缺乏粮食供应，缺乏具备基本专业技能的人口。在塔吉克斯坦、吉尔吉斯斯坦和乌兹别克斯坦等中低收入国家，贫困问题实际上也是一个发展问题。因为国家经济落后，供应分配的财富总量有限，社会保障体系没有得到足够的财政资源的支持。有针对性的福利不足以减轻贫困，许多保险转移的规模无法补偿失去的就业收入，养老金计划不能满足领取养老金者的经济需要。把握这些有别于世界其他赤贫国家的贫困特征，有助于提高中国在该地区开展减贫交流与合作的效率。

2. 明确中亚各国减贫进展的差异性，因地制宜制定减贫合作模式

中亚各国减贫进程存在显著的差异性。塔吉克斯坦和吉尔吉斯斯坦在苏联解体后不仅面临着向市场经济过渡所造成的巨大经济冲击，并且还经历了很长时期的政治不稳定，是该地区经济发展水平最低、极端贫困发生率最高的两个国家。大力促进经济高速发展仍然是两国减少贫困的最重要条件。乌兹别克斯坦的减贫进展表现相对好一些，但目前近 400 万人生活在国家贫困线以下，仍是欧洲和中亚地区贫困人口最集中的国家之一。哈萨克斯坦向市场经济和民主治理的过渡最为顺利。20 世纪 90 年代后半期经济政策的改善抑制了通货膨胀，为石油、天然气和采矿业引领的经济复苏奠定了基础，这些行业迅速取代了崩溃的制造业。21 世纪初开始的大宗商品超级周期，以及新的油气田上线，引发了哈萨克斯坦十多年的快速增长。在强劲的经济增长和就业机会创造的推动下，该国在减贫和建设中产阶级方面取得了重大进展，极端贫困早已消除。政府致力于继续推进制度改革和经济结构性调整，培育更大规模和更稳定的中产阶级队伍。本研究将详细论述中亚各国减贫进展的异同点，为制定有针对性减贫合作策略提供理论依据。

3. 厘清发达国家和国际组织在中亚国家减贫的理念和实践模式，为我国形成经验借鉴

自中亚各国独立以来，国际组织和美欧日发达国家就试图为它们的减贫进程提供财政和技术援助。世界银行、联合国发展机构起初大多以应急项目的形式提供援助，后来转向执行支持粮食安全、营养和生计的发展方案，特别强调社会保护、农村发展和减少灾害风险以及适应气候变化，并且积极为政府部门提供政策和能力发展支持。例如，世界银行在塔吉克斯坦、吉尔吉斯斯坦、哈萨克斯坦、乌兹别克斯坦建立精准的社会保障体系以更好地针对穷人和弱势群体方面均发挥了重要作用。国际组织和发达国家在该地区的援助越来越注重生产性资产创造以及补充性投入，如引入技能培训、改进农业技术、营销支持和小额融资，更好地应对穷人和弱势群体面临的生计挑战。本研究将系统梳理世界银行为代表的国际组织以及美国和日本两类国家在中亚开展援助与减贫的核心理念和运作模式，为我国在中亚实施减贫合作项目提供可资借鉴的经验和教训。

第二节　中亚国家经济发展概况

经济长期快速增长是战胜贫困最根本和最重要的力量来源，经济规模和结构特征很大程度上决定了一国的减贫进程。本节系统梳理中亚五国的经济增长现状及其驱动因素，探明其产业结构分布、进出口贸易格局的主要特征，并对各国经济发展战略和趋势进行展望。

一、塔吉克斯坦经济发展概况

塔吉克斯坦地处内陆，多山，年轻人口约 870 万。虽然山区覆盖了 93%的土地，但 34%的土地是农业用地，可以用来种植农作物、果园和牧场。该国还拥有其他的自然资源，包括具有水力发电潜力的河流和采掘矿藏，特别是黄金、白银、锑和精选的稀有金属，以及山地和生态旅游景点。该国与阿富汗、中国、吉尔吉斯斯坦和乌兹别克斯坦接壤，靠近中亚、东亚、南亚和中东的大型市场。

1997 年内战结束后，得益于大量汇款和官方援助资金的流入，塔吉克斯坦经济经历了高速增长①。2000—2017 年，国内生产总值（GDP）年均增长 7%以上。高增长率大大提高了居民收入（人均 GDP 从 2000 年的 162 美元增至 2017 年的 800 美元），并且显著促进减贫（同期国家贫困率从 80%以上减至 29.5%）（图 1）。不过，由于外部环境恶化和过去的增长动力已达到极限，增长和减贫速度开始放缓。2014 年，资源价格下滑严重冲击塔国经济，GDP 从峰值 92 亿美元下滑至 2017 年的 71 亿美元。2015 年以来，政府积极采取了反周期财政政策来抵消汇款流入的下降，同时也导致债务状况的恶化。

塔吉克斯坦经济增长主要是由服务业和农业部门推动。自 2000 年以来，服务业对 GDP 增长贡献了近 43%，不过服务业是由生产率较低的非贸易部门主导。尽管工业部门对经济增长的贡献近年来有所上升，但农业仍是第二大经济部门，贡献了大部分就业，同时是生产率最低的部门。这一产业结构特点反映了该国城市化率低，只有 27%的人口居住在城市，是城市化率最低的中亚

① 官方发展援助是塔吉克斯坦财政赤字融资的主要来源，为该国公共投资方案提供了近 50%的资金。由高汇款流入引致的家庭消费是经济增长的另一个关键驱动力。由于超过 90%的汇款来自俄罗斯，该国经济也间接受到俄罗斯地缘政治局势以及国际油价波动的影响。

国家。

出口对于塔吉克斯坦经济增长的贡献不大，2017 年仅占 GDP 的 18%，是中亚地区最小的，并且低于低收入经济体（占 GDP 的 20%）以及中低收入经济体（占 GDP 的 25%）的平均水平。2017 年，矿产、贵金属和半贵金属出口占出口总额的 72%。包括棉纤维在内的纺织品是第二大商品，约占出口总额的 15%～17%。大宗商品出口在总出口中所占的比例很大，增加了塔吉克斯坦经济的脆弱性，因为国际金属和棉花价格的波动会立即影响到出口业绩和外部平衡。服务贸易很小，集中在出口方面的旅游业和进口方面的运输和建筑。政府宣布将旅游业作为优先发展部门，但缺乏适当的基础设施和物流来扩大该行业的机会。

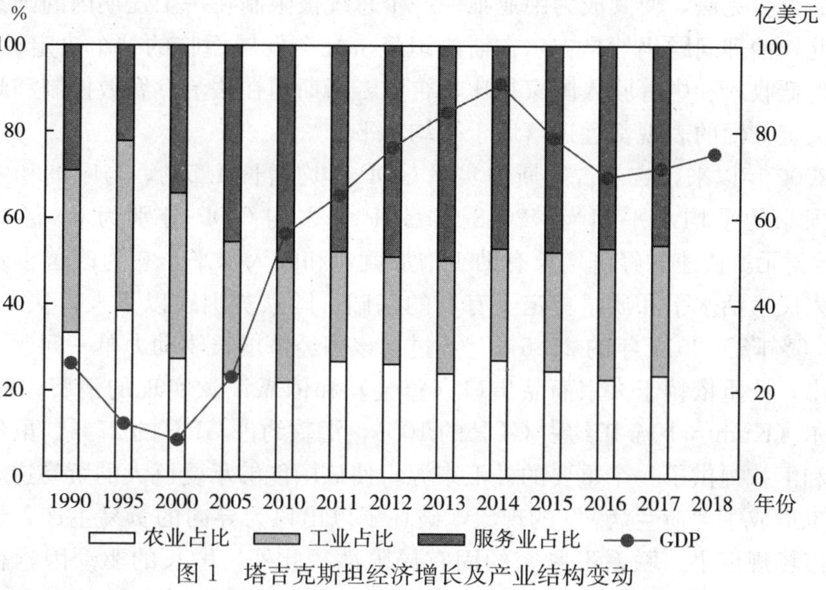

图 1　塔吉克斯坦经济增长及产业结构变动

数据来源：世界银行世界发展指数（WDI），下同。

注：产业占比指的是该产业增加值占 GDP 的比例，下同。

塔吉克斯坦政府已经制定了雄心勃勃的发展目标，即在 2016—2030 年将国内收入提高 2～3.5 倍。事实上，塔吉克斯坦具有强大的增长潜力。该国位于东亚、南亚和中亚的大型市场附近，其金属矿产、能源和加工水果出口可以利用这些市场获利。拥有丰富的水力资源，政府正设法通过对大规模水力发电能力的大量投资来利用这些资源，以期同区域市场进行贸易。得益于国内棉花生产，新兴纺织业正与外国投资者合作，发展和拓宽产业价值链。此外，该国年轻人口（平均年龄在 25 岁左右）禀赋提供了一个几十年的窗口期，有利的人口结构所带来的好处是可预期的。尽管具有这些优势，要保持较高的可持续经济增长率，仍需要进行重大的结构改革来促使增长模式从由汇款提供资金、由私人消费驱动和国际发展资金支持的公共投资主导的增长转变为以私人投资和出口导向型增长为特征的增长。

二、吉尔吉斯斯坦经济发展概况

吉尔吉斯斯坦是中亚一个多山的内陆国家，人口约600万。它与哈萨克斯坦、中国、塔吉克斯坦和乌兹别克斯坦接壤。首都比什凯克位于哈萨克斯坦北部边境附近。吉尔吉斯斯坦自独立以来一直在经历着大大小小的动荡。最近一次比较严重的政治和社会动荡是在2010年，腐败和裙带关系是动荡背后的主要压力因素。为了防止权力集中，吉尔吉斯斯坦在2010年底通过了具有制衡机制的议会宪法，使其成为中亚唯一一个总统被限制在一个任期内的国家。尽管如此，治理问题仍然是吉尔吉斯斯坦经济社会发展面临的一个决定性挑战。与其他低收入和中等收入国家相比，吉尔吉斯斯坦在法治、腐败控制和政治稳定等关键方面的表现都远远落后于平均水平。

2000年以来，吉尔吉斯斯坦实际GDP年均增长4.5%，与欧洲和中亚发展中国家的平均水平相当，2018年GDP和人均GDP分别为80亿美元和1 277美元。快速的经济增长有助于增加就业和收入水平，它为改善吉尔吉斯斯坦人民生活水平和质量奠定了有利的基础。国家贫困线以下人口从2000年的62.6%降至2017年的25.6%。不过，该国经济增长驱动力单一问题一直非常突出，严重依赖于大宗商品出口（黄金）和依靠汇款实现的消费，2018库姆托尔（Kumtor）金矿约占GDP的10%，汇款约占GDP的27%。虽然黄金出口和汇款提供了一个重要的外汇来源，使该国能够承受巨大的贸易逆差，但它们也造成了“荷兰病[①]”的现象，破坏了以出口为导向的贸易生产，加剧了国内市场规模小、联系不紧密的固有局限性。此外，增长的驱动因素很不稳定，黄金生产集中在一座矿山，而该矿计划在5年内停止开采，劳工移民极易受到外部冲击以及哈国和俄罗斯经济健康状况的影响，2015年GDP大幅下滑印证了这一点。

从产业分布来看，服务业是吉尔吉斯斯坦经济增长的主要贡献者，因为不断增长的海外汇款推动了家庭消费增长和城市服务发展，刺激国内劳动力从低生产率的农业转移到生产率略高的非正式城市就业，这一转变在初期推动了快

---

① “荷兰病”（Dutch disease）描述的是当一个经济部门（特别是自然资源）的快速发展和其他部门的衰退导致国内货币大幅升值时出现的一种经济现象。这是一种经济悖论，当对经济有利的消息，如发现自然资源，却会引起对该国经济的负面影响，例如对自然资源出口的过度依赖导致制造业和农业等其他经济部门发展不足。

速减贫。批发和零售贸易（约占 GDP 的六分之一）以及旅游业、通讯和金融业等商业服务自 2005 年前后发展起来并迅速扩张。温和增长的工业主要归因于建筑业和黄金开采的兴起以及传统制造业的持续衰退。农业部门呈现明显的萎缩态势，2003 年，农业雇佣了 54%的贫困工人，而到 2015 年，这一比例仅为 30%。考虑到支持农业生产的土地资源极为有限，并且容易受到土地退化的影响，农业部门停滞不前或零星增长的势态仍将持续（图 2）。

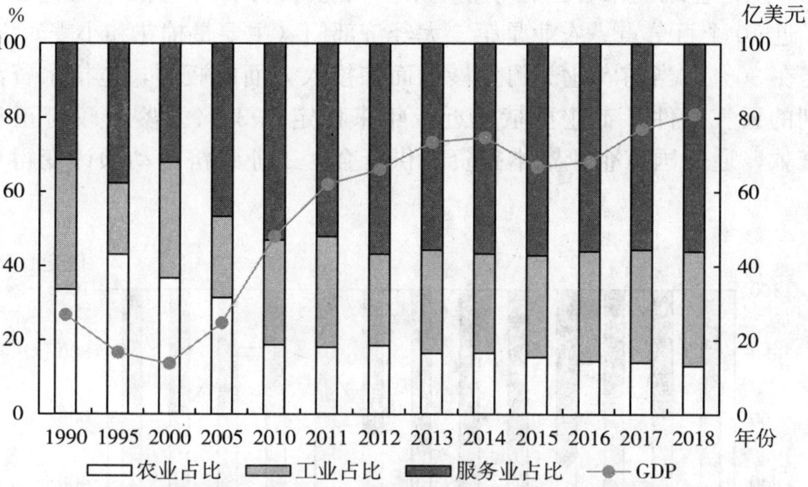

图 2　吉尔吉斯斯坦经济增长及产业结构变动

虽然吉尔吉斯斯坦依靠黄金开采和由汇款推动的内部需求实现了增长，但仍需要挖掘其他产业的潜力来获得可持续、不断的增长。该国拥有丰富的矿产资源储备（贵金属、稀土、铀）和巨大的水电开发潜力。气候条件非常适合水果、蔬菜、肉类和奶制品等农业生产商业化发展。考虑到该国自然和文化遗产，旅游业是另一个具有潜在比较优势的行业，特别是在解决互联互通限制的情况下。加入 WTO 和欧亚经济联盟以及与中国和欧亚强有力的历史连接，将为吉尔吉斯斯坦与这些地区建立更广泛的贸易关系创造了良好条件，前者有望在信息和通信技术、物流、贸易和服务出口获得更多的机会。然而，这些领域的增长潜力是否能充分实现，在很大程度上取决于对私营部门发展的促进以及年轻劳动力职业技能和生产力水平的提升。

三、乌兹别克斯坦经济发展概况

乌兹别克斯坦是中亚人口最多的国家，人口约 3 100 万，其中超过三分之一不满 14 岁，占中亚地区人口总数的近一半。该国是中亚唯一与其他四个中亚国家接壤的国家，也是世界上仅有的两个双内陆国之一。2005 年以来，乌兹别克斯坦经济出现了明显的增长，GDP 从 143 亿美元增至 2016 年的 671 亿美元，随后断崖式下滑，2018 年仅为 497 亿美元，人均 GDP 为 1 535 美元。近年来，乌国经济经历了较为严重的通货膨胀，2018 年年度通胀率为 17.5%。通胀压力主要反映在能源、食品和公用事业行政价格上涨、部分公职人员工资上涨以及汇率贬值等方面。经济增长也没有转化为大量的就业，2018 年年失业率达到 9.3%，其中青年失业率（16～25 岁）为 17%，女性失业率为 12.9%。从产业结构来看，服务业是第一大经济部门，但贡献率在过去十年里下降了近 10 个百分点。农业是第二大经济部门（主要是棉花和小麦），过去五年稳定在 30%。当前农业部门发展也面临投入方面的瓶颈，包括水资源短缺和不利的天气条件。工业贡献率近十年来稳定在 30%。鉴于政府正在大幅增加贷款，通过国有企业资本投资提供资金，工业经济活动预计变得更活跃（图 3）。

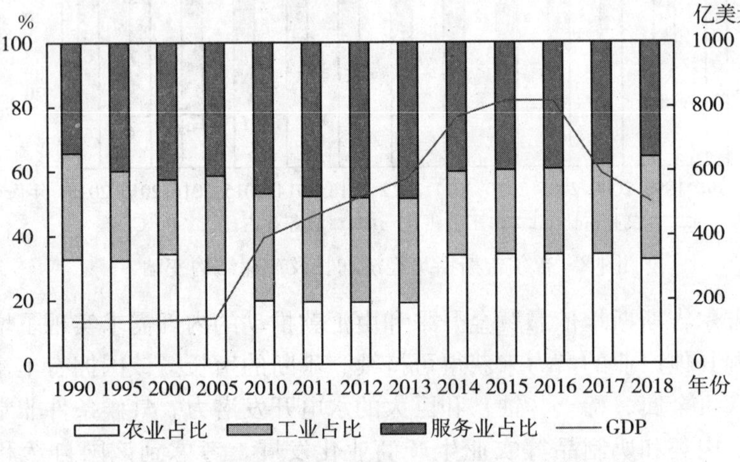

图 3　乌兹别克斯坦经济增长及产业结构变动

乌兹别克斯坦出口结构发生了重大变化，大宗商品占出口的比重从 1992 年的 90%左右下降到 2018 年的 77%，出口多元化特征明显。天然气和黄金约占出口总额的一半，2018 年黄金出口超过天然气出口。由于国内棉纤维加工从 1991 年的 7%增加到 2018 年的 60%，棉花出口急剧下降。服务贸易（主要是运输、通讯和旅游）大幅增长，2018 年占出口总额的近 20%，主要原因是外国游客激增。制造业产品和食品（如纺织品、化肥、食品、汽车和家用电器）占出口总额的比例从 1992 年的 10%左右增至 2018 年的 23%左右。同期进口的主要是机械设备，包括零部件（占 42.5%）、化工及相关产品（13%）、黑色金属及相关产品（8%）。乌兹别克斯坦贸易对俄罗斯的依赖持续减少，2018 年中国（19%）替代俄罗斯（17%）称为其第一大贸易伙伴。进口结构仍以资本和中间产品为主，不过2018年服务业比重也大幅上升。2018年外汇储备有所下降，但仍有271亿美元（相当于13个月的进口），能够确保外部账户的可持续性和稳定性。

总体来看，过去20年乌兹别克斯坦经济改革严重依赖国家驱动、进口替代的增长模式，在就业创造和生活改善的表现好坏参半。官方贫困率从2001年的27.5%下降到2018年的11.5%，但乌兹别克斯坦仍是欧洲和中亚地区贫困人口最集中的国家之一，有近400万人生活在国家贫困线以下。2017年，政府改弦易辙，朝着更加开放、更加市场化的方向迈进。同年9月统一汇率，放开外汇市场，启动价格和贸易自由化进程。2019年1月起大幅降低企业和个人所得税率。该国还取消了为促进旅游业和商业而发放入境签证的限制，启动加入世贸组织谈判。政府扩大了社会安全网覆盖面，并大大提高了经济统计数据的可获得性。

乌兹别克斯坦改革努力还体现在积极改善与周边国家的关系，包括与哈国达成在边境共建国际贸易和经济合作中心的协议，放弃反对塔吉克斯坦罗贡坝的施工、恢复首都塔什干飞往杜尚别航班。与国际金融机构发展合作也取得进展。例如，世界银行向乌国提供两笔总额均为10亿美元的贷款，分别用于农业、能源和紧急医疗服务等新项目和作为改革的预算支持。亚洲开发银行提供了3亿美元政策性贷款，用于改善经济管理，并承诺未来3年再提供30亿美元，用于改善供水和卫生、交通基础设施、能源和住房项目。蓬勃的市场改革有望解决生产瓶颈，园艺、旅游、食品加工、纺织和化工等优势产业的增长潜力优先得到释放。

四、哈萨克斯坦经济发展概况

哈萨克斯坦土地面积相当于西欧，但却是全球人口密度最低的国家之一。从战略上讲，它通过公路、铁路和里海的一个港口，将中国和南亚以及俄罗斯和西欧的快速增长的大型市场连接起来。哈国在不到20年的时间里就从中低收入国家转变为中高收入国家。事实上，1991年独立后哈国经历了一段经济不稳定、衰退和恶性通胀时期。到1995年，由于前苏联境内历史性商业和工业联系的破裂以及熟练工人移民，经济收缩了三分之一。20世纪90年代下半叶，经济政策制定有所改善，抑制了通胀，为恢复以石油、天然气和采矿业为首的经济增长奠定了基础。石油、天然气和采矿业迅速取代了崩溃的制造业。本世纪初开始的大宗商品超级周期以及新油田和天然气田的投产，帮助哈萨克斯坦开启长达13年的快速增长，其中自然资源租金占GDP的比重达到40%～50%。期间，贫困人口快速减少，极端贫困基本消除，中产阶级显著扩大。受国际油价下滑影响，2014—2016年经济连续下滑。更优惠的贸易条件和更高的石油产量使经济在 2017 年开始复苏，2018 年 GDP 和人均 GDP 分别为 1 643 亿美元和 9 043 美元（图 4）。

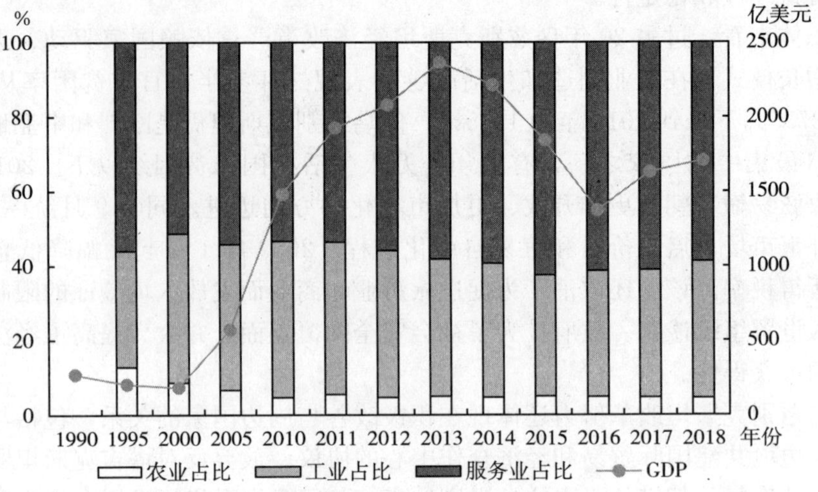

图 4　哈萨克斯坦经济增长及产业结构变动

服务业是哈萨克斯坦第一大经济部门，贡献约 55%的 GDP。服务业增长大部分来自非贸易品，不过基数较大的知识密集型、可贸易的服务业（信息通信技术、金融和商业服务）也经历了强劲的增长。截至 2016 年的 10 年里，哈国服务出口增长速度比经合组织（OECD）平均水平高出 80%。然而，这些行业仍然非常小，总共只占就业的 8%。制造业集中于资源和资本密集型领域，石油产品、基本金属和矿物占制造业产出的近三分之二。食品（主要是肉类、奶制品和淀粉）和饮料也是一个重要的行业。地广人稀的地理特征赋予了哈国农业巨大的潜力，但农业生产长期表现不佳，面临着越来越多的气候脆弱性。哈国拥有 2 500 万公顷土地适合机械化生产，另有 1.8 亿公顷牧场，是世界上主要小麦出口国之一，拥有长久建立的畜牧业，在园艺方面也具有发展的潜力。农业还受益于邻近巨大的粮食进口市场，包括中国、印度和中东地区。尽管提高农业部门效率的潜力是显而易见的，但实际生产率和产量远低于全球平均水平。

进出口贸易对于培育一国竞争力至关重要，它通过技术和知识获取来推动生产率提升。本世纪以来，哈萨克斯坦出口迅速增长，从 2000 年的 88 亿美元增长到 2017 年的 483 亿美元。不过，出口结构几乎没有变化，石油产品的主导地位日益巩固，其他绝大多数出口也是矿物和金属，电气设备和其他机械等新的、更复杂行业的出口有所扩张但基数仍很小。出口市场相对分散，2017 年主要出口市场有意大利（18%）、中国（12%）、荷兰（10%）和俄罗斯

(10%)。进口贸易商品集中度较低，2017年进口份额最大的三类商品分别是精炼石油（3.5%）、无线电通信用传输设备（2.6%）和药品（2%），进口集中来源于俄罗斯和中国，2017年两个市场所占的出口份额分别是39%和16%。

哈萨克斯坦有着雄心勃勃的长期增长战略，《哈萨克斯坦2050战略》设定了长期目标，包括成为世界前30大经济体之一。不过，2014年油价大幅下跌使该国偏离了高速增长的轨道，而油价长期保持低位的可能性迫使政府不得不重新审视本国增长模式。哈国政府提出了四项相互促进的战略支柱，以帮助继续促进经济结构转型。这些战略支柱分别是：通过减少非石油赤字来限制国家对经济的干预；通过要求股东承担起更大的银行损失责任和发展非银行金融机构来改革金融部门；加强对外贸易能力和各区域对外部和国内机会的响应能力；加强人力资本来支持更有效率和适应性的劳动力需求，加强社会保障制度来管理经济混乱。

五、土库曼斯坦经济发展概况

自2005年以来，土库曼斯坦经济经历了两位数的增长，是世界上增长最快的经济体之一，自2012年起被列为中高收入国家。2014年全球油价下跌，土国GDP大幅下滑，随后恢复增长势态，2018年GDP和人均GDP分别为424亿美元和7 356美元（图5）。丰富的油气资源和国际大宗商品价格是土库曼斯坦实现了中上收入水平的主要驱动因素。土国天然气储量为世界第四，约占全球储量的10%，2014年采掘业占GDP的35%以上，相关的公共投资占公共投资总额的80%，但只占就业的14%。农业占GDP不到10%，但雇佣了约45%的劳动力，意味着存在大量的劳动力过剩和就业不足。农业以棉花

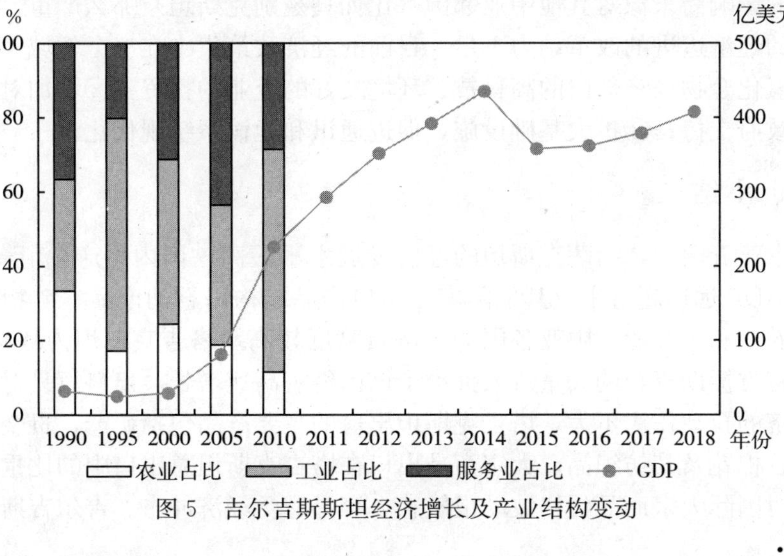

图5　吉尔吉斯斯坦经济增长及产业结构变动

和小麦为主，生产根据国家指令进行，约占农业总产量的90%。农产品加工业仅占农业GDP的10%左右，几乎没有什么附加值。私营农业份额很小，主要是高附加值的蔬菜和水果。总体来看，私营部门在土国经济部门中所占的份额有所增加，但公共部门和国有垄断企业继续控制着经济和正式的劳动力市场。

土库曼斯坦出口约占GDP的40%，是中亚地区最高的，也是出口最集中的国家，2014年碳氢化合物出口超过94%。除天然气、石油和矿产外，其他产品的出口一直停滞不前。进口集中度相对较低，但2013年五大类商品进口占比也接近70%。中国、土耳其和俄罗斯是土库曼斯坦主要的贸易伙伴，对中国的出口额占其出口总额的60%以上（主要是天然气）。进口市场相对不那么集中，但2013年最大的五个国家占了近70%，分别是土耳其、俄罗斯、中国、德国和乌克兰。开发碳氢化合物的机械和运输设备在该国进口中占主导地位。外国直接投资（FDI）几乎占总投资的20%，其中约80%用于工业。中国、土耳其和日本是FDI的主要来源国，而采掘业、建筑材料和化学品是主要受益行业。

土库曼斯坦虽然处于中上收入水平，但仍处于过渡初期。可持续增长、生活水平不断提高、私营部门发挥更大作用以及经济多样化是政府2030年的战略重点。国家长期社会经济发展计划（2011—2030年）的具体目标包括：①将私营部门在非碳氢化合物经济中的作用和份额提高到至少70%；②提高清洁饮用水的获得性，确保区域可持续发展；③缩小城乡收入差距，确保国家包容性发展；④到2025年达到高收入地位。作为一个碳氢化合物出口大国，土库曼斯坦同样面临着艰难的外部环境，包括自2014年年中以来国际油价大幅下跌、俄罗斯和该地区其他国家的经济低迷。不过，持续的外部冲击对土库曼斯坦的影响尚未像对其他中亚邻国（比如乌兹别克斯坦）那么严重，向更加市场化的经济迈进的改革动力不足。目前的经济政策集中在三个领域：①增加对非碳氢化合物经济部门的高科技、环境友好的企业的投资；②增加对研究和发展的政府支持；③扩大基础设施，促进通讯和运输系统现代化。

六、小结

在中亚五国中，哈萨克斯坦的经济发展水平最高，国内生产总值（GDP）和人均GDP远远超过中亚其他国家，出口产品结构以石油产品、矿物和金属为主。农业和服务业对中亚各国的经济贡献度较高。塔吉克斯坦内战结束后，汇款和官方援助资金的大量流入推动了该国经济高速增长。出口贸易对塔吉克斯坦经济的拉动作用不大，塔吉克斯坦出口的主要产品包括矿产、贵金属和半贵金属、棉花及其纺织品。大宗商品出口在塔吉克斯坦总出口中的比重较高导致该国对国际大宗商品价格波动很敏感，容易遭受经济冲击。吉尔吉斯斯坦经济增长的驱动力单一，严重依赖于大宗商品出口（黄金）和劳务汇款。天然气和黄金是乌兹别克斯坦的主要出口产品，2018 年黄金出口超过天然气出口。受益于外国游客数量的迅速增加，乌兹别克斯坦的服务贸易额（主要是运输、通讯和旅游）大幅增长，2018 年占出口总额的近 20%。土库曼斯坦的出口产品集中于天然气、石油和矿产，是中亚地区出口最集中的国家，2014 年碳氢化合物的出口额超过 94%。得益于丰富的油气资源，自 2012 年起土库曼斯坦被世界银行列为中高收入国家。

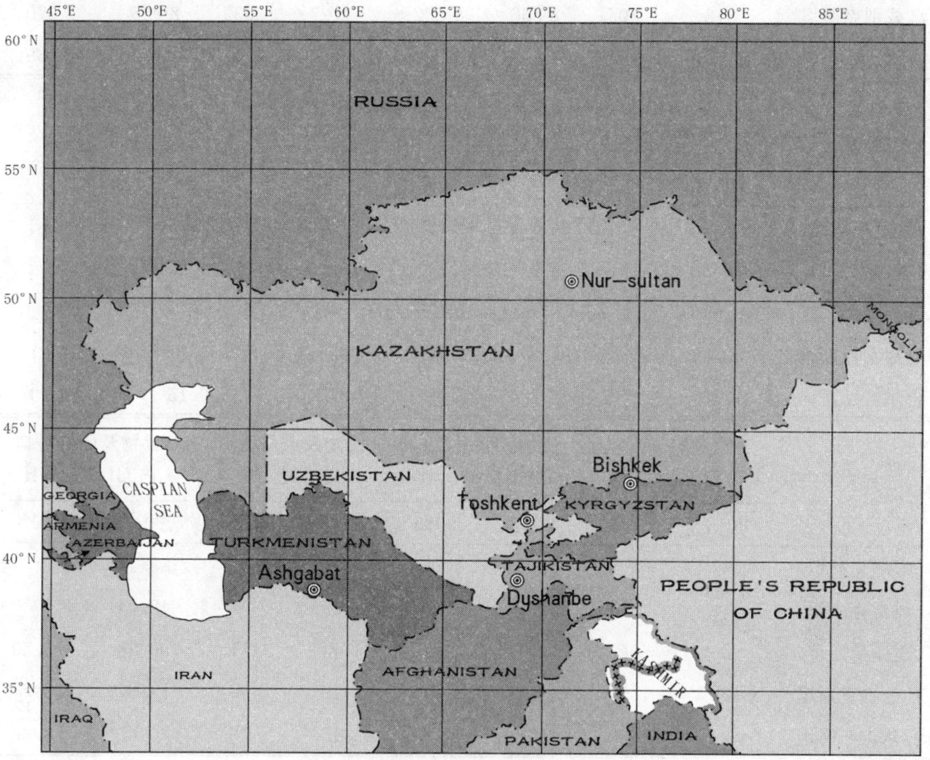

图 6　中亚五国地理分布

表 2　中亚五国社会经济发展基本指标情况

国家	总人口		农村人口占总人口百分比		国土面积（万平方千米）		农业用地面积占比	
	2016	2018	2016	2018	2016	2018	2016	2018
哈萨克斯坦	1 779	1 828	43	43	270	—	80	—
塔吉克斯坦	866	910	73	73	14	—	34	—
土库曼斯坦	566	585	49	48	47	—	72	—
乌兹别克斯坦	3 185	3 296	49	50	43	—	63	—
吉尔吉斯斯坦	608	632	64	64	19	—	55	—

（续）

国家	国内生产总值（亿美元）		人均国内生产总值（美元）		人均国内生产总值年增长率		官方汇率（美元）	
	2016	2018	2016	2018	2016	2018	2016	2018
哈萨克斯坦	1 373	1 705	7 715	9 331	−0.33	2.74	342	345
塔吉克斯坦	70	75	803	827	4.29	4.70	8	9
土库曼斯坦	362	408	6 390	6 967	4.38	4.51	—	—
乌兹别克斯坦	818	505	2 568	1 532	4.27	3.32	2 965	8 070
吉尔吉斯斯坦	68	81	1 121	1 281	2.20	1.57	70	69

国家	农业增加值占GDP百分比		工业增加值占GDP百分比		服务业增加值占GDP百分比	
	2016	2018	2016	2018	2016	2018
哈萨克斯坦	4.56	4.18	31.98	34.07	57.86	54.48
塔吉克斯坦	20.38	—	27.24	—	42.25	—
土库曼斯坦	—	—	—	—	—	—
乌兹别克斯坦	30.84	28.79	24.14	28.42	35.77	31.61
吉尔吉斯斯坦	12.83	11.65	26.55	27.46	50.15	49.79

国家	货物及服务出口（亿美元）		货物及服务出口占GDP百分比		货物及服务进口（亿美元）		货物及服务进口占GDP百分比	
	2016	2018	2016	2018	2016	2018	2016	2018
哈萨克斯坦	437	—	31.84	—	391	—	28.47	
塔吉克斯坦	9	—	12.94	—	29	—	42.04	
土库曼斯坦	80	92	22.14	22.67	144	51	39.88	12.50
乌兹别克斯坦	122	147	14.88	29.11	122	196	14.87	38.74
吉尔吉斯斯坦	24	26	35.83	32.73	48	55	70.00	68.39

数据来源：世界银行世界发展指数（WDI）。

第三节　中亚国家贫困现状

21世纪以来，中亚各国普遍在经济增长和减贫方面取得了显著的成就。不过各国经济发展水平差距决定减贫水平的差异。总的来说，各国贫困率存在明显的地理差异，性别、家庭规模和受教育水平等微观特征也是影响贫困状况的重要因素。展望未来，各国减贫进程仍主要取决于经济增长的可持续性。

一、中亚国家贫困计算方法

贫困是一种动态的、历史的和地域的概念，关于贫困的定义不同时期、不同国家的学者给出了非常丰富的不同定义。“贫困线”作为衡量贫困的标准，它也是一种制度，是各国制定社会保障制度最为重要的依据之一[①]。贫困线的衡量方法通常分为有两种：一种是绝对贫困线，另一种是相对贫困线。前者以生理和社会福利的最低标准为基础，后者则侧重于一国内部的不平等。对于官方贫困估计数，中亚国家都使用绝对贫困的概念，这是基于收入或支出与既定最低生活水平的对应程度。绝对贫困线与社会福利政策密切相关，因为它衡量的是健康生活的最低要求。根据 Isidoro（2005）[②] 和 Morduc（2005）[③]，衡量绝对贫困线的最流行方法是基本需求成本法（Cost of Basic Needs，CBN）。这种测量方法不仅在实践中被发展中国家广泛采用，而且也被转型期国家和发达国家广泛采用。相对贫困线的衡量方法大多是发达国家在采用，特别是经合组织国家。不过，相对贫困线一般不被用作提供社会保障的门槛。

从概念上讲，基本需求成本法直接估计了一国民众健康生活的最低要求。CBN 贫困线在食品贫困线和非食品贫困线之间可以分离（additively separable）。通过将独立估计的食品贫困线和非食品贫困线加总，就可以获得总贫困线，作为在一国生活的最低要求。根据 Isidoro（2005），CBN 贫困线计算方法如下：

首先，估计食品贫困线，即：①估计最低营养需求；②规定满足营养要求的食品篮子内容物；③估算该食品篮子作为食物贫困线的价值（fpl）。

其次，估计最低非食品需求作为非食品贫困线的价值（$nfpl$）。

最后，对食品和非食品贫困线进行加总，获得总贫困线（tpl）。

（一）估计食品贫困线

为了估计食品贫困线，第一步需要关于生活最低营养需要的数据。最普遍的方法是遵循联合国粮食及农业组织和世界卫生组织规定的推荐日摄取量（Recommended Daily Allowance，RDA）来达到最低营养要求。第二步是按项目和重量指定满足最低营养需求（例如 2 100 千卡）的食品篮子的内容物（例如 1 千克牛肉；2 千克大米等）。通常家庭食品消费调查（HFCS）包括按

① 杨进．贫困与国家转型：基于中亚五国的实证研究．北京：社会科学文献出版社，2012.

② Isidoro D.（2005）. Country Practices in Compiling Poverty Statistics，in United Nations，ed.，Handbook on Poverty Statistics：Concepts，Methods and Policy Use，Mimeo.

③ Morduch J.（2005）. Concepts of Poverty，in United Nations，ed.，Handbook on Poverty Statistics：Concepts，Methods and Policy Use，Mimeo.

重量和价值消费的单个食品的信息，用于指定食品篮子的内容物。按成人和儿童人数计算的调整后收入低于最低20%（25%或30%）的家庭通常用于抽样。然后，参照家庭消费的人均食品项目按重要性排序，例如，数量、价值或在某些情况下报告消费的频率。通过对消费者价格的调查，可以得到每一项商品的单价。最后，食品贫困线（fpl）等于每个项目数量的价格加权和。定义如下：

$$fpl = \sum_{i=1}^{F} q_i p_i$$

式中，q_i 表示食品数量，p_i 表示食品单价。

（二）估计非食品贫困线

估计最低非食品需求成本的方法有三种：①特定基本非食品需求清单（直接法），②恩格尔系数（间接法），③回归法（间接法）。

（1）直接法：列出指定的基本非食品需求。这种方法通过列出特定非食品需求，并将篮子的价格加权计算为非食品贫困线（$nfpl$）来创建非食品篮子。

（2）间接法：恩格尔系数法。这种方法计算恩格尔系数，即食品消费与总支出的比率。计算恩格尔系数有两种方法：回归法和平均法。

回归方法是基于经济学中的刚性消费理论，是确定非食品需求最合理、最稳健的方法之一。回归法重点是总支出（te）等于 fpl 的家庭。也就是说，以贫困家庭为重点，估计每户非食品消费的比率，可以被视为所需的最低非食品需求。在计算家庭食品和非食品支出的比率时，可以估计非食品需求比率。然而，严格符合 te 等于 fpl 标准的家庭很少或没有。所以，使用食品支出大于或小于 fpl 的样本家庭进行线性回归。例如，通常使用支出处于［$0.9\times fpl$，$1.1\times fpl$］的范围的样本家庭数据。

Ravallion 和 Bidani（1994）提出了以下估计方程，即所谓的食物份额恩格尔曲线：

$$s_i = \alpha + \beta \log\left(\frac{te_i}{fpl}\right) + \varepsilon_i$$

式中，s_i 代表家庭 i 人均食品支出占总支出的比重（$=fe_i/te_i$）；te_i 代表家庭总支出，fpl 代表食品贫困线，ε_i 代表误差项。

该估计方程是由几乎理想需求系统（deaton 和 muellbauer，1980）导出的，该系统广泛应用于消费和需求系统分析领域。在上面的模型中，α 可以解释为食物份额，因此，$1-\hat{\alpha}$ 代表非食物需求的份额（$\hat{\alpha}$ 是估计值）。计算 $(1-\hat{\alpha})fpl$ 得到非食物贫困线。

平均法也被广泛应用于计算恩格尔系数。该方法简单地计算了样本家庭中食品支出在总支出（恩格尔系数）中的平均份额 fe/te。与回归法一样，非食

品贫困线为 $(1-fe/te)fpl$。

将食品贫困和非食品贫困线加总，就可以估算出 CBN 中的总贫困线（tpl），公式如下：

$$tpl=fpl+nfpl=fpl+(1-\hat{\alpha})fpl$$

中亚国家对贫困人口的官方估计使用了“绝对贫困”概念和基本需求成本法。贫困的定量评估主要基于定期进行的家庭调查微观数据。贫困线估算的消费者篮子组成由各国的国情、气候特点及其财政可能性确定。由于经济发展和贫困状况不同，不同国家使用通用标准来衡量贫困水平。例如，吉尔吉斯斯坦和塔吉克斯坦仍使用“极端（食品）贫困线”，这是基于满足特定每日食物摄入量的食品篮子的成本，塔吉克斯坦 2 250 千卡，吉尔吉斯斯坦 2 100 千卡。“总贫困线”是食品贫困线和非食品贫困线的加总，通常作为一国的“国家贫困线”。生活在极端贫困线和总贫困线以下的人口比例就是“极端贫困率”和“总贫困率”。绝对贫困线基于消费者价格指数每季度更新一次。图 7 显示 2013—2016 年塔吉克斯坦季度贫困线。可以看出，塔吉克斯坦总贫困线的消费篮子是按照固定比率计算（食品份额：非食品份额＝70：30）。

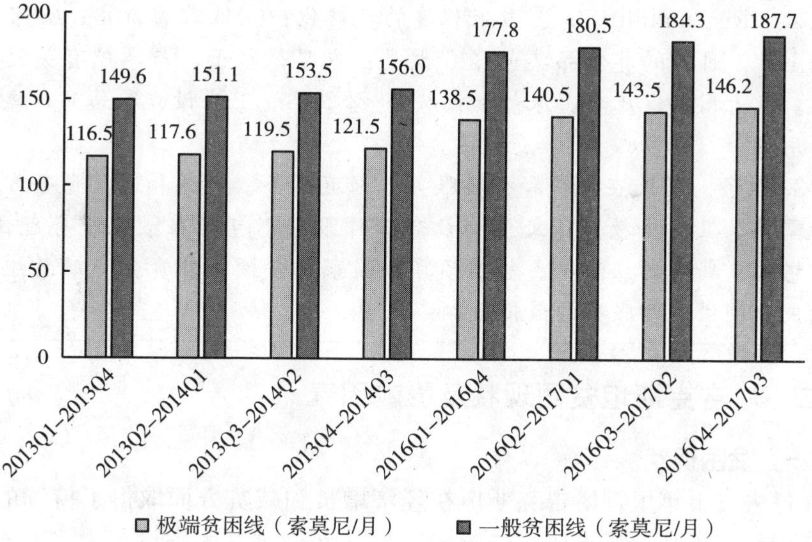

图 7　塔吉克斯坦季度极端贫困线和总贫困线

数据来源：塔吉克斯坦国家统计局。

中亚国家还采取“最低生活保障（Subsistence Minimum）”来衡量贫困，被定义为保证消费满足人的生理和社会最低需求的收入水平。最低生活保障的消费篮子除了食品和非食品，还包括服务（专栏 1）。最低生活保障通常高出极端贫困线和总贫困线很多。作为中高收入国家的哈萨克斯坦，国家一级的最低生活保障被用作制定最低工资、最低养老金和其他社会支付的参考，并且还被用作计算贫困线的基础。该国将“国家贫困线”设定为最低生活保障的40%。由于财政预算限制，处于中低收入水平的塔吉克斯坦和吉尔吉斯斯坦没有采用最低生活保障作为福利的标准。例如，2016 年第四季度，塔吉克斯坦最低生活保障标准为人均每月 520 索莫尼，而 2016 年最低工资为 400 索莫尼，每月基本养老金 156 索莫尼，社会平均养老金 144 索莫尼。

专栏 1　塔吉克斯坦最低生活保障的消费篮子

塔吉克斯坦的最低生活保障的消费篮子由以下要素组成：

1. 食品集。主要考虑：①营养成分和食品的能量价值；②贫困家庭的实际食品消费结构；③食品选择，即以最低成本确保健康饮食的食品组合。目前选择的食品共有 11 类：面包、面包制品、豆类和谷类食品；土豆；蔬菜和甜瓜；新鲜水果；糖和糖果制品；肉制品；鱼制品；牛奶制品；鸡蛋、植物油、人造黄油和其他脂肪制品；其他产品。

2. 非食品集。主要考虑：①现有的低收入家庭提供非食品产品；②可再生性（Renewability）；③最低程度的多样化；④低零售价格；⑤可及性和安全性。目前的非食品集包括 6 大类：衣服；鞋子；与学校有关的儿童用品；床上用品（床单、床垫和枕头）；必需品、卫生设施和药品；文化和家庭用品。

3. 服务。居民在住房和公共服务、家庭服务、交通和通信服务方面的最低需要。卫生、教育、文化和社会工作服务不包括在最低服务范围内。根据塔吉克斯坦的立法，由各级预算和国家社会预算外资金资助的组织免费向民众提供这些服务的最低数额。

二、塔吉克斯坦贫困现状及影响因素

（一）贫困现状

在过去二十年里，塔吉克斯坦在经济增长和减贫方面取得了持续的进展。国家贫困线采用基本需求成本法确定，2017 年极端贫困率设定为 138.45 索莫尼，总贫困线（国家贫困线）设定为每人每月 190.83 索莫尼。塔吉克斯坦国家贫困率从 1999 年的 82%下降到 2018 年的 27.4%。在国际标准下，贫困率也出现了类似的下降。按照每人每天 1.9 美元购买力平价的标准，塔吉克斯坦几乎完全消除了极端贫困，相应的贫困率从 1999 年 54.4%将至 2015 年的 4.8%。按照每人每天 3.2 美元购买力平价标准，同期下降了 67%。不过，大部分减贫成果归因于第一个十年的追赶增长。最近趋势表明，对增长的减贫反应有所减弱。在过去三年里，塔吉克斯坦的实际经济增长了10%以上，但贫困人口比例下降不到3个百分点（图8）。

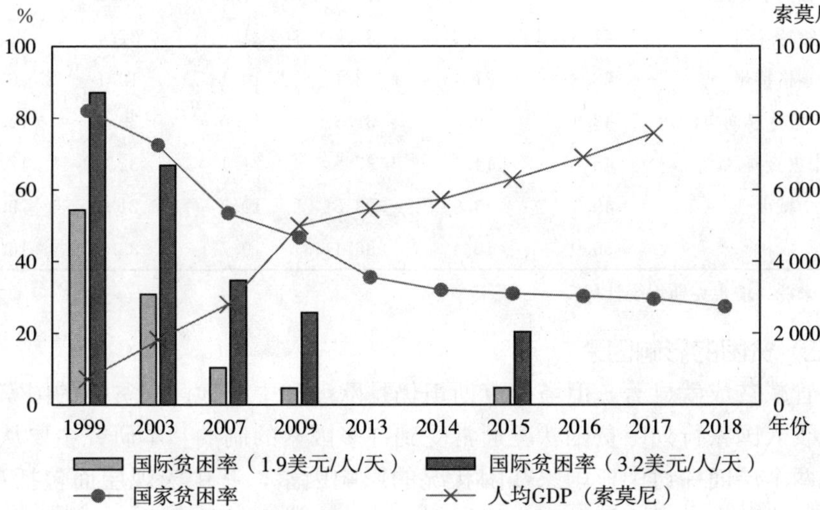

图8　塔吉克斯坦人均GDP和贫困率变动情况

数据来源：塔吉克斯坦国家统计局；世界银行世界发展指数。

塔吉克斯坦贫困率表现出很大的地理和季节变化。塔国的行政区划分为三州一区一直辖市：索格特州、哈特隆州、戈尔诺—巴达赫尚自治州（GBAO）、中央直属区（DRS）和杜尚别市。杜尚别市和索格特州的贫困风险比其他地区要低得多。2017年杜尚别市和索格特州贫困率分别为18.2%和19.1%，DRS为32.4%，而哈特隆州和GBAO则超过了35%。杜尚别市是该国经济中心，它提供了比其他地区更好的就业机会和更高的平均工资。地处西北的索格特州，拥有全国三分之一的耕地，农业和工业欣欣向荣。它还受益于与乌兹别克斯坦和吉尔吉斯斯坦接壤的费尔干纳山谷。农村贫困形势比城市严重，农村贫困率比城市高出10个百分点以上，超过75%的穷人生活在农村地区（表3）。除了地理上的差异外，贫困率在一年之内也有很大的季节性波动。贫困率通常在第三季度大幅下降，然后开始持续上升，直到下一年度第二季度达到最高水平。农村人口对农业的依赖，特别是自给自足的农业，是贫困率季节变化的主要原因。鉴于塔吉克斯坦是世界上最依赖汇款的经济体，移民工人就业季节性（务工时间一般是从春末到秋初的3～6个月）也导致了贫困率的波动。Danzer等（2013）研究指出，50%的城市贫困家庭和80%的农村贫困家庭的消费是由汇款支持的。

表 3　塔吉克斯坦地区和城乡贫困率变动状况

项目	2007 年		2014 年		2017 年	
	贫困率	极端贫困率	贫困率	极端贫困率	贫困率	极端贫困率
杜尚别市	43.3	16.4	19.9	7.9	18.2	9.4
哈特隆州	47.3	8.2	37.7	21.6	37.4	19.5
索格特州	68.8	31.1	23.1	10.1	19.1	6.3
戈尔诺—巴达赫尚自治州	43.4	9.9	37.3	18.0	39.3	17.3
中央直属区	48.8	14.1	37.8	21.1	32.4	17.1
城市	49.4	18.9	23.5	10.7	21.6	9.6
农村	55.0	16.4	36.1	19.7	33.3	16.5

数据来源：塔吉克斯坦统计局。

（二）贫困的影响因素

尽管减贫成就显著，但塔吉克斯坦仍是欧洲和中亚地区最贫穷的国家，处于中低收入国家行列。贫困状况通常受到许多因素的制约，本研究主要从宏观和微观两个层面探讨中亚国家贫困状况的影响因素，其中宏观层面包括自然、社会和经济因素，微观层面则包括性别、家庭规模和受教育水平（表 4）。

表 4　贫困的主要影响因素

因素分解		含　义
宏观因素	自然因素	自然环境状况在很大程度上影响和决定着人们的生存状态和发展方向，自然因素主要包括地理位置，地形和地貌，气候、土壤、植被等农业自然资源和矿藏等加工业自然资源
	社会因素	大多数贫困国家或地区都脱离经济发展主流，都有其特定的社会背景，包括历史、文化、制度等要素
	经济因素	可持续经济发展是改善人民福利和减少贫困的最重要条件，一方面经济发展为贫困人口提供了更多和更好的就业和创收机会；另一方面，经济增长增加政府财政收入，使政府更有能力去帮助贫困人口
微观因素	性别因素	按性别进行的劳动分工使妇女从事家务，并限制她们获得物质和社会资源以及参与政治、经济和社会决策。妇女贫穷的风险更大，因为她们的物质资产相对有限，社会资产更有限
	家庭规模	家庭规模与贫穷发生率和脆弱性之间通常具有正相关的关系，多生孩子会导致家庭储蓄率和收入水平大幅下降，降低母亲的劳动参与率和工资收入，降低学龄儿童入学率
	受教育水平	更高的受教育水平通常会带来更好的就业和更高工资，就业/工资的增加会转化为较高的家庭收入。因此，与受教育程度较高的家庭相比，受教育程度较低的家庭更有可能贫穷

1. 自然因素

自然灾害和气候变化持续威胁着塔吉克斯坦的经济和社会发展，而政府尚无足够的应对能力。塔吉克斯坦的地形、地质和水文特征也使其容易遭受许多自然灾害，如洪水、地震、滑坡、泥石流、雪崩、干旱和大雪。该国每年都遭受自然灾害的袭击，造成国民经济损失和人员伤亡。环境恶化和基础设施恶化（主要是在苏联时期修建的灌溉渠道、河堤、道路、桥梁和水坝）增加了民众对极端天气事件和地震风险的脆弱性。自然灾害往往不成比例地影响穷人和边缘人口。贫穷的家庭常常是定居在易受灾害影响的土地上（如洪灾区）。这增加了他们土地、牲畜和住房等稀缺经济资产受损的可能性。

塔吉克斯坦被认为是中亚地区最易受气候变化影响的国家。农业贡献了塔吉克斯坦大部分就业，其发展依赖水资源，因此受到气候变化的影响。气候变化预计将增加极端气候事件（洪水、干旱、极端温度）的强度和频率。这些对农业的不利影响会造成粮食生产下降，进而可能提高食品的相对价格，降低农业工资，影响依赖农业的穷人。

2. 社会因素

同其他中亚共和国一样，在苏联时代，塔吉克斯坦的经济发展是面向苏联的需要，而不是面向本地区人民的长期繁荣。所有的贸易、运输和能源系统都从其他地区邻国转向莫斯科。苏联体制指定塔吉克斯坦专门从事棉花种植，利用最适宜的气候条件。这导致了主要农作物和畜牧业的急剧下降，造成了遗留下来的粮食不安全问题——这是该国今天面临的最紧迫的挑战之一。为了迅速增长的人口，大量的谷物、肉类和奶制品以及大多数消费品都必须从其他国家进口。塔吉克斯坦成为苏联第三大棉花生产国，仅次于乌兹别克斯坦和土库曼斯坦。然而，由于棉花单作缺乏轮作，导致土壤退化，而化肥的大量使用导致地下水污染和健康问题。

1991 年苏联解体后，当其他前苏联共和国正在进行相当成功的过渡时，塔吉克斯坦却进入六年的内战。内战严重破坏了塔吉克斯坦包容性的国家制度发展和本已脆弱的经济基础，工业和农业生产急剧下降，使其未能在后苏联时期实现从中央计划体制向更加面向市场体制的平稳过渡。

内战夺去了多达 10 万人的生命，使塔吉克斯坦国内外多达 20%的人口流离失所，并将该国许多受教育程度最高的人（尤其是俄罗斯族）赶出该国，导致医生、教师和合格的生产工人大量外流。工业生产大部分是在中央指挥机制内产生的，陷入被关闭境地。集体农场无人看管，农场基础设施遭到破坏，牲畜和农场机械遭到抢劫。由于同俄罗斯和前苏联各共和国的贸易和经济关系的破裂，内战造成的破坏更加严重。塔吉克斯坦失去了免费使用前联邦基础设施（电力、交通）的机会，也无法从莫斯科获得大量的财政转移。1997 年，拉赫蒙总统和他的主要对手签署了一项和平协议。权力分享协议带来了数年的和平政治竞争。然而，从2000年开始，塔吉克斯坦逐渐走向独裁，催生了越来越严重的治理薄弱和腐败问题。薄弱的治理使得政府难以履行对人民的责任，包括向人民提供公共产品和服务或创造有利于可持续增长的环境来增加人民财富和福利。

3. 经济因素

由于当前塔吉克斯坦经济发展和国民收入仍处于较低水平，未来减贫的核心驱动力仍来源于经济增长。展望未来，制约经济持续增长的因素同时也是该国减贫进程面临的挑战。这些挑战包括：

（1）当前的增长模式没有充分创造就业。过去十年的强劲增长表现尚未转化为相应的就业创造，以适应年轻工人迅速进入劳动力市场。2007—2017年仅带来1.1%（23 364个）的净就业岗位，而同期劳动年龄人口的年增长率约为3%（累计120万）。

（2）严重的能源短缺和运输基础设施不足是经济活动的严重障碍。目前，塔吉克斯坦不能保证完全满足国内对电力的需求，尤其是在冬季。企业经常面临停工，造成经济损失。造成能源形势严峻的因素有：缺乏替代能源、电价极低以及依赖水电发电（易受季节性影响）。

运输基础设施不足增加了贸易成本，限制了该国的连通性，削弱了竞争力。尽管塔吉克斯坦接近主要市场，但其贸易成本是世界上最高的，这是对该国贸易机会的一个重大限制。为运送货物和将国内生产商和消费者与国际市场联系起来而提供的后勤服务支助有限，也妨碍了塔吉克斯坦的连通性和竞争力。

（3）经济外向型不足，增长主要由国内需求支撑。该国进口替代政策刺激了一些以国内为导向的产业，包括建筑材料和食品。然而，这不能继续成为未来增长的推动力，需要更强的对外导向和有竞争力的出口部门来维持高增长。

（4）增长过度依赖少数集中的外部资金来源。2013—2016年，汇款流入和私人转移支持了超过三分之一的私人消费。汇款不仅多（2017年占GDP的38%），而且集中在主要汇款来源国。2013—2017年，官方发展援助（ODA）为超过一半的公共投资项目提供资金。这种不平衡和非多样化的融资结构加剧了对抗外部冲击的脆弱性。

（5）宏观财政压力迅速累积。政府以扩张性财政政策应对了2009年和2014年两大外部冲击。这种做法支撑了经济增长，但将财政赤字推高至GDP的7%以上。2014—2017年间公共和公共担保债务水平提高了一倍，2018年占GDP的53%。由于财政空间极其有限，如果发生外部冲击，政府将无法发挥反周期作用。

4. 性别因素

性别差异反映在塔吉克斯坦贫困率上，女性贫困风险高于男性。单身妇女和以妇女为户主的家庭是最容易陷入贫困的群体之一，这是自苏联解体以来发生的若干社会和经济问题发展的结果。首先，这种过渡意味着针对母亲全面社会安全网的终结，包括对工作母亲的保护和儿童保健支持方案。第二，20 世纪 90 年代初毁灭性内战导致约 2 万名妇女成为寡妇，并导致妇女户主的家庭数量显著增加。第三，劳动力迁移发展为一种以男性为主的现象。随着丈夫的迁移，妇女承担养家糊口的所有责任。2012 年人口和卫生调查数据显示，只有 53%的职业女性有现金工资，7.6%有实物收入，19%没有收入。总体来看，妇女在生活的许多方面处于不利地位，比男性更容易受到粮食不安全、营养不良和贫穷的影响。

5. 家庭规模

家庭规模和可就业成年人在家庭中所占的比例是该国贫穷的一个潜在决定性因素。塔吉克斯坦贫困家庭比非贫困家庭要大得多（并且有更多的依赖抚养成员）。贫困家庭人口数平均有 8.0 人，而非贫困家庭有 5.9 人。塔吉克斯坦出生率高，预期寿命适中，抚养比率主要由大量儿童而不是老年人所占的比例所决定。多子家庭是该国贫困人口的主要群体，因为这些家庭里妇女的职业地位较低，并预先决定了其家庭低收入水平。

6. 受教育水平

教育在解释塔吉克斯坦贫困方面发挥着重要作用。受过教育的人拥有更高的劳动生产率，更有能力学习新技能，因此，陷入贫困的风险更小。虽然塔吉克斯坦大多数成年人都完成了基本的学校教育，青少年（15～24 岁）的识字率男女比例都接近 100%。然而，无论从现在还是从历史上看，接受高等教育的机会都比接受中等教育低得多，并且高等教育在富裕家庭中更为普遍，2015 年生活在贫困和非贫困家庭中的 15%和 25%的成年人接受了高等教育。

除了货币贫困指数外，考虑非货币和多层面指标有助于更好地了解塔吉克人口经历的剥夺的性质。缺乏获得教育、卫生、生活条件和服务的机会，可能是贫穷的原因和后果。多维贫困指数包括教育、健康和生活水平三个维度。根据 Alkire 和 Robles（2016）[①] 的研究结果，2015 年多维贫困人口比例为 13.2%，而同期国家货币贫困线为 31.3%。这表明，尽管近三分之一的塔吉克人没有足够的收入，但这并不一定意味着他们在教育、健康或生活水平上被剥夺。

---

① Alkire，S. and Robles，G. (2016). Multidimensional Poverty Index Winter 2016：Brief methodological note and results. OPHI，University of Oxcord，OPHI Briefing 44.

塔吉克斯坦在教育方面相对较好，教育剥夺对总指数的贡献最小。这很可能是由于小学教育在全国几乎是普遍的，只有不到1%的人口被剥夺了教育。健康状况则比较严峻。婴儿死亡率在过去几十年一直在下降，但2015塔吉克斯坦的婴儿死亡率和5岁以下儿童死亡率仍然是该地区最高的，分别为38.5‰和44.8‰。尽管塔吉克斯坦在卫生方面取得了很大进展，但它没有实现与卫生有关的千年发展目标。生活水平也需要提高，7%的人口由于缺乏改善的饮用水、优质的住房材料和烹饪燃料而受到影响。在这个层面上，也可以看到较大的城乡差距。超过90%的城市人口能够获得改善的饮用水源，但2012年这一数字仅为农村地区的71%（Alkire和Robles，2016）。无法获得自来水的家庭依靠河水或水井作为主要饮用水源，使他们容易生病。感染性腹泻和其他严重的水传播疾病通常被认为是婴儿、儿童死亡和营养不良的主要原因。

三、吉尔吉斯斯坦贫困现状及影响因素

（一）贫困现状

贫穷是吉尔吉斯斯坦的一个长期挑战，尽管它在主要国际贸易路线上的地位使其在历史上受益于邻国的经济实力。自然资源，特别是黄金和水资源，对经济作出了重要贡献，但要么不如某些邻国丰富，要么由于吉尔吉斯斯坦多山的地形而难以获得。苏联解体时，吉尔吉斯斯坦是最贫穷的共和国之一。尽管苏联当局对苏联的贫困水平并不透明，但Goskomstat（国家统计机构）计算出，1989年，吉尔吉斯斯坦33%的人口“缺乏供给（underprovisioned）”，这一比例与2015年大致相同（Pomfret，1999）。

1991年苏联解体后，吉尔吉斯斯坦向市场经济和民主管理过渡也并不顺利：增长下降，贫穷和不平等增加。1990—1995年，吉尔吉斯斯坦的GDP下降了近50%。虽然绝对贫困在苏联时期很低，但到2000年，42.2%的人口生活在1.90美元的国际贫困线以下。世纪之交以后，国家开始取得经济和社会进步。自2000年以来，贫困有下降的趋势，但仍有四分之一的人口生活在贫困中（图9）。吉尔吉斯斯坦国家统计委员会的最新数据显示，2018年国家贫困线为人均年收入32 679索姆（每月2 723.29索姆），极端（食品）贫困线为人均年收入17 471索姆（每月1 455.95索姆）。总贫困率为22.4%，比上一年下降了3.2个百分点，极端贫困率为0.6%。贫困的衡量方法具体见专栏1。根据世界银行的数据，2017年19.6%的人口生活在每天3.2美元以下，1.5%的人生活在每天1.90美元以下。值得注意的是，大多数脱贫人口只是略高于贫困线。按照每天10美元的国际贫困线来定义，2015年只有2%的人口处于中产阶级，与十年前相比几乎没有变化，65%的人口容易再次陷入

贫困。

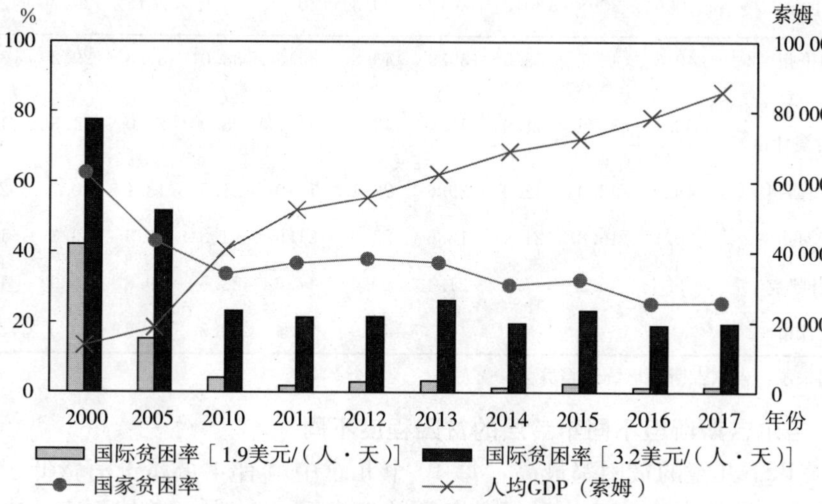

图 9　吉尔吉斯斯坦人均 GDP 和贫困率变动情况

数据来源：吉尔吉斯斯坦统计委员会；世界银行世界发展指数。

1. 吉尔吉斯斯坦贫困在地理上差异明显

吉尔吉斯斯坦行政划分为 7 州 2 市：首都比什凯克市（Bishkek）、奥什市（Osh），楚河州（Chui）、塔拉斯州（Talas）、伊塞克湖州（Yssyk-Kul）、奥什州（Osh）、贾拉拉巴德州（Jalal-Abad）、纳伦州（Naryii）、巴特肯州（Batkon）。一般来说，北部地区的楚河州、伊塞克湖州、塔拉斯州和比什凯克，由于其有利的经济地位而较不贫穷，2018 年贫困率分别为 15.6%、21.5%、22.1%和 15.4%（见表 5）。贫困率最高的是纳伦州（30.6%）、巴特肯州（33.8%）和贾拉拉巴德州（32.2%）和奥什市（35.5%），2010 年影响这些地区的内战造成当地居民丧失生计。考虑到城乡方面时，这种南方和北方的划分尤其明显。总的来说，城市贫困人口少于农村人口，2018 年 68%贫困人口生活在农村地区，特别是南部农村地区的人口的贫困率远远高于居住在城市的人口。

表 5　吉尔吉斯斯坦国家和地区贫困率变动

年份	2006	2008	2010	2012	2013	2014	2015	2016	2017	2018
吉尔吉斯斯坦	39.9	31.7	33.7	38.0	37.0	30.6	32.1	25.4	25.6	22.4
巴特肯州	50.9	20.7	33.6	34.2	53.9	40.7	41.2	37.0	40.5	33.8
贾拉拉巴德州	58.3	40.1	44.7	55.7	46.4	46.4	45.1	32.2	32.6	32.2
伊塞克湖州	43.9	52.2	38.0	28.1	39.5	26.0	28.9	24.7	24.2	21.5

（续）

年份	2006	2008	2010	2012	2013	2014	2015	2016	2017	2018
纳伦州	49.3	42.7	53.5	39.9	43.8	30.6	38.0	37.8	29.2	30.6
奥什州（2012年以前含奥什市）	52.1	37.5	41.9	51.4	43.4	31.7	28.9	22.0	14.3	14.8
塔拉斯州	40.0	43.0	42.3	39.6	23.1	19.0	21.5	18.1	20.7	22.1
楚河州	20.1	15.8	21.9	16.6	23.6	21.6	24.8	30.3	33.3	15.6
比什凯克	5.5	15.2	7.9	21.4	20.4	17.6	23.5	9.8	15.9	15.4
奥什市	—	—	—	—	40.9	33.4	38.3	24.6	33.5	35.5

数据来源：吉尔吉斯斯坦统计委员会。

2. 吉尔吉斯斯坦不同年龄层的贫困程度不同

6 岁以下儿童的贫困率最高，每 10 个儿童中就有 4 个属于消费低于贫困线的家庭。年龄在 6～15 岁孩子的贫困比率达到 38.2%。总体而言，吉尔吉斯斯坦 47.9%的贫困人口年龄在 18 岁以下，六岁以下生活在农村地区儿童贫困比率达到 52.3%。最安全的消费群体是 60 岁以上的人。对于 61～70 岁的人来说，贫困率最低，为 18.2%，其次是 71 岁及以上人口，为 21.0%，很可能是因为吉尔吉斯所有超过退休年龄的公民享有全面的养老金制度（图 10）。

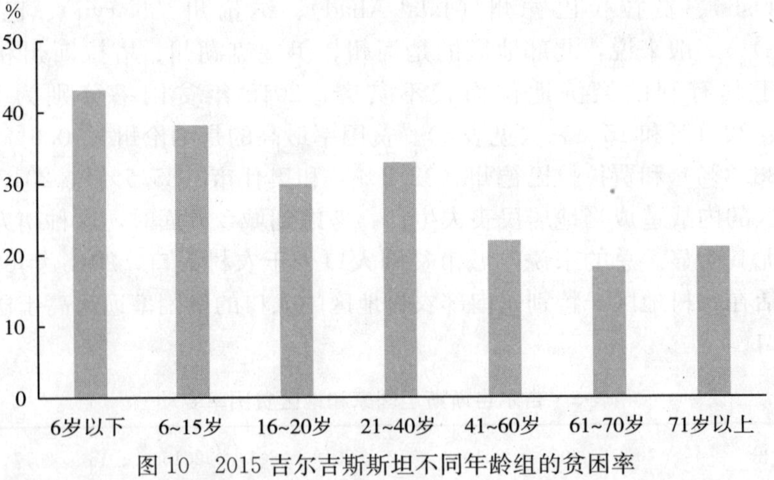

图 10　2015 吉尔吉斯斯坦不同年龄组的贫困率

数据来源：（世界粮食计划署，WFP）（2019）。

3. 吉尔吉斯斯坦贫困与家庭规模和人均受抚养人数密切相关

OECD 的研究（2019）显示，2015 年只有 0.3%的单户家庭是贫困的，但 9～10 人家庭的贫困率高达 80%。没有依赖家庭成员的家庭贫困率为 3%。一旦一个家庭有依赖抚养的成员（即受养比超过零），贫困可能性就会急剧增加。在依赖抚养成员超过健全成员的家庭中（即受养比高于1），贫困率接近40%，因此，单亲家庭和有两个以上孩子的家庭贫困风险更大（图11和图12）。

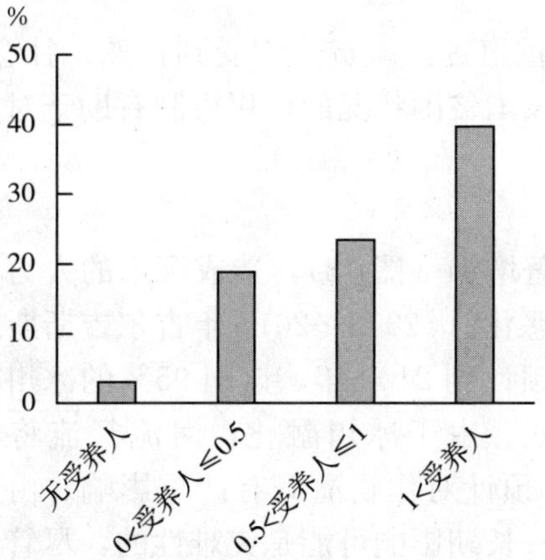

图11　2015年吉尔吉斯斯坦不同家庭健全成员平均负担受养人数量对应的贫困率

数据来源：WFP（2019）。

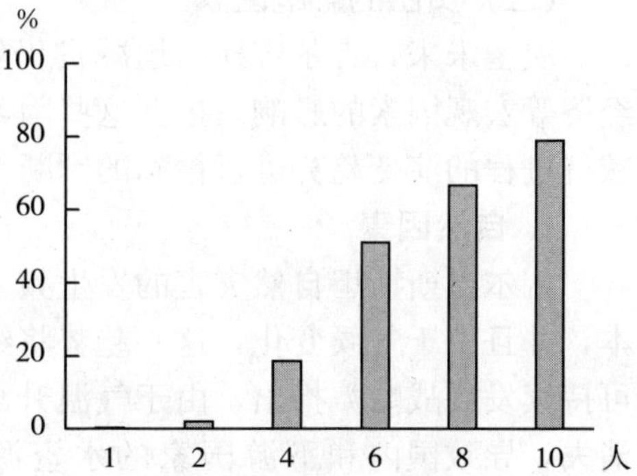

图12　2015年吉尔吉斯斯坦不同家庭规模的贫困率

数据来源：WFP（2019）。

总体来看，吉尔吉斯斯坦收入贫困在新世纪的头十年取得显著的进展。但从教育、卫生、生活条件等多维指标来看，该国仍面临着严峻的贫困问题。宪法保障公立中小学的免费入学。义务教育持续九年，7～15岁的儿童几乎普及入学，但是高入学率不等于高出勤率，高出勤率不等于高质量的成绩。自苏联时代以来，教育部门遭受了严重的预算削减，导致基础设施恶化（特别是缺乏供暖和电力），合格教师数量下降，学习材料匮乏。另外，学前和高中入学率要低得多。从2013年开始，教育和科学部大力恢复学前教育，包括将幼儿园私有化，简化许可证发放程序，免除学前教育的增值税，提供政府大楼建造幼儿园，以及开放社区幼儿园，学前教育入学率有所攀升。然而，农村和城市学前教育入学率之间存在着显著的地区差异。2014年，农村地区只有13.5%的儿童能上学前教育，而城市地区为39.2%（World Bank，2018）。由于大多数贫困的儿童生活在农村地区，可能被排除在学前教育机构之外，他们未来的职业前景由此受到负面的影响，进而增加了后代生活在贫困中的可能性。

吉尔吉斯斯坦承受着双重疾病负担。结核病和艾滋病毒/艾滋病等传染病是一个长期存在的问题，非传染性疾病也已成为一个更大的挑战。心血管疾病是造成健康寿命损失的最大因素，占所有死亡人数的33%，2013年每10万人中有11 105人死于心血管疾病，高于1990年的10 210人（World Bank，

2018)。饮用水和卫生设施不足问题同样突出。2014 年联合国儿童基金会的多指标集群调查（MICS）的数据显示，只有 1.6%的吉尔吉斯斯坦农村家庭与下水道系统相连，而城市家庭有 43.4%。

（二）贫困的影响因素

展望未来，吉尔吉斯斯坦减贫仍然任重道远。减贫进程受到自然、社会、经济等宏观因素的影响。把握这些因素对该国贫困状况的作用机制有助于对其减贫进程的演变趋势进行精确的判断。

1. 自然因素

吉尔吉斯斯坦自然灾害的发生频率显著增加（图 13），造成沉重的人力成本，并且由于气候变化，这一趋势将继续恶化。《2013—2017 年吉尔吉斯斯坦可持续发展战略》指出，由于气温升高，预计到 2100 年，该国 95%的冰川将消失，导致国内和下游国家的水资源短缺。由于冰川融化，河流径流将在 2020 年达到峰值，然后下降到本世纪末，预计对作物灌溉有严重影响。由于 31.7%的劳动力从事某种形式的农业，这一长期影响可能是灾难性的，尽管占农村劳动力大多数的畜牧业农民比种植业农民更能抵御水资源短缺。由于纳林瀑布（Naryn cascade）水流减少，水力发电也将受到负面影响。冰川融化也增加了洪水和滑坡的可能性。山体滑坡已成为该国因气候变化引起的造成死亡人数最多的自然灾害。

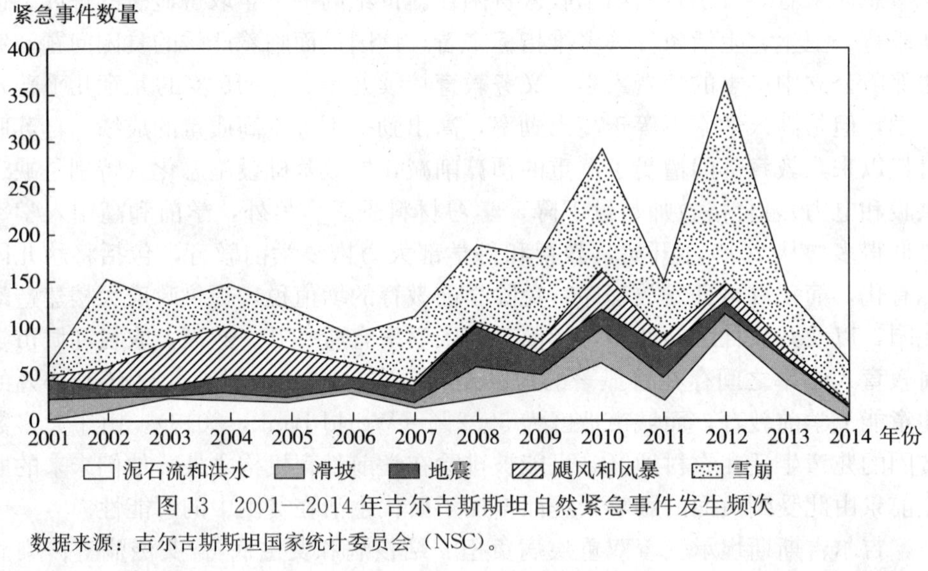

图 13　2001—2014 年吉尔吉斯斯坦自然紧急事件发生频次

数据来源：吉尔吉斯斯坦国家统计委员会（NSC）。

2. 社会因素

吉尔吉斯斯坦自 1991 年脱离苏联独立以来，经历了相当大的社会动荡和政府频繁更迭。2010 年在某种程度上可视为是一个分水岭，在广泛的反腐败和裙带关系的民众抗议之后，总统被罢免，以及该国南部爆发了种族间（吉尔吉斯、塔吉克和乌兹别克）的暴力冲突。虽然在相对较短的时间内恢复了平静，但紧张局势依然存在。政府正高度重视该地区发展，将其作为中期发展计划的一个重点，并且积极改善治理。此外，吉尔吉斯斯坦正在努力改善与邻国（特别是乌兹别克斯坦）的关系，期望加强区域合作、连通性和贸易（包括能源和水资源方面的合作）来促进增长和减少社会紧张局势。

为了解决总统权力过度集中的问题，2010 年 6 月底，在全国公投获得压倒性支持（90%）后，通过了将权力转向制衡的议会制度的新宪法，国家在恢复社会和平方面取得了重要进展。2015—2017 年的选举没有发生任何事件，也没有发生任何争论，使人们有理由对该国的长期政治稳定感到乐观，并且政府承诺加强政策连续性和长期规划。然而，吉尔吉斯族和乌孜别克族之间冲突风险依然反复出现。作为高度自由化的小型经济体，吉尔吉斯斯坦容易受到境外政治和经济危机的影响，使得吉尔吉斯斯坦社会和政治的长期前景仍是高度不确定的。

3. 经济因素

收入增长依然是影响吉尔吉斯斯坦人民福祉和减贫进程的主要因素。在大宗商品超级周期结束之前，吉尔吉斯斯坦经济增长一直严重依赖于大宗商品出口和依靠汇款实现的消费。在依靠汇款推动的消费和服务业显著扩张的支撑下，相对强劲的总体增长推动了该国的减贫和共同繁荣。然而，当前的模式也是不可持续的，不仅旧的“模式”近年来未能在人口产出方面实现可持续的改善，而且短期和中期的增长前景似乎也受到了限制。它们受到结构性因素的限制，例如：①对区域环境的高度依赖，这意味着移民和汇款增长的前景是不确定的；②国内市场规模小（600 万人口），进入区域市场有限，出口活力不足；③依赖要素积累（增加更多的资本和劳动力）和结构转型的增长路径的内在局限性，没有伴随生产效率的互补提高。展望未来，如果没有更可持续的增长模式，吉尔吉斯斯坦减贫将可能越来越困难。

与塔吉克斯坦一样，吉尔吉斯斯坦面临着巨大的基础设施缺口。薄弱的有形基础设施和服务提供对该国的经济活动和区域竞争力产生负面影响，需要更多的战略投资和可持续融资来改进。对于一个拥有出口导向型增长战略的内陆国家来说，建设生产性基础设施资产和改善服务提供将对企业成本产生积极影响，并提高竞争力。在 2016 年世界银行公布的物流绩效指数中，吉尔吉斯斯坦在 160 个国家中排名 146，贸易和运输相关基础设施的总分为 1.9 分（满分 5 分）。吉尔吉斯斯坦公路和铁路密度低，落后于乌兹别克斯坦和塔吉克斯坦。即使在道路通行的情况下，全国一半以上的道路网络尚未铺设，其道路质量在欧洲和中亚地区是最低的。空中联系也很差，占该国交通份额最低（0.03%），直达线路数量最低（9 条），接近中心度最低（0.5 条）。电力供给不足也严重制约经济活动。35%的公司认为电力是其运营的主要制约因素[①]。吉尔吉斯斯坦能源关税是世界上最低的国家之一，低于成本回收率的关税，加上供应质量差，削弱了公共和私营部门对该部门的投资，并造成能源供应跟不上需求的短期风险。

四、乌兹别克斯坦贫困现状

乌兹别克斯坦是一个拥有 3 290 万人口的中低收入国家，在实现减贫和共享繁荣的双重目标方面取得了重要进展。尽管官方贫困率从 2001 年的 27.5%下降到 2018 年的 11.5%，但乌兹别克斯坦仍是欧洲和中亚地区贫困人口最集中的国家之一，有近 400 万人生活在国家贫困线以下。世行认为，乌兹别克斯坦的官方贫困估计没有考虑到非食品项目和资产的使用价值，其国家贫困线估计和衡量的最低食物消费相当于每人每天 2 100 千卡。2008—2013 年，收入最低的 40%人群的收入增速略高于收入最高的 60%人群。底层 40%的家庭获得公用事业的机会有所增加。人文发展指数从 2000 年的 0.594 升至 2017 年的 0.710，目前处于“高人文发展”行列。

乌兹别克斯坦地处偏远和人口稀少的省份，例如卡拉卡尔帕克斯坦、吉扎克、纳曼甘和苏尔汉河，贫困率高于全国平均水平，这些州的大多数家庭从事农业，很少收到汇款。人口密集的城市地区，例如塔什干、费尔干纳、布哈拉、撒马尔罕和安集延等地区，贫困率低于全国平均水平。近年来，收入分配越来越公平，官方基尼系数从 2001 年的 0.39 下降到 2013 年的 0.29。

在经历近 20 年的强劲经济表现之后，乌兹别克斯坦经济增长的驱动力正在枯竭。为了应对这一趋势，乌兹别克斯坦政府宣布了一项广泛的市场化改革计划。自 2017 年以来，新一届政府启动了一项雄心勃勃的经济现代化计划，以重振全民公平性增长。改革方案包括了五个优先政策领域，分别是：改善公共行政和国家建设；维护法律至上；保持经济增长和经济自由化；加强社会保障网络；确保安全。展望未来，预计稳定的经济增长和汇款收入将有助于温和地减贫。政府政策的改变可能会进一步扩大对贫困和弱势家庭的支持项目，进而促进减贫，例如，2019 年政府将社会保障预算拨款提高了 50%。

① World Bank. 2018. Kyrgyz Republic：from Vulnerability to Prosperity. Washington DC：The World Bank.

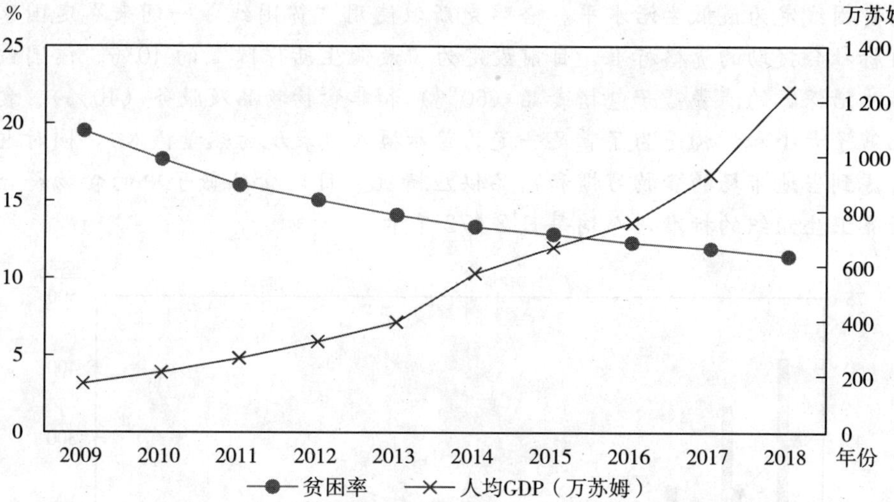

图 14　乌兹别克斯坦人均 GDP 和贫困率变动情况

数据来源：乌兹别克斯坦统计局；世界银行。

五、哈萨克斯坦贫困现状

自 2000 年以来，哈萨克斯坦贫困人口快速减少，中产阶级显著扩大。不论以国际可比的消费和收入指标还是按成人人均收入计算的官方国家标准衡量，贫穷发生率都在稳步下降。其中，基于前一种标准仅在 2006—2015 年，就有约 400 万～500 万人摆脱了贫困[①]。国家贫困线是根据经济部每季度制定的官方“最低生活保障”的 40%估计，2015 年国家贫困线为每月 8 546 坚戈，同期下降约 16 个百分点。减贫的显著成果还体现在中产阶级人数增加两倍，中产阶级占总人口的比例从 2006 年的 8.5%上升到 2015 年的 25%左右。此外，人们生活条件一直在改善。居民用电量基本实现全覆盖，近一半人口用上了网络燃气和区域供热，集中供水管网和集中污水管网普及率分别提高 10%和 6%～10%。低收入和高收入家庭都更好地获得便利设施和家用耐用品（如冰箱和洗衣机等）。

专栏 2　哈萨克斯坦最低生活保障制度

如前所述，最低生活保障的概念是国家社会政策在消除贫穷方面的一个重要工具。它实际上在全世界被用作绝对贫困的标准，因此被称为“贫困线”，因为它对应于满足人类最基本需求所需的最低收入水平。许多国家

① 除非另有说明，报告中哈萨克斯坦使用的贫穷衡量标准是按 2005 年购买力平价计算，生活在人均每日 5 美元以下的人口所占的比例。

将贫困线定为最低生活水平。哈萨克斯坦使用“贫困线”一词来界定国家目标社会援助的资格标准，目前设定为“最低生活保障”的40%。该国最低生活保障的消费篮子包括食品（60%）和非食物物品及服务（40%）。食品篮子大小和结构是为了满足一定的营养摄入（表现为热量摄入），同时也考虑到当地市场的食物习惯和商品供应情况。目前食品篮子中的食物符合世界卫生组织的标准，人均每日2 172千卡。

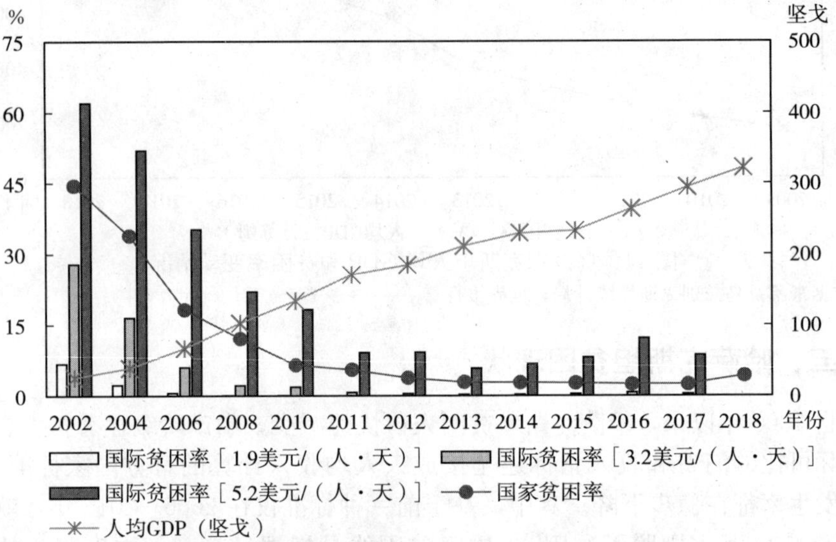

图15 哈萨克斯坦人均GDP和贫困率变动情况

数据来源：哈萨克斯坦统计局；世界银行世界发展指数。

（一）不同经济区域和城乡的贫困率差别很大

2006—2015年，全国贫困人口下降最快的城市是阿拉木图和阿斯塔纳，其次是南部小型农业经济区和产油区，贸易和基本服务经济区域在过去十年中经历了最少的减贫。贫困人口集中在家庭一级，特别是在区域一级。2015年，按照每天消费5美元的国际贫困线，农村贫困人口（25.3%）比城市贫困人口（14.1%）高出80%（表6）。全国六个经济区和行政州的差异甚至更大。2015年，贫穷率仅为6.8%的经济地区（例如阿拉木图、阿斯塔纳）集中发展先进的服务活动，如专业服务、信息和通讯技术、金融服务，而专门从事基本的贸易和运输服务经济地区，例如克孜勒奥尔达（Kyzylorda）、南哈萨克斯坦和西哈萨克斯坦，贫困率达到26.3%。在北部和南部农业区，贫困率都超过了20%。制造业和石油生产经济区的贫困率低于19%的全国平均水平，分别为17.3%和15.8%。在各州中，查姆比尔（Zhambyl）的贫困率最高，2015年达到36%。只有阿拉木图市（5.9%）和阿斯塔纳市（7.9%）以及生产石油的曼格斯托州（8.9%）和阿特劳州（7.9%）以及发展小型农业的阿拉木图州（11.8%）的贫困率低于全国平均水平。

表6 哈萨克斯坦不同经济区域各州的人口和贫困率

经济区类型	州或市	人口（百万，2014）	贫困率［5美元/(日·天)，2015］
北部大型农业	阿克莫拉	0.7	28.1
	Kostonai	0.9	18.5
	北哈萨克斯坦	0.6	22.7
南部小农业	阿拉木图	2	11.8
	查姆比尔	1.1	36
石油生产	阿克托别	0.8	24.3
	阿特劳	0.6	11.1
	曼格斯套	0.6	8.9
贸易和基本服务业	克孜勒奥尔达	0.7	33.1
	南哈萨克斯坦	2.7	25.7
	西哈萨克斯坦	0.6	20.8
制造业	东哈萨克斯坦	1.4	16.9
	巴布洛达	0.8	15.3
	卡拉干达	1.4	18.6
先进服务业	阿斯塔纳	0.8	7.9
	阿拉木图	1.5	5.9

数据来源：World Bank（2018）。

（二）除区位因素外，教育是决定贫困状况的最重要因素

2006年，各个家庭的贫困率因户主的教育水平而异，从小学及以下教育程度的约60%，到中学教育程度的约58%，以及大学教育程度的约38%。目前，贫困在受过高等教育的人群中已经很少发生。2006年，约33%的受过高等教育的成年人生活贫困，2015年这一比例降至12%左右。相比之下，2006年受过中等或专业教育的人贫困率约为52%，2015年降至19%左右。2015年，近71%的成年人接受过中等或专业教育，但80%以上的穷人属于这一类。贫困还因工作和职业的类型而异：公立或私立机构的贫困率较低，个体经营者、临时工和农场工人的贫困率较高。

（三）家庭规模和年龄等家庭和个体特征也影响贫困状况

与大多数国家一样，哈萨克斯坦贫困家庭规模比非贫困家庭要大得多，而

且有更多的依赖抚养的家庭成员。2006年，只有一个成员的家庭贫困率为10.4%，2015年下降到不足5%。相比之下，2006年，拥有7名或7名以上家庭成员的贫困率约为89%，2015年为42%。2006年，6岁以下儿童贫困率超过66%，2015年降至26.5%左右。相比之下，对于65岁或以上的人来说，贫困率在2006年约为39%，2015年约为12%，原因在于几乎所有人都获得了某种形式的养老金。在户主年龄为30～49岁的家庭中，贫困达到顶峰，这也与平均家庭规模最大的生命周期相吻合。

鉴于哈萨克斯坦减贫几乎完全是经济增长的结果，而经济增长很大程度上依赖于石油出口，减贫进程容易受到国际油价的冲击。2014年油价暴跌之后，贫困人口在2015年和2016年大幅增加。2014—2016年，贫困发生率上升近6个百分点，贫困人口增加近100万人。油价冲击的影响还体现在中产阶级人口比例的下降。2014—2015年，中产阶级人数减少了近8个百分点，而在2008—2009年的金融危机中，中产阶级只缩水1.4个百分点。2014年，所有的贫民区都受到了经济增长放缓的冲击。最脆弱的州，如克孜勒奥尔达和查姆比尔，从2014年到2015年贫困率增长了一倍多（15.8%到33.1%，17.9%到36%）。考虑到贫困率和中产阶级规模自2014年以来对经济增长放缓的强烈反应，如果未来经济增长没有出现快速复苏，那么贫困可能会加剧，尤其是在已经贫困的农村地区。缓慢的经济增长也将把所有哈萨克人的“中产阶级之梦”进一步推向远方，尤其是在城市地区，那里不断壮大的中产阶级正在经历相当大的倒退。

六、土库曼斯坦贫困现状

由于土库曼斯坦没有公布生活水平的官方统计数据，阻碍了本报告对其贫困状况的全面分析。自本世纪初以来的高速增长带来了积极的社会成果。2007—2012年，土库曼斯坦名义平均工资翻了一番，考虑到相对较低的通货膨胀率，导致了居民收入的实际增长。工资是总收入的最大来源，最贫穷的五分之一的人占75%，最富有的五分之一的人占84%。相比之下，社会福利占最贫困人口收入的20%左右，占较富裕人口收入的10%左右。尽管平均收入大幅增长，但行业和地区差距依然存在。2013年，最贫困人群和较富裕人群的收入差距达到30%。农业平均工资只有采掘业的25%，建筑业的64%，银行业的58%。此外，饮用水获取仍是一个严重的问题，不到30%的农村家庭连接到管道供水系统，18%城市人口还面临饮用水获取不足的问题。

除了占平均收入84%的工资外，政府还提供慷慨的社会福利，估计约占平均收入的13%。这些包括来自国家预算（现金转移包括养老金和津贴），以及非现金补贴（食品券）；优待残疾和其他特殊类别人群，为他们提供某些商品和服务折扣。在提高教育基本社会服务机会可获得性方面进展尤其显著。2013年修订的教育法规定，将中小学教育延长至12年，将残疾儿童纳入普通学校，并制定旨在监测整体质量改善的公共教育标准。不过，2014年年中以来的低能源价格阻碍了土库曼斯坦的经济增长，减少了政府收入。政府在2019年结束对水、天然气和电力的免费使用①，改为按优惠价格有偿提供。这可能会影响弱势群体的生活水平，但也凸显了政府对改革国家公用事业和改善财政状况的坚定承诺。

2014年年中以来油价下跌、周边国家对土库曼斯坦天然气需求的变化以及地缘政治环境的不确定性，共同给土库曼斯坦经济带来了挑战，特别是影响经济增长率和财政平衡。不过，政府在社会政策方面的目标仍是坚定的：第一，扩大中产阶级的规模，特别是通过私营部门提供更有吸引力的新工作、扩大雇员培训和再培训以及提高收入；第二，通过更多、更精准社会援助和更高质量的社会服务，减少弱势群体数量。

七、小结

中亚五国在过去近二十年中经济发展取得了长足的进步，各国的贫困水平都出现了不同程度的下降（表7）。哈萨克斯坦基本消除了极端贫困问题，中产阶级显著扩大，塔吉克斯坦、吉尔吉斯斯坦和乌兹别克斯坦是中亚地区贫困问题比较严重的国家。由于土库曼斯坦官方数据的公开性限制，本报告无法对土库曼斯坦的贫困现状进行全面分析。

第四节　中亚国家社会保障体系与减贫效果

一个健全的社会保障制度对于减贫和提高个人生产潜力以制止贫穷的代际传递是至关重要的。尽管中亚国家经济发展水平不尽相同，但都在苏联制度下建立了较为全面和完善的社会保障制度②。时至今日，社会保障制度是中亚国

① 1992年12月4日，土库曼斯坦政府宣布向国民免费提供一定额度的煤气、电和饮用水，后来将食盐也加入到免费定额供应清单。如果使用量超过配给额度，居民只需交纳非常少的费用，媒体称其为“象征性”收费。按照当时的法令，该政策计划一直实行至2030年。

② 1956年修订的《苏联宪法》将社会保障定义为“苏维埃社会主义共和国联盟的公民有权在年老时以及在生病或残疾的情况下获得赡养费”。这一权利是通过由国家承担费用的工人、公务员和专业人员社会保险的广泛发展，以及为劳动人民提供免费医疗服务和广泛的保健场所网络来保障。社会保障概念在与社会保险预算关联时有着更广泛的界定。公民从国家预算和企业资金中得到的支付和福利包括国家用于职工社会保险支付和津贴支出；社会保障养老金；为单身母亲和有多子母亲提供津贴；学生奖学金；免费医疗补助；疗养院提供免费和廉价的住宿；免费培训和提高技能；假期工资；以及其他报酬和津贴。

表 7　2000—2018 年中亚四国人均 GDP 和贫困率

国别	项目	2000	2003	2005	2007	2009	2011	2012	2013	2014	2015	2016	2017	2018
塔吉克斯坦	人均 GDP（美元）	138	238	341	527	676	847	969	1 048	1 104	929	803	806	827
	国际贫困率［1.9 美元/(人·天)］	—	30.8	—	10.4	4.7	—	—	—	—	4.8	—	—	—
	国际贫困率［3.2 美元/(人·天)］	—	66.8	—	34.7	25.7	—	—	—	—	20.3	—	—	—
	国家贫困率	—	—	—	—	—	—	—	35.6	32	31	30.3	29.5	27.4
吉尔吉斯斯坦	人均 GDP（美元）	280	381	477	722	871	1 124	1 178	1 282	1 280	1 121	1 121	1 243	1 281
	国际贫困率［1.9 美元/(人·天)］	42.1	28.1	15.3	9.9	2.1	1.8	2.9	3.3	1.3	2.5	1.4	1.5	—
	国际贫困率［3.2 美元/(人·天)］	77.6	69.1	51.7	36	21	21.4	21.6	26.3	19.7	23.4	19.1	19.6	—
	国家贫困率	—	—	—	35	31.7	36.8	38	37	30.6	32.1	25.4	25.6	22
乌兹别克斯坦	人均 GDP（美元）	558	396	547	830	1 213	1 565	1 740	1 908	2 492	2 615	2 568	1 827	1 532
	国际贫困率［1.9 美元/(人·天)］	62	62.1	—	—	—	—	—	—	—	—	—	—	—
	国际贫困率［3.2 美元/(人·天)］	86.7	86.4	—	—	—	—	—	—	—	—	—	—	—
	国家贫困率	—	—	—	—	19.5	16.0	15.0	14.1	13.3	12.8	12.3	11.9	11.4
哈萨克斯坦	人均 GDP（美元）	1 229	2068	3 771	6 771	7 165	11 634	12 387	13 891	12 807	10 511	7 715	9 030	9 331
	国际贫困率［1.9 美元/(人·天)］	—	4.6	6.9	0.3	0.2	0	0	0	0	0	0	0	—
	国际贫困率［3.2 美元/(人·天)］	—	22.8	24.2	2.9	2.6	0.7	0.5	0.3	0.3	0.4	0.7	0.4	—
	国家贫困率	—	37.5	31.6	12.7	8.2	5.5	3.8	2.9	2.8	2.7	2.5	2.5	—

数据来源：国家贫困率数据来自各国官方统计机构；国际贫困率和 GDP 数据来自世界银行世界发展指数数据库。

家反贫困的支柱政策。本节将对中亚国家社会保障体系进行系统梳理，客观评价不同项目的减贫效果。受资料和数据获得的限制，本研究不对土库曼斯坦社会保障体系展开详细分析。

一、塔吉克斯坦社会保障体系与减贫效果

受经济发展水平所限，塔吉克斯坦在贫穷方面仍面临着相当大的挑战，但包括社会援助、社会保险和社会服务在内的若干社会保障项目很大程度解决了这些问题。塔吉克斯坦卫生和社会福利部（MHSP）持续致力于推出新的社会保障计划（SPP）（图 16），到 2025 年加强和改革现有体系。其目标是创建一个“可持续、高质量、全面和有效的社会保障体系”，确保个人和弱势家庭公平地获得最低收入、基本社会服务和粮食安全。

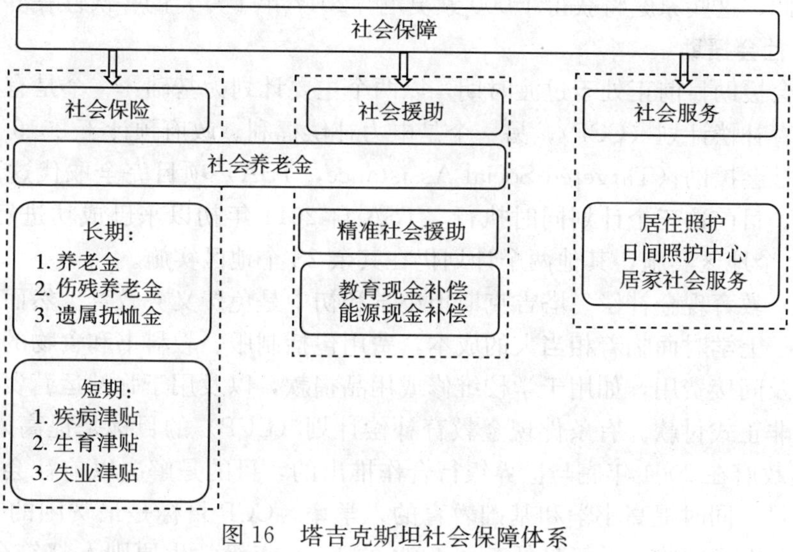

图 16　塔吉克斯坦社会保障体系

（一）社会保障项目概述

1. 社会保险

社会保险项目主要包括向老年人、残疾人和失去养家糊口者提供养老金，重点是为那些不能再工作的人提供收入保障。其他缴款保险旨在应对即时和暂时的风险，例如疾病、生育和失业。不缴费的社会养老金用于支持没有享有累积养老金权利的老年人、残疾人和失去劳动能力者，本质上属于社会援助范畴。

养老金目标是在长者达到退休年龄时，为他们提供持续的收入支持，但须根据他们在正式机构有足够的受雇期，以及他们过去曾向该计划作出的供款而定。除了年龄，某些标准，如残疾和失去养家糊口的成员的家庭也有资格获得

保险养老金[①]。2012年，塔吉克斯坦社会保障支出约占GDP的4%，其中最大份额（80%）用于养老金计划。2016年，最低（或基本）养老金为每月156索莫尼。三项养老金领取总额被限制为748索莫尼，不过这一限制于2017年1月1日被取消。

2. 社会养老金和丧葬福利

社会养老金为老年人和那些不能工作或没有足够供款年限的人提供收入保障，使他们有资格享受以保险为基础的养老金。与保险养老金相同的三个群体均有资格领取。2010—2016年，领取社会养老金的人数增加了约三分之一。社会养老金的数额因不同群体而异。普通社会养老保险为基本养老金的60%。2016年，社会平均养老金为每月144索莫尼。除了家庭成员死亡所带来的个人和长期困难外，安排丧葬的直接费用对低收入家庭来说也可能是难以负担的。因此，这些家庭将获得1 000索莫尼（2017年1月）的一次性丧葬福利。

3. 社会援助

社会援助目前正处于过渡时期，以两个主要计划为基础：一个是有条件的现金教育补偿计划（CCP），另一个是电力补偿福利。政府预计于2019年开始将精准社会援助（Targeted Social Assistance，TSA）项目完全取代这两个转移项目。目前这三个计划同时执行。TSA自2011年初以来已成功进行试点，已在40个地区实施，其他两个计划仍在其余28个地区实施。

（1）教育现金补偿。塔吉克斯坦小学和初中是免费义务教育。然而，父母在送孩子上学时面临着相当大的成本，费用包括制服、教科书和食物的直接费用，以及间接费用，如用于学校维修或用品捐款，以及用于弥补运营资金缺口的学校非正式付款。有条件现金教育补偿计划（CCP）的目标是提高入学率。CCP是政府在2001年底与世界银行合作推出的，目的是解决以前社会援助计划的不足，同时提高小学和基础教育的入学率。CCP目标是最贫困的15%的学生。所有家庭收入低于最低工资50%的1～9年级学生原则上都符合条件。然而，考虑到低收入家庭的比例超过了可用的资源，由一个地方委员会确定最需要帮助的15%的学生。由于经济负担而不上学的儿童也属于目标群体。这是一个分配给每个学生的个人福利，但仅限于每户最多三个学生。年津贴为40索莫尼，分两期支付。每六个月就会对享受该福利的学生名单进行一次审查。然而，40索莫尼的年受益金额仅占送孩子上学的年成本的30%左右，被认为无法激励父母送孩子上学。

---

① 63岁以上的男性和58岁以上的女性可以领取老年养老金，其中男性300个月缴费期，女性240个月缴费期。残疾人士累积至少60个月的供款期后，即可领取养恤金。如果家庭养家糊口成员死亡，而家庭成员有残疾，如果缴费期达到60个月或以上，他们有权代表养家者领取养恤金。

（2）能源现金补偿。在中亚地区电力相当普及，但塔吉克斯坦是个例外。6%的家庭无法使用电力，而那些能够接入电网的人也不能一天24小时都依赖电网。除了能源供应有限问题，支付能源账单的财政负担是巨大的，尤其是考虑到最近的补贴削减和价格上涨。高昂的能源成本迫使贫困和脆弱的家庭将更多的资源用于电力。引入能源现金补偿的目的是确保最低的能源消耗水平，并减少电力成本将本已脆弱的家庭推入贫困的风险。能源补偿福利于2004年推出，旨在减轻贫困和弱势家庭在支付电费时所面临的部分经济负担。接入电网的家庭，人均收入低于最低工资50%的家庭都符合条件。单身老年家庭、独居残疾人、失去养家糊口的残疾儿童家庭、户主不能再工作的家庭以及至少有两名残疾成员的家庭等优先获得补偿。该福利每两个月以现金或实物支付（直接转给电力供应商）。现金转移通过国有的Amonat银行进行。这项福利的目标是在每个地区最多惠及20%的人口。就像教育现金补偿一样，它被授予那些在所有需要帮助的家庭中被认定为最贫困的人。

（3）精准社会援助。教育和能源现金补偿计划面临的挑战和限制是决定试行精准社会援助计划的关键因素，该计划旨在将目标以及目标群体合并在一个总方案中，同时确保把重点放在最需要的人身上。TSA计划是一种无条件的现金转移，受益人是通过经济状况审查体系（Proxy Means Test，PMT）确定的。2019年TSA计划将完全取代目前的教育和能源补偿计划。它的目标是通过向家庭提供全面支持，而不是为特定目的提供转移，改善最脆弱群体的生活条件。另一个目标是提高各级政府在社会保障方案拟订方面实现更有效的管理和执行。TSA计划由卫生和社会保障部管理，目前已在40个地区取代了教育和能源现金补偿，其余28个地区仍然提供这些补偿。

与教育和能源现金补偿相比，新计划是无条件的，资格是通过代理经济状况调查来确定的，目标是最贫穷的15%的人口。PMT适用于家庭，而教育CCP评估的是个别儿童的贫困状况。PMT得分低于规定阈值的家庭将获得季度付款，相当于每户家庭每年获得400索莫尼。尽管每个家庭的年受益额不是特别高，但鉴于其可预测性和透明度，预计接受家庭可以更有效地利用它。TSA计划建立的中央电子数据库允许申请人数据在地区一级输入，并在中央一级进行验证，这有望提高目标的准确性。先进的数据管理也将有助于定期监测和评价该方案。此外，每个家庭原则上都可以注册并应用PMT。得到TSA支持的家庭还能获得其他实物好处：50%的医疗保健服务和药物折扣；1 000索莫尼葬礼津贴；接受人道主义援助的资格；50%的学费折扣。

4. 社会服务

塔吉克斯坦提供了若干种社会服务，不过苏联时期建立的传统机构主要针对老年人、孤儿和残疾人等弱势群体。目前已经建立了许多新方案，专门针对最近被确定为脆弱群体的群体，例如吸毒者、艾滋病毒携带者/艾滋病患者或虐待受害者。2008年颁布的第350号法律将社会服务定义为“一套与社会支持、提供社会家庭、社会医疗、心理教育、社会法律、其他服务和物质援助、生活困难群体社会适应和康复有关的活动”。这项法律包括在家、日托中心和住宿机构提供的服务。不过，这些服务主要在特定的机构提供日托或住宿照顾，在家庭中提供的服务很少见。

社会服务可分为四类：一是社区康复计划在家中提供社会服务；二是在服务对象附近的日托中心提供的社会照顾；三是短期机构居住服务，服务的重点是医疗检查、物理治疗、言语治疗和其他个人支持；四是由常设护理机构管理的服务。不同的目标群体接受不同类型的社会服务。老年人和残疾人大多在家中得到支持，偶尔也在日托中心得到支持。残疾、没有父母照料或社会上易受伤害的儿童主要由长期居住机构照料。艾滋病毒携带者/艾滋病患者和吸毒者大多在日托中心接受护理。政府正在推动社会服务从机构护理转向在家中或附近提供支持。这些改革遵循了在欧洲和中亚区域许多国家已列入社会服务议程的社会服务去中心化、去制度化和去个性化的趋势，以加强服务使用者的自主权和尊严。

（二）社会保障项目的减贫效果

塔吉克斯坦社会保障体系是由不同目标的缴款和不缴款项目组成。社会保障制度的总目标是为减贫作出贡献，并增进穷人和弱势群体的福利。在评价苏联的社会保障方面，鉴于独立前援助的普遍性，确定目标是一项挑战。塔吉克斯坦的情况也是如此，该国在制定有效和可持续方案的行政和立法方面仍然有限（ADB，2016）。

要评估社会保障制度的绩效和充分性，有必要首先讨论指导这一制度的标准。国家贫困线、极端（食品）贫困线和最低生活保障标准都在社会保障中发挥作用。这三个标准主要用于统计目的，例如衡量贫困水平。最低生活保障用来确定最低工资、养老金和其他福利。由于预算限制，最低生活保障很少被用来作为福利的标准。2016年第四季度，最低生活保障标准为人均每月520索莫尼，而2016年最低工资为400索莫尼，月基本养老金156索莫尼，社会平均养老金144索莫尼。教育现金补偿是每个孩子每年40索莫尼，TSA计划是每个家庭每年400索莫尼。

基于2012年的数据探讨塔吉克斯坦社会保障项目的目标覆盖范围、分配和福利充足性。40%的人生活在接受任何形式的正式社会保障福利的家庭中。老年养老金是最普遍的福利，2012年达到25%的人口。遗属抚恤金和社会养老金是最小的保障项目。社会援助福利只覆盖了10%的人口。尽管用于教育的能源补偿和现金补偿针对的是最需要的家庭和儿童，但世界银行（2014）研究表明，社会援助针对穷人上并不是特别成功。在分配的资金中，只有7%是最贫困五分之一家庭获得。不同消费水平的家庭获得能源补偿大致相等。教育的现金补偿相对进步一些，32%的转移资金是由最贫困五分之一家庭的儿童获得的，但18%的孩子属于最富有的孩子。社会保险转移支付也没有达到家庭总消费的10%。在最贫困的五分之一，老年养老金占家庭总预算的11%。社会援助转移是完全不够的，在最贫穷的五分之一人口中只占不到总消费的1%。随着精准社会援助计划全面推广，预计最贫困人口的覆盖率将大大增加。Seitz 和 Rajabov（2016）预测，如果精准社会援助计划能够得到执行，55%的转移将流向最穷的五分之一，另外25%将流向第二穷的五分之一。

（三）社会保障项目预算及相关政府机构

1. 预算

塔吉克斯坦政府支出占 GDP 的比重与大多数中低收入国家相当。2007—2012 年，政府支出绝对值几乎增加了两倍，其中增幅最大的是教育、医疗、社保、福利、文化和体育等社会领域的支出，社会部门支出占比从31%增至44%（世界银行，2013）。按职能分类，教育部门是接受政府资金最多的部门。其次是社会保障和福利相关职能支出，占2012年政府预算的15%。虽然政府在福利职能方面的总支出较高，但社会援助支出较少，2010—2014年保持在0.5%～0.6%，这使塔吉克斯坦成为中亚地区社会援助支出最低的国家。

根据塔吉克斯坦财政部2016年预算，社会保险和社会保障只占国家预算的2.4%。社会保障支出主要由社会保险推动，占预算的1.5%，而社会援助计划仅占0.2%，其余0.7%用于其他社会保障领域。社会保险的资金来源多种多样。养老金预算有三个来源，分别是国家社会保险和养老金管理局的预算（来自社会税收），缴款人个人账户资金（包括投资收入），以及国家预算（如果累积数额没有达到基本养老金）。某些退休人员群体，例如二战退伍军人，能够从地方预算中获得额外的津贴。临时社会保险福利（失业津贴、丧葬福利和家庭津贴）由社会保险和养老金管理局的预算提供经费。2010—2016年，社会保险待遇和养老金支出总量大幅增加（表8）。

表8　塔吉克斯坦社会保障项目年度支出

年份	教育补偿	能源补偿	定向社会援助	养老金	伤残养老金	遗属抚恤金	社会养老金
	地方政府预算	国家预算	国家预算	国家社会保险和养老金管理局、国家预算、地方政府预算			国家预算
2010	8.357	30.035	—	474.37	207.78	80.28	70.66
2011	—	27.067	9.42	587.75	264.76	99.3	100.21
2012	—	25.766	11.68	747.2	307.7	104.57	106.79

（续）

年份	教育补偿	能源补偿	定向社会援助	养老金	伤残养老金	遗属抚恤金	社会养老金
	地方政府预算	国家预算	国家预算	国家社会保险和养老金管理局、国家预算、地方政府预算			国家预算
2013	5.142	21.47	18.44	995.95	372.29	125.82	139.66
2014	—	16.508	33.28	1 074.6	291.02	113.74	146.06
2015	—	20.316	43.09	1 100.43	279.93	104.92	160.46
2016	—	13.517	30.72	1 390.45	324.95	121.87	217.72

数据来源：塔吉克斯坦统计局。

大多数社会援助计划由国家一级预算提供资金，其中社会养老金是最大的非缴款支出。有条件现金转移支付来自地方预算。相对于GDP和政府支出，TSA和社会养老金支出一直在增长。与此同时，用于能源补偿补贴的资金大幅减少，从2010年占国家支出的0.5%降至2016年的不足0.1%。考虑到该计划将在2019年之前彻底并入精准社会援助项目，这并不令人意外。精准社会援助项目目前正在扩大，预计从2019年起全面取代其他形式的社会援助，该项目也由国家一级预算提供资金。由于受益人数不断增加，精准社会援助费用在过去几年中一直在增加。2011年，塔吉克斯坦约0.03%的GDP用于该项目，2016年占GDP比例达到0.06%。社会养老金所占支出比社会保险养老金少。2016年，前者占GDP的0.56%，后者占GDP的3.37%。

2. 政府机构

塔吉克斯坦社会保障的重大决定由中央若干部委作出。参与社会保障政策设计、执行和监测的主要政府机构是卫生和社会福利部（MHSP），劳工、移民和就业部（NLME）和国家社会保险和养老金管理局（ASIP）。社会保障管理由国家社会保障局（SASP，MHSP一个专门机构）和ASIP组成。前者负责管理社会援助计划，后者负责社会保险和社会养老金项目。税务委员会负责社会税收和社会保险缴款的征收。图17显示了主要的中央政府机构及其在塔吉克社会保障政策进程中的作用。

（1）卫生和社会保障部（MHSP）。制定并提出改进国家社会保障政策的建议。为穷人制定国家社会保障方案并监督其实施。它同政府和地方执行机构一起，负责建立和发展一个综合和专门的、国家、区域、地方和其他社会服务网络。指导和控制社会服务活动，包括社会服务设施。制定和维持社会服务标准。批准在卫生和社会保障领域建立统计会计和报告制度的程序。

（2）国家社会保障局（SASP）。执行国家精准社会援助政策，为弱势群体和残疾人指定和支付现金补偿和现金福利。组织并向低收入家庭和公民提供精

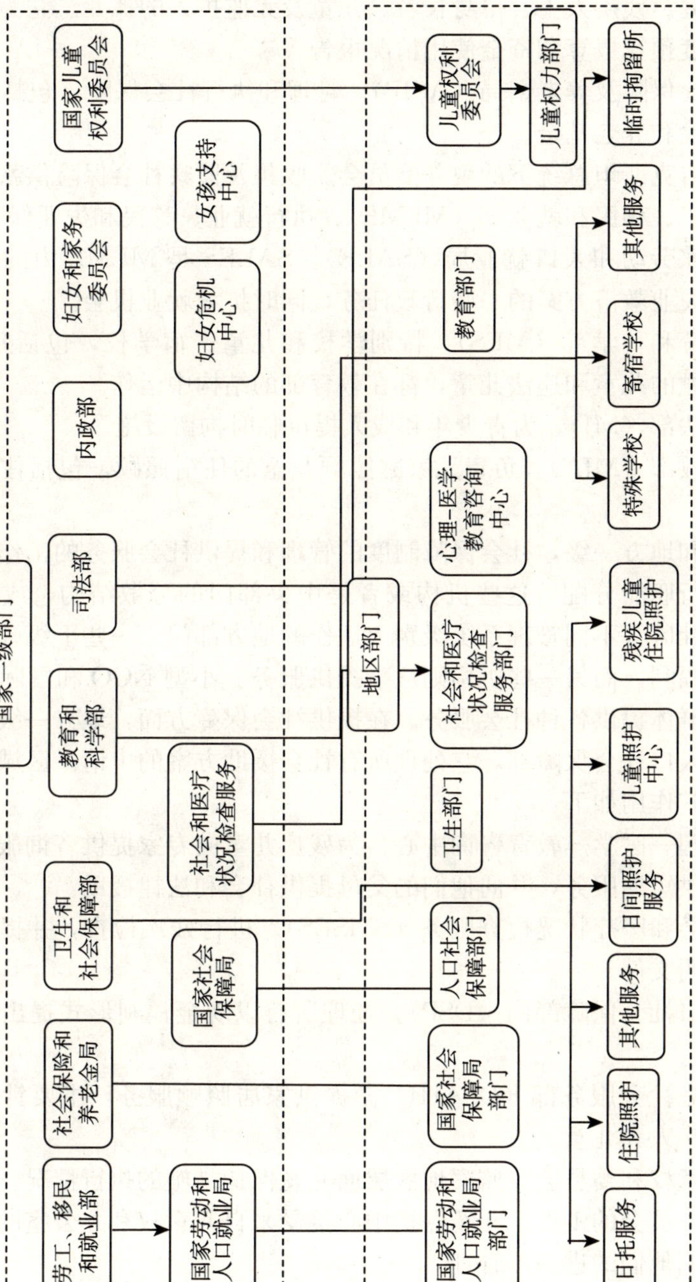

图17 塔吉克斯坦社会保障相关政府部门

准社会援助。建立及管理一个资料库，登记接受精准社会援助的个人或家庭，包括弱势家庭、残疾人士、单身长者、儿童及无监护人的孤儿。它为精准社会援助编制季度预算概算和资金使用情况报告。

（3）社会保险及养老金局（ASIP）。管理和执行社会保险（包括养老金）。管理社会保险和养老基金。

（4）塔吉克斯坦总统下的税务委员会。收集及监察社会保险供款。

（5）劳工、移民和就业部（MLME）。执行就业、移民和失业保险政策。

（6）国家劳动和人口就业局（SALE）。SALES 是 MLME 内的一个执行机构，执行失业救济方案的一些行政任务，同时扩大就业机会。

（7）教育和科学部（MES）。特别学校和儿童寄宿学校，包括残疾儿童、没有父母照顾的儿童和违法儿童，都在教育部的结构中运作。

（8）司法部（MJ）。为青少年和成人提供临时拘留设施。

（9）内政部（MIA）。负责无家庭照顾儿童的住宿照顾，包括住宿机构照顾和寄养。

在区域和地方一级，社会保障制度的管理和提供社会服务的工作是在几个机构之间进行职能分配，这些机构或者是中央部门的分散结构，或者是在区域、地区和社区等不同管理系统级别上运作的地方部门。一些下级政府机构参与发放现金福利，而另一些机构则从事提供服务。小型 NGO 和国际组织也为不同的目标群体提供各种社会服务。在提供社会保障方面，地方一级最重要的政府机构是人口社会保障部，它处理所有社会援助方案的申请。区域和地方一级的机构及其作用如下：

（1）心理—医学—教育咨询中心。为残疾儿童向专家提供咨询服务，为他们的康复提供短期服务，并向他们的父母提供社会和法律援助。

（2）社会和医疗状况检查服务（SMSES）。进行残疾检查，并提供伤残福利所需的证明文件。

（3）人口社会保障部门（DSP）。处理所有以现金福利形式提出的社会援助申请。

（4）家庭社会服务部（DSAHU）。提供家居照顾服务，主要针对独居的老年人、残疾人和儿童。

（5）儿童权利委员会。监察地区层面儿童保护措施的执行情况。几个地方当局参与了委员会的工作。儿童保护中心接受来自儿童权利办公室的儿童保护案件，并协调他们的进一步管理。

（6）儿童权利办公室。它们是地方一级保护儿童的主要协调机制。评估儿童保护案件是否符合既定标准。负责护送具体案件。

（7）妇女和家庭事务委员会。为预防家庭暴力提供服务，并设立紧急情况援助中心。

二、吉尔吉斯斯坦社会保障体系与减贫效果

吉尔吉斯斯坦继承了苏联时代的全面社会保障制度，包括社会援助和社会保险转移、积极的劳动力市场政策和社会服务。社会保险以国家养老金制度为主导，覆盖老年和残疾风险。养老金在消除该国贫困方面是非常重要的。世界粮食署的一项研究（2019）显示，由于养老金覆盖面广、福利充足，该国极端贫困人口减少了56%。社会援助计划旨在减轻贫困，帮助家庭面对某些特殊的冲击，或向享有特权的人口群体提供津贴。由于分配给社会援助的资金较少，其减贫潜力有限，社会服务的范围也有限，主要包括儿童保护和住宿照顾（图 18）。

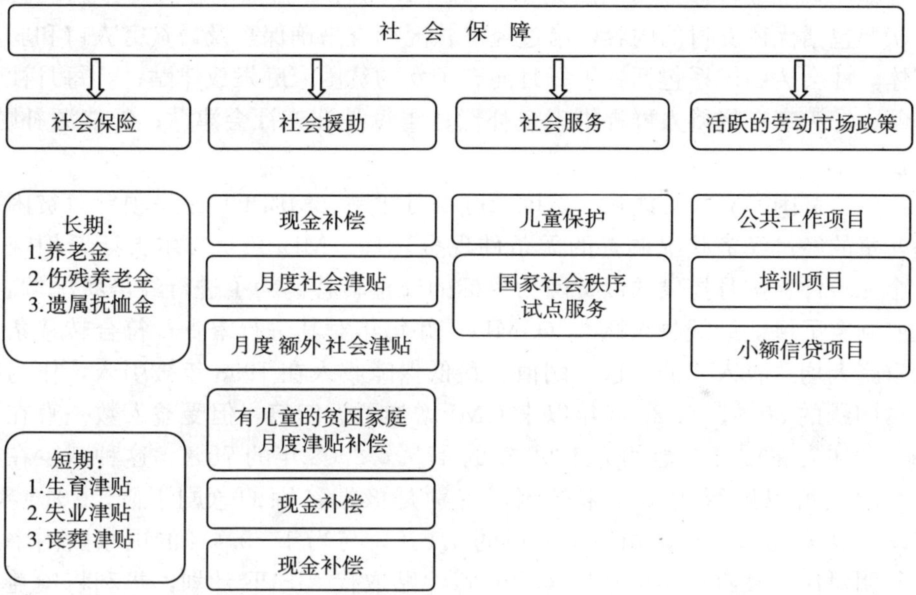

图 18　吉尔吉斯斯坦社会保障计划

（一）社会保障项目概述

1. 社会保险

吉尔吉斯斯坦社会保险制度包括老年、残疾和遗属养老金制度以及生育和失业临时社会保险福利和一次总付的丧葬福利。这些项目或为那些长期丧失工作能力的人提供收入保障，或在发生诸如生育或失业等危险时使消费平稳。社会保险养老金以老年养老金、伤残养老金或遗属养老金的形式发放。养老金制度由四个组成部分：基本养老金、两个保险项目和一个全基金式的固定缴款养老金。基本养老金提供了一个固定的福利，至少相当于全国平均工资的12%。

它是由国家预算资助。所有正式和非正式部门的工作人员如果有资格领取社会保险养老金（或按比例领取较短缴费期的基本养老金），都有权享受这项福利。

老年领取养老金的资格因性别而异，如申请人未能符合法定最低供款期，可按比例领取退休金①。伤残养老金支付给已被证明为永久伤残的人，缴费时间依被保险人年龄而定②。这些福利是终生支付的，或者直到实现职业康复为止。没有法定供款历史的申请人可按比例领取退休金。完全依赖死者的家庭成员，如果死者在生前有资格领取社会保险养老金，则有资格领取遗属抚恤金。一名受抚养人获得总数的50%，两名受抚养人获得90%，三名受抚养人获得120%，四名或四名以上受抚养人的比例为150%。

2. 社会援助

吉尔吉斯斯坦是独立国家联合体中最早改革其社会援助制度的国家之一。取代苏联式现金转移分类制度始于1995—1998年，目前仍在进行中。社会援助状况包括优待支付的内容，经过经济状况调查来确保惠及最贫穷人口和弱势群体。社会援助体系包括：①每月向有子女的贫困家庭发放津贴；②每月社会津贴；③为享有优待人群提供现金补偿；④每月补充社会津贴；⑤能源补贴/补偿。

（1）贫困家庭每月津贴。贫困家庭每月津贴（MBPF）是一项针对贫困家庭儿童的经过经济状况调查的无条件现金转移。MBPF是吉尔吉斯斯坦唯一一个无条件、按月提供的以贫困为目标的现金转移。为了进行经济状况调查，政府制定了保证最低收入标准（GMI），并每年对其进行审查。符合转移条件的家庭人均总收入要低于这一阈值。最低保障收入在1998年被引入，作为极端贫困线的50%。自2010年以来GMI增加了近四倍，但受益人数一直在下降，2016年的受益人数约为1998年的47%，2008年的78%。这种减少在很大程度上可以解释为多年来贫困，特别是极端贫困的急剧下降。2016年，27.6万人获得MBPF，相当于人口的4.6%，与当年25.4%的国家贫困率形成鲜明对比。政府正在推动用普遍儿童津贴取代MBPF计划，福利将覆盖所有3岁以下的儿童，以及在这个年龄组中有3个以上儿童的家庭中3～16岁的第三个及以后的儿童。鉴于贫穷与家庭中的儿童人数密切相关，预计新福利计划使穷人受益更多。

（2）每月社会津贴。每月社会津贴（MSB）是针对弱势群体人口的定期社会援助转移，按分类目标确定。符合条件的是属于以下类别之一的：①18岁以下残疾儿童；②携带艾滋病毒/患有艾滋病母亲所生的18岁以下儿童；

---

① 男性和女性分别在63岁和58岁时领取养老金，缴费期各为25和20年。

② 23岁及以下缴费1年；23～26岁缴费2年；26～31岁缴费3年；31岁及以上缴费5年。

③不符合社会保险养老金领取条件的 3 类残疾人；④没有资格领取社会保险养老金的老年人；⑤没有资格领取社会保险养老金的“英雄母亲”（即有 7 个或 7 个以上子女的母亲）；⑥没有资格获得社会保险养老金的孤儿。该津贴每月无条件支付给 8.4 万名受益人，占 2016 年总人口的 1.4%。与 2005 年相比，MSB 受益人的数量增加了 56%。

（3）国家现金补偿。2010 年，现金补偿取代了自苏联时代以来吉尔吉斯斯坦一直存在的国家优待制度。现金补偿被确定为参与“卫国战争”（第二次世界大战）或切尔诺贝利事故的几个群体的受益人。虽然名为现金补偿制度，但它也提供实物转移和服务：免费医疗；免费或得到补贴的疗养服务；房屋的自由私有化；获功勋退伍军人安葬；免费提供室内轮椅、假肢及骨科产品；以及住房补贴（比什凯克）。现金补偿的方式差别很大。2016 年，约 0.8%的人口（4.76 万人）每月领取现金补偿，较 2010 年进一步下降 12%。受益人减少的主要原因是人口结构的变化，因为许多受益人属于年龄较大的群体。预计这一趋势将在今后几年继续下去，降低现金补偿的财政预算要求。

（4）每月额外社会津贴（SMSB）。每月额外社会津贴是支付给在 2010 年 4 月至 6 月吉尔吉斯斯坦革命中遇难或受伤公民的家属：①革命期间死亡公民的子女（自然人、被收养人），自死亡之日起至受益人年满十八周岁；②革命期间死亡公民的父母，自死亡之日起至受益人退休，如死者是受益人的独生子女，可终身领取；③因革命期间受伤而被医学认定为残疾的公民。2015 年，有 637 人（占总人口的 0.01%）获得了这些补贴。

（5）能源消费补贴和补偿。除了现金转移支付，吉尔吉斯斯坦政府还通过能源消费补贴和补偿提供社会援助。该计划是在 2010 年推出的，目的是应对电价上涨和家庭预算负担日益加重。自 2010 年以来，尽管政府采取行动取消能源价格上涨，但能源补偿和补贴仍然存在。该方案的对象是低养老金领取者和住在高海拔地区的家庭。2011 年，35%的人口受益于养老金领取者的补偿，10%受益于高海拔地区的补贴。

3. 社会服务

社会服务主要集中在儿童保护方面，其中包括没有父母监护的儿童的住宿照顾。2007 年，全国约 1%的儿童和 0.7%的婴儿被安置在居住机构。根据《儿童权利公约》，将儿童与其家庭分离应作为最后的解决办法，但在吉尔吉斯斯坦，这是国家资助照护的主要形式。在欧盟的帮助下，政府正在推动这一政策向以家庭为基础的住家照顾的转变，并在《国家社会秩序法》中确立。欧盟计划为寄养服务提供者提供年度津贴约为每个儿童每月 1.1 万索姆，旨在鼓励寄养家庭并确保有足够的资源来满足儿童的需要，从而有助于加速这一进程。

4. 积极的劳动力市场政策

劳工和社会发展部（MLSD）推行的积极就业市场政策（ALMP），包括公共工程、培训计划及小额信贷计划。这三个计划资金严重不足，只能提供给在就业服务机构登记的失业者。因此，这些方案的服务范围很小。2017 年，只有 1.2%的 MLSD 预算预留给 ALMP。

（1）公共工程计划。公共工程计划在政府为积极劳动力市场政策提供的资金中所占比例最高（超过相应资金的一半）（Schwegler-Rohmeis et al，2013）。公共工程计划是公营和私营雇主提供的就业机会。工资包括由雇主支付的基本工资（地方政府或商业企业），以及由 MLSD 提供的补充工资。雇佣基于定期合同，如果参与者找到一份固定的工作，可以提前终止合同。2016 年，公共工程参与者的平均月工资为 1 000～1 500 索姆。

（2）培训计划。全国各地就业服务机构向登记失业人员提供培训方案，但主要集中在城市地区。培训课程由 MLSD 签订合约的持牌职业训练学校提供。在培训期间，参与者获得失业津贴的 120%（Schwegler-Rohmeis et al，2013）。

（3）小额信贷计划。MLSD 有一个名为 Ala-Too 金融的机构，为注册失业人员提供小额信贷服务。Ala-Too 金融负责执行该计划，包括资格评估。该计划比其他两项积极的劳动力市场计划要小得多，而且数字正在减少。他们的平均信贷额度为 2.8 万索姆。贷款上限是 5 万索姆，贷款期限是 1 年。小额信贷机构没有从中央政府预算中得到资金，而是用以前积累的循环资金来运作。

（二）社会保障项目的减贫效果

吉尔吉斯斯坦社会保障制度包括若干缴款和不缴款的正式社会保障计划。社会保障的执行情况取决于其向有需要的人提供服务的能力和向他们提供的资源数量。社会保障以若干基本标准为指导：极端贫困线、贫困线、最低生活保障、最低保障收入、推算率、基本养老金、最低工资和全国平均工资。

最低生活保障是一套标准的基本商品和服务的估计费用，这些商品和服务是健康生活水平所需要的最低限度。2016 年，最低生活保障标准按人均每月 4 794 索姆计算。贫困线反映了满足基本需求所需的货币资源，2018 年估计为人均每月 2 723.29 索姆。极端贫困线是指每人每天消耗 2 100 千卡热量的饮食成本，2018 年极端贫困线估计为人均每月 1 455.95 索姆。最低保障收入在确定贫困目标计划的受益人方面发挥着重要作用。如果申请人人均月收入低于这一数额，他们就有资格获得贫困家庭每月津贴（MBPF）。2016 年，最低保障收入设定为每月 900 索姆。固定费率 MBPF 津贴等于每月 810

索姆。

当受益人达不到平均工资时，推算率（IR）指导产妇津贴、失业福利和丧葬福利的价值。IR 值为 100 索姆。社会保险津贴以全国平均工资为基准，按该标准预先设定的百分比计算。全国平均工资也指导养老金的价值，因为基准养老金不能低于全国平均工资的 12%。不同标准之间的差异是显著的。例如，与贫困线和最低生活保障水平相比，最低工资水平过低。最低工资标准仅为食品贫困线的三分之二，低于绝对贫困线的 40%和最低生活保障标准的 22%。在以社会援助为目标方面发挥关键作用的最低保障收入也很低。其每月 900 索姆的粮食价值仅相当于食品贫困线的 57%。将 GMI 设定得如此之低意味着，只有最贫困的人口才能申请唯一针对贫困的社会援助计划——贫困家庭每月津贴。

覆盖面、分配和充分性，使人们能够评价社会保障政策在多大程度上为人民提供收入保障。根据吉尔吉斯斯坦综合家庭调查（KIHS，2015）的分析，52%的人口居住在至少一人接受任何形式社会转移的家庭中。社会保险养老金覆盖率最高，直接或间接受益人口占总人口的 45%。在较贫穷人口中，社会保险养老金的覆盖面要高得多，并随着津贴水平的提高而下降。

社会援助方案的特点是覆盖面很低。2015 年，8.5%的人口居住在获得贫困家庭每月津贴（MBPF）的家庭。在最贫困的家庭中，获得贫困家庭每月津贴覆盖率为 15.5%。与 2010 年相比，这一比例要低得多。2010 年，最贫困的 20%人口中有近 30%受益于贫困家庭每月津贴，尽管总体覆盖率仅略高于 12%的人口。尽管 MBPF 是吉尔吉斯斯坦唯一一个针对贫困的定期社会援助转移项目，但大约 60%的最贫困五分之一儿童没有享受到这种福利。虽然最低保障收入随着时间的推移而增加，但分配给 MBPF 的预算仍然承受着持续的压力。为了调和这一矛盾，MLSD 试图通过非正式的方式减少受益人数。

自 2005 年以来，在三种社会援助工具中，每月社会津贴（MSB）是受益人数不断增加的一个，因此覆盖面也在不断扩大。从 2005 年到 2016 年，MSB 的受助人增加了三分之一。尽管如此，MSB 覆盖率仍然很低，只有 1.3%。现金补偿主要由老年人领取，因为许多补偿与参加第二次世界大战有关。此外，由于暂停了符合条件的类别，承保范围随着时间的推移而减少。大约 2%的人口生活在享受现金补偿或其他地方补贴的家庭中。现金补偿计划是递减的，因为转移并不针对穷人，可能造成稀缺的社会援助资金的错误分配，预计对贫困的影响最小。总体而言，社会转移略有进展，占人口 20%的最贫困人口的支出比例相对较大。如表 9 所示，分配给贫困家庭每月津贴（MBPF）的资金有 50%由最贫穷的家庭获得。

表 9　2015 年吉尔吉斯斯坦社会保障福利的分布（采用五分位法）

项目	最贫困的 20%	Ⅱ	Ⅲ	Ⅴ	最富有的 20%	合计
所有社会转移	26.3%	17.5%	17.2%	17.2%	21.7%	100%
养老金	25.4%	17.8%	16.8%	17.7%	22.3%	100%
每月社会津贴	26.4%	9.8%	11.2%	34.7%	18.0%	100%
贫困家庭每月津贴	49.7%	21.9%	15.1%	11.4%	1.8%	100%
其他社会津贴	35.5%	17.2%	19.8%	13.0%	14.5%	100%
货币补偿和当地补贴	25.8%	2.4%	9.6%	12.5%	49.7%	100%

数据来源：世界粮食署（2019）。

除了覆盖面和分配之外，福利的充足程度决定了社会援助方案是否有能力为受援者的生计作出贡献。社会保障转移是接受家庭的一项重要财政贡献。总的来说，它们占家庭消费的 38%（表 10）。其中，社会保险养老金是最重要的，占最贫困五分之一家庭的家庭消费的 43%。2015 年，全国共有 64.7 万人享受社会保险养老金，占总人口的 10.7%。领取养老金的人数及其在人口中所占的比例在过去十年中一直在增加，预计这一趋势还将继续。2008—2012 年，养老金的平均充分性一直在稳步增长。2015 年，平均养老金相当于国家贫困线的 186%和受助家庭消费的 167%。自 2012 年以来，平均养老金一直高于养老金领取者最低生活保障线。社会援助转移的充分性要有限得多。每月社会津贴（MSB）和贫困家庭每月津贴（MBPF）均只占了接受家庭消费的 8%左右。对于最贫穷家庭来说，MBPF 资金转移比例为 12%。现金补偿金额在不同类别群体中的差别很大，反映了福利适当性问题。最慷慨的一类对象是战争英雄和残疾退伍军人，这类转移相当于每个月贫困线的 282%。总体来看，吉尔吉斯斯坦以粮食或现金转移形式提供的社会保障主要通过提高技能或创造资产来减轻贫困，增加或稳定家庭消费。

表 10　吉尔吉斯斯坦社会保障福利对家庭总消费的贡献（只适用于受款家庭）

项目	最贫困的 20%	Ⅱ	Ⅲ	Ⅴ	最富有的 20%	合计
所有社会转移	40.1%	35.3%	35.3%	36.4%	41.2%	37.7%
养老金	43.1%	40.6%	37.8%	38.3%	43.0%	40.6%
每月社会津贴	10.0%	11.5%	4.0%	9.6%	7.7%	8.5%
贫困家庭每月津贴	12.3%	8.6%	6.7%	10.1%	3.3%	8.2%
其他社会津贴	0.4%	0.3%	0.3%	0.1%	0.1%	0.2%
货币补偿和地方补贴	1.0%	8.5%	0.5%	9.5%	9.5%	4.6%

数据来源：世界粮食署（2019）。

（三）社会保障项目预算及相关政府机构

1. 项目资金支持

吉尔吉斯斯坦政府将其大部分资源用于社会支出：这一职能占政府支出的56.6%。包括社会保险在内的社会保障占政府支出的28%，远远超过教育（17%），医疗（9.2%），娱乐、文化和宗教（2.3%）。2015年，社会保障支出占GDP的10.6%，其中社会保险养老金占GDP的比重为7.4%。与养老金相比，社会援助方案的预算相当少。2015年，每月社会津贴（MSB）的消费占GDP的0.6%，现金补偿占0.4%。贫困家庭每月津贴（MBPF）的支出占GDP的比重从2011年和2012年的0.6%下降到2014年和2015年的0.4%。在MLSD预算中，67.5%用于社会福利。只有2.1%的资金用于积极的劳动力市场政策。按实际价值计算，用于社会保障的拨款一直在增加。

养老金年度拨款从2011年的4.11亿美元增加到2015年的5.48亿美元。在同一期间，由于领取现金的人数减少，用于现金补偿的开支减少。对MBPF的拨款也几乎翻了一番，反映出最低保障收入在过去几年稳步增长。然而，受益人的数目和MBPF的覆盖率一直在下降。MBPF政策制定采用自上向下的方法，其中可用的预算决定于预先确定的最低保障收入受益人的数量。除了中央政府资助的全国范围的社会援助计划外，基层单位Ayil okmotu（村议会）一级也参与了筹资工作。它们的主要作用是为参与地方一级社会服务提供的社会工作者的薪金提供资金。此外，这些机构可以为其居民提供酌情的社会援助福利，如住房补贴、收入补贴和实物福利。

2. 机构与治理

吉尔吉斯斯坦的一些部委、国家机构和国际伙伴提供社会保障服务。表11概述主要政府机构及其角色和责任。社会保障体系的发展以若干国家战略为指导。最重要的政策文件是：①《2013—2017年国家可持续发展战略》；②《2013—2017年向可持续发展转型的政府计划》；③《2015—2017年人口社会保障体系发展规划》；④养老金体系发展理念（2014）；⑤促进就业和规范国内外劳动力流动的2020年计划；⑥2012—2020年吉尔吉斯斯坦教育发展战略；⑦《国家社会秩序法》（2014）。其中，《2013—2017年国家可持续发展战略》和《2013—2017年向可持续发展转型的政府计划》是社会保障制度改革的战略计划。

表11　吉尔吉斯斯坦社会保障系统中政府角色概述

政府机构	在社会保障中的角色和责任	层级
劳工和社会发展部	社会保障的主要政府机构。负责方案设计和执行，制订国家保证的最低标准，专业发展服务和社会服务提供者认证，以及管理脆弱人口群体	中央

（续）

政府机构	在社会保障中的角色和责任	层级
卫生部	支持实施与卫生部门有关的社会保障方案	中央
教育和科学部	支持执行与教育部门有关的社会保障方案，例如作为积极的劳动力市场政策的一部分，改善教育和培训方案的接受机会	中央
国家地方自治和民族关系局	并非社会保障制度的直接组成部分，而是执行可以被理解为社会保障变革要素的政策；负责加强地方治理	中央
国家迁移服务局	监督有关移民和遣返的政策；负责有关劳工渔民的政府间和其他法律安排	中央
社会基金会	收集社会保险缴款和社会税收，为社会保障提供资金。收集和保存供款记录，是负责所有社会保险和养老金方案的主要政府机构	中央
财政部	制定政府预算，包括社会部门预算	中央
总统办公室	起草部门发展战略计划，并使其符合该国总体战略计划	中央
政府办公室	协调有关各部委和机构的活动，确保社会保障部门一致性	中央
议会	政府的立法机构	中央
Rayon 办事处	聘用社会保障署或首席社会保障专家；负责落实街道层面的社会保障计划	地方
Aiyl okmotu 自治区	雇用社工，负责在街上推行社会保障计划	地方
非政府组织	根据国家社会秩序法，非政府组织向人民提供社会服务	区域或地方

《2014—2017 年人口社会保障制度发展规划》是指导社会保障制度改革的主要战略文件。着眼于处理三大问题：①低福利水平引起社会保障对减贫和生计的贡献不足；②解决社会保险和社会援助制度之间的矛盾；③发展高质量、可获得和全面的社会服务来支持人民。改革优先考虑了三类人口获益：贫困或弱势家庭的儿童、残疾人和老年人。部门战略文件，例如养老金体系发展概念，促进就业和调节内部和外部劳动力迁移 2020 年计划，保护和改善健康 2020 年战略，教育发展 2012—2020 年战略，共同形成一个连贯和统一的战略与社会保障策略。为改善地方一级的治理，2013—2017 年吉尔吉斯斯坦地方自治发展规划文件为实现《国家发展战略》确定的目标提供了指导。《国家社会秩序法》对非政府组织提供社会服务的认定和转包工作进行指导。

三、乌兹别克斯坦社会保障体系与减贫效果

乌兹别克斯坦政府在实现社会和经济转型的道路上取得了迅速进展。预计在不久的将来将进行进一步的改革，包括与国有企业重组有关的改革。在过渡过程中，一些人口群体正受到不利的影响。改革议程很受欢迎，95%的市民表

示支持改革议程并对未来抱有乐观的态度，但 2018 年世行对乌兹别克斯坦公民的一项调查指出，最贫穷地区有超过一半的家庭认为他们现在财务状况比两年前更糟糕。事实上，国际上进行过类似改革的经验表明，穷人和接近贫困线的人对价格变化的适应能力较差，可能会受到因价格自由化、汇率自由化、公用事业关税上调和取消补贴等改革引起的购买力下降的影响。政府意识到这些改革可能带来的意想不到的不利后果，并致力于加强社会保障和劳动制度来保护弱势群体。作为 2017 年 9 月启动的改革的一部分，政府的使命包括“实施全面、有针对性的社会支持措施，将货币政策对社会弱势群体生活水平的负面影响降到最低。”

乌兹别克斯坦有一个相对较好的社会保障体系，包括社会援助、劳动力市场干预和养老金。以充分就业、普遍托儿、保障养老为原则的养老保险制度，是苏联时期的遗存，正在逐步向普遍制度和目标制度相结合的混合型养老保险制度转变。2018 年，乌兹别克斯坦社会保障总支出约占 GDP 的 5.9%。社会保险仍然是最大的支出类别，占所有社会保障支出的 83%，占所有受益人支出的 43%。相比之下，社会援助项目规模小得多，2012—2018 年专项支出从 16.6%降至 14.2%，主要是因为低收入家庭和 2～13 岁儿童家庭的补助预算减少。就支出而言，劳动力市场项目传统上仍然是最不重要的类别，2018 年支出占比为 3%。

自 2018 年以来，政府推出了一系列社会保障措施来配合经济改革。2012—2016 年，乌兹别克斯坦社会保障项目的资格标准或支出范围没有发生重大变化。2012—2016 年，社会保障项目受益总人数从 750 万人下降到 640 万人。社会保险受益人数保持稳定，但 2016 年社会援助覆盖面有所下降。当政府在 2018 年推出一系列伴随经济改革的措施时，这些趋势被大幅逆转。首先，除了采用国家就业促进计划，2017 年政府为公共工程（FPW）创建了基金，通过公共工程提供临时就业和工资补贴增加私营企业和劳动力市场的项目预算（2018 年占所有社会保障支出的 3%）。第二，作为缓解部分改革带来的暂时性负面影响的措施之一，2018 年三险一金预算分配在过去几年呈下降趋势的基础上大幅增加。2018 年，低收入家庭津贴（三种家庭津贴中最少的一种）的覆盖面和预算比 2015 年几乎翻了一番，2015 年以来，3～14 岁儿童家庭补助增长 20%，0～2 岁儿童家庭预算增长 10%。第三，政府正在通过建立社会登记制度和调整制度来确定和选择受益人，以提高社会福利制度的效率和效力。政府正在进行养老金制度的重大改革，尽管取得了这些成就，该国仍然面临一些关键挑战。

就覆盖面来说，将近一半的人口和三分之一的穷人没有纳入任何社会保障计划。根据 2018 年家庭调查数据，社会保障体系（包括社会援助、社会保险和劳动力市场计划）支持约55%的人口，主要通过覆盖44%人口的社会保险。养老保险覆盖了近38%的人口（以及85%的65岁以上老年人），是目前覆盖范围最大的社会保障工具，其中包括穷人①（29%）。相比之下，社会援助计划只覆盖了16%的人口，主要是通过家庭津贴（覆盖12%的人口）。据估计，只有三分之一的穷人得到任何形式的社会援助，37%的贫困家庭得到家庭津贴。

总的来说，乌兹别克斯坦的贫困人口覆盖面还有提高的空间。分配给40%的最贫困家庭的津贴占总预算的比例约为73%，而几乎60%的非缴费社会养老金分配给最贫困40%的家庭。然而，这些福利资源仍存在很大的分配不公平，例如，22%的社会养老金预算都由最富有的40%人口获得。目前选择家庭津贴的受益人是根据一项经济状况调查，并依靠马哈拉斯（mahallas，社区单位）帮助和鼓励贫穷家庭申请以及进行生活条件和需求评估。此外，为低收入家庭或有子女家庭提供三种不同的经济状况调查的福利，不仅造成不必要的行政效率低下，而且还造成横向不平等。

积极的劳动力市场政策（ALMPs）相对较新，缺乏一个完整的政策方法或定义。截至2018年10月，就业和劳动关系部（MELR）将监管8个主要的ALMPs。ALMPs包括咨询、中介、公共工程、课堂专业培训、在职培训、两个小额贷款项目和一个基于配额的就业计划。这些程序都没有经过评估，而且监测数据也不容易获得和访问。ALMPs中的大多数都没有充分利用私营部门的潜力。就业支持中心（ESCs）完成的70%～100%的公共工程项目、专业培训和配额计划安排都是在公共部门公司进行的，从求职者的角度来看，这些公司并不总是最方便或最受欢迎的雇主。求职者对劳动力市场项目的认识非常有限；MELR和ESC的工作人员意识到对ALMP项目和服务的需求很少。虽然参与率低可能有多种原因，但缺乏意识，尤其是考虑到课程的快速发展，或者仅仅是缺乏兴趣。

政府促进就业工作的质素和成效，在很大程度上取决于就业支持中心ESCs的表现。公共培训机构的覆盖面非常有限，它们的课程在适应市场需求、甚至是政府自身的ALMP优先级方面进展缓慢。ESC基础设施需要更新。除了塔什干和主要城市外，许多ESCs缺乏有效运作所需的基本设备和服务。大多数设施的互联网服务不稳定，超过20%的技术人员无法使用电脑。信息系统正在兴起，但大部分仍处于初级阶段。ALMP受益人的数据库通常存储在本地计算机上，与在线雇主数据库缺乏连接，一些ESCs甚至不存储受益人的电子数据。

① 根据世界银行每天3.2美元的国际贫困线。

关于体制安排，乌兹别克斯坦目前没有中央政府机构或部委集中负责社会保障的政策和决策或社会保障的管理。社会保障项目的管理被划分为多个组织，如财政部（社会福利）；预算外国家养老金基金（财政部的下属机构）；卫生部（为包括残疾人、老年人和孤儿在内的一些弱势群体提供服务）；教育部（学龄儿童实物福利）；和就业和劳动关系部（MELR）（ALMPs、中介服务、公共工程和小额贷款）。乌兹别克斯坦政府正在重组社会保障项目的政策制定和项目管理——建立一个新的机构或部门来负责社会保障政策。实施重点社会保障计划需要行政区域和地方各级的大量参与，并在中央一级进行充分的监督。关于社会福利，社区机构目前负责查明和登记受益人，并根据地区财政当局的既定配额，中央政府只进行有限的监督和监测。缺乏处理受益人和非受益人的查询、投诉和解决执行透明性和容易获得性问题的机制。

对于积极的劳动力市场干预，中央部门任务是为所有的就业和劳动关系部门（MELR）提供总体政策指导、监督和行政职能资金。区级政府（ESCs）和分散的 MELR 单位负责受益人的确定和选择，以及项目的实施。财政部和 MELR 没有一个可靠的信息系统来跟踪项目受益人。中央政府缺乏关于实际受益人、个人支付或福利的最新信息。特别对于积极的劳动力市场政策（ALMPs），资金被转移到地区一级，在那里，项目在没有明确报告机制的情况下执行。MELR 最近扩大了综合单一窗口办公室（ISWO）的范围，在网上登记就业服务和就业项目的申请人，这是改进电子监测系统的第一步。

从政策议程和政治愿景上看，乌兹别克斯坦自经济改革以来一直致力于社会保障体系的现代化。改革涉及社会援助的登记制度建设、重点劳动力市场改造、养老金改革社会保险等三大支柱。改革目标主要有：①通过引入现代社会福利制度，通过有针对性、充足和及时的补贴来支持低收入家庭；②加强积极的劳动力市场干预，支持失业人员和受经济改革影响的人员从事临时就业机会和提高技能；③设置更合理的管理和执行机构，为主要社会保障项目建立全面的精准定位和监控系统。

世界银行正在为乌兹别克斯坦社会保障体系改革提供资金和技术援助。2019 年 7 月，世界银行批准了国际开发协会（IDA）为“加强乌兹别克斯坦社会保障体系”项目提供的 5 000 万美元贷款。该项目将建立一个合格受益人单一登记处，以帮助确保乌兹别克斯坦的社会安全网项目惠及并支持最贫穷和最脆弱的群体，特别是那些受到包括公用事业成本在内的消费价格上涨不利影响的群体。针对经济转型过程中可能需要转岗的人员，加强创业技能培训、职业培训补贴、民营企业工资补贴等选择性劳动力市场干预。此外，该项目将提高就业的能力支持中心在全国各地为求职者提供更好的就业服务，以及改善更高质量劳动力市场数据的获取。

四、哈萨克斯坦社会保障体系与减贫效果

（一）社会保障项目概述

与其他中亚国家一样，哈萨克斯坦从前苏联继承一套完整社会保障体系，只不过大部分项目的执行没有经过经济状况审查。2014 年，社会保障支出占 GDP 的 1.2%（5 068 亿坚戈，表 12），其中近 60%用于老年社会养老金。社会津贴、特别津贴和有子女家庭津贴是主要的三类社会保障项目。社会津贴计划为那些在退休年龄没有资格从累积制度领取养老金或其养老金应享权利低于保障最低限度的人提供伤残津贴和遗属津贴以及老年津贴。特别津贴是货币化的福利和补贴。2014 年，接受经济状况调查的项目仅占社会保障支出的 1%左右。其中，目标社会援助（TSA）是最低收入保障计划“最后手段”，它向人均月收入低于最低生活保障标准 40%的家庭提供现金支付。

哈萨克斯坦社会保障体系的覆盖面处于欧洲和中亚中高收入国家的较低水平。社会保障制度不足以惠及大多数穷人。因为较低的资格门槛，大约 25%的人口接受某种形式的社会援助，只有 1%左右收到 TSA，精准社会援助。目前的最低标准是每人每天 310 坚戈，约合 1.107 美元。对于哈萨克斯坦这样的中等收入国家来说，这样的资格门槛太低了。

表 12　2014 年哈萨克斯坦社会保障支出

大类	细类	支出（亿坚戈）	占 GDP 比重
家庭、孕妇、儿童支持	1. 家庭及儿童津贴（包括孤儿及弱势儿童福利）	1 049	0.257%
特殊津贴、对穷人的社会援助	2. 贫困定向社会援助（精准社会援助和有条件现金转移）	18	0.004%
	3. 住房/水电援助	27	0.007%
社会津贴、应对社会危机的国家支持	4. 现金紧急支持	0	0.000%
	5. 老年社会养老金	2 326	0.571%
	6. 残疾社会养老金，津贴，福利	1 371	0.336%
	7. 战争退伍军人福利	186	0.046%
	8. 非缴款殡葬补助金、殓葬津贴	0	0.000%
	9. 其他现金转移	92	0.023%
合计		5 068	1.244%

数据来源：哈萨克斯坦共和国国民经济部统计委员会。

2012 年，政府启动了一项扩大 TSA 计划的计划，将资格门槛从最低生活保障的 40%提高到 2015 年的 60%，到 2020 年提高到 100%。政府还以遵循共同义务原则的社会合同的形式为 TSA 项目参与者引入了条件。社会合同的概念既基于在拉丁美洲广泛使用的有条件现金转移方法，也基于在欧洲和美国广

泛使用的激活或“工作优先”方法。条件与劳动力市场的参与与积极影响家庭成员长期福祉的行为有关。这一扩展计划名为 Orleu，整合了三种针对弱势群体的援助——TSA、儿童津贴和针对大家庭的特殊国家津贴。其目的是减少社会保障体系的碎片化，并扩大经济调查的覆盖面。2014 年 2 月，三个州成功进行了初步试点，2015 年年中试点扩大到所有州特定 Rayons 地区，由地方预算支付。Orleu 于 2018 年在全国推广。

（二）社会保障项目的减贫效果

世行的一项研究将哈萨克斯坦减贫动力分解为增长和再分配两部分，2006—2015 年经济增长在贫困率 34.5 个百分点的下降中占了 31.7 个百分点，而消费分配仅占 2.8 个百分点。鉴于现有社会保障体系覆盖面窄、规模小，它们在提高收入方面收效甚微也就不足为奇了。2013 年家庭预算调查显示，与 2006—2015 年相比，社会津贴仅提高了 0.4%的实际收入，而老年社会养老金提高了 8.6%。在此期间，这些社会支付对减贫的影响为 0.77 个百分点（相比之下，工资和自营职业收入的增长带来的影响为 23 个百分点）。不同社会保障项目减贫效果参差不齐。

1. 虽然 TSA 的覆盖率极低，但它比任何其他社会保障项目都更适合穷人

由于 65%的受益者属于最贫困的 20%人口，这些目标实现的结果相对于国际基准来说是不错的。此外，在哈萨克斯坦所有保障项目中，只有 37%的受益者属于最贫困的 20%人口。

2. 养老金和失业津贴不足以支持劳动力市场的灵活性和适应性

约有 280 万工人，特别是自雇工人，没有资格领取养老金，因为他们没有参加保险计划（拿工资的雇员的雇主没有为他们缴纳社会保险项目）①，这使大量易受伤害的工人处于贫穷风险之中。

3. 缴费养老金制度面临巨额赤字和日益显现的人口压力

缴款养老金的支出高于该区域其他国家，但低于全球其他区域，并且远远低于经合组织（OECD）的平均水平。供款养老金仅仅是勉强够，而且正在减少（对妇女特别不利）。新一代的养老金领取者退休时的养老金（相对于工资）仍然较低。2014 年，新领取养老金的人的平均养老金比 2014 年前退休的人低 12%。目前的基本老年社会养老金（无论就业历史和养老金缴纳记录如何，达到退休年龄的人都有资格领取）相当于平均工资的 43%。在未来 30 年，由于领取改革

① 这些主要是在私人农场工作的自给自足的农民（Rutkowski，2011）。虽然从技术上讲，个体经营者应该缴纳社会保险基金，但如果成本超过了预期收益，有些人可能不会缴纳。特别是工资收入是根据最低工资计算的。虽然数额很低（19 966 坚戈或每月约 60 美元），但对于只能维持生活活动的人来说，没有多少可支配收入，而且可能发现缴款贵得令人望而却步。

前养老金的人越来越少，而且通货膨胀指数适用于老年社会养老金，养老金水平将降至平均工资的10%，严重考验养老金制度的社会可持续性。

4. 可就业人口的养老金覆盖率较低

2014年，雇主缴纳的养老金仅覆盖53%的劳动年龄人口，或67%的所有就业人口，使哈萨克斯坦处于该区域的中等水平，但仍远远落后于发达国家。令人担忧的是，尽管97%的老年人口由养老金体系覆盖，但较低的缴费率将导致未来更低的覆盖率。为了解决这些问题，政府正在考虑如何让养老金体系可持续发展，一个选择是引进工人缴款（目前工人不缴款）；另一个是使用更多的经济状况调查。

5. 失业保险的覆盖面和程度仍然有限

那些向社会保险基金缴款至少6个月的人，有资格领取过去24个月每月平均保险收入的30%的适度失业救济金。然而，支付的数额和期限取决于缴款的期限，那些缴款6～12个月的人只能得到缴款额的70%，而且只能得到一个月。对缴款三年或三年以上的人，基本福利期限为四个月，对某些类别的失业者，最高福利期限为六个月。由于覆盖面和领取失业救济金的时间有限，领取失业救济金的人数非常少（2013年有18 846人领取失业救济金，而当年的失业人数约为47.1万人）。虽然这种设计不太可能对失业者找工作造成不利影响，但它可能会让一些失业者比其他人更容易受到伤害，尤其是那些工作年限较短的人。

6. 积极劳动力市场计划的覆盖面仍然不足，而且收效甚微

《2020年就业规划》和《生产性就业和大众创业计划（2017—2020年）》的覆盖面很小，主要关注的是公共事业或自主创业。此外，公共就业服务只惠及一小部分失业者和个体经营者。

五、小结

中亚各国继承了苏联时代的全面社会保障制度，包括社会保险、社会援助、社会服务和积极的劳动力市场政策，社会保障制度是中亚国家反贫困的支柱政策，较为完整的社会保障制度在减轻中亚地区的贫困问题和增进穷人、弱势群体的福利方面发挥了显著的积极作用，但现有社会保障的覆盖面和针对性还需要进一步扩大和提高。中亚各国正在推行一系列措施，完善现有的社会保障体系。

塔吉克斯坦正在改革社会援助制度，运用精准社会援助（TSA）项目取代有条件的现金教育补偿计划和电力补偿福利，以提高社会援助对最贫困人口的覆盖率。吉尔吉斯斯坦社会保险养老金覆盖率最高，社会援助的覆盖面很低，为推动该国社会保障制度改革，吉尔吉斯斯坦制定了《2014—2017年人口社会保障制度发展规划》。乌兹别克斯坦将近一半的人口和三分之一的穷人没有纳入任何社会保障计划，该国正在世界银行的帮助下建立现代化社会保障体系，以确保社会保障能够惠及最贫穷和最脆弱的群体。

第五节　中国与中亚国家减贫模式比较分析

在过去的几十年中，中国与中亚国家在减贫方面都取得了较大的成就。中国更是创造了世界减贫史上的奇迹，为世界减贫提供了中国方案和中国经验。2013—2018 年中国累计减贫幅度达到 83.2%，农村贫困发生率从 2012 年末的 10.2%下降到 2018 年末的 1.7%（图 19）。[①] 中国与中亚国家的减贫理念、减贫方式、减贫经验各具特色，减贫效果也存在较大差异。展望未来，中国与中亚国家减贫合作空间巨大。

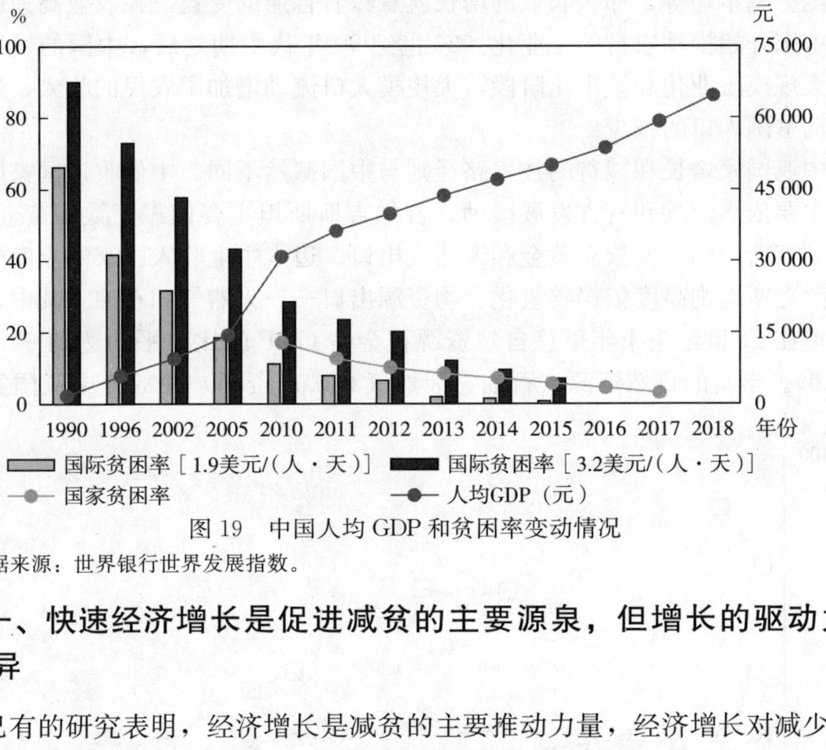

图 19　中国人均 GDP 和贫困率变动情况

数据来源：世界银行世界发展指数。

一、快速经济增长是促进减贫的主要源泉，但增长的驱动力存在差异

已有的研究表明，经济增长是减贫的主要推动力量，经济增长对减少贫困的作用主要表现为两个方面：第一，经济发展为贫困人口提供了更多和更好的就业和创收机会；第二，经济增长带来了政府财政收入的增加，使政府更有能力去帮助贫困人口。第一个方面是经济增长对减贫的直接效应，而第二个方面

① 国家统计局：《扶贫开发持续强力推进　脱贫攻坚取得历史性重大成就——新中国成立 70 周年经济社会发展成就系列报告之十五》，http://www.stats.gov.cn/tjsj/zxfb/201908/t20190812_1690526.html.

是经济增长对减贫的间接效应（汪三贵，2008）。过去四十年，中国经济快速增长，为缓解贫困提供了坚实的经济基础，为贫困人口的大幅减少做出了重大贡献。对于中亚国家而言，快速经济增长同样是促进减贫最根本和最重要的力量来源。新世纪以来，中亚国家经济保持两位数左右的增长速度，贫困发生率下降的速度虽然低于经济增长速度，但也维持在较高水平。

就增长驱动力来说，中国和中亚国家存在显著的差异，而这种差异很大程度上决定了经济发展和减贫的可持续性。李小云等（2016）将中国减贫动力概括为“农业—农村工业化—城市化”。具体来看，在以农民为主体和农业为主发展阶段，首先通过推动农业高速增长促进减贫。此时，农业增长的减贫影响是其他产业的四倍，这主要是因为农业是每个农民的职业，农民之间只要在土地分配上基本均等，那么农业的增长就意味着普遍的受益。在农业高速增长之后，中国开始推动农村的工业化。20 世纪 90 年代中期之后，中国的发展开始进入大规模工业化和城市化阶段，大规模人口流动增加了农民的收入，进而继续驱动贫困人口的减少。

中亚国家增长和减贫的技术路径则与中国截然不同。中低收入国家塔吉克斯坦主要依靠汇款和官方发展援助，吉尔吉斯斯坦主要依靠汇款和黄金出口，乌兹别克斯坦则主要依靠黄金和天然气出口。迈入中上收入国家的土库曼斯坦和哈萨克斯坦则高度依赖碳氢化合物资源出口——天然气和石油。其中，土库曼斯坦在 21 世纪头十年里总自然资源租金占 GDP 的比重平均达到 60%左右（图 20）。丰富的自然资源（石油、天然气和矿产资源）使部分中亚国家得以

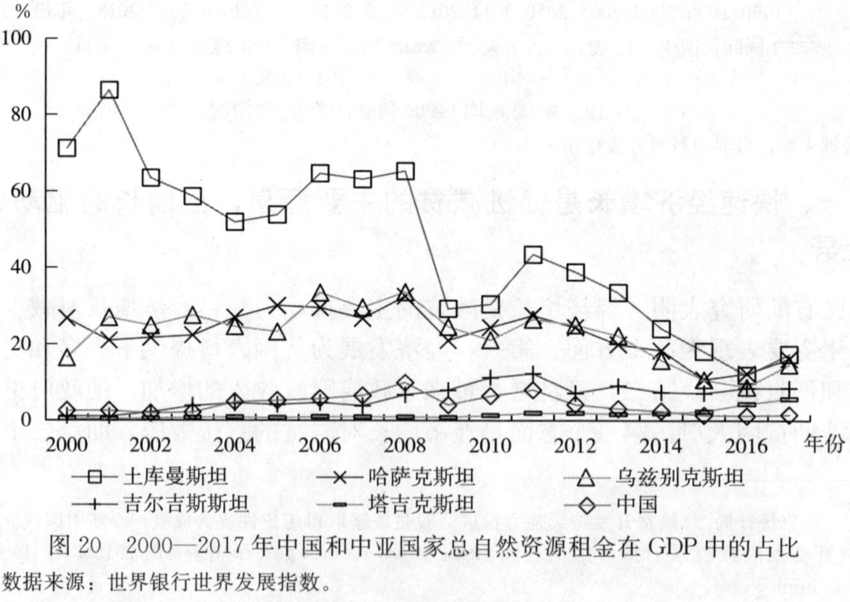

图 20　2000—2017 年中国和中亚国家总自然资源租金在 GDP 中的占比

数据来源：世界银行世界发展指数。

迅速发展和减少贫困，但也使得其经济多样化、提高生产率和创造就业机会变得更加困难，他们经济增长和减贫进程普遍容易受到外部经济的冲击。

二、社会保障体系是促进减贫的主要辅助手段，但体系的发展水平各异

社会保障作为调节分配和保障居民基本生活的制度安排，是减贫工作的重要组成部分。作为前苏联的成员，中亚五国都拥有一个较为完整的社会保障制度，包括社会保险、社会援助和社会服务。尽管这些国家经济快速增长不过短短十来年，但他们积极投入大量资金用于改善获得社会服务（教育、保健和社会保障）的机会和质量。以人均收入不到 1 300 美元的吉尔吉斯斯坦为例，几乎全民享有基础教育和保健，2015 年 97%的 17 岁以下儿童上学，只有 2%左右的人口没有获得卫生服务，52%的人口居住在至少一人接受任何形式社会转移的家庭中。社会保险养老金直接或间接受益人口占总人口的 45%，在较贫穷人口中覆盖面要高得多。研究指出，由于养老金覆盖面广、福利充足，吉尔吉斯斯坦极端贫困人口减少了 56%。

社会保障体系同样是中国减贫的重要动力，特别是在农村地区。目前已形成了由社会援助、社会保险和社会福利组成的社会保障体系。社会援助是中国社会保障体系的基础性制度安排，2014 年开始实施的《社会援助暂行办法》将最低生活保障、特困人员供养、受灾人员救助、医疗救助、教育救助、住房救助、就业救助和临时救助这 8 项制度以及社会力量参与作为基本内容。社会保险包括养老保险、医疗保险、失业保险、工伤保险和生育保险。2013 年以来，福利体系也逐步完善，其中，老年福利体系以发展养老服务业为主，儿童福利体系以保护和救助残疾、重病、流浪、留守儿童为重点，残疾人福利体系以为困难残疾人提供生活补贴和为重度残疾人提供护理补贴为重点。社会保障的减贫效果尤其是兜底保障的减贫效果显著。Chen et al.（2018）基于 2015 年统计数据的研究指出，在获得低保收入后，城市贫困率下降到 7.2%；农村贫困发生率到 10.6%。

不过，由于中国社会保障体系建立晚，起点低，在政策设计完整性和覆盖范围方面与中亚国家尚存在一定的差距。例如，2017 年末，全国共有 1 264 万人享受城市居民最低生活保障，4 047 万人享受农村居民最低生活保障，合计占总人口不到 5%。养老保险作为中国最重要的社会保障制度安排，仍有很大的改进空间，即使是比照其他中上收入国家的通常做法，也应该尽早将残疾人和遗属家庭纳入保险范围，并且增加非缴费保险类型，以便将非正规就业人群以及农村人口纳入到正式的社会保障覆盖范围。

三、提高精准性是减贫政策的核心理念，但推进的动力各不相同

中亚国家在社会保障这一主要减贫战略上的支出可以说是慷慨的，但长期存在因为目标不明确只惠及穷人的一小部分，同时加剧了结构性财政赤字。考虑到预算限制和覆盖面不足的问题，中亚国家正在积极推动社会保障体系改革，旨在提高减贫的精准性。一个突出的例子是中亚各国普遍推行的替代现金补偿的精准社会援助（TSA）计划。TSA 计划通过在全国范围内建立单一电子登记制度和开展有力的经济状况审查、评估、监测工作来建立更精准、更高效的制度，进而增加社会转移所覆盖的贫困和弱势人口的比例。TSA 预计对穷人的福利产生立竿见影的效果，因为对穷人来说，社会转移往往是唯一安全或稳定的收入来源。中亚国家 TSA 计划的框架设计和落实普遍得到了世界银行的资金支持和技术援助。目前，塔吉克斯坦、吉尔吉斯斯坦和哈萨克斯坦已经完成 TSA 试点工作，正在向全国推行。2020 年 7 月世界银行为乌兹别克斯坦“加强社会保障体系”项目提供 5 000 万美元贷款，项目的关键目标是建立一个单一的合格受益人登记处，以帮助社会安全网项目惠及并支持最贫穷和最脆弱的群体。

中国在 2017 年之后，精准脱贫进入攻坚阶段。这一时期采取的措施首先是建档立卡制度。这是自中国实施有计划扶贫以来真正意义上的贫困人口瞄准措施。仅 2014 年通过建档立卡就识别出贫困村 12.8 万个、贫困户 2 948 万户、贫困人口 8 962 万人。2016 年，中央扶贫资金中有 53%的资金直接用于建档立卡的贫困户，38%用于建档立卡贫困村农田水利、村级道路、人畜饮水、沼气等能源，以及危房或住房改造等基础设施建设，9%用于金融扶贫风险补偿金、保险及信息化和建档立卡管理等支出。“建档立卡”制度很大程度上解决了长期以来贫困人口瞄不准的问题。与中亚国家普遍借助国际力量不同，中国主要依靠本国政治、行政和其他资源的大量投入来确保减贫政策瞄准贫困和弱势群体。精准脱贫将有助于突破长期困扰、沉淀在社会底层贫困群体脱贫和弱势的各种制约，从根本上改变贫困人口脱贫的外部条件，进而提升其内生能力。

四、中亚国家对开发式扶贫模式重视不足，中国经验值得借鉴

开发式扶贫是针对贫困人口的专项扶贫计划，是协助贫困人口更有效地参与经济发展活动从而提高生活水平的重要举措。中国开发式扶贫产生于 20 世纪 80 年代以后减贫速率随着经济增长越来越低，而此时的财力又无法承担实施大规模的现金转移式扶贫的背景下。中国政府在 1985 年之后开始实施“专项扶贫计划”，特别是“八七扶贫攻坚计划”，开始探索瞄准性的开发式扶贫战

略。开发式扶贫战略的核心是实践“协助经济发展”式的扶贫模式，希望通过对贫困地区和贫困群体的瞄准施予特殊的政策来最终帮助其摆脱贫困。事实证明，这些开发式扶贫计划与国家倡导的工业化和城市化共同推动了改革开放之后大多数时期的农村减贫。中国开发式扶贫机制在1986—2001年主要是贫困县瞄准，2001—2011年增加了贫困村的瞄准。中国发展研究基金会（2007）的研究指出，2001—2004年贫困村农户的收入增长速度要比非贫困村农户收入增长速度高2%，而且整村推进的村农户收入比未实施整村推进的村农户高8%～9%，这些结果显示了中国开发式扶贫方式的有效性。

苏联解体后，所有新成立的中亚国家都继承了苏联高水平并且较为广泛的转移支付和社会服务。这些国家减贫战略基本等同于推动社会保障体系发展和完善。然而，除了哈萨克斯坦之外的其他中亚国家面临经济发展变缓、正规部门规模小、收入基数低的问题，社会保障制度的政策和财政空间是十分有限的。以吉尔吉斯斯坦为例，就其收入水平而言，社会保障支出是非常高的，近年来已替代经济支出成为公共开支的最大部分。2015年，该国社会保障占公共支出总额的28%，超过了教育支出（17.0%）和卫生支出（9.2%）的总和，而经济支出的占比仅为19.1%。过去十几年里，税收收入的强劲增长和外部捐助者的持续支持，适应了社会保障支出的增长。然而，由于吉尔吉斯斯坦已获得中等收入地位，而且鉴于已分配给该部门的支出比例以及对该国债务水平的更广泛关切，获得额外资金的社会保障前景很低，捐助者支持意愿正在下降（OECD，2019）。因此，该国社会保障制度的可持续性面临着严峻的挑战。更重要的是，国际发展经验也表明在缺乏高的增长条件下，只重视社会分配是很难实现可持续减贫的。

展望未来，这些仍处于低收入水平且增长充满不确定性的中亚国家需要引入一种以提升贫困地区和家庭生产率的模式来促进减贫进程。这也解释了为什么当前世界银行、联合国开发计划署、粮农组织和世界粮食署，以及欧洲发展机构在这些国家贫困地区大力开展生产支持性援助，目的在于弥补社会保障体系在减少穷人脆弱性与生计风险方面的不足。例如，在试点地区进行资产创造和基础设施建设项目，农业技能培训，开展应对灾害风险的建设项目和能力培训，等等。

改革开放以来的中国扶贫实践，始终坚持开发式扶贫策略，并将消减贫困作为重要的发展目标纳入国家经济社会发展宏观战略目标。中国开发式扶贫方案值得中亚国家借鉴，特别是对于农业生产率水平低下、经济总量和人均量都很小的塔吉克斯坦、吉尔吉斯斯坦、乌兹别克斯坦来说。这些方案包括：一是改善贫困地区的发展条件，加强交通、水利、电力等基础设施建设，解决制约发展的突出问题；二是坚持把发展特色种养业作为扶贫开发的重点，将扶贫开发与资源保护、生态建设结合起来，开发优势资源，培育壮大特色产业，增强“造血”功能和可持续发展能力；三是提升贫困人口劳动素质，通过职业技能培训、农业实用技术培训等，增强贫困人口转岗就业能力。将开发式扶贫和保障式扶贫相结合提升贫困地区与贫困人口的自我积累和内生发展能力，进而打破贫穷的循环。

第六节　中亚地区的援助与减贫合作现状

中亚各国经济总量有限，经济增长速度放缓，政府财政资金对社会保障体系的支持不足，单靠自身的力量难以实现脱贫减困，所以中亚地区的减贫需要借助外部力量。减贫援助项目不仅为中亚各国带来了大量的资金，而且带来了不同的减贫理念与减贫模式。本节详细梳理了世界银行、美国、日本和中国在塔吉克斯坦、吉尔吉斯斯坦、乌兹别克斯坦和哈萨克斯坦开展援助的重点领域和模式，客观评价这些援助在促进中亚国家减贫和共同繁荣方面取得的成就。

一、世界银行在中亚地区的援助与减贫合作现状

（一）世界银行在塔吉克斯坦的援助与减贫合作现状

多边国际援助在塔吉克斯坦获得国际援助中的地位突出，塔吉克斯坦国际开发援助以多边 ODA（官方发展援助，Official Development Assistance）为主。2017 年，塔吉克斯坦多边 ODA 占 ODA 的比重为 55.68%。在塔吉克斯坦获得的多边 ODA 中，区域发展银行和世界银行是主要国际机构，2013 年，区域发展银行和世界银行 ODA 占塔吉克斯坦多边 ODA 的比重为 65.1%，2017 年上升到 74.3%。

1996—2019 年，世界银行在塔吉克斯坦的信贷、赠款和信托基金的总额超过 15 亿美元，75.7%项目的融资来源是国际开发协会（IDA）。目前世界银行在塔吉克斯坦的项目是 17 个，国际开发协会（IDA）授予的信贷金额是 6.84 亿美元。世界银行在塔吉克斯坦的投资项目主要分布的领域为能源、水和城市发展、经济政策和公共部门、农业、教育、健康和社会保障等（图 21）。

国家伙伴关系战略（CPS）是世界银行支持塔吉克斯坦以可持续的方式减少贫困和促进共同繁荣的指导战略。2014 年，世界银行启动了“塔吉克斯坦 2015—2018 年国家伙伴关系战略”，该战略规定了世界银行与塔吉克斯坦政府之间合作的优先目标，并描述了世界银行将要在该国实施的旨在改善塔吉克斯坦人民福祉的计划。经济增长、私营部门发展、创造就业（特别是为年轻人创造就业）以及就业教育和培训被认为是塔吉克斯坦减贫和促进共同繁荣的四个

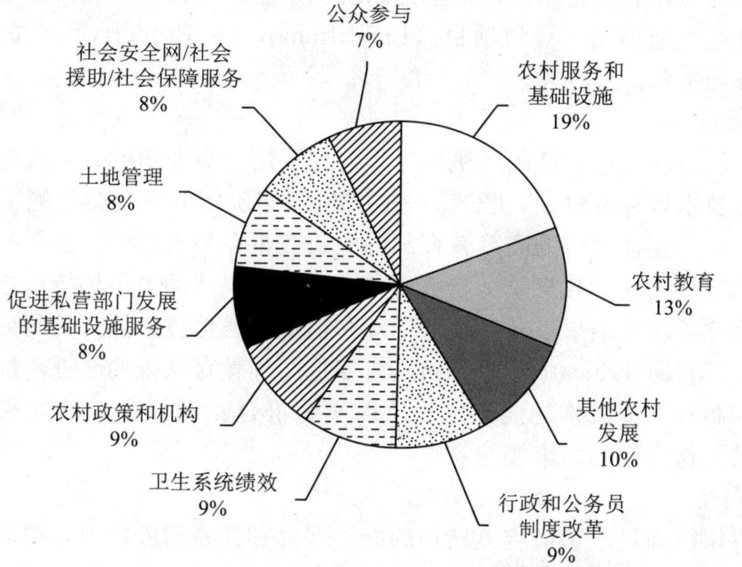

图 21　世界银行在塔吉克斯坦的项目分布状况

关键领域。

“国家伙伴关系战略”的目标是通过增加私营部门和受排斥群体的机会，帮助减少极端贫困和促进共同繁荣，从而支持塔吉克斯坦向新的增长模式过渡。世界银行优先考虑三个领域：①加强私营部门的作用。目标是创造有利条件促进微型、小型和中型企业的发展，进而创造就业机会。②促进社会包容。目标是改善基本社会服务（社会保障、水和卫生、初级保健）的提供质量，同时增加贫困家庭中青年接受高等教育的机会，扩大妇女的土地权利，进而增加生产性就业的机会。③区域连通性。目标是通过改善基础设施（包括电信设施），增加进入区域市场和获取全球信息和知识的机会，从而使经济机会多样化。

1. 农业

在塔吉克斯坦，大多数私营企业是小农，帮助他们获得市场准入和持续收入是减少极端贫困和促进共同繁荣的核心。农业商业化项目（Agriculture Commercialization project）通过将市场盈余商业化，帮助小农成为小企业。国际金融公司（IFC）将大力促进农业产业的发展，具体的做法是增加农民的融资渠道（包括发展移动银行），改善农产品企业的融资状况，促进农产品加工和相关基础设施的私人投资。鉴于牲畜对贫穷社区的重要性，世界银行支持塔吉克斯坦参加一个区域食品安全和牲畜贸易的计划。

世界银行通过可持续农业项目的土地登记和地籍系统（Land Registration and Cadastre System for Sustainable Agriculture project），支持农场重组和初

步建立土地地籍和登记系统，但登记系统仍不能用于交易，大面积土地没有被登记。通过土地不动产登记项目（Land Immovable Property）建立一个土地的政策参与平台。

2. 教育

世界银行和其他一些国际机构已经参与了塔吉克斯坦的幼儿教育、普通教育和职业技术教育及培训，“2015—2018 年国家伙伴关系战略”侧重于支持高等教育。一项正在进行的高等教育部门的研究正在分析效率、公平和有效性问题，并确定提高大学教育质量与塔吉克斯坦经济和劳动力市场特点之间的相关性，根据这项研究结果以及对教育治理和信息、通信技术能力的研究，高等教育项目（Higher Education Project）将支持高等教育系统的改进，加强相关政府机构和高等教育机构的能力建设，以实施符合欧洲标准以及国家定义的课程，使其更符合劳动力市场的需求。

3. 卫生

世界银行通过改善塔吉克斯坦的妇幼保健和儿童营养状况，提高农村家庭的健康福祉。虽然塔吉克斯坦在减少贫困方面已经取得了较大成果，但妇幼保健和生殖健康服务的覆盖范围仍然不高，塔吉克斯坦的妇幼保健水平低于中亚地区的平均水平。为了改善塔吉克斯坦农村卫生设施，提高基本初级卫生保健服务的覆盖面和质量，世界银行支持卫生服务改善项目（Health Services Improvement Project，HSIP）的实施。该项目在选定区域试行以绩效为基础的激励措施，以提高妇幼保健质量，完善初级卫生保健人均筹资体系。贫困家庭的妇女是一个主要的受益群体。此外，在日本社会发展基金（JSDF）赠款的支持下，世界银行将增加对怀孕母亲的营养培训和营养补充，帮助解决儿童营养不良和妇幼死亡率高的问题。

4. 供水

塔吉克斯坦城市地区的供水服务质量得到较大提高，但农村人口的供水和卫生服务问题没有得到解决，无法确保贫困人口饮用水的安全。2016 年，塔吉克斯坦只有 36％的农村家庭获得安全饮用水，而城市家庭中这一比例为 87％。农村地区超过五分之一的居民依靠地表水作为主要的饮用水源。许多农村学校缺乏卫生和卫生活动的资金，导致供水和卫生设施无法得到有效维护。贫困率较高的哈特隆州（Khatlon）和北部的索格特州（Sughd）供水和卫生服务水平最低。农村供水与卫生项目（Rural Water Supply and Sanitation Project）的重点是南部地区，因为南部地区是生活在贫困中并且缺乏安全饮用水、卫生条件较差的人口比例最高的地方。该项目涵盖哈特隆州的七个区。

5. 社会保障

为了更好地识别和登记贫困、弱势群体，以便使他们能够获得急需的社会援助，塔吉克斯坦政府认识到有必要制定一项全面的社会保障战略，以提高社会援助的覆盖率和针对性。塔吉克斯坦政府计划采用全国范围内的有针对性的贫困津贴代替分类津贴。2011年，在欧盟的技术支持下，塔吉克斯坦在2个试点地区实施了精准社会援助（Targeted Social Assistance，TSA）。精准社会援助（TSA）是一种向处于困难生活条件的最贫困人口提供社会援助的新形式。2011年6月，国际开发协会（IDA）资助了塔吉克斯坦社会安全网强化项目（Social Safety Net Strengthening Project），以支持建立国家社会援助电子登记册，完善社会援助机制。世界银行通过向正在进行的社会安全网加固项目提供额外资金，在全国范围内为TSA计划的实施提供机构基础设施，支持TSA试点地区的增加。

6. 交通运输

塔吉克斯坦国内多高山，公路运输是该国主要的交通运输方式，所以良好的公路交通是提高区域连通性和提高运输效率的有力保障。中亚公路连接（Central Asia Road Links）计划是一个区域性、多阶段的计划，该计划的总体目标是加强中亚国家之间公路交通的连通性，同时支持改善公路运营和维护。公路的修建将改善中亚地区主要城市群之间的交通连接，进而建设跨境综合经济区。中亚公路联通计划（第二阶段）重点支持塔吉克斯坦索格特州和吉尔吉斯斯坦奥什州、巴特肯州之间的公路建设，加强两国之间的跨境交通联系，同时改善公路运营和维护。中亚公路连接计划将补充现行的2008—2017年区域运输和贸易便利化战略和行动计划（Transport and Trade Facilitation Strategy and Action Plan），以促进经济增长和减少贫困。

7. 能源

塔吉克斯坦70%的人口受到冬季能源匮乏的影响，恢复地区能源贸易是减少塔吉克斯坦冬季能源匮乏最有效的手段。中亚—南亚电力传输和贸易项目（Central Asia-South Asia Electricity Transmission and Trade project，CASA-1000）将使中亚的夏季剩余水电出口到能源短缺国家，有利于四个国家（吉尔吉斯斯坦、塔吉克斯坦、阿富汗和巴基斯坦）的社会经济繁荣和稳定。CASA-1000要求将出口收入存入代管账户，并进行透明管理，从而加强塔吉克斯坦的财政可持续性。区域能源贸易分析和咨询活动正在探索塔吉克斯坦与中亚电网重新连接的机会以及与中亚国家相关贸易的可行性。此外，世界银行还支持对努列克水电站（Nurek HPP）的可行性和大坝安全性进行研究，为制定全面的恢复投资计划奠定基础。

（二）援助与减贫合作成果

世界银行在塔吉克斯坦的国际减贫合作项目都取得了一定的进展，其中教育、卫生、社会保障领域的项目成果最令人满意。

1. 农业

国际减贫合作项目的实施促进了农产品产量的增加和农村灌溉效率的提高。国际金融公司（IFC）已经帮助两个农场增加了牛奶产量，平均增长率为18.5%。大约1 300名农民接受了改善奶牛管理系统和采用最佳做法的培训，为超过15 400名农民创造了更多的技术和金融机会。IFC与农业部共同推动私人投资者建设和运营冷藏设施，旨在减少产出损失。“农业商业化项目”已经使得超过1 640名农民通过参加金融机构（PFI）获得了信贷额度支持，大约4 560名受益人接受了农业推广咨询和培训服务，促进了农产品销售的显著增长。通过可持续农业和水资源管理公共就业项目（Public Employment for Sustainable Agriculture and Water Resources Management Project）对运河、沟渠进行了清理，并安装了控制闸门，为约140万用户提供了更好的灌溉渠道。

在可持续农业土地登记和地籍系统项目的帮助下，已经有35万多名受益人（其中43%为妇女）拿到了土地使用权证书，农民和小型企业的使用权保障得到有效加强。自2016年项目结束以来，国家土地委员会使用同样的方法，向20多万受益人，其中50.1%为女性，发放了土地使用权证书。20%的证书颁发给新成立的个体农场，其中14.9%的个体农场由女性农民领导。

2. 教育

在高等教育在校生中，贫困家庭学生的比重上升，教育领域在贫困人口接受高等教育方面取得了成功。根据2015年塔吉克斯坦Proxy Means Test[①]的统计数据和分析结果，大约20%～23%的接受高等教育的人来自最贫穷的40%的人口。新大学入学考试系统（世界银行、俄罗斯政府和开放社会研究所支持）使得高等教育的招生制度得到了改善。同时大学一年级学生的入学中女生人数增加了10%，来自农村的学生增加了40%，为贫困人口接受高等教育的增加提供了证据。截至2018年12月，1 900个学生参加了根据劳动力市场需求而开设的短期课程，其中女学生的人数为1 040人。

3. 卫生

卫生服务改善项目实施后，在选定的地区开展部门改革和实行试点创新机制，提高了基本初级卫生保健服务的覆盖面和质量。目前37个卫生设施的建设项目进展良好，11个设施已经完工，17个在建设阶段，9个在采购过程中，预期在2019年12月底前完工。在试点地区的人均卫生筹资方面取得了一些进展，到2017年底，76%的地区卫生中心和社区卫生中心已经开始实施人均卫

① Proxy Means Test是家庭福利的一个代理指数，在无法获得可验证收入数据的情况下该指数经常被用于制定社会安全网计划。

生筹资，到 2018 年和 2019 年这一数字将增加到 88%和 100%。项目区的儿童发育迟缓率急剧下降，通过增加食物供应、喂养实践、儿童疾病管理，儿童营养状况得到了一定的改善。尽管 5 岁以下儿童发育迟缓的比例出现了明显下降，但保障儿童营养仍然是塔吉克斯坦的一项特殊挑战。

4. 供水

通过农村供水和卫生项目，塔吉克斯坦南部最贫困的家庭、学校和诊所供水和卫生服务质量将得到有效改善。该项目在 2019 年 2 月正式获得批准，当前项目的筹备工作正在推进。项目完成后，预计超过 40 万人将获得更清洁的饮用水，项目将建造或修复约 200 所学校和诊所的卫生设施，大约 10 万人（主要是儿童）将受益于对学校卫生设施和卫生服务的投资。项目将向大约 1 000 个最贫困的家庭提供补助金，以帮助贫困家庭改善卫生条件。供水和卫生服务质量的改善将提高贫困家庭的健康水平，并避免许多儿童出现腹泻，影响身体和智力发育。

5. 社会保障

社会安全网强化项目及其支持的“精准社会援助计划”都取得了重大进展。通过社会安全网加固项目的实施，政府向穷人提供社会援助的监测和管理能力得到了有效提升。在世界银行的支助下，卫生和社会保障部下属的人口社会保障局建立了一个中央电子信息系统和国家社会保障登记处的数据库。截至 2018 年底，社会安全网加固项目的受益人数量达到了 81 万，其中，女性受益人的数量超过了 40 万。2018 年底精准社会援助已经覆盖了 40 个地区，覆盖大约 60%的人口，其中 3 500 名独居老年妇女受益于 TSA 计划，11 500 名残疾人在国家社会保障登记处（NRSP）注册并获得了 TSA 计划的福利。截至 2018 年底，卫生和社会保障部、国家社会保障局的 700 多名工作人员接受了相关培训，在 437 个市镇（Jamoats）提供了精准社会援助（TSA）机制的宣传和培训。

6. 交通运输

交通运输和电信方面都取得了实质性的进展。中亚公路连接计划（第二阶段）改善了索格特州北部与吉尔吉斯斯坦的区域交通连接。截至 2019 年 5 月，76%的道路使用者（即项目受益人）对已完工路段状况的改善表示满意，通过该路段的跨境运输货运量增加了 66%，塔吉克斯坦与周边国家的交通连接状况得到了极大的改善，道路养护服务质量显著提高。除了交通基础设施以外，世界银行同样关注塔吉克斯坦电信基础设施的发展状况。国际金融公司（IFC）投资了该国最大的移动运营商 TCell，支持其扩大地理覆盖范围和提高电信服务质量，特别是在偏远、人口密度较低的地区。该项投资对低收入人群很有利，能够提高其获得正常移动服务的可能性。但未来互联互通和互联网普及的改善是不确定的，取决于政府对持续改革的承诺。

7. 能源

世界银行与其他发展伙伴通过财务恢复计划、努列克水电站恢复项目共同支持政府落实重要措施，以确保电力供应的可靠性及解决电力公司 Barqi Tojik 的财务困境。世界银行完成了对罗贡水电站（HPP）的综合可行性研究，其结果为“努列克水电站（Nurek HPP）全面改造投资计划”奠定了基础。努列克水电站保障了全国近 70%的发电量，是塔吉克斯坦最主要的电力供应站，水电站的改造将极大地改善塔吉克斯坦的电力供应，保障冬季用电的稳定。区域能源合作的发展势头良好，CASA - 1000 项目完成后将允许出口 2 700 千兆瓦左右的剩余水电能源，随着乌兹别克斯坦总统于 2018 年 3 月对塔吉克斯坦进行国事访问，已经在塔吉克斯坦能源出口上达成了协议。

（三）世界银行在吉尔吉斯斯坦的援助与减贫合作现状

1. 援助与减贫合作概况

国际援助是吉尔吉斯斯坦减贫的重要外部力量。吉尔吉斯斯坦国家制度及政权变更过于频繁，国家治理能力较弱，普遍存在执法不严的问题，对外资存在传统偏见，投资环境较差，仍属投资风险较高的国家。吉尔吉斯斯坦的出口贸易中依赖于矿产品出口，而且每年需要大量进口产品满足国内需求，贸易进口额长期高于贸易出口额。国际投资与国际贸易在吉尔吉斯斯坦减贫中发挥的作用较小。相比之下，国际援助在吉尔吉斯斯坦减贫中的作用非常突出。2017 年吉尔吉斯斯坦 ODA 净额为 4. 61 亿美元，国际援助净额占 GNI 的比重为 6. 29%，占资本形成总额的 18. 18%。发达国家和多边国际机构通过国际援助为吉尔吉斯斯坦提供了重要的财政和技术支持，主要用于消除贫困和改善基础设施状况。

自吉尔吉斯斯坦于 1992 年加入世界银行以来，世界银行的财政援助已超过 15 亿美元，目前 IDA 的项目是 15 个，贷款是 2. 81 亿美元，IDA 的区域项目是 4 个，金额为 1. 56 亿美元。世界银行在吉尔吉斯斯坦项目的重点领域包括农村发展、金融和能源、交通和基础设施、教育和医疗改革（图 22）。

国家伙伴关系战略（CPS）是世界银行对吉尔吉斯斯坦国际援助的标准框架。2014—2017 年国家伙伴关系战略的目标是通过支持改善治理来帮助减少极端贫困和促进共同繁荣，世行的支持将通过现有的投资组合、国际开发协会贷款以及分析和咨询活动来提供。世界银行与吉尔吉斯斯坦的减贫合作项目主要分布在农业、教育、卫生和水资源管理等方面。

（1）农业。粮食生产和畜牧业是吉尔吉斯斯坦农业的两个主要分部门，分别占农业生产总值的 53%和 44%，但该国农业生产率水平较低，进一步提高

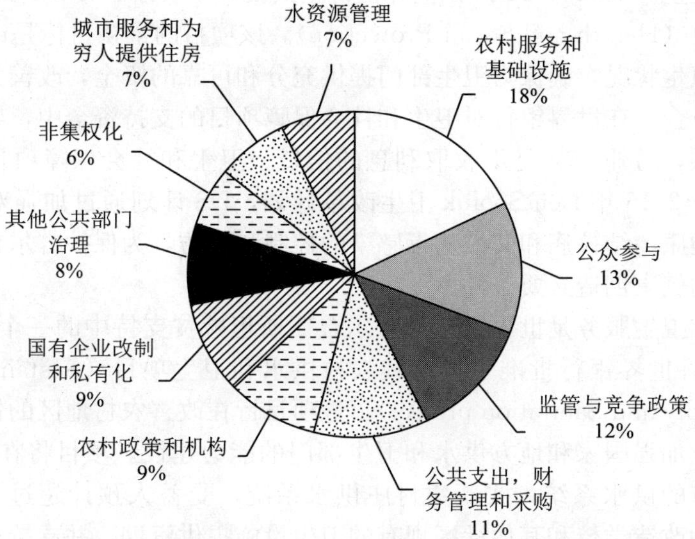

图 22　世界银行在吉尔吉斯斯坦的项目分布状况

生产率的空间很大。农业生产力援助项目（Agricultural Productivity Assistance Project，APAP）通过增加对农业投入、农业机械和一些销售基础设施的投资，增加农民获得知识推广和培训服务的机会，提高农民获得现代可持续农业的技术实践知识和技能，提高农业部门的生产力。

世界银行支持提高农村家庭的农业生产力和保障粮食安全。农业生产力和营养改善项目（Agriculture Productivity and Nutrition Improvement Project，APNIP）将会为三项措施提供资金支持，分别是恢复农田灌溉基础设施、农业咨询服务和培训、营养干预。预计改善灌溉系统能使 36 000 个小农户农场受益，其中约有 20%的农场由妇女领导；在选定地区的农场中约有一半的农场将接受咨询服务和培训，包括以妇女为主的家庭农场的耕种者；营养干预措施的目标群体是妇女和儿童，预计将提高妇女和儿童的营养水平，降低营养不良性疾病的发病率。

（2）教育。由俄罗斯教育发展援助（Russian Education Aid for Development，READ）资助的教育改革项目支持加强国家学生评估体系的建设。“教育改革部门支持项目”从支持改革中小学教育课程和加强学校自治、问责制两个方面提高中小学教育质量。世界银行与经合组织（OECD）联合开展了教育部门政策的全面审查与分析，为这两个项目的实施奠定了基础。全球教育伙伴关系（Global Partnership for Education，GPE）项目将资助 4～5 岁儿童更多地接受学前教育，并根据已经批准的早期学习发展标准，采用经修订的学前课程。

（3）卫生。2005年12月，世界银行正式批准了吉尔吉斯斯坦的卫生和社会保障项目（Health and Social Protection）。该项目的最初目标是改善吉尔吉斯斯坦的卫生状况，确保为卫生部门提供充分和可靠的资金，改善大众获得社会服务的机会。在世界银行对卫生和社会保障项目的支持资金中，45%以赠款的形式提供，另外55%是不收取利息的信贷。卫生和社会保障项目支持政府实施2012—2016年Den Sooluk卫生改革计划，DS计划通过加强对心血管疾病、母婴健康、结核病和艾滋病毒感染的控制和预防，为保护吉尔吉斯斯坦共和国人口的健康创造必要条件。

供水和卫生服务是世界银行对吉尔吉斯斯坦减贫支持中的一个组成部分。2016年9月世界银行批准了可持续农村供水和卫生项目（Sustainable Rural Water Supply and Sanitation project），该项目旨在改善农村地区的饮用水和卫生服务以及加强国家和地方供水和卫生部门的能力建设。项目将在25个村庄中修复现有的供水系统，或新建村庄供水系统，受益人预计超过50 000人；项目还将为改造学校和其他社区现有的卫生设施提供资助，并支持社区成员提出改进家庭卫生的方案。项目还将为国家卫生部门的改革提供咨询服务。

（4）水资源管理。有效的水资源管理是促进吉尔吉斯斯坦可持续发展的一个积极因素。世界银行2014年4月通过了国家水资源管理项目（National Water Resource Management Project，NWRMP），该项目有四个组成部分。第一个组成部分是加强国家水管理能力建设。第二个组成部分是改善向用水用户协会（Water User Association，WUA）提供的灌溉服务。第三个组成部分是改善用水用户协会的灌溉管理。第四部分是项目管理，该项目的目标是帮助国家改善水资源治理，提高从流域到农田的用水效率，为用水者提供便利。第二农田灌溉工程（Second On-Farm Irrigation Project）项目通过培训和技术援助来丰富用水用户协会的专业知识和实践经验，有针对性地改善灌溉系统，加强系统维护，促进可持续灌溉服务的提供，以确保他们能够有效地利用其管理下的灌溉系统，提高农业生产力。

2. 援助与减贫合作成果

世界银行支持的项目在许多领域取得了重要的发展成果，其中表现特别突出的领域是教育、卫生和社会保障部门，项目成果超过了目标成果。教育、卫生、社会保障以及农村供水和卫生方面的项目结果与通过农村人力资本的发展来减少极端贫困的目标之间具有最直接的关系。

（1）农业。国际金融公司为改善农业金融和农业供应链实施了咨询项目，同时国际金融公司推动吉尔吉斯斯坦农业企业最大限度地利用欧亚经济联盟出口市场在农业综合企业和粮食生产方面提供的机会。

农业生产力援助项目（Agricultural Productivity Assistance Project，

APAP）取得了良好的成果。4 264 名农民接受了农业技术方法和农场质量管理的培训，大大超出了项目设定目标。培训内容包括指导作物的种植和管理，包括种植、施肥、灌溉、害虫和杂草控制以及农产品收获、储存和加工和应对不利天气事件的措施。在 7 个州的 59 个村庄中共建立了 302 个自助小组，有 2 050 名成员（92%的成员为妇女），项目目标区农户的作物产量比非项目区的农户高 35%，但项目区畜牧业的产量没有明显提高。

农业生产力和营养改善项目还在实施过程中，已经取得了一部分成果。截至 2019 年 5 月，农业生产力和营养改善项目向 380 个用户提供了新的、改进的灌溉和排水服务（基线是 0），为 1 161 公顷土地提供灌溉和排水服务（基线是 0）。约有 22%的受益人参与了家庭营养运动（基线是 0），采用改善家庭营养方法的家庭比例是 32%（基线是 0）。

（2）教育。世界银行教育项目的实施增加了儿童的受教育机会，提高了教育质量。世界银行提供了技术援助、教师培训、学习材料和其他投入，学前教育覆盖范围迅速扩大，在较短的时间内大大促进了吉尔吉斯斯坦学前教育的发展。学前教育方面取得了较大成果，70%的儿童在“2014—2017 年国家伙伴战略（CPS）”结束时登记入学（基线为 0）。一项跟踪的结果显示，30%的孩子在学习准备方面取得了显著的进步，尤其是那些没有接受过学前教育的低收入家庭的孩子。教师培训采用了新的教学方法，以进行个性化的、积极的教学和评估，课堂管理和教学措施以及其他改善学校管理的方法有助于提高学生的学习成绩，例如，数学和阅读的平均考试成绩提高了 10%。

（3）卫生。卫生和供水项目取得了令人满意的成果，特别是在改善安全用水、减少水传播疾病和改善卫生设施方面。在卫生和社会保障项目支持的 Den Sooluk 医改计划实施后，心血管疾病死亡率从 310/10 万降低到 287/10 万（实际结果是 263.8/10 万），结核病死亡率从 8.7/10 万降低到 8/10 万以下（实际结果是 6.1/10 万）。截至 2019 年 4 月，实施可持续农村供水和卫生项目的农村地区获得改善水源的人数为 2 520 人，接受改善卫生行为和卫生习惯培训的人数为 11 202 人，其中女性的比重为 59%。项目区内 13 个社会机构受益于卫生设施的改善，项目覆盖地区实现了水传播疾病减少 60%的目标，根据卫生部国家卫生和流行病学司的统计数据，实际结果是减少了 62.5%。

（4）水资源管理。灌溉和水资源管理项目帮助吉尔吉斯斯坦修复了农场的灌溉和排水设施，改善了用水用户协会和农民对水的管理，提高了农业生产力。第二农田灌溉工程（Second On-Farm Irrigation Project）实施后，将运河的性能从 55%～60%提高到 70%～80%，显著提高了灌溉效率，96%的用水用户协会认为水量分配与作物灌溉用水量需求相匹配。尽管 2014 年和 2015 年由于恶劣天气导致产量下降，但由于项目的实施干预，农业生产率平均提高了4%。

NWRMP项目帮助吉尔吉斯斯坦改善了国家对水资源的管理。80%的水资源可以在数字数据管理系统中进行测量、量化和记录，已经开发了五个联机数据库，并且正在加以扩充。在支持和改进用水用户协会的绩效方面取得了良好成绩。截至2019年7月，已经完成初步维护计划的WUA数量是315个（基线是20），大大改善了灌溉管理，53个用水用户协会与地区灌溉办公室、州灌溉办公室和水库管理机构交换数据信息（基线是0），并与水资源管理总部及其他部门保持联系。截至2019年7月，有75%的用水用户协会由灌溉和排水管理司提供充足的水（基线是65%），约有83%的用户对用水用户协会提供的水资源服务表示满意（基线是70%）。

（四）世界银行在乌兹别克斯坦的援助与减贫合作现状

1. 援助与减贫合作概况

国际援助在乌兹别克斯坦减贫事业的推进过程中发挥了重要作用。受援国减少贫困和实现发展是国际发展援助的主要目标，在2001—2017年，乌兹别克斯坦ODA净额总体呈现增长趋势，2017年在中亚五国中，乌兹别克斯坦收到的ODA规模最大，占中亚五国ODA净额的42.8%，乌兹别克斯坦国际援助净额占GNI的比重为1.06%，乌兹别克斯坦ODA净额占资本形成总额的3.66%。基础设施、农业生产、技术领域的国际援助项目改善了农业生产条件，增加了生产性就业机会，提高低收入人群的收入。教育、卫生、供水等领域的国际援助项目，直接提高了低收入人群的福利水平，增加低收入人群融入社会发展的机会。

随着乌兹别克斯坦与世界银行关系的改善，世行已成为政府在基础设施建设、政策对话和改革领域的合作伙伴。“2016—2022年国家伙伴关系框架”的主要目标是支持政府的目标，即每年创造多达50万个新的、生产性的和持续性的就业机会。2016年乌兹别克斯坦接受世界银行国际援助占该国多边ODA的47.4%，2017年下降到23.1%，截至2019年4月，世界银行在乌兹别克斯坦的投资项目为20个，净承诺总额为35.2亿美元。世界银行与乌兹别克斯坦减贫合作项目集中分布在农业、教育、卫生、社会保障等领域（图23）。

（1）农业。鉴于乌兹别克斯坦的土壤条件良好、光热资源丰富，具有悠久的灌溉农业传统和充足的年轻劳动力，乌兹别克斯坦的农业在生产力提高和产值增长方面具有相当大的潜力。乌兹别克斯坦正在推动高附加值的作物和多样化牲畜发展，以及推动农业企业延伸产品价值链，以创造更大的生产后价值。农业的发展能够为乌兹别克斯坦劳动力创造更多的就业岗位，目前在农业部门的就业人数占总就业人数的27%。推动农业价值链转向高附加值的作物和牲

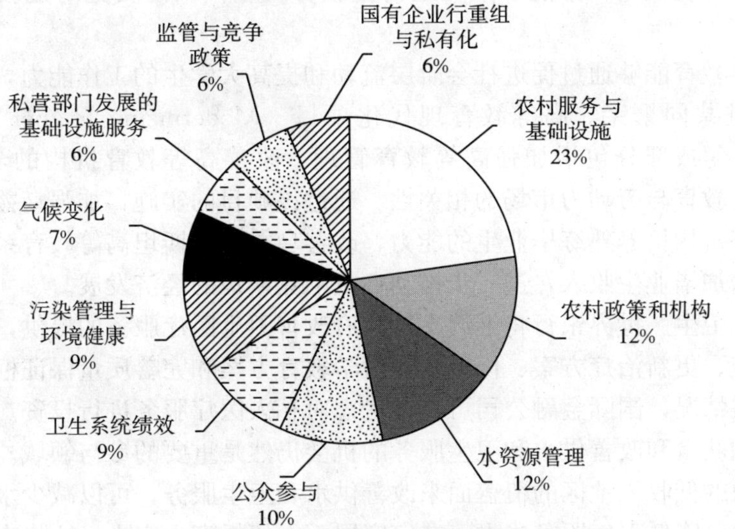

图 23　世界银行在乌兹别克斯坦的项目分布状况

畜开发，将为新产品开发的上游和农业综合企业的下游创造大量的就业岗位。

乌兹别克斯坦费尔干纳山谷农村企业发展项目（Ferghana Valley Rural Enterprise Development Project）的发展目标是支持在费尔干纳山谷扩大农村企业活动和创造就业机会。该项目将通过企业孵化和企业咨询服务支持农村企业家精神；提供技术援助，以加强供应链中的前后联系，促进更大的市场准入；通过信贷额度和部分信贷担保基金，为农业、食品加工、手工业、农村服务、旅游业和小型制造业的微型、小型和中型企业提供财政和技术支持。

发展劳动密集型园艺和畜牧业，能够创造就业机会，促进出口商品多样化。在此背景下，世行大力支持乌兹别克斯坦的畜牧业发展和园艺发展。畜牧业发展项目（Livestock Sector Development Project）一方面通过畜牧生产改善低收入农村家庭的收入和粮食安全，另一方面通过在畜牧产品加工和农业综合企业中创造工作岗位，提高畜牧业生产收入，增加贫困家庭的工作收入。园艺发展项目（Horticulture Development Project）通过协助园艺农民（其中许多人是最贫困人口）来提高农业生产力和收入，从而促进该国的减贫工作。

（2）教育。对幼儿教育的投资被认为是一种从小就促进人力资本发展并最终推动乌兹别克斯坦经济增长的非常有效的手段。促进儿童早期发展项目（Promoting Early Childhood Development Project）通过提高学前教育质量，增加获得优质早期学习环境的机会，加强私营部门与幼儿园的合作，建立教育质量测量系统，最终实现项目目标，包括增加幼儿教育的机会，提高公立幼儿园的学习环境质量，并能够系统地衡量教育质量，以便实施幼儿教育的有关政策。

高等教育能够通过促进社会阶层流动和提高大学生的工作能力，增加收入进而促进共同繁荣。高等教育现代化项目（Modernizing Higher Education Project）组成部分包括加强高等教育管理，改善高等教育机构的学习环境，提高高等教育与劳动力市场的相关性。通过该项目的实施，加强乌兹别克斯坦高等教育机构培养熟练毕业生的能力，改善乌兹别克斯坦高等教育系统的管理能力，增加毕业生收入，进一步推动乌兹别克斯坦的经济发展。

（3）卫生。世界银行将继续支持政府改善卫生医疗服务的提供，包括改善卫生设施、更新治疗方案、修订专业医学教育方案和完善质量保证框架。根据市场发展情况，国际金融公司可能会考虑对私人医疗服务进行投资。

增加获得和改善供水和卫生服务的机会仍然是重要的参与领域。通过扩大服务欠缺的低收入地区的覆盖面来改善供水和卫生服务，可以减少水传播疾病的发生率，降低卫生服务成本，在家庭层面大幅提高生产力。这将直接支持政府的承诺即到 2030 年实现普遍和公平地获得安全和负担得起的饮用水、卫生设施和个人卫生服务。

改善诊断和医疗设备，提高卫生医疗服务质量，能够为人口健康提供有力保障。卫生系统改进项目（Health System Improvement Project）旨在增加 Rayon 医疗单位（RMU）和城市医疗单位（CMU）获得初级卫生保健的机会，并解决非传染性疾病增加的问题。项目将为 100 家社区医院提供医疗设备，对临床人员进行培训，提高临床工作人员的专业能力，完成对农村卫生机构全科医生的再培训，提高医务人员在非传染性疾病的早期诊断、筛选和治疗方面的能力，在选定地区推广城市初级保健制度。

（4）社会保障。社会保障有助于满足贫困人口的基本需求，减轻相对贫困，减少社会不平等。中亚各国政府都非常重视社会保障体系建设，与政府的发展规划一致，世界银行在乌兹别克斯坦加大了对社会保障体系建设的支持。加强社会保障体系建设项目（Strengthening the Social Protection System Project）的受益者主要是穷人和弱势群体、在就业支持中心注册的求职者和乌兹别克斯坦的微型企业家。该项目将建立社会保障体系受益人的登记处，以帮助确保乌兹别克斯坦社会安全网计划能够覆盖和支持最贫困和最脆弱群体，特别是那些因为生活成本上涨而受到不利影响的群体。项目也将为寻求工作的人进行技能培训，提高这一群体的就业能力。此外，该项目将提高全国就业支持中心的能力，通过建立劳动力市场信息系统，为求职者提供更好的就业服务，同时提高获得更高质量的劳动力市场数据的可能性。

（5）水资源管理。由于该国的干旱环境，灌溉和排水对于依赖于农业的穷人来说至关重要。种植棉花在乌兹别克斯坦农业中具有重要地位，由于棉花是一种高度集约用水的作物，水资源日益稀缺，水利设施老化，灌溉技术落后，灌溉效率低下，使得棉花的生产力和收益受到不利影响。投资于灌溉和排水基础设施，有利于灌溉农业的发展，改善农业生产条件，改善农户的就业和收入，帮助人们摆脱贫困。世界银行为费尔干纳山谷水资源管理（Ferghana Valley Water Resources Management）项目提供信贷支持。该项目旨在提高乌兹别克斯坦费尔干纳山谷项目区的灌溉和排水服务质量。该项目的实施内容包括修复地表灌溉系统，改善泵站设备，增强地方水管理机构的能力，提高灌溉用水效率，改善排水服务。

2. 援助与减贫合作成果

（1）农业。乌兹别克斯坦费尔干纳山谷农村企业发展项目（Ferghana Valley Rural Enterprise Development Project）正在实施过程中，预计项目能扶持 700 家微型企业，700 家小型企业，500 家女性领导的企业，使得微型企业收益增长 10%，小企业收益增加 15%，项目支持企业新增就业岗位 20 000 个，女性新增就业岗位 5 000 个。该项目将有助于推动乌兹别克斯坦的改革和创造更多的经济和就业机会，进一步促进私营部门主导的经济增长。

牧业发展项目（Livestock Sector Development Project）的实施进度令人满意，牲畜价值链现代化组成部分下的实施进展良好。截至 2019 年 4 月，该项目共资助了 413 个家禽和乳制品加工子项目。牲畜生产力提高，77%受益人出售的畜产品总值增加，目标地区的饲料作物产量增加 10%。

园艺发展项目为该国园艺行业的农民、农民团体、私营企业、农业企业和农产品加工企业带来利益。参与该项目的金融机构也将通过提供多样化的金融产品菜单而受益，截至 2018 年 11 月，目标区农民的销售总额增长 5%，农业综合企业的总销售额增长 5%，项目引进了 8 种园艺改良品种，种植园艺改良品种覆盖了 500 公顷土地。参与该项目（Horticulture Development Project）的金融机构共提供了 656 项次级贷款（包括 62 项针对女性和 202 项针对小农户受益人的次级贷款），以用于各种园艺行业的投资，金额为 4.566 亿美元（其中 4 760 万美元针对女性和 3 520 万美元针对小农户受益人）。

（2）教育。促进儿童早期发展项目（Promoting Early Childhood Development Project）于 2019 年 5 月 29 日获得批准立项，预计到 2024 年完成时，大约 40%的 3～7 岁儿童将进入学前教育机构，超过 100 万儿童将进入配备完善的幼儿园，学前教育机构配备包括现代设备和家具、教学材料、玩具、电脑和受过专业训练的教师。该项目还将支持幼儿教育替代模式的开发和实施，包括远程教育，以增加农村和幼儿教育服务欠缺地区儿童获得学前教育的机会。

高等教育现代化项目（Modernizing Higher Education Project）的进度较

慢，但整个项目的实施正在推进。第一轮学术创新基金已经启动，2018 年 12 月启动了高等教育管理系统的开发招标。2019 年 1 月启动实验室建设，以改善大学生学习和科研环境，同时已经成立了国家电子图书馆。

（3）卫生。卫生系统改进项目（Health System Improvement Project）提高了卫生服务质量，取得了良好成果。喀什卡达里亚和费尔干纳地区的 Rayon 医疗单位（RMU）和城市医疗单位（CMU）的 220 名医生、护士和首席专家接受了基于动脉高血压和糖尿病综合临床方案的培训。培训了 700 名 RMU 医生执行心脏病、肠胃病、肺脏病、内分泌学的临床规程，并培训了 186 名 RMU、CMU 的主要儿科医生进行全科医生执业。该项目提供的高科技设备目前正由医院和综合医院的 600 名训练有素的医生操作。改善了基层和 RMU 单位获得优质医疗服务的机会。项目实施后，项目区 90%的医院增加了非传染性疾病的临床指南。

（4）社会保障。加强社会保障体系建设项目（Strengthening the Social Protection System Project）实施后，预计最贫困五分之一人口中接受低收入家庭社会福利的比例达到 37%（基线是 0），在计划完成 6 个月后就业补贴（任何类型）受益人的份额达到 75%（基线是 0）。通过就业支持中心中介服务找到工作的弱势求职者的比例是 45%。

（5）水资源管理。费尔干纳山谷水资源管理项目的实施说明乌兹别克斯坦在用水方面具有大幅度改善的可行性。该项目与政府加快灌溉农业现代化和改善水资源管理的战略保持一致。一些具体的工作正在进行，由 3 个地块组成的 Podshaota-Chodak 灌溉改造方案的采购工作已进入后期阶段，改造方案中包括修复主灌溉渠和农场间灌溉渠、新建灌溉井、泵站改造。Savay-Akburasoy 和 Isfayram-Shaimardan 地块的灌溉方案正在进行详细设计。该项目将于 2024 年结束，项目成果将推进乌兹别克斯坦农业现代化进程，促进农业多样化和集约化，预计费尔干纳山谷的 18 万名农民将从项目特定活动中受益。

（五）世界银行在哈萨克斯坦的援助与减贫合作现状

1. 援助与减贫合作概况

哈萨克斯坦于 2010 年成为国际开发协会（IDA）的捐助国，为全球低收入国家提供援助，流入该国的国际援助金额逐年减少。2009 年哈萨克斯坦吸收官方发展援助（ODA）的总额为 2.95 亿美元，占 GNI 的比重为 0.29%；2017 年 ODA 总额为 0.59 亿美元，占 GNI 的比重下降到 0.041%。世界银行是参与哈萨克斯坦国际援助的主要多边援助机构，1992—2019 年期间世界银行为哈萨克斯坦提供了 40 个项目，超过 67 亿美元的资助，援助项目重点支持了促进私营部门发展的基础设施服务、农村基础设施服务和水资源管理。当前世界银行在哈萨克斯坦的项目是 13 个，贷款金额为 37 亿美元。世行在哈萨克斯坦项目未来的支持重点是帮助哈萨克斯坦实现现代化，提高经济竞争力（图 24）。

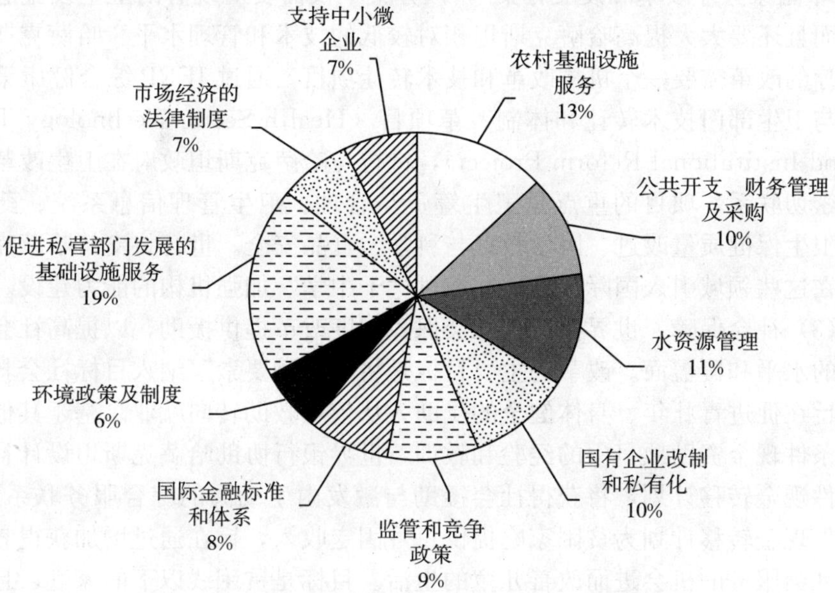

图 24　世界银行在哈萨克斯坦的项目分布状况

世界银行在哈萨克斯坦的援助主要通过提供知识和贷款的方式进行。哈萨克斯坦通过联合经济研究计划（JERP）和世界银行知识库，借鉴世行在促进经济和社会发展方面的全球经验。自 2003 年以来，世界银行不断扩大其根据联合经济研究计划提供的咨询服务和分析的覆盖范围。通过联合经济研究计划，世行向哈萨克斯坦提供政策分析、战略规划专业知识和实践路径。在哈萨克斯坦的减贫援助合作集中在农业、卫生、社会保障和基础设施方面。

（1）农业。世行通过一系列知识产品，以及用于排水和灌溉的贷款，支持了农业的发展和就业的增长。JERP 对当前哈萨克斯坦政府农业项目（包括补贴）的有效性进行评估，并制定路线图，确定限制市场发展的因素。JERP 向政府提供了简化和重组补贴并减少其影响的研究结果，提议政府改革复杂的农业补贴制度，因为这个制度扭曲了激励机制和生产模式。世行继续通过灌溉和排水改善项目（Drainage Improvement Project，IDIP II）和锡尔河—北咸海控制项目（Syr Darya Control and Northern Aral Sea Project，SYNAS II）为灌溉和水管理项目提供贷款。世行利用其控制动物疾病和相关公共卫生风险的知识基础，转变边际土地的利用方式，提高牧场生产力，建立从农场到加工厂的供应链。国际金融公司（IFC）将沿着农业综合企业供应链进行直接投资，并开展咨询工作，以提高资源利用效率和食品安全标准。

（2）卫生。世界银行凭借在许多中等收入国家卫生改革项目中的丰富经验，协助哈萨克斯坦执行全面的卫生改革战略。哈萨克斯坦通过了“2005—2010年国家医疗改革和发展方案”，该方案不仅需要对现有的卫生设施进行升级，而且还要大大提高哈萨克斯坦相对较低的技术和管理水平。哈萨克斯坦国家医疗的改革需要一个机构改革和技术转让项目。通过JERP综合健康策略的研究与卫生部门技术转让和体制改革项目（Health Sector Technology Transfer and Institutional Reform Project），世行与哈萨克斯坦政府在卫生改革方面保持密切联系，项目的重点是卫生筹资与管理、卫生管理信息系统、药品政策、卫生保健质量改进、医学教育与科学、食品安全。世行将支持哈萨克斯坦政府在这些领域引入国际标准，并通过“干中学”加强机构的能力建设。

（3）社会保障。世界银行为社会保障制度改革提供援助，以提高社会保障计划的水平和覆盖面。改革的主要目标是将“激励要素”纳入目标社会救助计划，旨在促进青壮年、身体健全的受助人从依赖救助转向就业。基于其他国家的有条件现金资助项目中的经验和教训，世界银行协助哈萨克斯坦设计补充性有条件现金转移计划，将获得社会援助与激发内生动力的综合服务联系起来。有条件现金转移计划为贫困家庭提供每月固定收入，旨在通过增加获得教育和其他社会服务的机会进而改善儿童的生活。目标是贫困线以下的家庭，且必须满足以下四个附加标准之一：4～6岁的孩子、孕妇和哺乳期妇女、残疾儿童和16～19岁的失业青年。现金转移及随附的方案是对人力资本开发的投资，是改善生计和打破贫穷循环的整体办法的一部分。此外，JERP继续为养老金改革提供咨询服务，重新审视私人养老金行业的监管和操作规则。

（4）基础设施。世界银行积极致力于改善交通运输条件，提高区域运输走廊的运输效率和交通安全。西南道路项目（South-West road project）和东西道路项目（East-West Roads Project）为中亚国际运输走廊道路的升级和修复提供支持。道路发展将对收入增长、就业机会创造和地方经济转型产生积极影响，尤其是西南道路项目，该项目所在区域中的大部分的人口是失业的农村人口，同时该项目也会对生活在走廊沿线村庄的妇女产生影响。除了道路的基础设施建设以外，世行还协助哈萨克斯坦实施体制改革，将负责道路规划和维护的主要国有企业转变为商业导向的企业，引入收费机制，建立高速公路管理机构，提高竞争力，推动私营企业的参与。道路项目除了使生活在公路服务地区的低收入人口受益以外，还将使本地和国际托运人、制造商、农民和贸易商以及石油相关行业受益。

2. 援助与减贫合作成果

（1）农业。世界银行在哈萨克斯坦的农业援助合作项目提高了农业竞争力，促进了农产品出口的增加，创造了大量的就业机会，特别是增加了妇女的就业机会。国际金融公司（IFC）对制造业和农业综合企业的投资创造了2 400个直接就业机会，其中一半是妇女就业。农业新应用技术的使用，提高了农产品产量。2010年肉类产品产量为84万吨，2017年肉类产量增加50%。世行为政府的补贴计划提供了改进方案，提高了农业补贴计划的效率。与2005年相比，包括畜产品在内的农产品出口价值增加到18.5亿美元。国际金融公司（IFC）食品安全计划侧重于食品安全实践和标准，为哈萨克斯坦的食品生产商提供了深入的咨询服务，以执行食品安全管理制度。该咨询服务帮助8个加工食品供应商与麦德龙建立合作关系。

（2）卫生。卫生部门技术转让和体制改革项目对政府整体医改方案产生了重大影响。该项目支持实施了三项连续的综合改革方案：2005—2010年国家卫生改革和发展计划、2011—2015年国家卫生保健发展计划“Salamatty Kazakhstan计划”和国家卫生保健发展计划“Densaulyk计划”。哈萨克斯坦已经开始大规模改革医疗保健系统，重点是初级保健，用于初级卫生保健的资金大幅度增加。居民自费医疗支出占卫生总支出的比重下降了10%，但2016年家庭医疗支出在卫生总支出中的份额仍占35.3%。项目实施后，哈萨克斯坦的医疗质量和医学教育质量都具有了明显提高。2009—2017年期间婴儿和产妇死亡率以及心血管疾病的死亡率大幅下降。哈萨克斯坦建立了一个运作良好的国际医疗品质协会（ISQUA）认可的认证体系，国家认证机构根据国际标准认可了746个公共卫生设施。六个公立医疗教育组织获得了国家级的机构认证，并被列入了世界卫生组织的世界医学院目录。

（3）社会保障。有条件现金转移计划在妇幼保健、幼儿教育、残疾儿童和儿童家庭健康等领域取得了成果。2014—2017年，在哈萨克斯坦3个州试行有条件的现金转移支付，2014年试点的区为49个，2016年试点的区为182个。截至2017年6月1日，除卡拉干达外，所有地区均参与有条件现金转移计划。该计划帮助家庭支付医疗服务和交通费用，以获得产前保健，50 072名孕妇和哺乳期妇女接受了培训，从而更好地了解预防贫血的饮食知识，并获得了铁补充剂，8 635名家长参加了特殊儿童的家庭护理培训。该计划帮助贫困家庭支付学前教育中需要自付的费用，并为儿童提供衣服、鞋子和学习用品。计划完成后，有74 470名儿童接受了幼儿教育，为21 064名青年提供了就业和创业技能培训，帮助青年获得就业机会。

（4）基础设施。公路基础设施的建设对降低运输成本和改善交通安全具有显著的积极作用。到2017年，西欧—中国西部（WE-WC）国际运输走廊的道路使用者成本和道路交通事故死亡率降低了10%，道路运输效率显著提高。截至2017年6月底，根据哈萨克斯坦政府统计数据，哈萨克斯坦南部和基兹洛尔达地区（Southern Kazakhstan and Kyzylorda）每1亿辆汽车每千米事故死亡人数为950人，每辆汽车每千米道路使用者成本为0.24美元，分别下降14%和8%。新道路的运营提高了居民的生活水平，并为道路沿线区域的居民提供了商业机会，并创造了约35 000个直接就业岗位和75 000个间接就业岗位。

二、美国在中亚地区的援助与减贫合作现状

美国在中亚五国的国际援助包括经济援助与军事援助，以经济援助为主。2014—2017年美国在中亚五国的经济援助呈现下降趋势，2014年援助总额为2.72亿美元，2017年下降到1.24亿美元。美国对吉尔吉斯斯坦的经济援助总额呈现稳步上升的趋势，2014年美国对吉尔吉斯斯坦的经济援助占美国对中亚五国经济援助总额的比重为26.7%，2017年上升至48.99%。2017年美国在其余中亚国家的经济援助份额分别为：塔吉克斯坦（24.94%）、哈萨克斯坦（14.08%）、乌兹别克斯坦（9.09%）、土库曼斯坦（2.90%）。2018年，除了乌兹别克斯坦以外，美国对中亚国家的国际援助规模大幅缩减。与2017年相比，美国对塔吉克斯坦的援助减少了47.6%，对吉尔吉斯斯坦的援助减少了59.9%，同时停止对哈萨克斯坦和土库曼斯坦的援助。

（一）美国在塔吉克斯坦的援助与减贫合作现状

2017年美国对塔吉克斯坦的援助总金额为0.42亿美元，经济援助金额为0.31亿美元，军事援助金额为0.11亿美元，美国在塔吉克斯坦的经济援助领域主要分布在其他社会基础设施和服务（29.7%），农业（26.8%），基本健康（17.4%），政府与公民社会（12.6%），冲突、和平与安全（11.6%），基本教育（11%），商业和其他服务（10%），妇幼保健和家庭计划（5.8%）等。

2014—2017美国对塔吉克斯坦的经济援助金额呈现“V”形趋势（表13）。2017年全球健康计划提供的援助金额为0.077亿美元，占美国国务院提供经济援助金额的70.6%，2014—2017年由全球健康计划提供的援助金额占国务院提供经济援助金额的比重呈现上升趋势，由2014年的44.9%上升到2017年70.6%。

表13　2014—2017年美国对塔吉克斯坦经济援助项目来源部门

单位：百万美元

	2014年	2015年	2016年	2017年
美国国际开发署及其前身	22.2	18.6	10.9	19.4
农业部	—	−0.1	0.2	—
国务院	18.7	16.6	11.8	10.9
其他经济援助	1.4	0.2	0.5	0.7
合计	42.3	35.2	23.4	31

数据来源：2018年美国海外贷款和赠款绿皮书（U.S. Overseas Loans and Grants）。

美国在塔吉克斯坦的援助与减贫项目的分布领域包括农业、教育、健康、供水与卫生等，其中农业、教育取得的成果相对突出。

1. 农业

美国国际开发署通过“养活未来（Feed the Future）”计划，向农民传授适当营养知识和帮助农民增加有益的营养作物的产量。

塔吉克斯坦减少饥饿和贫困的“未来饲料”战略的地理位置集中在该国西南部省份哈特隆州。哈特隆州是农业生产的重要地区，营养不足率最高，生活在该国贫困线以下的人口最多。超过 20 万名塔吉克弱势公民（主要是小农及其家庭），将获得有针对性的援助，以摆脱饥饿和贫困，还有大量其他群体将通过美国国际开发署的战略政策参与和体制改革，改善收入和营养状况。

“养活未来”计划在促进农业作物产量的增加、保障农民权益和母婴健康方面取得了显著的成效：①“养活未来”计划及其合作伙伴支持新的育苗技术，该技术帮助农民（其中大多数是妇女）培育改良番茄、黄瓜和甜椒品种的幼苗，进而生产了超过 2 万吨营养食品。②“养活未来”计划支持 12 个地区土地注册办公室的现代化建设，引入了“一站式”模式，简化了注册程序，将财产注册所需的时间减少了 50%，平均缩短 3～4 天。③“养活未来”计划支持建立 12 个法律援助中心，为农民提供土地使用权法律服务。此外，该项目更新并出版了《塔吉克斯坦土地法》教科书，该教科书已分发给全国的大学。④“养活未来”计划为塔吉克斯坦政府关于小型农场的新法律提供了政策支持，该法律为农民提供了更大的保障，增强了财产权，并允许小型农场成为民法典认可的法人实体。⑤“养活未来”与当地企业家合作，开发了 20 个冷藏、灌装、榨汁和动物饲料加工设施，并撬动了私营部门 150 万美元的投资。⑥美国国际开发署修订并印刷了 6 万册小册子，以在关键的“生命的前 1 000 天”期间促进母亲和儿童的健康和营养。每年，包括孕妇和幼儿母亲在内的超过 21.1 万人受益于全面的母婴健康和营养教育。美国国际开发署和世界粮食计划署在社区一级开始了一项预防和治疗 5 岁以下儿童中度急性营养不良的试点项目，创建了第一个追踪诊所中反复出现的营养不良病例的系统。

2. 私营企业

美国国际开发署通过“养活未来”计划支持农业和农业综合企业。①美国国际开发署与 20 位当地企业家合作，促进了私营部门对农业的参与，他们在 2017 年的投资超过 148 万美元，用于建立冷藏、罐装、干燥和牲畜饲料加工设施。美国国际开发署的合作项目包括为这些设施配备收获、加工、干燥、罐装、包装、标签、称重和制冷设备。②美国国际开发署通过一个 200 万美元的共同投资基金拓宽中小企业的融资渠道，该基金在 2017 年向中小企业提供了近 180 万美元的贷款。美国国际开发署还支持塔吉克斯坦政府的目标，即通过更加注重在农业、运输和物流部门中扩大私营部门，以提高区域和国际竞争力，进而实现农业工业经济的目标。

3. 教育

美国国际开发署与教育部和国际合作伙伴密切合作，通过改进教育工作者的教学技能、利用公私伙伴关系、增加开发和生产适合儿童的阅读材料，提高学生的阅读能力。

(1) 美国国际开发署向塔吉克斯坦政府提供了支持，以扩大教育改革进程，为75%的小学教师提供有针对性的在职培训。鼓励教师创造一个有吸引力的课堂环境，帮助学生建立坚实的教育基础，从“学习阅读”过渡到“阅读学习”。

(2) 美国国际开发署为作家、插图画家和设计师举办了一系列培训班，针对每个小学年级和阅读水平开发了100多本有关课程主题、标准和教学语言的手稿。

(3) 美国国际开发署支持修订和更新塔吉克语和俄语的教师培训包（11个教师培训模块），并与教育部密切合作，为240所目标学校开展在职培训活动。

(4) 美国国际开发署协助修订了二年级和四年级的早期阅读评估（EGRA）工具，并在小学试点更新的工具。

(5) 美国国际开发署通过支持阅读材料开发、教师培训、评估和创新的三个工作组，与教育部及其附属机构建立了有效的伙伴关系。

4. 健康

尽管孕产妇死亡率正在稳步下降，但塔吉克斯坦的孕产妇和儿童死亡率仍然是该地区中最高的。根据卫生部的数据，2008年每10万例活产中有32例产妇死亡，2016年下降到每10万例活产中有25.2例产妇死亡。根据2012年人口健康调查，79%的孕妇至少看一次健康专家进行产前护理，但只有13%的孕妇接受了符合国家标准的高质量产前护理，近10%的分娩没有熟练的接生员监督，只有大约26%的育龄妇女使用现代节育方法。

美国国际开发署与塔吉克斯坦卫生部密切合作，以加强基本的医疗保健服务。美国国际开发署通过医务人员培训、家庭教育、宣传册等方式促进母婴健康和营养。来自塔吉克斯坦国家卫生机构的500多名全职医务人员接受了一系列有关妇幼保健和营养问题的培训，9家地区医院的医疗质量持续改善。美国国际开发署为超过8.7万个家庭提供营养和妇幼保健教育。参加四次或四次以上产前检查的妇女比例从52%增加到81.7%，纯母乳喂养率几乎达到90%。美国国际开发署修订并印刷了6万册小册子，以在关键的“生命的前1 000天”时期促进母亲和儿童的健康和营养。

5. 供水与卫生

塔吉克斯坦的农村地区人口仍然无法获得清洁的饮用水。美国国际开发署（USAID）通过技术援助地方政府向其选民提供供水服务，通过用水用户协会与农民合作，更好地管理灌溉用水，并向家庭传授如何改善卫生和个人卫生行为以保持健康。

在供水与卫生方面，美国国际开发署的资助产生了良好的效果。①自2009年以来，美国国际开发署已经建立或修复了76个供水系统，超过24.2万人获得安全饮用水。②美国国际开发署为10个地区和20个目标城市的140名地方政府官员提供了预算管理和服务方面的培训。为确保可持续性，美国国际开发署为当地政府雇员安装了在职培训软件和电子手册。③美国国际开发署建立了56个社区级用水用户协会，以改善社区对农场灌溉的控制、管理和投资。水供应的改善使农民的收入增加了一倍，使20多万人受益。④美国国际开发署向塔吉克斯坦天气预报和水预报机构提供支持，以便更好地预测每年可用于灌溉的水量，使运营商能够释放适当的水量，并将剩余的水量用于发电。⑤45名社区泥瓦匠接受了建造通风式厕所的培训。美国国际开发署向2 575名少女提供了有关卫生问题的教育课程，包括水、卫生和环境卫生。

（二）美国在吉尔吉斯斯坦的援助与减贫合作现状

2017年美国对吉尔吉斯斯坦的援助总金额为0.62亿美元，其中，经济援助金额为0.61亿美元，比2016年增加了52.5%。美国在吉尔吉斯斯坦的经济援助领域主要分布在基础教育（32.8%），政府与公民社会（24.2%），商业及其他服务（22.9%），基本健康（9.02%），营业费用（4.1%）。

2014—2017年美国在吉尔吉斯斯坦的经济援助金额呈现先下降后上升的趋势（表14）。2014—2016年美国开发署及其前身在吉尔吉斯斯坦的援助以经济支持基金为主。2017年在农业部对乌兹别克斯坦经济援助中以食品教育为主。2014—2017年，麻醉品管制在美国国务院提供的经济援助总额中呈现下降趋势，全球健康计划在美国国务院提供的经济援助总额中的比重迅速上升，由2014年的37.2%上升到2017年的60.6%。

表14　2014—2017年美国对吉尔吉斯斯坦经济援助项目来源部门

单位：百万美元

	2014	2015	2016	2017
美国国际开发署及其前身	39.7	28.8	34.6	34.3
农业部	11.4	—	0.2	15.6
国务院	13.7	29.2	7.6	9.4
其他经济援助	8	2	−1.9	1.5
合计	72.7	60	40.4	60.9

数据来源：2018年美国海外贷款和赠款绿皮书（U.S. Overseas Loans and Grants）。

美国在吉尔吉斯斯坦的援助与减贫项目分布领域包括教育、农业、健康等，各个项目的实施都取得了显著的成果。

1. 教育

(1) 阅读时间项目（Time to Read）。“阅读时间项目”通过密集的现代教学阅读实践教师培训，提高课堂教学的质量。该项目与学校主任、副主任、图书管理员、地区教育部门和学校教研室的工作人员就质量阅读实践和以学生为中心的实用教学方法开展全面的讲习班。“阅读时间项目”还致力于确保小学生使用各种与年龄和环境相适应的高质量学习材料。该项目同时吸引家长和社区参与进来，以支持学生阅读能力的提高。

该项目取得了良好的成果，有利于吉尔吉斯斯坦儿童早期阅读技能的建立，奠定儿童终身学习的基础。①该项目培训了400多名国家培训师和约9 000名小学教师和学校管理人员。超过21万名学生从改进的阅读教学中受益。②该项目为教师和教学支持团队开发了10个吉尔吉斯语和俄语的综合培训模块，包括五项基本阅读技能和课堂最佳实践。③美国国际开发署计划出版和采购120万本精选故事书，并分发给目标学校和图书馆。④吉尔吉斯斯坦教育部和科学部批准了在美国国际开发署支持下开发的新的在线阅读工具。该工具旨在评估现有和新的故事标题，以确保其适合儿童的年级和年龄。这是第一个为吉尔吉斯语和俄语创建的工具。该项目与61名当地作者合作，帮助他们有效地使用该工具。⑤超过7.4万名学生和他们的父母参加了该计划组织的数百项课外阅读活动。全国各地的数百所学校利用该项目开发的场景，举办小型的夏季阅读夏令营和国际扫盲日活动。

(2) 打造未来项目（Building the Future）。“打造未来项目”为学生提供基于需求和择优的奖学金，为吉尔吉斯斯坦所有地区的年轻人提供获得优质高等教育的机会；提高教师和学生的研究能力；并促进对AUCA工商管理计划的认可。该项目支持吉尔吉斯斯坦开展基于文科教育传统的独特高等教育模式。在美国国际开发署支持下，AUCA能够为来自吉尔吉斯所有地区的学生提供基于成绩和需求的本科教育奖学金，超过60%的受助人是非比什凯克居民。

在“打造未来项目”下，AUCA为教职员工提供广泛的培训，并将管理20个教员领导的研究项目，研究报告将在本地和国际层面上发表。项目直接支持113名学生的奖学金和150名教职员工的研究，AUCA研究出版物的数量增加，教师和学生的研究能力得到提高。

从世界三大领先的认证机构（IAA，AMBA和AACSB）获得对工商管理项目的认证是AUCA的主要战略重点。这将有助于提高项目的质量并吸引更多的国际和本地学生。在“打造未来项目”的支持下，AUCA获得了IAA和

AMBA 认证，并在满足 AACSB 认证要求方面取得了重大进展。

2. 农业

（1）农民到农民项目（Farmer-To-Farmer）。该项目为吉尔吉斯斯坦聘请了农业专家，帮助农民改进种植技术，提高农业综合企业生产能力，支持农业教育和咨询服务，改善贸易、畜牧生产、食品加工和提高生产率，使吉尔吉斯斯坦的农产品在进入已知的国内和区域市场时获得盈利。

自项目开始以来，美国国际开发署吸引了 79 名志愿者参加各种任务，这些任务的重点是发展农业企业、改善农业教育和增加农业资金。在农村企业分部门，项目志愿者完成了 67 个不同的任务，从加强农业合作社、改善冷藏能力到引入食品安全标准以及改善大米和洋葱的生产。在改善农业教育方面，通过加强商业计划技能，审查职业学校的课程，为实践和培训提出改进建议，总共完成了 21 项农业教育任务。此外，该方案还帮助吉尔吉斯斯坦农业大学增加其学生对农产品国际贸易的知识，特别是通过为学士、硕士和研究生举办系列讲座。在农业资金方面，该项目支持吉尔吉斯斯坦农业企业投资基金在吉尔吉斯斯坦开展投资活动，以促进中小企业的长期增长和投资。

“农民到农民项目”协助当地养蜂人评估和分析奥什和伊塞克—库尔地区养蜂业的现况，有助于制定长期可持续发展的战略，并采用现代养蜂技术。“农民到农民项目”协助推广吉尔吉斯斯坦南部地区的农家乐，得出了关键的调查结果，表明农家乐使游客能够体验吉尔吉斯斯坦的农业和饮食文化，应该继续扩展。迄今为止该项目的覆盖范围包括奥什、贾拉拉巴德、巴特肯、伊塞克湖、纳伦州、楚河州以及比什凯克。

（2）美国国际开发署农业地平线计划项目（USAID Agro Horizon Project）。美国国际开发署的“农业地平线计划”提高农业生产者的生产力，并将其与市场联系起来，改善获得资本的机会并创造就业机会。该项目与农业综合企业合作，以开发其供应基地，升级其设施和设备，采用质量和食品安全标准，改善其管理体系并扩大市场。

在该项目的协助下，与银行和非银行金融机构建立了伙伴关系，超过 2.6 万名农民和企业获得了 3 300 万美元的融资。在项目期间，农民和伙伴企业销售了价值 3 000 多万美元的农产品，其中出口超过 1 130 万美元。该项目帮助妇女、青年和男子创造了 1 200 个全职工作，提供更高和更稳定的家庭收入来源。青年实习计划使 43 名学生与 21 家农业综合企业合作，并提供了 15 个工作机会。

美国国际开发署与 50 多个领先的农业企业合作，这些企业承诺提供 3 000 多万美元用于联合项目，包括资本投资、原材料、工资和其他运营成本。项目合作伙伴额外购买了 2.2 万吨原材料，以充分利用新的加工设备并开拓新的市场。

在该项目下，美国国际开发署与吉尔吉斯斯坦的一个主要农业生产商合作，启动了红花油的首次商业规模生产；通过与一家领先的香肠生产商合作，该项目帮助在纳伦州建立了第一家完全符合国际标准的现代化屠宰场；在Batken和Uzgen，该项目与当地公司合作，建造了新的现代化冷藏设施，从而增加了对农产品的储藏需求。

（3）美国国际开发署国际粮食救济合作计划（USAID International Food Relief Partnership（IFRP）Program）。吉尔吉斯斯坦的国际粮食救济伙伴关系（IFRP）计划由美国国际开发署粮食促进和平办公室资助。IFRP致力于减少最脆弱群体的粮食不安全状况，其中包括儿童、妇女、结核病和精神疾病患者、残疾人、老年人和孤儿。

自2006年以来，IFRP计划已向吉尔吉斯斯坦南部受地震影响的家庭捐赠了超过1 900万份个人食品，包括100万份口粮。仅2013年，国际食品危机应对方案向吉尔吉斯斯坦的79个社会和卫生机构提供了营养援助。2014年IFRP计划为当地结核病机构提供了更多食品，为住院的结核病患者和门诊病人提供营养膳食。过去，IFRP计划还为吉尔吉斯斯坦的孤儿，肢体残疾儿童，老年患者和精神病患者，国内流离失所者和受冲突影响的家庭提供了营养食品，增加了他们的每日热量和蛋白质摄入量，增强他们的饮食多样性。

3. 健康

（1）挑战结核病项目（Challenge TB）。"挑战结核病项目"通过改善卫生系统和临床医生在诊断和病例管理方面的技能，支持引进新药物以及新的治疗方案，以减少吉尔吉斯斯坦的耐多药/广泛耐药结核病负担。该项目还协助该国实施一项国家计划，采用一种新治疗方法，缩短耐多药结核病的治愈时间。

截至2017年9月中旬，该项目培训了1 000多名卫生工作者，并在全国各地组织了48次地方培训，以提高耐多药结核病治疗的质量，并顺利引入新药和缩短疗程的个体化治疗。截至2018年1月，共有132例患者接受了新药的治疗，服用新药的病人反映副作用更少，临床效果更显著。经过5个月的治疗，在首次服用新药的患者中，68%的患者不再具有传染性。截至2018年1月，共有129例患者接受短期治疗，第一批采用短期方案的患者在10月成功完成了治疗。

（2）加强全球营养伙伴关系、成果和创新（SPRING）项目。吉尔吉斯斯坦加强全球营养的伙伴关系、成果和创新（SPRING）项目在社区和国家两级开展工作，通过采用11种循证做法，帮助吉尔吉斯斯坦减少发育迟缓和贫血。这些做法是根据吉尔吉斯斯坦的情况量身定制的，涉及最佳母乳喂养、适当的儿童补充喂养、全年的饮食多样性、减少垃圾食品的消费、洗手以及在头 1 000 天内针对妇女和儿童的其他家庭层面的行为。

SPRING 还与美国国际开发署（USAID）的“农业地平线计划（Agro Horizon Project）”合作，以增加人们获取多样化饮食的途径，将营养信息纳入正在进行的项目活动中，并开发培训材料。SPRING 还推广技术和实践，以增加各种食物的安全保存和存储，从而在冬季增加饮食。

SPRING 项目在改善两岁以下儿童和育龄妇女的营养状况方面取得了显著成果。在国家一级，SPRING 支持最终确定并推出国家贫血技术指南和协议，其中包括针对孕妇的适当营养做法；自从 2015 年 1 月以来，SPRING 一直在培训医疗保健提供者以提供高质量的营养服务和咨询，为此培训了 5 069 名卫生工作者；27 个医疗机构接受了培训和指导，以帮助其获得爱婴医院倡议认证。迄今为止，已将四家医院和四个家庭医学中心指定为母婴友好型。SPRING 动员了近 2 600 名社区志愿者，向家庭，特别是孕妇、哺乳期妇女和两岁以下儿童传递重要的营养和卫生信息。该项目以吉尔吉斯语和俄语出版了一本烹饪书和食品储藏参考指南，以帮助家庭全年保留和食用各种营养食品。

4. 小企业发展

美国国际开发署以吉尔吉斯斯坦最贫困的地区为重点，为创造就业机会和促进经济增长提供支持，有助于保持家庭团聚并帮助他们改善生活。

美国国际开发署与民间社会和私营部门合作，支持政府致力于加快包容性和有利于穷人的经济增长，特别是在边缘化和农村地区。美国国际开发署与政府合作促进贸易和投资，特别是来自欧美公司的贸易和投资，同时为吉尔吉斯斯坦进入国内外市场提供支持，从而改善了整个商业环境。

（1）美国国际开发署企业竞争力项目（USAID Enterprise Competitiveness Project）。美国国际开发署的企业竞争力项目是一项为期五年的计划，旨在通过在中小型企业（SME）中创造就业机会和谋生机会来增加吉尔吉斯斯坦家庭的收入，重点是贫困和失业人口更多的地区。该项目优先考虑那些具有巨大增长潜力，创造就业机会以及包容妇女和青年的部门。这些行业包括但不限于农业、制造业、旅游业等。该项目与市场领导者和成功的企业合作，共同投资扩大中小企业市场准入。为了提高中小企业的人力和社会资本，该项目与商业服务提供商和商业协会合作，以支持小型企业和初创企业，尤其是那些由妇女和青年拥有或管理的企业。该项目与金融机构（银行和非银行）合作，以改善中小企业获取增长型资本的途径。该项目积极促进与吉尔吉斯斯坦政府机构、商业协会和其他机构的对话，以促进有利于企业发展的政策出台。

“企业竞争力项目”正在实施过程中，已经取得了显著成果。目前 8 家公司承诺投资 120 万美元用于业务扩展，这将在未来四年内产生 700 万美元的额外销售额和 3 750 个新工作岗位；项目选择了 7 家潜在合作伙伴关系的公司，这些公司将带来 3 000 万美元的额外销售额，5 250 个新工作机会以及 440 万美元的资本投资；与两家大型公司（Eldan Atalyk 和 OJSC Bishkeksut）签署了合作备忘录，这将在未来四年为 1 100 名农民提供有保证的销售，价值 880 万美元；“商业加速计划”为女性和青年领导的初创企业和早期公司提供培训，提高其管理、技术、财务和营销能力；该项目还支持吉尔吉斯斯坦政府制定与私营部门发展有关的工作计划，包括 2019—2023 年私营部门发展计划和建立在线投资和贸易促进平台。

（2）增加信贷使用权（Increasing Access to Credit）。“增加信贷使用权”项目为两家吉尔吉斯斯坦银行提供投资组合担保，以增加吉尔吉斯斯坦的中小企业（SME）、农民和农业企业获得贷款的机会。美国国际开发署为农民和农业企业（例如加工、包装、仓储和物流）的贷款提供部分担保，美国国际开发署通过 Agro Horizons 项目支持这些业务的发展，该项目将选择具有最大就业和竞争机会的农业价值链，将向全国范围内的农民和农业综合企业提供贷款担保，重点放在巴特肯州、贾拉拉巴德州、纳伦州和奥什州。除农业外，银行还将扩大与在旅游、纺织和建筑材料等优先领域经营的小企业的合作。

通过将技术援助与资本获取相结合，美国国际开发署预计选定的农业和非农业价值链将持续强劲增长。这些担保将扩大中小企业的当地融资来源，特别是在融资渠道有限的农村地区。在项目实施后的前三个月中，通过担保方案，已经向吉尔吉斯斯坦农村地区发放了 9 笔贷款，金额超过 6.3 万美元。贷款将用于购买畜牧和农业设备。

（三）美国在乌兹别克斯坦的援助与减贫合作现状

2017 年美国在乌兹别克斯坦的援助总额为 0.21 亿美元，经济援助总额为 0.11 亿美元。美国在乌兹别克斯坦的援助分布领域为其他社会基础设施与服务（37.1%），商业以及其他服务（20%），基本健康（16.2%），政府与民间社会（11.4%），冲突、和平与安全（6.67%）。

2014—2017 年美国对乌兹别克斯坦的援助金额呈现“先下降后上升”的趋势（表 15）。2017 年全球健康计划提供的援助金额为 0.038 亿美元，占美国国务院对乌兹别克斯坦经济援助金额的 82.6%，2015—2017 年全球健康计划提供的援助资金在美国国务院对乌兹别克斯坦经济援助中的比重一直保持在 80%之上。2014—2017 年，美国开发署及其前身对乌兹别克斯坦的经济援助以经济支持基金为主。

表 15　2014—2017 年美国对乌兹别克斯坦经济援助项目来源部门

单位：百万美元

年份	2014	2015	2016	2017
美国国际开发署及其前身	5.2	3.7	1.8	6.1
农业部	0.2	—	0.3	0.2
国务院	5	4.9	4.5	4.6
其他经济援助	17.1	6.4	0.9	0.5
合计	27.4	15	7.6	11.3

数据来源：2018 年美国海外贷款和赠款绿皮书（U. S. Overseas Loans and Grants）。

美国在乌兹别克斯坦的援助与减贫项目分布领域包括农业、卫生等，其中农业发展和多样化是美国国际开发署在乌兹别克斯坦的援助重点。

1. 农业

美国国际开发署的项目通过将改良技术应用于抗病植物，帮助农民立即取得成效。仅在 2011 年，美国国际开发署就向 3 000 名农民介绍了新的生产技术，使作物产量至少增加了一倍，销售额增加了 6 倍。农业援助预计通过改善 1.6 万户农村家庭的农业技术，使农业收入增加 80%。

美国国际开发署对家庭进行干果培训，并正在引进可负担得起的方法，建立农场冷藏设施。美国国际开发署对 1 000 多名农民、农场工人和农业企业员工进行了虫害识别、农艺最佳实践、果园修剪、冷藏管理、水果和蔬菜干燥以及收获后技术方面的培训。美国国际开发署为 200 多个农民提供了冷链讲习班，使他们能够将这种强大的创收技术应用于当地。

2. 卫生

结核病和艾滋病毒/艾滋病流行的增加对乌兹别克斯坦的公共卫生系统以及该国的卫生和经济发展构成了重大威胁。美国政府的项目侧重于增加关键服务的可及性，以帮助预防传播和控制结核病和艾滋病的蔓延。美国国际开发署支持改善结核病预防、护理和治疗服务的活动，美国国际开发署为 4 700 多名弱势群体提供了预防、检测和治疗结核病和艾滋病的服务。美国国际开发署支持机构增强应对耐多药结核病的能力，并开发系统以加强耐多药结核病的诊断并改善感染控制措施。美国国际开发署通过培训来自乌兹别克斯坦所有 14 个地区的实验室专家，增强实验室查明新结核病病例的能力。美国国际开发署与乌兹别克斯坦国家结核病项目合作，制定了一项三年行动计划，使卫生部能够更有效地预防和控制耐多药结核病。美国国际开发署培训了 1 000 多名医务工作者和社区领导人，以提高社区对结核病症状，预防、感染控制和治疗的认识。

(四) 美国在哈萨克斯坦的援助与减贫合作现状

2017 年美国在哈萨克斯坦的援助总金额为 0.29 亿美元，其中经济援助金额为 0.18 亿美元。美国在哈萨克斯坦援助的分布领域为其他社会基础设施与服务（34.5%），营业费用（27.9%），健康（13.1%），政府与公民社会（9.66%），环境保护（6.55%）。

2014—2017 年美国对哈萨克斯坦的经济援助金额呈现下降趋势（表 16）。卫生和公共服务部在其他经济援助中的比重逐渐上升，由 2014 年的 3.06%上升到 2017 年 86.1%。能源部的经济援助金额迅速下降，2014 年为 96.3%，2017 年减少至 11.1%。

表 16　2014—2017 年美国对哈萨克斯坦经济援助项目来源部门

单位：百万美元

年份	2014	2015	2016	2017
美国国际开发署及其前身	23.3	21.3	11.7	12.2
农业部	—	—	—	—
国务院	6.9	3.1	3	1.7
其他经济援助	91.5	3.7	3.9	3.6
合计	121.7	28.1	18.6	17.5

数据来源：2018 年美国海外贷款和赠款绿皮书（U. S. Overseas Loans and Grants）。

美国在哈萨克斯坦的减贫与援助项目集中于卫生与健康领域，包括母婴健康、结核病与艾滋病预防、治疗和控制。

(1) 美国国际开发署帮助实施新生儿护理和安全的孕产措施，以预防和控制低出生体重新生儿的并发症。美国国际开发署还向两个地方组织提供了赠款，以支持提高对计划生育和生殖健康服务的认识，改善孤儿院婴儿的喂养质量。

(2) 在结核病方面，美国国际开发署支持改善预防、护理和治疗服务提供的活动；增强机构应对耐多药结核病的能力；开发耐多药结核病诊断系统；改进感染控制措施。美国国际开发署还帮助卫生提供者、社区和患者了解和处理结核病和耐多药结核病的治疗和护理。美国国际开发署正在帮助促进 GeneXpert 技术的实施，该技术将大大加快对耐多药结核病的诊断，并进一步提高实验室诊断的有效性。

(3) 美国国际开发署通过总统的艾滋病紧急救援计划（PEPFAR）与哈萨克斯坦政府合作，并与全球抗击艾滋病、结核病和疟疾基金密切合作，为艾滋病患者增加获得全面治疗和护理服务的机会。美国国际开发署还致力于加强国家和地方机构、非政府组织和个人的能力，使他们能够更有效地为大多数高危人群提供高质量的服务。

（五）美国在土库曼斯坦的援助与减贫合作现状

2017年美国在土库曼斯坦的援助总金额为370万美元，经济援助总额为360万美元（表17）。美国在土库曼斯坦的援助领域主要分布在政府与公民社会（27%），商业及其他服务（24.4%）。2014—2016年美国经济支持基金在美国对土库曼斯坦经济援助金额中的比重较大，2014年比重为45.6%，2016年比重上升至69.6%。

表17　2014—2017年美国对土库曼斯坦经济援助项目来源部门

单位：百万美元

年份	2014	2015	2016	2017
美国国际开发署及其前身	4.2	3.3	1.6	3
农业部	—	—	—	—
国务院	1.8	1.5	0.6	0.5
其他经济援助	1.9	0.0	0.1	0.1
合计	7.9	4.8	2.3	3.6

数据来源：2018年美国海外贷款和赠款绿皮书（U.S. Overseas Loans and Grants）。

农业与卫生是美国与土库曼斯坦减贫合作的主要领域。①在农业领域：美国国际开发署支持提高从事园艺和畜牧业的私营农民的盈利能力。美国国际开发署的项目通过向畜牧业生产者提供技术援助，帮助他们培育更健康、更多产的牲畜，从而提高了奶牛和肉用牲畜的生产力。美国国际开发署向兽医专家提供了通过现代喂养计划和疾病保护来改善动物健康的培训。农业支持项目优先发展温室园艺，帮助高价值的水果和蔬菜种植者、加工商和营销专家与本地和国际市场建立联系。②在健康领域：美国国际开发署支持改善结核病预防、护理和治疗服务的活动；加强各机构应对耐多药结核病的能力；开发系统以加强耐多药结核病诊断和改进感染控制措施。美国国际开发署还帮助卫生服务提供者、社区和患者了解并解决结核病和耐多药结核病的治疗和护理问题。

三、日本在中亚地区的援助与减贫合作现状

自中亚国家独立以来，日本一直在不同领域提供援助。2010—2016年日本在中亚地区的官方发展援助不断增加，日本在中亚地区的国际援助侧重于改善经济发展基础设施（社会经济基础设施），人力资源开发，以及重建医疗保健和其他社会制度，支持各国向市场经济过渡。日本在中亚地区的国际合作政策的三个方向分别为：发展经济和社会基础设施（交通、能源、卫生、教育等）；支持民主化和向市场经济过渡（政府官员和工业人力资本发展等）；边境

管制管理和禁毒措施。

（一）日本在塔吉克斯坦的援助与减贫合作现状

日本对塔吉克斯坦的国际援助开始于1993年，截至2018年1月，日本国际协力机构知识共创计划（前身为培训计划）的参与者总数已超过2 100人。2006年，日本国际协力机构在塔吉克斯坦成立了办事处，此后，各种助学金和技术合作项目的实施更加活跃，旨在提高塔吉克斯坦人民在农业和农村发展、供水、卫生等领域的生活水平，推动运输、能源、能力建设和促进中小企业发展。2016年日本对塔吉克斯坦的ODA金额是0.31亿美元，占日本在中亚地区ODA总额的18%。

人力资源开发奖学金项目（JDS）通过向目标国家的年轻领导人提供日本顶级大学研究生学位的全额奖学金来支持人力资源开发（表18）。预期JDS研究员将在返回自己的祖国后，积极参与政策制定以及社会和经济发展政策的实施，从而为国家的社会经济发展做出贡献。通过JDS计划，年轻的领导人还能够了解日本社会。JDS计划创建了一个学术交流系统，旨在通过各个领域的交流加强国际关系。2000—2016年塔吉克斯坦参与人力资源项目的人数是38人。

表18　日本在塔吉克斯坦的援助与减贫合作项目

项目名称	合作形式	时间	地点
塔吉克斯坦改善航空服务项目	技术合作	2016.3—2018.12	杜尚别
改善哈特隆州妇幼保健系统项目2期	技术合作	2017.6—2021.8	哈特隆州
塔吉克斯坦道路灾害管理能力建设项目	技术合作	2017.4—2020.7	希索（Hisor），索格特州，拉什特（Rasht）
加强平干河和卡马多尼河的水务管理项目	技术合作	2017.1—2020.4	索格特州，哈特隆州
杜尚别变电站改造工程	赠款	2017.6	杜尚别
索格特地区及哈特隆东部地区道路养护设备改造项目	赠款	2016.4	索格特州，哈特隆州
通过有效管理塔吉克斯坦与阿富汗边界促进跨界合作项目	赠款	2015.3	哈特隆地区，戈尔诺—巴达赫尚自治省
塔吉克—阿富汗边境地区的生计改善项目	赠款	2014.3	哈特隆州
人力资源开发奖学金项目	赠款	2016.7/2017.8	全区域
贫困农民粮食安全工程	赠款	2012.3	全区域

资料来源：日本国际协力机构（Japan International Cooperation Agency）。

哈特隆州妇幼保健系统项目（第二阶段）在目标地区（城市）中改善孕产妇、新生儿和婴儿（MNI）卫生系统。项目协助修复医院设施和提供医疗设备，进行紧急产科、新生儿护理和病例审计的培训；在中央地区医院和农村卫生中心之间就产妇、新生儿和婴儿转诊举行会议。预期将改善中央地区医院妇产科和儿科的职能，增强专业卫生人员对产妇、新生儿和婴儿护理的知识和技能；在初级和二级卫生保健机构之间完善产妇、新生儿和婴儿保健的转诊系统；哈特隆州政府卫生部门将增强对产妇、新生儿和婴儿护理的管理能力。

塔吉克—阿富汗跨境地区的生计改善项目（LITACA）通过改善边界地区社区的生计和复原力，促进塔吉克斯坦哈特隆地区各社区的稳定与安全。日本政府帮助建设、修复边境社区的农村基础设施（卫生、教育、交通、灌溉和农业设施）。通过实施项目增加塔吉克斯坦和阿富汗边境省份的男女就业机会；促进地方经济的可持续发展；促进跨境信息、经验交流；加强跨境灾害风险管理，预计使150万边境社区居民受益。

（二）日本在吉尔吉斯斯坦的援助与减贫合作现状

日本在吉尔吉斯斯坦的减贫与援助项目的合作形式以技术合作和赠款为主，显著特征是重视教育，注重农民农业技术培训，提高贫困群众的自我发展能力。2016年日本对吉尔吉斯斯坦的ODA金额是0.12亿美元，占日本在中亚地区援助金额的7.15%。

2017年7月，日本国际协力机构（JICA）开始在楚河州实施以市场为导向的牛奶生产项目（表19）。该项目的目标是增加符合欧亚经济联盟（EEU）市场要求的高质量原奶的生产，并提高乳制品的出口潜力。在该项目的框架内，农民将提高挤奶技术水平，牛奶收集者将改善生牛奶的运输条件，并制定一种根据牛奶质量购买牛奶的机制。除此之外，该项目将引入现代牛奶生产系统。

表19　日本在吉尔吉斯斯坦的援助与减贫合作项目

项目名称	合作形式	时间	地点
市场牛奶生产项目	技术合作	2017.7—2022.6	楚河州
促进出口蔬菜种子生产项目	技术合作	2013.6—2020.2	楚河州，塔拉斯州
吉尔吉斯斯坦发展林产品农村经营项目	技术合作	2015.9—2019.9	伊塞克湖州，塔拉斯州，楚河州，比什凯克市
比什凯克至奥什公路雪崩防护工程	赠款	2017.3	比什凯克，奥什
道路防灾管理能力建设项目	技术合作	2016.4—2019.5	全区域
通过吉尔吉斯斯坦—日本人类发展中心促进经济部门多样化的人力资源开发项目	技术合作	2016.4—2021.3	全区域
向全国其他地区传播OVOP Issyk-Kul模型	技术合作	2017.1—2023.1	全区域

（续）

项目名称	合作形式	时间	地点
吉尔吉斯斯坦国家税务局人力资源开发系统改进项目	技术合作	2017.6—2020.8	全区域
国际主要道路改善项目	贷款	2015.10	奥什—巴特肯州—伊斯法纳，比什凯克—奥什
道路养护设备车间改造项目	赠款	2017.3	全区域
人力资源开发奖学金项目	赠款	2016.8/2017.8/2018.8	全区域

资料来源：日本国际协力机构（Japan International Cooperation Agency）。

苏联解体之后，吉尔吉斯斯坦生产种子的技术没有更新，也没有建立促进此类技术的机制，导致该国种子产量大幅下降。日本启动了“促进出口蔬菜种子生产”技术合作项目（表19），旨在提高吉尔吉斯斯坦以合理价格生产高质量种子的能力，并将蔬菜种子生产作为吉尔吉斯斯坦的出口业务。该项目的主要活动包括在培训农场试点种子种植、制定手册以及对从事种子生产的农民进行培训。项目为蔬菜种子生产商与海外苗圃公司建立联系，帮助蔬菜生产商增加种子出口业务。该项目培训了23名农民，这些农民获得了种植优质蔬菜种子的技能，并能够对感兴趣的农民进行培训。此外，有23位农民加入了“吉尔吉斯斯坦蔬菜种子”合作社。2017年，该合作社与外国公司签署了4个合同，以试验生产4种蔬菜品种的种子。根据试验合同生产的种子将在外国公司进行分析并确认种子质量后出口。

由于苏联时期林业管理效率低下以及独立后财政和人力资源短缺，吉尔吉斯斯坦的森林覆盖率和质量下降。为了解决这个问题，吉尔吉斯斯坦环境保护和林业局（SAEPF）引入了联合森林管理（JFM）系统，但是，JFM系统的运行方法尚未具体规定，相关组织机构的能力不足，无法有效管理该系统。2009—2014年，日本国际协力机构通过技术合作项目“支持吉尔吉斯斯坦联合森林管理”制定了JFM准则，从而协助JFM系统运行。

日本支持实施“吉尔吉斯斯坦发展林产品农村经营项目”（表19），该项目的目标是在三个目标地区（楚河州、塔拉斯州和伊塞克湖州）建立以杏、苹果等水果为主的林产品业务推广体系；制定“全国林产品经营行动计划”，并与全国各利益相关方分享。在第一年项目选定11家目标林业企业，制定了相应的“林产品经营计划”。经营计划书阐述了林业企业的经营原则，包括：租赁林地推广商业模式；选择租户的条件和方法；以及促进生产、加工集群发展的政策。在第二年，各目标林业企业与项目合作，主要通过JFM推广国有林地租赁、林产品生产实践培训、改善林产品的加工和分配、实施林产品经营计划。

日本在吉尔吉斯斯坦伊塞克湖州实施“一村一产品”（One Village One Product）援助计划，旨在改善农民的生计，减轻贫困问题。日本这个援助计划不仅鼓励创建“一村一产品”参与小组，而且最终目标是在项目结束后使这些群体能够自我维持项目运转。日本国际协力机构首先提供了建立生产周期所需要的财政援助，其次 JICA 组织培训，传授生产技能。最后，日本 JICA 提供营销技能和初步营销研究，提高农民组织生产和销售的能力。OVOP 项目开发了 Issyk Kul 品牌，并在国家权威机构进行注册，其产品包括果酱和干果、皮革、木材和石材产品。JICA 为 OVOP 项目中的产品拓宽出口渠道，促进 OVOP 项目产品的出口，吉尔吉斯斯坦和肯尼亚的 OVOP 项目被选为日本品牌无印良品（Muji）的合作伙伴，能够使用 Muji 的网络销售产品。

（三）日本在乌兹别克斯坦的援助与减贫合作现状

日本在乌兹别克斯坦的减贫与援助项目侧重于人力资源开发。1999 年日本政府通过无偿援助在乌兹别克斯坦实施的“人力资源开发奖学金项目”。在 2000—2016 年，乌兹别克斯坦共有 295 名学者参与人力资源培训项目。2016 年日本对乌兹别克斯坦的 ODA 金额是 1.67 亿美元。

根据乌兹别克斯坦政府与日本政府于 2000 年 10 月达成的协议，2001 年 8 月在乌兹别克斯坦首都塔什干成立了日本人类发展中心，该中心主要目的是加强相互信息的沟通与传播，介绍日本的文化与语言，了解和加强两国之间的友好关系。该中心提供日语课程和在商业发展方面的专业知识，并协助当地教育机构提供日语教育和语言培训，在职业培训中定期从日本邀请一些具有一定背景和企业环境经验的日本培训师，重点在于商业管理课程和培养中小型企业家精神。

除了人力资源开发项目，基础设施也是日本在乌兹别克斯坦援助的重要领域。“阿姆布哈拉灌溉系统修复项目”的目标区域位于布哈拉州和乌兹别克斯坦中部纳沃伊州的两个地区（表 20）。项目将新建一个泵站，对四个现有泵站进行现代化修复；提高阿姆布哈拉灌溉系统（ABIS）干渠的输送效率；项目也将支持政府实现农作物多样化和确保项目地区粮食安全。该项目将确保在阿姆布哈拉灌溉系统（ABIS）的 25 万公顷灌溉区为灌溉农业提供可持续和可靠的供水，并为 72.5 万人提供安全饮用水。

表 20　日本在乌兹别克斯坦的援助与减贫合作项目

项目名称	合作形式	时间	地点
乌兹别克斯坦—日本人力资源开发中心商务人员能力发展和联网项目	技术合作	2015.12—2020.11	塔什干

（续）

项目名称	合作形式	时间	地点
塔什干信息技术大学媒体培训中心设备改造项目	赠款	2017.12	塔什干
阿姆布哈拉灌溉系统修复项目	贷款	2015.1	布哈拉州，纳沃伊州
人力资源开发奖学金项目	赠款	2016.7/2017.10/2018.8	全区域

资料来源：日本国际协力机构（Japan International Cooperation Agency）。

四、中国在中亚地区的援助与减贫合作现状

在中国与中亚五国的国际减贫合作中，援助与投资相互补充，共同发力。中国在中亚地区的国际援助方式主要为基础设施成套项目、农业技术合作、人力资源开发、各种人道主义援助等。中国通过贸易投资促进中亚地区包容性增长，创造就业机会，推动减贫事业发展。根据中国商务部的统计数据，中国已经连续多年成为吉尔吉斯斯坦的第一大贸易伙伴国；截至 2018 年，中国是塔吉克斯坦第一大直接投资来源国和第三大贸易伙伴国；截至 2018 年，中国是乌兹别克斯坦第一大贸易伙伴国。世界银行《“一带一路”经济学：交通走廊的机遇与风险》的研究报告指出，“一带一路”倡议全面实施可使 3 200 万人摆脱日均生活费低于 3.2 美元的中度贫困状态，使全球贸易增加 6.2%，沿线经济体贸易增加 9.7%，全球收入增加 2.9%。①

（一）中国在塔吉克斯坦的援助与减贫合作现状

中国在塔吉克斯坦的援助与减贫合作项目领域包括经济基础设施和农业，合作形式以政府优惠贷款为主。①2009 年 8 月 25 日，中国进出口银行宣布向塔吉克斯坦贷款 4 900 万美元，用于建设杜尚别—丹加拉公路。②2011 年，塔吉克斯坦与中国进出口银行签署了一项协议，中国进出口银行向塔吉克斯坦提供 2 650 万美元的优惠贷款，用于资助塔吉克斯坦北部新变电站 Sughd－500 的建设。该项目旨在建立必要的输电和贸易基础设施及系统，以实现塔吉克斯坦和吉尔吉斯斯坦的剩余电力贸易。③2014 年 11 月，中国农业银行同意向塔吉克斯坦提供 1 亿美元的软贷款，贷款将用于农产品融资，建立农产品加工的工业设施，为员工提供培训，发展塔吉克斯坦的农业贸易。④2014 年塔吉克斯坦国家储蓄银行、阿蒙纳博克银行和中国中央银行已商定了一笔 2 000 万美元的优惠贷款，贷款将用于建设银行的新建筑和扩大银行的农业信贷，项目的

① 中国政府网：《世行研究显示“一带一路”倡议可加快发展中国家减贫》，http://www.gov.cn/xinwen/2019－06/19/content_5401664.htm.

总体目标是扩大塔吉克斯坦的企业家精神和减轻贫困。⑤2014 年，中国进出口银行向塔吉克斯坦提供了 3.489 亿美元的贷款，用于建设杜尚别 CHP－2（第二阶段）热电厂。⑥2014 年 9 月，中国援建的塔吉克斯坦沙尔—沙尔隧道南北连接线修复项目竣工。[①] 中国在塔吉克斯坦的援助提高塔吉克斯坦的农业生产能力，促进塔吉克斯坦交通运输效率的提升，帮助塔吉克斯坦完善经济发展基础。除了优惠贷款以外，中国也为塔吉克斯坦提供了无偿援助。2012 年中国向塔吉克斯坦实施了人道主义援助计划，其中包括 220 吨大米，120 吨植物油，帐篷和床单。2012 年中国向塔吉克斯坦赠送了 10 辆公交车和 25 辆拖拉机。2015 年塔吉克斯坦多地发生严重泥石流灾害，中国政府向塔吉克斯坦政府提供价值 1 000 万元人民币的紧急人道主义物资援助。

（二）中国在吉尔吉斯斯坦的援助与减贫合作现状

中国在吉尔吉斯斯坦的援助与减贫项目的合作形式包括优惠贷款、技术合作和无偿援助。在基础设施建设领域，2011 年 6 月 14 日，吉尔吉斯斯坦与中国签署了贷款协议，用于吉尔吉斯斯坦南部输电线路的现代化建设，贷款由中国进出口银行提供资金，该项目由特变电工承建。2012 年 12 月，中国和吉尔吉斯斯坦官员签署了一项协议，为道路维修提供大约 1.36 亿美元的贷款。这笔资金将用于修复吉尔吉斯斯坦的奥什—巴肯—伊斯法纳和比什凯克—巴利奇公路。2013 年，中国同意向吉尔吉斯斯坦提供 2.979 亿美元贷款，用于建设南北向交通走廊二期工程。在技术合作方面，2011 年 4 月 7 日，中国与吉尔吉斯斯坦签署了《吉中政府技术经济合作协定》。根据该协议，中国政府将向吉尔吉斯斯坦提供 3 000 万元人民币的赠款，用于实施技术和经济项目。2012 年 7 月 5 日，中国向吉尔吉斯斯坦提供 500 万元人民币用于培训公务员。该项目将扩大吉尔吉斯斯坦公务员出国学习和培训的机会。在无偿援助方面，2011 年 4 月 7 日，中国与吉尔吉斯斯坦签署了一项协议，向该国提供 500 万美元的无附加条件的经济援助，以帮助该国南部地区地震后重建。2012 年 5 月，中国向吉尔吉斯斯坦提供了 4 200 万元人民币赠款，用于奥什医院的综合设施建设。

近年来，中国与吉尔吉斯斯坦在农业领域的减贫合作项目逐渐增加。在“中吉现代农业联合研究与示范中心建设”援外项目的支持下，2016 年 6 月，中国与吉尔吉斯斯坦建立联合实验室，并举办中国现代农业技术培训班。[②] 该

---

① 中国商务部对外援助司：《援塔吉克斯坦沙尔—沙尔隧道南北连接线修复项目》，http：//yws.mofcom.gov.cn/article/b/201607/20160701362517.shtml.

② 中华人民共和国科学技术部：《中吉共建实验室签约揭牌仪式及中国现代农业技术培训班在吉尔吉斯斯坦举行》，http：//www.most.gov.cn/dfkj/xjscjsbt/zxdt/201609/t20160926_127911.htm.

项目的实施有助于提升吉尔吉斯斯坦的农业科技水平，提高农业生产能力，促进农业发展。2018 年 5 月 3 日，中国援助吉尔吉斯斯坦灌溉系统改造工程正式开始建设，该项目位于伊塞克湖州和巴特肯州，共有三个灌区，项目完成后将提升农村的灌溉效率，保障农村居民的饮用供水。

（三）中国在乌兹别克斯坦的援助与减贫合作现状

中国在乌兹别克斯坦的援助与减贫合作项目分布领域包括基础设施、教育。①2011 年 11 月，中国国家开发银行和乌兹别克斯坦对外经济活动国家银行签署了一项 5 000 万美元的贷款协议，在乌兹别克斯坦吉扎克地区建立高科技园区。②2012 年 8 月，中国 IPPR 国际工程公司建造了 Karakul 泵站，以确保该地区的不间断供水。该项目总成本为 1 390 万美元，中国政府提供了约合 730 万美元的赠款，其余由农业部资助。③2012 年 1 月，乌兹别克国家银行和中国进出口银行同意共同出资建设一条高压电力线，总成本为 8 350 万美元，其中乌兹别克国家银行出资 4 640 万美元，中国进出口银行出资 3 710 万美元。④2013 年乌兹别克斯坦从中国聘请更多受过专业训练的教师，上海大学也为教师的交流计划提供了更多机会，进一步在乌兹别克斯坦的大学中推动汉语学习和文化课程。⑤2013 年 11 月，乌兹别克斯坦与中国签署了价值 4 亿美元的协议，用于道路建设中的隧道建设。⑥2018 年 2 月中国向乌兹别克斯坦无偿援助儿童医院医疗设备。⑦2018 年 4 月，中国向乌兹别克斯坦无偿援助中学 5～9 年级信息技术和外语教学设备。各个项目都取得了良好的成果，赢得了乌兹别克斯坦政府和人民的高度赞誉，加深了两国之间的合作关系。截至 2017 年年底吉扎克工业园区吸引了超过 14 家中国企业入驻，为当地创造了大量就业岗位，推动了当地制造业发展，加深了两国的经贸关系。乌兹别克斯坦时任总统卡里莫夫在 2016 年新年致辞和经济形势内阁会议中，对中国承建的卡姆奇克隧道给予了高度评价。在 2018 年教学设备援助的交接仪式中，乌兹别克斯坦人民教育部部长伊纳雅托夫高度评价中方提供高科技教学设备，表示这批来自中国的馈赠将大大改善乌兹别克斯坦多所中学的教学条件。[①]

（四）中国在哈萨克斯坦的援助与减贫合作现状

中国在哈萨克斯坦的援助项目涉及矿产、风能电站、太阳能电站。阿特劳炼油厂自 2009 年以来，先后实施了芳烃项目、石油深加工项目两个现代化升级改造工程。阿特劳炼油厂升级项目经济社会意义显著。项目已累计在哈萨克斯坦缴纳各项税金约 1.8 亿美元，纳税额度排名前列；与哈萨克斯坦多家设备

① 中华人民共和国驻乌兹别克斯坦共和国大使馆：《姜岩大使出席中方援助乌兹别克斯坦教学设备交接仪式》，http：//uz.chineseembassy.org/chn/zwgx/rwhz/t1552199.htm.

制造商、钢结构制造商、材料供应商达成总额逾 3 亿美元合作，推动建立了哈萨克斯坦、独联体范围的优质制造商和供应商资源库；使用分包商逾 200 家，累计用工超过 6 700 人次，带动了当地就业。[①] 2014 年哈萨克斯坦奇姆肯特炼油厂现代化升级改造项目启动，该项目实施后将提升原油加工深度和轻质油回收率，提高工厂的现代化、国际化水平，改善生态环境，促进当地经济发展和创造就业岗位。2018 年 11 月 30 日中国企业援建的 5 兆瓦风能电站和 1 兆瓦太阳能电站完成交接。[②] 2017 年中国企业在哈萨克斯坦投资建设金骆驼乳粉厂，2018 年 9 月正式生产。该项目能够拉动当地养殖业发展，为当地增加大量就业岗位，促进哈萨克斯坦乳制品出口市场的拓展。

五、中亚地区的国际减贫合作需求分析

中亚地区的减贫合作项目的开展必须基于受益群体的内在需要和合作国的减贫需求。结合中亚地区的贫困现状、各国减贫措施、当前国际减贫合作现状和实地调研结果，中亚地区的减贫合作需求主要体现在四个方面：

（一）援助资金支持是政府和贫困人口最普遍的减贫需求

在独立之前，来自前苏联的大量补贴为中亚各国的财政预算提供了有力支持，独立之后，财政补贴丧失、传统经济联系中断、经济基础薄弱使得中亚各国经济陷入一段时间的衰退。经过近三十年的发展，除哈萨克斯坦以外，其他各国的国民经济总量都较小。受制于政府财政能力，中亚三国（塔吉克斯坦、吉尔吉斯斯坦和乌兹别克斯坦）对道路、医疗、教育等公共服务设施的投资相对有限。国家担保型社会保障制度加重了政府的财政负担，贫困人口从社会保障体系中获得的补助金水平低、覆盖面窄。

（二）培育和推动产业发展是拓宽贫困群众收入渠道的需求

产业扶贫是能够解决中亚地区贫困问题的最有效的方式。中亚地区的产业结构畸形，就业岗位供给缺口较大，但高生育率提供了充足的年轻劳动力，劳动力市场的供需错位矛盾突出，非正规就业现象普遍存在。通过产业扶贫，能够为贫困人口创造更多的就业机会，增加贫困群体获得体面工作的机会，让贫困人口可以获得长期的、可持续的收入。

（三）劳动技能培训和技术指导是提高贫困群众自我发展能力的需求

人力资本开发能够提高贫困人口的劳动生产率，促使贫困人口参与并受益

① 人民网：http：//paper. people. com. cn/zgnyb/html/2017 - 06/12/content _ 1782520. htm，中国能源报，2017 年 6 月 12 日，第 14 版。

② 中华人民共和国驻哈萨克斯坦共和国大使馆经济商务参赞处：《中国援建哈萨克斯坦太阳能及风能电站完成交接》，http：//kz. mofcom. gov. cn/article/todayheader/201812/20181202812424. shtml.

于经济增长成果。中亚国家人口增长率较高，青年劳动力资源比较丰富，但劳动力素质不高，劳动力就业技能与雇主需求不匹配的现象普遍存在，就业形势比较严峻。技能培训能够有效提升贫困人口（特别是20～50岁的劳动力）的人力资本和社会资本，增强其自身发展能力。除了技能培训以外，贫困人口对农业技术指导的需求非常强烈。尽管具有发展农业的天然优势，但中亚地区，尤其是塔吉乌三国农业发展过程中普遍存在生产技术落后、专业技术人员数量不足、农机装备老旧等问题，农业生产效率低下，依靠现有农业知识和生产技术增产增收的难度较大，农民收入偏低，长期处于贫困状态中。

（四）完善基础设施是改善贫困地区生产生活条件的需求

基础设施是贫困地区脱贫减困的刚性需求。在饮水、道路、供电、信息、能源、灌溉等基础设施方面，中亚各国的贫困、偏僻地区存在大量缺口。道路基础设施的落后，将贫困地区与外界阻隔，增加了物流成本。相比于城市地区，中亚国家农村地区的供水设施简陋，连续性差，农民的安全饮水得不到有效保证，水传播疾病的风险长期存在，威胁农民的身体健康。中亚地区以水电为主，夏季电力供应充足，冬季电力供应不稳定，尤其是农村地区，停电、断电现象频发，严重制约生产生活和可持续发展。高效的水利灌溉设施是农业生产的必要保障，中亚地区是世界上用水最密集的经济体之一，灌溉基础设施的老化、失修直接影响到农民的农业生产活动。

六、小结

发达国家和多边国际机构在中亚地区开展了多种形式的减贫援助项目，这些援助项目涵盖了农业、教育、卫生、供水和社会保障等各个领域，对缓解中亚地区的贫困问题产生了一定的积极作用。美国和日本的减贫援助项目直接与贫困群众接轨，贫困人口的获得感更加强烈，更容易认同美国、日本的减贫援助行为。“利于美国”是美国在中亚地区的减贫援助项目的根本出发点，美国的减贫援助地缘政治色彩浓厚，通过各项国际援助，美国“自由”“民主”“人权”等价值观在中亚地区广泛传播，美国在中亚地区的国际影响力上升。与美国类似，日本也将ODA作为增强该国在中亚地区影响力的手段，同时减贫援助项目服务于日本能源安全的长期战略目标。除了发达国家以外，世界银行等国际多边机构为中亚国家提供了重要的财政和技术支持。在世界银行的援助项目中，世行都要求受援国政府采取某些政策或承诺采取哪些行动支持其援助项目的安排。世行用自上而下的方式为受援国政府提供发展路径规划，已经影响了受援国政府做什么和如何做。随着世行在中亚地区援助减贫合作项目的增加，世行对中亚地区国家政策制定的影响程度将有所加深。

第七节 中国与中亚国家减贫合作的政策与项目建议

相比于中亚五国，中国在扶贫方面取得了举世瞩目的成就，为全世界反贫困事业贡献了中国智慧，提供了诸多宝贵经验。中国减贫坚持政府主导，多元主体参与，坚持激发贫困群众的内生动力，因地制宜制定减贫政策和措施，中国开发式扶贫方案值得中亚国家借鉴。

通过对中亚五国贫困现状的梳理与分析，深入了解中亚地区的贫困率水平、贫困空间分布和致贫原因，系统梳理中亚的社会保障体系及其减贫效果，对比中亚地区与中国减贫模式的异同，建议中国与中亚地区开展减贫合作时，重点考虑塔吉克斯坦、吉尔吉斯斯坦和乌兹别克斯坦三个国家。中国与中亚五国开展国际减贫合作，有利于实现双方消除贫困和可持续发展的共同愿望，推动国际减贫事业的发展。因此，中国与中亚五国减贫具体合作模式的研究，具有重要的现实意义。

一、政策建议

（一）做好中国—中亚国际减贫合作的顶层设计

“一带一路”倡议为中国与中亚地区的国际减贫合作提供了难得的契机。中亚国家对“一带一路”倡议积极响应，积极融入“一带一路”的建设中。中国与中亚国家在经济、政治、文化和自然环境等方面存在较大差异，贫困状况和减贫政策也各不相同。精心做好减贫合作的顶层设计是推动中国与中亚地区减贫合作顺利开展的前提。建议：一是尽快出台针对性国际减贫合作指导意见，为减贫合作的务实推进指明方向和路径。二是加强政府间沟通，在“一带一路”区域经济合作框架下将减贫合作与各国发展战略、减贫政策进行对接，支持对方国家制定国家减贫战略，达成长期减贫合作的共识，降低合作项目的风险。三是结合中亚国家贫困现状、贫困原因和合作需求，分区域确定减贫合作框架，制定减贫合作的短期、中期和长期规划，确定具体合作项目，依托项目扎实推进中国—中亚减贫合作进程，明确项目实施、管理的责任主体，做好项目的监督与评估。

（二）发挥各国比较优势，深化区域农业技术合作

农业是中亚五国的传统主导产业，直接从事农业生产的农村劳动力数量庞大，农业收入是农民的主要收入来源，所以农业产出对农民生活水平具有直接影响。中亚地区作物种植品种单一，生产方式粗放，农业机械化水平较低，绝大多数农民没有接受过土地管理、收获技术、仓储冷藏等方面的培训，农业生产技术落后，农产品生产效率低下，依靠现有农业知识和生产技术增产增收的

难度较大。建议政府通过联合研发、农业技术示范中心、技术培训等方式加强农业技术合作。通过双方科研所、大学等联合研究项目，开发种质资源，培育农作物品种，提高农产品产量，促进农业生产能力提高。参考中国与东南亚国家、非洲国家农业技术示范中心的建设经验，建立“中国—中亚农业技术示范中心”，开展优良品种示范种植，根据实际需求和当地农业特色，举办农资技术、种养技术、农产品加工专题技术研修班和培训班，提高农民的农业种植技能和管理知识，提升农业生产效率，促进当地农业和农村发展。

（三）增加教育援助投入，扩大教育减贫合作范围

改善贫困的关键因素不是资本、耕地和能源等物质资源，而是提高人口素质，提高知识与能力①。中国政府可以从四个方面与中亚国家加强教育合作：一是增加教育国际援助的资金投入，通过新建或改建学校、图书馆、教学楼等，捐赠现代教学设备、建立现代教学系统等，改善贫困地区的教学设施条件。二是通过实施教育援助项目，举办教育部门官员、各级学校行政管理人员和在职教师培训班，提高教育管理水平和教师专业素质。三是结合当地产业的发展需求，设计、开发针对性职业教育课程，开展职业教育培训合作，增强青壮年劳动力的知识水平和就业技能。中国政府在教学设备、师资配套、发展规划、奖助学金等方面给予支持。特别注意的是，要将技能培训和职业指导结合起来。在短期职业教育培训班的基础上，长期内选址建立“中国—中亚职业教育培训中心”。四是继续加强中国—中亚地区的高等教育合作，并向贫困地区大学生倾斜教育资源。在高等教育合作中，与合作国教育部门签署留学项目协议，设立“中亚来华留学专项奖学金”，奖学金名额重点向来自贫困地区的学生倾斜，增加贫困地区大学生来华留学的机会，有效提升贫困地区的人力资本水平。在现有高校对口合作关系基础上，进一步加强与中亚地区高校的联系，构建高等教育国际交流与合作网络。

（四）加强公共医疗卫生减贫合作，提高基层医疗卫生服务质量

与非贫困人口相比，贫困人口的健康状况更差，穷人没有选择获得更好的医疗卫生服务的能力。课题组调研过程中发现，在农村和偏远地区，妇女和儿童获得的卫生保健服务是零散的，连续性较差，且质量较低。中亚地区同时是世界上结核病发病率较高的地区之一。建议医疗减贫合作以塔吉克斯坦和吉尔吉斯斯坦基层地区的妇幼健康、传染病预防和治疗为重点，通过捐赠设备、援建医院改善基层医疗卫生服务基础设施状况。通过日常诊疗、保健预防、疾病康复等技术培训提升基层医务人员的专业技能。通过医院管理人员培训，提高

---

① Schultz, T. W. Investment in Human Capital. The American Economic Review, 1961, 51 (1): 1-17.

医院组织运营效率。通过派遣医疗专家和志愿者团队，定期深入偏远、落后地区，为当地贫困人口尤其是妇女和儿童，提供免费医疗服务。

（五）支持基础设施建设，加大对民生工程的倾斜力度

基础设施建设是中亚地区发展经济，摆脱贫困的基础。基础设施的建设能够改善经济增长的物质基础条件，还能为贫困人口提供短期就业机会。中国在基础设施建设方面取得了举世瞩目的成就，在桥梁、隧道建设等方面具有世界领先优势，中国企业已经在中亚地区投资了公路、隧道、水电站等基建项目，这些项目得到了中亚各国政府和人民的高度认可，具有良好的示范效应。

当前中国在中亚地区的基础设施建设集中于矿产、电力、交通通信等大型项目，直接用于民生改善的项目较少，导致合作国人民从基础设施建设中的获得感不足。建议注重农村公路、农田水利、农村饮水等民生工程的建设，加大倾斜力度，扩大直接惠及范围。在农村公路建设方面，增加村与村、村与城镇之间硬化路的建设，提高农村道路的连通性，打通贫困地区与外界市场的联系，改善农民的出行条件，降低农产品的运输和市场交易成本。在农田水利建设方面，结合农村发展实际，分类或组合建设小型水库、小型水电站、节水灌溉等各种基础设施项目，提高灌溉效率，提高农业生产力。在农村饮水项目建设方面，新建或改造蓄水池、泵站，铺设自来水管道，增加消毒净化设施，加强水质卫生监测，保障贫困人口获得安全饮水的基本权利。在项目建设过程中，提高当地劳动力的雇佣比例，增加贫困地区劳动力的就业机会。

（六）对接产能供给与需求，推动国际产能合作

中亚国家与中国在资源开发、基础设施建设、制造业等领域优势互补，产能合作需求巨大。随着中国劳动力成本的上升，一些劳动力密集型企业正在向国外转移，而中亚地区的劳动力资源丰富，劳动力成本较低。承接中国的产业转移不仅可以充分发挥中亚国家的自然资源和劳动力资源优势，促进中亚国家的产业发展，推动包容性增长的实现，而且能够弥补中亚国家劳动力市场的需求缺口，增加就业收入。首先，加强与合作国政府的沟通，为中国产业转移企业争取税收、土地等优惠政策，创造良好的制度环境。其次，积极推动中国食品加工、轻工业、纺织业企业通过并购或选址建厂的方式到中亚地区直接投资，进行产业转移。一方面直接创造大量就业岗位，增加贫困人口获取工作收入的机会，另一方面发挥直接投资的技术溢出效应，提高生产技术水平，提升产品附加值，推动产业结构升级，促进经济增长，促使贫困人口分享经济增长的成果。再次，鼓励中国企业积极履行社会责任，参与改善民生的公益事业，改善当地的教育、医疗、饮水的条件，同时及时对外披露企业社会责任信息，提高企业在当地的认可度与知名度，有效提升中国企业的海外形象。

（七）链接各项社会资源，构建国际减贫多元化参与体系

多元主体的社会扶贫体系对中国减贫发挥了重要作用。在国际减贫合作中，除了坚持政府的主导作用，还要发挥企业、国际机构、非政府组织、个人等多方力量的作用。建议：一是为企业提供优惠政策支持，激励企业在产业扶贫中发挥带头作用。二是与联合国、世界银行、亚洲开发银行等多边国际援助机构合作，结合其在中亚地区的援助减贫实践经验，制定减贫项目的方案，推动项目的落地实施。三是发挥非政府组织在减贫与援助中的非营利性和灵活性的优势，提高减贫项目的运转效率。四是通过多元主体之间的合作，调动多方参与的积极性，整合多种社会资源，构建多元主体减贫合作网络，协同推进中亚地区的减贫事业发展。

（八）发挥多方平台的作用，开展高效的国际减贫经验交流

中国与中亚五国同属于发展中国家，具有减贫和促进可持续发展的共同愿望。建议：一是依托中国国际扶贫中心，发挥其作为中国国际减贫交流平台的作用，举办国际减贫论坛、研讨会和官员研修班等，通过经验介绍、案例分析、实地考察等方式，深入交流反贫困理论和实践经验，推动国际减贫知识方案的交流。一方面将中国扶贫经验分享到中亚国家，为中亚国家制定减贫政策和规划减贫路径提供参考；另一方面学习中亚国家减少贫困的措施以及其他国家和多边机构在中亚地区减贫项目的经验，特别是减贫新思路和新方法，探索中国扶贫的新模式。二是与世界银行、联合国、亚洲开发银行等国际机构加强合作，运用“全球减贫案例征集活动”收集全球优秀减贫案例，同时将减贫合作项目的案例上传到“全球粮食安全和营养论坛”“南南合作减贫知识分享网站”等减贫知识分享平台，借助互联网平台扩大交流范围。三是由中国国际扶贫中心牵头，联合清华大学、北京大学、中国社会科学院、中国农业大学等单位，成立国际减贫智库合作联盟，充分发挥减贫智库平台的作用，为国际减贫合作提供咨询建议，设计可行性方案。

二、项目建议

（一）发展以小型水利基础设施为重点的基础设施建设减贫合作

中亚国家的农村贫困人口比重较高，对于许多农村贫困人口来说，农业仍然是生计活动。中亚地区以灌溉农业为主，高效的农田水利灌溉设施是农业生产的必要保障。中亚大部分的农田水利设施是前苏联时期发展起来的，建立时间较早，加上国家财政资金紧张，政府对新建或维护水利基础设施的投入不足，灌溉设备缺少维护而老化，灌溉效率不高，土壤质量下降，农产品产出减少，政府农业收入和农民收入下降，农民也没有足够的资金支付农田灌溉设施的运行和维护费用，造成了供水不可靠的恶性循环。与非贫困农民相比，贫困

农民更有可能受到灌溉基础设施恶化的影响，贫困农民被迫放弃农业种植的可能性较大。所以，水利灌溉设施的改善有利于提升灌溉效率，降低贫困家庭的农业用水支出，推动农作物种植品种的多样化，促进贫困农民增产增收。

在短期内，建议中国政府选址援建村级小型节水灌溉示范工程。与大型水利工程相比，小型水利工程的施工时间短，见效快，成本低，经济效益高。在项目建设过程中，充分考虑到灌溉区域的水文环境、气候和地理条件、农作物品种和需水情况，做好项目前期调研；综合考虑当地的土壤、水质、农作物品种、现有灌溉技术等各种因素，合理选择渠道防渗、喷灌、滴灌等节水灌溉技术，配备相应的灌溉设施，设计科学合理的项目实施方案；与当地水资源管理部门、用水用户协会（WUA）、NGO 建立合作关系，发挥多方面主体参与的作用，确保项目的顺利实施。在项目的建设中，可以雇佣当地贫困人口参与灌溉工程的建设，解决部分贫困人口的短期就业问题，为其发放实物或现金劳务报酬。

（二）发展以特色种养业为重点的农业减贫合作

尽管中亚国家具有发展农业的天然优势，但农业生产技术落后、农机装备老旧、灌溉效率低下成为阻碍中亚国家农业发展的不利因素。长期以来中亚国家在粮食和棉花等土地密集型产品上具有出口比较优势，而在以劳动和资本集约型为主的加工食品、糖、油料、水果和反季节蔬菜方面较为紧缺。以反季节蔬菜为例，中亚国家青睐于以绿色蔬菜为主的消费方式。然而，中亚国家的蔬菜生产主要以露地常规蔬菜为主，反季节蔬菜的生产能力非常有限，由此造成了巨大的需求缺口，每年中亚各国都会大量进口反季节蔬菜。

总结中国种养业的扶贫经验，蔬菜大棚在一年四季都可以种植不同的蔬菜，提高了种植产量，经济效益好，所以在许多贫困地区，蔬菜大棚被作为引导贫困户脱贫的重要方式之一。在短期内，建议中国政府在当地发展“短平快”的蔬菜种植产业，如建立蔬菜大棚示范种植基地。中国政府可以在基地运营方案、大棚建设、作物种植和管理等方面对种植示范基地提供技术和资金支持。在项目运行过程中，蔬菜大棚种植示范基地项目可以通过租地、就业、无偿承包等方式，使贫困户受益。具体做法为：基地租赁农民的土地，每年支付租金。基地在招聘时优先招用贫困农民，尤其是妇女，增加贫困人口的就业机会。蔬菜大棚建好后，公司以签订责任制的方式无偿承包给贫困户，免费提供菜苗、技术、农药、化肥，每月再支付给承包户一定数量的工资，在蔬菜收获时按照产量给予现金奖励。在采用无偿承包的方式时，必须严格筛选受益农户，确保蔬菜大棚项目的农户质量。在项目实施后的 3～4 年内，根据实际情况和发展需求，因地制宜，在更大范围内开发多个农产品种植和养殖基地项目，推动大规模连片种植，发展特色养殖业，以扩大影响力和受益群体。

（三）发展以农产品加工为重点的农业减贫合作

中国多年的扶贫经验表明，产业扶贫是最有效的扶贫方式。通过产业扶贫，能够为贫困人口创造更多的就业机会，激发贫困人口自主脱贫的内生动力，持续增加贫困人口的收入，从根本上解决贫困问题，形成解决贫困的持久动力。目前中亚地区的农业生产以传统农业为主，农产品的出口中以初级农产品为主，农业加工制成品较少，附加值较低。中亚各国政府都认识到了农产品加工企业在提高农业附加值，改善农民生活条件方面的作用，积极推进本国农产品加工企业的发展，如塔吉克斯坦和哈萨克斯坦都在其本国的国家发展战略中明确提出“发展农产品加工业，增加生产性就业”的目标。

中国政府可在贫困区援建村级农产品加工厂。农业加工企业的建立要基于当地的农业资源优势，因地制宜，例如中亚地区的葡萄、棉花、牛羊肉等。通过农产品加工，能够及时进行采后处理，减少采后损失；延长保存期限，提高产品质量；实现加工增值，提升农产品的价值；创造就业岗位，就地转化部分劳动力，增加农民收入。中国政府可以从企业经营模式、加工机械与销售渠道三个方面为项目提供有力支持。第一，由于产业扶贫不仅仅追求的是产业发展单一目标，它在某种程度上还承担了带动贫困户脱贫的社会责任，所以就不能完全按照农业公司的单纯以追求利润为目标的方式经营，所以在加工厂的经营过程中，如何发挥农产品加工厂的减贫作用应成为项目规划重点。建议中国政府组织专家进行实地考察，创新农产品加工厂经营模式。第二，援助农产品保鲜、储藏、烘干、分级、包装等现代化加工设施，帮助合作国培育技术人员与管理人员。第三，调动企业、行业协会、地方商会等多方力量，拓宽农产品销售渠道。

（四）发展以综合性减贫示范村为重点的综合性减贫合作

在进行国际减贫合作时要认识到贫困不单单是经济现象，而是一个多维现象。总结中国的减贫经验，部分地区多种因素复杂叠加，导致贫困，主要因素包括：经济发展水平、地理环境、生产和生活条件、劳动力、基本公共服务等。所以减少贫困除了通过各类项目进行经济扶持外，还需改善医疗、教育、饮水、住房等社会安排。综合性减贫合作项目通过项目中基础设施、社会服务设施、产业发展等部分的建设，形成合力，实行对贫困的综合治理，实现可持续发展和消除贫困。综合性减贫合作项目有利于实现贫困地区、贫困人群的全面发展，提高脱贫的可持续性，避免出现外界支持力量退出后返贫的问题。对于中国与中亚国家的减贫合作来说，综合性减贫合作项目更容易形成规模效应、示范效应和辐射效应。

在短期内，减贫合作可以从建立综合性减贫示范村着手。综合性减贫示范村的建立基于中国“整村推进”的扶贫经验，立足于贫困地区的特点，结合当地资源禀赋，因地制宜，建设的内容包括加强农村基础设施建设，完善硬件条件，注重能力建设和技术援助，通过农业科技培训，提升贫困人口的农业生产技术水平，改善教育、卫生环境，培育特色优势产业，增加贫困人口收入。

具体的建设方案如下：第一步是确定减贫合作示范村。在对贫困村进行识别时，除了国内制定的贫困村识别指标体系，还要结合当地实际情况，同时参照其他国家和国际组织在贫困识别时的标准。第二步是制定全面减贫规划。通过村民代表会议、实地走访等形式，了解致贫原因和减贫需求，对供水、道路、社会公共服务、农业发展、贫困户收入来源等进行全面规划，设计综合性减贫合作方案。第三步，按照减贫规划，逐步推进各项减贫工作。第四步，评估各项减贫措施的减贫效果，总结经验。在项目的各个步骤中，注意参与式方法的运用，调动贫困户参与减贫的积极性，提高贫困户在减贫工作中的参与程度和主体作用。中国政府在示范村项目中提供主要资金和技术支持，包括建设公共服务基础设施、设计产业发展思路、组织项目人员培训、派遣专家实地技术指导等。

在项目评估结束后，总结综合性减贫合作示范村的建设经验，依托中国国际扶贫中心，宣传、推广和复制综合性开发式减贫合作经验，形成综合性减贫的规模效应，塑造“中国减贫”的特色国家品牌。中国政府需要与其他援助国、世界银行、联合国、亚洲开发银行等政府间多边机构以及各类非政府减贫组织加强合作，鼓励更多资本的积极参与，促进综合性减贫合作项目在更大范围内的实施。

参考文献

陈成文，陈建平．2018. 社会组织与贫困治理：国外的典型模式及其政策启示［J］. 山东社会科学（3）：58－66.

陈恩．2019. 产业扶贫为什么容易失败？——基于贫困户增能的结构性困境分析［J］. 西北农林科技大学学报（社会科学版），19（4）：87－95.

崔丹，吴昊，刘宏红，吴殿廷．2019. 大都市区贫困带旅游精准扶贫模式与路径探析——以环京津贫困带22个国家级贫困县为例［J］. 中国软科学（7）：81－90.

杜兴洋，杨起城，邵泓璐．2019. 金融精准扶贫的绩效研究——基于湖南省9个城市农村贫困减缓的实证分析［J］. 农业技术经济（4）：84－94.

郭劲光，俎邵静，邓韬．2019. 扶贫资源配置低效问题研究：生成机制与治理路径［J］. 农业经济问题（7）：56－65.

郝蕾，王志章．2019. “一带一路”背景下中国与南亚合作反贫困的现状评价与路径优化［J］. 青海社会科学（1）：30－37.

李梦竹，王志章．2018. “一带一路”背景下中国与中亚五国合作开展反贫困的路径研究［J］. 人文杂志（9）：26－34.

李小云，许汉泽．2018. 2020 年后扶贫工作的若干思考 [J]. 国家行政学院学报（1）：62－66，149－150.

李芸，夏英．2019. 亚太地区小农发展与扶贫：国别经验、政策趋势与最新进展——“亚太地区‘小农与扶贫’国际会议”综述 [J]. 农业经济问题（5）：138－144.

刘风．2018. 农民合作社的反脆弱性及其贫困治理能力 [J]. 中国农业大学学报（社会科学版），35（5）：90－98.

王志章，郑时彦．2018. 中国与非洲合作反贫困的现状评价与路径优化研究 [J]. 西南大学学报（社会科学版），44（4）：65－77，194.

王志章，郑时彦．2019. 中国与非洲产能合作反贫困的现实困境与对策建议 [J]. 重庆大学学报（社会科学版），25（5）：30－43.

邢成举，李小云．2018. 超越结构与行动：中国特色扶贫开发道路的经验分析 [J]. 中国农村经济（11）：32－47.

许汉泽，李小云．2017. 精准扶贫背景下农村产业扶贫的实践困境——对华北李村产业扶贫项目的考察 [J]. 西北农林科技大学学报（社会科学版），17（1）：9－16.

杨均华，刘璨．2019. 精准扶贫背景下农户脱贫的决定因素与反贫困策略 [J]. 数量经济技术经济研究，36（7）：3－21.

张海霞，庄天慧，杨帆．2018. 建构主义视角下中国——柬埔寨合作减贫：回顾与展望 [J]. 广西社会科学（9）：143－147.

章元，李全，沈可．2019. 论精准扶贫思想的实证基础 [J]. 农业经济问题（4）：60－70.

中国发展研究基金会．2007. 中国发展报告 2007：在发展中消除贫困 [M]. 北京：中国发展出版社．

ADB. 2016. Country Partnership Strategy：Tajikistan，2016—2020. Poverty Analysis-Summary [R]. Mandaluyong City：Asian Development Bank.

Aldashev，A. and Dietz，B. 2011. Determinants of Internal Migration in Kazakhstan [R]. Osteuropa-Institut Regensburg. Working Papers，no. 301.

Alkire，S. and Robles，G. 2016. Multidimensional Poverty Index Winter 2016：Brief methodological note and results [R]. OPHI，University of Oxcord，OPHI Briefing 44.

Al-Eyd，A.，Amaglobeli，D.，Shukurov，B.，Sumlinski，M. 2012. Global Food Price Inflation and Policy Responses in Central Asia [R]. IMF Working Paper WP/12/86. Washington，DC：International Monetary Fund.

Bierbaum，M.，Baibagysh Uulu，A. 2015. Kyrgyz Republic Food Prices and Household Welfare [R]. Report No. 99773-KG. Washington，DC：The World Bank.

Broka，Sandra，Åsa Giertz，Garry Christensen，Charity Hanif，Debra Rasmussen，and Rhoda Rubaiza. 2016. Kyrgyz Republic Agricultural Sector Risk Assessment [R]. Agriculture Global Practice Technical Assistance Paper，World Bank，Washington，DC.

Connor，John M. 2014. Price-Fixing Overcharges：Revised 3rd Edition [R]. Available at http：//dx. doi. org/10. 2139/ssrn. 2400780.

Danzer et al. 2013. Tajikistan Household Panel Survey：Migration，Remittances and the Labour Market [R]. Regensburg: Institute for East and Southeast European Studies.

Dietrich, S., Malerba, D., Barrientos, A., Gassmann, F., Mohnen, P., Tirivayi, N., Kavuma, S., Matovu. F. 2017. Social protection investments, human capital, and income growth: Simulating the returns of social cash transfers in Uganda [R]. UNU-MERIT Working Paper No. 2017 - 29. Maastricht: UNU-MERIT, MGSoG.

Eurasian Development Bank (EDB). 2013. Labour Migration and Human Capital of Kyrgyz Republic: Impact of the Customs Union. Analytical Summary [R]. Saint Petersburg: EDB Centre. Integration Studies.

Government of the Republic of Tajikistan. 2012. Methodical recommendations for determining the consumer basket for the main sociodemographic groups of the population [R]. Decree of the Government of the RT of 29 December 2012, No. 775.

Jackson, Taylor and Kenneth P. Green. 2015. Fraser Institute's Annual Survey of Mining Firms: 2015 [OL]. Vancouver: Fraser Institute. https://www.fraserinstitute.org/sites/default/files/survey-of-mining-companies-2015.pdf.

Jappar, A. and J. Jandosova. 2013. Kazakhstan: Improving Capacity to Support SME Development [R]. Asian Development Bank Technical Assistance Consultants Report.

Jones, N. P. 2010. Assembling a Civic Nation in Kazakhstan: The Nation Building Role of the Assembly of the Peoples of Kazakhstan [J]. Caucasian Review of International Affairs, 2 (4): 159 - 168.

JSC DAMU. 2017. N. d. Development strategy of DAMU Entrepreneurship Development Fund JSC for 2014—2023. Powerpoint presentation.

Karymshakov, K., Abdieva, R., Sulaymanova, B. 2014. Worker's Remittances and Poverty in Kyrgyz Republic [OL]. Presentation at International Conference on Eurasian Economies 2014. www.avekon.org/papers/888.pdf.

Khitarishvili, T. 2016. Gender inequalities in labour markets in Central Asia. Draft for discussion [R]. Paper presented at the joint UNDPILO conference on Employment, Trade and Human Development in Central Asia in Almaty, Kazakhstan 23 - 24th of June, 2016.

Kojo and Sattar. 2018. Making the National Development Strategy 2030 a Success: Building the Foundation for Shared Prosperity [R]. Tajikistan Systematic Country Diagnostic Report No. 126 209 - TJ. World Bank Group, Washington, DC.

Kuddo, A., D. Robalino, and M. Weber. 2015. Balancing Regulations to Promote Jobs: From Employment Contracts to Unemployment Benefits [R]. Washington, DC: World Bank Group.

Langbehn, L. 2010. Demand-Side Interventions on Girls' Education in Tajikistan: A Needs Assessment. Dushanbe: UNICEF Tajikistan [R]. Ministry of Finance of the Republic of Tajikistan. Government budget for the year 2016.

Mirzabaev, Alisher, Jann Goedecke, Olena Dubovyk, Utkur Djanibekov, Quang Bao Le, and Aden Aw-Hassan. 2016. Economics of Land Degradation in Central Asia [C]. In Economics of Land Degradation and Improvement-A Global Assessment for Sustainable Development, edited by Ephraim Nkonya, Alisher Mirzabaev, and Joachim von Braun, 261-290. doi: 10.1007/978-3-319-19168-3.

NCESA (National Centre for Educational Statistics and Assessment). 2014. Analysis of Common National Testing Results (CNT-2014) [R]. Ministry of Education and Science of the Republic of Kazakhstan.

OECD. 2019. Social Protection System Review of Kyrgyzstan [R]. Paris: Organization for Economic Co-operation and Development.

Oxford Poverty and Human Development Initiative. 2016. Tajikistan Country Briefing, Multidimensional Poverty Index Data Bank [D]. OPHI, University of Oxford

O'Brien, C. 2015. Introduction: Poverty and social justice in central Asia [J]. Journal of Poverty and Social Justice, 23 (2), 83-88.

Piga, G., Novovic, T., Mogileski, R. 2016. Common Country Assessment for the Kyrgyz Republic [R]. Bishkek. Manuscript.

Pomfret, R. 1999. Living Standards in Central Asia [J]. MOCT-MOST Economic Policy in Transitional Economics, 9 (4): 395-421.

Rajabov, A., Ziyaev, B. 2017. People's wellbeing in Tajikistan: Consolidated findings of the World Bank [R]. IOM, UNICEF, WFP and GIZ. Dushanbe: World Bank.

Schwegler-Rohmeis, W., Mummert, A., Jarck, K. 2013. Labour Market and Employment Policy in the Kyrgyz Republic: Identifying constraints and options for employment development [M]. Eschborn: Deutsche Gesellschaft für Zusammenarbeit.

Seitz, W., Rajabov, A. 2016. Country Profile Tajikistan [R]. Presentation held in Dushanbe in February 2016.

State Migration Service Under the Government of the Kyrgyz Republic. 2016. Overview of the migration situation of the Kyrgyz Republic [R]. Bishkek: State Migration Service. http: //ssm. gov. kg/reports/view/2.

Tesliuc, E. D. 2004. Mitigating social risks in the Kyrgyz Republic [R]. Social Protection Discussion Paper No. 408. Washington, DC: The World Bank.

UNDP. 2014. Access to justice for vulnerable groups in the Kyrgyz Republic: Findings from baseline assessments in Bishkek, Chuy Province, Osh City and Osh Province [R]. Bishkek: UNDP.

WFP. 2019. Scoping Study on Social Protection and Safety Nets for Enhanced Food Security and Nutrition in Tajikistan [R]. Rome: World Food Programme.

WFP. 2019. Scoping Study on Social Protection and Safety Nets for Enhanced Food Security and Nutrition in the Kyrgyz Republic [R]. Rome: World Food Programme.

World Bank. 2012. International Bank For Reconstruction And Development and International Finance Corporation Country Partnership Strategy for the Republic Of Kazakhstan for The Period Fy12-Fy17 [R]. Washington, DC: The World Bank.

World Bank. 2014. Analysis of the Safety Nets in Tajikistan: Considerations for the Transition Towards Greater Consolidation and Stronger Poverty-Focus [R]. Washington, DC: The World Bank.

World Bank. 2015. Establishment of Policy and Institutional Roadmap for Urban Agglomerations to be Piloted in Development of Agglomerations in Shymkent and Aktobe [R]. Washington, DC.

World Bank. 2015. Kazakhstan: Developing a Strategy to Support the Effective Functioning of Labor Market Institutions [R]. Joint Economic Research Program. Washington, DC.

World Bank. 2016. Turkmenistan Country Opinion Survey Report [R]. Washington, DC: The World Bank.

World Bank. 2018. Growth and Job Creation in Uzbekistan: an In-Depth Diagnostic [R]. Washington, DC: The World Bank.

World Bank. 2018. International Development Association International Finance Corporation Multilateral Investment Guarantee Agency Country Partnership Framework for the Kyrgyz Republic for The Period Fy19 - Fy22 [R]. Washington, DC: The World Bank.

World Bank. 2018. Kazakhstan Systematic Country Diagnostic: a new growth model for building a secure middle class [R]. Report No. 125611 - KZ. Washington, DC: The World Bank.

World Bank. 2019. Turkmenistan Country Snapshot [R]. Washington, DC: The World Bank.

World Bank. 2019. Uzbekistan: Toward A New Economy [R]. Washington, DC: The World Bank.

